Kohlhammer

Marco Gehrig

Jahresabschluss nach dem Schweizer Rechnungslegungsrecht

Jahresabschluss und Analyse
nach dem Rechnungslegungsrecht
und Swiss GAAP FER

Verlag W. Kohlhammer

Dieses Werk ist in enger Zusammenarbeit mit Prof. Dr. Max Boemle entstanden. Die Fachliteratur ist bis Mitte 2019 berücksichtigt worden. Fachzeitschriften sind bis Mitte 2020 berücksichtigt.

Im Buch wird auf eine geschlechterspezifische Differenzierung verzichtet und aus Gründen der Lesbarkeit stets die männliche Form gewählt. Selbstverständlich beziehen sich die Angaben aber immer auf Angehörige aller Geschlechter.

1. Auflage 2021

Gesamtherstellung: W. Kohlhammer GmbH, Stuttgart

Print:
ISBN 978-3-17-040558-5

E-Book-Formate:
pdf: ISBN 978-3-17-040559-2
epub: ISBN 978-3-17-040560-8
mobi: ISBN 978-3-17-040561-5

Statt eines Vorworts: In Erinnerung an Prof. Dr. Max Boemle

Im Jahr 2014 habe ich Prof. Dr. Max Boemle (29. Oktober 1928 – 23. April 2020) kennen und schätzen gelernt. In den letzten sechs Jahren ist eine intensive Zusammenarbeit entstanden, um ein neues Werk zum Jahresabschluss nach dem neuen Rechnungslegungsrecht zu verfassen. Das vorliegende Werk, welches Ende 2020 abgeschlossen sein wird, ist aus dieser intensiven Zusammenarbeit hervorgegangen.

Prof. Dr. Max Boemle war Mitbegründer und Leiter der höheren Wirtschafts- und Verwaltungsschule (HWV), Ordinarius für finanzielles Rechnungswesen und Finanzmanagement an der Universität Freiburg und Lehrbeauftragter an den Universitäten Lausanne und Bern. Zudem war er Ausschussmitglied im Stiftungsrat von Swiss GAAP FER.

Es war eindrücklich, wie minutiös Prof. Boemle die Lehrmeinungen in diesem Werk verarbeitete. Er verglich gekonnt unterschiedliche Lehrmeinungen, analysierte vertieft und profund aktuelle Praxisfragen und verarbeitete Beispiele aus öffentlich zugänglichen Geschäftsberichten präzise an den geeigneten Stellen.

Prof. Boemle teilte sein profundes Wissen in diesem vorliegenden Werk mit dem Ziel, den jungen Studierenden eine Grundlage zu bieten, wie Rechnungslegung in der Praxis umgesetzt werden soll. Kein zu theoretisches Wissen, sondern praxistaugliches Fachwissen war Inhalt seines Schaffens: Genaue Definitionen und ein klarer Aufbau, gespickt mit aktuellen Praxisbeispielen sind Wesensmerkmale seines Wirkens an diesem Werk. Prof. Boemle zeigte in dieser Abhandlung seine wichtigen Prinzipien: die wissenschaftliche Präzision und die akademische Ehrlichkeit. Beide waren geprägt worden durch die Arbeiten von Prof. Dr. Karl Käfer. Prof. Boemle war ein Menschenfreund, bewies viel Humor und nahm sich die Zeit, alle Detailfragen zu klären und zu diskutieren. Prägende Ausdrücke «Natürli nöd nei» oder «das Kernproblem ist doch» waren immer wieder in unseren Diskussionen zu vernehmen, wovon auch ehemalige Studierende aus seiner Lehrtätigkeit erzählen.

Als Koautor und Kollege danke ich Prof. Dr. Max Boemle für sein Wirken, sein Einsatz und Herzblut für Lehre und Studierendenschaft soll hiermit vor dem Vergessen bewahrt werden. Ich hoffe – in tiefer Verbundenheit – an anderer Stelle auf ein Wiedersehen.

St. Gallen im November 2020 Prof. Dr. Marco Gehrig, WP

Inhaltsverzeichnis

1 Begriffe des Rechnungswesens

1.1 Begriffe des Rechnungswesens

Zentrale Bestandteile des Informationssystems eines Unternehmens sind das Rechnungswesen und – als dessen wichtigster Zweig – die Buchführung, beide mit der Aufgabe, systematisch Daten zur Information zu erfassen und planmässig zu ordnen.

Der schweizerische Gesetzgeber verwendet den Ausdruck der **kaufmännischen Buchführung** (z. B. 32. Titel OR 957-964, KAG 87, MWSTG 70) als auch jenen des **Rechnungswesens** (OR 716a I, Ziff. 3) oder in besonderen Erlassen, wie z. B. im Personenbeförderungsgesetz 2009 (PVG 35), der entsprechenden Verordnung des UVEK 2011 über das Rechnungswesen der konzessionierten Unternehmen (RKV) sowie in der Verordnung über das Rechnungswesen des ETH-Bereiches.

Das Rechnungswesen eines Unternehmens umfasst die Ermittlung, Aufbereitung und Darstellung von in Geldeinheiten gemessenen wirtschaftlichen Zuständen zu einem Zeitpunkt und von Vorgängen eines Zeitraumes.[1]

Der Begriff der **Rechnungslegung** wurde erstmals im Aktienrecht 1991 (aOR 662a) erwähnt, in OR 960 im Anhang des Rechnungslegungsrechts definiert und in verschiedenen Spezialgesetzen (Bankengesetz, Versicherungsaufsichtsgesetz) eingeführt. Er bezieht sich nicht mehr nur auf die Aktiengesellschaft und die GmbH, sondern neu auf alle buchführungspflichtigen Unternehmen.

Im Bundessteuerrecht (DBG 18 III) und der Mehrwertsteuerverordnung 2014 (MWSTV 21) hingegen wird die in der Praxis übliche Bezeichnung **Buchhaltung** (Finanzbuchhaltung, Betriebsbuchhaltung) gebraucht. Es stellt sich deshalb die Frage, ob diese Ausdrücke unterschiedliche Inhalte bezeichnen oder synonym zu verwenden sind. Theorie und Praxis betrachten das Rechnungswesen als Oberbegriff.

Der Begriff des **Unternehmens** ist ein Sammelbegriff für alle nach Rechnungslegungsgesetz buchführungs- und rechnungslegungspflichtigen Einheiten, ungeachtet ihrer Rechtsform.[2] Eine unternehmerische Tätigkeit im eigentlichen Sinne muss damit nicht verbunden sein.[3]

---

1 Busse von Colbe/Crasselt/Pellens, Lexikon des Rechnungswesens, S. 599.

2 Botschaft 2007, S. 169: Für alle Buchführungs- und Rechnungspflichtigen war im VE RRG 2 noch die »neutrale« Bezeichnung »Organisation« vorgesehen. Diese wird im Swiss GAAP FER-Rechnungslegungsstandard verwendet.

3 Z. B. bei nicht gewinnorientierten juristischen Personen wie Stiftungen und Vereine.

Der Begriff des Unternehmens ist vor allem für Einzelunternehmen und Personengesellschaften von Bedeutung, insbesondere wegen der im Steuerrecht relevanten Trennung von Geschäftsvermögen (= Unternehmensvermögen) und Privatvermögen (DBG 18 II). Angesichts der Vielzahl von Unternehmen mit unterschiedlicher Grösse und Komplexität stellt das Rechnungslegungsrecht, ungeachtet der gesetzlichen rechtsformneutralen Regelung, differenzierte Anforderungen, indem einerseits kleineren Unternehmen (vor allem Mikrounternehmen)[4] Erleichterungen ewährt werden, andererseits grössere Unternehmen strengere Vorschriften zu beachten haben (OR 961-961a).

Hierbei ist zwischen betriebswirtschaftlichem und öffentlichem Rechnungswesen zu unterscheiden. Innerhalb des betriebswirtschaftlichen Rechnungswesens lassen sich die Gebiete nach unterschiedlichen Kriterien gliedern:

- **nach der Blickrichtung**: Vergangenheits- oder Zukunftsrechnungen,
- **nach dem Gegenstand**: Zeitraum-/Perioden- oder Zeitpunktrechnungen,
- **nach der Organisation der Durchführung**: Regelmässige oder fallweise Rechnungen,
- **nach den Informationsadressaten**: Internes oder externes Rechnungswesen.

Das **externe Rechnungswesen** richtet sich an die Adressaten des Rechnungswesens ausserhalb des Unternehmens. Es wird durch rechtliche Normen und Empfehlungen (Standards) von Fachorganisationen beeinflusst und ist vergangenheitsorientiert ausgerichtet. Es umfasst:

- **die Buchführung (OR 957a)**: Sie ist eine Vergangenheitsrechnung über Geld, Güter und Leistungen einer Wirtschaftseinheit. Die Buchführung ist eine Zeitpunkt- und Periodenrechnung und stellt die Grundlage der Rechnungslegung dar.
- **die Rechnungslegung (OR 958)**: Sie zeigt das Ergebnis der in der Buchführung erfassten Geschäftsfälle und stellt die wirtschaftliche Lage, insbesondere die Vermögens-, Finanz- und Ertragslage einer Unternehmung, anhand des Jahresabschlusses, dar. Die Rechnungslegung erfolgt im Geschäftsbericht, welcher die Jahresrechnung (Einzelabschluss), zusammengesetzt aus Bilanz, Erfolgsrechnung und Anhang, umfasst (OR 958 II). Für Konzerne und grössere Unternehmen sind zusätzlich eine Geldflussrechnung sowie ein Lagebericht zu erstellen und ergänzende Informationen im Anhang zu geben.

Verschiedene Autoren machen einen Unterschied zwischen «Buchhaltung» und «Buchführung». Die Bezeichnung «Buchführung» wird oft für die Tätigkeit, jene

4 Mikrounternehmen können unabhängig von der Rechtsform bei Nettoerlösen von nicht mehr als CHF 100‘000 eine vereinfachte Buchhaltung führen. Von Mikrounternehmen wird in der Schweiz bei KMU mit Mitarbeitenden bis zu 10 Personen gesprochen.

der «Buchhaltung» gegenständlich als die Gesamtheit der Bücher oder als organisatorische Einheit (Buchhaltungsabteilung) verwendet. Der schweizerische Gesetzgeber spricht fast ausschliesslich von **Buchführung.** Gemäss schweizerischem Recht bezeichnen die Wörter Buchhaltung und Buchführung nach Inhalt und Umfang den gleichen Begriff. In der Rechtsprechung werden die beiden Bezeichnungen als gleichwertig nebeneinander verwendet. In der englischen Terminologie werden Buchhaltung und Rechnungslegung als «Financial Accounting» bezeichnet.

Die externe Rechnungslegung informiert über die Entwicklung der Ertragslage in der Vergangenheit und über die Art und Weise, wie die Unternehmungsleitung ihren Aufgaben zur Erhaltung und Verbesserung der Ertragskraft nachgekommen ist. Weil vergangene Ereignisse zu Mittelzu- und -abflüssen führen, welche in der Rechnungslegung berücksichtigt werden, sind die Zahlen des Jahresabschlusses den Adressaten auch für Prognosen hilfreich.[5]

Das **interne Rechnungswesen** richtet sich an Adressaten innerhalb des Unternehmens. Es wird durch Informationsbedürfnisse der Unternehmensleitung beeinflusst und ist zukunftsorientiert ausgerichtet. Sie ist ein wichtiges Instrument der finanziellen Planung. Es umfasst:

- **die Kostenrechnung (Betriebsrechnung, Leistungsrechnung)**
  Sie erfasst die mit der betrieblichen Leistungserstellung verbundenen Kosten und Erlöse, und zwar von einzelnen Leistungen, Leistungsgruppen und Betriebsteilen sowie die Preiskalkulationen.
- **die Planungsrechnung**
  Sie ermittelt Informationen zur Steuerung und Kontrolle der wirtschaftlichen Entwicklung und des erzielbaren Erfolges in einer zukünftigen Periode. Die verschiedenen Verfahren der Kosten- und Planungsrechnung sind die wichtigsten Teile des internen Rechnungswesens (Management Accounting).
- **die Betriebs- und Unternehmungsanalyse**
  Sie wertet die Informationen der Buchhaltung und der Kosten- und Planungsrechnungen aus als Grundlage für Planung, Entscheidung und Kontrolle.

Vom betriebswirtschaftlichen ist das **öffentliche Rechnungswesen** abzugrenzen. In den öffentlichen Gemeinwesen erfolgt seit den 1980er Jahren die Rechnungslegung nach dem harmonisierten Rechnungsmodell (HRM). Dieses wurde in den letzten Jahren weiterentwickelt durch eine verstärkte Anlehnung an die privatwirtschaftliche Rechnungslegung. Das HRM 2 wird seit 2015 etappenweise, gestützt auf neue gesetzliche Grundlagen, in den Kantonen und Gemeinden eingeführt. Das öffentlich-rechtliche Rechnungswesen stützt sich auf eigene gesetzliche Grundlagen, im Bund auf das Finanzhaushaltsrecht (FHG 2005 und FHV 2012). Das

5 Handbuch Harmonisiertes Rechnungsmodell 2 der Finanzdirektorenkonferenz (Bern 2008).

Rechnungswesen öffentlicher Gemeinwesen wird in diesem Lehrbuch nicht behandelt.

1.2 Aufgaben des Rechnungswesens

Das Rechnungswesen ist der wichtigste Bestandteil des Informationssystems einer Organisation. Die Informationen, welche das Rechnungswesen liefert, dienen der:

Dokumentation
Zur Bereitstellung der Informationen sind die durch die Geschäftstätigkeit ausgelösten Veränderungen von Geld, Gütern und Leistungen planmässig zu erfassen und systematisch zu ordnen, möglichst aufgrund eines Kontenplans. Dies bezeichnet man als die Dokumentationsaufgabe der Buchführung. Mit der Dokumentation erfüllt die Buchführung auch die Aufgabe, bestimmte Rechtsverhältnisse im Einzelnen nachzuweisen. Die Dokumentation der Geschäftsfälle liefert die Grundlage für die weiteren Zwecke des Rechnungswesens, wie der Kontrolle über Einsatz und Verbleib der Betriebsmittel sowie der Kontrolle der Zielerreichung.

Entscheidungsfindung
Gestützt auf die vom Rechnungswesen aufbereiteten Informationen können von den Adressaten der Rechnungslegung Entscheidungen vorbereitet, getroffen und vollzogen werden. Investoren entscheiden über den Kauf, das Halten oder Verkaufen von Beteiligungsrechten (Aktien, Partizipationsscheine) oder Schuldtiteln (Anleihensobligationen), Banken über Kreditgewährung, Vermögensverwalter über Anlageempfehlungen.

Rechenschaft
Rechenschaft bedeutet die Offenlegung der Verwendung von anvertrautem Kapital gegenüber dem Informationsberechtigten. Als Rechenschaftsinstrument dienen die periodischen Abschlussrechnungen, welche die Ergebnisse des Handelns der Leitungsorgane aufzeigen: Bilanz, Erfolgsrechnung, Anhang sowie allfällige Zusatzrechnungen (z. B. Geldflussrechnung).

Kontrolle
Das Rechnungswesen erlaubt es den internen und externen Adressaten, die wirtschaftliche Entwicklung des Unternehmens zu überwachen. Je nach der rechtlichen Stellung des Adressaten, z. B. als Mitglied eines Verwaltungsrates, Mehrheits- oder Minderheitsaktionär (OR 697a, OR 961d), kann dieser Massnahmen ergreifen, sofern seine Erwartungen über eine effiziente Nutzung der Ressourcen des Unternehmens durch die Aufsichts- und Leitungsorgane nicht erfüllt worden sind.

1.3 Grundgrössen des finanziellen Rechnungswesens

Im Rechnungslegungsrecht 2011 werden erstmals die zentralen Elemente der Bilanz, nämlich die Aktiven (OR 959 II) und die Verbindlichkeiten (OR 959 IV) gesetzlich definiert. Auf eine Legaldefinition des Eigenkapitals verzichtet der Gesetzgeber. Das Eigenkapital ist der Unterschied zwischen Aktiven und den Verbindlichkeiten und somit eine bilanzielle Residualgrösse.[6]

Das Rahmenkonzept von Swiss GAAP FER definiert – dem Beispiel von IFRS folgend – die wichtigsten Grundgrössen des finanziellen Rechnungswesens. Je nach Gebiet werden für die Erfassung von Beständen sowie von Zahlungs- und Leistungsvorgängen folgende Begriffspaare als Messgrössen verwendet:

- Vermögen/Verbindlichkeiten und Eigenkapital,
- Einzahlungen/Auszahlungen,
- Einnahmen/Ausgaben,
- Erträge/Aufwendungen,
- Leistungen/Kosten.

Es handelt sich in allen Fällen um Strömungsgrössen, die zu einer Veränderung von Bestandesgrössen (Geld, Forderungen, Güter, Schulden, usw.) führen. Die ersten vier Begriffspaare bilden die Messgrössen der Buchführung, während Leistungen und Kosten in der Betriebsrechnung erfasst werden.

Einzahlungen/Auszahlungen

Einzahlungen sind Geldeingänge (Cash Inflows), Auszahlungen sind Geldausgänge (Cash Outflows) einer buchführenden Wirtschaftseinheit. Geld (flüssige Mittel, Zahlungsmittel) umfasst den Kassenbestand (Bargeld, d. h. gesetzliche Zahlungsmittel, auch ausländische, sofern diese ohne Beschränkung in Landeswährung umgewechselt werden können), Checks, Post- und Bankguthaben.

Einnahmen/Ausgaben

Die Ausdrücke «Einnahmen» und «Ausgaben» wurden früher in Theorie und Praxis für Geldbewegungen verwendet. In der neueren Theorie hingegen beziehen sich diese Begriffe auf das monetäre Umlaufvermögen (bestehend aus flüssigen Mitteln und kurzfristigen Forderungen). Demnach kommt den Begriffen folgende Bedeutung zu:

Einnahmen: Einzahlungen + Forderungszugang + Schuldenabgang

Ausgaben: Auszahlungen + Forderungsabgang + Schuldenzugang

In Anlehnung an den Sprachgebrauch in der Praxis betrachten verschiedene Schweizer Autoren die Begriffe Einzahlungen und Einnahmen bzw. Auszahlungen und Ausgaben als gleichbedeutend.

6 Pfaff/Ganz/Stenz/Zihler, Kommentar, Anmerkung zu OR 959a, S. 305.

Erträge/Aufwendungen

Erträge entstehen aus dem Erlös von erstellten Erzeugnissen, aus erbrachten Dienstleistungen oder anderen Posten, welche die Definition von Erträgen erfüllen und eine Zunahme des wirtschaftlichen Nutzens darstellen, wie z. B. Erträge aus der Veräusserung von langfristigen Vermögenswerten oder Wertzunahmen von Wertpapieren.

Es handelt sich um Geld-, Sachgüter- und Dienstleistungsabgänge, denen keine oder zumindest eine nicht festgestellte Gegenleistung gegenübersteht. Verluste (wie durch Feuer- oder Wasserschäden, Wechselkurse) sind ihrer Natur nach ebenfalls als Aufwendungen zu betrachten. Im handelsrechtlichen Abschluss werden Aufwendungen nach den für die Unternehmung massgebenden, d. h., subjektiven Gesichtspunkten (beispielsweise Festlegung des Aufwandes nach dem auszuweisenden Ergebnis) oder nach steuerlichen Gesichtspunkten erfasst.

Das True-and-Fair-View-Konzept hingegen fordert Informationen, welche objektiv und zuverlässig, d. h. frei von verzerrenden Einflüssen und Manipulationen, sind.

Der Erfolg eines Unternehmens ergibt sich aus der Gegenüberstellung von Aufwendungen und Erträgen in der Erfolgsrechnung. Der Gesetzgeber verzichtet, anders als bei der Bilanz, auf die entsprechenden Legaldefinitionen. Diese Lücken füllen die Begriffe von Swiss GAAP FER im Rahmenkonzept. Diese sind in die Ausführungsbestimmungen der Bankenverordnung wörtlich übernommen worden und haben somit amtlichen Charakter erhalten. Die Definitionen von Ertrag, Aufwand und Erfolg sind für die Rechnungslegung von Banken durch das Rundschreiben FINMA 2015 (RVB) Legaldefinitionen.

Leistungen/Kosten

Kosten sind objektiv bewertete Geld-, Sachgüter- und Leistungsverbrauch im Hinblick auf die Erstellung der Betriebsleistung. Leistung ist das objektiv bewertete Ergebnis aufgrund der betrieblichen Tätigkeit, d. h. die erzeugten Güter und Leistungen.

1.4 Überblick über die Gebiete des Rechnungswesens

Schematisch ergibt sich die folgende Gliederung des betriebswirtschaftlichen Rechnungswesens. Das Rechnungswesen lässt sich in externes und internes Rechnungswesen gliedern, wobei unterschiedliche Zielsetzungen und Zwecke verfolgt werden (▸ Abb. 1).

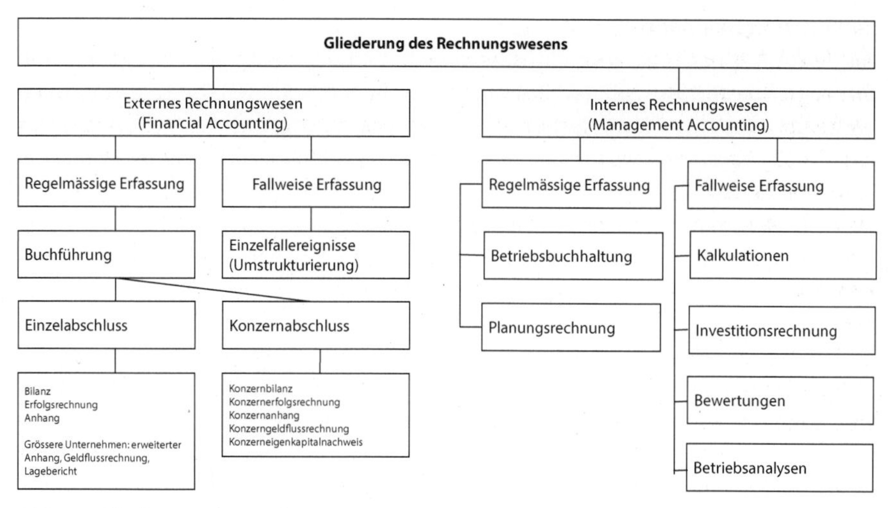

Abb. 1: Gliederung des Rechnungswesens

1.2 Rechtsgrundlagen

1.2.1 Gesetzgebung zum Rechnungswesen

Das Rechnungswesen in der aktuellen Ausgestaltung in den verschiedenen Bereichen ist wesentlich jünger als die Formen der Buchhaltung. Buchhalterische Aufzeichnungen sind schon aus dem Altertum bekannt. Die Methode der doppelten Buchführung wurde erstmals 1494 in einem Lehrbuch von Luca Pacioli dargestellt. Diese verbreitete sich in der Praxis im 16. Jahrhundert in den grossen Handelshäusern und gab Anlass zur Gesetzgebung über die Buchführung, um Missstände in der Kreditwirtschaft und zahlreiche betrügerische Konkurse zu vermeiden. Die ersten staatlichen Vorschriften wurden in Frankreich (Ordonnance de Commerce 1694) erlassen. Diese verpflichteten Kaufleute und Bankiers zur Buchführung und legten Inhalt und Form der laufenden Eintragungen sowie die Pflicht zur Inventur fest. Die Ordonnance wurde 1808 vom Code de Commerce abgelöst, welcher in der Folge Grundlage für die Gesetzgebung über Buchhaltung und Bilanzierung in Deutschland und auch in schweizerischen Kantonen bildete. Die Buchführungsvorschriften des schweizerischen Obligationenrechts von 1881 waren jedoch wesentlich knapper als in den ausländischen Rechtsordnungen.[7]

Diese OR-Vorschriften beschränkten sich – wie in den ausländischen Rechtsordnungen – auf die Pflicht zur Darstellung »der wirklichen Vermögenslage« in der Bilanz – und damit im Zusammenhang auf die Forderung zur »Bilanzwahr-

7 Eine ausführliche Darstellung der Entwicklung des schweizerischen Buchführungsrechts enthält: Bourquin, G.: Le principe de sincérité du bilan (Genf 1976).

heit«. Die Praxis hat diesen inhaltlich unpräzisen Grundsatz jedoch wenig beachtet. Vorschriften für eine Abschlussrechnung zur Darstellung der Ertragslage fehlten völlig. In der Schweiz waren bis 1991 die Begriffe der »Gewinn- und Verlustrechnung« lediglich in der Marginalie zu aOR 662 und der »Betriebsrechnung« in aOR 957 III zu finden, und zwar ohne Legaldefinition und Mindestinhalt.[8] Mit der Teilrevision des Aktienrechts 1991 wurden die rudimentären Bestimmungen von 1936 zur **kaufmännischen Buchführung** (lediglich vier Artikel) durch ausführlichere Sonderbestimmungen zur **Rechnungslegung** von AG und GmbH ergänzt (aOR 662 - 674, aOR 801). Erstmals wurde unter den unübertragbaren Aufgaben des Verwaltungsrats einer AG (OR 716a I, Ziff. 3)[9] die Verantwortung für die Ausgestaltung des **Rechnungswesens** festgehalten. Das Rechnungswesen umfasst mindestens die laufende Erfassung der relevanten Geschäftsvorfälle in der **Buchführung** und daraus abgeleitet die Abschlussrechnungen in der **Rechnungslegung.** Es gibt jedoch keine näheren Vorgaben über Umfang und Ausbaugrad des internen Rechnungswesens (z. B. Kosten- und Leistungsrechnung, Planungsrechnungen).

Es war stets eine Besonderheit der schweizerischen Gesetzgebung zum Rechnungswesen, dass diese sich auf das Grundsätzliche beschränkte (Prinzipienorientierung) und bei einer umfassenden Regelung einzelner Sachverhalte Zurückhaltung geübt hat. In der neueren Zeit ist jedoch, ausgelöst durch die Entwicklung von internationalen Rechnungslegungsstandards (IFRS) und der europäischen Gesetzgebung (EU-Richtlinie 2013), eine zunehmende Regelungsdichte auch im schweizerischen Recht unverkennbar. In neuerer Zeit differenziert der Gesetzgeber jedoch zwischen den zu den grössenmässig immer noch bedeutenden buchführungs- und der rechnungspflichtigen Personenunternehmen und den finanzmarktorientierten Kapitalgesellschaften. Dies ist ein wesentliches Merkmal des Rechnungslegungsrechts aus dem Jahr 2011.

1.2.2 Zielsetzung der Buchführungs- und Rechnungslegungsvorschriften

Wenn der Gesetzgeber auf dem Gebiet der Buchführung tätig geworden ist, wollte er bestimmte Interessen schützen und fördern. Mit der Pflicht zur Führung von Geschäftsbüchern und zum Abschluss in regelmässigen Abständen (Rechnungslegung), sollte der Unternehmer in die Lage versetzt werden, sich ein Bild über seine wirtschaftlichen Verhältnisse zu machen. Die laufenden Aufzeichnungen in der Buchführung sind periodisch in besonderen Abschlussrechnungen (Jahresrechnung), mindestens jährlich, vorzugsweise jedoch in kürzeren Zeitabständen in der Rechnungslegung zusammenzustellen. Die **Selbstinformation des Unternehmers**

8 In Deutschland wurde der Mindestinhalt der Gewinn- und Verlustrechnung erstmals schon 1931 vorgeschrieben.

9 Böckli, Neue OR-Rechnungslegung, S. 2.

ist deshalb ein wichtiger Zweck der Buchführung und Rechnungslegung. Damit soll verhindert werden, dass der Unternehmer aus Unkenntnis seiner Vermögens- und Finanzlage seine Verpflichtungen nicht mehr erfüllen kann und dadurch die Gläubiger geschädigt werden. Deshalb will der Gesetzgeber zum **Gläubigerschutz** mit zahlreichen Vorschriften verhindern, dass im Jahresabschluss die wirtschaftliche Lage zu günstig dargestellt und die Gläubiger über die Kreditfähigkeit des Unternehmens getäuscht werden. Auch die Bestimmungen zum **Eigenkapitalschutz** bei Kapitalgesellschaften (beispielsweise durch Vorschriften über die Gewinnverwendung und Kapitalentnahmen) dienen dem Schutz der Gläubiger und damit im weiteren Sinne auch der Arbeitnehmer.

Bei grösseren Unternehmen und Unternehmensgruppen (Konzernen) dient die Buchführung und Rechnungslegung den Aufsichts- und Leitungsorganen als **Führungsinstrument**, um gestützt auf aussagekräftige Entscheidungsgrundlagen die **Finanzverantwortung** (OR 716a I) wahrzunehmen.

Auf eine ordnungsgemässe Buchführung als Grundlage der Rechnungslegung ist auch das öffentliche Gemeinwesen angewiesen. Dieses dient somit nicht nur den am Unternehmen Beteiligten, sondern auch **öffentlich-rechtlichen Zwecken.** Es liefert, gestützt auf das Massgeblichkeitsprinzip, die **Bemessungsgrundlage für die Veranlagung der Gewinnsteuern** des Bundes und der **Kapitalsteuern** der Kantone.[10] Die steuerlich zulässigen Wertansätze müssen auch im handelsrechtlichen Jahresabschluss verbucht werden, damit sie bei der steuerlichen Erfolgsermittlung berücksichtigt werden können (Verbuchungsprinzip).[11] Auch für die Erhebung der **Mehrwertsteuer** sind die Geschäftsbücher »nach den handelsrechtlichen Grundsätzen« zu führen (MWSTG 70 I). und so einzurichten, dass sich die für die Abrechnung der MWSt massgebenden Tatsachen zuverlässig ermitteln lassen.

Mit der wachsenden Bedeutung der Finanzmärkte stellte sich heraus, dass bei grösseren Aktiengesellschaften auch die Informationsansprüche der nicht an der Geschäftsleitung beteiligten Aktionäre schutzbedürftig sind. Dem Zweck der **Rechenschaft** dienen strengere Anforderungen an die Rechnungslegung, indem Bilanz und Erfolgsrechnung zwingend durch einen umfangreicheren Anhang, eine Geldflussrechnung und einen Lagebericht ergänzt werden müssen (OR 961). Für börsenkotierte Publikumsgesellschaften (SIX Swiss Exchange und Berner Börse) gemäss Finanzmarktinfrastrukturgesetz 2015 gelten zusätzliche Vorschriften.[12] Die Minderheitsrechte von Gesellschaftern werden zudem durch erhöhte Anforderungen an die Transparenz (OR 963b) geschützt.

10 Böckli, Neue OR-Rechnungslegung, S. 5.

11 Pfaff/Ganz/Stenz/Zihler, Kommentar »Massgeblichkeit«, S. 879.

12 Die strengen Informationspflichten und der dadurch bewirkte erhöhte administrative Aufwand hat 2015 mittelgrosse Gesellschaften (wie die Loeb Holding, Biella) veranlasst, auf die Börsenkotierung ihrer Aktien zu verzichten und diese nur noch ausserbörslich (OTC-Markt) handeln zu lassen.

In der arbeitsteiligen, auf Kreditbeziehungen beruhenden Wirtschaft wirkt sich eine nicht zuverlässige erstellte Jahresrechnung negativ aus. Zudem lässt die Abrechnung für die Mehrwertsteuer nicht zuverlässig ermitteln. Eine unzulängliche Geschäftsführung mit einer mangelhaften Buchführung und Rechnungslegung wirkt auf alle Anspruchsgruppen (Stakeholder) nachteilig aus. Durch den finanziellen Zusammenbruch, insbesondere von grösseren Unternehmen oder von Grosskonzernen, werden nicht nur die beteiligten Eigentümer, Finanzgläubiger und Arbeitnehmer betroffen, sondern wegen der dadurch ausgelösten allgemeinen Verunsicherung auch andere Marktteilnehmer.[13] Der Zwang zu einer ordnungsmässigen Buchführung und Rechnungslegung dient somit dem Wirtschaftssystem als Ganzes (**Systemschutz**).[14]

13 Die Lösung der durch einen grossen Unternehmenszusammenbruch entstandenen Probleme erweist sich – wie verschiedene jüngere Beispiele zeigen – als anspruchsvoll und wegen der damit verbundenen rechtlichen Auseinandersetzungen als langwierig. Das Nachlassverfahren der SAir Group läuft z. B. seit 2001 und ist 2017 noch nicht abgeschlossen.

14 Böckli, Neue OR-Rechnungslegung, S. 5.

2 Kaufmännische Buchführung

2.1 Werdegang des Buchführungsrechts

Mit dem 32. Titel »Die kaufmännische Buchführung« wurden bei der Revision des Obligationenrechts 1936 die längst veralteten Bestimmungen des OR 1881 über »Die Geschäftsbücher« ersetzt. Das allgemeine Buchführungs- und Bilanzrecht regelte somit über 60 Jahre[15] praktisch unverändert die Pflicht zur Führung und Aufbewahrung der Geschäftsbücher (aOR 957), die Bilanzvorschriften (aOR 958 – 960)[16],die Unterzeichnungspflicht (aOR 961 und die Editionspflicht (aOR 963)). Mit einer kleinen Revision von 1999 wurde die Kompetenz, Regeln zur Führung und Aufbewahrung der Bücher zu erlassen, dem Bundesrat übertragen. Der Bundesrat machte davon 2002 Gebrauch mit der Geschäftsbücherverordnung (GeBüV). Die allgemeine Buchführungspflicht mit den Nebenpflichten leitete sich aus der Pflicht zur Eintragung im Handelsregister (OR 934) ab, welche bei Einzelunternehmen, Kollektiv- und Kommanditgesellschaften bei einem Jahresumsatz (Roheinnahmen) von mindestens CHF 100'000 einsetzte (HRV 36 I). Die Pflicht zur Buchführung und damit zur Rechnungslegung knüpft im Rechnungslegungsrecht nicht mehr an die Pflicht zum Handelsregistereintrag an.[17]

Die immer noch gebräuchliche Bezeichnung Buchführung erklärt sich historisch aus der Tatsache, dass die Kaufleute ihre Aufzeichnungen über Bestand und Veränderungen von Geld, Guthaben und anderen Vermögenswerten sowie Schulden in gebundenen Büchern vorgenommen haben. Ungeachtet des Wandels im 20. Jahrhundert vom Buch zu losen Blättern, Lochkarten und modernen Bild- und Datenträgern, hält der Gesetzgeber am herkömmlichen Begriff der Geschäfts- oder Handelsbücher fest (OR 958f, HGB 239). Die gesetzlich anerkannten Formen der Buchführung »auf Papier, elektronisch oder in vergleichbarer Weise« verändert jedoch nicht die Funktion der ordnungsmässigen Buchführung. Diese besteht in der Dokumentation durch planmässige Erfassung und systematische Ordnung, der sog. Geschäftsvorfälle (Buchungstatsachen) in Konten. Die laufende Verbuchung wird in regelmässigen Abständen – mindestens nach einem Geschäftsjahr –

15 Bis zum Inkrafttreten des Rechnungslegungsrechts vom 23. Dezember 2011.

16 Der umfassendere Begriff der Rechnungslegung wurde vom Gesetzgeber erstmals in den Sondervorschriften für die Aktiengesellschaften 1991 verwendet.

17 Der E-OR 957 des Bundesrates (BBI, S. 1787) wurde bei der parlamentarischen Beratung abgeändert.

durch eine besondere Abschlussrechnung (Jahresrechnung, Einzelabschluss) unterbrochen.

Diese umfasste ein Inventar[18], eine Bilanz und eine Betriebsrechnung[19], welche »nach den allgemein anerkannten kaufmännischen Grundsätzen« (kurz aakG) vollständig, klar und übersichtlich aufzustellen sind, damit die Beteiligten einen möglichst sicheren Einblick in die wirtschaftliche Lage des Geschäftes erhalten (aOR 959). Es war in der Lehre stets unbestritten, dass die aakG auch für die Buchführung schlechthin gelten. Der Verweis auf die aakG unter Verzicht auf Normen zu einzelnen Sachverhalten ermöglichte einerseits eine flexible Anpassung der Praxis an veränderte Verhältnisse, war andererseits aber auch problematisch, weil sich daraus keine klaren Anweisungen für die konkrete Gestaltung der Buchführung entnehmen liessen.[20]

Mit der Aktienrechtsrevision 1991 wurden die 1936 wegen der beschränkten Haftung für Verbindlichkeiten eingeführten wenigen Sondervorschriften für Aktiengesellschaften und später auch Gesellschaften mit beschränkter Haftung (aOR 801) deutlich verschärft, indem insbesondere wesentlich strengere Vorschriften zum Jahresabschluss eingeführt worden sind. Die unscharfen aakG von aOR 959 wurden für AG und GmbH durch die Grundsätze ordnungsmässiger Rechnungslegung (GoR) abgelöst.

Die je nach Rechtsform unterschiedlichen Bestimmungen zur Buchführung und Rechnungslegung wurden jedoch je länger, desto mehr als unbefriedigend betrachtet, denn die Rechtsform eines Unternehmens sagt nichts aus über die Art und den Umfang der Geschäftstätigkeit und damit die Anforderungen an die notwendigen Informationen zur zuverlässigen Beurteilung der Ertrags- und Vermögenslage.

Ein erster Versuch, Buchführung und Rechnungslegung rechtsformenunabhängig zu regeln (VE 1998 zum Bundesgesetz über Rechnungslegung und Revision) scheiterte wegen der dabei vorgesehenen strengeren Anforderungen an die Transparenz am heftigen Widerstand der Wirtschaft. Auf Grund der internationalen Entwicklung erwies sich die Neuordnung der Revision und die Einführung einer Revisionsaufsicht zudem als vordringlich (OR-Revision 2005).

Als besondere Merkmale des schweizerischen Buchführungs- und Rechnungslegungsrechts sind hervorzuheben: die lange Zeitspanne zwischen einzelnen Gesetzesrevisionen, die bewusste Zurückhaltung bei der Anpassung an die Neuerungen im Ausland, zuletzt beispielsweise der Aktienrechtsrevision 1991 an die europäische Entwicklung (EU-Richtlinien zum Jahresabschluss 1978 und 1983). Dies führt zu deutlichen Abweichungen der schweizerischen Normen zum jeweiligen Stand des ausländischen Rechts. Bei der zunehmenden wirtschaftlichen Dynamik mit

18 Die von aOR 958 geforderte Inventarpflicht verlangte ein Verzeichnis aller Aktiven und Passiven nach Gattung, Menge und Wert auf einen bestimmten Zeitpunkt in der Bilanz.

19 Die unpräzise Bezeichnung Betriebsrechnung wurde in der Fachliteratur als Erfolgsrechnung ausgelegt.

20 Meier-Hayoz/Forstmoser/Sethe, Schweizerisches Gesellschaftsrecht, S. 209.

neuen Informationsbedürfnissen ergab sich für den schweizerischen Gesetzgeber ein dringlicher Handlungsbedarf zur Schaffung eines zeitgemässen Aktien- und Rechnungslegungsrechts. Die entsprechenden Arbeiten wurden 2003 aufgenommen.

Die Reform des Buchführungs- und Rechnungslegungsrechts 1936/1991 wurde im Rahmen der Revision des Aktienrechts vorgeschlagen (Entwurf vom 21. Dezember 2007). Die Aktienrechtsrevision erwies sich bei den parlamentarischen Verhandlungen als langwierig. Deshalb wurde das Rechnungslegungsrecht (32. Titel des Obligationenrechts) 2009 abgetrennt und nach längeren Beratungen im Dezember 2011 von den eidgenössischen Räten angenommen. Der Bundesrat setzte die neuen Vorschriften auf den 1. Januar 2012 in Kraft. Diese waren erstmals für das am 1. Januar 2015 beginnende Geschäftsjahr, jene für die Konzernrechnung ab 1. Januar 2016, anzuwenden.

Es bestehen Ausführungsbestimmungen zum Rechnungslegungsrecht wie die Geschäftsbücherverordnung (GeBüV, Stand 1. Januar 2013) und die Verordnung über die anerkannten Standards zur Rechnungslegung (VASR, Stand 1. Januar 2015). Zum geltenden, noch nicht dem Rechnungslegungsrecht angepassten Aktienrecht von 1991 ergeben sich jedoch Unstimmigkeiten, wie zur Reservebildung (OR 671), Aufwertung (OR 670), eigene Aktien (OR 659a und 671a), Kapitalverlust und Überschuldung (OR 725).

2.2 Besonderheiten und Neuerungen des Rechnungslegungsrechts 2011

Das neue Rechnungslegungsrecht weist folgende Besonderheiten auf:

Prinzipienorientiertes Grundkonzept

Der schweizerische Gesetzgeber regelt Buchführung und Rechnungslegung von jeher auf der Basis von Grundsätzen, ergänzt durch punktuelle Vorschriften zu einzelnen Sachverhalten. Die bisherigen Grundsätze zur ordnungsmässigen Rechnungslegung (kurz GoR) wurden um die Grundsätze ordnungsmässiger Buchführung (kurz GoB) erweitert. Die Mindestvorschriften zur Jahresrechnung sind jedoch systematischer und detaillierter. Diese sind nicht nur von AG und GmbH, sondern von allen buchführungspflichtigen Unternehmen anzuwenden.

Rechtsformenneutralität

Die wesentliche Neuerung des Rechnungslegungsrechts 2011 ist die Rechtsformenneutralität und damit die grundsätzlich einheitliche Regelung der Pflicht zur Buchführung und Rechnungslegung. Die bisherigen aktienrechtlichen Sondervorschriften (aOR 662-669, OR 697h) werden aufgehoben. Es war schwer verständlich, dass für die Einpersonen-Aktiengesellschaften mit einer gewerblichen Tätigkeit die gleichen Rechnungslegungsvorschriften anzuwenden waren wie für den Einzelabschluss einer grossen, nicht börsenkotierten (gemischten) industriellen Holdinggesellschaft.[21]

Differenzierung nach Unternehmensgrösse
Eine konsequente Anwendung der Rechtsformenneutralität würde jedoch der erheblichen Unterschiede der buchführungspflichtigen Unternehmen in Bezug auf Grösse und wirtschaftliche Bedeutung nicht gerecht. Im Rechnungslegungsrecht 2011 werden deshalb je nach Unternehmungsgrösse und Rechtsform die Anforderungen an die Buchführungs- und Rechnungslegungspflicht differenziert, indem einerseits Erleichterungen, andererseits Verschärfungen erfolgen.

Es sind im Rechnungslegungsrecht vier Gruppen von Normen zu unterscheiden:[22]

1. Kleinunternehmen in der Rechtsform des Einzelunternehmens, der Kollektiv- und Kommanditgesellschaft mit weniger als CHF 500‘000 Umsatz sowie gewisse Vereine und Stiftungen können bei sinngemässer Anwendung der Grundsätze ordnungsgemässer Buchführung den Umfang der Buchführung auf Einnahmen und Ausgaben sowie die Darstellung der Vermögenslage beschränken und auf zeitliche und sachliche Abgrenzungen verzichten. Diese Erleichterungen sollen Kleinunternehmen vom administrativen Aufwand entlasten. Es ist allerdings umstritten, ob sich diese in der Praxis auch umsetzen lassen.[23]
2. Unternehmen mit Einnahmen- und Ausgabenbuchhaltung ohne zeitliche, aber mit sachlichen Abgrenzungen. Diese Entlastung betrifft juristische Personen mit weniger als CHF 100‘000 Nettoerlös aus Lieferungen und Leistungen oder Finanzerträgen (sog. Mikrounternehmen).
3. Grössere Unternehmen sind Unternehmen, welche gesetzlich zur ordentlichen Revision verpflichtet sind (OR 727 II, ZGB 69b): Publikumsgesellschaften und Gesellschaften, welche in zwei aufeinanderfolgenden Geschäftsjahren die Schwellenwerte (für die ordentliche Revision CHF 20 Mio. (Bilanzsumme), CHF 40 Mio. (Umsatz) und 250 Vollzeitstellen) überschreiten.
4. Gesellschaften, welche zur Erstellung einer Konzernrechnung verpflichtet sind. Diese haben zusätzlich zu den Bestimmungen zur Buchführung und Rechnungslegung Sonderbestimmungen nach OR 961 zu beachten.

   Für alle übrigen Unternehmen gelten die Bestimmungen zur Buchführung (OR 957a) und zur Rechnungslegung (OR 958-958d).

Legaldefinitionen
Bei der Revision des Aktienrechts 1991 wurden verschiedene wichtige Begriffe der Rechnungslegung erstmals auf Gesetzesstufe erwähnt, wie die Arten von Erträgen

21 Eine gemischte Holdinggesellschaft übt neben dem Halten von Beteiligungen auch noch eine operative industrielle oder Dienstleistungstätigkeit aus.
22 HWP, 2014, S. 30.
23 Böckli, Neue Rechnungslegungsrecht, S. 69. veb.ch empfiehlt deshalb eine minimale doppelte Buchhaltung.

und Aufwendungen, Umlauf- und Anlagevermögen, Fremdkapital, Wertberichtigungen, Rückstellungen. Eine Umschreibung des Inhalts dieser Begriffe im Gesetz (Legaldefinition) ist jedoch unterblieben. Mit den verschiedenen Legaldefinitionen bringt das Rechnungslegungsrecht die wünschenswerten näheren Umschreibungen, z. B. für Aktiven, Passiven, Verbindlichkeiten, Fristigkeit.

Ausführliche Bewertungsregeln
Die Bestimmungen wurden erweitert und präzisiert: Pflicht zur Einzelbewertung, Unterscheidung von Erst- und Folgebewertung sowie das Vorsichts- und das Niederstwertprinzip.

Klare Mindestgliederung für Bilanz und Erfolgsrechnung
Die bisherige aktienrechtliche Aufzählung der mindestens aufzuführenden Positionen (aOR 663 und 663a) ist durch ein verbindliches Gliederungsschema ersetzt worden.

Grundsätze ordnungsmässiger Buchführung (GoB)
Diese legen auf Gesetzesstufe die qualitativen formellen und materiellen Anforderungen an die Gestaltung der laufenden Buchführung fest.[24] In der deutschen Fachliteratur werden die Grundsätze ordnungsmässiger Buchführung als Oberbegriff betrachtet. Dieser umfasst zwei Bestandteile, welche die Grundsätze der Dokumentation (entsprechend den GoB nach OR 957a II) und der Rechenschaft (Rechnungslegung nach OR 958c) umfassen.[25]

Minderheiten und Einzelrechte auf erweiterte Rechnungslegung
Bei juristischen Personen können qualifizierte Minderheiten, in besonderen Fällen auch einzelne Gesellschafter, höhere Anforderungen an die Rechnungslegung stellen.

2.3 Buchführungspflicht

2.3.1 Überblick

Unter dem bisherigen Recht war die Buchführung (nicht aber die Rechnungslegung) durch einheitliche, allerdings knappe und unscharfe Gesetzesbestimmungen geregelt. Diese waren deshalb bei der Anwendung in der Praxis auszulegen. Wie

24 Diese Grundsätze wurden allerdings schon vor dem Rechnungslegungsrecht durch die Lehre umfassend und vereinzelt auch die Rechtsprechung konkretisiert und jeweils im Handbuch der Wirtschaftsprüfung (HWP), letztmals 2009, erläutert. Pfaff/Ganz/Stenz/Zihler, Kommentar zu OR 857a, Anmerkung 916, S. 96.

25 Grundlegend dazu Leffson: Die Grundsätze ordnungsmässiger Buchführung (Düsseldorf 1987). Coenenberg/Haller/Schultze, Jahresabschluss und Jahresabschlussanalyse, S. 37.

dies zu erfolgen hat, gibt der Gesetzgeber in ZGB 1 vor. So ist bei der Klärung der Rechtsnormen und beim Füllen von Gesetzeslücken auch die »bewährte Lehre« und die bisherige Rechtsprechung zu beachten.

Fundierte Erläuterungen der Gesetzesbestimmungen zum Buchführungsrecht durch die Lehre, auf welche sich jeweils auch die Rechtsprechung abstützt, geben in der Schweiz die wissenschaftlichen, nach den Gesetzesartikeln (aOR 957-963) aufgebauten heute noch relevanten Kommentare von K. Käfer (Bern 1982) und E. Bosshard (Zürich 1984). Die aktienrechtlichen Rechnungslegungsvorschriften 1991 wurden im Basler Kommentar zum Gesellschaftsrecht (OR 530-1186) dargelegt.[26]

Mit dem Rechnungslegungsrecht 2011 wurden die bisherigen gesetzlichen Grundlagen umfassend erweitert. Dadurch ist eine Fülle von neuen Fragen für die Umsetzung des revidierten Buchführungs- und Rechnungslegungsrechts entstanden. Diese Aufgabe haben in knapper Form der Handkommentar zum schweizerischen Privatrecht[27] und sehr gründlich, unter ausführlichen Verweisen auf national und international anerkannte Standards (Swiss GAAP FER, IFRS) sowie vergleichbarer ausländischer Normen, der veb.ch Praxiskommentar (D.Pfaff./St. Ganz/Th. Stenz./F. Zihler) übernommen.

2.3.2 Allgemein gültige Vorschriften zur Buchführung

Die den Grundsätze ordnungsmässiger Buchführung entsprechenden allgemein gültigen Vorschriften sind anwendbar für:[28] Einzelunternehmen (OR 945 und HREGV 36 ff.) und Personengesellschaften (OR 552 ff., OR 594 ff., KAG 99), die im letzten Geschäftsjahr einen Umsatz von mindestens CHF 500'000 erzielt haben und die juristische Personen. Die juristischen Personen sind Aktiengesellschaften, Kommandit-Aktiengesellschaft, Gesellschaften mit beschränkter Haftung, Genossenschaften, Vereine, die sich ins Handelsregister eintragen lassen müssen, d. h., welche ein kaufmännisches Gewerbe betreiben oder revisionspflichtig sind (ZGB 61 ff.), oder Stiftungen, die im Handelsregister eintragungspflichtig sind (ZGB 81 II).

Die umfassende Buchführung verlangt das System der Doppik.[29] Nur die doppelte Buchhaltung, welche sich dadurch kennzeichnet, dass jede Buchungstatsache mit demselben Betrag, einmal im SOLL (+) und einmal im HABEN (–) der entsprechenden Konten eingetragen wird, kann den Grundsätzen ordnungsmässiger Buchführung und den qualitativen Anforderungen an den Jahresabschluss (OR 959-960e) entsprechen. Auch das Buchungsdatum und ein Kurztext zur Buchung sind in der Praxis üblich (▶ Abb. 2).

26 Honsell/Vogt/Walter, Obligationenrecht II.

27 Ergänzungsband Revidiertes Rechnungslegungsrecht 2013, Hrsg. Roberto, V./ Trueb, H. R. Kommentarverfasser L. Lipp (Zürich 2013).

28 Pfaff/Ganz/Stenz/Zihler, Kommentar zu OR 957, Anmerkung 6 – 18, S. 69 ff.

29 Botschaft 2007, S. 1698. Diese leitet die Pflicht zur doppelten Buchhaltung ausdrücklich aus OR 957a II, Ziff. 1 ab.

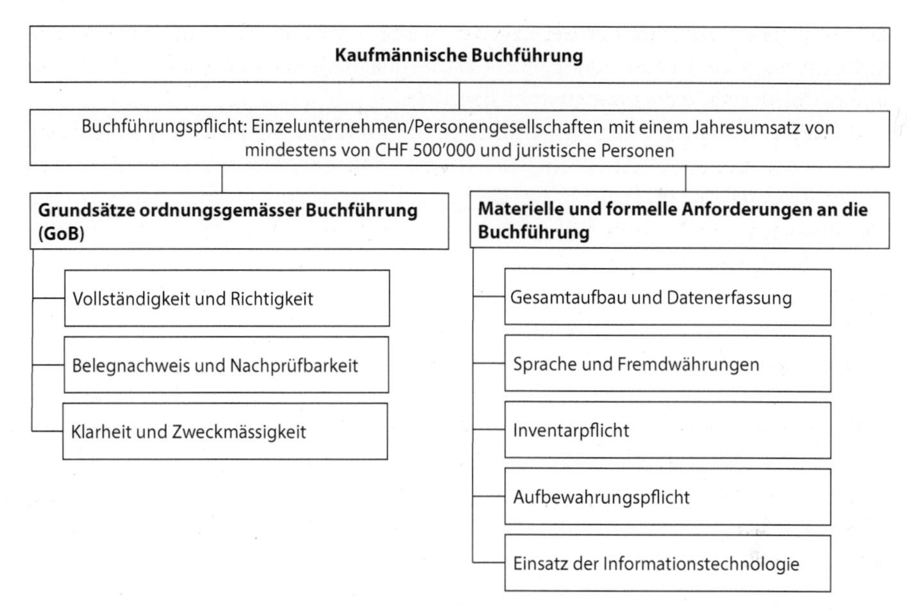

Abb. 2: Kaufmännische Buchführung

Nachdem die einfache Buchhaltung nur noch für einen beschränkten Kreis von buchführungspflichtigen Unternehmen ausdrücklich zulässig ist, ergibt sich gegenüber dem bisherigen Recht, welches die Pflicht zur doppelten Buchhaltung offengelassen hat, eine klare Regelung.[30]

Zusätzlich bestehen weitergehende Anforderungen an Buchführung und Rechnungslegung von grösseren Unternehmen (OR 961). Diese umfassen:

- die Pflicht zur Erstellung einer Geldflussrechnung,
- die Pflicht, einen Lagebericht zu verfassen,
- zusätzliche Angaben im Anhang (OR 961a) über die Fälligkeit der verzinslichen kurz- und langfristigen Verbindlichkeiten und über die Honorare der Revisionsstelle.

Der Kreis der grösseren Unternehmen wird jedoch nicht ausschliesslich nach Grössenkriterien festgelegt. Grundsätzlich knüpft das Rechnungslegungsrecht an die Art der gesetzlichen Revisionspflicht an, welche in OR 727 I festgelegt ist und für die Jahresrechnung und ggf. die Konzernrechnung eine ordentliche Revision verlangt.[31]

30 Bossard, Kommentar zu OR 957, Anmerkung 25, S. 226.

31 OR 961 ist nicht anwendbar, wenn die ordentliche Revision freiwillig oder auf Verlangen von 10% der Gesellschafter durchgeführt wird. Pfaff/Ganz/Stenz/Zihler: Kommentar zu OR 961, Anmerkung 11, S. 537.

Bei den börsenkotierten Publikumsgesellschaften richten sich die Informationspflichten nach den Bestimmungen des Kotierungsreglements. In Sonderfällen gelangen diese auch für Gesellschaften zur Anwendung, welche die Grössenkriterien nach den in OR 727 I Ziff. 2 aufgeführten Schwellenwerten 20 Mio. CHF (Bilanzsumme), 40 Mio. CHF (Ertrag) oder 250 Mitarbeitende nicht erreichen. Die zusätzlichen Anforderungen sind für börsenkotierte Gesellschaften erheblich strenger als jene von OR 961. Die Börsenkotierung setzt die Anwendung eines anerkannten Standards der Rechnungslegung gemäss der Verordnung über die anerkannten Standards der Rechnungslegung (VASR) voraus. Überdies muss ein besonderer Vergütungsbericht vorgelegt werden (VegüV 13-16).

Auch Einzelabschlüsse von börsenkotierten Gesellschaften sind nach einem anerkannten Standard zu erstellen nach dem Konzept der True and Fair View. Wegen der damit verbundenen steuerrechtlichen Probleme wird auch ein Einzelabschluss nach OR erstellt (Dual Reporting), welcher handelsrechtlich massgebend ist und der Generalversammlung zur Genehmigung vorgelegt wird.[32]

Bei den börsenkotierten Gesellschaften handelt es sich jedoch bis auf seltene Ausnahmen um konsolidierungspflichtige Konzerne. Diese können den Einzelabschluss der Obergesellschaft - anders als den Konzernabschluss - nach OR erstellen. Weil es sich bei dieser in der Regel um eine reine Holdinggesellschaft ohne eigene operative Tätigkeit handelt, weist der Holding-Einzelabschluss für die Beurteilung der wirtschaftlichen Lage der Gruppe nur eine sehr beschränkte Aussagekraft aus. Er wird deshalb in der Finanzanalyse hin und wieder, allerdings zu Unrecht, wenig beachtet.

2.3.3 Erleichterungen von der umfassenden Buchführungs- und Rechnungslegungspflicht

Als grundlegende Erleichterung ist mit OR 957 II zur Entlastung der KMU für bestimmte Rechtsformen eine eingeschränkte Buchführung eingeführt worden und zwar eine einfache Buchhaltung, bestehend aus einer Einnahmen- und Ausgabenrechnung mit Vermögensausweis.

Die Erleichterung für Mikrounternehmen durch Verzicht auf die zeitliche Abgrenzung beim Grundsatz der Periodisierung hat in der Praxis wegen der bescheidenen Zahl von betroffenen Gesellschaften nur geringe Auswirkungen, zumal die sachlichen Abgrenzungen vorzunehmen sind. Ebenfalls von geringer praktischer Bedeutung ist die Erleichterung, auf den Anhang zu verzichten, wenn die entsprechenden Angaben in der Bilanz und Erfolgsrechnung ausgewiesen werden (OR 959 III).

---

32 Dies ist der Fall bei der Hypothekarbank Lenzburg. Der Jahresbericht enthält den Einzelabschluss nach OR. Nach den Börsenvorschriften wird zusätzlich ein Jahresabschluss nach True and Fair View erstellt.

2.5 Die Einnahmenüberschussrechnung als Sonderfall der Buchführungsvorschriften

Unter dem bisherigen Buchführungsrecht von 1936 war es in der Lehre unbestritten, dass insbesondere in buchführungspflichtigen Unternehmen mit überblickbaren Verhältnissen für die »ordnungsgemässe Führung der Bücher« die einfache Buchführung genügt. Diese beschränkte die laufende Kontenführung auf einzelne ausgewählte Buchungsobjekte, z. B. Zahlungsmittel, Forderungen (Debitoren) und Zahlungsverpflichtungen (Kreditoren). Das Geschäftsergebnis würde anhand des Inventars durch Vermögensvergleich ermittelt.[33]

Bereits im VE 2005 war für nicht im Handelsregister eintragungspflichtige Einzelunternehmen, Stiftungen und Vereine ausdrücklich eine auf Einnahmen und Ausgaben sowie die Vermögenslage beschränkte Buchführung vorgesehen (VE 957 II). Der Entwurf 2007 ergänzte die Vorschrift lediglich mit der Aussage »Die Grundsätze ordnungsmässiger Buchführung gelten sinngemäss«. In der parlamentarischen Beratung wurde der Gesetzesartikel des Entwurfs gründlich überarbeitet. Das Parlament wollte, ähnlich wie im Ausland mit der sog. Mikro-Richtline der EU, insbesondere kleine Unternehmen administrativ entlasten. Die Buchführungspflicht wurde von der Eintragungspflicht im Handelsregister abgekoppelt und in Abweichung vom rechtsformenneutralen Buchführungs- und Rechnungslegungsrecht für Einzelunternehmen und Personengesellschaften mit weniger als CHF 500'000 Nettoerlös die Sonderregelung der Einnahmen- und Ausgabenrechnung eingeführt. Im Entwurf 2007 war diese nur für Kleinstunternehmen mit weniger als CHF 100'000 Nettoerlös vorgesehen. Von der vom Parlament beschlossenen Erhöhung des Schwellenwertes sollten neben kleineren Gewerbebetrieben auch die freien Berufe von der Ausnahmeregelung profitieren können.

Diese einfache Buchhaltung wurde in der Botschaft etwas despektierlich als »Milchbüchleinrechnung« bezeichnet, was sachlich schon deshalb unzutreffend ist, weil die früher üblichen »Haushalt-Milchbüchlein« keine Informationen über Einnahmen und zur Vermögenslage enthielten.[34] Die einfache Buchhaltung ist auch in Deutschland und Österreich zur administrativen Erleichterung von nicht buchführungspflichtigen Kleinunternehmen vorgesehen.[35] Diese wird für die steuerliche Erfolgsermittlung als Einnahmenüberschussrechnung bezeichnet.[36]

33 Käfer, Kommentar zu OR 957, Anmerkung 355, S. 444.

34 Botschaft 2007, S. 1697. Pfaff/Ganz/Stenz/Zihler, Kommentar zu OR 957, Anmerkung 42, S. 78.

35 Dementsprechend sind nach HGB 241a Einzelkaufleute mit einem Umsatzerlös von nicht mehr als 500'000 Euro und 5'000 Euro Jahresüberschuss von der umfassenden Buchführungspflicht befreit und können sich mit einer einfachen Buchhaltung begnügen, vgl. das Beispiel bei Freidank, C./Velte, P.: Rechnungslegung und Rechnungslegungspolitik (Stuttgart 2004), S. 115 ff.

36 Pfaff/Ganz/Stenz/Zihler, Kommentar zu OR 957, Anmerkung 45, S. 79.

OR 957 II enthält keine Bestimmungen über die qualitativen Mindestanforderungen an die Aufzeichnung der Einnahmen und Ausgaben, wobei sich diese Begriffe in Anlehnung an den Sprachgebrauch der Praxis auf Einzahlungen und Auszahlungen und somit auf eine Geldrechnung beziehen. Bargeschäfte werden im Kassenbuch und der Post- und Bankzahlungsverkehr in den entsprechenden Büchern erfasst. Wie grundsätzlich im Buchführungsrecht handelt es sich nicht mehr um Bücher im herkömmlichen Sinn, sondern um elektronische Listen oder Tabellen. Bareinzahlungen und -auszahlungen müssen gemäss den Grundsätzen ordnungsmässiger Buchführung »fortlaufend, lückenlos und zeitnah aufgezeichnet werden«.

Eine periodische Abstimmung des Bestandes mit dem Buchsaldo des Kassenbuchs ist bei einem bargeldintensiven Betrieb täglich unbedingt erforderlich.[37]

Bei der Bestimmung über den Nachweis der Vermögenslage handelt es sich um einen unbestimmten, in verschiedenen Fachgebieten verwendeten und daher auslegungsbedürftigen Rechtsbegriff.[38] Es ist unbestritten, dass diese ausschliesslich das Geschäftsvermögen umfasst. Passardi/Fontana[39] unterscheiden den zahlungsmittelorientierten Vermögensbegriff, welcher sich auf Zahlungsmittel abzüglich kurzfristige Bankverbindlichkeiten und Nettoforderungen gegenüber dem Unternehmer privat beschränkt und einen erweiterten Vermögensbegriff, welcher alle nach Ablauf des Rechnungsjahres noch vorhandene Gegenwerte von Auszahlungen erfasst. Die »Vermögenslage« kann auch als Summe aller Aktiven umschrieben werden.

Bei einer auf den Zweck ausgerichteten Auslegung von OR 959 genügen eine zahlungsmittelorientierte oder eine der auf Ende des Geschäftsjahres noch vorhandenen Gegenwerten von Auszahlungen beschränkte Vermögensaufzeichnung ebenso wie alle Aktiven nicht dem Begriff der Vermögenslage nach herrschender Lehre.

Nach dieser umfasst die Vermögenslage das Bruttovermögen (die Summe aller Vermögenswerte), die Schulden und das Nettovermögen bzw. die Überschuldung und die Verhältnisse der einzelnen Komponenten zusammen.[40]

Im Buchführungsrecht (OR 959 III) werden als Aktiven die Vermögenswerte bezeichnet und definiert. Es ist naheliegend, dass ein Begriff, welcher auf einer umfassenden Buchführung und Rechnungslegung beruht, nicht auf die einfache Buchhal-

37 Der Gerichtsentscheid (BGB 1A. 657/2005) betrifft die Anforderungen an die Buchhaltung aus steuerlicher Sicht. Weil ein Apotheker kein ordnungsmässig geführtes Kassenbuch vorlegen konnte, wurde er von der Steuerverwaltung nach Ermessen, gestützt auf Erfahrungszahlen zur Bruttogewinnmarge von anderen Apotheken, auf ein steuerbares Einkommen von CHF 149'000 und nicht wie vom Steuerpflichtigen angegeben auf CHF 49'800 eingeschätzt. (Vgl. Steuerrevue 1/2007, S. 44 ff.)

38 Zu dem mannigfaltigen Vermögensbegriffenen Käfer: Kommentar zu OR 957, Anmerkung 209 - 242, S. 39.

39 Passardi/Fontana, Das neue kaufmännische Buchführungsrecht nach OR: Gedanken zur Milchbüchleinrechnung, in TREX 1/13, S. 22 ff.

40 Bossard, Kommentar zu OR 957, Anmerkung 65, S. 174. Käfer, Kommentar zu OR 957, Anmerkung 212, S. 392 und Anmerkung 260, S. 408.

tung nach OR 957 II angewendet werden kann. Der Gesetzgeber schreibt im Hinblick auf die Erfolgsermittlung ergänzend eine Buchführung über die Vermögenslage vor. Im Sinn und Zweck der Entstehungsgeschichte der Normen besteht zur Vermögenslage nach OR 959 insofern ein grundlegender Unterschied, indem sich der Nachweis auf die Vermögenswerte und Verbindlichkeiten nur auf das Abschlussdatum des Geschäftsjahres bezieht. Eine laufende Nachführung der Veränderungen der Vermögenswerte wie in der doppelten Buchhaltung ist nicht erforderlich.[41] Der Nachweis der Vermögenslage erfordert deshalb auch die regelmässige Erfassung der Guthaben und Verbindlichkeiten aus dem Geschäftsverkehr. Das war übrigens bereits im aOR 957 I bei einer einfachen Buchführung zu beachten, verlangte dieses doch ausdrücklich die Feststellung der Schuld- und Forderungsverhältnisse. Auch Vorräte und Mobilien, und falls in Kleinbetrieben überhaupt vorhanden, auch Immobilien, sind eindeutig in der Darstellung der Vermögenslage auszuweisen.[42]

Nach Greter/Zihler ist eine systematische Erfassung der Wirtschaftsgüter wegen der gesetzlichen Pflicht der Nachprüfbarkeit (OR 957a II, Ziff. 5) in Form von Karteien oder Tabellen auch als Mindeststandard der einfachen Buchhaltung zu betrachten.[43]

Für die Wertermittlung der Positionen der Vorräte und des Sachanlagenvermögens ergibt sich ein Problem beim Ausweis in den Abschlussdaten nach dem Erwerbsjahr, werden diese doch durch Mengen- bzw. Preisveränderungen oder Nutzung entwertet. Weil der Gesetzgeber für diesen Sachverhalt keine Regeln vorgesehen hat, vertreten Greter/Zihler die Auffassung, das Unternehmen sei im Wertansatz frei, solange keine Über- oder Unterbewertung vorgenommen wird.[44] Nachdem auch kleine Unternehmer als Selbständigerwerbende eine Steuererklärung auszufüllen haben, ist ein Nachweis aufgrund von Abschreibungstabellen der nutzungs- und altersbedingten Wertverminderung von Sachgütern unausweichlich. Es dürfte naheliegend sein, diese Werte in den Vermögensnachweis nach OR 957 II zu übernehmen.

Die praktischen Auswirkungen der Neuerung von OR 957 II sind umstritten. So werden die Vorteile der Vereinfachung gegenüber einer umfassenden doppelten Buchhaltung, den Nachteilen wie der fehlenden Systematik und der grossen Fehleranfälligkeit der Einnahmen-/Ausgabenrechnung, der geringeren Glaubwürdigkeit gegenüber den Steuerbehörden[45] und den wegfallenden Vorteilen von stillen Reserven gegenübergestellt.[46]

41 Pfaff/Ganz/Stenz/Zihler, Kommentar zu OR 957, Anmerkung 61, S. 84.

42 Suter/Teitler, Das neue Rechnungslegungsrecht – eine Entlastung für KMU? Beispiel, in: ST 11/2012, S. 835. Pfaff/Ganz/Stenz/Zihler, Kommentar zu OR 957, Anmerkung 65, S. 85.

43 Pfaff/Ganz/Stenz/Zihler, Kommentar zu OR 957, Anmerkung 69, S. 86.

44 Pfaff/Ganz/Stenz/Zihler: Kommentar zu OR 957, Anmerkung 68, S. 86.

45 Die steuerlichen Aspekte der Einnahmenüberschussrechnung mit Vermögensnachweis werden ausführlich dargestellt bei Pfaff/Ganz/Stenz/Zihler: Kommentar zu OR 957, Anmerkung 76 – 85, S. 80 ff.

46 Suter/Teitler, Das neue Rechnungslegungsrecht – eine Entlastung für KMU? Beispiel, ST 11/2012, S. 835. Böckli, Neue OR-Rechnungslegung, S. 69.

2.6 Formelle und materielle Qualitätsanforderungen an die Buchhaltung

2.6.1 Gesamtaufbau der Buchhaltung und Datenerfassung

Die Buchführung ist die Grundlage der Rechnungslegung (OR 957a). Der Zweck der Rechnungslegung (OR 958) bestimmt demnach die formellen und materiellen Qualitätsanforderungen an die Buchführung. Dabei ist zu beachten, dass die Grundsätze ordnungsgemässer Buchführung nach OR 958c für die Einnahmenüberschussrechnung nur sinngemäss gelten, weil sonst die vom Parlament beschlossenen Erleichterungen hinfällig würden.[47]

Eine zentrale formelle Qualitätsanforderung betrifft den Gesamtaufbau der Buchführung, die zu führenden Konten und ihr Zusammenhang in ihrer Anpassung an die Grösse und Eigenart des Unternehmens.[48]

Massgebend für den Ausbaugrad sind einerseits die Informationsbedürfnisse der Unternehmensleitung (Selbstinformation) und von Beteiligten (insbesondere Minderheiten nach OR 962 II) sowie bei grösseren Aktiengesellschaften des Verwaltungsrats als Aufsichtsorgan mit Finanzverantwortung (OR 716a). Bei einer Produktionsunternehmung genügt die Finanzbuchhaltung in der Regel nicht. Diese muss durch das betriebliche Rechnungswesen ergänzt werden.

Für die zur laufenden Erfassung der Veränderung der Vermögens-, Finanz- und Ertragslage erforderlichen Aufzeichnungen – Buchungen – sind Geschäftsbücher zu führen. Eine nähere Umschreibung dazu fehlte im aOR 957. Diese Lücke wurde 2001 der Verordnung über die Führung und Aufbewahrung der Geschäftsbücher (GeBüV) behoben, welche die Führung eines Hauptbuchs und je nach Art und Umfang auch von Hilfsbüchern verlangt.

Anlass zu Buchungen geben sog. Geschäftsvorfälle bzw. Geschäftsereignisse (transactions) und Sachverhalte, durch welche Mengen und Werte (Aktiven, Passiven, Aufwendungen und Erträge) von bestimmten Buchungsobjekten verändert werden.

Jeder Geschäftsvorfall ist grundsätzlich einzeln zu erfassen. Zusammengefasste Buchungen sind zulässig, wenn sie nachvollziehbar in ihre einzelnen Positionen aufgegliedert werden können.

---

47 Pfaff/Gant/Stenz/Zihler, Kommentar zu OR 957, Anmerkung 70, S. 86.

48 Käfer, Kommentar zu OR 957, Anmerkung 495, S. 492.

Die Buchungen erfolgen:

- chronologisch im Journal (nach GeBüV Teil des Hauptbuchs),
- systematisch geordnet auf Konten im Hauptbuch,
- ergänzend z. B. Debitoren-/ Kreditoren-/ Lagerbuchhaltung in Hauptbüchern.

Es wird jedoch nicht jede Veränderung eines Buchungsobjektes erfasst, sondern nur jene, die buchungsfähig und zudem buchungswürdig sind. Die Buchungsfähigkeit hängt von technischen Möglichkeiten der Erfassung ab. Aus der Vielzahl der buchungsfähigen Tatsachen sind jene auszuwählen, die buchungswürdig sind. Die Buchungswürdigkeit wird durch die zwingenden gesetzlichen Anforderungen an die Buchführung bestimmt[49], d. h., von der Buchungspflicht sowie von den gewünschten Informationen der Adressaten ab. Bei der Auswahl der Buchungstatsachen sind der Nutzen einer Information und die damit verbundenen Mehrkosten der Aufzeichnungen abzuwägen. In der Buchhaltung werden jedoch nicht alle Geschäftsvorfälle erfasst, welche die wirtschaftliche Lage beeinflussen und nicht alle Geschäftsvorfälle lösen eine Buchung aus. Wenn eine Maschinenfabrik einen Auftrag erhält, wird zum Zeitpunkt der Auftragserteilung noch nichts gebucht, wenn damit keine Anzahlung verbunden ist und somit keine Buchungsobjekte verändert werden. Geldbewegungen sind grundsätzlich immer buchungspflichtig. Geringfügige Auszahlungen werden in der Praxis im Einzelnen nicht als buchungswürdig betrachtet und daher oft nur in einer Einmalbuchung über Portokasse oder Kleine Kasse (Petty Cash) erfasst.

Buchungen erfolgen in der Form eines sog. Buchungssatzes. Dieser umfasst das Buchungsdatum, die Nennung des Soll- und des Habenkontos und den Buchungstext, welcher den Sachverhalt kurz erklärt, sowie den Geldbetrag, wobei die notwendigen Buchungsvermerke belegt werden müssen.[50] Ein Verweis auf den Buchungsbeleg ist aus steuerrechtlicher Perspektive notwendig. Die im Journal in zeitlicher Reihenfolge aufgezeichneten Buchungstatsachen werden in sachlich logischer Folge auf den Konten abgebildet.

Konten sind Darstellungsmittel mit zwei Seiten oder Spalten über einzelne Buchungsobjekte wie Aktiven und Passiven, Aufwendungen und Erträge. Historisch bedingt wird die linke Seite mit Soll (Debit), die rechte Seite mit Haben (Credit) bezeichnet.[51]

Zur Erfüllung der Kontenfunktion sind die Geschäftsvorfälle getrennt nach Sach- und Personenkonten mit folgenden Angaben darzustellen: Kontenbezeichnung,

49 Käfer, Kommentar zu OR 957, Anmerkung 573, S. 518.

50 Bossard, Kommentar, Anmerkung 47, S. 22.

51 Einzelheiten zur Herkunft dieser aus heutiger Sicht wenig verständlichen Bezeichnungen siehe Käfer, K.: Die Bilanz als Zukunftsrechnung (Zürich 1937), S. 36.

Kennzeichnung der Buchungen, Saldo nach Soll und Haben, Buchungsdatum, Belegdatum, Gegenkonto, Belegnachweis, Buchungstext bzw. -schlüssel.[52]

Zu den formellen Anforderungen zählt auch der Ablauf der Aufzeichnungen, konkret der Ermittlungs- und Verbuchungszeitpunkt. Verbuchungen haben zeitnah zu erfolgen. Das Rechnungslegungsrecht erwähnt diese Forderung nicht und Gerichtsentscheide zu diesem Aspekt der ordnungsmässigen Buchführung fehlen.[53] Wenn ein buchungspflichtiger Sachverhalt zu einem bestimmten Zeitpunkt noch nicht buchungsreif ist, ist es den Buchführenden überlassen, den sachgerechten Zeitpunkt zu bestimmen.[54]

Zur Sicherstellung eines sachlogischen Kontensystems (GeBüV II) sind ein Kontenplan und in grösseren Unternehmungen Kontierungsanweisungen[55] erforderlich, damit gleichartige Buchungstatsachen einheitlich verbucht werden. Dies ist aus der Sicht der Rechnungslegung als Führungsinstrument für den unternehmensinternen Vergleich von Bedeutung. Um zwischenbetriebliche Unternehmensvergleiche aussagekräftig zu gestalten, wurden Kontenrahmen entwickelt, welche eine umfassende Zahl von Konten aufführen, indem die Unternehmung nach ihren Bedürfnissen einen Kontenplan zusammenstellen kann. Um den besonderen Verhältnissen eines einzelnen Wirtschaftszwecks Rechnung zu tragen, sind für diese besonderen Branchen Kontenrahmen entwickelt worden.

Die vom Gesetzgeber im Rechnungslegungsrecht mit den Grundsätzen ordnungsmässiger Buchführung (kurz GoB) geforderte systematische Erfassung der Buchungstatsachen (OR 957a II, Ziff. 1) macht den Einsatz eines auf einen Kontenrahmen abgestützten Kontenplans in der Buchführung zwingend.

Die materiellen Voraussetzungen der Ordnungsmässigkeit sind mit den Grundsätzen zur ordnungsmässigen Buchführung sowie verschiedenen Einzelnormen gesetzlich geregelt. Die mangels Rechtsnormen im bisherigen Recht erforderlichen Darstellungen der Lehre erübrigen sich.

2.6.2 Formen, Sprache und Währung der Buchführung

Der schweizerische Gesetzgeber hat im OR 1936 im Gegensatz zum Deutschen Handelsgesetzbuch keine qualitativen Anforderungen an die Aufzeichnungen der kaufmännischen Buchführung gestellt. aOR 960 hält lediglich fest, dass Inventar, Erfolgsrechnung und Bilanz in Landeswährung aufzustellen sind. Auch die Geschäftsbücherverordnung (GeBüV) 2002 schreibt nur die zu führenden Bücher vor, ohne die Form (Sprache, Schrift, Währung) festzulegen.

52 Treuhandkammer RS 10 (2013): Buchführung beim Einsatz von Informationstechnologie, Ziff. 28.

53 Pfaff/Ganz/Stenz/Zihler, Kommentar zu OR 957, S. 99.

54 HWP, 2014, S. 6.

55 Diese sind in einem Buchführungshandbuch zusammenzustellen.

In der Rechnungslegung werden alle anderen Währungen als die Währung der Buchführung als Fremdwährung betrachtet.[56] Verwendet beispielsweise die Tochtergesellschaft eines deutschen Konzerns mit Sitz in der Schweiz in der Buchführung den Euro, so gilt die Landeswährung Schweizer Franken (CHF) als Fremdwährung. Für die Buchführung schweizerischer Unternehmen ist in der Regel der Schweizer Franken als Landeswährung massgebend.

Neu erlaubt OR 957a IV für die laufende Buchführung und OR 958d III für die Rechnungslegung neben dem Schweizer Franken als Landeswährung auch die Verwendung einer anderen »für die Geschäftstätigkeit wesentliche Währung«. Als Funktionalwährung (Functional Currency) eines Unternehmens gilt die Währung des primären Wirtschaftsumfeldes, in dem das Unternehmen tätig ist und in der die Geldflüsse hauptsächlich anfallen (entsprechend der Definition in IAS 21/8).

Probleme mit der Fremdwährung ergeben sich in der Buchführung bei der Erfassung von Geschäftsvorfällen in Fremdwährung sowie bei der Buchführung und der Rechnungslegung in der Funktionalwährung, weil in der Jahresrechnung die Werte in der Landeswährung anzugeben sind. Die verwendeten Umrechnungskurse können im Anhang offengelegt und ggf. erläutert werden. Diese Information ist für die Abschlussadressaten wichtig, weil es unterschiedliche Umrechnungsmethoden gibt (Zeitbezugs- und Stichtageskursmethode).

Als Darstellungswährung (Presentation Currency) wird nach IAS 21/8 jene Währung bezeichnet, in der die Abschlüsse veröffentlicht werden. Weder im Gesetz noch in den Gesetzesmaterialien finden sich Erläuterungen zur Ermittlung der Angaben in der Darstellungswährung Schweizer Franken (CHF), wenn die Buchführung in der Funktionalwährung erfolgt. Sofern jedoch die Rechnungslegung nicht in Schweizer Franken erfolgt, sind nach OR 958d II im Anhang die verwendeten Umrechnungskurse anzugeben.

Es sind zwei Optionen offen[57]:

- Die Bilanzpositionen (ohne Eigenkapital) werden zum Stichtageskurs umgerechnet, jene der Erfolgsrechnung und der Geldflussrechnung zum Durchschnittskurs der Geschäftsperiode. Das Eigenkapital wird zu historischen Kursen fortgeschrieben. Die entstehende Umrechnungsdifferenz wird über eine entsprechende Position in den Gewinnreserven direkt im Eigenkapital dargestellt.
- Die Eigenkapitalpositionen werden in CHF geführt und in der Bilanz in der Fremdwährung zum Stichtageskurs bewertet. Unrealisierte Verluste werden der Erfolgsrechnung belastet, unrealisierte Gewinne dagegen in der Bilanz in Funktionswährung als Abgrenzungskosten nach Imparitätsprinzip erfasst. Die Umrechnung der gesamten Jahresrechnung erfolgt zum Stichtageskurs.

56 HWP, 2014, S. 42.
57 HWP, 2014, S. 47.

Wird für die Erfolgsrechnung ein Durchschnittskurs verwendet, ist die daraus entstehende Differenz zum Jahresergebnis bewertet zum Stichtageskurs in der Erfolgsrechnung darzustellen.[58]

Für die Beurteilung von gesellschaftsrechtlichen Fragen wie Gewinnverwendung, Kapitalverlust und Überschuldung ist die Landeswährung massgebend.

Auch bei Unternehmen mit einer ausländischen Funktionalwährung werden alle Gewinne und Kapitalsteuern in Schweizer Franken veranlagt. Daraus ergeben sich verschiedene Fragen im Zusammenhang mit der Umrechnung eines Abschlusses in der Funktionalwährung in Schweizer Franken, für welche auf die Fachliteratur verwiesen wird.[59]

In Anlehnung an das HGB war es nach Auffassung der Lehre jedoch zulässig, für die laufende Buchführung – mit gewissen Einschränkungen – eine lebende Sprache zu verwenden. Nur die Jahresrechnung musste in einer der vier Landessprachen erstellt werden. Wegen steuerrechtlichen Vorgaben war die Buchführung in einer Landessprache oder eine Übersetzung auf Kosten des Steuerpflichtigen vorzulegen. In OR 957a IV wird Englisch den Landessprachen gleichgestellt. Damit wird der wachsenden Internationalisierung der Wirtschaft und den Anliegen der zahlreichen in der Schweiz mit Tochtergesellschaften vertretenen ausländischen Konzerne Rechnung getragen.

OR 957a V legt die zulässigen Formen fest: »schriftlich, elektronisch oder in vergleichbarer Weise«, d. h., unverändert wie in aOR 957 II. Werden die Geschäftsbücher elektronisch oder auf vergleichbare Weise geführt, so sind die Grundsätze der ordnungsmässigen Datenverarbeitung einzuhalten (GebüV). Wesentlich ist der Grundsatz der Integrität, welcher fordert, dass die Geschäftsbücher so geführt und aufbewahrt werden, dass sie nicht geändert werden können, ohne dass sich dies feststellen lässt.[60]

Nach OR 958d sind die Zahlen des Vorjahres ebenfalls aufzuführen. Dies betrifft die Bilanz, die Erfolgsrechnung und den Anhang. Bei grösseren Unternehmen, die der ordentlichen Revision unterstehen, auch die Geldflussrechnung.

2.7 Grundsätze ordnungsmässiger Buchführung (GoB)

2.7.1 Bedeutung der Grundsätze

Weder das bisherige Buchführungsrecht (aOR 957 I) von 1936 noch die modernere Geschäftsbücherverordnung (GeBüV) von 2002 hielten fest, welche Anforderungen zu beachten sind, damit die Bücher ordnungsgemäss geführt sind. Deshalb sind

58 Pfaff/Ganz/Stenz/Zihler, Kommentar zu OR 958d, Anmerkung 32-57, S. 215 ff.

59 Böckli, Neue OR-Rechnungslegung, S. 35. Pfaff/Ganz/Stenz/Zihler, Kommentar zu OR 958d, Anmerkung 32-57, S. 207 ff.

60 Pfaff/Ganz/Stenz/Zihler, Kommentar zu OR 958f, Anmerkung 32, S. 262.

Grundsätze ordnungsmässiger Buchführung (kurz GoB) von der Lehre[61] und Praxis[62] entwickelt worden. Mit dem neuen Rechnungslegungsrecht hat der schweizerische Gesetzgeber diese erstmals auch gesetzlich verankert. Die Grundsätze stellen allgemeine Regeln dar, welche bei der Erfassung der Buchungstatsachen zu beachten sind. Sie weisen naturgemäss einen geringeren Konkretisierungsgrad auf und sind deshalb im Vergleich zu den gesetzlichen Einzelnormen auslegungsbedürftig.

2.7.2 Vollständigkeit, Richtigkeit (wahrheitsgetreu), Systematik

Die Vollständigkeit bildet einen wesentlichen Bestandteil der Rechnungslegung. Wenn die Buchungstatsachen nach dem Auswahlprozess feststehen, müssen Regeln für deren ordnungsmässige Erfassung beachtet werden. Die Bestände von Aktiven und Passiven aus der Eröffnungsbilanz sind vollständig auf die Konten zu übertragen. In der Folge sind alle Sachverhalte, welche eine Auswirkung auf die Höhe, Zusammensetzung und Entwicklung der Vermögenswerte, des Fremdkapitals sowie den Periodenerfolg haben, buchführungspflichtig und laufend, lückenlos und periodengerecht zu erfassen.[63]

Die Zeitnähe ist im Rechnungslegungsrecht nicht ausdrücklich erwähnt. Die Buchungstatsachen müssen in jenem Zeitpunkt erfasst werden, in dem sie rechtlich und/oder wirtschaftlich wirksam werden. Für kleine Unternehmen werden zeitliche Buchungsrückstände nicht ohne Weiteres als ordnungswidrig betrachtet.[64]

Die Richtigkeit steht in Verbindung mit der wahrheitsgetreuen Erfassung von Geschäftsereignissen. Bereits das bisherige Buchführungsrecht 1936 forderte die wahrheitsgetreue Erfassung, denn die in der Marginalie von aOR 959 erwähnte Bilanzwahrheit setzte die Wahrheit der laufenden Buchführung voraus. Angesichts des unpräzisen Inhalts des Begriffs Wahrheit mit dem damit verbundenen Absolutheitsanspruch verwendet Leffson[65] den Begriff der Richtigkeit. In der Buchführung ist die Forderung nach Richtigkeit eingehalten, wenn die Belege und Buchungen den zu Grunde liegenden Geschäftsvorfällen, der Sache wie der Höhe nach entsprechen. Der Begriff Willkürfreiheit bedeutet, dass der für die Buchführung Verantwortliche persönlich die Bezeichnung der Konten und Buchungstexte für eine korrekte Aussage über die zu Grunde liegenden Sachverhalte hält. Die erfassten Daten müssen vollständig, unverfälscht und richtig kontiert sowie gemäss den

61 Leffson, Die Grundsätze ordnungsmässiger Buchführung (Düsseldorf 1987) sowie die Kommentare von Käfer (Bern 1981) und Bossard (Zürich 1984). Weil die Dokumentation der Geschäftsfälle die primäre Funktion der Buchhaltung ist, werden in der deutschen Fachliteratur die GoB nach schweizerischen Recht auch als Grundsätze der Dokumentation bezeichnet.

62 HWP, 2014, S. 9-21.

63 Roberto/Trüeb, Handkommentar zu OR 957a, Anmerkung 12, S. 64.

64 Pfaff/Ganz/Stenz/Zihler, Kommentar zu OR 957a, Anmerkung 18, S. 99.

65 Leffson/Rückle/Grossfeld, Handwörterbuch unbestimmter Rechtsbegriffe im Bilanzrecht des HGB, S. 203.

Regeln des gewählten Standards, z. B. Swiss GAAP FER, korrekt verbucht werden.[66] Die Ausnützung des gesetzlichen Buchungs- und Bewertungsspielraums (beispielsweise gemäss OR 960a IV, 960e III, Ziff. 4) verletzt den Grundsatz der Richtigkeit und Willkürfreiheit nicht, obwohl damit die gesetzliche Pflicht zur wahrheitsgetreuen Erfassung von Buchungstatsachen erheblich relativiert wird.

Aus der Pflicht zur systematischen Erfassung der Buchungstatsachen ergibt sich in der Regel (Ausnahme OR 957 II) die Notwendigkeit der doppelten Buchhaltung. Hiermit wird die geforderte Systematik erfüllt. Die GebüV fordert die chronologische und lückenlose Erfassung in einem Journal und eine sachlogische Gliederung der verbuchten Geschäftsvorfälle und Sachverhalte auf Konten. Dies setzt einen aus einem Kontenrahmen abgeleiteten unternehmensspezifischen Kontenplan voraus.

Unter einem Kontenrahmen versteht man ein nach bestimmten Grundsätzen strukturiertes Ordnungsschema zur Kontenklassifikation, welches dem einzelnen Unternehmen zur Erstellung des systematischen und umfassenden Kontenverzeichnisses, des Kontenplans, dient.

Der Kontenrahmen erleichtert in der Informationstechnologie (IT) die Buchführung und die Homogenisierung der betriebs- und branchenübergreifenden Software zur Kontenverwaltung. Damit soll gewährleistet werden, dass gleichartige Buchungstatsachen stets gleichartig und willkürfrei verbucht werden.

Das Konzept der systematischen Erfassung der Konten in einem Kontenrahmen geht auf Eugen Schmalenbach zurück.[67] In der Schweiz kommt das Verdienst, dem Konzept eines einheitlichen Kontensystems zum Durchbruch verholfen zu haben, Karl Käfer, zu. Er hat auf Initiative des Schweizerischen Gewerbeverbandes 1947 einen vom Schmalenbachschen Grundkonzept abweichenden »schweizerischen« Kontenrahmen ausgearbeitet.[68] Das Nachfolgewerk ist der Kontenrahmen KMU.[69] Im Gegensatz zu ausländischen Beispielen ist die Anwendung des Kontenrahmens freiwillig.[70]

Die nach dem dekadischen System aufgebaute Kontengliederung kann nach zwei unterschiedlichen Konzepten erfolgen:

66 HWP, 2014, S. 32.

67 Detailliertere Information in Schmalenbach, Der Kontenrahmen, 1. Auflage (Leipzig 1929).

68 Käfer, Kontenrahmen für Gewerbebetriebe (1. Auflage Bern 1947, 9. Auflage 1987).

69 Sterchi/Mattle/Helbling, Schweizer Kontenrahmen KMU (Zürich 2013).

70 Ausnahmen: Für konzessionierte Veranstalter Radio und Fernsehen schreibt das BAKOM für die Darstellung der Jahresrechnung einen verbindlichen Kontenplan vor (V UVEK vom 5. Oktober 2007). Mit der Verordnung des Bundesamtes für Gesundheit (BAG) über die Rechnungslegung und Berichterstattung in der sozialen Krankenversicherung vom 25. November 2015 wird »für die zu verwendenden Konten« ein Kontenrahmen vorgeschrieben (Anhang zu Art. 3).

- dem Prozessgliederungs- oder Abrechnungsfolge-Prinzip,
- dem Abschluss- oder Bilanzgliederungsprinzip.

Ein Vergleich des KMU Kontorahmen (Abschlussgliederung) und der DATEV[71] (Prozessgliederung) zeigt folgendes Bild auf (▶ Tab. 1).

Tab. 1: Abschluss- und Prozessgliederung

Abschlussgliederung Kontenrahmen KMU *Kontenklassen*		**Prozessgliederung** Kontenrahmen DATEV SKR 03 (2014) *Kontenklassen*	
1	Aktiven	0	Anlage- und Kapitalkonten
2	Passiven	1	Finanz- und Privatkonten
3	Betrieblicher Ertrag aus Lieferungen und Leistungen	2	Abgrenzungskonten
4	Aufwand für Materialien, Handelswaren, Dienstleistungen und Energie	3	Wareneingangs- und Bestandeskonten
5	Personalaufwand	4	Betriebliche Aufwendungen
6	Übriger betrieblicher Aufwand, Abschreibungen und Wertberichtigungen, sowie Finanzergebnis	5	frei
7	Betrieblicher Nebenerfolg	6	frei
8	Betriebsfremder, ausserordentlicher, einmaliger oder periodenfremder Aufwand und Ertrag	7	Bestände an Erzeugnissen
		8	Erlöskonten
		9	Vortrags-, Kapital- und statistische Konten

Die Konten sind im Kontenrahmen KMU nach fünf Ebenen gegliedert (▶ Tab. 2).

Der Detaillierungsgrad innerhalb der Gruppen ist hoch. Die Hauptgruppe Personalaufwand sieht beispielsweise 23 Gruppen und rund 50 Einzelkonten vor. Die nicht nummerierten Untergruppen dienen der Strukturbildung innerhalb einer Gruppe.

71 DATEV: Datenverarbeitungsorganisation der steuerberatenden Berufe in der Bundesrepublik Deutschland. Es besteht auch ein – ebenfalls jährlich aktualisierter – Standardkontenrahmen (gemäss BilMoG 2009) DATEV SKR 04 nach dem Abschlussgliederungsprinzip.

Die Führung eines Kontorahmens ermöglicht auch die Vergleichbarkeit von Unternehmen für die Finanzanalyse.

Tab. 2: Konzeption des KMU-Kontorahmens

Kategorie	Nummerlogik	Beispiel
Klasse	einstellige Nummern	1 = Aktiven
Hauptgruppe	zweistellige Nummern	14 = Anlagevermögen
Gruppen	dreistellige Nummern	150 = mobile Sachanlagen
Untergruppen	keine Nummern	Mobiliar und Einrichtungen
Konto	vierstellige Nummern	1513 = Büromobiliar

2.7.3 Belegnachweis und Nachprüfbarkeit

Die primäre Funktion der Buchführung ist die Dokumentation der Geschäftsvorfälle.[72] Damit liefert die Buchführung eine klare und sichere Grundlage für alle Zwecke der Rechnungslegung. Alle Aufzeichnungen sind zu belegen.

Als Buchungsbelege gelten schriftliche Aufzeichnungen auf Papier oder in elektronischer oder anderer Form, die notwendig sind, um einen der Buchung zu Grunde liegenden Geschäftsvorfall oder Sachverhalt nachvollziehen zu können.[73]

Belege geben Hinweise über den Zweck der Buchung und über das Geschäftsereignis und beweisen gebuchte Vorgänge oder Bestände.[74] Sie enthalten Belegtext, Buchungsbetrag, Aussteller des Belegs und Ausstellungsdatum.[75] Aus dem Grundsatz der Nachprüfbarkeit lässt sich in der Praxis die Anforderung der Unveränderlichkeit von Buchungen ableiten.[76] Wenn eine Buchung nachträglich korrigiert werden soll bzw. muss, ist die ursprüngliche Buchung zu stornieren, so dass der Nachvollzug sichergestellt werden kann (GeBüV 3). Dabei kann unterschieden werden zwischen Eigenbelegen, welche vom Unternehmen stammen (z. B. Kopien von Ausgangsfaktoren, Lohnabrechnungen, Materialbezugsscheine) und internen

72 Leffson/Rückle/Grossfeld, Handwörterbuch unbestimmter Rechtsbegriffe im Bilanz-recht des HGB S. 167.

73 Zu elektronischen Belegen siehe auch MWSTV 122.

74 Käfer, Kommentar zu OR a957, Anmerkung 146, S. 367.

75 Botschaft 2007, S. 1698. Weitere Anforderungen sind enthalten in Weisungen der ESTV zur Mehrwertsteuer. Zu elektronischen Belegen siehe auch MWST 122 I.

76 Rundschreiben 10 Treuhandkammer, Ziff. 12.

Buchungsanweisungen (z.B. für Rückstellungen, Umbuchungen). Ersatzbelege werden verwendet, wenn das Original abhandengekommen ist.

Unabhängig von ausdrücklichen gesetzlichen Vorschriften ist die Nachprüfbarkeit der Buchungen bis zum Ausgangspunkt einer Buchungstatsache für die Ordnungsmässigkeit der Buchführung unerlässlich (Prüfspur). Die Nachprüfbarkeit nach OR 957a II Ziff. 5 muss sowohl progressiv vom Beleg bis zu den Abschlussbuchungen wie retrograd von Bilanz und Erfolgsrechnung über die Buchungen zum Urbeleg verfolgt werden können.[77]

2.7.4 Klarheit und Zweckmässigkeit

Der Grundsatz der Klarheit fordert die Übersichtlichkeit und Lesbarkeit für unternehmungsinterne und -externe fachkundige Leser. Klarheit bedeutet auch eindeutige Bezeichnung der Konten, Verweis auf die Belege im Hinblick auf die Nachvollziehbarkeit ebenso wie klare Kennzeichnung von Korrekturen.[78]

Eine dem Zweck der Rechnungslegung und ein den nach Umfang, Grösse und Wirtschaftszweige des Unternehmens differenzierten Informationsbedürfnissen entsprechender Ausbau der Buchführung war auch im bisherigen Buchführungsrecht eine unbestrittene Forderung. Der Grundsatz der Zweckmässigkeit verlangt angemessene organisatorische Voraussetzungen wie technische Hilfsmittel, Zuständigkeiten, Arbeitsanweisungen und nach GebüV einen zweckentsprechenden Detaillierungsgrad des Kontenplans sowie das Hauptbuch ergänzenden Hilfsbücher (Lohnbuchhaltung, Debitoren- und Kreditorenbuchhaltung zur fortlaufenden Führung der Warenbestände bzw. der nicht fakturierten Dienstleistungen).

2.8 Inventarpflicht

2.8.1 Begriffe und Bedeutung des Inventars

Inventar ist einer der ältesten Begriffe der Buchführung. Er stammt aus dem römischen Recht und hat die Bedeutung »Das Vorhandensein«.[79] Das bisherige Recht von 1936 hielt die Pflicht zur Aufnahme eines Inventars bei Eröffnung des Geschäftsbetriebs und bei Schluss eines jeden Geschäftsjahres fest (aOR 958 I), verzichtete jedoch auf eine Legaldefinition. Diese wäre umso wichtiger, als in der Praxis der Begriff im Allgemeinen unzutreffend für ein Verzeichnis der Vorräte (Rohmaterial, Halb- und Fertigfabrikate) verwendet worden ist und wohl noch immer verwendet wird.

---

77 Käfer, Kommentar zu OR a957, Anmerkung 549, S. 510. Umschreibung der Prüfspur für die Mehrwertsteuer im Kommentar zu OR 957a, Anmerkung 47, S. 104.

78 HWP, 2014, S. 9.

79 Bossard, Kommentar zu OR a958, Anmerkung 32 ff., S. 245.

Das Rechnungslegungsrecht 2011 präzisiert daher im Gegensatz zum bisherigen Recht ausdrücklich, dass die Inventarpflicht den Bestand »der einzelnen Positionen der Bilanz und des Anhangs« umfasst.

Inventar im Sinne des Rechnungslegungsrecht (OR 958c II) ist eine Aufzeichnung aller in der Bilanz und im Anhang wesentlichen Positionen des Vermögens und der Schulden nach Gattung, Menge und Wert auf einen bestimmten Zeitpunkt.[80]

Im Rechnungslegungsrecht wird die Pflicht zur Erstellung von Eröffnungs- und Schlussinventaren nicht mehr ausdrücklich festgehalten, da diese Tatsache als selbstverständlich angenommen wird. Hingegen wird die Inventarpflicht gegenüber dem bisherigen Recht (aOR 958) klarer formuliert und auf alle wesentlichen Vermögenspositionen ausgedehnt (OR 958c II).[81] Das Inventar ist sachlich in die Buchführung einzuordnen als Brückenschlag zur Rechnungslegung.[82]

Als Inventur wird die Tätigkeit des Aufnehmens der Bestände bezeichnet. Die Art und Weise, wie sich der Nachweis erbringen lässt, richtet sich nach dem Inhalt der betreffenden Bilanzpositionen.

2.8.2 Inventur und Inventursysteme

Die Inventur erfolgt nach deren Art durch unterschiedliche Verfahren:[83]

- Physische Aufnahme durch Zählen, Messen und Wägen: für Geld, Vorräte, Geräte sowie Maschinen, Mobilien und Betriebseinrichtungen. Die jährliche physische Inventur ist im Rechnungslegungsrecht nicht mehr ausdrücklich verlangt. Ohne einwandfreie und umfassende Anlagekarteien und eine Lagebuchhaltung lässt sich jedoch kein zuverlässiger Bestandesnachweis erbringen, weshalb eine Inventur in der Regel notwendig ist.
- Konten und Depotauszüge, Saldobestätigungen: für Post- und Bankguthaben, Wertschriften im Bankdepot,[84] Forderungen (Debitoren) und Verbindlichkeiten (Kreditoren) aus Lieferungen und Leistungen

80 Käfer, Kommentar zu OR a958, Anmerkung 17, S. 564. Die Angaben im Anhang beziehen sich auf Aufschlüsselungen von Bilanzpositionen.

81 Auf die Präzisierung »wesentlich« wird entsprechend der GoR in der Botschaft 2007, S. 1702 hingewiesen.

82 Böckli, Neue OR-Rechnungslegung, S. 26.

83 Bossard, Kommentar zu OR a958, Anmerkung 31, S. 247.

84 Wertschriften sind aktuell bis auf wenige Ausnahmen als Buch-Effekten gestattet. Sind noch Urkunden (OR 965) vorhanden (z. B. physische Aktien bei privaten Aktiengesellschaften), ist deren Vorhanden sein nachzuweisen.

- Auszüge aus öffentlichen Registern, Bestätigung von Amtsstellen: für Grundstücke, immaterielle Anlagen (Patente, Konzessionen)
- die Buchhaltung selbst, Belege, Verträge, Geschäftskorrespondenz: für Rechnungsabgrenzungsposten, Rückstellungen, Darlehen, Wertberichtigungen, Konten des Eigenkapitals.

Es gehört zu den Grundsätzen ordnungsmässiger Buchführung, dass die Vorräte mindestens einmal jährlich körperlich aufgenommen werden (PS 501/4).

Bei der permanenten Inventur erstreckt sich das Bestandesaufnahmeverfahren über das gesamte Geschäftsjahr. Jeder einzelne Bestand wird mindestens einmal körperlich aufgenommen und dabei ergeben sich aus den Aufzeichnungen der Lagerbuchführung die Bestände am Bilanzstichtag. In beiden Fällen spricht man von Vollinventur. Diese ist kostspielig, weshalb bei ordnungsmässiger Buchführung vermehrt die Stichprobeninventur angewendet wird.[85]

Mit der Stichprobeninventur werden die Vermögensbestände aufgrund anerkannter mathematisch-statistischer Methoden anhand von Stichproben ermittelt (Inventurvereinfachungsverfahren nach HGB 241I).

Mit den Inventursystemen wird der Zeitpunkt oder der Zeitrahmen der Bestandesaufnahme festgelegt. Die Stichtagesinventur erfolgt grundsätzlich am Abschlussstichtag (in der Regel nur in kleineren Verhältnissen möglich). Als zeitnahe Inventur gelten Bestandesaufnahmen von wenigen Tagen vor oder nach dem Abschlussdatum. Der zulässige Zeitrahmen für die Zuverlässigkeit von sog. vor- oder nachverlegten Inventuren[86] ist in der Schweiz gesetzlich nicht festgelegt. Eine einwandfreie Fortschreibung oder Verrechnung auf den Bilanzstichtag ist bei diesem Verfahren jedoch unerlässlich.

Um die Qualität der Inventur zu gewährleisten, ist es empfehlenswert, schriftliche Weisungen zum Vorgehen zu erlassen.[87]

2.9 Aufbewahrungspflicht

Die Pflicht, Geschäftsbücher und damit eng verbundene Dokumente wie Belege, Geschäftsbericht und Revisionsbericht während zehn Jahren aufzubewahren (OR 958f III) auf Papier, elektronisch oder vergleichbare Weise, hängt mit den gesetzlichen Pflichten, wie das Recht von gewinn- und provisionsberechtigten Arbeitnehmern (OR 322a und 322c), von Gesellschaftern und Verwaltungsräten (OR 715a) und Gläubigern /OR 958e II) zusammen. GebüV 5 legt zusätzlich Grundsätze ordnungsmässiger Aufbewahrung fest. Diese betreffen die Sorgfalt »geordnet und vor

85 HWP, 2014, S. 160.

86 Lexikon des Rechnungswesens, S. 386: Nach HGB 241 III gelten drei Monate vor, zwei Monate nach Abschlusstermin noch als zulässig.

87 Weisungsbeispiele für eine Stichtagesinventur und eine permanente Inventur enthält das HWP, Band 1 (2009), S. 182 ff.

schädlichen Einwirkungen geschützt«, Verfügbarkeit (Einsichtsrecht der Berechtigten), Organisation und Archivierung.

Neu ist die Pflicht, auch die Geschäftsberichte und die Revisionsberichte schriftlich und unterzeichnet aufzubewahren (OR 958f II), dagegen nicht mehr die gesamte Geschäftskorrespondenz. Jene Teile, welche als Buchungsbelege oder als Begründung, weshalb keine Buchung erfolgte, dienen, sollten jedoch gestützt auf die Grundsätze ordnungsgemässer Buchführung (Belegprinzip, Nachprüfbarkeit) aufbewahrt werden. Dies kann damit begründet werden, dass die Bedeutung der Korrespondenz für einen Geschäftsfall oder Sachverhalt nicht erkannt wird und selbst Jahre später bei einer gerichtlichen Auseinandersetzung wesentlich wird.[88]

Auch für geschäftsrelevante Verträge gilt die Aufbewahrungspflicht, wobei die Aufbewahrungsfrist erst zu laufen beginnt, wenn diese Dokumente ans Ende ihrer Gültigkeit gekommen sind. Zu den aufzubewahrenden Dokumenten gehören auch die Generalversammlungs- und Verwaltungsratsprotokolle.[89]

2.10 Grundsätze ordnungsmässiger Buchführung beim Einsatz von Informationstechnologie

Die GeBüV hält in den allgemeinen Grundsätzen fest, dass bei der Führung der Geschäftsbücher und der Erfassung der Buchungsbelege die Grundsätze ordnungsgemässer Buchführung einzuhalten sind.

Die Grundsätze der ordnungsgemässen Datenverarbeitung sind einzuhalten (GeBüV 2 II), wenn die Geschäftsbücher elektronisch oder auf vergleichbare Weise geführt und aufbewahrt und die Buchungsbelege elektronisch oder auf vergleichbare Weise erfasst und aufbewahrt werden (GeBüV 2 II).

Weil diese Bestimmung aktuell wohl bis auf verschwindende Ausnahmen auf alle buchführungspflichtigen Unternehmen anwendbar ist, stellt sich die Frage nach den Grundsätzen ordnungsmässiger Datenverarbeitung. Es besteht in dieser Beziehung eine Gesetzeslücke, welche durch die Lehre zu füllen ist, wenn staatliche an der Rechnungslegung interessierte Behörden oder Fachverbände keine entsprechenden Weisungen erlassen.[90] Massgebend sind zurzeit RS 10 neu Expert Suisse[91] und die Verordnung des eidgenössischen Finanzdepartementes.

88 Handschin, Rechnungslegung im Gesellschaftsrecht, S. 119.

89 Böckli, Neue OR-Rechnungslegung, S. 23.

90 In Deutschland z. B. das Bundesministerium der Finanzen. Pfaff/Ganz/Stenz/Zihler, Kommentar zu OR 958f, S. 258.

91 Stellungnahme zur Rechnungslegung und Grundsätze ordnungsmässiger Buchführung beim Einsatz von Informationstechnologie vom 15.132.2013.

Die Grundsätze ordnungsgemässer Buchführung bei der Informationstechnologie (IT) gestützter Buchführung und Rechnungslegung sind erfüllt, wenn das Buchführungssystem die Kriterien gemäss OR 957a bei der Erfassung, Verarbeitung, Ausgabe und Aufbewahrung der rechnungslegungsrelevanten Daten über die Geschäftsvorfälle sicherstellt.[92]

Expert Suisse hat den Begriff der ordnungsgemässen Datenverarbeitung gemäss GeBüV durch die folgenden Grundsätze beim Einsatz von Informationstechnologie (IT) präzisiert:

- **Belegfunktion**
  Über die Belegfunktion wird die Existenz und die Verarbeitungsberechtigung eines Geschäftsvorfalls nachgewiesen. Sie stellt die zutreffende Abbildung der internen und externen Geschäftsvorfälle sicher und zwar häufig ohne konventionelle Papierbelege. Bei IT-gestützten Prozessen kann und soll der Nachweis oft nicht durch konventionelle Belege erbracht werden.[93]
- **Journalfunktion**
  Diese hat den Nachweis der tatsächlichen und zeitkorrekten Verarbeitung der Geschäftsvorfälle in einem Journal (Grundbuch) zum Gegenstand. Sie ist erfüllt, wenn die gespeicherten Aufzeichnungen gegen Veränderungen oder Fälschung geschützt sind.
- **Kontenfunktion**
  Diese verlangt, dass die im Journal in zeitlicher Reihenfolge aufgezeichneten Geschäftsvorfälle in sachlicher Ordnung auf den Konten abgebildet werden. Bei Buchungsverfahren mit IT-Einsatz werden Journal- und Kontenfunktion in der Regel gemeinsam wahrgenommen. Beim Ausdruck der Konten muss die Vollständigkeit der Kontenblätter später, beispielsweise über fortlaufende Seitennummern je Konto oder Summenvorträge, nachweisbar sein.
- **Dokumentation**
  Auch in einer IT-gestützten Buchführung muss diese einem sachverständigen Dritten innerhalb angemessener Zeit einen Überblick über die Geschäftsvorfälle vermitteln und die Geschäftsvorfälle müssen sich in ihrer Entstehung und Abwicklung verfolgen lassen. Aus den Grundsätzen ordnungsgemässer Buchführung lässt sich der Grundsatz der Unveränderlichkeit ableiten. Korrekturen sind grundsätzlich durch Stornierungen und Umbuchungen vorzunehmen (Storno-Prinzip). Die ursprünglichen Zahlen dürfen nicht spurlos gelöscht werden. Voraussetzung für die Nachvollziehbarkeit des Verfahrens ist eine ordnungsgemässe Verfahrensdokumentation, welche aus der Anwenderdokumentation, der technischen Systemdokumentation sowie der Betriebsdokumentation besteht.[94]

---

92 Treuhandkammer, RS 10/2013, Ziff. 3

93 Beispiele siehe HWP, 2014, S. 11.

94 HWP, 2014, S. 17.

Die Anwenderdokumentation muss alle Informationen enthalten, die für eine sachgerechte Bedienung einer IT-Anwendung erforderlich sind. Die technische Systemdokumentation enthält eine technische Darstellung der IT-Anwendung als Grundlage für die Einrichtung eines sicheren und geordneten IT-Betriebs sowie für die Wartung der IT-Anwendung durch die Programmersteller. Die Betriebsdokumentation dient der Information für die ordnungsmässige Nutzung der IT-anwendungsrelevanten Verfahren.

- **Aufbewahrungspflichten**
  Erforderlich ist die Aufbewahrung der zum Verständnis der Buchführung notwendigen Unterlagen.
- **Prüfpfad**
  Die Ordnungsmässigkeit der Buchführung verlangt, dass die Spur von der Erfassung des Buchungstatbestandes über die Verarbeitung in der IT bis zur Darstellung der Information in der Rechnungslegung nicht abreisst und nachvollziehbar ist. Damit dies gewährleistet ist, kommen im Umfeld der IT in den meisten Fällen Referenzierungen (Belege, Journal, Artikel, Batchnummern, usw.) zum Einsatz.[95]
  Nachdem in fast allen Unternehmen in der Buchführung und Rechnungslegung IT-gestützte Systeme zum Einsatz kommen, ist der organisatorischen Ausgestaltung der IT-Darstellung durch die Verantwortlichen besondere Aufmerksamkeit zu schenken.[96]

2.11 Rechtsfolgen der nicht ordnungsmässigen Buchführung

Mit strafrechtlichen Normen sollen die buchführungspflichtigen Unternehmen angehalten werden, die Vorschriften zur Buchführung und Rechnungslegung einzuhalten.

Nach StG 325 wird mit Haft oder Busse bestraft, wer vorsätzlich oder fahrlässig der gesetzlichen Pflicht, Geschäftsbücher ordnungsmässig zu führen oder aufzubewahren, nicht nachkommt. Es handelt sich um eine Übertretung. Wie die Kriminalstatistik zeigt, sind Urteile selten, weshalb StG 325 in der Praxis kaum von Bedeutung ist. Dies erstaunt nicht, weil in kleinen Personenunternehmen und selbst Kleinkapitalgesellschaften mit einem Opting-out bei der Abschlussprüfung Dritte nur in Ausnahmefällen überhaupt von der ordnungswidrigen Buchführung erfahren.

Anders bei den von StG 116 erfassten Sachverhalten. Als Folge der Konkurseröffnung oder der Ausstellung von Verlustscheinen nach Pfändung (SchKG 43) sind die Unternehmensgläubiger durch das Unterlassen einer ordnungsgemässen Buchführung geschädigt worden. Gefängnis oder Busse ist die strafrechtliche Sanktion.

95 HWP, 2014, S. 15 ff.
96 HWP, 2014, S. 18.

An die Qualität der Rechnungslegung knüpfen die Strafbestimmungen von StG 152 (unwahre Angaben über kaufmännisches Gewerbe) und StG 251 (Urkundenfälschung) an. StG 152 spielt in der Praxis nur eine unbedeutende Rolle, während die Urkundenfälschung das »Königsdelikt« ordnungswidriger Rechnungslegung darstellt.[97]

Eine falsche Buchung erfüllt den Tatbestand der Falschbeurkundung, wenn sie ein falsches Gesamtbild der Buchführung zeichnet und dabei Buchungsvorschriften und -grundsätze verletzt, die errichtet worden sind, um die Wahrheit der Erklärung und damit die erhöhte Glaubwürdigkeit der Buchführung zu gewährleisten. Solche Grundsätze werden namentlich in den gesetzlichen Bestimmungen über die ordnungsgemässe Rechnungslegung in den Bilanzvorschriften in Art. 958 ff. OR aufgestellt (BGE 132 IV 12).

Als Urkunden gelten alle Elemente der kaufmännischen Buchführung wie Belege, Bücher, Buchhaltungsauszüge über einzelne Konten, Bilanzen, Erfolgsrechnung, Anhang (BGE 129 IV 130).[98]

Die Steuerbehörden wählen den Weg der strafrechtlichen Verfolgung für Steuer- bzw. Abgabebetrug im Zusammenhang mit ordnungswidriger Buchführung eher selten.[99] Als Sanktion steht ihnen in eigener Kompetenz die Erhebung einer Strafsteuer im Sinne eines Steuerbetrugs zur Verfügung (DBG 186). Zu ergänzen ist, dass ein Steuerbetrug und auch eine Steuerhinterziehung oft im Zusammenhang mit einer nicht ordnungsgemässen Buchführung stehen.

In Ergänzung bestehen auch zivilrechtliche Prozessweg offen, wonach Gläubiger aufgrund der nicht ordnungsgemässen Buchführung Klage erheben können. Die dadurch drohenden Reputationsrisiken für Unternehmen können beachtlich sein und auch zu weiterem ökonomischem Schaden führen.

97 Handschin, Rechnungslegung im Gesellschaftsrecht, S. 132.

98 Roberto/Trueb, Handkommentar zum Schweizer Privatrecht zu OR 958, Anmerkung 30, S. 68.

99 Böckli, Neue OR-Rechnungslegung, S. 73.

3 Funktionen und Rechtsnormen der Rechnungslegung (Jahresabschluss)

3.1 Bestandteile, Ziel und Funktionen der Rechnungslegung

Weil die laufende Buchführung kaum in der Lage ist, Bestand und Veränderung des Vermögens und der Verbindlichkeiten jederzeit zu ermitteln, sind periodische Kontrollen der Bestände und des Ergebnisses in Form von besonderen Abschlussrechnungen erforderlich, die als **Rechnungslegung** bezeichnet werden (OR 958).

Die **Jahresrechnung** (Einzelabschluss) wird im Handelsgesetzbuch (kurz HGB) in Deutschland und in den EU-Richtlinien ebenso wie in der Praxis als **Jahresabschluss** bezeichnet.[100] Die Rechnungslegung erfolgt nach OR 958 II im Geschäftsbericht und umfasst Bilanz, Erfolgsrechnung und Anhang, bei grösseren Unternehmen zusätzliche Angaben wie eine Geldflussrechnung und einen Lagebericht. Bei Konzernen wird die Rechnungslegung durch eine Konzernrechnung (konsolidierter Abschluss) ergänzt. Es ist zu beachten, dass der Begriff Geschäftsbericht gemäss OR 958 II nicht übereinstimmt mit der Bestimmung in aOR 662, welche auch den Jahresbericht (aOR 663d) als obligatorischen Teil des Geschäftsberichts festgelegt hat.

Ziel der Rechnungslegung ist die Darstellung der wirtschaftlichen Lage des Unternehmens (OR 958 I). Oberstes und vorrangiges Ziel der Rechnungslegung ist es, den Adressaten eine möglichst zuverlässige Beurteilung der Vermögens- und Ertragslage zu erlauben.[101] Dabei ist jedoch einzuschränken, dass sich diese durch das Zahlenwerk des Jahresabschlusses nur unvollständig darstellen lässt, weil wichtige Elemente wie die Entwicklung auf den für das Unternehmen relevanten Märkten (z. B. Bestellungseingang, Auftragsbestand, Marktanteile), die Anpassungsfähigkeit der Führungskräfte auf Veränderungen der Unternehmensumwelt sowie die Innovationskraft und Reputation bei den Anspruchsgruppen nicht zum Ausdruck kommen.

Der Einzelabschluss eines rechnungslegungspflichtigen Unternehmens sowie die Konzernrechnung einer Unternehmensgruppe erfüllen mehrere Funktionen (▶ Abb. 3).

---

100 Auch das Kotierungsreglement der SIX (Fassung 02/2014) verwendet den Begriff »Jahresabschluss«. Richtlinie 2013/34/EU über den Jahresabschluss, den konsolidierten Abschluss und die damit verbundenen Berichte. Diese ersetzt die 4. und 7. EU-Richtlinien.

101 Handschin, Rechnungslegung im Gesellschaftsrecht, Anmerkung 1, S. 2.

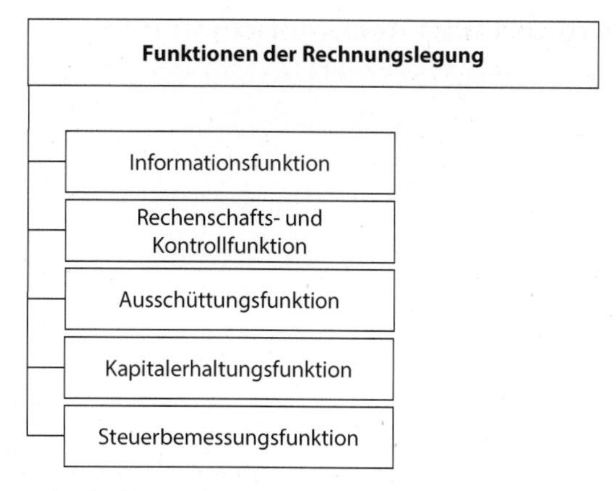

Abb. 3: Funktionen der Rechnungslegung

Informationsfunktion

Wirtschaftliches Handeln setzt zuverlässige Informationen, d. h. zweckorientiertes Wissen, voraus. Dies gilt sowohl für das Individuum als Arbeitnehmer, Verbraucher, Anleger als auch für jene Organisationen, welche je nach Aufgabe und Rechtsstellung im Rahmen der arbeitsteiligen Wirtschaft Betriebe, Unternehmen, Vereine oder Stiftungen genannt werden. Die Informationsfunktion ergibt sich aus OR 958 I.

Aus den Bestimmungen geht jedoch nicht klar hervor, an wen sich die Informationen des Jahresabschlusses richten. Die gesetzliche Pflicht zur Aufstellung eines Jahresabschlusses dient, wie im BGE 133 III 453 ausdrücklich hervorgehoben worden ist, primär der **Selbstinformation der Unternehmensinhaber und -leiter** über die Vermögens-, Finanz- und Ertragslage ihrer Unternehmen. Gesetzliche Adressaten sind auch Aussenstehende: Aktionäre, Genossenschafter, Inhaber von Anleihensobligationen, übrige Gläubiger jedoch nur nach Vereinbarung (z. B. in einem Darlehens- oder Kreditvertrag) oder, auf Verlangen, sofern sie ein schutzwürdiges Interesse nachweisen (Drittinformation).

Informationen über die Vermögens- und die Finanzlage werden durch die **Bilanz** vermittelt. Über die Ursachen der Veränderung der Finanzlage informiert die Geldflussrechnung. Diese ist für grössere Unternehmen (OR 961b) ein formalisierter Bestandteil des handelsrechtlichen Jahresabschlusses. Die in OR 959 erwähnte »Finanzierungslage« stimmt mit dem gebräuchlichen Begriff der Finanzlage überein.[102]

Nachdem die kaufmännische Buchführung, vom Sonderfall der kleinen Unternehmen mit vereinfachter Buchhaltung abgesehen, von Gesetzes wegen auch die Ertragslage während des Geschäftsjahres darzustellen hat, sind Informationen über die Ertragslage in Form einer ausführlichen **Erfolgsrechnung** (OR 959a I) ebenfalls Bestandteil der Pflichtinformation. In den Rechnungslegungsnormen der

102 Böckli, Neue OR-Rechnungslegung, S. 25.

EU (RL 2013/34, Art. 13) und IAS (IAS 1/81a) wird noch die sachlich unzutreffende Bezeichnung Gewinn- und Verlustrechnung (Statement of profit or loss) verwendet. Zur Entlastung des Zahlenwerkes von Bilanz und Erfolgsrechnung dienen die ergänzenden Angaben im **Anhang**.

Die Informationsfunktion hängt eng mit der Funktion der Rechnungslegung als **Führungsinstrument** zusammen. Die Informationen aus dem Jahresabschluss dienen den Adressaten bei der **Entscheidungsfindung** (decisions making) von Risikokapitalgebern (Kauf, Halten oder Verkauf von an der Börse oder ausserbörslich gehandelten Aktien), von Gläubigern (Kreditwürdigkeit des Unternehmens) und nicht zuletzt auch der Unternehmensleitung (Investitions- und Finanzierungsprojekte, Bilanzstrukturmanagement).

Aus der Sicht der Adressaten und ihrer unterschiedlichen Informationsbedürfnisse ist zu beachten, dass bei Ermittlung und Festlegung von Grössen des Jahresabschlusses trotz Regulierung im Rechnungslegungsrecht (OR 957-961d) ein erheblicher Ermessensspielraum besteht. So sind für den Jahresabschluss viele Schätzungen (Abschreibungsmethoden, Höhe der Rückstellungen, usw.) notwendig. Dies schränkt die Informationsfunktion beim Aufstellen des Jahresabschlusses ein.

Deshalb wird in Abweichung der obligationenrechtlichen Vorschriften zur Verbesserung der Aussagekraft für den Einzel- und den Konzernabschluss in besonderen Fällen eine Aussage nach dem True and Fair View-Konzept verlangt.

Eine besondere Bedeutung kommt der Rechnungslegung auch im Zusammenhang mit der von Jensen/Meckling entwickelten **Agency-Theorie** zu, welche sich mit der Analyse und der institutionellen Gestaltung von Auftragsbeziehungen in der Grossunternehmung befasst. Die Gesellschafter oder Gläubiger nehmen die Rolle der Auftraggeber (Principals) ein, das Management ist der Auftragnehmer (Agent). Da naturgemäss zwischen den beiden Parteien bedeutende Informationsasymmetrien bestehen, dient die Rechnungslegung den »Principals« als Informations- und zugleich Überwachungsmittel.[103] Diese ist auch ein wichtiges Instrument der Corporate Governance. Es bildet die Grundlage für die Abgrenzung der Kompetenzen zwischen Management und Auftraggebern, z. B. anhand der Ausschüttungsbemessungsfunktion des handelsrechtlichen Jahresabschlusses. Dieser liefert auch die Zahlen zur Festlegung von sog. **Covenants** in Finanzierungsvereinbarungen oder für die Anreizsysteme, mit denen die »Principals« die Handlungen der »Agents«, d. h., des Managements oder der Mitarbeiter, auf ihre Interessen hin ausrichten können.

Rechenschafts- und Kontrollfunktion

Für die nicht an der Geschäftsleitung beteiligten Streubesitz- oder Minderheitsaktionäre sowie die bezüglich der Mitwirkungsrechte von Aktionären gleichgestellten Gesellschafter einer GmbH (OR 805) kommt dem Jahresabschluss als Instrument

103 Dies setzt allerdings voraus, dass sich die Rechnungslegung nicht mit der Anwendung der obligationenrechtlichen Vorschriften begnügt, sondern nach dem True-and-Fair-View-Konzept erfolgt.

der Rechenschaft eine zentrale Bedeutung zu. Sie haben Anspruch darauf, von der Unternehmensleitung zu erfahren, ob die ihr zur Verfügung gestellten Mittel optimal eingesetzt und eine angemessene Rendite erwirtschaftet hat. Bei Grossunternehmen mit einer erheblichen wirtschaftlichen Bedeutung für einen breiteren Kreis von Anspruchsberechtigten wie Arbeitnehmern (Arbeitsplatzsicherheit), Lieferanten (Stabilität der Geschäftsbeziehung), öffentlichen Gemeinwesen (Steuereinnahmen) ist die Pflicht zur Rechenschaftsablegung zwar erwünscht, von Gesetzes wegen in der Schweiz jedoch nicht vorgeschrieben. Freiwillige Veröffentlichungen von nicht börsenkotierten Grossunternehmen sind jedoch äusserst selten.

Gemäss einer bei einem mittelgrossen Unternehmen durchgeführten Umfrage wird die Rechenschaftsablage gegenüber den Anteilseignern als wichtige Funktion betrachtet.

Ausschüttungsbemessungsfunktion

Um zu verhindern, dass die Aktionäre das »dauernde Gedeihen« (aOR 669/OR 960e) der Aktiengesellschaft als Träger des operativen Unternehmens durch betriebswirtschaftlich unangemessene Gewinnausschüttungen gefährden, kommt dem handelsrechtlichen Jahresabschluss auch die Aufgabe zu, nicht das tatsächlich erzielte Ergebnis, sondern durch eine besonders vorsichtige Bewertung, insbesondere durch Bildung stiller Reserven, den ausschüttungsfähigen Gewinn zu ermitteln. Man spricht in diesem Zusammenhang von der **Ausschüttungsbemessungsfunktion** des Jahresabschlusses. Dies steht jedoch im Widerspruch zur Rechenschaftsfunktion. Nach modernen Lehrmeinungen hat in diesem Interessenkonflikt jedoch die Rechenschaftsfunktion eindeutig den Vorrang.[104]

Kapitalerhaltungsfunktion

Die Ausschüttungsbemessungsfunktion wird zudem durch Ausschüttungssperrvorschriften bei Kapitalgesellschaften ergänzt (OR 671 ff., E 2014 OR 672). Sie hat deshalb auch eine **Kapitalerhaltungsfunktion.** In AG und GmbH soll durch einschränkende Vorschriften zur Gewinnverwendung und Kapitalrückzahlungen ein Reinvermögen in der Höhe des Aktienkapitals bzw. des Stammkapitals erhalten bleiben. Weil die Haftung der Unternehmenseigentümer gegenüber den Gläubigern je nach Rechtsform des Unternehmens unterschiedlich ausfällt, ist die Gestaltung der Kapitalerhaltungsfunktion von der Rechtsform des Unternehmens abhängig (Personen-Unternehmen, Kapital-Unternehmen, Genossenschaft).

Steuerbemessungsfunktion

Nach dem **Massgeblichkeitsprinzip** ist der handelsrechtliche Einzelabschluss Anknüpfungspunkt für die Berechnung des steuerbaren Gewinns (Gewinnsteuer gemäss DBG 58 I) und des steuerbaren Eigenkapitals (Kapitalsteuer gemäss StHG 29). Weil die OR-Rechnungslegungsnormen jedoch bewusst Wahlrechte und Ermes-

104 Boemle, Der Jahresabschluss als Instrument der Rechenschaft, ST 1-2/1997, S. 19ff.

sensspielraum (Rückstellungen, Abschreibungen und Wertberichtigungen) zulassen, sehen die steuerrechtlichen Bewertungsvorschriften Korrekturen (»Aufrechnungen«) des Jahresabschlusses nach dem Rechnungslegungsrecht vor.[105]

3.2 Adressaten der Rechnungslegung

Durch die Grundsätze ordnungsmässiger Buchführung (OR 957a II) und Rechnungslegung (OR 958c) geforderten Eigenschaften der Jahresrechnung sollen sich Dritte ein zuverlässiges Urteil über die wirtschaftliche Lage des Unternehmens bilden können (OR 958).

Die Bezeichnung »Dritte« wird im OR nicht näher umschrieben. Wer berechtigt ist, über den Jahresabschluss informiert zu werden, ergibt sich aus den besonderen Bestimmungen über die Informationspflichten der Geschäftsführung gegenüber den Beteiligten (OR 541 für die einfache Gesellschaft, OR 557 II für die Kollektivgesellschaft, OR 600 III für die Kommanditgesellschaft, OR 696 für die Aktionäre, OR 801a für die nicht geschäftsführenden Gesellschafter der GmbH, OR 856 für die Genossenschafter), für die nicht geschäftsführenden Gesellschafter der GmbH oder des Unternehmens (OR 856 I)

Die **Gläubiger** haben in der Regel keinen gesetzlichen Anspruch auf Einblick in den Geschäfts- und Revisionsbericht. Sie müssen sich diesen durch besondere Vereinbarungen im Rahmen der Kreditbeziehungen sichern (z. B. Banken mit Covenants). Ein Einsichtsrecht steht den Gläubigern überdies nur zu, sofern sie ein schutzwürdiges Interesse nachweisen können, z. B. wenn ihre Forderung gefährdet erscheint (OR 958e II) oder sich auf konkreten Anzeichen beruhende Zweifel an der Zahlungsfähigkeit des Unternehmens nur durch Einsicht in die Jahres- und Konzernrechnung mit Revisionsbericht und allenfalls Lagebericht beseitigen lassen (BGE 137 III 255).[106]

Das Einsichtsrecht bezieht sich überdies nicht auf den Abschluss nach einem anerkannten Standard.[107] Es besteht auch kein Anspruch, zusätzlich zur Einsicht am Geschäftssitz die Aushändigung oder Kopien der Unterlagen zu verlangen.[108]

Eine Sonderstellung unter den Gläubigern haben die **Obligationäre**. Die Offenlegung gemäss OR 958a I Ziff. 1 gilt auch bei nicht kotierten Anleihensobligationen. Ungeachtet eines allfälligen Interesses der Öffentlichkeit entfällt die Offenlegungspflicht bei Grossunternehmen ohne börsenkotierte Beteiligungspapiere.[109]

---

105 Böckli, Neue OR-Rechnungslegung, S. 56. Für eine ausführliche Darstellung der steuerlichen Aspekte des Jahresabschlusses siehe Affolter/Duss/Felber, in: Pfaff/Ganz/Stenz/Zihler, S. 846-956.

106 Kommentar Pfaff/Ganz/Stenz/Zihler zu OR 958e, Anmerkung 25, S. 232.

107 Botschaft 2007, S. 1704.

108 Kommentar Pfaff/Ganz/Stenz/Zihler zu OR 958e, Anmerkung 45, S. 236.

109 Bei Beratungen im Nationalrat von OR 697h, 1991) wurde die vom Bundesrat vorgeschlagene Offenlegung der Jahresrechnung von Grossunternehmen gestrichen. Grossunternehmen wären gemäss Entwurf, Ziff. 3, publizitätspflichtig geworden, wenn drei der

3.3 Rechtliche Normen der Rechnungslegung

3.3.1 Entwicklung und Bedeutung der Rechnungslegungsnormen

Verantwortungsbewusste Unternehmer und Manager sollten in ihrem ureigenen Interesse für eine zweckmässige Gestaltung der Buchführung und des Jahresabschlusses besorgt sein. Wie die Erfahrung zeigt, genügt das Eigeninteresse jedoch nicht. Deshalb sah sich der Gesetzgeber gezwungen, durch entsprechende Vorschriften die mit dem Jahresabschluss verbundenen Funktionen sicherzustellen und zwar schon in der Antike.[110] Die ersten umfassenden gesetzlichen Vorschriften über Buchführung und Jahresabschluss in der Neuzeit finden sich in der »Ordonnance sur le Commerce«, welche Colbert unter Louis XIV. 1673 als Reaktion auf die zahlreichen Konkurse, verursacht durch nachlässige oder betrügerische Unternehmertätigkeit, erlassen hatte. Mit der Ordonnance wurden die Kaufleute u. a. verpflichtet, alle zwei Jahre ein vollständiges Inventar aufzustellen.

Einen neuen Stellenwert erhielten die Buchführungsvorschriften im 19. Jahrhundert mit der Ausbreitung der Aktiengesellschaft. Wegen der fehlenden persönlichen Haftung des Unternehmenseigentümers erhielt die Kapitalerhaltungsfunktion des Jahresabschlusses eine ausschlaggebende Bedeutung. Die Vorschriften über die Buchführung und Bilanzierung der Aktiengesellschaften wurden deshalb in erster Linie im Hinblick auf den Schutz der Gesellschaftsgläubiger gestaltet.

Verschiedene Aufsehen erregende Unternehmenszusammenbrüche in den 1920er Jahren, zu deren Ursachen u. a. auch grobe Buchführungs- und Bilanzdelikte zählten, veranlassten den deutschen Gesetzgeber, 1931 strengere Jahresabschlussvorschriften für die Aktiengesellschaften zu erlassen. In der gleichen Periode gaben die Aktiengesellschaftsskandale in den USA Anlass, die Rechnungslegung von Gesellschaften mit börsenkotierten Titeln 1934 im Rahmen der Börsengesetzgebung (Securities Acts 1933 und 1934) zu regeln. Die USA-Normen dienten jedoch nicht nur – wie dies bis anhin der Fall war – dem Gläubigerschutz, sondern generell dem Schutz der Kapitalanleger vor Bilanzbetrügereien. Die mit der Revision des OR 1936 erlassenen Rechnungslegungsvorschriften (allgemeines Buchführungsrecht im aOR 957-965 und spezielles Recht für die Aktiengesellschaften (aOR 662-677) entsprachen jedoch schon damals nicht mehr den zeitgemässen Anforderungen. Nach 1970 ist die Entwicklung gekennzeichnet durch eine wachsende Re-

---

folgenden Grössen in zwei aufeinander folgenden Geschäftsjahren überschritten worden wären: Bilanzsumme von CHF 50 Mio., Umsatzerlös von CHF 100 Mio., Arbeitnehmerzahl 500 im Jahresdurchschnitt. Die entsprechende Ziffer wurde vor allem mit der Begründung gestrichen, viele international tätige Gesellschaften hätten ihren Standort in der Schweiz gerade wegen der fehlenden Publizitätsvorschriften gewählt. Auf diesen Standortsvorteil wollte die Mehrheit des Nationalrates nicht verzichten.

110 Die älteste bisher bekannte Gesetzgebung, das babylonische Gesetzbuch von Hammurabi (1792-1749 v.Chr.), sah bereits eine Buchführungspflicht für Kaufleute vor. Käfer. K.: Kommentar, Grundlagen, Z. 3.3, S. 58. Bellinger, B.: Geschichte der Betriebswirtschaftslehre (Stuttgart 1967), S. 12.

gelungsdichte, insbesondere zur Erhöhung der Aussagekraft und Vergleichbarkeit, durch eine Ausdehnung der Jahresabschlussvorschriften auf Unternehmenszusammenschlüsse (Konzernrechnung) und durch Bestrebungen, über die Landesgesetzgebung hinaus eine internationale Harmonisierung der Rechnungslegungsnormen herbeizuführen: EU-Richtlinien[111] sowie internationale Rechnungslegungsnormen (International Financial Reporting Standards IFRS). Die Bestrebungen zu einer Modernisierung der schweizerischen Rechnungslegungsvorschriften von 1936 stiessen dagegen auf Opposition der Wirtschaft, welche auf die weitgehenden Freiheiten bei der Gestaltung der Jahresrechnung (aOR 663 II) verständlicherweise nicht verzichten wollte. Bei der Revision der aktienrechtlichen Rechnungslegungsvorschriften blieben Vorschläge für die aussagekräftige Jahresrechnung weitgehend erfolgslos. Das revidierte Aktienrecht 1991 schreibt im Bereich Rechnungslegungsvorschriften nur ein Minimum vor.[112] Ein Vorentwurf 1998 zu einem Bundesgesetz über die Rechnungslegung und Revision (RRG) scheiterte am Widerstand vor allem aus KMU-Kreisen.

3.3.2 Arten von Rechnungslegungsnormen

Es ist in der Gesetzgebung nicht möglich, für alle vorkommenden Geschäftsvorfälle, welche buchungsrelevant sind, Regeln zur Erfassung in der laufenden Buchführung, zur Bewertung und zum Ausweis in den Abschlussrechnungen aufzustellen (► Abb. 4).

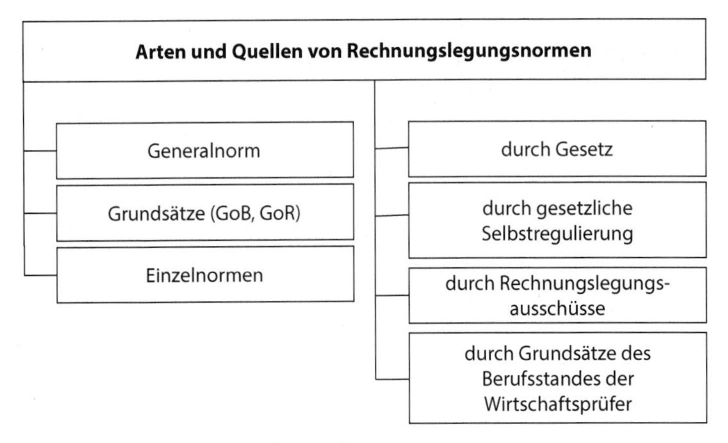

Abb. 4: Quellen und Arten von Rechnungslegungsnormen

111 4. EWU-Richtlinie 78/660 über den Jahresabschluss und 7. EU-Richtlinie über den konsolidierten Abschluss, ersetzt durch RL 2013/344.

112 Schlussbericht Groupe de réflexion Gesellschaftsrecht (1993), S. 9.

Bei den Regelwerken zur Rechnungslegung sind je nach Grad der Konkretisierung zu unterscheiden:

Generalnormen
Diese legt das generelle Ziel des Jahresabschlusses fest und stellt eine allgemeine auf Einzelheiten verzichtende Qualitätsanforderung zur Erfassung und Darstellung von Buchungstatsachen dar.[113]

Praxisbeispiele verschiedener rechnungslegungsspezifischer Generalnormen

OR 958: Die Rechnungslegung soll die wirtschaftliche Lage des Unternehmens so darstellen, dass sich Dritte ein zuverlässiges Urteil bilden können.

HGB 264 II: Der Jahresabschluss hat unter Beachtung der Grundsätze ordnungsmässiger Buchführung ein den tatsächlichen Verhältnissen entsprechendes Bild der Vermögens-, Finanz- und Ertragslage der Kapitalgesellschaft zu vermitteln.

FER 6: Die Grundlage für die Jahresrechnung bildet ein den tatsächlichen Verhältnissen entsprechendes Bild (True and Fair View, Vermittlung eines den tatsächlichen Verhältnissen entsprechendes Bildes).

Über die Verbindlichkeit der Generalnorm bestehen in der Fachliteratur unterschiedliche Auffassungen. In ausländischen Rechtsordnungen, z. B. Grossbritannien, geht die Generalnorm den Einzelnormen vor – entgegen dem Rechtsgrundsatz »lex specialis derogat legi generali« (Einzelnorm vor Generalnorm) –, was als **Overriding Principle** bezeichnet wird.[114] So sind einerseits zusätzliche, durch keine Einzelnormen oder keinen Grundsatz geforderte Informationen zwingend offenzulegen, wenn es zur Vermittlung eines den tatsächlichen Verhältnissen entsprechenden Bildes notwendig ist (ergänzendes, schwaches Overriding), und/oder andererseits müssen Vorschriften ordnungsmässiger Rechnungslegung nicht beachtet bzw. modifiziert werden, wenn bei ihrer Beachtung ein den tatsächlichen Verhältnissen entsprechendes Bild nicht vermittelt werden kann (starkes Overriding).[115] In der Praxis dürfte das Overriding Principle nur ausnahmsweise zur Anwendung kommen, weil die Einzelnormen mit dem durch die Generalnorm festgelegten Zweck der Rechnungslegung vereinbart sein sollten.[116] Die Generalnorm kann auch eine Auslegungs- oder Lückenbüsserrolle übernehmen.

Es ist nicht einfach, die Bedeutung der Generalnorm im schweizerischen Rechnungslegungsrecht zu bestimmen. Die Generalnorm in Verbindung mit den

113 Käfer, Kommentar zu OR a959, Anmerkung 152, S. 845.
114 Busse von Colbe/Crasselt/Pellens, S. 580 und IAS 1.19.
115 Die Unterscheidung stammt von Rentsch, D.: Gliederung von Erfolgsrechnung, Bilanz und Mittelflussrechnung, (Freiburg 1999) S. 64.
116 Pfaff/Ganz/Stenz/Zihler, Kommentar zu 958c), Anmerkung 11, S. 167.

Grundsätzen ordnungsgemässer Buchführung und den Grundsätzen ordnungsgemässer Rechnungslegung bildet eine Richtlinie für den Entscheid von Einzelfragen und hilft, das allgemeine Ziel der Rechnungslegung, d. h. die getreue Rechenschaft,[117] zu erreichen. Die Generalnorm von OR 958 gewährleistet jedoch in keiner Art und Weise eine zuverlässige Beurteilung der wirtschaftlichen Lage, geschweige denn eine getreue Darstellung (Fair Presentation/True and Fair View). Es ist unbestritten, dass die Generalnorm des OR durch das Konzept des Tax Driven Accounting zu einer Leerformel geworden ist.

Grundsätze ordnungsmässiger Buchführung (GoB) und der Rechnungslegung (GoR)
Grundsätze kommen zur Anwendung, wenn es nicht möglich oder sinnvoll ist, Sachverhalte der Buchführung oder Rechnungslegung mit Einzelnormen zu regeln. Bei den Grundsätzen ordnungsgemässer Buchführung (OR 957a) handelt sich um allgemeine Regeln, nach denen buchungsrelevante Geschäftsvorfälle (Buchungstatsachen) zu erfassen sind. Die Grundsätze ordnungsgemässer Rechnungslegung (OR 958c) legen die Grundsätze für die Aufstellung des Jahresabschlusses fest.

Einzelnormen
Einzelnormen, auch explizite Normen genannt, regeln klar umschriebene Tatbestände wie einzelne Buchungsvorgänge, die Bewertung und den Ausweis im Jahresabschluss (OR 959). Das deutsche HGB weist im Gegensatz zum OR, welches beispielsweise keine näheren Vorschriften über die Ermittlung der Nettoerlöse enthält, eine hohe Dichte von Einzelnormen auf. Eine Sonderstellung im schweizerischen Rechnungslegungsrecht nehmen die spezialgesetzlichen Vorschriften für Banken mit einer hohen Dichte von Einzelnormen ein (RVB 2015). Einzelnormen sind im Rechnungslegungsrecht im geringen Masse zu finden.

Beispiele für Einzelnormen im Rechnungslegungsrecht

OR 959b IV: »Bei der Absatzerfolgsrechnung müssen im Anhang zudem der Personalaufwand sowie in einer Position Abschreibungen und Wertberichtigungen auf Positionen des Anlagevermögens ausgewiesen werden.«
RVB, Ziff. 537: »Verpflichtungen aus laufenden Ertrags- und Kapitalsteuern sind unter der Position Passive Rechnungsabgrenzungen auszuweisen.«

3.3.3 Quellen der Rechnungslegungsnormen

Grundsätzlich gibt es vier Wege, die Rechnungslegung zu normieren:

117 Pfaff/Ganz/Stenz/Zihler, Kommentar zu OR 958, Anmerkung 7, S. 113.

- **durch Gesetz** entweder als Teilgebiet eines umfassenden Regelwerks (Handels- oder Gesellschaftsrecht) oder in einem Spezialgesetz.
- **durch gesetzlich sanktionierte Selbstregelung** (z. B. Bundesgesetz über den Börsen- und Effektenhandel (BEHG) vom 27. Dezember 2006, Art. 4 und Art. 8 und daraus abgeleitet Art. 49-51 des Kotierungsreglements SIX (KR), Fassung 02/2014. Die Selbstregulierung erfolgt in der Regel durch private Rechnungslegungsausschüsse wie IASB oder FER.
- **durch besondere Rechnungslegungsausschüsse** (z. B. Fachkommission für Empfehlungen zur Rechnungslegung (FER), Financial Accounting Standards Board (FASB) in den USA oder International Accounting Standards Board (IASB) in der EU und weltweit).
- **durch** vom Gesetzgeber anerkannte **Grundsätze des Berufsstandes der Wirtschaftsprüfer.**

Mit dem sich in den letzten Jahren beschleunigenden Wandel der wirtschaftlichen Verhältnisse verändern sich auch die Ansprüche an die durch Jahresabschluss zu vermittelnden Informationen. So erwies sich das revidierte Aktienrecht von 1991 immer noch als ungenügend, weil vor allem die Investoren von grösseren Aktiengesellschaften einen aussagekräftigen Jahresabschluss fordern. Entsprechend rasch sollten deshalb auch die für die Rechnungslegung geltenden Regelwerke angepasst werden. Der Gesetzgebungsprozess ist jedoch erfahrungsgemäss sehr langwierig, weshalb sich verschiedene private Gremien mit dem Erlass von Regelwerken befassen. Seit 2000 haben die besonderen Rechnungslegungsabschlüsse daher erheblich an Bedeutung gewonnen.

3.3.4 True and Fair View, Fair Representation, Faithful Representation als Generalnorm

Die Börsenkrise in den USA von 1929-32 ist ohne Zweifel durch eine völlig ungenügende Transparenz in der Unternehmungsberichterstattung verschärft worden. In den USA wurde deshalb im Zusammenhang mit der strengen Regelung des Börsenhandels als Folge des Crashs schon 1932 eine Fair Presentation als Kernpunkt der Rechnungslegung gefordert.

Der englische Gesetzgeber hat 1948 in § 149, Companies Act, für die Darstellung der Vermögens-, Finanz- und Ertragslage das Erfordernis True and Fair View aufgestellt. Trotzdem fand dieser Begriff erst nach Jahrzehnten mit der Erarbeitung der 4. und 7. EU-Richtlinie Eingang in Theorie, Gesetzgebung und Praxis der Rechnungslegung von Kontinentaleuropa. Das mag auch damit zusammenhängen, dass selbst im Ursprungsland über den Inhalt dieses Konzepts Unklarheiten bestanden und noch immer bestehen. In den umfangreichen Publikationen zu diesem Problemkreis wird immer wieder auf drei Aspekte aufmerksam gemacht: Erstens fehlt eine genaue Definition der True and Fair View, zweitens bestehen Abgrenzungsschwierigkeiten, und drittens sind Zweifel anzubringen, ob ein True and Fair

View für sämtliche EU-Mitgliedstaaten dasselbe bedeutet. Überdies fehlt eine möglichst sinngetreue Übersetzung des englischen Begriffs in die deutsche Sprache. Zudem wurde in der Fachliteratur kritisch bemerkt, «that what is true is not necessarely fair».

In der schweizerischen Fachliteratur und Rechnungslegungspraxis erscheint der Begriff erst spät. 1994 wurde er in FER 2/1 sowie in der AFVEBK 46 zur Buchführung von Anlagefonds und in BankV 23 verankert.

Aufgrund einer eingehenden Untersuchung kommt Cotting zu folgender Definition der True and Fair View:[118] True and Fair View ist eine Generalnorm, die sicherstellt, dass jegliche Information in der finanziellen Berichterstattung über die Lage der Unternehmung:

- den Tatsachen oder vernünftigen Schätzungen entspricht und damit frei von der Absicht bewussten Vorurteils, von Entstellungen, Täuschungen, Manipulationen oder Unterdrückung wesentlicher Tatsachen ist,
- den Bedürfnissen der externen Risikokapitalgeber und anderen Adressaten
- nach brauchbaren, zuverlässigen, vergleichbaren und verständlichen Informationen gerecht wird,
- Transparenz und Vertrauen schafft.

In IASB-F 46 werden im Titel die Begriffe True and Fair View und Fair Presentation als gleichwertig aufgeführt. Wegen der bereits erwähnten Unklarheiten wurde der Ausdruck True and Fair View vermehrt durch die in den USA verwendete Fair Presentation, im Vorentwurf des Rechnungslegungsrechts als «getreue Darstellung» (faithful representation) umschrieben, ersetzt. Die anerkannten Standards der Rechnungslegung verlangt die Fair Presentation nach wie vor nicht ausdrücklich. Für bestimmte Unternehmen ist jedoch ein Abschluss nach einem anerkannten Standard zur Rechnungslegung (Swiss GAAP FER, IFRS) zwingend.

Praxisbeispiel True and Fair View Jungfraubahnen Konzernabschluss (2019)

Die Konzernrechnung wird auf der Basis von betriebswirtschaftlichen Werten und in Übereinstimmung mit den Fachempfehlungen zur Rechnungslegung (Swiss GAAP FER) sowie dem schweizerischen Aktienrecht erstellt. Sie vermittelt ein den tatsächlichen Verhältnissen entsprechendes Bild der Vermögens-, Finanz- und Ertragslage des Konzerns. Die Konsolidierung erfolgt aufgrund von geprüften und nach einheitlichen Richtlinien erstellten Einzelabschlüssen der Konzerngesellschaften.

118 Cotting/Boemle, True-and-Fair-View-Rechnungslegungskonzept versus Fair Presentation, in: ST 8/2000, S. 788ff.

Swiss GAAP FER (FER RK-6) umschreibt das Konzept des True and Fair View als Grundlage der Jahresrechnung: Die Grundlage für die Jahresrechnung bildet ein den tatsächlichen Verhältnissen entsprechendes Bild (True and Fair View). True and Fair View ist ein Grundsatz, der verlangt, dass alle Informationen einer Organisation

- die wirtschaftlichen Tatsachen wiedergeben und somit frei von Täuschungen
- und Manipulationen,
- zuverlässig sowie
- auf die Bedürfnisse der Empfänger

ausgerichtet sind.

In Anlehnung an das Framework der IFRS wird als qualitative Anforderung von Swiss GAAP FER ergänzend der Grundsatz der Verlässlichkeit festgehalten.

3.4 Anerkannte Standards zur Rechnungslegung

3.4.1 Entwicklung und Bedeutung

Der Vorteil privater Rechnungslegungsgremien ist die gegenüber der meist langwierigen Gesetzgebung rasche Anpassung an die veränderten Informationsbedürfnisse der Investoren.

Gesetzlich haben die Normen von privaten Rechnungslegungsgremien jedoch keinen zwingenden Charakter, weshalb diese als **Soft Law** bezeichnet werden. Die entsprechenden Empfehlungen sind Normen des Privatrechts und können als solche rascher als Gesetzesnormen (Hard Law) auf neue wirtschaftliche Verhältnisse und Informationsansprüche angepasst werden. Sie erhalten ihre Bedeutung durch eine breite Anwendung auf freiwilliger Basis. Es ist jedoch auch möglich, dass der Gesetzgeber auf den Erlass von Vorschriften verzichtet und stattdessen auf die privaten Standards verweist. In diesem Fall spricht man von **anerkannten Standards zur Rechnungslegung.** Während der Jahresbeschluss nach dem Rechnungslegungsrecht wegen des Massgeblichkeitsprinzips wesentlich nach steuerrelevanten Aspekten (Tax Driven Accounting) erstellt wird, bildet die True and Fair View (Fair Presentation) die Grundlage der von privaten Gremien ausgestalteten Rechnungslegungsstandards.

Nachdem sich in der Schweiz in den 1970er Jahren abzeichnete, dass es bei der Revision des Aktienrechts von 1936 schwierig werde, auf Gesetzesebene die Aussagekraft und Vergleichbarkeit bei den Einzelabschlüssen und in der Konzernrechnung durchzusetzen, wurde 1983 auf Initiative von Professor A. Zünd, Universität St. Gallen, in Zusammenarbeit mit der Treuhand-Kammer, ein privates Gremium zur Ausarbeitung von Fachempfehlungen zur Rechnungslegung (FER) gegründet.

Die schweizerische Wirtschaft reagiert auf das neue Rechnungslegungsgremium zurückhaltend, teilweise ausdrücklich ablehnend. Ein Meinungsumschwung zeichnete sich zu Beginn der 1990er Jahre ab, als die Schweizer Börse – der Entwicklung auf den internationalen Finanzmärkten folgend – für die Kotierung grundsätzlich einen Abschluss nach dem True-and-Fair-View-Konzept forderte. Damit wurden FER, ab 2005 Swiss GAAP FER, und internationale Rechnungslegungsstandards wie IAS (heute IFRS) und US-GAAP für die Konzernrechnung zwingend. Diese traten an die Stelle der gesetzlichen Normen (aOR 662 ff.). Mit den privaten Rechnungslegungsstandards wurden die von den gesetzlichen Normen gewährten Ermessens- und Handlungsspielräume und damit die Möglichkeit zur Verschleierung der Ertrags- und Vermögenslage (Stille Reserven) in der Rechnungslegung eingeschränkt. Mit der dadurch erreichten Vergleichbarkeit der finanziellen Berichterstattung sollen die Investoren bei ihren Anlageentscheidungen unterstützt werden.

Es ist eine grundlegende Neuerung des Rechnungslegungsrechts 2011, dass die Anwendung von privaten Regelwerken als **anerkannte Standards** ausführlich geregelt wurde (OR 962 und 962a). Man folgte dabei der EU, welche für kapitalmarktorientierte Unternehmen in den EU-Staaten seit 2005 die Anwendung der International Financial Reporting Standards (IFRS) für die Konzernabschlüsse in der nationalen Gesetzgebung (in Deutschland z. B. durch HGB 315a) vorschreibt.

Bei der Anwendung eines anerkannten Standards in der Rechnungslegung ist zu unterscheiden zwischen einem zusätzlichen Einzelabschluss nach True-and-Fair-View-Konzept und einem Einzelabschluss nach OR und einem Konzernabschluss nach dem True-and-Fair-View-Konzept. Bei einer Unternehmensgruppe, welche eine Konzernrechnung nach einem anerkannten Standard erstellt, genügt ein Einzelabschluss der Muttergesellschaft nach OR (OR 962 III).

Ein Einzelabschluss nach einem anerkannten Standard, welcher zudem den Anforderungen des OR 958 ff. entspricht – **dualer Abschluss** genannt – wurde vom Gesetzgeber ausdrücklich abgelehnt, weil wegen der widersprüchlichen Funktionen beider Abschlüsse unterschiedliche Zielsetzungen bestehen. True and Fair View und Tax driven Accounting sind schlicht nicht vereinbar. Deshalb werden buchführungspflichtige Unternehmen ohne Börsenkotierung nur in Ausnahmefällen einen zusätzlichen Einzelabschluss nach einem anerkannten Standard erstellen (▶ Abb. 5).

In der Verordnung vom 21.11.2012 hat der Bundesrat fünf Regelwerke anerkannt, wobei zwei, nämlich die IFRS für SMEs (Small and Medium-sized Entities) und die IPSAS (International Public Sector Accounting Standards) wegen ihrer geringen Bedeutung in der Folge nicht behandelt werden. Ausführlich dargestellt werden die Swiss GAAP FER.[119]

119 Für detailliertere Ausführungen für IFRS für KMU siehe Ganz/Pfaff IFRS für KMU.

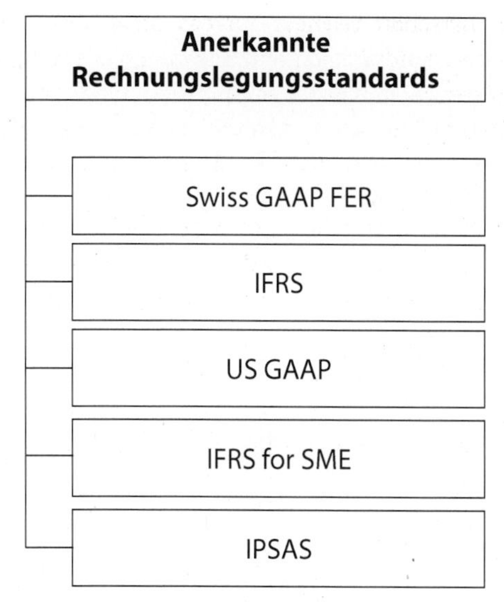

Abb. 5: Anerkannte Standards der Rechnungslegung

3.4.2 Swiss GAAP FER

Auf Initiative von Prof. André Zünd (Universität St. Gallen) gründete die Schweizerische Treuhandkammer 1984 eine Stiftung als Rechtsträgerin der «Fachkommission für Empfehlungen zur Rechnungslegung» (FER). Die Aufgabe der aus Vertretern der verschiedenen, an der Rechnungslegung interessierten Kreise (Unternehmungen, Wirtschaftsprüfer, Finanzanalytiker, Wissenschafter) zusammengesetzten Fachkommission war ursprünglich, mittels Fachempfehlungen «die Aussagekraft und Vergleichbarkeit der Einzelabschlüsse sowie der Konzernrechnungen zu erhöhen und deren Gleichwertigkeit mit internationalen Rechnungslegungsgrundsätzen zu erreichen».

Zu Beginn wurde Swiss GAAP FER allerdings abgelehnt und kaum angewendet. Die Wirtschaft reagierte zu Beginn skeptisch, da zuviel Informationen offengelegt werden mussten. Auch waren die Umsetzungskosten als hoch eingestuft worden. Swiss GAAP FER musste sich deshalb neu positionieren und will künftig den vorwiegend inlandsorientierten KMU ein taugliches Gerüst für eine aussagekräftige und kostengünstige Jahresrechnung auf der Grundlage des True-and-Fair-View-Konzeptes bereitstellen. Damit soll das angesichts der nicht mehr zeitgemässen handelsrechtlichen Rechnungslegungsvorschriften für KMU bestehende «Accounting-Vakuum» behoben werden.[120]

120 Meyer/Teitler, Swiss GAAP FER auf dem Weg zu einem eigenen Profil, in: ST 9/2004, S. 718.

Grundlage bildet das ab dem 1. Januar 2006 geltende Rahmenkonzept der Swiss GAAP FER, welches die Grundsätze der Rechnungslegung festlegt sowie die Grundlage für die zukünftigen Rechnungslegungsnormen bildet. Für all jene Fragen und Probleme, die noch nicht geregelt sind, stellt es eine Orientierungshilfe zur Verfügung. Das **Rahmenkonzept** behandelt:

- Zielsetzung der Jahresrechnung (FER-RK 5 und 6),
- Gliederung des Geschäftsberichts (FER-RK 7),
- Erstmalige Anwendung der Swiss GAAP FER (FER-RK 8),
- Grundlagen der Jahresrechnung (FER-RK 9-14),
- Definition von Aktiven und Passiven (Verbindlichkeiten und Eigenkapital, FER-RK 15-20),
- Definition von Erträgen, Aufwendungen und Erfolg (FER-RK 21-24),
- Zulässige Bewertungskonzepte von Aktiven und Verbindlichkeiten (FERRK 25-27),
- Qualitative Anforderungen (FER-RK 29-33),
- Jahresbericht (Lage und Ausblick, FER-RK 34).

Die Regelungen der einzelnen Fachempfehlungen gehen dem Rahmenkonzept vor (FER-RK 1). Entsprechend den unterschiedlichen Informationsbedürfnissen der Anwender sind für börsenkotierte Gesellschaften im Swiss Reporting Standard und grössere private Aktiengesellschaften von «wirtschaftlicher Bedeutung» einerseits und für kleinere Unternehmungen andererseits differenzierte Normen vorgesehen.

Eine Organisation, die Swiss GAAP FER anwendet, hat – vorbehaltlich zukünftiger gesetzlicher und regulatorischer Bestimmungen – nach FER-RK 4 zwei Möglichkeiten:

- Einhaltung der Kern-Standards, der sog. **Kern-FER**,
- Einhaltung des gesamten Regelwerkes der Swiss GAAP FER (Kern-FER und alle weiteren FER, in der Praxis **Best-Practice-FER** genannt).

Falls zwei der nachstehenden Kriterien in zwei aufeinanderfolgenden Jahren nicht überschritten werden, zählt man als kleine Organisation und kann sich auf die Anwendung der Kern-FER beschränken (FER 1/2):

- Bilanzsumme von CHF 10 Mio.,
- Jahresumsatz von CHF 20 Mio.,
- 50 Vollzeitstellen im Jahresdurchschnitt.

Es ist anzugeben, ob nur die Kern-Standards eingehalten werden oder das gesamte Regelwerk der Swiss GAAP FER. Unter Swiss GAAP FER sind alle in der gewählten Stufe verlangten Informationen offenzulegen. Nicht FER konforme Prinzipien der Rechnungslegung können nicht durch entsprechende Offenlegung gerechtfertigt werden (FER-RK 4). Es ist demnach nicht möglich, dass eine Unternehmung in einem Abschluss nach Swiss GAAP FER einzelne, ihr nicht genehme Regeln nicht beachtet (Verbot des «Rosinenpickens»).[121] Das Konzept von Swiss GAAP FER ist wie folgt aufgebaut.

Konzept der Swiss GAAP FER
Rahmenkonzept für kleine und mittelgrosse Organisationen
KERN-FER (für kleinere und mittelgrosse Organisationen)

Rahmenkonzept

FER 1: Grundlagen
FER 2: Bewertung
FER 3: Darstellung und Gliederung
FER 4: Geldflussrechnung
FER 5: Ausserbilanzgeschäfte
FER 6: Anhang

Weitere FER (für grössere Unternehmen)

FER 10: immaterielle Werte
FER 11: Ertragssteuern
FER 13: Leasinggeschäfte
FER 15: Transaktionen mit nahestehenden Personen
FER 16: Vorsorgeverpflichtung
FER 17: Vorräte
FER 18: Sachanlagen
FER 20: Wertbeeinträchtigung
FER 22: langfristige Aufträge
FER 23: Rückstellungen
FER 24: Eigenkapital und Transkationen mit Aktionären
FER 27: Derivative Finanzinstrumente
Konzernrechnung (für kleine und grössere Unternehmen)
FER 30: Konzernrechnung

Kotierte Unternehmen

FER 31: ergänzende Fachempfehlungen für kotierte Unternehmen

Branchenspezifische Swiss GAAP FER

FER 14: Konzernrechnung von Versicherungsunternehmen

121 Auch in dieser Beziehung stimmt Swiss GAAP FER mit IFRS überein. IAS 1/14 untersagt das «Cherry Picking».

FER 21: Rechnungslegung für Nonprofit-Organisationen
FER 26: Rechnungslegung von Vorsorgeeinrichtungen
FER 41: Rechnungslegung von Gebäudeversicherer und Krankenversicherer

Swiss GAAP FER sind – gleich wie die IFRS – ein Musterbeispiel für so genanntes **Soft Law**, d. h., für Normen, welche durch Selbstregulierung eines Fachgremiums erlassen werden. Je breiter die Akzeptanz, desto mehr können diese als «Usanz» betrachtet werden. Wie bei den Deutschen Rechnungslegungsstandards DRS (HGB) und den IFRS (EU-Verordnung) gilt die Fachkommission der Swiss GAAP FER als privates Rechnungslegungsgremium für anerkannte Standards der Rechnungslegung über die entsprechende Verordnung. FER erlangt somit Gesetzeskraft für die Konzernrechnung in der Schweiz.

Wesentliche Merkmale von Swiss GAAP FER sind:

- True and Fair View (FER-RK 1),
- modularer Ansatz mit dem Rahmenkonzept,
- Pflichtbestandteile: Bilanz, Erfolgsrechnung, Anhang, Geldflussrechnung und Eigenkapitalnachweis,
- Gliederung: Mindestvorschriften,
- Differenzierung nach den Informationsbedürfnissen (Kern-FER und weitere FER),
- Vertretbares Kosten-Nutzen-Verhältnis insbesondere für KMU.

3.4.3 International Financial Reporting Standards IAS/IFRS

Das International Accounting Standards Committee (IASC), aus dem das heutige International Accounting Standards Board (IASB) hervorgegangen ist, wurde 1972 als privatrechtliche Organisation durch eine Vereinbarung mit den Berufsverbänden der Wirtschaftsprüfer aus zehn Ländern mit dem Ziel errichtet, die Rechnungslegungsgrundsätze von Unternehmungen und anderen Organisationen durch die International Accounting Standards (IAS) weltweit zu harmonisieren und zu verbessern. Das Regelwerk der IAS wurde – vor allem in den 1990er Jahren – nach und nach umfangreicher wie auch engmaschiger, insbesondere durch eine spürbare Einschränkung von Alternativen bei der Behandlung identischer Geschäftsfälle.

Ab 2001 erfolgte eine grundlegende Neuausrichtung der IAS-Organisation, insbesondere im Hinblick auf die angestrebte Anerkennung durch die US-Börsenbehörde. Um die Unabhängigkeit von der Gründerorganisation IFAC (Weltverband der Wirtschaftsprüfer) zu lockern und die Fachkompetenz des IASC als professionellen, globalen, nicht mehr im Milizsystem arbeitenden Standardsetter zu gewährleisten, wurde das IASC in eine Stiftung (IASC Foundation) überführt und damit organisatorisch wie konzeptionell neugestaltet.

An der Spitze steht das Board of Trustees (22 Mitglieder) als Vertreter der verschiedenen an der Rechnungslegung interessierten Gruppen. Dieses ernennt das aus 14 Mitgliedern bestehende Board (IASB), von denen 12 hauptamtlich tätig sind. Als beratendes Gremium steht dem Board das aus rund 50 Mitgliedern zusammengesetzte Standard Advisory Council zur Seite. Seit 2001 erfährt zudem das gesamte Regelwerk des IASB eine fortlaufende Überarbeitung. Neu hinzukommende Standards werden nunmehr jedoch als International Financial Reporting Standard (IFRS) veröffentlicht. Für die durchweg mehr oder weniger stark revidierten «alten» Standards bleibt hingegen die Bezeichnung IAS erhalten. Die International Financial Reporting Standards (IFRS) als Oberbegriff umfassen sowohl die bislang bestehenden IAS als auch die neu veröffentlichten IFRS.

Zu Interpretations- und Anwendungsfragen nimmt nun das International Financial Reporting Interpretations Committee (IFRIC), ehemals Standing Interpretations Committee (SIC), Stellung. Die Bearbeitung einzelner Projekte wiederum obliegt einem Steering Committee (Lenkungsausschuss). Nachdem die EU seit 2005 weltweit die grösste Anwenderin der Normen ist, soll künftig Vertretern der EU-Kommission im Board of Trustees und im IASB ein verstärkter Einfluss eingeräumt werden.

Als privatrechtliche Organisation hat das IASB keine Möglichkeit, die Standards rechtsverbindlich durchzusetzen. Ein entscheidender Durchbruch zur weltweiten Akzeptanz der IFRS wurde jedoch durch die Verbindung mit der internationalen Organisation der Börsenaufsichtsbehörde International Organisation of Securities Commissions (IOSCO) erreicht, deren einflussreichstes Mitglied die amerikanische SEC ist. Die IOSCO empfiehlt ihren Mitgliedern, im Rahmen der Börsenzulassung von ausländischen Emittenten, die Rechnungslegung nach IFRS zu verlangen, nachdem das IASB die Anforderungen an Inhalt und Umfang spürbar erhöht hat.

Der Einfluss des amerikanischen Finanzmarktes äussert sich in den letzten Jahren in einer deutlichen Annäherung der Anforderungen an die finanzielle Berichterstattung nach IFRS an jene der amerikanischen Rechnungslegungsstandards (US GAAP). Mit der IAS-Verordnung der EU vom 16. Juni 2002 zur verbindlichen Anwendung der IFRS ab 2005 ist dem IASB jedoch in der langen Auseinandersetzung um die Anerkennung der IFRS als anerkannten Rechnungslegungsstandard auf allen wichtigen Börsenplätzen ein entscheidender Durchbruch gelungen. Durch die starke Einbindung des Financial Accounting Standard Board (FASB) ist eine zunehmende Konvergenz von IFRS und US GAAP festzustellen.

Nach bisheriger Regelung mussten ausländische Gesellschaften, die in den USA Wertpapiere registrieren lassen, ihre Rechnungslegung den amerikanischen Normen mittels einer entsprechenden Reconciliation angleichen. Dieses aufwändige und für potenzielle Interessenten abschreckende Prozedere der Überleitungen von IFRS nach US GAAP ist seit November 2007 nicht mehr erforderlich.

Nach einer anfänglichen Zurückhaltung legen seit Mitte der Neunzigerjahre die meisten grossen Schweizer Konzerne unter dem Druck der Investoren auf den internationalen Finanzmärkten ihre Konzernrechnung nach IFRS ab. Selbst mittelgrosse kotierte Gesellschaften haben in den letzten Jahren, bereits bevor sie durch das KR dazu gezwungen wurden, den konsolidierten Abschluss auf IFRS umgestellt. Diese nehmen den mit der erstmaligen Umstellung und der laufenden Anpassung von IFRS verbundenen, nicht zu unterschätzenden Aufwand auf sich, weil nach Auskünften aus der Praxis ein im Ausland allgemein bekannter und anerkannter Rechnungslegungsstandard bei Beziehungen mit ausländischen Geschäftspartnern als hilfreich betrachtet wird. Zudem erleichtern Jahresabschlüsse nach IFRS der Unternehmen bei Mergers- und Acquisition-Transaktionen (in einer aktiven wie passiven Rolle) die finanzielle Due Diligence.

Wie sich die Umstellung der bisher nach nationalem Recht erstellten Konzernabschlüsse börsenkotierter Gesellschaften auf IFRS auf die Börsenbewertung dieser Gesellschaften auswirkt, kann zurzeit noch nicht abschliessend beurteilt werden. Obwohl bei manchen Gesellschaften die erstmalige Anwendung der IFRS zu erheblichen Abweichungen gegenüber den bisher publizierten wichtigen Schlüsselgrössen wie Konzerngewinn, Eigenkapital oder Verschuldung geführt hat, sind ungewöhnliche Reaktionen der Finanzmarktteilnehmer weitgehend ausgeblieben.

Den IFRS liegt eine vierstufige Ordnung zugrunde:

- das Conceptual Framework (Rahmenkonzept): Mit dem Framework werden Zielsetzungen und qualitative Merkmale der Rechnungslegung festgelegt,
- die Standards zu einzelnen Fragen der Rechnungslegung (IFRS bzw. IAS),
- den Basis for Conclusions und die Guidance on Implementing (BC bzw. IG),
- die Auslegungsbeschlüsse (International Financial Reporting Interpretations Committee und Standing Interpretations Committee, IFRIC bzw. SIC).

Die Beschlüsse des IFRIC haben die gleiche bindende Wirkung wie die einzelnen Standards selbst. Im Jahr 2009 hat das IASB einen neuartigen Standard für Klein- und Mittelunternehmen entwickelt und in Kraft gesetzt (International Financial Reporting Standard for Small and Medium-sized Entities; kurz: IFRS for SME oder IFRS für KMU). Der *IFRS für KMU* enthält Vereinfachungen, die die Bedürfnisse der Nutzer von KMU-Abschlüssen sowie Kosten-Nutzen-Erwägungen widerspiegeln. Es ist offen, welche Bedeutung dieser Standard für die Rechnungslegungspraxis bei schweizerischen KMU erhalten wird, steht er doch in Konkurrenz zu Swiss GAAP FER.

Als **Stärken** der IFRS/IAS sind:

- die weltweite Akzeptanz und die Annäherung an die US GAAP,
- die Regelungsdichte bei hoher inhaltlicher Qualität und Kohärenz,
- die damit verbundene, vor allem für Investoren wichtige Vergleichbarkeit von Finanzinformationen von börsenkotierten Gesellschaften.

Die **Schwächen** des Regelwerkes sind hingegen:

- die schwierige Verständlichkeit für Nicht-Spezialisten, nicht zuletzt aufgrund der angelsächsischen Methodik und Darstellungsweise sowie des
- komplexen Fachenglisch als Originalsprache,
- die vergleichswiese hohen Implementations- und Fortführungskosten
- die unablässig voranschreitenden Änderungen und Differenzierungen (in den vergangenen zehn Jahren ist das Regelwerk von 500 auf 2500 Seiten angewachsen, eine Folge der Angleichung an die ausgesprochen regelbasierten US GAAP),
- die fehlende Eignung für kleinere Unternehmen.

Die wesentlichen **Merkmale** der IFRS sind:

- True and Fair View/Fair Presentation,
- Ausführliches Rahmenkonzept (Conceptual Framework),
- Orientierung am Schutz der Investoren,
- Pflichtbestandteile mit Bilanz, Erfolgsrechnung, Anhang, Geldflussrechnung und Veränderung des Eigenkapitals,
- Gliederung durch Mindestvorschriften.

3.4.4 US-GAAP

In den USA hat die staatliche Börsenaufsichtsbehörde SEC (Securities and Exchange Commission) vom Gesetzgeber den Auftrag erhalten, Rechnungslegungsnormen zu erlassen. Die SEC ihrerseits hat diese Aufgabe an das 1973 als unabhängige private Organisation errichtete Financial Accounting Standards Board (FASB) als Standard Setter übertragen. Die vom FASB erlassenen Standards (SFAS) sind ein zentraler Bestandteil des als Generally Accepted Accounting Principles der USA (kurz: US GAAP) bezeichneten Systems von Grundsätzen zur formellen und materiellen Gestaltung von Unternehmungsabschlüssen. Diese werden vom Berufsstand der Wirtschaftsprüfer, dem American Institute of Certified Public Accountants (AICPA), als verbindlich anerkannt und müssen von allen prüfungspflichtigen oder freiwillig geprüften Unternehmungen angewendet werden. Es gibt allgemein gültige und branchenorientierte Standards, welche aufgrund eines aufwändigen Verfahrens erlassen werden. Die amerikanischen Richtlinien für die Buchführung und Rechnungslegung sind sehr umfangreich und nicht leicht überblickbar. Neben den SFAS sind zudem immer noch Normen der Vorgängerorganisation des FASB, des Accounting Principles Board (APB), in Kraft.

Die wesentlichen Merkmale der US GAAP sind:

- Fair Presentation,
- Conceptual Framework,

- Formalistische Einzelregelungen (rule based),
- Orientierung am Schutz der Investoren,
- Pflichtbestandteile mit Bilanz, Erfolgsrechnung, Anhang, Geldflussrechnung, und Nachweis der Veränderung des Eigenkapitals,
- Gliederung durch Mindestvorschriften.

3.4.5 Motive für die Wahl des Rechnungslegungsstandards

Es bestehen unterschiedliche Motive für die Wahl eines Rechnungslegungsstandards. In der Schweiz ist in den letzten Jahren ein verstärkter Anreiz für die Anwendung von Swiss GAAP FER auf Kosten des IFRS zu verzeichnen. Rund 40 börsenkotierte Unternehmen haben in den letzten Jahren ihre Rechnungslegung von IFRS auf Swiss GAAP FER umgestellt. Folgende Gründe spielten für den Wechsel eine wichtige Rolle:[122]

- Hohe Komplexität, Kosten und Regelungsumfang von IFRS,
- Vorteilhaftigkeit von Swiss GAAP FER,
- fehlender Nutzen von IFRS-Rechnungslegung.

Insbesondere die Regelung der Personalfürsorge sowie die Handhabung des Goodwills ist nach IFRS kostspielig und nachhaltig. Der Wechsel auf Swiss GAAP FER führt bei diesen diversen Wechseln auch zu keinem Informationsdefizit für die Finanzanalytiker und Investoren.[123]

Bei IFRS stehen international folgende Punkte bei der Geschäftsberichterstattung international in der Kritik:[124]

- Zu universelle, komplexe Standards,
- nicht standardisierte Gewinngrössen,
- komplexe Fair-Value-Bilanzierung,
- Fokussierung auf kurzfristige Ergebnisoptimierung durch Verschiebung von Aufwendungen und Erträgen.

Gründe für einen Wechsel auf Swiss GAAP FER sind im Weiteren die fehlenden externen Kapitalgeber und die fehlenden komplexen Unternehmensstrukturen. Bei Familienunternehmen ist oft kein externer Kapitelgeber vorhanden, weshalb der Bedarf an umfangreicher Berichterstattung geringer ist.

Ein wesentliches Motiv für die Auswahl eines Rechnungslegungsstandards sind sicherlich die internen Anreizstrukturen für die Unternehmensleitung, so dass sie

122 Glanz, Der Wechsel börsenkotierter Unternehmen von IFRS auf Swiss GAAP FER in: Jahrbuch für Finanz- und Rechnungswesen 2016, S. 43.

123 NZZ vom 14. Juli 2016.

124 Sherman/Young, Die neuen Lügen, Harvard Business Manager, 2016, Seiten 61-67.

im Rahmen der Standards Ergebnisse ›steuern‹ können, um den Erwartungen der Investoren gerecht zu werden. In einem gewissen Sinne erlaubt Swiss GAAP FER mehr Wahlrechte als IFRS und bietet durch seinen modularen Ansatz eine höhere Flexibilität.

Bei der Wahl des Rechnungslegungsstandards ist in den Mittelpunkt zu setzen, dass der Rechnungslegungsstandard dazu dient, die Geschäftstätigkeit und das finanzielle Resultat nach tatsächlichen Gegebenheiten zu kommunizieren. Dabei bestehen bei der Bestimmung des Rechnungslegungsstandards und bei der Konkretisierung Wahlrechte, die es zu bestimmen gilt. Die Wahl des Rechnungslegungsstandards ist eine Kosten-Nutzen-Abwägung. Der Nutzen für ein Unternehmen liegt bei einer verbesserten, transparenteren Rechenschaftsablage, Verfügbarkeit von internen Zahlen oder verbesserten Finanzierungsbedingungen (in Form eines ›besseren‹ Ratings). Wobei allerdings der Rechnungslegungsstandard ohne Belang sein sollte für das Rating eines Unternehmens.[125]

3.4.6 Verbreitung der Rechnungslegungsstandards

Die Unternehmenslandschaft in der Schweiz setzt sich hauptsächlich aus Klein- und Mittelunternehmen (KMU) und privat gehaltenen Unternehmen zusammen. Nur ein kleiner Teil der Unternehmen sind kotiert. Eine Studie der Stiftung Swiss GAAP FER aus dem Jahr 2019[126] zeigt, dass die grosse Mehrheit der befragten Unternehmen das Rechnungslegungsrecht anwendet. Mit zunehmender Unternehmensgrösse wenden die Unternehmen Swiss GAAP FER und IFRS an. Mit 63.3% wird von den meisten Unternehmen das neue Rechnungslegungsrecht (OR) angewendet. Swiss GAAP FER kommt in 23.1% (bei der letzten Befragung 18.1% aus dem Jahr 2014) und IFRS/IAS in 9.1% (letzte Befragung 2014 13.3%) aller Fälle zur Anwendung. Der Rest entfällt auf übrige Rechnungslegungsstandards. Die Unternehmensgrösse spielt dabei eine zentrale Rolle. Je grösser ein Unternehmen (in Bezug auf die Anzahl Mitarbeitenden) wird, desto geringer ist die Verbreitung des Rechnungslegungsrechts (OR).

An der Schweizer Börse (Swiss Exchange, SWX) wendet die Mehrheit der kotierten Gesellschaften IFRS an. Ein Drittel wendet Swiss GAAP FER an. US GAAP hat eine geringe Bedeutung am Schweizer Kapitalmarkt, da nur zehn Unternehmen diesen Rechnungslegunsgstandard anwenden.

Aktuell werden folgende Rechnungslegungsstandards an der Schweizer Börse angwendet (▶ Tab. 3).

125 Eberle, der richtige Rechnungslegungsstandard, in: ST 2010, Seiten 124-125.

126 Es sind 4'949 Unternehmen angeschrieben worden. Der Rücklauf beträgt 13.8% bzw. 684 Unternehmen (Swiss GAAP FER Studie 2019).

Tab. 3: Rechnungslegungsnormen an der Schweizer Börse (Quelle: Eigene Darstellung, Abfragestand September 2020 SIX Group)

Rechnungslegungsstandard	Anzahl Unternehmen Schweizer Börse
IFRS	128
Swiss GAAP FER	78
US GAAP	10
Bankengesetz	17
Total	233

Der Entscheid für ein bestimmtes Regelwerk wird massgeblich durch den Adressatenkreis der Rechnungslegung beeinflusst. Zwischen einem True-and-Fair-View-Abschluss nach Swiss GAAP FER und einem Abschluss nach IFRS können sich erhebliche Abweichungen ergeben. Die Überleitungen zeigen, dass True and Fair View/Fair Presentation unterschiedlich definiert werden kann. Der Wechsel bei der Swatch Group von IFRS auf FER zeigt eindrücklich die Wirkungen auf die Jahresrechnung.

Beispiel: Rechnungslegungswechsel Swatch Group Wechsel von IFRS zu Swiss GAAP FER (in Mio. CHF)

	2011	**2012**	**2012**	2013
Rechnungslegungsstandard	IFRS	**IFRS**	**FER**	FER
Nettoumsatz	6'764	**7'796**	**7'796**	8'456
Betriebsgewinn	1'614	**1'984**	**1'984**	2'350
Konzerngewinn	1'276	**1'608**	**1'604**	1'928
Gewinn je Aktie*	4.70	**5.93**	**5.91**	7.08
Anlagevermögen	2'709	**3'395**	**2'603**	8'673
Bilanzsumme	9'805	**11'222**	**10'430**	11'639
Eigenkapital	8'071	**9'344**	**8'573**	9'508
Geldfluss aus Geschäftstätigkeit	705	**999**	**999**	1'309

** je Namenaktie unverwässert*

Der Wechsel von IFRS auf Swiss GAAP FER bei Swatch Group im Jahre 2012 zeigt, dass die Veränderungen primär bei der Bewertung des Anlagevermögens zu finden sind. Auch bei den übrigen Wechseln auf Swiss GAAP FER zeigt sich, dass die Wertansätze insgesamt nur punktuell bei Goodwill-Positionen, bei immateriellen Vermögenswerten und Vorsorgeverbindlichkeiten angepasst worden sind. Dies führt im Endeffekt zu einer Reduktion des Eigenkapitals.

Nach dem Kotierungsreglement (kurz KR) hat ein Emittent von Beteiligungspapieren an der Schweizer Börse jährlich einen Geschäftsbericht nach einem anerkannten Standard der Rechnungslegung zu erstellen. Hierzu ist auch das Prüfungstestat anzufügen. Dabei sind folgende Rechnungslegungsstandards differenziert nach Marktsegment anzuwenden:

- International Reporting: IFRS oder US GAAP,
- Swiss Reporting Standard: Swiss GAAP FER oder bankengesetzliche Rechnungslegung,
- Standard für Investmentgesellschaften: IFRS oder US GAAP,
- Standard für Immobiliengesellschaften: IFRS oder Swiss GAAP FER,
- Forderungsrechte: IFRS, US GAAP oder Swiss GAAP FER.

Der Geschäftsbericht ist vier Monate nach dem Jahresabschluss zu veröffentlichen.

3.5 Arten von Abschlüssen

3.5.1 Jahresrechnung (Einzelabschluss)

3.5.1.1 Jahresrechnung mit zuverlässiger Darstellung (Einzelabschluss)

Jedes buchführungspflichtige Unternehmen ist verpflichtet, am Ende eines Geschäftsjahres auf der Grundlage der Buchführung eine Jahresrechnung zu erstellen. Diese wird in OR 958 II präzisierend als **Einzelabschluss**, in der französischen Fassung als »comptes annuels« und inoffiziell Englisch als »financial statements of the individual entity« bezeichnet. Die Mehrzahl in den fremdsprachigen Bezeichnungen weist darauf hin, dass der Jahresabschluss mehrere Elemente umfasst: die **Bilanz** als Zusammenstellung der Vermögenswerte, Verbindlichkeiten und des Eigenkapitals auf einen Stichtag, die **Erfolgsrechnung** als Periodenrechnung über Erträge und Aufwände und den **Anhang** werden in besonderen Fällen ergänzt durch eine Geldflussrechnung und einen Eigenkapitalnachweis. Je nach dem Zweck des Jahresabschlusses bestehen unterschiedliche Gestaltungsmöglichkeiten.

Hält sich der Ersteller des Jahresabschlusses an die Vorschriften des Rechnungslegungsrechts (OR 957-961d), hat der Jahresabschluss das Ziel, ein möglichst zuverlässiges Urteil über die wirtschaftliche Lage zu ermöglichen. Deshalb umschreibt RS 2015/1 der FINMA zur Rechnungslegung von Banken /RVB) diese Variante als »**statutarischen Einzelabschluss mit zuverlässiger Darstellung**«. Dabei muss die Qualifikation »zuverlässig« – wie bereits dargelegt – mit Vorbehalten beurteilt werden. Das Rechnungslegungsrecht erlaubt, »zur Sicherung des dauernden Gedeihens des Unternehmens« eine Verschleierung der tatsächlichen Vermögens- und vor allem der Ertragslage des Unternehmens durch für den Adressaten in der Regel nicht erkennbaren Bildung und Auflösung von stillen Reserven.[127]

127 Eine Ausnahme sieht das RS 2015-1 FINMA für Banken vor, welche die Offenlegung der Auflösung von stillen Reserven mit genauen Angaben in der Erfolgsrechnung verlangt.

Mit dem Attribut »statutarisch« wird auf die handelsrechtlichen Grundlagen der Jahresrechnung hingewiesen, welche bei Kapitalgesellschaften in den Statuten ihre Rechtsgrundlage finden, indem das Geschäftsjahr und damit der Bilanzstichtag festgelegt werden. Auf früher übliche nähere Bestimmungen zur Jahresrechnung wird in den Statuten in der Regel verzichtet, weil die aktuelle Gesetzgebung - anders als jene von 1936 - ausführlicher ausfällt (▶ Abb. 6).

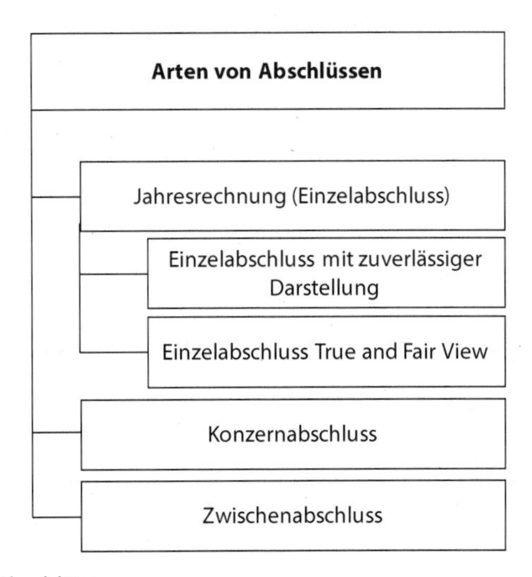

Abb. 6: Arten von Abschlüssen

3.5.1.2 Einzelabschluss True and Fair View

Es steht dem Unternehmen oder in Kapitalgesellschaften den Leitungsorganen frei, den Jahresabschluss als Führungsinstrument und Instrument der Rechenschaftsablage so zu gestalten, dass er ein den tatsächlichen Verhältnissen entsprechendes Bild der Vermögens-, Finanz- und Ertragslage vermittelt und den Anforderungen, den Grundsätzen ordnungsgemässer Rechnungslegung an die Verlässlichkeit und Willkürfreiheit entspricht. Weil damit steuerliche Nachteile verbunden sein können, wird dieser Abschluss in der Regel zusätzlich zum OR-Abschluss nach einem allgemein anerkannten Standard (Dual Reporting) erstellt. In der Schweiz sind nach Verordnung anerkannter Standards der Rechnungslegung (kurz VASR)[128] IFRS, IFRS für SME, Swiss GAAP FER und US GAAP gesetzlich anerkannt.

Theoretisch ist auch ein statutarischer Einzelabschluss nach True and Fair View möglich, welcher demnach sowohl den Ansprüchen des Handelsrechts wie der gewählten Standards der Rechnungslegung entspricht.[129] Die Umsetzung in der Praxis dürfte allerdings nicht einfach zu lösen sein.

128 Verordnung über die anerkannten Standards zur Rechnungslegung (VASR).

129 RS 2015/1 RVB, Ziff. 260-269. So vorgesehen für Banken. Pfaff/Ganz/Stenz/Zihler, Kommentar zu OR 962a, S. 637.

Das True-and-Fair-View-Konzept wird deshalb vor allem für konsolidierte Abschlüsse eingesetzt, bei welchen bekanntlich keinerlei Rücksichtnahme auf steuerliche Überlegungen bestehen, weil nicht der Konzern, sondern die einzelnen Konzernunternehmen steuerpflichtig sind.

Nach OR 962 II Minderheiten oder Anteilseigner mit einer Nachschusspflicht einen Abschluss nach einem anerkannten Standard verlangen. Das oberste Leitungs- und Verwaltungsorgan ist für die Auswahl eines anerkannten Standards für die Rechnungslegung zuständig. Nach OR 962a I ist die Angabe des Standards aufzuführen und für die gesamte Jahresrechnung anzuwenden. Weiter ist dieser Abschluss durch einen zugelassenen Revisor mit einer ordentlichen Revision prüfen zu lassen. Dieser muss dem obersten Organ der Gesellschaft vorgelegt werden, bedarf aber nach OR 962a IV keiner Genehmigung.

3.5.2 Konzernabschluss

Rechnungslegungspflichtige juristische Personen, welche eines oder mehrere rechnungslegungspflichtige Unternehmen kontrollieren sind verpflichtet, für die Gesamtheit der kontrollierten Unternehmen eine konsolidierte Jahresrechnung (Konzernrechnung) nach EU-Terminologie Konzernabschluss (OR 963 I), zu erstellen. Börsenkotierte Gesellschaften, Genossenschaften mit mindestens 2'000 Genossenschaftern und Stiftungen, die zu einer ordentlichen Revision verpflichtet sind, müssen ihre Jahresrechnung, die in der Regel eine **Konzernrechnung ist, nach einem anerkannten Standard** erstellen. Für alle übrigen gelten die Grundsätze ordnungsgemässer Rechnungslegung (mit Ausnahmen nach OR 963b IV), was bedeutet, dass es sich um einen **Konzernabschluss mit zuverlässiger Darstellung** handelt. Dies wird bei mittelgrossen Konzernen mit einem begrenzten Kreis von Adressaten die »normale« Variante darstellen. Die handelsrechtlichen Einzelabschlüsse nach OR (HB I) werden vereinheitlicht, bereinigt und nach den allgemein anerkannten Konsolidierungsregeln (HB II) zum Konzernabschluss zusammengestellt.[130]

Nach OR 962 III entfällt die Pflicht zur Erstellung eines Abschlusses nach einem anerkannten Standard für den Einzelabschluss, wenn der Konzernabschluss nach diesem erstellt wird.

3.5.3 Zwischenabschluss

Dient der Jahresabschluss als Führungsinstrument, ist die Zeitnähe der Information zentral. Es ist verständlich, dass zur Unternehmensführung die Entwicklung der Ertrags- und Vermögenslage in kürzeren Zeitabständen als einem Geschäftsjahr mit zwölf Monaten Dauer und zwei bis drei Monaten für die Abschlusserstel-

130 Pfaff/Ganz/Stenz/Zihler, Kommentar zu OR 963b, S. 473.

lung überwacht werden muss. Im Management Accounting ist die unterjährige Erfolgsermittlung (z. B. monatlich, quartals- oder semesterweise) seit langem eingeführt. Sie weist Kosten und Leistungen aus und verzichtet somit auf betriebs- und periodenfremde sowie ausserordentliche Erträge und Aufwände. Die handelsrechtlichen Bewertungsmassstäbe sind nicht massgebend.

In der externen finanziellen Berichterstattung von Publikumsgesellschaften war es in der Schweiz bis in die 1990er Jahre nicht üblich, über Zwischenergebnisse zu informieren. Selbst die stets fortschrittlicheren Rechnungslegungsvorschriften für Banken verlangten nur die Publikation einer Semesterbilanz. Über die Ertragslage fehlten jegliche quantitativen Informationen.

Nach OR 960f sind für den Zwischenabschluss eine Bilanz, eine Erfolgsrechnung und ein Anhang zu erstellen. Vereinfachungen sind zulässig, sofern diese gekennzeichnet sind. Auch ist auf weitere Faktoren wie die Saisonalität einzugehen. Auf zusätzliche Angaben im Anhang, eine Geldflussrechnung oder einen Lagebericht kann verzichtet werden, sofern nach OR 961d eine Konzernrechnung nach einem anerkannten Standard erstellt wird.

FER 12 über die obligatorische, freiwillige Zwischenberichterstattung ist 2013 aufgehoben worden. Zwischenabschlüsse werden nur in den besonderen Vorschriften für börsenkotierte Gesellschaften in FER 31 geregelt. Diese umfassen in gekürzter Form Bilanz, Erfolgsrechnung, Geldflussrechnung und Eigenkapitalnachweis (FER 31/10). Der Zusammenschluss basiert auf den gleichen Grundlagen und Grundsätzen sowie auf der gleichen Gliederung wie der Jahresabschluss. In der Bilanz sind die Zahlen des Vorjahresabschlusses und in der Erfolgsrechnung diejenigen des Zwischenabschlusses des Vorjahres anzugeben. Überdies ist der Geschäftsvorgang qualitativ zu erläutern.[131] Eine spezialgesetzliche Regelung für Zwischenabschlüsse besteht für Banken.[132]

Nach dem Kotierungsreglement (kurz KR) hat ein Emittent von Beteiligungsrechten an der Schweizer Börse einen Haupt- und Zwischenabschluss zu erstellen. Das heisst, einmal jährlich ist ein Halbjahresabschluss zusätzlich zu publizieren. Quartalsabschlüsse in der Schweiz erfolgen auf freiwilliger Basis. Eine Prüfungspflicht für die Zwischenabschlüsse besteht nicht.

3.6 Geschäftsbericht

3.6.1 Aufgaben und Umfang des Geschäftsberichts

Im Aktienrecht von 1936 wurde die Verwaltung einer Aktiengesellschaft verpflichtet, in einem schriftlichen Geschäftsbericht den Vermögensstand und die Tätigkeit

131 Ein ausführlicher Halbjahresbericht umfasst bei grösseren Konzernen in der Regel über zehn Seiten (Georg Fischer 2016 14 Seiten).

132 RVB 2015/1, Abschnitt VIII.

der Gesellschaft darzulegen und den Jahresabschluss zu erläutern. Bei der Revision des Aktienrechts 1991 wurde die Bezeichnung auf Jahresbericht umgestellt und als Aufgabe festgehalten, den Geschäftsverlauf sowie die wirtschaftliche und finanzielle Lage darzustellen. Im Rechnungslegungsrecht 2011 wurde die Bezeichnung »Geschäftsbericht« zum Oberbegriff mit den Elementen Jahresrechnung und Lagebericht, bisher Jahresbericht genannt, sofern dies vom Gesetz verlangt wird. Der Begriff Geschäftsbericht (OR 958 II) umfasst je nach Unternehmenskategorien verschiedene Elemente (▶ Abb. 7).

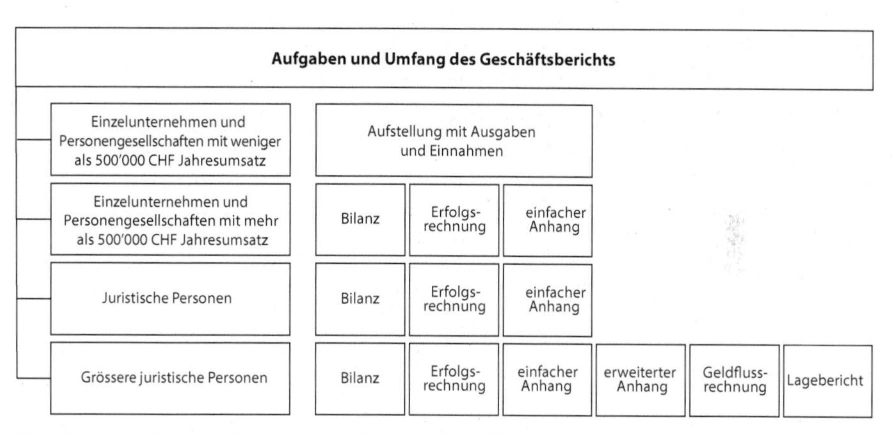

Abb. 7: Aufgaben und Umfang von Geschäftsberichten

Konzerne haben neben den Jahresabschlüssen der Obergesellschaft noch eine konsolidierte Rechnung zu erstellen (OR 959 ff.). Muss der Jahresabschluss nach einem anerkannten Standard wie Swiss GAAP FER erstellt werden, umfasst die Jahresrechnung auch einen Eigenkapitalnachweis.

Bei grösseren Unternehmen, die der ordentlichen Revisionspflicht unterstehen (OR 727 I) oder Beteiligungspapiere an der Börse kotiert haben, deckt sich somit die Bezeichnung Geschäftsbericht mit jener aus dem bisherigen Recht.

Besondere Vorschriften kommen bei publikumsorientierten Unternehmen[133] wie Gesellschaften mit börsenkotierten Beteiligungspapieren, grossen Genossenschaften sowie grossen Stiftungen (OR 962 II) zur Anwendung.

Aus dem Begriff der Jahresrechnung in OR 958 II ergibt sich der Begriff des **Geschäftsjahres.** Im Gegensatz zum HGB wird dieser nicht definiert.[134] Entsprechend dem Kalenderjahr umfasst ein Geschäftsjahr in der Regel 12 Monate, wobei dieses jedoch nicht immer am 1. Januar beginnt (Eröffnungsbilanz) und am 31. Dezember als Bilanzstichtagen (Schlussbilanz) endet. Die früher häufigeren Abweichungen vom 31. Dezember waren nicht zuletzt branchen- und bilanzpolitisch be-

133 Bezeichnung nach Pfaff/Ganz/Stenz/Zihler, Kommentar zu OR 969, S. 120.
134 HGB 240 II präzisiert, dass das Geschäftsjahr 12 Monate nicht überschreiten darf.

dingt mit dem Ziel eines möglichst günstigen Bilanzbildes, bei Brauereien z. B. der 30. September (mit tiefen Vorräten und hoher Liquidität am Ende des Bilanzjahres). In den letzten Jahren hat sich das Kalenderjahr als Geschäftsjahr weitgehend mit dem 31. Dezember als Bilanzstichtag durchgesetzt. Ausnahmen wie Barry Callebaut (31. August) und Titlisbahnen (31. Oktober) bestätigen die Regel. Umfasst das Geschäftsjahr weniger als 12 Monate, beispielsweise im ersten Geschäftsjahr bis zum ersten Abschluss am Abschlusstermin vom 31. Dezember oder bei Verlegung des bisherigen Abschlusstermins, liegt ein **Rumpfgeschäftsjahr** vor. Ein **überjähriges** Geschäftsjahr von mehr als 12 Monaten entsteht, wenn nach einer Gründung der erste Jahresabschluss nicht am nächsten, sondern erst am übernächsten Termin oder eine Verlegung des Abschlusstermins vom 1. Mai im Jahr 1 auf den 31. Dezember im Jahr 2 erfolgt.

OR 958 II setzt für die Erstellung des Geschäftsberichts eine Frist von sechs Monaten fest. Innerhalb dieser Frist ist der Bericht dem obersten Gesellschaftsorgan zur Genehmigung vorzulegen. Bei der AG ist überdies zu beachten, dass wegen der Einladungsfrist von mindestens 20 Tagen für die Generalversammlung und bei Revisionspflicht für diese Tätigkeit ebenfalls zusätzlich Zeit einzuräumen ist. Die Frist von sechs Monaten wird daher in der Praxis bei grösseren Unternehmen für die Erstellung um sechs bis acht Wochen verkürzt.[135] Wenn das oberste Leitungsorgan, in der AG der Verwaltungsrat, die gesetzliche Vorlegungsfrist nicht beachtet, handelt es sich um eine Pflichtverletzung, welche allerdings erst in einem Verantwortlichkeitsprozess negative Folgen nach sich zieht.

In Aktiengesellschaften ist es üblich, in den Statuten Bestimmungen über die Rechnungslegung und damit auch zum Geschäftsjahr aufzunehmen, obwohl dies gesetzlich nicht zwingend ist.

Beispiele für die Statutenbestimmung zum Geschäftsjahr

Bell Holding

Art. 29: Rechnungswesen

Die Jahresrechnung der Gesellschaft, die Konzernrechnung und der Vergütungsbericht werden alljährlich auf den 31. Dezember erstellt.

Allreal Holding

Art. 38: Rechnungsabschluss

Die Jahresrechnung wird jeweils auf den vom Verwaltungsrat bestimmten Termin abgeschlossen.

---

135 Die Einberufungsfrist für die Generalversammlung einer Genossenschaft richtet sich nach den Statuten. Nach Gesetz beträgt sie nur fünf Tage. In den GmbH-Statuten kann die Einberufungsfrist von 20 Tagen verkürzt werden.

Wenn die Statuten den Abschlusstermin und damit das Geschäftsjahr offenlassen, wird dieser vom Verwaltungsrat, gestützt auf die gesetzliche Pflicht zur Gestaltung des Rechnungswesens (OR 716a I Ziff. 3), festgelegt.

3.6.2 Unterzeichnungspflicht

Das Rechnungslegungsrecht regelt neu die Unterzeichnungspflicht, also die Frage, welche Dokumente von wem zu unterzeichnen sind.

Unter dem bisherigen Recht war die Jahresrechnung vom Unternehmer, von den persönlich haftbaren Gesellschaftern und bei Gesellschaften von den mit der Geschäftsführung betrauten Personen zu unterzeichnen. OR 958 III fordert neu im Geschäftsbericht (Bilanz, Erfolgsrechnung und Anhang) neben der Unterschrift des Vorsitzenden des obersten Leitungs- oder Verwaltungsorgans auch jene der für die Rechnungslegung zuständigen Person.[136] Die Unterzeichnung durch einen Prokuristen ist nach wie vor nicht zulässig.

Wird die Jahresrechnung revidiert, ist es üblich, dass der Abschlussprüfer, gestützt auf Schweizer Prüfungsstandard 2013 eine gesetzlich nicht vorgesehene **Vollständigkeitserklärung** verlangt, welche von denselben Personen unterzeichnet wird, die nach OR 958 III unterzeichnungspflichtig sind.

3.6.3 Offenlegung

Die Bestimmungen über die Offenlegung der Jahresrechnung und des Revisionsberichts (OR 958e) durch Publikation betreffen nur wenige buchführungspflichtige Unternehmen, nämlich die Gesellschaften mit börsenkotierten Beteiligungspapieren und mit ausstehenden Anleihensobligationen. Für börsenkotierte Gesellschaften sind die spezialrechtlichen Vorschriften der SWX massgebend.

136 Ungeklärt ist, ob jeder Bestandteil einzeln zu unterzeichnen oder wenigstens mit einem Visum zu versehen ist. Pfaff/Ganz/Stenz/Zihler, Kommentar zu OR 958, S. 133.

4 Grundlagen und Grundsätze ordnungsmässiger Rechnungslegung (GoR)

4.1.1 Überblick

Das bisherige Buchführungsrecht von 1936, das bis 2014 in Kraft war, enthielt in aOR 959 grundsätzliche Gestaltungs- und Qualitätsnormen zur Aufstellung von Bilanz und Betriebsrechnung (Erfolgsrechnung), welche in der Marginalie mit »Bilanzgrundsätze« sowie im Gesetzestext selbst mit »allgemein anerkannte kaufmännische Grundsätze« umschrieben worden sind. Der Rechtsbegriff **»allgemein anerkannte kaufmännische Grundsätze«** hat bei der Umsetzung in der Praxis der Rechnungslegungsvorschriften Schwierigkeiten bereitet, denn er ist inhaltlich »völlig leer«.[137] Im Rahmen der Revision des Aktienrechts 1991 wurde er deshalb fallen gelassen und für Aktiengesellschaften durch **»Grundsätze ordnungsmässiger Rechnungslegung«** (GoR) ersetzt (aOR 662a, 663g I, 663h II). Damit wurde zum Ausdruck gebracht, dass die aOR Rechnungslegungsgrundsätze »weder Gewohnheitsrecht noch Handelsbrauch darstellen und somit nicht gefunden, sondern von Lehre und Rechtsprechung entwickelt werden«.[138]

Bei der praktischen Umsetzung der Grundsätze ordnungsgemässer Rechnungslegung sind deshalb vor allem die »bewährte Lehre« (ZGB1 III) und die Gerichtspraxis bestimmend. Die schweizerische Rechtsprechung zum Buchführungs- und Bilanzrecht beschränkt sich in der Regel auf steuerrechtliche Folgen der Erfassung von Geschäftsvorfällen oder auf Verantwortlichkeitsprozesse nach Konkurs- oder Nachlassverfahren. Klagen von Aktionären gegen eine nicht gesetzeskonforme Darstellung im Jahresabschluss sind aus prozessrechtlichen Gründen (Kosten-/Nutzenüberlegungen des Klägers) selten. Gerichtsentscheide tragen deshalb kaum etwas zur Klärung offener Fragen im Zusammenhang mit den erwähnten Grundsätzen bei. Nur bei börsenkotierten Gesellschaften wird die Einhaltung der Einzelnormen als Konkretisierung von anerkannten Rechnungslegungsstandards durch die Abteilung Listing und Enforcement der SIX überwacht. Bei Verletzungen können Sanktionen (in der Regel Bussgelder) ausgesprochen werden. Bei der Umsetzung der Rechnungslegungsnormen ist deshalb vor allem die wissenschaftliche Lehre, wie sie in Gesetzes-Kommentaren und Lehrbüchern dargestellt wird, von Bedeutung. Auf diese wird bei kontroversen Fragen jeweils hingewiesen.

---

137 Käfer, Kommentar zu aOR 959, Anmerkung 96, S. 829.

138 Botschaft 1983, Ziff. 323.21, S. 142, ebenso wie Botschaft 2007, S. 1701.

Die Grundsätze ordnungsmässiger Rechnungslegung haben ihren Ursprung in der angelsächsischen Lehre (Basic Postulates of Accounting). In Anlehnung an die US GAAP hat auch das IHSB 1989 ein Conceptual Framework erstellt, welches zurzeit überarbeitet wird. Die Darstellung der Grundsätze ist in den Regelwerken (Gesetze, Standards) und in der Fachliteratur allerdings unterschiedlich und dementsprechend sind Bezeichnungen und Gruppierung uneinheitlich (▶ Abb. 8).

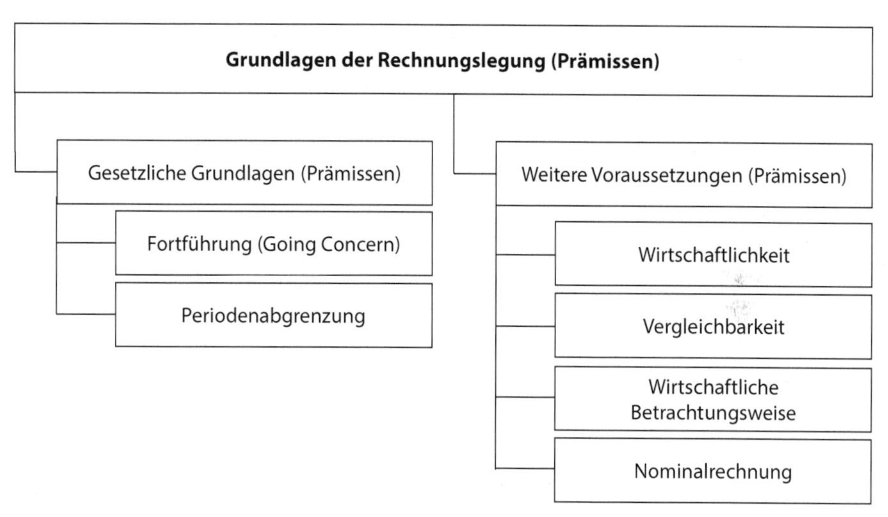

Abb. 8: Grundlagen der Rechnungslegung

In der deutschen Fachliteratur wird der Ausdruck »Grundsätze ordnungsmässiger Buchführung« als Oberbegriff verwendet mit den Elementen Dokumentationsgrundsätze (entsprechend dem schweizerischen Grundsätzen ordnungsgemässer Buchführung), Rahmengrundsätze (u. a. Vergleichbarkeit, Klarheit, Wesentlichkeit), Systemgrundsätze (Going Concern, Einzelbewertung), Ansatzgrundsätze für die Bilanz (Aktivierungs- und Passivierungsgrundsätze), Definitionsgrundsätze für den Jahreserfolg (Realisationsprinzip, Periodisierung) und Kapitalerhaltungsgrundsätze (Imparitätsprinzip, Vorsichtsprinzip).[139]

Zur Festlegung der Grundsätze ordnungsmässiger Rechnungslegung (GoR) ist von den Grundsätzen ordnungsmässiger Buchführung (GoB) auszugehen. Für die Ableitung der Grundsätze ordnungsmässiger Rechnungslegung sind bestimmte **Grundannahmen** unerlässlich. In der Fachliteratur wird jedoch häufig kein Unterschied zwischen **Grundannahmen** (Underlying Assumptions) oder **Voraussetzungen** (Prämissen) und den **Grundsätzen ordnungsmässiger Rechnungslegung**

139 Baetge/Krisch, Grundsätze ordnungsmässiger Buchführung (GoB), Lexikon des Rechnungswesens, Seiten 345-350. Lang, Grundsätze ordnungsmässiger Buchführung, HuRR, S. 221 ff.

gemacht. Auch im bisherigen Recht (aOR 662a II wurde die Grundannahme »Fortführung« unter den GoR aufgeführt. Die Periodenabgrenzung war nur indirekt festgehalten durch den zwingenden Ausweis von Rechnungsabgrenzungsposten (aOR 663a IV).

Gegenüber dem bisherigen Recht (aOR 662a) unterschiedet das revidierte OR neu zwischen den Voraussetzungen einerseits und den eigentlichen Grundsätzen andererseits. Es spricht den **Grundlagen** der Jahresrechnung. Die beiden in OR 958a und 958b aufgeführten »Grundlagen« decken sich mit den früher im IASC-F 22 festgehaltenen Underlying Assumptions nach IASC-F 22 und 23 der **Fortführung** (Going concern) und der **Periodisierung** (zeitliche und sachliche Abgrenzung). Im neuen IAS-Rahmenkonzept 2010 sind Prämissen und Grundsätze umgruppiert worden.

4.1.2 Gesetzliche Grundlagen (Prämissen)

4.1.2.1 Fortführung (Going Concern)

Die Unternehmung, deren Jahresrechnung erstellt wird, ist als wirtschaftliche Einheit ein lebendiger Organismus, welcher weiter existieren und seine Tätigkeit für unbestimmte Zeit weiterführen soll. Deshalb wird die Abschlusserstellung massgeblich davon beeinflusst, ob die Unternehmung ihre Tätigkeit ohne Hindernis fortsetzen kann, ob sie diese vorübergehend ganz oder teilweise unterbrechen oder völlig einstellen muss. Es ist deshalb im Rahmen von Prognosen der voraussichtliche Unternehmungsablauf zu berücksichtigen. Dabei ist zu prüfen, ob und inwieweit die Annahme der Unternehmensfortführung mindestens bis zur nächsten Rechnungsperiode unter den tatsächlichen Verhältnissen realistisch ist. Nicht mehr realistisch wäre diese Annahme beim fehlenden Willen zur Weiterführung, z. B. weil eine Liquidation infolge ungelöster Nachfolgeprobleme unausweichlich erscheint, ein Liquidationsbeschluss bei einer juristischen Person oder die Geschäftsaufgabe einer Einzelfirma zu erwarten ist, bei fehlenden sachlichen Voraussetzungen, z. B. bei Ablauf einer Konzession (Heimfallklausel bei Kraftwerken) oder von existenzwichtigen Liefer- oder Abnahmeverträgen oder bei Gefährdung der Lebensfähigkeit wegen notorischer Ertragsschwäche.

Eine Liste von Indizien für eine Gefährdung der Unternehmungsfortführung findet sich in PS 570. Zu erwähnen sind insbesondere:

- Überschuldung oder negatives Netto-Umlaufvermögen,
- Zeitpunkt der Fälligkeit von Verbindlichkeiten mit fester Laufzeit nähert sich, ohne dass realistische Aussicht auf Verlängerung oder Rückzahlung besteht,
- kurzfristige Kredite werden im Übermass zur Finanzierung von Anlagevermögen herangezogen,
- betriebliche Cash Drains (gemäss vorangegangenen Abschlüssen oder Planungsrechnungen),

- Unfähigkeit, Lieferanten- und andere Verbindlichkeiten bei Fälligkeit zu bezahlen,
- Unfähigkeit, die Bedingungen von Kreditvereinbarungen zu erfüllen,
- Unfähigkeit, Finanzmittel zu beschaffen, die für wichtige Produktentwicklungen oder für andere wichtige Investitionen benötigt werden,
- Abgang wichtiger Personen, für die kein Ersatz vorhanden ist,
- Verlust eines bedeutenden Absatzmarktes, Franchisepartners, Lizenznehmers oder Lieferanten.

Beispiel Darstellung des Going Concern im Anhang Pizolbergbahnen, OR-Abschluss 2018/2019

Anmerkung betreffend Unterstützung durch den Kanton St. Gallen und die Gemeinden

Mit Vereinbarung vom 31. Januar 2018 erklären sich der Kanton St. Gallen sowie die Gemeinden Bad Ragaz, Vilters-Wangs, Mels, Sargans, Wartau und Pfäfers bereit, die Pizolbahnen AG während der nächsten Jahre finanziell zu unterstützen. Der Kanton leistet in den Jahren 2018 bis 2020 den Betrag von insgesamt TCHF 900, die Gemeinden in den Jahren 2018 bis 2023 jährlich den Betrag von TCHF 540. Die Ausrichtung dieser Beiträge ist an die Einhaltung von zehn definierten Bedingungen geknüpft. Aus der Sicht des Verwaltungsrates sind sämtliche Bedingungen für die erneute Auszahlung im Jahr 2019 erfüllt. Es darf deshalb von der Ausrichtung der Beiträge für das Jahr 2019 ausgegangen werden. Planungsrechnungen und Analysen zeigen, dass die Pizolbahnen AG nachhaltig mit einem strukturellen Defizit rechnen muss. Unter Berücksichtigung bereits eingeleiteter und noch geplanter Massnahmen sowie der vorstehend beschriebenen Unterstützung von Kanton und Gemeinden geht der Verwaltungsrat aufgrund seiner Einschätzungen und Annahmen davon aus, dass die Zahlungsfähigkeit des Unternehmens und somit dessen Fortführungsfähigkeit gegeben ist.

Der Kanton und die Gemeinden haben ein Darlehen bereitgestellt und im Geschäftsbericht ist eine Einschätzung der Annahme der Unternehmensfortführung entsprechend aufgeführt.

In der Praxis ist der Entscheid über die Abkehr vom Grundsatz der Fortführung hin zur Annahme der Liquidation nicht einfach zu treffen. Hervorzuheben ist die neu erwähnte Variante »Verzicht auf die Weiterführung einzelner Unternehmensteile« wie Produkte, Segmente, Zweigniederlassungen. Zu unterscheiden ist bei der Beurteilung der Fortführung zwischen einer Liquidation/Stilllegung und einem Verkauf, welcher nicht als Einstellung zu betrachten ist. Im Gegensatz zum bisherigen Recht sind Abweichungen von der Annahme der Unternehmensfortführung ausdrücklich im Anhang zu erfassen und der Einfluss auf die wirtschaftliche Lage darzulegen. Dies bedeutet, dass erforderliche Wertkorrekturen zu quantifizieren sind.[140] Bei der notwendigen Umstellung auf Veräusserungs- bzw.

Liquidationswerte bei unwahrscheinlicher Fortführung ergeben sich häufig Konsequenzen für Massnahmen nach OR 725 (Kapitalverlust und Überschuldung).

Unzweifelhaft steht die Liquiditätskraft in engem Zusammenhang mit der Annahme der Unternehmensfortführung, welche aufgrund der Planungsrechnung festzulegen ist. Auch die Entwicklung der Geldflüsse ist in diesem Zusammenhang einer eingehenden Analyse zu unterziehen.

4.1.2.2 Periodenabgrenzung

Der Erfolg einer Unternehmung kann theoretisch erst am Ende ihrer Lebenszeit zuverlässig festgestellt werden. Dem Kapitaleinsatz der Unternehmer bei der Gründung können auf diesen Zeitpunkt alle Barauszahlungen während der Tätigkeit und der Liquidationserlös gegenübergestellt werden. Eine positive Differenz stellt der durch die Unternehmungstätigkeit erzielte tatsächliche «wahre» Gewinn (Zunahme des Reinvermögens) dar. Werden die Geldbeträge indexiert, kann der reale, kaufkraftbereinigte Totalgewinn errechnet werden.

Die Unternehmungseigentümer möchten aber aus verständlichen Gründen das Geschäftsergebnis für kürzere Zeitabschnitte kennen. Mit einer periodischen Erfolgsrechnung muss deshalb der Totalerfolg auf einzelne Zeiträume verteilt werden. Der Erfolg bestimmt sich durch die Gegenüberstellung des Verbrauchs an Gütern und Leistungen (Aufwand) mit dem erfolgswirksamen Zugang an Gütern und Leistungen (Ertrag) während eines Zeitabschnittes. Diese periodische Erfolgsermittlung wird jedoch dadurch erschwert, dass es nicht in allen Fällen einfach ist, Aufwendungen und Erträge einer bestimmten Rechnungsperiode zuzurechnen. Die Abgrenzung der Perioden bedeutet immer einen Schnitt in lebendige betriebliche Vorgänge und deren Rhythmen.

Diese Erkenntnis enthebt die Unternehmungsleitung jedoch nicht von der Pflicht, den Adressaten des Jahresabschlusses durch eine sachlich und zeitlich korrekte Abgrenzung so genau wie möglich über den Periodenerfolg Rechenschaft abzulegen, auch darüber, inwieweit das Unternehmungsergebnis durch Bemühungen früherer Rechnungsperioden und durch Anstrengungen, welche erst in späteren Rechnungsperioden zum Erfolg führen, beeinflusst ist.

Für die handelsrechtliche Rechnungslegung wird das Geschäftsjahr als Rechnungsperiode festgelegt (OR 958, OR 558 I für die Kollektivgesellschaft, OR 598 für die Kommanditgesellschaft, OR 662 für die Aktiengesellschaft, OR 805 für die GmbH, OR 858 für die Genossenschaft). Der deutsche Gesetzgeber präzisiert zudem, dass das Geschäftsjahr zwölf Monate nicht überschreiten darf (HGB).

Im bisherigen Recht war der Grundsatz der zeitlichen und sachlichen Abgrenzung von Aufwand und Ertrag nur indirekt festgehalten, weil aOR 663a IV den Ausweis von Rechnungsabgrenzungsposten verlangt hat.

---

140 Pfaff/Ganz/Stenz/Zihler, Kommentar zu OR 958a, S. 147.

Nach OR 958b müssen Aufwände und Erträge voneinander in zeitlicher und sachlicher Hinsicht abgegrenzt werden. Der **Grundsatz der zeitlichen Abgrenzung** (Accrual-Prinzip) verlangt, dass periodenbezogene Aufwendungen und Erträge losgelöst vom Zeitpunkt der Ein- und Auszahlung erfasst werden. Falls Aufwendungen und Erträge frühere Rechnungsperioden betreffen, sind diese, sobald sie bekannt werden, als periodenfremd zu verbuchen. Die zeitliche Abgrenzung führt zu den in der Buchhaltungslehre bekannten transitorischen Konten. Der **Grundsatz der sachlichen Abgrenzung** verlangt, dass alle Aufwendungen, die dazu dienen, bestimmte Erträge zu erzielen, zeitgleich mit den anfallenden Erträgen in der Erfolgsrechnung zu berücksichtigen sind (matching of cost and revenue). Wird ein Ertrag aus Lieferungen und Leistungen ausgewiesen, ist es notwendig, alle Aufwendungen, die damit zusammenhängen, sowohl die Einzelkosten wie Material und Löhne, wie auch die Gemeinkosten (z. B. Zinsen, Abschreibungen, usw.), zu erfassen.

Ein besonderes Problem der sachlichen Abgrenzung ergibt sich bei langfristigen Fertigungsaufträgen, wenn die Bezahlung erst bei Ablieferung des Werks (Hoch- und Tiefbau, Anlagenbau usw.) erfolgt. In den Rechnungslegungsstandards (z. B. FER 22) wird verlangt, dass die Gewinne aus dem Ertrag periodengerecht nach Arbeitsfortschritt erfasst werden und nicht zugewartet wird bis zur definitiven Abrechnung nach Fertigungsstellung (Percentage of Completion Methode). Dies kann als Nichtbeachtung des Realisationsprinzips ausgelegt werden. Die Gewinne wären demnach am Projektende zu erfassen, während die Aufwendungen für das Projekt laufend anfallen und verbucht werden. Sollte sich bei der Auftragsabwicklung zeigen, dass Werteinbussen zu erwarten sind, müssen konsequenterweise entsprechende Wertkorrekturen (Rückstellungen) vorgenommen werden.

4.1.3 Weitere Voraussetzungen (Prämissen)

4.1.3.1 Wirtschaftlichkeit

Die laufende Buchführung ist ebenso wie der Jahresabschluss Teil des Informationssystems eines Unternehmens. Die Erfassung bzw. Verarbeitung der Buchungstatsachen verursacht Kosten, denen der daraus erzielbare Nutzen gegenübergestellt werden muss. Die Wirtschaftlichkeit verlangt, dass Kosten der Informationsbeschaffung und -verarbeitung, die keinen zusätzlichen Nutzen bringen, zu vermeiden sind. Falls zusätzliche Aufwendungen zu einer Verbesserung der Qualität der Jahresrechnung führen, ist zu prüfen, welchen Qualitätsansprüchen die Jahresrechnung zu genügen hat. Ist eine Information nur mit einem erheblichen Aufwand zu erhalten, so darf selbst der vom Gesetzgeber geforderte Qualitätsgrad vermindert werden. Angesichts der im internationalen Vergleich ohnehin eher unterdurchschnittlichen Qualitätsanforderungen des schweizerischen Gesetzgebers besteht hierfür jedoch kein grosser Spielraum.

Auf die Wirtschaftlichkeit als Grundvoraussetzung der Rechnungslegung wird man sich z. B. berufen, wenn auf genaue Berechnung von geringfügigen Positionen zur Rechnungsabgrenzung verzichtet wird, bei der Ermittlung der Inventarbestände keine allzu aufwändigen Verfahren eingesetzt werden, bei der Ermittlung der Rückstellungen wohl vorsichtige, aber eher summarische Schätzungen vorgenommen werden, bei Konzernabschlüssen für die Eliminierung von Zwischengewinnen auf konzerninternen Transaktionen keine allzu aufwändigen Verfahren eingesetzt werden oder bei Konzernabschlüssen auf die Ausscheidung von geringfügigen Minderheitsanteilen verzichtet wird.

Die Grundvoraussetzung der Wirtschaftlichkeit wird vor allem in der ausländischen Fachliteratur entweder nicht besonders hervorgehoben oder überhaupt nicht erwähnt. Leffson begründet dies damit, dass die Wirtschaftlichkeit das allgemeinste Ziel ökonomischen Handelns sei, welches für alle Prozesse und damit auch für die Erstellung der Jahresrechnung gelte. Die ausdrückliche Erwähnung, gestützt auf Framework von IFRS (Balance between Benefit and Cost), erscheint jedoch zweckmässig, weil damit in der Praxis bei der Erstellung der Jahresrechnung bei kontroversen Fragen eine konkrete Entscheidungshilfe geboten wird.

Auch der französische Gesetzgeber verweist im Gesetz über die Konzernrechnung ausdrücklich auf die Wirtschaftlichkeit: Wenn die Informationsbeschaffung nicht ohne überhöhte Kosten möglich ist, kann auf den Einbezug der Jahresrechnung einer Tochtergesellschaft verzichtet werden.

4.1.3.2 Vergleichbarkeit

Die isolierte Betrachtung von einzelnen Positionen des Jahresabschlusses ist wenig sinnvoll. Aussagefähigkeit haben die Informationen erst, wenn diese mit anderen in Bezug gesetzt werden, z. B.:

- mit anderen Zahlen aus der Jahresrechnung,
- mit der entsprechenden Grösse aus der Vorjahresperiode **(Zeitvergleich** oder intertemporaler Vergleich). Der einzelne Jahresabschluss ist nicht nur als einzelner Rechenschaftsbericht, sondern stets auch als Glied einer zeitlichen Reihe zu betrachten,
- mit einer Grösse ausserhalb des Jahresabschlusses, z. B. mit der Planungsrechnung (Budget).

Die Vergleichbarkeit ist deshalb eine Grundvoraussetzung für eine sinnvolle Auswertung des Jahresabschlusses wie zur Beurteilung der Leistung des Managements. Ohne Vergleichbarkeit kann das gesetzliche Erfordernis der möglichst zuverlässigen Beurteilung der Ertragslage nicht gewährleistet werden. Sie wird als Qualitätsanspruch an die Rechnungslegung sowohl im Framework von Swiss GAAP FER (FER-RK 31), der IFRS wie der US GAAP ausdrücklich festgehalten.

Die Vergleichbarkeit der Jahresabschlüsse bedingt:

- die Beachtung des Grundsatzes der Stetigkeit,
- die Erläuterung von Unstetigkeiten, vor allem in der Darstellung der Ergebnisse,
- die Aussonderung von ausserordentlichen Vorgängen,
- die Verwendung eines zeitraumgleichen Massstabes.

Die **zeitliche Gleichartigkeit** ist, von Ausnahmen abgesehen, z. B. sog. **Rumpfgeschäftsjahre** von weniger als zwölf Monaten oder Rechnungsperioden mit mehr als zwölf Monaten (Langjahr), die bei der Umstellung des Jahresabschlussdatums auftreten, stets gegeben.

Die **inhaltliche Gleichartigkeit** setzt voraus, dass die Jahresabschlüsse Jahr um Jahr in der gleichen Weise gegliedert und die einzelnen Posten nach Menge und Wert in den aufeinander folgenden Abschlüssen in der gleichen Weise ermittelt, abgegrenzt und zusammengestellt werden. Um die inhaltliche Gleichartigkeit zu gewährleisten, sind besondere Bemühungen unerlässlich. Für die rechenschaftsablegenden Organe ist natürlich die Versuchung gross, sowohl die Vermögens- wie die Ertragslage durch spezielle bilanzpolitische Massnahmen auf den Abschlussstichtag hin in ihrem Interesse zu beeinflussen (sog. **Window Dressing**), die Vergleichbarkeit der Jahresrechnung wird damit mehr oder weniger gestört.

Das Verdienst, die Bedeutung der Vergleichbarkeit der Jahresabschlüsse hervorgehoben zu haben, kommt Eugen Schmalenbach und seinen Schülern zu. In der amerikanischen Fachliteratur findet die Vergleichbarkeit im Allgemeinen keine besondere Erwähnung, wird aber, wie aus einzelnen Äusserungen hervorgeht, stillschweigend vorausgesetzt. Leider ist bei der Rechnungslegung nach schweizerischem Recht die Vergleichbarkeit als Grundvoraussetzung der Grundsätze ordnungsgemässer Rechnungslegung nicht gegeben.

Nach IAS 8/13 müssen die Adressaten der Abschlüsse in der Lage sein, diese im Zeitablauf vergleichen zu können, um Tendenzen in der Vermögens-, Finanz- und Ertragslage sowie des Cashflows zu erkennen. Daher sind in jeder Rechnungsperiode stets die gleichen Bilanzierungs- und Bewertungsmethoden anzuwenden. Diese dürfen nach IAS 8/14 nur geändert werden, wenn:

- die Änderung aufgrund eines Standards oder einer Interpretation erforderlich ist;
- diese dazu führt, dass der Abschluss zuverlässigere und relevantere (more relevant) Informationen über die Auswirkungen von Geschäftsvorfällen, sonstigen Ereignissen oder Bedingungen auf die Vermögens-, Finanz- und Ertragslage oder Cashflows des Unternehmens vermittelt.

Die Auswirkungen sind detailliert offenzulegen für jeden einzelnen betroffenen Posten des Abschlusses. Die Praxis spricht vereinfachend von **Restatement**. Diese Bezeichnung wird von IFRS aber nur für die Korrektur von Fehlern verwendet.

Mit der Vorschrift von OR 958d, welche die Angabe der entsprechenden Vorjahreswerte zu den Zahlen für das Geschäftsjahr verlangt, soll die Beurteilung der Entwicklung der Unternehmens-, Finanz- und Ertragslage und die Beachtung des Grundsatzes der Stetigkeit erleichtert werden. Die Vergleichszahlen des Vorjahres betreffen auch den Anhang. Falls die Zahlen der beiden Geschäftsjahre wegen Änderung der Rechnungslegungsgrundsätze oder entdeckter Fehler nicht vergleichbar sind, ist die mangelnde Vergleichbarkeit mindestens zu erläutern. Umstritten ist die Frage, ob der Vorjahresabschluss so angepasst werden muss, wie wenn die Bewertungsregeln schon immer angewendet oder der Fehler gar nur gemacht worden wäre (Restatement).[141] Nach Auffassung der Treuhand-Kammer sind Anpassungen an den Werten des Vorjahres, welche eine Veränderung des Vorjahresergebnisses zur Folge hätten oder direkte Veränderungen des Eigenkapitals, nicht zulässig.[142] Mit Recht wenden Ganz et al. ein, die Anpassung der Vorjahreszahlen bezwecke lediglich die Herstellung der Vergleichbarkeit und ändere an der von der Generalversammlung genehmigten Vorjahresrechnung juristisch nichts.[143]

4.1.3.3 Wirtschaftliche Betrachtungsweise (Substance over Form)

Diese Prämisse ist vor allem in der angelsächsischen Fachwelt bekannt. Für die Erfassung von Buchungstatbeständen ist die wirtschaftliche Situation und nicht die juristische Form massgebend. Gemäss IFRS Framework wird davon ausgegangen, dass die Darstellung der Positionen der Jahresrechnung «in accordance with their substance and economic reality and not merely with their legal form» erfolgt. Aufgrund dieser Forderung werden Gegenstände im Eigentumsvorbehalt usanzgemäss beim Käufer als Zugang verbucht, weil er Besitz, Gebrauch und Nutzen hat, ungeachtet des fehlenden Eigentums. Desgleichen werden Gegenstände im Financial Leasing beim Leasingnehmer als Anlagegüter erfasst. Diese Grundvoraussetzung wird allerdings nicht allgemein anerkannt. In der französischen Gesetzgebung gilt gerade das Gegenteil, nämlich der Grundsatz der «prééminence du droit sur le fait». Obwohl der schweizerische Gesetzgeber generell nicht ausdrücklich Stellung genommen hat, handelt es sich bei der wirtschaftlichen Betrachtungsweise nach der herrschenden, vom Bundesgericht bestätigten Lehre (BGE 106 I b 149) ebenfalls um eine Grundannahme, welche der Erfassung von Buchungstatbeständen und dem Ausweis im Jahresabschluss zugrunde liegt. Die wirtschaftliche Betrachtungsweise hat nunmehr auch Eingang in das Rahmenkonzept der Swiss GAAP FER gefunden (FER-RK 10).

---

141 Pfaff/Ganz/Stenz/Zihler, Kommentar zu OR 959d, S. 200.

142 HWP, 2014, S. 41.

143 Pfaff/Ganz/Stenz/Zihler, S. 201.

4.1.3.4 Nominalrechnung

Das Geld als gesetzliches Zahlungsmittel hat u. a. auch die Funktion als Rechnungseinheit, in der die Wertgrössen des Rechnungswesens ausgedrückt werden. Die Erfahrung zeigt jedoch, dass Geld – im Gegensatz zu den physikalischen Masseinheiten – eine unstete Rechnungseinheit darstellt, weil es Wertschwankungen unterliegt. Dennoch ist eine Grundvoraussetzung des Rechnungswesens, von der Kaufkraftstabilität der Geldeinheit auszugehen, d. h., es gilt die Regel «Franken = Franken», unabhängig vom Zeitpunkt einer Buchung.

Als gewichtiger Vorteil der Nominalwertrechnung wird angeführt, dass diese, da sie auf Anschaffungskosten aufbaut, gut geprüft werden kann und kaufkraftbereinigte Gewinnausweise – im Vergleich zur Geldwertnominalrechnung – mehr Möglichkeiten zur willkürlichen Manipulation der Ergebnisse ermöglichen.

Da jedoch bei starken Geldwertveränderungen mit den als reine Nominalwertrechnung erstellten Jahresabschlüssen keine zuverlässige Rechenschaft über die Vermögenslage und das erzielte Ergebnis aus Geschäftstätigkeit abgelegt werden kann, sind schon früh besondere Verfahren zur Ergänzung der traditionellen Jahresrechnung entwickelt worden (Inflation Accounting). Diese sind in der Schweiz für die Konzernrechnung, nicht aber für den aktienrechtlichen Jahresabschluss zulässig, zurzeit aber nicht mehr gebräuchlich, ausgenommen in Hochinflationsländern.[144]

4.2 Gesetzliche Grundsätze ordnungsmässiger Rechnungslegung

4.2.1 Überblick

Der Jahresabschluss soll den Adressaten nützliche Informationen für ihre Entscheidungen vermitteln. Hierzu sind nach OR 958c gesetzliche Grundsätze ordnungsgemässer Rechnungslegung (GoR) definiert worden. Sie dienen als Orientierungs- und Auslegungshilfe für Fragen der Rechnungslegung. Der Jahresabschluss muss im Sinne des Gesetzes und der Grundsätze ordnungsmässiger Rechnungslegung richtig, d. h., den Normen der Rechnungslegung entsprechend, willkürfrei, klar gegliedert und vollständig sein (▶ Abb. 9).

144 Weil die dem Jahresabschluss zugrundeliegenden historischen Anschaffungswerte besonders augenfälliger Ausdruck des Nominalismus sind, spricht man vom Anschaffungswertprinzip oder von historischem Kostenprinzip.

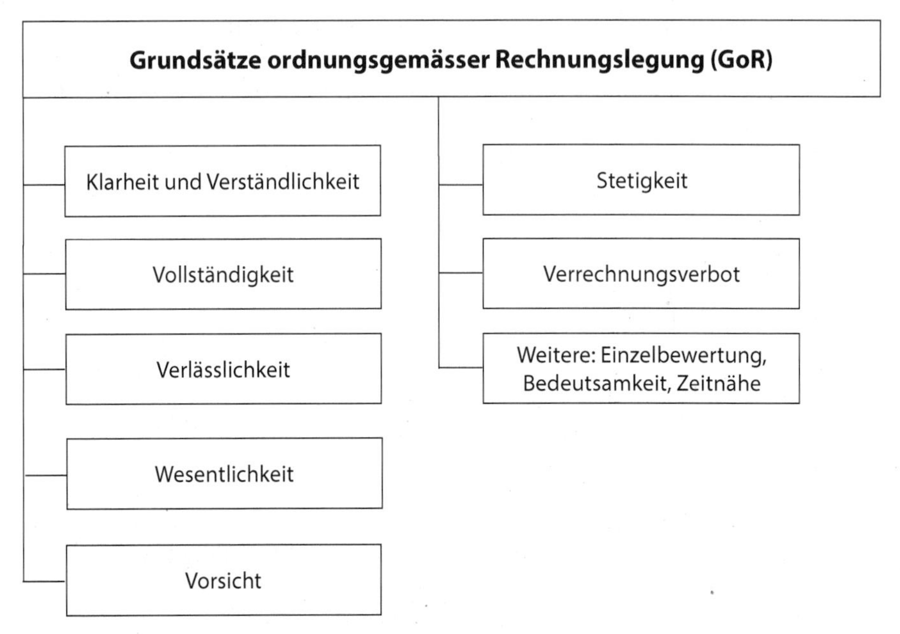

Abb. 9: Grundsätze ordnungsgemässer Rechnungslegung (GoR)

4.2.2 Klarheit und Verständlichkeit

In der Fachliteratur wird der Grundsatz der Klarheit oft mit dem Grundsatz der Richtigkeit oder Willkürfreiheit vermengt. Der Grundsatz der Klarheit des Jahresabschlusses betrifft die formelle Gestaltung. Er verlangt, dass die Jahresrechnung einem durchschnittlichen, mit dem Lesen von Jahresabschlüssen vertrauten Adressaten durch eine übersichtliche und verständliche Gestaltung die relevanten wirtschaftlichen Zusammenhänge, insbesondere die in ihr zum Ausdruck kommenden Buchungstatsachen und Abschlussposten, möglichst einfach erschliesst. Nach amerikanischer Rechtsauffassung ist der Grundsatz eingehalten, wenn der Jahresabschluss nichts enthält, dass irgendjemanden, der mit den Fragen der Rechnungslegung durchschnittlich vertraut ist, irreführen könnte. Auch in der schweizerischen Fachliteratur wird diese Meinung vertreten. Massstab für die Verständlichkeit und Lesbarkeit des Jahresabschlusses ist der Adressat, welcher angemessene Kenntnisse der Rechnungslegung hat.

Der Grundsatz der Klarheit wird von Swiss GAAP FER im Rahmenkonzept präzisiert. Die Jahresrechnung entspricht dem Grundsatz der Klarheit, wenn

- sie übersichtlich und sachgerecht gegliedert ist,
- nur gleichartige Posten zusammengefasst, zutreffend bezeichnet sowie nötigenfalls durch Erläuterungen im Anhang ergänzt werden,

- Inhalt und Darstellung das den tatsächlichen Verhältnissen entsprechende Bild der Organisation wiedergeben sowie
- ggf. bei den Abschlusspositionen ein Querverweis zum Anhang existiert.

Eine angemessene Rundung der Beträge ist zur besseren Übersicht zweckmässig. Die Klarheit der Darstellung wird erheblich gestört, wenn Aktiven und Passiven sowie Aufwand- und Ertragspositionen verrechnet, d. h., nur noch netto ausgewiesen werden, so z. B. durch Verrechnung von Umsatz mit Warenaufwand, von Aktiv- mit Passivzinsen, von Anschaffungswerten der Sachanlagen mit kumulierten Abschreibungen. Das Bruttoprinzip (Offsetting), auch Verrechnungs- bzw. Saldierungsverbot genannt, verbietet solche sachlich nicht gerechtfertigten Verrechnungen.

In der schweizerischen Lehre war lange Zeit die Meinung verbreitet, die Anwendung des Bruttoprinzips sei nicht zwingend, da die Nettodarstellung als Gewohnheitsrecht betrachtet wurde und weitverbreiteter Übung entsprochen hat.

Grundsätzlich werden Verrechnungen zwischen Schulden und Forderungen zugelassen, sofern diese im Sinne des Gesetzes auch rechtlich nach OR 120-126 möglich sind. In der Erfolgsrechnung dürfen jedoch Aufwendungen und Erträge, natürlich immer unter Vorbehalt der Wesentlichkeit, nicht mehr verrechnet werden. Widerrechtlich ist zweifelsohne die Verrechnung von Warenertrag und Warenaufwand oder die des Fabrikationsertrages mit den Herstellkosten. Auch sind Zinsaufwand und Zinsertrag, Liegenschaftsaufwand und Liegenschaftsertrag getrennt auszuweisen.

Erfordert das Bruttoprinzip den getrennten Ausweis des Bruttoerlöses und der Erlösminderungen (Versandkosten, gewährte Rabatte, Rückvergütungen). In der deutschen Fachliteratur wird dies nicht verlangt, weil es sich nicht um eine Verrechnung, sondern um eine Korrektur zu hoch ausgewiesener Bruttoumsatzerlöse handle. Zu beachten ist jedoch, dass die Finanzanalytiker die gesonderte Angabe von Bruttoerlösen und Erlösminderungen fordern. Die Begründung für diese Aufschlüsselung liegt auf der Hand: Es ist informativ, zu erfahren, ob eine Umsatzsteigerung vor allem dank kräftiger Rabatte, Rückvergütungen, usw. zustande gekommen ist. Umstritten ist die Frage, ob der direkte Abzug von Wertberichtigungen vom entsprechenden Aktivposten mit dem Verrechnungsverbot vereinbar ist. In der schweizerischen Rechnungslegungspraxis bei börsenkotierten Gesellschaften wird die Forderung von Leffson, dass die Wertberichtigungen auf dem Umlaufvermögen getrennt nach den einzelnen Aktivposten anzugeben sind, weitgehend beachtet. Nach FER 3/5 sind Wertberichtigungen auf dem Umlaufvermögen und den Finanzanlagen im Anhang auszuweisen.

Im Gegensatz zur immer noch verbreiteten Praxis der direkten Abschreibung ist auch für den Ausweis des Anlagevermögens die Anwendung des Bruttoprinzips nach FER 3/5 und FER 18/16 zwingend. Der Grundsatz der Bilanzklarheit und zugleich auch die Grundvoraussetzung der Vergleichbarkeit wird am zweckmässigsten erreicht, wenn die Bezeichnungen und die Gliederung des Jahresabschlusses zwingend durch ein Gliederungsschema vorgegeben werden, wie dies im Rechnungslegungsrecht der Fall ist.

Der Grundsatz der Verständlichkeit verlangt, dass Adressaten mit angemessenen Fachkenntnissen die Rechnungslegung in allen Teilen verstehen können.[145]

4.2.3 Vollständigkeit

Der Grundsatz der Vollständigkeit bezieht sich sowohl auf die Buchführung wie auf die Jahresrechnung. In der laufenden Buchführung wird der Grundsatz verletzt, wenn beispielsweise der Verkaufserlös aus vollständig abgeschriebenen Sachanlagen oder Rückvergütungen von Lieferanten nicht erfasst und zur Bildung einer «schwarzen Kasse» verwendet wird. Die vollständige Bilanz ist eine Zusammenfassung des in viele zusätzliche Angaben enthaltenden Inventars. Die Vollständigkeit der Aktiven ist gegeben, wenn alle Objekte, aus denen zukünftige Geld-, Güter- und Leistungszugänge ohne weitere Gegenleistungen erwartet werden, aufgeführt sind. Der Grundsatz der Vollständigkeit verlangt die Angabe aller bilanzpflichtigen Aktiven (Bilanzansatz). Das vollständige Verschweigen wichtiger Vermögensposten ist nicht gestattet.

Mit dem Aufführen eines Aktivpostens zum Pro-Memoria-Wert von einem symbolischen Schweizerfranken ist zwar die Frage des Bilanzansatzes beantwortet, nicht aber die Zulässigkeit einer offenkundig willkürlichen Bewertung. Es ist umstritten, ob Aktiven vor Ablauf der objektiv geschätzten Nutzungsdauer vollständig abgeschrieben werden dürfen und nur noch mit einem Erinnerungsfranken (CHF 1.00) oder dem Hinweis pro memoria (p.m.) in der Bilanz aufgeführt werden können.[146] Fragwürdig sind vor allem nur mit p.m. erfasste Liegenschaften, weil auf dem Land im Normalfall keine Abschreibungen notwendig sind.

Nicht gegen das Vollständigkeitsgebot verstösst dagegen die Nichtaktivierung von «geringwertigen Wirtschaftsgütern» (Verbuchung über ein Aufwandkonto). Zur Vermeidung einer willkürlichen Buchungspraxis sollte die Untergrenze für die Erfassung solcher Anschaffungen als Aufwand festgelegt werden. Entsprechende Informationen im Anhang sind allerdings selten.

Aus der Sicht des Investors ist im Hinblick auf die Beurteilung der Ertragslage und damit der Performance des Managements die Vollständigkeit der Erfolgsrechnung besonders wichtig. Aufwendungen und Erträge dürfen nur direkt über das Eigenkapital gebucht werden, wenn dies in den Rechnungslegungsstandards ausdrücklich vorgesehen ist.

Statutenbestimmungen, welche z. B. vorsehen, dass der Verwaltungsrat ermächtigt ist, jederzeit der allgemeinen Reserve Verluste zu belasten, widerspre-

145 Pfaff/Ganz/Stenz/Zihler, Kommentar zu OR 958c, S. 28.

146 Böckli, Neue OR-Rechnungslegung, S. 787, betrachtet die Abschreibung auf den Erinnerungsfranken als unvereinbar mit der zentralen Aufgabe der Jahresrechnung. Die rechenschaftspflichtigen Organe und die Wirtschaftsprüfer sind offensichtlich anderer Ansicht, denn es werden nach wie vor Bilanzen mit zu p.m. bilanzierten Aktivposten publiziert, sogar solche, welche angeblich nach dem True-and-Fair-View-Konzept erstellt worden sind.

chen deshalb eindeutig den zwingenden gesetzlichen Vorschriften über die Grundsätze ordnungsmässiger Rechnungslegung. Es ist auch nicht ordnungsgemäss, wenn ausserordentliche Aufwendungen erfolgsneutral direkt den Reserven belastet werden. In einem Abschluss gemäss True and Fair View sollte deshalb im Prüfungsbericht eine entsprechende Praxis als Abweichung von Grundsatz ordnungsgemässer Rechnungslegung ausdrücklich festgehalten werden.

Nachdem der Anhang einen festen Bestandteil der Jahresrechnung darstellt, verlangt der Grundsatz der Vollständigkeit auch die lückenlose Aufführung gesetzlich geforderter Informationen. Der Grundsatz der Vollständigkeit beinhaltet auch die Berücksichtigung der erst nach dem Bilanzstichtag erlangten Informationen, der sog. Ereignisse nach Bilanzstichtag.

4.2.4 Verlässlichkeit (Willkürfreiheit)

Der Grundsatz der Verlässlichkeit ist in Anlehnung an IAS »Reliability« erstmals von Gesetzes wegen zu beachten. Er verlangt, dass die mit der Rechnungslegung ermittelten Informationen keine wesentlichen Fehler enthalten und frei von Verzerrungen sind.[147] Eine klare Grenze, ob ein Fehler wesentlich ist, kann nicht festgelegt werden, weil nicht jeder Fehler in gleichem Mass für die Abschlussadressaten wesentlich ist. Ein Finanzinvestor wird einen Fehler in der Information zu Aktienbewertung anders gewichten als ein Inhaber von Anleihensobligationen. Im Grundsatz der Verlässlichkeit ist der früher häufig verwendete, aber verschwommene Begriff der **Bilanzwahrheit** (aOR 959) aufgehoben. Er umfasst auch den Grundsatz der Richtigkeit und Willkürfreiheit,[148] was fachlich unzutreffend ist. Eine Rechnungslegung frei von Willkür kann keine stillen Willkürreserven wie in einem angeblich verlässlichen OR-Abschluss, z. B. in Rückstellungen oder Vorräten, enthalten. Verlässlichkeit ist demnach nur bei einer glaubwürdigen, getreuen Darstellung (»true and fair view«) gegeben.[149]

Eine Umschreibung des Grundsatzes der Verlässlichkeit gibt Swiss GAAP FER, dem bekanntlich das True-and-Fair-View-Konzept zu Grunde liegt. Informationen müssen nach Swiss GAAP FER verlässlich sein. Sie sind nur verlässlich, wenn sie frei von verzerrenden Einflüssen und Willkür sind. Informationen können zwar wesentlich, jedoch so unzuverlässig sein, dass sie irreführend sind. Sind beispielsweise Ansprüche bezüglich Rechtsgültigkeit und Betrag eines Schadenersatzes im Rahmen eines Gerichtsverfahrens strittig, dann ist zu beurteilen, ob der Grad der Verlässlichkeit eine Erfassung in der Bilanz verlangt oder allenfalls stattdessen eine Offenlegung im Anhang. Im Anhang ist der Sachverhalt zu umschreiben und, falls nicht in der Bilanz erfasst, wenn möglich, betragsmässig offenzulegen.

---

147 Pfaff/Ganz/Stenz/Zihler, Kommentar zu OR 958c, S. 173.

148 Botschaft 2007, S. 1701.

149 Roberto/Trueb, Kommentar zu OR 958c, S. 84.

Schätzungen sind ein wesentliches Verfahren für die Aufstellung von Abschlüssen und unterlaufen die Verlässlichkeit der Jahresrechnung nicht.

4.2.5 Wesentlichkeit

Aus dem Ziel der Jahresrechnung, den Informationsadressaten nützliche Informationen als Grundlage für ihre Entscheidungen zu liefern, ergibt sich der Grundsatz, dass alle Tatbestände offenzulegen sind, welche Einfluss auf die Entscheidungen der Informationsberechtigten haben können. Die angloamerikanische Fachliteratur verwendet hierfür den Begriff der «Materiality». Positiv ausgedrückt, verlangt dieser Grundsatz, dass von den in der Jahresrechnung aufnahmefähigen Posten die wichtigen dargestellt werden sollen (Material Facts), negativ ausgedrückt, dass die unwesentlichen Tatsachen (Immaterial Facts) weggelassen werden dürfen oder weggelassen werden sollen. Eine Informationsbegrenzung auf das Wesentliche leitet sich einerseits aus Wirtschaftlichkeitsüberlegungen, andererseits aus dem Erfordernis nach Übersichtlichkeit und Verständlichkeit ab. Mit Recht kann darauf hingewiesen werden, dass die Analyse der Jahresrechnung genügend Schwierigkeiten biete und diese nicht noch durch zahlreiche belanglose Angaben erschwert werden solle.

Nach Swiss GAAP FER RK29 müssen die Informationen für die Entscheidungsfindung der Empfänger wesentlich sein. Wesentlich sind alle Sachverhalte, welche die Bewertung und die Darstellung der Jahresrechnung oder einzelner ihrer Positionen so beeinflussen, dass die Beurteilung durch die Empfänger ändern würde, wenn diese Sachverhalte berücksichtigt worden wären. Die Wesentlichkeit einer Information wird durch ihre Art und/oder relative Höhe bedingt. In einigen Fällen reicht allein die Art der Information aus, um wesentlich zu sein. So können beispielsweise Angaben zu nahestehenden Personen, auch bei kleinem Volumen von Transaktionen zwischen den nahestehenden Personen, aufgrund der Art bzw. Natur der Beziehung zur Gesellschaft wesentlich sein und dürfen nicht weggelassen werden. Führt eine Kumulation unwesentlicher Sachverhalte zu einer wesentlichen Beeinflussung der Jahresrechnung, so ist dies zu berücksichtigen.

Was bedeutet Wesentlichkeit in der Praxis der Rechnungslegung? Eine Jahresabschlussinformation ist wesentlich, wenn der Informationsempfänger voraussichtlich geschädigt wäre, falls ihm diese vorenthalten würde. Allgemein gültige Schwellenwerte, bei deren Überschreitung den Einflussgrössen eine entscheidungsbestimmende Wirkung zukommt, können jedoch nicht festgelegt werden. Nicht zuletzt auch deshalb, weil jeder Adressat einer Jahresrechnung vor einer individuellen Entscheidungssituation steht. Der kleine Aktionär, der nur wenige Aktien hält, um sich z. B. damit den Zutritt zu einer Generalversammlung (mit anschliessendem Essen) zu sichern, wird sich von seinen wenigen Titeln nicht trennen, unabhängig davon, wie zuverlässig die Jahresabschlussinformationen ausfallen. Anders ist die Entscheidungssituation jedoch für eine unter Performancedruck stehende Leitung einer Vorsorgeeinrichtung oder für eine Aktionärsgruppe, die bei

Kenntnis bestimmter Tatsachen ggf. eine Sonderprüfung (OR 697a-697g) veranlassen könnte.

Nach Nösberger[150] sind grundsätzlich alle Angaben wesentlich, die den Informationsberechtigten bei der zuverlässigen Beurteilung der Vermögens- und Ertragslage der Gesellschaft so beeinflussen können, dass ihn diese Beeinflussung in der Ausübung oder in der Wahrnehmung seiner Mitwirkungsrechte oder der Verfügungsgewalt über sein Eigentum (z. B. durch Kauf, Halten, Verkauf seiner Anteile) beeinträchtigt. In der Fachliteratur bestehen kaum Unterschiede in der Definition des Grundsatzes der Wesentlichkeit, wohl aber bezüglich der Operationalisierung. Die Frage der Wesentlichkeit eines Sachverhalts stellt sich bei der

- Gliederung der Jahresrechnung,
- Bewertung und
- Offenlegung von zusätzlichen Informationen, z. B. im Anhang oder im Jahresbericht.

Zur Beurteilung der Wesentlichkeit eignen sich quantitative und qualitative Kriterien, die Betrag, Art und Kontext des Sachverhalts umfassen. Zur Beurteilung der Wesentlichkeit kann es sich als zweckmässig erweisen, den zu beurteilenden Sachverhalt zu geeigneten Bezugsgrössen in Beziehung zu setzen und daraus auf die Wesentlichkeit zu schliessen. Welche Informationen kommen als Bezugsgrössen bzw. Schwellenwerte in Betracht?

Ein Beispiel einer gesetzlichen Norm zur Quantifizierung der Wesentlichkeit gibt das Rundschreiben Rechnungslegung der Banken (FINMA) 2015 nach RZ 255. Wesentlich ist die Auflösung stiller Reserven, wenn diese 2% des ausgewiesenen Eigenkapitals oder 20% des ausgewiesenen Reingewinns ausmacht. Die Schwellenwerte für die Rechnungslegung von Banken sind jedoch sehr grosszügig angesetzt. Nach der herrschenden Lehre sind Sachverhalte, die 5% des Jahresergebnisses, ausserordentliche Positionen oder 5% desjenigen vor Steuern übersteigen als wesentlich zu betrachten. Auch diese Werte gelten nicht absolut. Bereits geringere Abweichungen können auch wesentlich sein.[151]

Leffson geht mit Recht davon aus, dass für den Anleger in erster Linie das Periodenergebnis massgebend ist. Er betrachtet +/- 2,5% des durchschnittlichen Periodenerfolges der letzten drei Jahre als Schwellenwert. Dies würde bedeuten, dass bei der Erstellung des Jahresabschlusses Veränderungen des Periodenergebnisses bis zu 5% unbeachtet bleiben könnten. Aus der Sicht der Finanzanalytiker, einer sehr wichtigen Gruppe der Rechnungslegungsadressaten, sind Abweichungen von 3% bereits wesentlich. Böckli hat seine ursprünglich sehr grosszügig festgelegten Schwellenwerte herabgesetzt. Er betrachtet jede Beeinflussung des Jah-

150 Weitere Information nach Nösberger, Wesentlichkeit als Grundsatz ordnungsmässiger Rechnungslegung im schweizerischen Aktienrecht (Zürich 1999), S. 117.

151 Pfaff/Ganz/Stenz/Zihler, Kommentar zu OR 958, S. 175.

resergebnisses von weniger als 10% als nicht wesentlich; die Bandbreite liege daher zwischen 10% und 20%.[152]

Als wegweisend kann das Beispiel Kanadas erwähnt werden. Die Aufgabe, Vorschriften über die Rechnungslegung zu erlassen, ist dort dem Accounting Standards Board (ASB) übertragen. Für die Festlegung von Kriterien der Wesentlichkeit ist ein allerdings unverbindlicher Leitfaden, den das Auditing Standards Board (AuSB) für die Prüfer entwickelt hat, interessant. Die bekannte Unterscheidung von quantitativen und qualitativen Kriterien wird darin aufgenommen. Die quantitativen Kriterien werden jedoch mit dem Hinweis ergänzt, dass diese kein Ersatz für das pflichtgetreue Ermessen des Prüfers sind. Zentrales Kriterium ist dabei der Gewinn vor Steuern und ausserordentlichen oder «abnormalen» Positionen (Beispiele: ungewöhnliche Management Fees, Boni, Transaktionen mit Nahestehenden). Sachverhalte unter 5% dieses Gewinns werden als unwesentlich betrachtet und über 10% wird auf wesentlich geschlossen. Bei stark schwankenden oder negativen Resultaten ist ein «normalisierter» Vorsteuergewinn zu verwenden, der entweder über Branchendurchschnitte oder als gewichteter Durchschnitt der Vorjahre bestimmt wird. Dieser «normalisierte» Gewinn muss aber die voraussichtlichen Erwartungen der Empfänger der Jahresrechnung berücksichtigen. Lässt sich selbst der «normalisierte» Vorsteuergewinn nicht ermitteln oder führt dieser zu unrealistisch tiefen Bezugsgrössen, sind andere Grössen heranzuziehen, wie beispielsweise:

- 0.5%-1% der Aktiven,
- 0.5%-5% des Eigenkapitals,
- 0.5%-1% des Umsatzes,
- 0.5%-5% des Bruttogewinnes.

Bei der Beurteilung der Schwellenwerte sind die Ergebnisse einer amerikanischen Untersuchung, ab wann Testpersonen eine Änderung einer numerischen Information als wesentlich betrachten, interessant. Für den Gewinn je Aktie (EPS) lag der Schwellenwert bei 6,5%. Liegt ein Sachverhalt unter dem unteren Grenzwert, so ist er grundsätzlich unwesentlich, liegt er dagegen über dem oberen Grenzwert, so ist er grundsätzlich wesentlich. Ob ein Betrag zwischen den beiden massgebenden Grenzwerten als wesentlich zu betrachten ist oder nicht, hängt von den Umständen des Einzelfalls ab.

Zur Bestimmung der Wesentlichkeit nach quantitativen Kriterien schlägt Nösberger den Jahreserfolg vor ausserordentlichen Positionen vor. Weil die Wesentlichkeitsschwelle immer kleiner wird, wenn dieser gegen null sinkt oder steigt, muss diese durch eine Näherungsgrösse ersetzt werden. Sachverhalte, kleiner als 5% des Jahreserfolges vor ausserordentlichen Posten oder der Näherungsgrösse, können als unwesentlich betrachtet werden. Bei Sachverhalten grösser als 10% ist auf Wesentlichkeit zu schliessen.

152 Böckli, Neue OR-Rechnungslegung, S. 856.

Die Bestimmungen der Wesentlichkeit kann auch anhand von qualitativen Kriterien erfolgen, wobei diese den Charakter von Hilfskriterien haben. Vor allem für jene Fälle, wo eine Position die quantitativen Kriterien nur knapp erfüllt, ist zu prüfen, ob die qualitativen Kriterien nicht doch eine Offenlegung verlangen. Als illustrative Beispiele qualitativer Kriterien können u. a. erwähnt werden:

- Der Sachverhalt hat Einfluss auf Meinungsbildung beim Adressaten, insbesondere auf die Erwartungen der Aktionäre.
- Der Sachverhalt hat grosse Bedeutung für das Unternehmen.
- Der Sachverhalt kann zu einer Verweigerung der Entlastung des Verwaltungsrates oder zu Verantwortlichkeitsklagen führen.
- Die Gesamtsituation der Wirtschaft, der Branche oder des Unternehmens macht Sachverhalt wesentlich.
- Der Sachverhalt kann die zukünftige Entwicklung des Unternehmens positiv oder negativ beeinflussen.
- Der Sachverhalt verletzt vertragliche Limiten (Covenants).

Die Beurteilung der Wesentlichkeit ist jeweils nach den Gesamtumständen zu beurteilen. Die Summe einzelner Umstände kann als wesentliche qualifiziert werden.

4.2.6 Vorsicht

Der Grundsatz der Vorsicht wird allgemein als das zentrale Kriterium der ordnungsmässigen Rechnungslegung betrachtet. Vor allem in der älteren Fachliteratur wird er stark überbetont und es wird die Meinung vertreten, der Grundsatz der Vorsicht hebe im Widerstreit alle anderen Gebote auf. Auch die Botschaft stellt fest, der Grundsatz der Vorsicht sei oft überstrapaziert. Umso mehr erstaunt es, dass er im Aktienrecht von 1936 nicht ausdrücklich erwähnt wurde.

Der **Grundsatz der Vorsicht** verlangt, dass einerseits die Risiken relativ ausgiebig zu berücksichtigen, anderseits die Chancen streng zu beurteilen sind. Schätzungen dürfen nicht zu optimistisch sein, um zu verhindern, dass das Ergebnis des laufenden Rechnungsjahres zu günstig ausfällt. In der Praxis bedeutet dies, dass in allen Fällen, in denen hinsichtlich der Bewertung eine Unsicherheit besteht, von zwei möglichen Werten der vorsichtiger ermittelte einzusetzen ist. Als selbstständiger Grundsatz dient das Vorsichtsprinzip überdies auch als spezifische Regel zur Wertermittlung (Schätzung) bei unsicherer Erwartung. Da das Vorsichtsprinzip in der Praxis häufig dazu benutzt wurde, jedes Mass der Unterbewertung zu rechtfertigen, und damit das wichtige Anliegen der Rechenschaftsablage pervertiert wurde, scheint es gerechtfertigt, das Vorsichtsprinzip als selbstständigen Grundsatz ordnungsmässiger Rechnungslegung in den Hintergrund zu schieben. Es ist offen, wie der Vorschlag von OR 960 II, wonach die Bewertung vorsichtig erfolgen muss, aber die zuverlässige Beurteilung der wirtschaftlichen Lage nicht verhindern darf, gegenüber der geltenden Regelung die Aussagekraft der Jahresrechnung verbessert. Wo hört die berechtigte Vorsicht auf und wo beginnt die unberechtigte Willkür in der Bewertung?

Dem Framework der IFRS zufolge bezieht sich der Grundsatz der Vorsicht (IFRS-F 37) auf die Schätzung bei unsicheren Positionen **(Bewertungsvorsicht).** Er ist in den Rahmen der anderen Kriterien zur Sicherstellung der Verlässlichkeit eingebettet und insbesondere durch die Grundsätze der Neutralität (IFRS-F 36) und der glaubwürdigen Darstellung (IFRS-F 43) begrenzt. Nach IFRS umfasst er weder das Realisations- noch das Imparitätsprinzip und ebenso wenig das Recht auf Bildung stiller Reserven der bisherigen wie der Bilanzierungsvorschriften (OR 960a IV) (▶ Abb. 10).

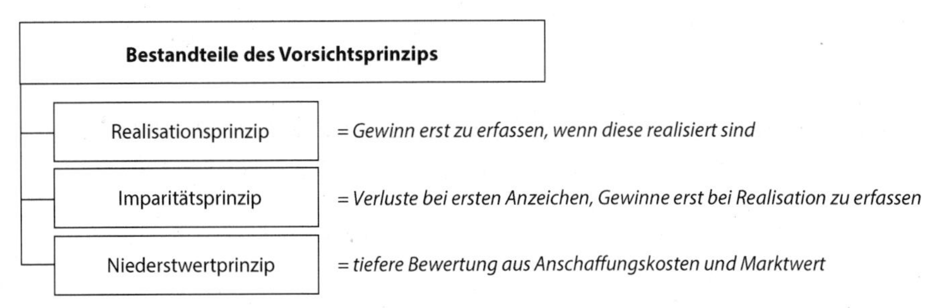

Abb. 10: Bestandteile des Vorsichtsprinzips

Wesentliche Elemente des Vorsichtsprinzips sind das Realisationsprinzip, das Imparitätsprinzip und das Niederstwertprinzip.

4.2.6.1 Realisationsprinzip

Das Realisationsprinzip zielt darauf ab, dass keine noch nicht realisierten Gewinne ausgewiesen werden und sich Beschaffungsvorgänge erfolgsneutral auswirken. Ein Ertrag gilt als realisiert, wenn er durch einen Umsatzvorgang mit einer Gegenpartei bestätigt wurde. Dies setzt voraus, dass bis zum Realisationszeitpunkt die erbrachten betrieblichen Leistungen zu Anschaffungs- oder Herstellungskosten bewertet werden.[153]

Zum Realisationsprinzip liegt eines der eher seltenen Gerichtsurteile zur Rechnungslegung vor. Mit einem BGE (116 II 539) wird festgehalten: »Realisiert sind Erträge, wenn die entsprechenden Leistungen erbracht oder rechtlich vollstreckbar geschuldet sind. Bei Veräusserungsverträgen tritt der Aktivierungszeitpunkt für die Gegenleistung mit der Übertragung der Verfügungsgewalt ein«. Für die Realisierung von Gewinnen muss somit das zu Grunde liegende Geschäft (Waren-

153 Böckli, Neue OR-Rechnungslegung, S. 42.

lieferung oder Leistungserbringung) soweit abgewickelt sein, dass das Unternehmen einen Entschädigungsanspruch rechtlich durchsetzen kann.[154]

Besondere Probleme stellen sich bei nicht fakturierten Dienstleistungen ein. Diese werden von Produktionsaufträgen in Arbeit mit den Herstellungskosten erfasst. Der mit dem Kunden vereinbarte Preis mit dem darin enthaltenen Gewinn ist erst realisiert, wenn die Gesamtleistung beendet und abrechnungsfähig ist. Eine abweichende Regelung der Gewinnrealisierung sieht die Erfassung anteiliger Gewinne bei langfristigen Fertigungsaufträgen vor.

4.2.6.2 Imparitätsprinzip

Grundsätzlich sind gemäss dem Realitätsprinzip Vermögenswerte im Jahresabschluss bis zum Realisationszeitpunkt zum Anschaffungs- bzw. Herstellungskostenpreis zu erfassen. Ist am Abschlusstag jedoch ersichtlich, dass das Ergebnis zukünftiger Rechnungsperioden durch bestimmte Sachverhalte des laufenden Rechnungsjahres verschlechtert wird, ist diese Verschlechterung der künftigen Ergebnisse im laufenden Rechnungsjahr vorwegzunehmen und zu antizipieren. Nach dem **Imparitätsprinzip** sind Rückstellungen für absehbare Mittelabflüsse ohne Gegenleistung und Wertberichtigung für Werteinbussen als Aufwand zu erfassen, sobald aufgrund der Erfahrungen ernstlich damit zu rechnen ist.[155] Im HGB 252 1 Ziff. 4 ist das Imparitätsprinzip gesetzlich verankert: »Es sind alle vorhersehbaren Risiken und Verluste, die bis zum Abschlusstag entstanden sind, zu berücksichtigen, selbst wenn diese erst zwischen dem Abschlussstichtag und dem Tag der Aufstellung des Jahresabschlusses bekannt geworden sind. Gewinne sind erst zu berücksichtigen, wenn sie am Abschlussstichtag realisiert sind.« Im schweizerischen Buchführungsrecht hingegen sind das Imparitätsprinzip und das Realisationsprinzip nicht als Grundsatz ordnungsmässiger Rechnungslegung erwähnt. Diese Prinzipien werden unter das Vorsichtsprinzip (OR 958c I) subsumiert.[156] Die EU-RL 2013/34 über den Jahresabschluss führt diese ausdrücklich als Elemente des Grundsatzes der Vorsicht auf (Art. 6c).

Das Imparitätsprinzip bestimmt demnach den Zeitpunkt, an dem Aufwendungen und Erträge zu erfassen sind. Erträge, insbesondere Gewinne werden nicht bei der Entstehung, sondern erst erfasst, wenn sie realisiert sind. Zu erwartende künftige Erträge, werden demnach anders (d. h. ungleich, lateinisch impar) behandelt als zu erwartende Aufwendungen und Wertverminderungen.

---

154 HWP, 2014, S. 169.

155 Böckli, Neue OR-Rechnungslegung, S. 42. Botschaft 2007, S. 1710.

156 Pfaff/Ganz/Stenz/Zihler, Kommentar zu OR 958c, S. 176.

Beispiel Anwendung des Imparitätsprinzips

Am 1. Januar 2013 wurde von der Beta-Finanz AG eine 30%-Minderheitsbeteiligung bei der Gründung der Gamma AG mit einem Aktienkapital von CHF 1‘000 000 gezeichnet und voll zu pari liberiert. Am 31. Dezember 2015 betrug bei unverändertem Aktienkapital das Eigenkapital CHF 1‘400 000. Die künftigen Gewinnaussichten sind günstig. Die Wertsteigerung am 31. Dezember 2015 von 120‘000 (30% von CHF 400‘000) aus Zuwachs des Eigenkapitals der Gamma AG darf in Bilanz und Erfolgsrechnung der Beta-Finanz AG nicht ausgewiesen werden. Hätte Gamma AG infolge von drei Verlustjahren nur noch ein Eigenkapital von CHF 580‘000 und bestünde keine Aussicht auf eine Deckung des Verlustvortrages aus künftigen Gewinnen, müsste dagegen der Bilanzwert der Beteiligung herabgesetzt werden.

Bei einer konsequenten Anwendung des **Realisationsprinzips** sind Aufwertungen von Aktiven über die Anschaffungs- bzw. Herstellungskosten hinaus – vom Sonderfall aOR 670 und vom engen Anwendungsbereich von OR 960b abgesehen – nicht zulässig. Auch bei einem deutlich höheren Marktwert darf z. B. die Bewertung einer Geschäftsliegenschaft grundsätzlich nicht der Wertsteigerung angepasst werden.

4.2.6.3 Niederstwertprinzip

Eine Folge des Imparitätsprinzips ist auch das bei der Bewertung von Vorräten und angefangenen Arbeiten anzuwendende **Niederstwertprinzip** (lower of cost or market). Unabhängig von den für die Jahresrechnung angewandten Bewertungsgrundsätzen wird der Marktwert am Bilanzstichtag berücksichtigt, wenn dieser niedriger ist als der nach den Bewertungsregeln ermittelte Wert (OR 960c I).

Eine Lockerung des Imparitätsprinzips sieht das Rechnungslegungsrecht unter dem Einfluss der modernen Corporate-Finance-Theorie, welche auf den Marktwerten der Aktiven und der Schulden aufbaut (Fair-Value-Konzept), für Aktiven mit beobachtbaren Marktwerten vor, wobei im Anhang auf diese Bewertung hinzuweisen ist (OR 960b II).

4.2.7 Stetigkeit

Die Jahresrechnung ist bekanntlich Instrument der Rechenschaftsablage, sowohl geschäftsintern (Überwachung der Geschäftsleitung durch den Verwaltungsrat) wie auch extern (Überwachung des Verwaltungsrates durch die Aktionäre). Dabei ist nicht so sehr das Ergebnis eines Geschäftsjahres oder der Stand des Eigenkapitals am Bilanzstichtag, sondern die Entwicklung im Vergleich zum Vorjahr aufschlussreich. Damit das Jahresergebnis mit denen früherer Rechnungsperioden vergleichbar ist, müssen die einzelnen Positionen zu jedem Abschlussstichtag mengen- und wertmässig in der gleichen Weise ermittelt, zusammengestellt und abgegrenzt werden. Der Grundsatz der Stetigkeit verlangt, dass die Bewertung, Darstellung und Offenlegung nach den gleichen Grundsätzen und Methoden wie in der Vorjahresperiode erfolgen (FER-RK 30). Zur Sicherung der Bewertungsstetigkeit sind folglich die Bilanzierungs- und Bewertungsgrundsätze schriftlich festzuhalten und konsequent und ohne Rücksicht auf das Jahresergebnis anzuwenden. Mit der Stetigkeit nicht zu verwechseln ist der Grundsatz der Bilanzidentität. Die Eröffnungsbilanz muss in allen Posten mit der vorangehenden Schlussbilanz übereinstimmen.

Klar verankert ist die formelle Stetigkeit (Darstellung und Offenlegung). Das Recht auf Bildung und Auflösung von stillen Reserven geht jedoch dem Grundsatz der materiellen Stetigkeit (Bewertung) vor. Wenn der Gesetzgeber beliebige Unterbewertungen und damit Gewinnkürzungen durch über das betrieblich Notwendige hinausgehende Abschreibungen, Wertberichtigungen und Rückstellungen mit «Rücksicht auf das dauernde Gedeihen des Unternehmens oder auf die Ausrichtung einer möglichst gleichmässigen Dividende» zulässt, macht er den Grundsatz der Bewertungsstetigkeit jedoch zur Leerformel.

In der Botschaft wurde wohl erklärt, die Abschreibungen hätten planmässig und nicht willkürlich zu erfolgen. Gleichzeitig wurde aber eingeräumt, dass ausserordentliche Abschreibungen wegen der Freiheit zur Bildung stiller Reserven (d. h. die zusätzlichen 20% im Anschaffungsjahr) zulässig seien.

Böckli vertritt jedoch die Meinung, dass die weitverbreitete Praxis der jährlich (je nach Ertragslage) ändernden Abschreibungssätze auch mit der im Gesetz verankerten Kompetenz zur Bildung stiller Reserven nicht vereinbar sei, weil dies über die ordnungsmässige Rechnungslegung vorgehe. Auch die hin und wieder vertretene Auffassung der «Nachholung von wegen schlechten Geschäftsgangs unterlassenen Abschreibungen» ist sachlich nicht korrekt. Der Grundsatz der materiellen Stetigkeit gilt als ein zentrales Element der ordnungsmässigen Rechnungslegung. Wenn sich die rechtlichen Rahmenbedingungen jedoch ändern oder der Standardsetter eine neue Bilanzierungs- und Bewertungsmethode vorschreibt, wird eine Abweichung von der Stetigkeit notwendig. Das Gleiche gilt für den Fall, dass eine Änderung der Methode zu einer verlässlicheren Darstellung der Vermögens-, Finanz- und Ertragslage führt.

Der Grundsatz der Stetigkeit wirkt sich somit in doppelter Hinsicht aus:[157]

- Form und Gliederung der Darstellung des Jahresabschlusses sind grundsätzlich von Jahr zu Jahr beizubehalten (formelle Stetigkeit).
- Die Bewertungsmethoden müssen über mehrere Rechnungsperioden gleich angewendet werden. Insbesondere eine »stille« Änderung der Bewertungsmethoden (z. B. Abschreibungssätze) ist nicht mehr zulässig (Ausnahme: Sie dient der

157 Böckli, Neue OR-Rechnungslegung, S. 47.

Bildung von stillen Reserven),[158] weil die Bewertungsgrundsätze im Anhang offenzulegen sind (OR 959c I, Ziff. 1, materielle Stetigkeit).

Beispiel Ausweis Abweichung der Stetigkeit im Anhang Hoher Kasten (OR, 2019)

Bei der Bewertung der Sachanlagen wurde im Geschäftsjahr vom Grundsatz der Stetigkeit abgewichen. Neu werden die Immobilien und die Anlagen separat ausgewiesen, bisher wurden sie pro Sparte jeweils zusammengefasst.

Änderungen in der Stetigkeit müssen sachlich begründet werden, z. B. Änderungen der Lebensdauer von Sachanlagen. Die Auswirkungen sind im Anhang festzuhalten und zu begründen. Mit der Stetigkeit eng zusammen hängt das Problem von wesentlichen Fehlern im Vorjahresabschluss. Das OR regelt diesen Tatbestand im Gegensatz zu den Rechnungslegungsstandards (z. B. Swiss GAAP FER, RK 30) nicht. Anpassungen an Gliederung und Darstellung sind wegen der Vergleichbarkeit mit den Zahlen des Geschäftsjahres problemlos. Wirken sich die notwendigen Korrekturen jedoch auf das Jahresergebnis und Eigenkapital aus, sind diese über die Erfolgsrechnung des laufenden Jahres zu erfassen. Bei schwerwiegenden Fehlern ist die Vorjahresrechnung zurückzuziehen. Weil mit der Genehmigung eines Jahresabschlusses rechtliche Folgen nach OR (Kapitalschutz) und nach Steuerrecht (Massgeblichkeit) verbunden ist, weicht diese Regelung von Standards ab.[159]

4.2.9 Verrechnungsverbot

Die Klarheit der Darstellung wird erheblich gestört, wenn Aktiven und Passiven sowie Aufwand- und Ertragspositionen verrechnet, d. h., nur noch netto ausgewiesen werden, so z. B. durch Verrechnung von Umsatz mit Warenaufwand, von Aktiv- mit Passivzinsen, von Anschaffungswerten der Sachanlagen mit kumulierten Abschreibungen. Das Bruttoprinzip (Offsetting), auch Verrechnungs- bzw. Saldierungsverbot[160] genannt, verbietet solche sachlich nicht gerechtfertigten Verrechnungen.

Bruttoprinzip nach Swiss GAAP FER-RK 14 entspricht die Jahresrechnung dem Bruttoprinzip, wenn Aktiven und Passiven, Ertrag und Aufwand je separat gezeigt werden. Verrechnungen dürfen nur in sachlich begründeten Fällen erfolgen und wenn dadurch keine irreführende Darstellung entsteht. Ein begründeter Fall liegt vor, wenn eine Fachempfehlung es erfordert oder erlaubt sowie wenn dadurch

158 HWP, 2014, S. 39.

159 HWP, 2014, S. 41.

160 Die Bezeichnungen werden von allen massgebenden Autoren (Beck'scher Kommentar, Coenenberg, Eisele, Grossfeld, Käfer) als synonym betrachtet. Böckli, Neue OR-Rechnungslegung S. 791, definiert jedoch die Saldierung im Gegensatz zur herrschenden Lehre als eine «Zusammenfassung von Posten in der Vertikalen».

der wirtschaftliche Gehalt eines Geschäftsvorfalles oder eines Ereignisses widerspiegelt wird.

Mit der Verankerung des Verrechnungsverbots im Rechnungslegungsrecht, mit der sich der schweizerische Gesetzgeber den international üblichen Normen angepasst hat, ist jedoch nicht generell jede Verrechnung untersagt. Keine Verrechnung liegt selbstverständlich vor, wenn in der Bilanz der Nettobetrag ausgewiesen wird, der Bruttobetrag und die vorgenommenen Wertkorrekturen in einer Vorkolonne oder im Anhang aufgeführt werden.

Das Verrechnungsverbot verlangt, dass Aktiven und Passiven bzw. Ertrag und Aufwand nicht miteinander verrechnet werden. Es besitzt auch Gültigkeit für den Anhang. Es wird grundsätzlich eine Bruttodarstellung verlangt. Das Verrechnungsverbot wird durch die Mindestgliederung der Bilanz und Erfolgsrechnung untermauert. Das Verrechnungsverbot ist mit den Grundsätzen der Klarheit und Verständlichkeit eng verzahnt.

Die Verrechnung ist in folgenden Ereignissen grundsätzlich zulässig[161]:

- In Fällen, in denen die Voraussetzungen von OR 120 erfüllt sind (Forderung und Verbindlichkeit von gleichen Parteien, gleichartige Forderungen, Fälligkeit der Forderungen gegeben),
- Verrechnung von Wertberichtigungsposten bei entsprechenden Aktivposten,
- Verrechnungen von unwesentlichen Kriterien, wobei der Grundsatz der Wesentlichkeit im Einzelfall zu prüfen ist.

Eine Verrechnung in der Erfolgsrechnung ist empfehlenswert, wenn Minderungen bei den Erträgen und Aufwendungen bestehen, die in einem direkten Zusammenhang zu diesen Positionen stehen. Als nicht gesetzeskonform ist eine Verrechnung von Erträgen und Aufwendungen bei Immobilien und Finanzen in einem Konto Immobilienerfolg bzw. Finanzerfolg. Eine saldierte Darstellung von Erträgen und Aufwendungen in einem Sacherfolgskonto ist generell abzulehnen, da sie den Grundsätzen von Klarheit und Verständlichkeit widerspricht.

In der Praxis ist es üblich, dass Warenveränderungen über den Materialaufwand verrechnet wird. Diese Usanz kann gesetzeskonform betrachtet werden, wobei weiterführende Informationen im Anhang aufgeführt werden sollten.[162]

Sofern vom Verrechnungsverbot abgewichen wird, so ist im Anhang darauf zu verweisen. Böckli weist in diesem Zusammenhang darauf hin, dass sich das oberste Leistungs- und Verwaltungsorgan auf einen sachlichen Grund abstützen können muss. Weiter darf die Abweichung nicht gegen die Mindestgliederung verstossen.[163]

---

161 Böckli, Neue OR-Rechnungslegung, S. 181.
162 Böckli, Neue OR-Rechnungslegung, S. 52.
163 Böckli, Neue OR-Rechnungslegung, S. 51f.

4.2.10 Weitere Grundsätze

Gesetzgeber und Standardsetter gehen bei der Darstellung der Grundannahmen und Grundsätze ordnungsmässiger Rechnungslegung verschiedenartig vor. Als Ergänzung zu den ausführlich behandelten Grundsätzen ist daher noch der Grundsatz der Einzelbewertung zu erwähnen.

In der EU-Richtlinie 2013/34 wird die **Einzelbewertung** (Art. 6 f), welche in OR 960 als Bewertungsgrundsatz festgehalten ist, als Grundsatz ordnungsgemässer Rechnungslegung erwähnt. Auch die **Bilanzidentität** (Art. 6e) gilt als ein solcher Grundsatz. Besonders ausführlich sind die Ausführungen zu den Grundsätzen ordnungsgemässer Rechnungslegung im Rahmenkonzept 1989 des IASB, welches in der Neubearbeitung 2010 gestrafft worden ist. Der Grundsatz der **Bedeutsamkeit** »relevance« (IFRS-F 26-28) entscheidet über die Nützlichkeit der Information bei der Entscheidungsfindung der Adressaten. Der Grundsatz der **Neutralität** (»neutrality«) ist mit Willkürfreiheit der Information gleichzusetzen. Der Grundsatz der **Zeitnähe** (»timeliness«) behandelt den möglichen Widerspruch zwischen einer raschen Berichterstattung und der Zuverlässigkeit der Information. Entscheidend sind die Bedürfnisse der Adressaten. Dabei ist abzuwägen, ob eine rasche Berichterstattung oder eine vollständige Informationsvermittlung relevanter ist.

4.3 Stille Reserven als Abweichung von den Grundsätzen ordnungsmässiger Rechnungslegung (GoR)

4.3.1 Begriff der stillen Reserven (Rücklagen)

Kein Bereich des finanziellen Rechnungswesens hat während Jahrzehnten in der Wissenschaft (in der Betriebswirtschaftslehre ebenso wie im Handelsrecht) und in der Wirtschaftspraxis derart kontroverse, je oft geradezu leidenschaftliche Auseinandersetzungen ausgelöst, wie jener der stillen, d. h., in der Bilanz nicht ersichtlichen Reserven. Die Kritik am Bilanz- und Buchführungsrecht von 1936, insbesondere am Freipass von aOR 663 II für die Leitungsorgane der Aktiengesellschaft zur uneingeschränkten Bildung und Auflösung von stillen Reserven ohne jegliche Information der Rechnungslegungsadressaten, setzte in den 1960er Jahren ein.[164] Im Zusammenhang mit anderen gesetzlichen Mängeln führte diese Freiheit in der Dar-

164 Die Arbeiten an der Revision des Buchführungs- und Aktienrechts (OR 1936) beanspruchten mehr als zwei Jahrzehnte. Gutachten Gautschi/Käfer 1966 u. a. mit dem Vorschlag auf quantitative Beschränkung der stillen Reserven. Zwischenbericht 1971 der Arbeitsgruppe Tschopp, VE 1975 (u. a. mit Vorschlag zur Bekanntgabe der im Geschäftsjahr gebildeten und aufgelösten stillen Reserven). E 1983 Revision des Aktienrechts (aOR 669 III) mit einer Darstellung von Pro und Contra in Botschaft S. 68/69. Vorentwurf 1998 Rechnungslegungs- und Revisionsgesetz (Unzulässigkeit von Willkürreserven). VE 2005 zur Revision des Aktienrechts, mit Botschaft vom 21. Dezember 2007.

stellung und Bewertung zu einer »Regellosigkeit in der Rechnungslegung«.[165] In der Diskussion wurden von Seiten der Wirtschaft die positive Wirkung der Regelung von 1936 markant hervorgehoben und vor allem die Praxis der stillen Reserven geradezu »glorifiziert«.[166]

Zahlreiche Meinungsverschiedenheiten waren und sind leider immer noch darauf zurückzuführen, dass sich mit dem Begriff der stillen Reserven völlig falsche Vorstellungen verbinden, z. B. es handle sich um ein vorborgenes Sondervermögen, welches in Zeiten schlechten Geschäftsganges eingesetzt werden kann. Auch der Gesetzgeber trägt zur verschwommenen Darstellung über die finanzwirtschaftlichen Aspekte der stillen Reserven mit dem Argument bei, dass die stillen Reserven »das dauernde Gedeihen des Unternehmens« sichern. Eine überzeugender, mit Fakten und nicht blossen Behauptungen geführter Nachweis, dass dazu die Verschleierung der Ertragslage und des tatsächlichen Eigenkapitals durch unbeschränkte Bildung und Auflösung von stillen Reserven erforderlich ist, wurde jedoch nicht erbracht.

Die Existenzsicherung des Unternehmens hängt nicht von buchhalterischen Entscheidungen, sondern von einem auf die Kundenbedürfnisse ausgerichteten, innovativen Management, einer soliden Kapitalstruktur sowie einer ausreichend vorhandenen oder potentiellen Liquidität ab.

Stille Reserven können sowohl aus der Sicht der Bilanz (nicht ersichtliches Eigenkapital) wie aus der Sicht der Erfolgsrechnung (verheimlichte Gewinne oder Verluste) betrachtet werden,[167] wobei vor allem die Auswirkung auf die Erfolgsrechnung zu Kritik Anlass gibt. Das Rechnungslegungsrecht 2011 verzichtet - wie die bisherigen Gesetzestexte OR (1936) 663 II und OR (1992) 669 IV - auf eine Legaldefinition der stillen Reserven.

Betriebswirtschaftlich werden stille Reserven nach der traditionellen Lehre aus der Differenz zwischen dem tatsächlichen oder wirklichen Wert der Aktiven/Verbindlichkeiten und dem in der Folgebewertung aus dem Anschaffungs-, bzw. Herstellungskosten abgeleiteten Buchwert (nach dem Rechnungslegungsrecht) ermittelt.[168] Nach Bossard entspricht der wirkliche Wert dem Gegenwartswert des Reinvermögens.[169]

Der **betriebswirtschaftliche Begriff** der stillen Reserven wird durch die beiden Wertansatzkonzepte für Aktiven und Verbindlichkeiten im Jahresabschluss im Rahmen der anerkannten Standards der Rechnungslegung (Rahmenkonzept von Swiss GAAP FER und IFRS) ermittelt.[170]

165 Botschaft Revision Aktienrecht 1983, S. 64. Strengere Vorschriften zur Rechnungslegung ab 1992/93, aOR 662-677.

166 Böckli, Neue OR-Rechnungslegung, S. 245.

167 Böckli, Neue OR-Rechnungslegung, S. 141.

168 Fontana/Handschin: Ausweis stiller Reserven in der Rechnungslegung, ST 8/2014, S. 850.

169 Bossard, Kommentar aOR 960, N 81, S. 380

170 FER RK 26 sowie RL 2013/34 EU (Art. 7 und 8). Meyer, Swiss GAAP FER, S. 35

Die betriebswirtschaftliche Werte für Vermögen und Verbindlichkeiten können aktuelle Zeitwerte (Fair Value) oder historische Werte sein. Die aktuellen Zeitwerte beziehen sich bei Aktiven auf Tageswerte, auf Nettomarktwerte, auf Nutz- oder auf Liquidationswerte. Bei Verbindlichkeiten sind es Tages- oder Barwerte.

Die **historischen Kosten** von Aktiven ergeben sich beim Erwerb aus den Anschaffungs- oder Herstellungskosten und bei der Folgebewertung durch Verminderung aufgrund der sachlich begründeten, planmässigen oder ausserplanmässigen Abschreibungen. Bei Verbindlichkeiten handelt es sich um den Erfüllungsbetrag am Bilanzstichtag. Die Definitionen zu den aktuellen Werten der Aktiven und Passiven werden nachfolgend erläutert.

Der **handelsrechtliche Begriff** der stillen Reserven (nach Rechnungslegungsrecht) definiert in Übereinstimmung mit der neueren Lehre stille Reserven als Unterschied zwischen dem Buchwert und dem gesetzlich zulässigen Höchstwert von Vermögenswerten bzw. den erforderlichen Beträgen von Verbindlichkeiten.[171]

Der handelsrechtliche Zweck der Rechnungslegungsvorschriften erfordert jedoch Abweichungen im Rahmen der Grundsätze ordnungsgemässer Rechnungslegung bei der Anwendung der betriebswirtschaftlichen Bewertungskonzepte.

Im handelsrechtlichen **Jahresabschluss** wird als Ist-Wert der gesetzlich zulässige Höchstwert betrachtet. Markt- oder geldentwertungsbedingte Wertzunahmen bleiben nach OR 960a unberücksichtigt, weil diese stillen Reserven ohne Zutun der Leitungsorgane ausserhalb von erfolgswirksamen Vorgängen entstehen (sog. Zwangsreserven) und der Ausweis von nicht realisierten Mehrwerten, dem Imparitäts- und Realisationsprinzip widerspricht. Eine Ausnahme besteht für Aktiven mit beobachtbaren Marktpreisen (OR 960b).

Aus Vorsichtsüberlegungen ist es im handelsrechtlichen Abschluss zur Bildung von stillen Reserven zulässig, die Wertverminderung von Aktiven höher als den periodengerechten Aufwand festzulegen und einen tieferen Buchwert der Aktiven als den gesetzlichen Höchstwert auszuweisen (OR 960a IV). Sinngemäss dürfen Verbindlichkeiten höher angesetzt werden, was insbesondere bei den Rückstellungen in der Praxis Anwendung findet.

Im **Konzernabschluss** nach IFRS besteht bei der Folgebewertung Wahlfreiheit zwischen Fair-Value-Bewertung und der Bewertung zu fortgeführten Anschaffungskosten mit Anwendung von betriebswirtschaftlich sachlich begründeten Abschreibungssätzen (Historical Cost Accounting). Stille Reserven wie in handelsrechtlichen Abschlüssen sind gemäss True-and-Fair-View-Prinzip nicht zulässig.

Im Konzernabschluss nach Swiss GAAP FER 18/14 ist das Tageswertkonzept nur bei den Sachanlagen, die ausschliesslich zu Renditezwecken gehalten werden, anwendbar. Für alle anderen Sachanlagen sind historische Kosten massgebend (OR 960a II). Wird die Konzernrechnung nach OR erstellt, sind wie im Einzelabschluss die Bewertungsvorschriften von OR 960a-960e zu beachten.

171 HWP, 2014, S. 245. RS 15/1 RVB FINMA, Rechnungslegung Banken, Anhang 7.

4.3.2 Arten von stillen Reserven

Im Zusammenhang mit der Aktienrechtsrevision 1991 hat sich in der Fachliteratur folgende Gliederung eingebürgert (▶ Abb. 11).

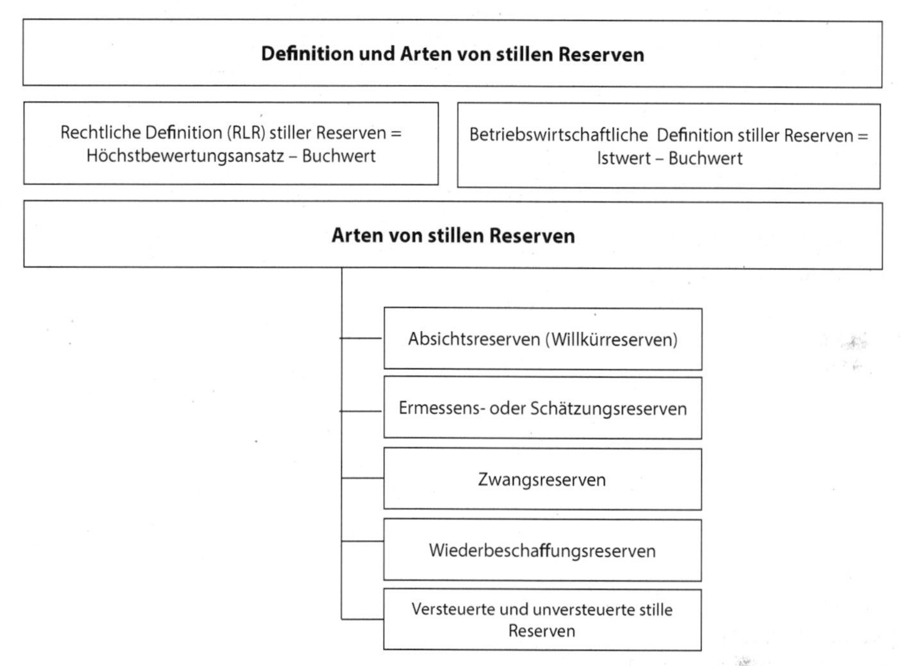

Abb. 11: Definition von stillen Reserven

4.3.2.1 Zwangsreserven

Zwangsreserven oder begrifflich zutreffender marktbedingte Bewertungsreserven entstehen, wenn für den Jahresabschluss nach der Voraussetzung des Nominalismus das Anschaffungswertprinzip (Historical Cost Accounting) massgebend ist. Sie bilden die Differenz zwischen einem höheren Verkehrs- oder Marktwert und dem entsprechenden Anschaffungs- oder Herstellkosten für einen Vermögenswert. Ohne Zutun der Organe des buchführungspflichtigen Unternehmens entstehen in der Regel bei den Aktiven vor allem auf Sach- und Finanzanlagen konjunktur- oder gelwertbedingte Wertsteigerungen.[172] Solche Wertzunahmen haben keine Auswirkung auf das Periodenergebnis. Sie sind von der Preisentwicklung auf den entsprechenden Güter- oder Finanzmärkten und nicht von Entscheidungen der Geschäftsleitung zur Rechnungslegung abhängig.

172 Böckli: Neue OR-Rechnungslegung, S. 246.

Beispiel Zwangsresreven Angaben zu den stillen Reserven in der Bilanz (ABF AG)

In den letzten Jahren hat die Unternehmensgruppe ihre industriellen Aktivitäten erheblich eingeschränkt und die entsprechenden Betriebsliegenschaften nicht verkauft, sondern teilweise an Dritte vermietet. Der Buchwert (Anschaffungswert abzüglich aufgelaufene degressive Abschreibungen) beträgt TCHF 7'450, die Hypothekarschulden TCHF 2'700. Im Kommentar zur Konzernrechnung wird festgehalten, dass der Verkehrswert der Liegenschaften auf CHF 11'000 geschätzt wird, was zu aktuellen Werten (Current Cost Accounting) einer stillen Reserve von TCHF 3'550 entspricht. Die handelsrechtlichen stillen Reserven sind nicht bekannt, weil der der dazu erforderliche Höchstwert nach OR 960a II fehlt.

Wenn die Leitungsorgane die Rechnungslegungsadressaten über den Marktwert des Sachanlagevermögens oder der Finanzanlagen orientieren möchten, ist dies im Geschäftsbericht nur mit einer zusätzlichen Information im Rechnungslegungskommentar oder im Anhang möglich.

4.3.2.2 Ermessens- und Schätzungsreserven

Stille Ermessensreserven entstehen durch übervorsichtige Abschreibungen, Wertberichtigungen und Rückstellungen.[173] Dies ist eine viel zu schwammige Formulierung, denn sie erlaubt keine scharfe Abgrenzung zu den stillen Willkür- bzw. Absichtsreserven. Ermessensreserven beschreiben jenen Teil der Unterbewertung, der sich ergibt, wenn bis an die Grenzen dessen gegangen wird, was durch das Vorsichtsprinzip gerechtfertigt werden kann. Bei einer »Überdehnung« des Vorsichtsprinzips entstehen so Willkürreserven. Eine Ermessensreserve liegt vor, wenn z. B. statt einer möglichen Nutzungsdauer von höchstens 10 Jahren aus Vorsicht nur eine solche von 5 Jahren der Bewertung zu Grunde gelegt wird oder bei einem Prozess bei der Bestimmung der Rückstellung nicht die wahrscheinliche, sondern die Worst-Case-Variante angenommen wird. Verschiedene Autoren weisen auf die Schwierigkeiten bei der sauberen Abgrenzung zwischen den Absichtsreserven und den als eine besondere Kategorie erwähnten Ermessens- und Schätzungsreserven hin, weil das Vorsichtsprinzip als unbestimmter Rechtsbegriff nicht in der Lage ist, genau definierte Wertgrenzen zu umschreiben.[174] Der Verzicht auf eine besondere Kategorie der stillen Reserven, welche in der älteren Fachliteratur vorgeschlagen wurde, ist als Klarstellung zu begrüssen.[175] Praxisrelevant sind des-

173 Definitionen in der Botschaft, 1982, Ziff. 209.42.

174 Fontana/Handschin, Ausweis stiller Reserven in der Erfolgsrechnung in: ST, 8/2014, S. 651.

175 Botschaft 1983, Ziff. 209.43 und die darauf abgestützten Fachpublikationen, z. B. auch im HWP 1989.

halb nur zwei Arten: die Zwangsreserven und die Willkür- oder Absichtsreserven.[176]

4.3.2.3 Stille Willkür- oder Absichtsreserven

Stille Absichtsreserven sind das Ergebnis einer Entscheidung der Leitungsorgane des Unternehmens im Hinblick auf eine erwartete, beabsichtigte Wirkung auf die Jahresabschlussadressaten. Deshalb wurden sie auch als Verwaltungsreserven, zutreffender Verwaltungsratsreserven, bezeichnet, denn seit 1991 gibt es im Aktienrecht keine Verwaltung mehr.

Der Begriff der Willkürreserven ist missverständlich, weil diese nicht willkürlich, zufallsabhängig, je nach Lust und Laune gebildet, sondern rational geplant werden.[177] Bossard spricht ausschliesslich von stillen Absichtsreserven und kritisiert die Bezeichnung Willkürreserven als despektierlich.[178]

Die Bildung von Absichtsreserven erfolgt durch eine Unterbewertung der Aktiven oder/und eine Überbewertung der Passiven. Die Bildung von Absichtsreserven kann in der Praxis wie folgt erfolgen:

- Betriebswirtschaftlich nicht notwendige Abschreibungen und Wertberichtigungen werden höher verbucht. Die verbuchten Abschreibungen sind höher als die betrieblich periodengerecht ermittelten Abschreibungen (OR 960a IV). Offen ist die Frage, ob es eine Untergrenze für die übermässigen Wertberichtigungen und Abschreibungen gibt oder, anders ausgedrückt, ob ein Aktivposten bis auf den Erinnerungsfranken (Pro-Memoria-Franken) abgeschrieben werden darf. In der Praxis ist vor allem die vollständige Abschreibung des beweglichen Sachanlagevermögens (Mobilien, Maschinen, Fahrzeuge, usw.), bei gewinnstarken Unternehmen sogar der Immobilien im handelsrechtlichen Abschluss bei diesen Bilanzpositionen nicht selten. Nach früherer Auffassung war die Abschreibung auf den »Memoriafranken« ein Zeichen für eine besonders vorsichtige Bewertung und eine »solide« Finanzpolitik. Ungeachtet der Bestimmung von OR 968a IV über die Zulässigkeit von zusätzlichen Abschreibungen und Wertberichtigungen zur Bildung von stillen Reserven ist die vollständige Korrektur auf den sog. Erinnerungsfranken nicht gesetzeskonform. Die immer noch verbreitete Praxis widerspricht OR 957a II Ziff. 1 (wahrheitsgetreue Erfassung) und OR 958c, Ziff. 3 (Verlässlichkeit). Solche Pro-Memoria-Bilanzposten unter den Aktiven waren bereits unter dem bisherigen Recht bei korrekter Gesetzesanwendung unzulässig.[179]
- Die verbuchten Rückstellungen sind höher als das Verlustrisiko oder die zukünftigen ungewisse Verpflichtungen (OR 960e IV).

176 HWP, 2014, S. 245.

177 Lipp, Kommentar OR 959c, S. 157.

178 Bossard, Kommentar aOR 959, B 88, S. 383.

179 Böckli, Aktienrecht, S. 898.

- Verzicht auf Wertaufholung (Zuschreibung) zur Höherbewertung von Aktiven, wenn die Gründe für die in früheren Perioden vorgenommene Wertberichtigungen von Aktivpositionen weggefallen sind.
- Das Nichtbilanzieren von aktivierungsfähigen Aufwendungen. In die Herstellungskosten werden nur die direkten Kosten, aber keine Gemeinkostenanteile, eingerechnet.
- Nichtauflösung von nicht mehr benötigten Rückstellungen. Rückstellungen für drohende Verluste einer Tochtergesellschaft oder aus einer Bürgschaftsverpflichtung sind wegen Verbesserung der Ertragslage bzw. Vermögenslage des Hauptschuldners nicht mehr notwendig, werden aber in der Bilanz als Fremdkapital weitergeführt. Der vom Gesetzgeber in OR 960e IV ausdrücklich als zulässig erklärte Verzicht auf die Auflösung von überflüssig gewordenen Rückstellungen widerspricht mindestens vier gesetzlichen Grundsätzen der Rechnungslegung und überdies auch den steuerrechtlichen Vorschriften.[180]
- Nichtaktivierung von Zugängen zum Sachanlagevermögen. Auch grössere Anschaffungen von Betriebseinrichtungen, Mobilien usw. sowie entsprechende Eigenleistungen werden gewinnschmälernd direkt im Fabrikations- oder Verwaltungsaufwand gebucht. Deshalb ist für eine korrekte Rechnungslegung in den Bewertungsgrundsätzen die kleinste zu aktivierende Wert-/Mengeneinheit festzulegen. Die »Bildung stiller Reserven durch Nichtaktivierung« ist unzulässig.[181]
- Nichtbilanzierung von aktiven Rechnungsabgrenzungsposten.[182] Falls die nicht erfasste aktiven Rechnungsabgrenzungen nach den Grundsätzen der ordnungsgemässen Rechnungslegung als wesentlich zu betrachten sind, liegt jedoch ein Verstoss gegen den Grundsatz der Vollständigkeit (OR 957a II Ziff. 1 und OR 958a I Ziff. 2) vor.
- Bilanzierung von nicht bestehenden Verpflichtungen (fiktive Kreditoren) durch nicht begründete passive Rechnungsabgrenzung. Dieses Vorgehen wird von der Lehre und der neueren Rechtsprechung als unzulässig betrachtet.[183] Nur unter strengerer Auslegung des Rechnungslegungsrechts ist der Verzicht auf die Ersterfassung von Zugängen oder der Verzicht auf notwendige Abgrenzungen eine zulässige Form zur Bildung von verdecktem Eigenkapital und zur Gewinnverschleierung.[184]
- Zu tiefe Fremdwährungskurse bei Vermögenspositionen und zu hohe Fremdwährungskurse auf Verbindlichkeiten.

180 Böckli, Neue OR-Rechnungslegung, S. 243.

181 Gemäss Aufzählung bei Käfer, Kommentar aOR 960, N 194, S. 1001.

182 Die Schweizerische Nationalbank, eine spezialgesetzliche Aktiengesellschaft, hat aufgrund von NBG 24 II ihre Jahresrechnung nach den Vorschriften des OR zu erstellen. Bis zum Inkrafttreten des revidierten Aktienrechts 1992 wurden weder aktive noch passive Abgrenzungsposten erfasst! Diese wurden erstmals in der Bilanz 1992 ausgewiesen (Aktiven 390.6 Mio. CHF, Passiven 56.3 Mio. CHF).

183 Böckli, Neue OR-Rechnungslegung, S. 249.

184 Fontana/Handschin, Ausweis stiller Reserven, in: ST, 8/2014, S. 652.

- Zu hohe, zu vorsichtige Schätzungen für offene Verbindlichkeiten bei den passiven Rechnungsabgrenzungen und zu tiefe Schätzungen für offene Forderungen bei den aktiven Rechnungsabgrenzungen.

Beispiel Bildung von stillen Reserven im Mehrjahresvergleich (Jahresabschluss nach OR, Industrieunternehmen, in Mio. CHF)

Jahr	**1**	**2**	**3**	**4**	**5**
Umsatz	130.0	138.0	140.0	145.0	137.0
Tatsächlicher Jahresgewinn	10.2	9.6	8.2	6.7	4.0
Bildung stiller Reserven[185]	6.2	5.2	3.7	2.1	–
Ausgewiesener Jahresgewinn	4.0	4.4	4.5	4.6	4.0
Umsatzrentabilität (in %)					
Effektiv	7.85	6.96	5.86	4.62	2.92
ausgewiesen	3.06	3.19	3.21	3.17	2.92

Die Auflösung von stillen Reserven kann durch die gegenteilige Abbildung oder Buchung der vorgestellten Massnahmen erreicht werden.

4.3.2.4 Wiederbeschaffungsreserven

In der Auseinandersetzung um die stillen Reserven spielen in der Schweiz die sog. Wiederbeschaffungsreserven (OR 960a, Ziff. 4) eine wichtige Rolle. Im Ausland werden diese im Zusammenhang mit der Diskussion um die stillen Reserven jedoch kaum je erwähnt. Dies ist ohne Weiteres verständlich, wenn man bedenkt, dass in einer strikt auf dem Anschaffungswertprinzip beruhenden Rechnungslegung die Berücksichtigung von Wiederbeschaffungskosten wesensfremd ist.

Für die Rechnungslegung schweizerischer Aktiengesellschaften ist eine begriffliche Klärung jedoch unerlässlich, weil der Gesetzgeber die Bildung von stillen Absichtsreserven mit dem Zweck der Wiederbeschaffung durch zusätzliche Abschreibungen, Wertberichtigungen und Rückstellungen ausdrücklich erlaubt. Damit ist die Frage jedoch nicht beantwortet, wie sich in der Praxis zuverlässig die im Rahmen der Abschreibungen und Wertberichtigungen gebildeten Wiederbeschaffungsreserven von anderen Absichtsreserven betragsmässig abgrenzen lassen. **Stille Wiederbeschaffungsreserven** sind vom Zweck her klar definiert. Sie die-

185 In den Jahren 1-4 durch überhöhte, betrieblich nicht notwendige Abschreibungen und Wertberichtigungen. Im Jahr 5 entsprechen die ausgewiesenen Abschreibungen den gesetzlichen Mindestanforderungen. Die Beurteilung der Abschreibungspolitik der Geschäftsleitung kann in einem OR-Abschluss nicht beurteilt werden, weil ein Anlagespiegel nicht offengelegt werden muss.

nen der Substanzerhaltung und sollen in Perioden der Geldentwertung den Ausweis und insbesondere die Ausschüttung von Scheingewinnen verhindern.

Die Wiederbeschaffungsreserven sind das geistige Kind einer durch eine hohe Inflation geprägten wirtschaftlichen Entwicklung der 1970er und frühen 1990er Jahre und eng verbunden mit dem Konzept des Inflation Accounting. In einer Periode der Preisstabilität und der Verbilligung durch technologischen Fortschritt und Innovation bei der Beschaffung von Anlagegütern sind diese nur noch von theoretischem Interesse. Seit Ende der 1990er Jahren sind mit der Ausnahme von Entwicklungsländern keine hohen Inflationsraten mehr zu verzeichnen,[186] weshalb stille Wiederbeschaffungsreserven seit Jahren quer in der schweizerischen Wirtschaftslandschaft stehen.

Die Bildung von stillen oder offenen Wiederbeschaffungsreserven ohne gleichzeitige finanzwirtschaftliche Dispositionen zur Liquiditätsbereitstellung auf den Ersatzzeitpunkt bietet zudem keine Gewähr für eine reibungslose Wiederbeschaffung. Das Versteckspiel mit Gewinnen dient diesem Ziel auf alle Fälle nicht.

Angesichts der Abgrenzungsschwierigkeiten bei der Festlegung des Betrags von Wiederbeschaffungsreserven sowie der Gleichstellung mit den anderen stillen Reserven bei der Offenlegung im Fall der Auflösung (OR 959c I, Ziff. 3) stiftet der Begriff in der Rechnungslegung nur Verwirrung, weshalb er – wie jener der Ermessensreserve – in der Praxis eine untergeordnete, marginale Rolle einnimmt.

4.3.2.5 Versteuerte und unversteuerte stille Reserven

Die Steuergesetzgebung lässt Abschreibungen, Wertberichtigungen und Rückstellungen nur insoweit zu, als diese geschäftsmässig begründet sind (DBG 62). Das Ausmass der geschäftsmässigen Begründetheit wird aufgrund steuerlicher Abschreibungssätze beurteilt.[187] Steuerrechtlich nicht anerkannte Abschreibungen, Wertberichtigungen und Rückstellungen führen zu versteuerten Gewinnen und diese zu versteuerten stillen Reserven. Insbesondere Wertberichtigungen auf Beteiligungen können aus steuerrechtlicher Perspektive zu einem späteren Zeitpunkt aufgerechnet werden, sofern ihre Begründung nicht mehr nachgewiesen werden kann.

Beispiel Berechnung privilegierter Warendrittel (versteuerte stille Reserven bei den Vorräten, in CHF)[188]

Einstandswert Warenlager gemäss Inventur	700'000
– Abschreibung aufgrund des niedrigeren Warenwerts	– 100'000

186 Für die Rechnungslegung in Hochinflationsländern sind wegen der kontinuierlichen, hohen Kaufkraftverluste besondere Normen notwendig (IAS 29).

187 Pfaff/Ganz/Stenz/Zihler, Kommentar, S. 930.

188 Mäusli-Allenspach/Oertli, das Schweizerische Steuerrecht, S. 107.

Maximal zulässiger Wert des Warenlagers	600'000
Bildung des privilegierten Warendrittels	- 200'000
Bilanz Warenlager (Einkommenssteuerwert)	400'000

Sofern das Unternehmen im Handelsrecht einen Buchwert von 350'000 CHF ausweist, so ist die Differenz zum Einkommenssteuerwert über 50'000 CHF zu versteuern (versteuerte stille Reserven).

Versteuerte stille Reserven sind die Differenz zwischen dem steuerrechtlich tiefstmöglichen Vermögenswert bzw. der steuerrechtlich höchstmöglichen Verbindlichkeit (sog. Einkommenssteuerwert bei Selbstständigerwerbenden und Gewinnsteuerwert bei juristischen Personen) und dem veranlagten Buchwert.

Unversteuerte stille Reserven bilden jene stillen Reserven, die steuerrechtlich zulässig sind und nicht Gegenstand einer steuerrechtlichen Korrektur darstellen. Die Versteuerte stille Reserven werden dem steuerbaren Eigenkapital zugeordnet.

Beispiel versteuerte und unversteuerte stille Reserven Einzelabschluss nach OR 31.12.2018 (in CHF)

Auszug aus der Jahresrechnung eines Industrieunternehmens

Anschaffungskosten CNC-Maschine per 30. Juni 2017	935'000
Jährliche Abschreibungen pro Jahr	467'500
Buchwert per 31. Dezember 2018	0
Steuerrechtlich zulässige Abschreibung im Jahr 2018	224'400
Steuerrechtliche Aufrechnung im Jahr 2018	243'100
Einkommenssteuerwert CNC-Maschine 31. Dezember 2018	336'600

Die CNC-Maschine wird linear über zwei Jahre abgeschrieben, wobei kein Restwert berücksichtigt wird. Der unterjährige Erwerb wird dabei bei der Abschreibungsfestlegung nicht berücksichtigt. Die steuerrechtlich zulässige Abschreibung beträgt pro Jahr 40% (Bund und Kanton) vom Buchwert (degressive Abschreibungsmethode). Da im Jahr 2018 eine lineare Abschreibung über 467'500 CHF (935'000 CHF / 2 Jahre) verbucht worden ist und die steuerrechtlich zulässige Abschreibung von 224'400 CHF (CHF 935'000 x 0.6 x 0.4) möglich sind, erfolgt eine Aufrechnung von 243'100 CHF im Jahr 2018. Die 243'100 CHF stellen eine versteuerte, stille Reserve dar. Der Einkommenssteuerwert der CNC-Maschine beträgt daher am 31. Dezember 2018 336'600 CHF.

Sinngemässe Anwendungen finden sich bei den Abschreibungen, Rückstellungen und Wertberichtigungen (Delkredere) auf Forderungen aus Lieferung und Leistung.

Beispiel versteuerte und unversteuerte stille Reserven (in CHF)

Anschaffungskosten Fabrikliegenschaft 1.1. (Kauf)	3'200 000
externe Abschreibung	- 400'000
Buchwert 31.12. (Abschlussdatum)	2'800 000
interne Abschreibung (kalkulatorisch) 2%	- 64'000
interner (kalkulatorischer) Buchwert	3'136 000
steuerrechtlich zulässige Abschreibung 7% (degressiv)	224'000
Aufrechnung Gewinn (400'000 - 224'000)	176'000
Gewinnsteuerwert Liegenschaft (3'200 000 - 224'000)	2'976 000
stille Reserven nach Rechnungslegungsrecht (400'000 - 64'000)	336'000
versteuerter stille Reserven	- 176'000
nicht versteuerte stille Reserven	160'000
Betriebswirtschaftlicher Wert der Liegenschaft	3'300 000
betriebswirtschaftliche stille Reserven	500'000

4.3.3 Auflösung von stillen Reserven

Als Auflösung von stillen Reserven wird eine Bestandsabnahme von stillen Absichtsreserven im Umlauf- und vor allem im Anlagevermögen sowie im Fremdkapital betrachtet.

Buchmässig, ohne Geldzufluss erfolgt diese:

- durch Kürzung oder Unterlassung von betriebsnotwendigen Abschreibungen und Wertberichtigungen unter Beachtung der Höchstbewertungsvorschriften von OR 960a für Aktiven und von Verbindlichkeiten zum Mindestbetrag für die Erfüllung am Bilanzstichtag;
- durch Auflösung von bilanzierten überhöhten Rückstellungen;
- durch Wiederaufwertung von unter dem gesetzlichen Höchstwert abgeschriebenen Aktiven (Zuschreibung, Aufwertung);
- durch Herabsetzung der in den unternehmensinternen Bewertungsregeln festgelegten oder der steuerlich zulässigen Ansätze (Änderung von Bewertungsmethodik). Beispiele: Abschreibungen auf betrieblichen Liegenschaften von linear 3% des Anschaffungswertes auf 2% oder Verzicht auf das bisherige voll beanspruchte Warendrittel;[189]

- durch Beanspruchung der Arbeitgeberbeitragsreserven (ohne Verwendungsverzicht) zur Begleichung des jährlichen Arbeitgeberbeitrags an die Personalvorsorge;
- durch Verkauf von abgeschriebenem Anlagevermögen.

Gegenstände des Umlaufvermögens (z. B. Wertschriften) oder des Anlagevermögens, welche unter dem Marktwert bilanziert sind, werden veräussert. Dadurch werden die stillen Reserven der infolge der gesetzlichen Höchstbewertungsvorschriften entstandenen Zwangsreserven, realisiert. Der Unterschied zwischen dem Verkaufserlös und dem Buchwert wird als Ertrag in der Erfolgsrechnung erfasst. Es liegt somit keine für die Rechnungslegungsadressaten nicht ersichtliche Auflösung von stillen Reserven vor. Wegen dem damit verbundenen Mittelzufluss ist der Vorgang, anders bei ausschliesslich buchmässigen Vorgängen, als nicht problematische Variante der Auflösung zu beachten. Weil die Schönung der Ertragslage durch buchmässige Auflösung stiller Reserven die Liquidität des Unternehmens in finanzieller Krisensituation nicht verändert und somit keinen Beitrag zur Stärkung der Widerstandskraft bildet, trägt der Vorgang nichts »zum dauernden Gedeihen« bei.

Eine ungewollte buchmässige Auflösung von stillen Absichtsreserven entsteht bei unveränderten Bewertungsansätzen durch Bestandsabnahme von Positionen des Umlaufvermögens wie beispielsweise bei den Forderungen aus Lieferungen und Leistungen oder Warenvorräte.

Bei einer konsequenten Umsetzung von OR 958 ist die Auflösung stiller Reserven als ausserordentlicher Ertrag zu erfassen und nicht nur im Anhang zu erwähnen.[190]

Eine Täuschung der Rechnungslegungsadressaten über die tatsächliche Ertragsentwicklung ist auch ohne formelle Auflösung von stillen Reserven möglich, wenn die Geschäftsleitung über mehrere Jahres hinweg einen Gewinnrückgang durch Kürzung der neu gebildeten stillen Reserven auffängt, formell gemäss der Informationspflicht im Anhang (OR 959 I, Ziff. 3) jedoch keine stillen Reserven auflöst. Die »möglichst zuverlässige Beurteilung der Ertragslage« aufgrund der geltenden Rechnungslengsvorschriften ist somit eine Illusion.

4.3.4 Differenziertes Rechnungslegungsrecht

Das Rechnungslegungsrecht 2011 sieht auch für die stillen Reserven eine differenzierte Rechnungslegung vor. Grundsätzlich gelten für rechnungspflichtige Unternehmen, Genossenschaften und Vereine ohne Sonderregelung für die stillen Reserven in der Jahresrechnung folgende Normen:

---

189 Die Wertberichtigung von pauschal 33 1/3% des Warenlagers wird auf 20% reduziert.
190 Kontenrahmen KMU 8510-8514, S. 259. Zwingend für Banken RVB Ziff. 259.

- Die wie im aOR wegen der Leerformel »dauerndes Gedeihen« uneingeschränkte Berechtigung zur Bildung stiller Reserven und damit zur Verschleierung der Ertrags- und Vermögenslage, insbesondere durch betriebswirtschaftlich nicht notwendige Abschreibungen, Wertberichtigungen (OR 960a IV) und Rückstellungen (OR 960e).
- Der Verzicht auf die bisherige Bestimmung, dass stille Reserven auch mit dem Zweck »der Ausrichtung einer möglichst gleichmässigen Dividende« gebildet werden können (aOR 669 IV), ist in der Praxis sowohl für börsenkotierte wie private Aktiengesellschaften bedeutungslos, weil stabile Dividenden über einen längeren Zeitraum hinweg schon längst nicht mehr üblich sind.
- Die verdeckte Auflösung von stillen Reserven, sofern diese unter der Wesentlichkeitsgrenze bleibt (OR 959 I Ziff. 3).

Die Offenlegung der stillen Reserven gegenüber der Revisionsstelle zur Prüfung der gesetzlich notwendigen Angaben im Anhang (OR 959 I). Deshalb ist in den Abschlussunterlagen eine Übersicht über Bestand und Veränderung der stillen Reserven durch die Unternehmensleitung notwendig, wenn diese zur zuverlässigen Beurteilung der Vermögens- und Ertragslage wesentlich ist.[191] In der Rechnungslegungspraxis von KMU wird allerdings häufig auf diese Darstellung verzichtet, weil das Rechnungslegungsrecht diese nicht ausdrücklich verlangt. In Personenunternehmen, Ein- und Zweipersonen-Kapitalgesellschaften ist es jedoch zweckmässig, wenn die Eigentümer Bestand, Bildung und Auflösung der stillen Reserven ihrer Unternehmen zur Selbstinformation überwachen.

Die Gesellschaften können überdies der Problematik der stillen Reserven ausweichen, indem sie ergänzend zur Jahresrechnung nach OR mit verzerrter Darstellung der Ertragslage ihres Unternehmens ohne gesetzliche Pflicht einen Abschluss nach einem anerkannten Standard (OR 962a), z. B. nach Kern-FER, erstellen.

Eine wesentliche positive Neuerung gegenüber dem bisherigen Recht enthält OR 962 II. Bei Kapitalgesellschaften (AG, GmbH, Komm.AG) können die mit den stillen Reserven verbundenen Nachteile zum Schutz von Personen mit qualifizierten Minderheitsbeteiligungen vermieden werden. Gesellschafter, die mindestens 20% des Grundkapitals vertreten, 10% der Genossenschafter,[192] 20% der Vereinsmitglieder oder Gesellschafter mit persönlicher Haftung können einen Abschluss nach einem anerkannten Standard und damit die Offenlegung der stillen Reserven verlangen. Diese Bestimmung ist vor allem bei nicht börsenkotierten Aktiengesellschaften, wenn die Aktien im OTC-Markt gehandelt werden, und grösseren GmbH bedeutsam.

191 Schema gemäss HWP, 2014, S. 248.

192 Bei Grossgenossenschaften, z. B. in den Migros-Regionalgenossenschaften, dürfte es wegen der grossen Zahl von Genossenschaftern schwierig sein, die Unterschriften von 10% mit der Rechnungslegung nach OR unzufriedenen Genossenschaftern aufzubringen. Die Zentrale des Migros-Genossenschafts-Bund erstellt eine Konzernrechnung nach IFRS.

Für börsenkotierte Gesellschaften ist eine True-and-Fair-View-Rechnungslegung nach dem Kotierungsreglement zwingend. Die negativen Folgen der stillen Reserven auf die Transparenz der Rechnungslegung wirken sich somit nur noch bei nicht börsenkotierten Aktiengesellschaften mit Publikumsaktionären, bei privaten Aktiengesellschaften mit im Verwaltungsrat nicht vertretenen Minderheitsaktionären mit einer Beteiligung unter 20% des Grundkapitals und bei Gesellschaftern einer GmbH mit einer abweichenden Regelung gemäss OR 809 I aus.

Erfahrungen mit der Anwendung der neuen Bestimmung sind aus naheliegenden Gründen nicht bekannt. Immerhin ist bemerkenswert, dass in den publizierten Jahresrechnungen nach OR verschiedene OTC-Gesellschaften ausdrücklich im Anhang darauf hinweisen, »dass zur Sicherung des dauernden Gedeihens die Möglichkeit zur Bildung und Auflösung von stillen Reserven wahrgenommen wird«.

4.3.5 Inventarisierung der stillen Reserven zum Jahresabschluss

Zum Jahresabschluss ist zum Bilanzstichtag der Bestand an stillen Reserven mit Hilfe eines Inventars festzustellen. Dabei ist je relevanter Bilanzposition die Differenz zwischen dem Buchwert und dem gesetzlich zulässigen Höchstwert zu ermitteln. Diese Differenzen sind je Bilanzposition nach einer stetig anzuwendenden Methode zu bestimmen und mit dem Vorjahreswert zu vergleichen, um den Effekt auf das Jahresergebnis zu erhalten. Die Bestandeserrmittlung sollte nach dem folgenden Raster festgehalten werden (► Tab. 4).[193]

Bei den Warenvorräten, Halb- und Fertigfabrikaten ist für die Ermittlung der stillen Reserven eine Inventur zwingend notwendig. Beim Anlagevermögen ist eine interne Anlagebuchhaltung zu führen, welche Anschaffungswerte und die fortgeführten Abschreibungen und Buchwerte darlegt. Bei gewissen Bilanzpositionen sind Annäherungswerte zu bestimmen. Für diese Positionen ist eine stetige Anwendung der Methodik von zentraler Bedeutung. Die Veränderung in der Form einer Nettoauflösung von stillen Reserven ist im Anhang offenzulegen. Es ist in der Praxis üblich, aber nicht zwingend, die Nettoauflösung vor latenten Steuern offengelegt wird, obwohl die Bildung von stillen Reserven eine latente Steuerschuld darstellt.[194]

4.3.6 Kritische Betrachtung der Argumente pro und contra Stille Reserven

Die stillen Reserven, genauer die Absichtsreserven, bilden seit Jahren das umstrittenste Thema der Rechnungslegung schweizerischer Unternehmungen. Die Diskussionen setzten bereits in den 1920er Jahren anlässlich der Beratung des Ent-

193 HWP, 2014, S. 248.
194 HWP, 2014, S. 249.

Tab. 4: Bestandesermittlung der stillen Reserven (Quelle: Handbuch der Wirtschaftsprüfung, 2014)

Bilanzposition	Höchstwert nach dem Rechnungslegungsrecht	Buchwert	Stille Reserven	Stille Reserven Vorjahr	Veränderung der stillen Reserven
Forderungen aus Lieferung und Leistung					
Vorräte					
Angefangene Arbeiten					
Sachanlagen					
Beteiligungen					
Rückstellungen					
			Totalbestand an stillen Reserven	Total Bestand Vorjahr	Total Veränderung stiller Reserven

wurfs Hoffmann zur Revision des Handelsrechts in der Expertenkommission und vor allem mit der Vorlage des Bundesrates ein. Die gesetzliche Verankerung der stillen Reserven wurde als «endgültige Absage an das Prinzip der Bilanzwahrheit» bezeichnet und deshalb schon damals kritisiert. Der Gesetzgeber hat jedoch die stillen Reserven nicht zuletzt deshalb ausdrücklich als zulässig erklärt, weil diese in der Praxis der Rechnungslegung schon längst üblich waren. Der Verzicht auf stille Reserven hätte, so wurde argumentiert, erhebliche volkswirtschaftliche Nachteile.

In den 1960er Jahren wurde das damals geltende Aktienrecht von 1936 immer deutlicher als nicht mehr zeitgemäss empfunden, insbesondere auch wegen der völlig lückenhaften Bestimmungen über die Publizität. Mit den Bestrebungen zur Verbesserung der Information gerieten die stillen Reserven verstärkt ins Kreuzfeuer der Kritik. Anders als in der ausländischen Gesetzgebung kann sich die Institution der Absichtsreserven jedoch im schweizerischen Buchführungs- und Bilanzrecht der Aktiengesellschaft grundsätzlich halten. Nur dem gröbsten Missbrauch wird unter dem derzeit geltenden Aktienrecht ein Riegel vorgeschoben. In der Diskussion verliefen die Fronten im Parlament wie in der öffentlichen Meinung weitgehend gleich wie vor 50 Jahren, mit einer Ausnahme. Heute sind sowohl die Vertreter der Rechtswissenschaft wie der Betriebswirtschaftslehre in der Regel eindeutig auf der Seite der Gegner von stillen Reserven.

Nachdem die stillen Reserven eine schwerwiegende Abweichung von den Grundsätzen ordnungsmässiger Rechnungslegung darstellen, müssen die Argumente für diese besonders kritisch betrachtet werden. Dies ist umso wichtiger, als die Botschaft des Bundesrates keine klare Stellungnahme enthält und sich damit begnügt, die Argumente pro und kontra ohne abschliessendes Urteil aufzulisten.

Häufig wird die Diskussion auch durch unklare, verschwommene Vorstellungen über die buchhalterischen und finanzwirtschaftlichen Vorgänge rund um die stillen Reserven geprägt. Da stille Reserven kein Sondervermögen sind, kann man ihnen nicht Geld entnehmen (sie können folglich die ihnen von Laien zugedachte finanzwirtschaftliche Aufgabe auch gar nicht erfüllen). Mit der Bildung von stillen Ermessens- und Absichtsreserven werden die Unternehmungsrisiken nicht verringert. Ihre Bildung verhindert weder die Entstehung von Gewinn, noch schützt ihre Auflösung vor Verlust. Mit der Bildung und Auflösung von stillen Reserven werden die Vorgänge nur verdeckt und verschleiert. So wird in der Diskussion häufig übersehen, dass stille Reserven an der Realität der Unternehmungslage überhaupt nichts ändern. Über die Problematik der stillen Reserven besteht eine reichhaltige Literatur. Für eine vertiefte Diskussion und weiterführende Darstellungen muss auf diese verwiesen werden.

Nachdem das Kotierungsreglement die börsenkotierten Gesellschaften zu einem Rechnungsabschluss auf der Grundlage des True-and-Fair-View-Konzeptes zwingt, betrifft die Auseinandersetzung mit den Argumenten pro und kontra stille Reserven nur noch die privaten Aktiengesellschaften mit geschäftsführenden Hauptaktionären und im Verwaltungsrat nicht vertretenen Minderheitsaktionären sowie eine GmbH mit einer abweichenden Regelung gemäss OR 809 I.

Fragwürdig ist in der Diskussion vor allem das Argument des Gesetzgebers, demzufolge die stillen Reserven das dauernde Gedeihen des Unternehmens sichern. Das dauernde Gedeihen des Unternehmens hängt von einem an den Kundenbedürfnissen orientierten, innovativen Management ab. Diese Aufgaben können umso besser bewältigt werden, je breiter die Kapitalbasis, insbesondere die Eigenkapitalbasis, ist. Ein überzeugender, mit Fakten und nicht mit blossen Behauptungen geführter Nachweis, weshalb dies vor allem verstecktes Eigenkapital erfordert, fehlt. Die mit dem Eigenkapital verbundenen Sicherheitsvorstellungen hängen nicht von der Art und Weise des Ausweises ab. Es geht lediglich um die Frage von Eigenkapital oder Schulden – ob offen oder verdeckt, spielt keine Rolle. Zur Existenzsicherung und Entwicklung eines Unternehmens ist zudem eine ausreichend vorhandene oder potenzielle Liquidität entscheidend. Selbst hohe stille Reserven gewährleisten in keiner Art und Weise die jederzeitige Zahlungsbereitschaft. Bei betrieblich genutzten Aktiven ist die Realisierung von stillen Reserven sowohl in der Form von marktbedingten Mehrwerten wie auch von Unterbewertungen erschwert, da damit entweder Einschränkungen oder zusätzliche Kosten (etwa bei Sale-and-Lease-Back-Transaktionen oder bei einem Umzug in andere Gebäude) verbunden sind. Mit der praktisch uneingeschränkten Möglichkeit der Leitungsorgane von rechnungslegungspflichtigen Unternehmen, stille Absichtsreserven zu bilden, können sich diese der Rechenschaftspflicht über ihre Tätigkeit entziehen. Eine Rechenschaftsablage wird zur Farce.

Überdies wird eine zuverlässige Beurteilung, ob die Bewertung einer Aktie angemessen ist, ob sie über- oder unterbewertet ist, durch die willkürliche Bildung von stillen Absichtsreserven verunmöglicht, zumal die Abweichungen zwischen dem tatsächlichen und dem veröffentlichten Ergebnis erheblich ausfallen können.

OR 962 II sieht vor, dass u. a. Gesellschafter, die mindestens 10% des Grundkapitals vertreten, einen Abschluss nach anerkanntem Standard zur Rechnungslegung und damit nach True and Fair View verlangen können. Es ist völlig unbestritten, dass der Wert von Unternehmen und Unternehmensanteilen durch die zukünftigen Gewinne bzw. Cashflows bestimmt wird. Wie sollen diese geschätzt werden, wenn als Folge von Bildung und Auflösung stiller Reserven nicht einmal zuverlässige Angaben über die Ertragskraft in den vergangenen Geschäftsjahren verfügbar sind?

In der Betriebswirtschaftslehre werden die stillen Reserven einhellig abgelehnt. In der Praxis wird jedoch die Möglichkeit zur Bildung von stillen Reserven von Unternehmern und Managern nach wie vor lebhaft gefordert. Dass dies so ist, hängt vor allem mit der Steuerung des steuerpflichtigen Reingewinnes im Einzelabschluss zusammen (Tax Driven Accounting).

Beispiel Dual Reporting Hypothekarbank Lenzburg (OR, 2019, in TCHF)

Auszug aus dem Anhang 5.2 Bilanzierungsgrundsätze

Die Buchführungs-, Bilanzierungs- und Bewertungsgrundsätze richten sich nach dem Obligationenrecht, dem Bankengesetz sowie nach den Rechnungslegungsvorschriften für Banken gemäss Rundschreiben der FINMA. Der vorliegende statutarische Abschluss mit zuverlässiger Darstellung stellt die wirtschaftliche so dar, dass sich Dritte ein verlässliches Bild machen können. Der Abschluss kann stille Reserven enthalten. Ausserdem veröffentlichen wir nebst dem statutarischen Abschluss für die Aktionäre und deren Generalversammlung einen zusätzlichen Einzelabschluss nach True and Fair View-Prinzip.

	2019	**2018**
Ausgewiesener Gewinn OR	21'048	20'834
Ausgewiesene Gesamtsumme OR	5'394 684	5'203 976
Ausgewiesener Gewinn True-and Fair View	22'156	19'984
Ausgewiesene Gesammesumme True and Fair View	5'409 013	5'217 273

Die Forderung nach einer getreuen Darstellung der Vermögens- und Ertragslage im Einzelabschluss kann wohl nur durchgesetzt werden, wenn die Verbindung zwischen Handels- und Steuerabschluss aufgelöst wird. Es dürfte dem Gesetzgeber schwerfallen, dies in der Realität umzusetzen. Nach dem Konzept von Swiss GAAP

FER sollen kleinere Unternehmungen – in Ergänzung zum handelsrechtlichen, von der Generalversammlung zu einem genehmigenden Abschluss – zusätzlich einen Einzelabschluss nach Kern-FER zu Informationszwecken vorlegen (Dual Reporting). Es muss sich erst noch zeigen, ob sich die Inhaber von kleinen und mittleren Firmen künftig für eine verbesserte Transparenz ihrer Rechnungslegung entscheiden werden.

4.4 Bewertung im Jahresabschluss

4.4.1 Wert und Bewertung als Grundproblem der Wirtschaftswissenschaften

Am Anfang jeder wirtschaftlichen Tätigkeit stehen die Knappheit der Güter einerseits und praktisch unbegrenzte Bedürfnisse anderseits. Daraus entsteht ein Spannungsverhältnis zwischen Bedarf und Deckungsmöglichkeiten. Um ein optimales Verhältnis zwischen Bedarf und Deckung zu erzielen, ist abzuwägen, zu vergleichen und der Nutzen zu beziffern, d. h., zu bewerten. Fragen des Wertens sind deshalb seit jeher Kernprobleme der Wirtschaftswissenschaften. Schon sehr früh bemühten sich Wissenschaftler um die Erklärung des Wertes von Gütern. Die Volkswirtschaftslehre versuchte vor allem die Bestimmungsgründe des Verhältnisses von Gütern, d. h., des objektiven Tauschwertes, welcher seinen Ausdruck im **Preis** findet, zu erklären. Die betriebswirtschaftliche Wertlehre stellt eine Beziehung zwischen dem Beschaffungs- und Absatzmarkt her, indem das Unternehmen durch optimale Faktorkombination zwischen dem Input (Beschaffung von Gütern und Leistungen auf dem Beschaffungsmarkt) und dem Output (Abgabe von Gütern und Leistungen auf dem Absatzmarkt) eine möglichst hohe Wertschöpfung zu erreichen versucht. Der die Betriebswirtschaftslehre dominierende Wert ist der **Marktzeitwert.** Einerseits wird er bestimmt durch die Eignung des Gutes, d. h. den Nutzen, der sich auf dem Markt als Nachfrage äussert, anderseits durch die Seltenheit und die Kosten, genauer die Reproduktionskosten, welche das Angebot auf dem Markt beeinflussen. Der Marktwert stellt somit den Wert dar, zu dem ein Gut im offenen Markt zu einem bestimmten Zeitpunkt käuflich oder verkäuflich ist. Werte sind als Objekt-Subjekt-Beziehung aufzufassen, sie stellen stets einen Bezug zwischen dem Entscheidungsträger und seinem Ziel dar. Der Wert ist somit keine dem Wirtschaftsgut innewohnende Eigenschaft. Ein Objekt hat demnach keinen «Wert an sich». Bewerten heisst im wirtschaftlichen Leben, wirtschaftliche Güter aufgrund des künftigen Nutzens in Geldeinheiten auf den Bewertungsstichtag zu beziffern. Dabei sind grundsätzlich einzubeziehen:

- die Menge des Gutes oder der Leistung,
- der Einheitswert zu einem mehr oder weniger genau bestimmten Zeitpunkt,
- der Diskont- oder Zinssatz zur Ausgleichung einer Zeitdifferenz und Bemessung auf den Stichtag,

- der Wahrscheinlichkeitsfaktor (von 0 bis 1) zur Berücksichtigung der Unsicherheit der Zukunft.

Aus dieser Darstellung geht hervor, dass ein Wert stets nur mehr oder weniger wahrscheinlich und selten beweisbar ist. Ergänzend ist darauf hinzuweisen, dass es auch Objekte mit negativem Wert gibt, wie z. B. lästige, mit grossen Kosten zu beseitigenden Abfällen oder kontaminierte Terrains. Sie bringen keinen zukünftigen Nutzen, sondern einen Schaden in Form von künftigen Geld-, Güter- und Leistungsabgängen ohne Gegenleistung.

4.4.2 Wert- und Preisbegriff der Betriebswirtschaftslehre

Die vielfältige Verwendung des Ausdrucks Wert in der Managementlehre zwingt dazu, eine Systematisierung dieser Begriffe vorzunehmen. Der Begriff Wert kann nach dem Zeitbezug, nach der Berechnungsart, nach der Entstehung oder einer Marktlogik differenziert werden:

Nach dem Zeitbezug sind dies:

- **Historische Werte:** Diese basieren auf dem seinerzeit bezahlten Anschaffungspreis.
- **Aktuelle Werte:** Diese basieren auf dem Tagespreis.
- **Zukunftsorientierte Werte:** Diese basieren auf dem Wiederbeschaffungspreis zu einem späteren Zeitpunkt.

Nach der Berechnungsgrundlage sind dies:

- **Pagatorische Werte:** Diese basieren auf Zahlungsvorgängen.
- **Kalkulatorische Werte:** Diese basieren auf modellmässigen Annahmen.

Nach dem Entstehungsgrund sind dies:

- **Der Barwert:** Der Wert am Bewertungsstichtag von zukünftigen Geldeingängen (present value).
- **Der Gebrauchswert (value in use):** Wert eines während einer bestimmten Zeitdauer Nutzen bringenden Gegenstandes bei eigenem Gebrauch, ermittelt als Barwert der einzelnen Nutzungen.
- **Der Ertragswert (fair value):** Berechnet aus der Kapitalisierung von Erträgen aus Geldern und Gebrauchsgütern (Kapital-, Miet- und Pachtzins). Bei unbegrenzter Dauer berechnet sich der Ertragswert aus der Kapitalisierung des Ertrags mit einem adäquaten Kapitalisierungssatz.
- **Der Veräusserungswert (sale value):** In diesem Fall erfolgt die Nutzung durch Verkauf oder Tausch.

Eine Besonderheit stellen die diskontierten Werte dar. Geldeinheiten, welche sofort verfügbar sind, haben einen höheren Wert als solche, über die erst in einem späteren Zeitpunkt verfügt werden kann. Rechnerisch, d. h., durch Auf- oder Abzinsung auf einen vergleichbaren Zeitpunkt transformierte Werte werden ab- oder aufgezinste Werte genannt. In der Regel sind später fällige Werte auf den heutigen Zeitpunkt umzurechnen, sodass der diskontierte Wert praktisch bedeutsam ist.

Beispiel diskontierter Wert

CHF 100'000 sofort verfügbar zu haben, hat offenkundig nicht den gleichen Wert wie eine Zahlung in der gleichen Höhe, welche erst nach 5 Jahren eingeht. Zu diesem Zeitpunkt muss für die in 5 Jahren fällige Zahlung der Barwert durch Diskontierung festgelegt werden. Bei einem Zins von 6% beträgt dieser CHF 74'726 (Abzinsungsfaktor = [1 + i]-n).

Von Kosten abgeleitete Werte sind:

- **Anschaffungskosten bzw. -wert (purchase price):** Summe aller Aufwendungen für den tatsächlichen oder rechtlichen Erwerb eines Gutes bis zu seiner Verbringung ins Lager bzw. seiner Bereitstellung zur Produktion.
- **Herstellungskosten bzw. -wert (production cost):** Summe der aufgewendeten Kosten bis zur Vollendung des Objektes oder der Leistung.
- **Selbstkosten:** Summe aufgewendeter Kosten bis zum Absatz.
- **Wiederbeschaffungskosten (resale cost):** Mutmassliche Kosten für die Ersatzbeschaffung entweder am Bewertungsstichtag (Tageswiederbeschaffungskosten) oder am zukünftigen Ersatztag.

Nach einer marktspezifischen Betrachtung ergeben sich folgende Wertansätze:

- **Beschaffungswert:** Wert der eingekauften Güter und Dienstleistungen auf den Beschaffungsmärkten.
- **Absatz- oder Verkaufswert:** Wert der auf dem Absatzmarkt abgesetzten Güter und Leistungen.

4.4.3 Bewertungsarten

Die Grundsätze ordnungsmässiger Rechnungslegung enthalten, abgeleitet vom Rahmengrundsatz der Richtigkeit, verschiedene Bewertungsprinzipien. Nach dem Rechnungslegungsrecht des Obligationenrechts, der EU-Richtlinie und IFRS/IAS zählt dazu auch der **Grundsatz der Einzelbewertung.** Diesem Grundsatz kommt eine zentrale Bedeutung zu. Wertverminderungen auf einzelnen Vermögensgegenständen dürfen nicht mit Werterhöhungen auf anderen Vermögensgegenständen im Sinne einer Gesamtbetrachtung verrechnet werden. Hat sich die Beteiligung an der Gesellschaft A im Rechnungsjahr wegen einer ungenügenden Ertragslage unter den seinerzeitigen Anschaffungswert vermindert, kann diese Einbusse nicht mit einer im gleichen Zeitraum eingetretenen Wertsteigerung auf der Beteiligung an der Gesellschaft B kompensiert werden, auch wenn der Gesamtwert des Beteiligungskontos immer noch unter dem gesetzlichen Höchstwert liegt. Im schweizerischen Rechnungslegungsrecht gilt nach OR 960 I der Grundsatz der Einzelbewertung, wobei in Ausnahmefällen die Gruppenbewertung zulässig ist.

Das Rechnungslegungsrecht schreibt die Einzelbewertung als Regel vor, sofern es sich um eine wesentliche Position handelt. Die Gruppenbewertung ist zulässig, sofern diese Aktiven oder Passiven aufgrund ihrer Gleichartigkeit und aufgrund der Usanz als Gruppe zusammengefasst werden.

Fiktives Beispiel der Anwendung der Gruppen- und Einzelbewertung

Beteiligung	Anschaffungswert	Marktwert	Anschaffungs- oder Marktwert	Minderwert
Beteiligung A	100	180	100	0
Beteiligung B	100	50	50	- 50
Beteiligung C	200	220	200	0
Beteiligung D	400	370	370	- 30
Total	800	820	720	- 80

Bei der Einzelbewertung muss jede Position korrigiert werden und die 80 müssen erfolgswirksam ausgebucht werden. Bei der Sammelbewertung dürfen die Minder- und Mehrwerte miteinander verrechnet werden. Für Unternehmen in einer Krisensituation ist die Anwendung der Gruppenbewertung vorteilhafter, da notwendige Wertberichtigungen vermieden werden.

Bei welchen Aktiven oder Passiven die Gruppenbewertung zulässig ist, ist eine schwierige Frage und in der Lehre umstritten. Bei Vorräten und Einzelteilen sowie Beteiligung an gleichartigen Unternehmen in einer ähnlichen Branche kann diese tendenziell bejaht werden. Bei Immobilien und Immobiliengesellschaften ist die Gruppenbewertung auch zulässig, sofern die Gleichartigkeit vorliegt.[195] Handschin führt aus, dass wesentliche Aktiven und Passiven in jedem Fall einzeln zu bewerten sind. Insbesondere in Fällen fehlender separater Identität von Aktiven und Passiven ist die Einzelbewertung zu vollziehen.[196] Neuhaus und Haag hingegen argumentierten, dass die Anwendung der Gruppenbewertung bzw. das Kriterium

195 Pfaff/ Glanz/ Stenz/ Zihler: Kommentar OR 960, S. 438f.
196 Handschin, Rechnungslegung, N 583.

der Gleichartigkeit bei Positionen des Umlaufvermögens erfüllt ist. Hingegen wird es bei Positionen des Anlagevermögens unterschiedlich ausgelegt.[197]

Eine vorsichtige Beurteilung ist angebracht, sofern Zwangsreserven – über den gesetzlichen Höchstwert hinausgehende Mehrwerte – zur Kompensation von Minderwerten in anderen, artgleichen Posten herangezogen werden. Eine erhebliche und nachhaltige Wertsteigerung in diesem Fall ist angebracht. Dies kann in der Regel nur bei Beteiligungen, Wertschriften und Liegenschaften der Praxisfall sein.[198] Böckli lehnt allerdings die Kompensation von Minderwerten mit Zwangsreserven generell ab.[199]

4.4.4 Bewertungsmethoden

Unter Bewertungsmethoden sind bestimmte, in ihrem Ablauf definierte Verfahren der Wertfindung zu verstehen, die den Grundsätzen ordnungsmässiger Rechnungslegung entsprechen. Es ist zwischen der Einzelbewertung und den Bewertungsvereinfachungsverfahren zu unterscheiden.

Das Rechnungslegungsrecht kennt keine spezifischen Bewertungsmethoden. Es kann daher von Wahlrechten gesprochen werden. Als Bewertungsvereinfachungsverfahren können daher folgende Verfahren für die Praxis erwähnt werden:

- **Gruppenbewertung**: Hierbei werden gleichartige Gegenstände des Vorratsvermögens zu einer Gruppe zusammengefasst und mit dem gewogenen Durchschnitt bewertet.
- **Sammelbewertung**: Hierzu zählen die sog. Verbrauchsfolgeverfahren.
  Lifo (Last in – First out): Zuerst werden die neueren Bestände verbraucht oder veräussert.
  Fifo (First in – First out): Zuerst werden die zuerst angeschafften oder hergestellten Bestände verbraucht oder veräussert.
  Hifo (Highest in – First out): Zuerst werden die am teuersten eingekauften oder hergestellten Bestände verbraucht oder veräussert.
  Lofo (Lowest in – First out): Die am günstigsten eingekauften oder hergestellten Bestände werden zuerst verbraucht oder veräussert.

Im Konzernabschluss werden als besondere Verbrauchsfolgeverfahren ausserdem noch Kifo (Konzern in – First out) und Kilo (Konzern in – Last out) verwendet. Die Verbrauchsfolge richtet sich nach der Herkunft der Vorräte (konzerninterne Lieferungen, Drittlieferungen). Lediglich der Vollständigkeit halber sei erwähnt, dass die handelsrechtliche Zulässigkeit der Hifo- und vor allem Lofo-Methode umstritten ist.

---

197 Basler Kommentar, 2016, S. 2587.
198 HWP, 2014, S. 60.
199 Böckli, Rechnungslegung, 2015, RZ 869.

Da eine Einzelbewertung der Vorräte oftmals nicht praktikabel ist, sehen auch die IFRS zur Vorratsbewertung das Fifo-Verbrauchsfolgeverfahren oder eine Durchschnittsmethode vor. Vereinfachend kann bei der Bemessung der Anschaffungs- und Herstellkosten jedoch auch die Standardkostenmethode oder die retrograde Methode zur Anwendung kommen.

4.4.5 Wert- und Preisbegriff im Rechnungslegungsrecht

4.4.5.1 Überblick

Wie in der Fachliteratur finden sich auch in der Gesetzgebung zum Jahresabschluss mannigfaltige Bezeichnungen für Wertbegriffe. Es erstaunt auch nicht, dass in der Gesetzgebung eine klare Linie vermisst wird. So ist im Rechnungslegungsrecht vom wirklichen Wert, von Anschaffungs- und Herstellungskosten, Marktpreis oder Fortführungs- und Veräusserungswert die Rede. In all diesen Fällen verzichtet der Gesetzgeber auf eine Legaldefinition. Die Wertbegriffe des Buchführungs- und Bilanzrechts sind deshalb geradezu Musterbeispiele für unbestimmte Rechtsbegriffe (▶ Abb. 12).

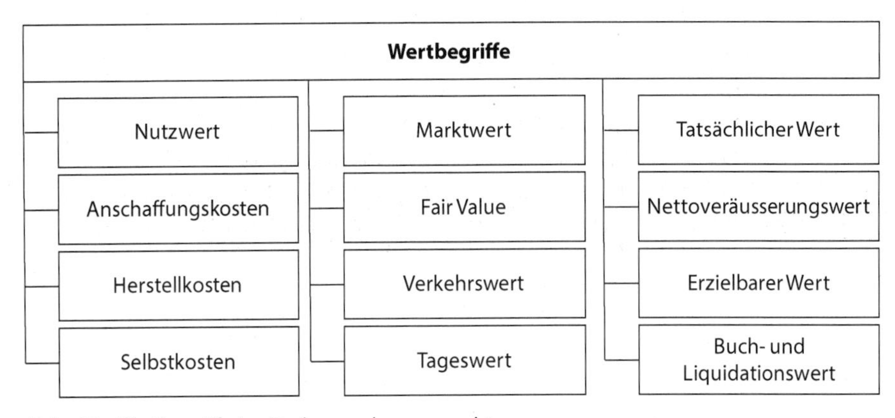

Abb. 12: Wertbegriffe im Rechnungslegungsrecht

4.4.5.2 Nutzwert (Value in Use)

Der Ausdruck «Wert für das Geschäft», häufig vereinfachend Geschäftswert genannt, stammt ursprünglich aus der deutschen Fachliteratur. Er wird allgemein als unzweckmässig betrachtet, da er unbestimmt und damit sehr unterschiedlich interpretierbar ist. Er wurde schon 1936 – also im Zeitpunkt der Beratung des allgemeinen Buchführungsrechts – als «abbruchreif» bezeichnet. Einmal stiftet er Verwirrung, weil die Bezeichnung Geschäftswert heute allgemein auch für die Differenz aus Ertragswert und Substanzwert eines Unternehmens, d. h., als Synonym für Goodwill verwendet wird. Deshalb ist als Bezeichnung «Nutzwert für das Geschäft» zu empfehlen. Dieser hängt von den zu erwartenden Nutzleistungen ab, die sich je nach ihrer Art als Gebrauchswert, Ertragswert, Eigenverbrauchswert oder Veräusserungswert ausdrücken.

Der Begriff des Nutzwertes kommt als Value in Use in den IFRS und Swiss GAAP FER zur Anwendung und wird definiert als Barwert der zukünftigen Cashflows, die aus der Nutzung eines Vermögenswertes und seinem Abgang am Ende der Nutzungsdauer erwartet werden (FER-RK 26). Es handelt sich dabei um Positionen des Anlagevermögens. Der Nutzwert ist ein unternehmungsspezifischer, d. h., nicht marktorientierter Wert und unterscheidet sich somit vom Verkehrswert (Fair Value). Grundsätzlich ist davon auszugehen, dass der Nutzwert den Fair Value im Durchschnitt übersteigt, da positive Synergieeffekte mit den anderen verfügbaren Ressourcen der Unternehmung bestehen.

Im Rahmenkonzept zu Swiss GAAP FER ist zusätzlich festgehalten, dass ein Nutzwert (Discounted Cash Flow) auch durch erwartete Einsparungen an zukünftigen Geldabflüssen (z. B. bei steuerlich verrechenbaren Verlustvorträgen) entsteht (FER-RK 26). Der Nutzwert ist der höchste für die Bilanzierung zulässige Wert. Dies bedeutet, dass nach den Grundsätzen des allgemeinen Buchführungs- und Bilanzrechts, im Gegensatz zum Rechnungslegungsrecht, im Einzelabschluss das Niederstwert- und das Imparitätsprinzip nicht beachtet werden müssen, wenn der Tageswert die seinerzeitigen Anschaffungs- oder Herstellungskosten übersteigt. Diese Abweichung des allgemeinen Buchführungsrechts von einem «ehernen Grundsatz» der Rechnungslegung, welcher in der Aktiengesellschaft nur in Ausnahmefällen und unter strenger Kontrolle durchbrochen werden darf, ist ein historisches Relikt der statischen Bilanztheorie aus dem 19. Jahrhundert, welche auf den möglichst zuverlässigen Vermögensausweis als Hauptzweck des Jahresabschlusses fokussiert war. In der Praxis wird die Bilanzierung zum Nutzwert aus steuerlichen Überlegungen nur ausnahmsweise angewendet.

4.4.5.3 Anschaffungskosten

4.4.5.3.1 Begriff

Anschaffungskosten sind als Bewertungsmassstab anzuwenden für Gegenstände des Anlagevermögens, welche das Unternehmen von Dritten erworben hat. Anschaffungsvorgänge sind Kauf, Tausch, Schenkung, Sacheinlagen und Fusion. Für Güter des Umlaufvermögens, z. B. Handelswaren, Rohstoffe, Betriebs- und Hilfsmaterial, welche auf dem Beschaffungsmarkt erworben worden sind, wird oft die Bezeichnung Einstandspreis verwendet. Inhaltlich unterscheidet der Einstandspreis sich nicht vom Anschaffungskostenwert. Der Gesetzgeber verzichtet auf die begriffliche Unterscheidung. Er verwendet auch im Rechnungslegungsrecht den Ausdruck «Anschaffungskosten». Die Anschaffungskosten bzw. der Einstandspreis bilden für alle fremdbezogenen Gegenstände des Anlage- und Umlaufvermögens die Wertobergrenze für den Jahresabschluss. Der Begriff ist im schweizerischen Recht nicht definiert. Er umfasst alle Aufwendungen, welche geleistet werden, um einen Vermögensgegenstand zu erwerben und in betriebsbereiten Zustand zu versetzen. Vorausgesetzt wird dabei, dass diese Aufwendungen dem Vermögensgegenstand zugeordnet werden können.

Die Bestandteile der Anschaffungskosten sind:

	Anschaffungspreis
+	Anschaffungsnebenkosten
+	nachträgliche Anschaffungskosten
-	Anschaffungspreisminderungen
=	**Anschaffungskosten**

Für die Berechnung des Einstandspreises lautet das Schema:

	Einkaufspreis
+	Bezugskosten (Fracht, Transportversicherung usw.)
-	Einkaufspreisminderungen
=	**Einstandspreis**

Der Anschaffungspreis ergibt sich aus der Eingangsrechnung (z. B. für Maschinen, Betriebseinrichtung) nach Vorsteuerabzug der Mehrwertsteuer oder aus Kaufverträgen (z. B. für Grundstücke, Beteiligungen). Zu berücksichtigen sind zusätzlich zum Kaufpreis übernommene Verpflichtungen. Beträge in Fremdwährung sind zum Zeitpunkt des Übergangs auf den Käufer bzw. zum Sicherungskurs (Devisenterminkurs) oder vereinfachend am Tag des Rechnungseingangs umzurechnen. Wechselkursänderungen nach der Erstverbuchung berühren die Anschaffungskosten nicht mehr. Wenn Quellensteuern nicht mehr zurückgefordert werden können, bilden sie Bestandteil der Anschaffungskosten.

Die Anschaffungsnebenkosten können unternehmungsintern oder -extern anfallen. Innerbetriebliche Leistungen im Zusammenhang mit der Anschaffung (z. B. Gemeinkosten des Beschaffungsbereichs, eigene Transporte, usw.), welche nicht einzeln (direkt) zugerechnet werden können, dürfen nach herrschender deutscher Lehre nicht aktiviert werden.[200] In der schweizerischen Fachliteratur ist die Zurechnungsfähigkeit der Beschaffungsgemeinkosten umstritten. Nachträgliche Anschaffungskosten fallen an, nachdem das Objekt in den betriebsbereiten Zustand versetzt worden ist. Diese müssen aber in einem gewissen zeitlichen Zusammenhang mit der Anschaffung stehen. Als Beispiele werden Strassenperimeterbeiträge, ARA-Anschlussgebühren, usw. erwähnt. Zu den Anschaffungskostenpreisminderungen zählen alle Arten von Nachlässen wie Rabatte, Treueprämien, ebenso

200 Adler/Düring/Schmaltz, Rechnungslegung und Prüfung der Unternehmen, Kommentar zu HGB § 255, Anmerkung 27-39.

wie Zuwendungen Dritter (z. B. Investitionszuschüsse, Subventionen). Die Verbuchung von Zuschüssen muss jedoch nicht in Form einer Gutschrift auf dem Anlagekonto erfolgen. Zuschüsse können auch unter einem besonderen Passivposten erfasst werden (Investitionszuschüsse zum Anlagevermögen). Dieser ist parallel zu den Abschreibungen auf den betreffenden Anlagekonten aufzulösen.[201]

Skontoabzüge (Kaufpreisreduktion für rasche Zahlung) können nach FER 17/18 entweder als Anschaffungspreisminderungen oder als Finanzertrag behandelt werden. Die gewählte Variante ist im Anhang offenzulegen. Besondere Probleme stellen sich beim Zugang von Anlagegütern auf dem Weg des Tausches oder durch Schenkung. Als Anschaffungskosten für Vermögenswerte, welche durch Tausch erworben worden sind, gilt der Buchwert des hingegebenen Vermögensgegenstandes oder der vorsichtig angesetzte Verkehrswert des eingetauschten Objektes. Das Gleiche gilt für Erwerb aus Sacheinlagen und durch Fusion. Für geschenkte Anlagegüter (Beispiel: medizinische Geräte für ein Privatspital in Rechtsform der AG), welche gemäss der herrschenden Lehre durchaus aktivierbar sind, ist der vorsichtig ermittelte Verkehrswert als Anschaffungskostenwert einzusetzen.

Swiss GAAP FER definieren die Anschaffungskosten von Vorräten in FER 17/4 wie folgt: Die Anschaffungs- oder Herstellungskosten der Vorräte umfassen sämtliche – direkten oder indirekten – Aufwendungen, um die Vorräte an ihren derzeitigen Standort bzw. in ihren derzeitigen Zustand zu bringen (Vollkosten). Zur Ermittlung der Anschaffungs- und Herstellungskosten der Vorräte sind grundsätzlich die tatsächlich angefallenen Kosten massgebend (Ist-Kosten). Die Ermittlung der Anschaffungs- oder Herstellungskosten der Vorräte erfolgt individuell für jeden einzelnen Artikel bzw. Auftrag (Einzelbewertung) oder mittels vereinfachter Bewertungsverfahren wie z. B. der Kostenfolgeverfahren, der Verbrauchsfolgeverfahren, der Standard- oder Plankostenrechnung sowie durch Rückrechnung vom Verkaufspreis. Gleichartige Vorratspositionen können zusammen bewertet werden (Gruppenbewertung).

4.4.5.3.2 Ermittlungsverfahren für die Anschaffungskosten

Die Anschaffungskosten können entweder individuell (Wertfeststellung für jedes einzelne Objekt) oder anhand der erwähnten Bewertungsvereinfachungsverfahren ermittelt werden. Hierzu können nach herrschender Lehre und Praxis die Durchschnittsmethode, der gewogene Durchschnitt, die FIFO-Methode (first-in, first-out), die LIFO-Methode (last-in, last-out) oder die HIFO-Methode (highest in – first out) verwendet werden. Die Ermittlungsverfahren kommen insbesondere bei Rohmaterialien, Halb- und Fertigfabrikaten und Hilfsgütern zur Anwendung in der Praxis.

201 Adler/Düring/Schmaltz: Kommentar zu HGB § 255, Anm. 57. Dieses Vorgehen wird von Mikronas (Anhang der Konzernrechnung, Geschäftsbericht 2006) angewendet: «Investitionssubventionen werden passiviert und über die erwartete Nutzungsdauer der entsprechenden Anlagegüter als nicht betrieblicher Ertrag erfasst.»

Beispiel laufender Durchschnitt

Für ein Produkt (K17-11) wird mit dem laufenden Durchschnitt bewertet. Es liegen folgende Daten für ein Jahr für dieses Produkt:

Datum	Eingang Einheiten	Eingang Preis	Einheiten Ausgang	Einheiten Preis	Bestand Einheiten	Bestand Preis	Bestand Wert
1.1.					5'000	30	150'000
4.3.			3'000	30	2'000	30	60'000
13.5.	4'000	38			6'000	35.33	212'000
30.6.			2'000	35.33	4'000	35.33	141'333
19.7.	3'000	37			7'000	36.05	252'333
17.9.			4'000	36.05	3'000	36.05	108'143
26.10.	2'000	41			5'000	38.03	190'143

Marktpreis für K17-11	40 CHF je Stück
Marktwert für K17-11	200'000 CHF
Buchwert	**190'143 CHF**
Stille Reserven	**9'857 CHF**

Beispiel gewogener Durchschnitt

Für ein Produkt (K17-11) wird mit dem laufenden Durchschnitt bewertet. Es liegen folgende Daten für ein Jahr für dieses Produkt:

Datum	Eingang Einheiten	Eingang Preis	Einheiten Ausgang	Einheiten Preis	Bestand Einheiten	Bestand Preis	Bestand Wert
1.1.					5'000	30	150'000
4.3.			3'000	30	2'000		
13.5.	4'000	38			6'000		
30.6.			2'000	35.33	4'000		
19.7.	3'000	37			7'000		
17.9.			4'000	36.05	3'000		
26.10.	2'000	41			5'000	35.35	176'786

Berechnung gewogener Durchschnitt = (Anfangsbestand + Eingänge) / Anfangsbestand + Eingänge) = (150'000 + 152'000 + 111'000 + 82'000) / (5000 + 4 000 + 3 000 + 2000) = 35.35

Marktpreis für K17-11	40 CHF je Stück
Marktwert für K17-11	200'000 CHF
Buchwert	**176'786 CHF**
Stille Reserven	**23'214 CHF**

Beispiel Fifo (First-in, First-out)

Für ein Produkt (K17-11) wird mit dem laufenden Durchschnitt bewertet. Es liegen folgende Daten für ein Jahr für dieses Produkt:

Datum	Eingang Einheiten	Eingang Preis	Einheiten Ausgang	Einheiten Preis	Bestand Einheiten	Bestand Preis	Bestand Wert
1.1.					5'000	30	150'000
4.3.			3'000	30	2'000	30	60'000
13.5.	4'000	38			6'000	30 / 38	212'000
30.6.			2'000	35.33	4'000	38	152'000
19.7.	3'000	37			7'000	38 / 37	263'000
17.9.			4'000	36.05	3'000	37	111'000
26.10.	2'000	41			5'000	37 / 41	193'000

Marktpreis für K17-11	40 CHF je Stück
Marktwert für K17-11	200'000 CHF
Buchwert	**193'000 CHF**
Stille Reserven	**7'000 CHF**

Beispiel Lifo (Last-in, first-out)

Für ein Produkt (K17-11) wird mit dem laufenden Durchschnitt bewertet. Es liegen folgende Daten für ein Jahr für dieses Produkt:

Datum	Eingang Einheiten	Eingang Preis	Einheiten Ausgang	Einheiten Preis	Bestand Einheiten	Bestand Preis	Bestand Wert
1.1.					5'000	30	150'000
4.3.			3'000	30	2'000	30	60'000
13.5.	4'000	38			6'000	38 / 30	212'000
30.6.			2'000	35.33	4'000	38 / 30	136'000
19.7.	3'000	37			7'000	37 / 38 / 30	247'000
17.9.			4'000	36.05	3'000	38 / 30	98'000
26.10.	2'000	41			5'000	41 / 38 / 30	180'000

Marktpreis für K17-11	40 CHF je Stück
Marktwert für K17-11	200'000 CHF
Buchwert	**180'000 CHF**
Stille Reserven	**20'000 CHF**

Beispiel Hifo (Highest-in, Frist-out)

Für ein Produkt (K17-11) wird mit dem laufenden Durchschnitt bewertet. Es liegen folgende Daten für ein Jahr für dieses Produkt:

Datum	Eingang Einheiten	Eingang Preis	Einheiten Ausgang	Einheiten Preis	Bestand Einheiten	Bestand Preis	Bestand Wert
1.1.					5'000	30	150'000
4.3.			3'000	30	2'000	30	60'000
13.5.	4'000	38			6'000	38 / 30	212'000
30.6.			2'000	35.33	4'000	38 / 30	136'000
19.7.	3'000	37			7'000	38 / 37 / 30	247'000
17.9.			4'000	36.05	3'000	37 / 39	97'000
26.10.	2'000	41				41 / 37 / 30	179'000

Marktpreis für K17-11	40 CHF je Stück
Marktwert für K17-11	200'000 CHF
Buchwert	**180'000 CHF**
Stille Reserven	**21'000 CHF**

4.4.5.4 Herstellkosten

Für die Herstellung von Vermögensgegenständen des Umlauf- und des Anlagevermögens werden Güter (z. B. Rohmaterial) verbraucht und Dienste beansprucht (z. B. Arbeitsleistungen). Wird der Verbrauch von Gütern und Dienstleistungen erfasst, ohne dass in der gleichen Rechnungsperiode die Unternehmung einen Absatzerlös erzielt, muss der Aufwand neutralisiert werden, indem der Gegenwert in Form von Halb- und Fertigfabrikaten am Lager sowie von selbst hergestellten Anlagegütern bilanziert wird. Damit dabei keine unrealisierten Gewinne ausgewiesen werden, sind nur die mit der Herstellung verbundenen Kosten zu erfassen.

Nach Swiss GAAP FER ist die Anwendung der Standard- oder Plankostenrechnung zur Ermittlung der Anschaffungs- oder Herstellungskosten zulässig, wenn sie zu einer vertretbaren Annäherung an die tatsächlichen Anschaffungs- bzw. Herstellkosten führt (FER 17/23). Bei der Ermittlung der Gemeinkostenzuschläge wird von einer normalen, über mehrere Perioden durchschnittlichen Produktionskapazität ausgegangen (FER 17/20). Probleme ergeben sich beim Einbezug von fixen Gemeinkosten, welche von der Herstellungsmenge unabhängig sind. Die Frage stellt sich, welcher Beschäftigungsgrad der Verrechnung zugrunde gelegt wird. Enthalten die gesetzlichen Bilanzvorschriften eine Bewertungsuntergrenze, so ist zwischen aktivierungspflichtigen und aktivierungsfähigen Herstellungskosten zu unterscheiden. Die Untergrenze ergibt sich aus den Einzelkosten, die Obergrenze nach Einbezug der Material- und Fertigungsgemeinkosten sowie der Kosten für die allgemeine Verwaltung.[202]

Ein Unternehmen ist in der Ausgestaltung des betrieblichen Rechnungswesens zur Ermittlung der Herstellkosten frei in der Ausgestaltung. Einzel- und Fertigungskosten sind einzubeziehen, allerdings sollten bei den Verwaltungskosten nur jene Positionen berücksichtigt werden, welche einen direkten Bezug zu den Produkten oder Dienstleistungen aufweisen. Aufgrund des Vorsichtsprinzips ist eine Überbewertung zu vermeiden.

Im schweizerischen anders als im deutschen und französischen Recht fehlt eine Legaldefinition. Da nach dem Rechnungslegungsrecht nach wie vor stille Reserven zulässig sind, stellt sich das Problem der aktivierungspflichtigen Herstellungskosten nicht. Es kann demnach auf eine vollständige Erfassung der Gemeinkosten verzichtet werden. Nach IFRS ist es dagegen unzulässig, Grenzkosten oder Standardkosten den Herstellungskosten gleichzusetzen, da mit der Bewertung zu Grenzkosten stille Reserven geschaffen würden.

4.4.5.5 Selbstkosten

Für das Buchführungs- und Bilanzrecht ist der Begriff Selbstkosten, welcher auch Vertriebs- und Verwaltungskosten umfasst, nicht relevant; er spielt vor allem in der Preiskalkulation eine Rolle.

4.4.5.6 Marktpreis und -wert

Das Rechnungslegungsrecht legt für die Bewertung der Vorräte und Dienstleistungen das Niederstwertprinzip fest. Sind die Anschaffungs- oder Herstellungskosten höher als der am Bilanzstichtag allgemein geltende Marktpreis, ist dieser massgebend. Bereits unter dem bisherigen Recht war die Frage kontrovers, welcher Marktpreis als Wertansatz zu verwenden sei. Ist es der Wiederbeschaffungspreis auf dem Beschaffungsmarkt oder der netto erzielbare Erlös auf dem Absatzmarkt am Bilanzstichtag? Die Bewertung von Rohmaterialien, unfertigen und fertigen Erzeugnissen hat sich nach dem Beschaffungsmarkt zu richten, sofern diese auch fremdbezogen werden können. Für Halb- und Fertigfabrikate, die nicht bei Dritten

202 Adler/Düring/Schmaltz, Adler/Düring/Schmaltz, Rechnungslegung und Prüfung der Unternehmen, Kommentar zu HGB § 255, Anm. 134–135.

bezogen werden können, sowie für zur künftigen Fertigung nicht mehr benötigte Rohmaterialien (Überbestände) gilt demgegenüber die absatzorientierte Bewertung. Handelswaren können nach Preisen sowohl des Beschaffungs- wie auch des Absatzmarktes bewertet werden.

Damit von einem Marktwert gesprochen werden kann, ist ein aktiver Markt Voraussetzung. Ein solcher liegt vor, wenn:

- die gehandelten Werte homogen sind,
- jederzeit interessierte Käufer und Verkäufer gefunden werden können,
- die bezahlten Preise allgemein bekannt sind.

Eine besondere Art des Marktpreises ist der Börsenkurs oder mit einem beobachtbaren Marktpreis in einem aktiven Markt von börsenkotierten Wertschriften. Bei Aktiven mit Börsenkurs besteht nach OR 960b I ein Wahlrecht, ob die Anschaffungskosten oder der Marktpreis angesetzt werden kann. Der Marktpreis darf angesetzt werden, auch wenn dieser über dem Anschaffungswert zu liegen kommt, wobei aber eine Schwankungsreserve gebildet werden kann.

4.4.5.7 Beizulegender Zeitwert (Fair Value)

Der Begriff Fair Value der IFRS ist in der deutschen Fassung als «beizulegender Zeitwert» übersetzt. Es handelt sich hierbei um «jenen Betrag, zu dem zwischen sachverständigen vertragswilligen und voneinander unabhängigen Geschäftspartnern ein Vermögenswert zu Marktbedingungen getauscht oder eine Schuld getilgt werden könnte». Der Fair Value deckt sich somit weitgehend mit dem Verkehrswert. Der Fair Value entspricht zudem dem Marktwert, wenn auf einem aktiven Markt bezahlte Preise festgestellt werden können. Besteht für das zu bewertende Objekt jedoch kein aktiver Markt – eine Bewertung Mark-to-market somit nicht möglich ist –, wird in einem ersten Schritt geprüft, ob vergleichbare Aktiven oder Verpflichtungen gehandelt werden und damit ein vergleichbarer Preis besteht. Ist dies nicht gegeben, muss sich die Bewertung auf alle verfügbaren Informationen stützen. Für die Preisfindung muss also eine Hypothese aufgestellt werden. Der Markt muss modelliert werden, ein Mark-to-model wird erstellt. Eine solche Hypothese stützt sich in erster Linie auf die Annahmen des Managements. Es muss für das Modell Parameter wie Nachfrage, Zinsen, Wechselkurse, Wachstumsraten oder Konkurrenzsituationen schätzen. Diese Erwartungen sind aber auf jeden Fall subjektiv. Kleinste Veränderungen in den Parametern können das Ergebnis massiv beeinflussen. Deshalb sollten die Annahmen, die der Wertberechnung zugrunde liegen, sowie die mögliche Bandbreite von Fair Values offengelegt werden. Nur so wird es für die Adressaten des Jahresabschlusses nachvollziehbar, wie der Wert zustande gekommen ist. Die Information wird verständlicher und die Ergebnisse vergleichbarer. Das Management kann Abweichungen in den Parametern so auch nur sehr schwer dazu missbrauchen, eine Performance vorzutäuschen, die nicht vorhanden ist. Im Rechnungslegungsrecht spielt der beizuliegende Zeitwert keine Rolle.

4.4.5.8 Verkehrswert

KAG 88 II enthält eine Legaldefinition. Der Verkehrswert ist der Preis, welcher bei sorgfältigem Verkauf im Zeitpunkt der Schätzung wahrscheinlich erzielt würde. Es handelt sich um den voraussichtlichen Veräusserungswert, der – im Unterschied zum bezahlten Marktpreis – durch eine Schätzung festzulegen ist. Investmentgesellschaften mit festem Kapital (SICAF), welche nach aktienrechtlichen Bestimmungen bewerten, haben zu Informationszwecken die Verkehrswerte der Anlagen anzugeben.

4.4.5.9 Tageswert oder aktueller Wert

Die Jahresrechnung nach dem Rechnungslegungsrecht beruht grundsätzlich auf den Anschaffungskosten. Das Imparitätsprinzip verbietet die Erfassung von Wertsteigerungen auf dem Umlauf- und Anlagevermögen (Ausnahme in der Schweiz: Marktbewertung bei Wertschriften). Die strikte Anwendung des Anschaffungskostenprinzips führt vor allem bei der Bilanzierung des Anlagevermögens in Zeiten starker Preissteigerungen auf den Märkten für Sachanlagegüter zu Verzerrungen. Das Anlagevermögen muss von Gesetzes wegen unterbewertet werden. Es entstehen stille, in der Bilanz nicht ersichtliche Reserven, sog. Zwangsreserven. Am Anschaffungswertprinzip als Grundvoraussetzung der Nominalwertrechnung für den handelsrechtlichen Jahresabschluss wird jedoch in den meisten Ländern nicht gerüttelt.

Gemäss Swiss GAAP FER ergibt sich der Tageswert eines Vermögensgegenstandes aufgrund des Preises, der am Bilanzstichtag im normalen Geschäftsverlauf für den Erwerb des Aktivums zu bezahlen wäre (FER-RK 26).

4.4.5.10 Ertragswert

Der Ertragswert ergibt sich aus der Kapitalisierung von Erträgen (Kapital-, Miet- oder Pachtzinsen, Renten) mit einem angemessenen Zinssatz (Kapitalisierungssatz). Bei Annahme einer unbegrenzten Dauer der Ertragshöhe (ewige Rente) sowie für den Fall, dass der Endwert des Vermögensobjektes dem Anfangswert gleichgesetzt werden kann, gilt:

$$\text{Ertragswert} = \frac{\text{nachhaltiger Jahresertrag} \times 100}{\text{Kapitalisierungssatz}}$$

Bei begrenzter Nutzungsdauer wird der Ertragswert ermittelt aus der Summe der diskontierten einzelnen oder durchschnittlichen Erträge und dem diskontierten Veräusserungswert (Endwert, Terminal oder Residual Value genannt) des Vermögensgegenstandes.

Beispiel Berechnung des Ertragswertes bei unbegrenzter und unbegrenzter Dauer

Eine Minderheitsbeteligung im Anschaffungwert von CHF 2'000 000 wirft während den nächsten fünf Jahren eine Nettodividende (Ende Jahr) von CHF 120'000 ab. Der Marktwert der Beteiligung Ende im fünften Jahr beträgt CHF 3'000 000 (Schätzung). Wie hoch ist der Ertragswert bei einem Kapitalisierungssatz von 6%?

Nach der ewigen Rente:

120'000 × 100 / 6 = 2'000 000

Nach dem Barwert der Erträge (diskontierte Dividendeneinnahmen und Ertragswert):

Jahr	Ertrag	Abzinsungsfaktor 6%	Barwert
1	120'000	0.943	113'208
2	120'000	0.889	106'800
3	120'000	0.839	100'754
4	120'000	0.792	95'051
5	120'000	0.747	89'671
Endwert	3'000 000	0.747	2'241 774
Ertragswert			2'747 258

Der Ertragswert wird grundsätzlich aufgrund der künftigen Ertragsüberschüsse ermittelt, allenfalls aus einem Mittel von Werten aus der Vergangenheit und budgetierten Grössen. Die Höhe des Ertragswertes hängt entscheidend von der Zuverlässigkeit der Gewinnschätzungen und dem gewählten Kapitalisierungssatz ab. Der Ertragswert ist bei Immobilienbewertung eine wichtige Beurteilungsgrösse.

4.4.5.11 Wirklicher oder tatsächlicher Wert

Grundstücke oder Beteiligungen dürfen nach OR 670 bei Vorliegen einer Unterbilanz über den Anschaffungs- oder Herstellungskosten bilanziert werden, wenn der «wirkliche Wert» höher liegt. Gemäss Botschaft ist die Bestimmung des wirklichen Wertes Lehre und Rechtsprechung überlassen.

Gemäss der bisherigen Praxis kann es sich beim wirklichen Wert nur um einen vorsichtig geschätzten Verkehrswert handeln. Er ist mit dem in der deutschen Literatur und Steuergesetzgebung gebräuchlichen Ausdruck «gemeiner Wert» identisch.

Für die Festlegung des wirklichen Wertes von Liegenschaften ist ein nach fachkundigen Regeln erstelltes Gutachten unerlässlich. Der wirkliche Wert von Beteiligungen ebenso wie von einzelnen Aktien richtet sich nach dem inneren Wert, der ebenfalls durch ein entsprechendes neutrales Unternehmungsbewertungsgutachten zu ermitteln ist.[203] Der Begriff wird auch im FusG 7 II verwendet.

4.4.5.12 Nettoveräusserungswert

Der Nettoveräusserungswert ist nach IFRS/IAS der aus dem Verkauf eines Vermögensgegenstandes des Anlagevermögens in einer Transaktion zu Marktbedingungen zwischen sachverständigen, vertragswilligen Parteien, nach Abzug der Verkaufskosten, erzielbare Betrag. Finanzierungskosten und Ertragssteuern werden nicht als Verkaufskosten betrachtet. Bei Vorräten handelt es sich um den geschätzten, im normalen Geschäftsgang erzielbaren Erlös abzüglich der geschätzten Kosten bis zur Fertigstellung und der geschätzten notwendigen Vertriebskosten. Er muss nicht dem Nettoveräusserungswert entsprechen. In Analogie zu IFRS spricht Swiss GAAP FER vom Nettomarktwert nach FER-RK 26.

4.4.5.13 Erzielbarer Betrag

Bei der Beurteilung von Wertbeeinträchtigungen spielt der erzielbare Wert eines Vermögensgegenstandes eine zentrale Rolle. Dieser entspricht entweder dem Nettomarktwert oder dem Nutzwert.

4.4.5.14 Buch- oder Bilanzwert

Der Buchwert ist jene Grösse, welche sich in der Buchführung als Saldo aus Anfangsbestand, Zuschreibungen und Abschreibungen auf einem Bestandeskonto ergibt.

4.4.5.15 Kalkulatorischer Restbetrag

Der kalkulatorische Restwert ist ein Begriff aus der Betriebsrechnung. Er wird ermittelt aus den Anschaffungskosten abzüglich der betriebsnotwendigen, für die Kalkulation festgesetzten Abschreibungen. Weil in der Betriebsrechnung die Kosten möglichst objektiv, d. h. willkürfrei, ermittelt werden müssen, kann angenommen werden, es handle sich um betriebsnotwendige Abschreibungen. Der kalkulatorische Restwert eines Gegenstandes des Sachanlagevermögens entspricht damit dem tatsächlichen Bild der Vermögenslage (True and Fair View) unter den gegebenen Grundvoraussetzungen der Grundsätze ordnungsmässiger Rechnungslegung (insbesondere Nominalwertrechnung/Going-Concern-Betrachtung). Der kalkulato-

203 BGE 110 II 293.

rische Restwert ist nicht identisch mit dem Tages- bzw. dem Reproduktionskostenaltwert. In Perioden hoher Teuerung kann dieser über dem kalkulatorischen Restwert liegen. Bei Gegenständen des Anlagevermögens, welche einem raschen technologischen Wandel unterworfen sind, kommt es hingegen vor, dass der kalkulatorische Restwert höher ist als der Tages- bzw. Wiederbeschaffungswert.

4.4.5.16 Liquidationswert

Eine besondere Art des Veräusserungswertes ist der Liquidationswert. Es handelt sich um den Veräusserungserlös, welcher bei einer, d. h. in der Regel unter Zeitdruck, ungeachtet der jeweiligen Marktverfassung, freiwillig oder zwangsweise durchgeführten Liquidation erzielbar ist. Swiss GAAP FER präzisiert im Rahmenkonzept, dass – unter Berücksichtigung der zur Verfügung stehenden Zeit – die bestmögliche Verwertung des Gesellschaftsvermögens zu planen ist (FER-RK 26). Im Sinne des Vorsichtsprinzips ist jedoch, sofern nicht verlässlich abzuschätzen ist, ob ein Gesamt oder nur ein Teilverkauf realisierbar sein wird, der tiefere der beiden Werte zu verwenden.

4.4.6 Wertbeeinträchtigung (Impairment) und Wertkorrekturen

Es ist ein Kernanliegen des Gesetzgebers, im Interesse des Gläubigerschutzes Überbewertungen des Vermögens im Jahresabschluss zu verhindern. Die Buchführungspflichtigen haben deshalb an jedem Bilanzstichtag zu beurteilen, ob Anhaltspunkte dafür vorliegen, dass der Wert einzelner Aktiven gegenüber dem bisherigen Buchwert vermindert sein könnte. Es ist daher unerlässlich, bei jedem Jahresabschlusszu prüfen, ob Anzeichen einer Wertbeeinträchtigung (Impairment) vorliegen (FER 20/22 gibt Beispiele für solche Anzeichen) sowie zur Feststellung solcher Wertbeeinträchtigungen Korrekturwerte zu verwenden.

Das Rechnungslegungsrecht beschränkt sich in diesem Zusammenhang auf das Festlegen von Grundsätzen, indem er für einzelne Aktiven Höchstwerte festlegt. Es sind notwendige Abschreibungen und Rückstellungen zu bilden. Bestehen allerdings Anzeichen für eine Überbewertung der Aktiven oder für zu geringe Rückstellungen, sind diese nach OR 960 III diese Werte zu überprüfen und ggf. entsprechend erfolgswirksam anzupassen.

Sehr viel umfangreicher sind die Normen zum Vorgehen bei Wertbeeinträchtigungen von Aktiven in den Regelwerken wie Swiss GAAP FER (FER 20). Ein Aktivum ist in seinem Wert beeinträchtigt, wenn der Buchwert den erzielbaren Wert (Recoverable Amount) übersteigt. Als erzielbarer Wert gilt der höhere von Nettomarktwert (Net Selling Price) und Nutzwert (Value in Use). FER 20 enthält klare Normen für das Vorgehen bei einer erstmaligen Wertbeeinträchtigung, zur Ermittlung des erzielbaren Wertes und zur Offenlegung. FER 20/21 hält fest, dass «vornehmlich Sachanlagen und immaterielle Anlagen von der Fachempfehlung betroffen sind».

5 Erfolgsrechnung

5.1 Begriff und Zweck der Erfolgsrechnung

Während Jahrhunderten war die Bilanz das zentrale Instrument der Rechnungslegung, weil die Aufgabe der Buchführung vor allem darin gesehen wurde, die Vermögenslage und die mit dem Geschäftsbetrieb zusammenhängenden Schuld- und Forderungsverhältnisse festzuhalten. Noch 1928 beschränkte sich der bundesrätliche Vorschlag zur Revision des Obligationenrechts im Rahmen der Vorschriften zur kaufmännischen Buchführung auf die Pflicht zur jährlichen Erstellung eines Inventars und einer Bilanz.

Erst im Rahmen der Beratungen in den eidgenössischen Räten wurde in OR 957 gefordert, dass auch «die Betriebsergebnisse der einzelnen Geschäftsjahre» festzustellen sind. Konsequenterweise wurden die Artikel OR 958, 959 und 960 um den bereits während der parlamentarischen Beratungen und logischerweise auch später sehr kontroversen Ausdruck «Betriebsrechnung» ergänzt. Nach eingehenden Untersuchungen kommt Käfer zu dem Schluss, dass es sich bei der Betriebsrechnung im Sinne des Obligationenrechts um eine Erfolgsrechnung handelt.

Die Erfolgsrechnung stellt erfolgswirksame Zu- und Abgänge von Geld, Gütern und Leistungen einer Rechnungsperiode zusammen, um das Ergebnis der wirtschaftlichen Tätigkeit zu ermitteln und über die Erfolgslage (Gesetzgeber und Praxis sprechen von Ertragslage) zu informieren. Dabei sind auch die Quellen des Periodenergebnisses aufzuzeigen, indem die Struktur der Aufwendungen und Erträge ersichtlich gemacht werden. Das Hauptproblem der Erfolgsermittlung besteht in der Zurechnung langfristig verbundener Aufwendungen und Erträge auf die einzelnen Geschäftsperioden.

Die Betriebswirtschaftslehre kennt, abgeleitet von den Zielsetzungen des Unternehmens, eine Vielfalt von Erfolgsbegriffen.[204] Eine Legaldefinition fehlt im Rechnungslegungsrecht. Massgebend ist deshalb die Lehre.

Der Erfolg wird aus den Eigenkapitalveränderungen zwischen zwei Bilanzstichtagen ermittelt, die sich aus dem Saldo von Aufwendungen und Erträgen ergeben und nicht auf Kapitaltransaktionen mit den Eigentümern aus Gewinnausschüttungen und Kapitaleinlagen beruhen.

204 Behr/Leibfried, Rechnungslegung, S. 125.

In der Erfolgsrechnung werden die Erträge (Zunahme des wirtschaftlichen Nutzens ohne entsprechende Gegenleistung) und die Aufwendungen (Abnahme des wirtschaftlichen Nutzens ohne entsprechende Gegenleistung) einer Rechnungsperiode einander gegenübergestellt.[205] Gewisse Aufwendungen und Erträge können erfolgsneutral direkt im Eigenkapital erfasst werden. Durch die Möglichkeit, bestimmte Erfolgskomponenten in der Erfolgsrechnung auszuklammern und direkt auf Bilanzkonten zu buchen, können negative Elemente der Ertragslage dem Rechnungslegungsadressaten verborgen werden.[206] Deshalb ist eine aufmerksame Analyse des Eigenkapitalnachweises wichtig. Das Rechnungslegungsrecht bezeichnet den Saldo der Erfolgsrechnung als Jahresgewinn oder Jahresverlust.[207]

Obwohl diese Grössen im Rechnungslegungsrecht nicht vorgeschrieben sind, werden sie in der Praxis oft aufgeführt und verwendet. Eine einheitliche Defintion (Legaldefinition) bei der Bestimmung dieser Gewinngrössen finden sich im Rechungslegungsrecht oder nach den anerkannten Standards für die Rechnungslegung nicht. Es sind hierbei folgende Gewinngrössen in der Erfolgsrechnung üblich:

- EBITDA (eanrings before interests, taxes, depreciation and amortization): Gewinne vor Zinsen, Steuern, Abschreibungen,
- EBIT (earnings before interests and taxes): Gewinne vor Zinsen und Steuern,
- EBT (earnings before taxes): Gewinne vor Steuern.

Die Bezeichnung Erfolgsrechnung wurde 1991 im schweizerischen Aktienrecht anstelle der Gewinn- und Verlustrechnung (aOR 662) eingeführt. Die frühere Bezeichnung ist betriebswirtschaftlich unzutreffend, denn es werden ja nicht einzelne Gewinne und Verluste ausgewiesen, sondern als Saldo der Aufwendungen und Erträge der Rechnungsperiode das Jahresergebnis des Unternehmens.[208]

In der betriebswirtschaftlichen Fachliteratur ist man sich schon seit einigen Jahrzehnten darin einig, dass die Erfolgsrechnung gegenüber der Bilanz einen höheren Aussagewert hat. Eine vollständige und willkürfrei erstellte Erfolgsrechnung gibt Auskunft über die mit den vorhandenen, in der Bilanz ausgewiesenen Betriebsmitteln erbrachten Leistungen und über die dabei erzielten Ergebnisse. An der Ertragskraft (Performance) sind in erster Linie die Eigentümer der Unternehmung interessiert, denn für sie ist vor allem aufschlussreich, welche Rendite die Unternehmung mit dem von ihnen zur Verfügung gestellten Risikokapital erwirtschaftet. Auch die Gläubiger sind stärker an der Ertragskraft der Unternehmung

205 Meyer, Accounting, S. 35 und RK Swiss GGAP FER 21-23.

206 Beispiele von unzulässiger Umgehung der Erfolgsrechnung siehe HWP, 2014, S. 263.

207 Im HGB werden dafür die Bezeichnungen Jahresüberschuss bzw. Jahresfehlbetrag verwendet.

208 Es ist deshalb erstaunlich, dass auch die EU-RL 2013/24 und darauf abgestützt das HGB (Fassung 2014) an der Bezeichnung Gewinn- und Verlustrechnung festhält. Die einzelnen Mitgliedstaaten haben jedoch das Recht, eine »Ergebnisrechnung« (Statement of Performance) anzuordnen.

als an der im Vermögen zum Ausdruck kommenden Haftungssubstanz zur Sicherung ihrer Forderungen interessiert. Die Sicherheit der Gläubiger hängt nämlich, wie die Erfahrung zeigt, mehr von der Ertragskraft als vom vorhandenen Vermögen ab, denn Schulden werden aus dem Ergebnis der laufenden Geschäftstätigkeit verzinst und zurückbezahlt. Über das Schuldentilgungspotenzial (Verschuldungskapazität) informiert die Erfolgsrechnung deshalb zuverlässiger als die Bilanz.

Der schweizerische Gesetzgeber hat die Regulierung der Erfolgsrechnung bis 1991 auffallend vernachlässigt. Mangels gesetzlicher Mindestvorschriften hatten sich in der schweizerischen Praxis bis in die 1990er Jahre krasse Missstände ausgebreitet. Nachdem die vom aOR 959 erwähnten »allgemein anerkannten kaufmännischen Grundsätze« nicht konkretisiert wurden, war die Gestaltung der Gewinn- und Verlustrechnung dem Ermessen der rechnungslegenden Unternehmensleitung überlassen. In der Regel wurden gleichartige Aufwendungen und Erträge (wie der Umsatzerlös und der Herstellungs- und Warenaufwand sowie verschiedene Gemeinkosten) zu einem oft wenig aussagekräftigen Bruttoertrag saldiert, die übrigen Aufwendungen und Erträge stark komprimiert. Solche Nettoerfolgsrechnungen wurden jedoch als gesetzeskonform betrachtet.

Erfolgsrechnung nach dem Nettoprinzip (OR-Abschluss, 1983, in CHF)

Erfolgsrechnung (nach dem Nettoprinzip)

Soziale Aufwendungen	1'450 729	Vortrag aus dem Vorjahr	44'397
Steuern und Abgaben	1'084 994	Bruttoertrag	3'668 524
Forschung und Entwicklung	354'630		
Vortrag aus dem Vorjahr	44'397		
Ertrag des Rechnungsjahres	778'171		
	3'712 921		3'712 921

Die nachfolgende Darstellung ist unvollständig und dient der Verschleierung der Ergebnisse. Dem heutigen Recht entspricht diese Darstellungsform nicht mehr.

Mit der wachsenden Erkenntnis der Bedeutung der Erfolgsrechnung im Rahmen der externen Rechnungslegung sah sich der schweizerische Gesetzgeber veranlasst, im Interesse der Jahresabschlussadressaten strengere Anforderungen an diesen Teil des Jahresabschlusses zu stellen. Richtungsweisend war in dieser Hinsicht vor allem die 4. EU-Richtlinie 1978 mit einer sehr ausführlichen, zwingenden Mindestgliederung (25 Positionen) der Erfolgsrechnung. Die Modernisierung der schweizerischen Rechnungslegung für Aktiengesellschaften 1991 blieb jedoch weit hinter der internationalen Entwicklung zurück. So wurde in der Aktienrechtsrevision 1991 wegen Opposition der Wirtschaft auf ein zwingendes Mindestgliederungsschema für die Erfolgsrechnung (aOR 663) verzichtet.

Für die Erreichung des Zwecks der Rechnungslegung nach OR 958 sind deshalb die Bestimmungen des Rechnungslegungsrechts über die Gestaltung der Erfolgsrechnung von zentraler Bedeutung. Mit dem Wahlrecht für zwei verschiedene Formen, je nachdem, ob der Umsatzerlös oder die Produktionsleistung im Vordergrund steht, sowie der Mindestgliederung mit vorgegebener Reihenfolge (OR 959b) wird die Transparenz der Erfolgsrechnung spürbar verbessert.[209] Allerdings ist wegen der Möglichkeit zur Bildung von stillen Reserven die Aussagekraft des ausgewiesenen Jahresergebnisses in der Rechnungslegung nach OR immer noch stark eingeschränkt.

5.2 Darstellungsformen und Typen der Erfolgsrechnung

5.2.1 Überblick

Grundsätzlich sind verschiedene Gestaltungsmöglichkeiten der Erfolgsrechnung zu unterscheiden. Zentrale Grösse einer Erfolgsrechnung ist grundsätzlich die Verkaufsleistung (Umsatzerlös) oder die Produktionsleistung. Verrechnung von Erträgen und Aufwendungen und damit die Nettodarstellung ist grundsätzlich nicht mehr zulässig. Das Jahresergebnis setzt sich aus sehr unterschiedlichen Arten von Aufwendungen und Erträgen zusammen. Unternehmungen sind gewinnorientiert, Aktiengesellschaften sogar von Gesetzes wegen.[210] Zur Beurteilung des Unternehmenserfolgs ist eine Analyse der Ertragslage nach Ertragsquellen, die Erfolgsspaltung,[211] unerlässlich:

- nach betrieblichen und betriebsfremden Komponenten,
- nach der Periodenbezogenheit (periodisch oder periodenfremd),
- nach der Regelmässigkeit der Aufwendungen und Erträge (ordentlich, gewöhnlich/ungewöhnlich oder einmalig),
- nach Geschäftsbereichen, Sparten, Produktgruppen (Segmenten),
- nach geografisch bestimmten Märkten,
- nach Funktionen oder Verantwortungsbereichen.

Mit der im Rechnungslegungsrecht (OR 959b II und III) vorgesehenen zwingenden Gliederung der Erfolgsrechnung können für jede Unternehmung drei Elemente des Jahreserfolgs ohne zusätzliche Aufschlüsselung beurteilt werden:

- **Betrieblicher Erfolg** aus der Leistungserstellung gemäss dem primären Unternehmenszweck;
- **Finanzerfolg** aus der Finanzierungstätigkeit des Unternehmens;

209 Gewisse Autoren weisen allerdings auch auf die für die Unternehmung möglichen Nachteile der verbesserten Transparenz hin, weil diese eine höhere Steuerbelastung zur Folge haben könnten.

210 Meier-Hayoz/Forstmoser, Gesellschaftsrecht, S. 459.

211 Coenenberg/Haller/Schulze, Jahresabschluss und Jahresabschlussanalyse, S. 1103.

- **Neutraler Erfolg** aus betriebsfremden, nicht zur Kerntätigkeit des Unternehmens zählenden Tätigkeiten, ausserordentlichen Vorgängen und periodenfremden Buchungstatsachen.

Im gesetzlichen Gliederungsschema sind keine Zwischenergebnisse vorgesehen. Es ist jedoch zweckmässig, den Beitrag der verschiedenen Erfolgsquellen zum Gesamtergebnis des Unternehmens bei der entsprechenden Darstellungsform durch Untergliederung hervorzuheben.

5.2.2 Typen der Erfolgsrechnung

Im bisherigen Recht war – wie erwähnt – die Darstellung der Erfolgsrechnung nicht geregelt. OR 958d I sieht ein Wahlrecht für beide, in der Praxis üblichen Formen der Darstellung vor. In der traditionellen **Kontenform** (account form) wurden auf der Soll-Seite die Aufwendungen, auf der Haben-Seite die Erträge gegenübergestellt oder untereinander aufgeführt. Die Kontenform wird immer häufiger durch die Berichts- oder Staffelform verdrängt. Bei der **Staffelform** (report form) werden die Aufwendungen und Erträge in einer fortschreibende Differenzen bildenden Aufstellung angeordnet. Damit wird der Ausweis von Zwischenergebnissen und somit die Bildung von Kennzahlen erleichtert. Nur in der Staffelform sind zwei- oder dreistufige Erfolgsrechnungen möglich. Um die Kennzahlenbildung zu erleichtern, wird in der gesetzlichen Mindestgliederung durch Zwischenergebnisse ergänzt.

Bei der Gestaltung der Bruttoerfolgsrechnung haben sich in der Praxis und in der neueren Gesetzgebung zwei Typen entwickelt, je nachdem, welche Aufwendungen dem Verkaufserlös gegenüberzustellen sind. Das in OR 959b eingeführte Wahlrecht zwischen zwei Darstellungsarten ist deshalb eine wichtige Neuerung des Rechnungslegungsrechts.

Werden die Aufwendungen für die Herstellung der verkauften (abgesetzten) Waren, Fabrikate oder Dienstleistungen sowie die nach Funktionen gegliederten Aufwendungen für Verwaltung und Vertrieb dem Umsatz gegenübergestellt, handelt es sich um eine **Absatzerfolgsrechnung (Umsatzkostenverfahren).** Ergänzend werden die übrigen Aufwendungen und Erträge ausgewiesen.

Bei der **Produktionserfolgsrechnung (Gesamtkostenverfahren)** werden die nach Arten gegliederten Aufwendungen den erstellten Leistungen gegenübergestellt. Die Differenz zwischen Produktion und Absatz durch Zunahme des Bestandes an Halb- und Fertigfabrikaten und die für den Eigengebrauch erstellten Produkte als Eigenleistung wird im Ertrag, eine Bestandesabnahme als Aufwand ausgewiesen. Wie in der Absatzerfolgsrechnung werden die übrigen Aufwendungen und Erträge erfasst. Die Gesamtleistung des Unternehmens[212] umfasst somit drei Elemente:

---

212 Diese Grösse ist vor allem bei der Analyse der Aufwandstruktur bedeutungsvoll (Coenenberg/Haller/Schultze, Jahresabschluss und Jahresabschlussanalyse, S. 543 und 1146).

	Marktleistung (Nettoerlös aus Lieferungen und Leistungen)
+ /-	Lagerbestände (Bestandeserhöhung oder Abnahme der fertigen und unfertigen Erzeugnisse)
+	Eigenleistung (aktivierte selbst genutzte Eigenherstellungen)
=	Gesamtleistung
+	Übriger betrieblicher Ertrag
=	**Total Betriebsertrag (Produktionsertrag)**

Die Bezeichnung Produktionserfolgsrechnung bedeutet nicht, dass diese Variante vor allem bei gewerblichen und industriellen Unternehmungen eingesetzt wird. Der Kontenrahmen KMU ist grundsätzlich nach dem Gesamtkostenverfahren konzipiert. Er unterscheidet in der Kontenklasse 3 je nach Geschäftsart drei Hauptgruppen: Produktions-, Handels- und Dienstleistungserlöse (30-34), ergänzt durch übrige Erlöse aus Lieferungen und Leistungen (36), Eigenleistungen und Eigenverbrauch (37) sowie Bestandesänderungen (39).[213]

Praxisbeispiel Erfolgsrechnung nach Gesamtleistung Advaltech (Swiss GAAP FER, 2015, in TCHF)

		2014	**2015**
	Nettoumsatz	239'612	215'237
+	Bestandesänderung Halb- und Fertigfabrikate	374	2'933
+	Aktivierte Eigenleistung	1'385	2'219
+	Andere betriebliche Erträge	5'610	3'952
	Gesamtleistung	**246'981**	**224'341**

Hinweis zu den anderen betrieblichen Erlösen: Erlös aus Schrottverkauf, Einnahme aus Vermietungen von Gebäuden und aus Verkaufsprovisionen von TCHF 5'430/TCHF 3'846 sowie Gewinn aus dem Verkauf von Sachanlagen von TCHF 180/TCHF 106.

Die Nettoerlöse aus Lieferungen und Leistungen stimmen bei beiden Verfahren überein ebenso der Saldo (Jahresgewinn oder -verlust). Nicht vergleichbar sind dagegen die Aufwendungen wegen der unterschiedlichen Erfassung. So weist die Absatzerfolgsrechnung keine Material- und Personalaufwendungen auf, denn diese werden teils in den Herstellungskosten, teils als Verwaltungs- und Vertriebs-

213 Der Kontenrahmen KMU richtet sich an kleine, mittelgrosse Produktions-, Handels- und Dienstleistungsunternehmen. Er verzichtet auf die Darstellung der Vorschriften zur Rechnungslegung grösserer Unternehmen, denn für diese steht der Konzernabschluss im Vordergrund (S. 79 und 83).

aufwand erfasst. Auch die für die Beurteilung der Ertragsentwicklung wichtige Position Abschreibungen und Wertberichtigungen ist nicht ersichtlich. Deshalb schreibt OR 959b IV vor, dass der Personalaufwand und die Abschreibungen im Anhang auszuweisen sind. Die börsenkotierten international ausgerichteten Unternehmen sind nicht Zielgruppen des Kontenrahmens KMU. Für das von diesen Unternehmen bevorzugte Umsatzkostenverfahren wäre ein eigenständiger Kontenrahmen erforderlich.

5.2.3 Erfolgsrechnung nach dem Gesamtkostenverfahren (Produktionserfolgsrechnung)

Das gesetzliche Gliederungsschema (OR 959b II) sieht im Vergleich zu aOR 663 den Ausweis von neuen Positionen, jedoch anders Swiss GAAP FER, keine Zwischenergebnisse vor. Diese sind für eine betriebswirtschaftliche Analyse der Ertragslage jedoch zweckmässig. Deshalb wird in der Praxis das gesetzliche Schema häufig ergänzt. Eine nach betriebswirtschaftlichen Kriterien ergänzte gesetzliche Mindestgliederung der Produktionserfolgsrechnung zeigt ein Beispiel aus der Finanzberichterstattung eines grösseren KMU, welche zwar die Kriterien von OR 961 (grössere Unternehmen) nicht erfüllt, die Jahresrechnung jedoch nach OR 727 ordentlich prüfen lässt.

Praxisbeispiel Produktionserfolgsrechnung mit dem Ausweis von Zwischenergebnissen D + V AG (OR, 2015, in TCHF)

	Nettoerlöse aus Lieferungen und Leistungen	23'970
+ /-	Bestandsänderungen an unfertigen und fertigen Erzeugnissen und nicht fakturierten Dienstleistungen	209
+	Übrige betriebliche Erträge	434
=	**Total Betriebsertrag**	**24'613**
–	Materialaufwand und Fremdleistungen	8'432
=	**Bruttogewinn**	**16'181**
–	Personalaufwand	10'371
–	Übriger Betriebsaufwand	2'903
=	**Betriebsergebnis vor Abschreibungen und Wertberichtigungen Finanzerfolg und Steuern (EBITDA)**	**2'907**
–	Abschreibungen und Wertberichtigungen auf dem Anlagevermögen	1'871
=	**Betriebsergebnis vor Finanzerfolg und Steuern (EBIT)**	**1'036**
–	Finanzaufwand	238
+	Finanzertrag	264
=	**Betriebsergebnis vor Steuern (EBT)**	**1'062**

–	Betriebsfremder Ertrag und Aufwand	–
+	Betriebsfremder Ertrag	–
–	Ausserordentlicher, einmaliger oder periodenfremder Aufwand	12
+	Ausserordentlicher, einmaliger oder periodenfremder Ertrag	461
=	**Jahresgewinn vor Steuern**	**1'511**
–	Direkte Steuern	296
=	**Jahresgewinn oder Jahresverlust**	**1'215**

Die Aktiengesellschaft mit zwei Hauptaktionären und zahlreichen Kleinaktionären aus der Region ist ein KMU der graphischen Industrie mit drei Geschäftsbereichen Print, Zeitungen und Zeitschriften und Kommunikation in verschiedenen Tochtergesellschaften. Die Zahlen stammen aus dem Einzelabschluss 2015 der Muttergesellschaft. Zusätzlich wird ein Konzernabschluss nach OR erstellt. Die an die neuen Vorschriften des Rechnungslegungsrechts angepassten Vorjahreszahlen werden nicht aufgeführt. Bei der Beurteilung der Abschlusszahlen fällt auf, dass im Finanzertrag als Saldo der ausserordentlichen Erträge und Aufwendungen verhältnismässig hohe Beträge ausgewiesen werden. Diese erklären sich aus der Finanzierungsfunktion der Muttergesellschaft für die gesamte Gruppe. Im Anhang zur Bilanz und Erfolgsrechnung erfolgt die von OR 959c I, Ziff. 2 geforderte Aufschlüsselung und Erläuterung. Die Position Übrige Beträge wird in OR 959b II nicht erwähnt, was ein offenkundiger Mangel des gesetzlichen Gliederungsschemas darstellt. Zwischenergebnisse sind auch in anderen Mustergliederungsschemata vorgesehen[214] ebenso im Kontenrahmen KMU.[215]

Aus Transparenzgründen empfiehlt es sich, die aktivierten Eigenleistungen – obwohl im Gesetz nicht vorgeschrieben – gesondert auszuweisen.[216] Im gesetzlichen Gliederungsschema fehlt auch – eine offenkundige Lücke – eine Position für den übrigen betrieblichen Ertrag.[217] Die gesetzlichen Mindestvorschriften zur Gliederung der Erfolgsrechnung sind gemäss OR 959b II und OR 959b III rigid, weil nicht nur die vorgeschriebenen Positionen einzeln, sondern auch in der vorgegebenen Reihenfolge ausgewiesen werden müssen. Mit zusätzlichen Positionen und Zwischenergebnissen wird streng genommen die gesetzlich nummerierte Reihenfolge nicht eingehalten.

---

214 HWP, 2014, S. 73 sowie Pfaff/Ganz/Stenz/Zihler, S. 70.

215 Kontenrahmen KMU, S. 132. Der in der Praxis häufig verwendete Begriff des Bruttogewinns entfällt und wird durch zwei Grössen Bruttoergebnis nach Materialaufwand und Warenaufwand und Bruttoergebnis nach Personalaufwand ersetzt.

216 Pfaff/Ganz/Stenz/Zihler, Kommentar zu OR 959b, Anm. 54, S. 377.

217 Die Lücke ist unerklärlich, weil im Aufwand eine entsprechende Position vorgesehen ist und nach HGB 273 sonstige betriebliche Erträge separat auszuweisen sind.

Ungeklärt ist auch der Ausweis von im OR-Gliederungsschema fehlenden Positionen, welche keiner anderen Hauptposition zugeordnet werden können, wie die übrigen betrieblichen Erträge oder aktivierte Eigenleistungen, welche weder eine Untergruppe der Nettoerlöse noch der Bestandesänderung sind. Es ist jedoch davon auszugehen, dass die Abweichung mit OR 959b V begründet werden kann, denn die Erweiterung erhöht die Transparenz und damit die vom Gesetzgeber geforderte zuverlässige Beurteilung der Ertragslage. Die vorgeschlagenen Varianten – Vorspalten oder »davon«-Vermerke – beeinträchtigen die Übersichtlichkeit.[218] Für verschiedene »davon«-Vermerke fehlt überdies eine sinnvolle Hauptposition, z. B. für die ordentlichen Gewinne aus Veräusserung von Sachanlagen. Die Durchsicht der in veröffentlichten Geschäftsberichten enthaltenen Jahresrechnungen 2015 zeigt, dass diese nach den unternehmungsindividuellen Interesse mit Ergänzungen gestaltet werden.[219]

In der schweizerischen Praxis ist die Produktionserfolgsrechnung vor allem in Small und Mid Caps die Regel. In einer nach dem Zufallsprinzip ausgewählten Stichprobe von 50 veröffentlichten Geschäftsberichten nach unterschiedlichen Rechnungslegungsstandard (IFRS 24, Swiss GAAP FER 21, OR 3, US GAAP 2) erstellten 34 Gesellschaften eine Produktionserfolgsrechnung. Ihre Popularität lässt sich auch mit der Anwendung des KMU-Kontorahmen bei privat gehaltenen Unternehmen erklären.

5.2.4 Erfolgsrechnung nach dem Umsatzkostenverfahren (Absatzerfolgsrechnung)

Der grundlegende Unterschied zur Produktionskostenerfolgsrechnung kommt augenfällig in einem praktischen Beispiel zum Ausdruck. Der Marktleistung (dem Umsatzerlös) stehen die mit den Kernfunktionen Herstellung (Produktion), Verwaltung, Vertrieb – und vor allem bei industrieller Tätigkeit gegeben – Forschung und Entwicklung verbundenen Aufwendungen gegenüber. In dieser Darstellungsform wird die Wertschöpfung direkt abgebildet.

Praxisbeispiel Absatzerfolgsrechnung mit dem Ausweis von Zwischenergebnissen Carlo Gavazzi Group (IFRS, 2016, in TCHF)

Konsolidierte Erfolgsrechnung 2016	
Nettoverkaufsertrag	**130'154**
Herstellkosten der verkauften Produkte	(57'965)
Bruttogewinn	**72'189**

218 Pfaff/Ganz/Stenz/Zihler, Kommentar zu OR 959b, Anm. 28, S. 368.

219 Selbst der Verzicht auf zwingende Positionen in einzelnen Unternehmen wurde von der Revisionsstelle nicht als Abweichung vom Gesetz bemängelt.

Verkaufs- und Verwaltungsaufwand	(6'371)
Forschungs- und Entwicklungsaufwand	(51'753)
Übriger Betriebsertrag und Betriebsaufwand (netto)	295
Betriebsgewinn (EBIT)	**14'360**
Finanzertrag	39
Finanzaufwand	(748)
Konzerngewinn vor Steuern	**13'651**
Ertragssteuern	(4'002)
Konzerngewinn	**9'649**

Nach IFRS (IAS 1/87a-105) umfasst die Erfolgsrechnung zwei Elemente: das Profit and Loss Statement und die Gesamtergebnisrechnung (Other Comprehensive Income OCI).[220] Der Konzerngewinn erhöht sich um das Other Comprehensive Income von TCHF 1'794 auf TCHF 11'443. Betriebsfremde und ausserordentliche Posten fehlen, weil diese nach dem Regelwerk IFRS nicht getrennt ausgewiesen werden dürfen. Im Anhang der Finanzberichterstattung sind verschiedene Positionen der Erfolgsrechnung aufgeschlüsselt (übrige betriebliche Aufwendungen (TCHF 233) und Erträge (CHF 538), sowie die Finanzerträge (TCHF 39) und Aufwendungen (TCHF 748).

Nachdem die Herstellungskosten in der Regel einen beträchtlichen Anteil der Nettoerlöse beanspruchen[221], ist die Zusammensetzung dieser Position aufschlussreich. Einzelheiten finden sich jedoch in den veröffentlichten Geschäftsberichten nur selten. Für die Gliederung weiterer Darstellungsvarianten der Erfolgsrechnung sind allenfalls Unternehmens- oder Branchenbesonderheiten zu berücksichtigen (OR 958b V).

5.2.5 Vergleich Umsatz-/Gesamtkostenverfahren

Der Gleichwertigkeit der beiden Erfolgsrechnungstypen ist in OR 959b I sowie im Rechnungslegungsstandard FER 3/6ff ausdrücklich anerkannt.[222] Welcher der beiden Formen der Vorrang gebührt, lässt sich nicht generell beantworten. Dies hängt von der Art der Tätigkeit, von der Produktpalette, von der Fertigungstiefe oder auch vom Umfang der Diversifikation ab. Der Einwand, ein Einproduktbe-

220 OCI-Informationen fallen bei Grosskonzernen sehr umfangreich aus (Lafarge Holcim 2015: eine S. in Finanzbericht).

221 2015: ABB 71%, LafargeHolcim 70%, Syngenta 47%, Nestlé 50%, Novartis 35% der Nettoerlöse.

222 Auch der vor allem bei grossen international tätigen Gesellschaften verwendete anerkannte Standard IFRS kennt das Wahlrecht.

trieb lege mit der Anwendung des Umsatzkostenverfahrens praktisch die nach Funktionsbereichen gegliederte Kalkulation offen, ist grundsätzlich richtig, aber für die Praxis ohne Bedeutung, da der Einproduktbetrieb nur eine theoretische Annahme ist.

Vergleich Produktions- und Absatzkostenerfolgsrechnung Wienerberger AG (IFRS, 2007)

	2007 *in TEUR*
Umsatzerlöse	2.477.339
Herstellungskosten	- 1.510.998
Bruttoergebnis vom Umsatz	**966.341**
Vertriebskosten	- 454.789
Verwaltungskosten	- 149.375
Sonstige betriebliche Aufwendungen	- 49.810
Sonstige betriebliche Erträge	40.759
Firmenwertabschreibung	0
Operative Betriebsergebnis vor nicht-wiederkehrenden Posten	**353.126**
Nicht-wiederkehrende Abschreibungen und Vorsorgen aus Restrukturierungen	0
Nicht wiederkehrende Erträge	0
Betriebsergebnis nach nicht-wiederkehrenden Posten	**353.126**
Ergebnisübernahme von assoziierten Unternehmen	27.605
Zinsertrag	43.947
Zinsaufwand	- 87.029
Sonstige Finanzergebnis	20.727
Finanzergebnis	**5.250**
Ergebnis vor Ertragsteuern	**358.376**
Ertragssteuer	- 62.536
Ergebnis nach Ertragsteuern	**295.840**

In TEUR	**Frachtaufwand**	**Materialaufwand**	**Handelswareneinsatz**	**Abschreibungen**	**Energieaufwand**	**Personalaufwand**	**Sonstige Erträge**	**Sonstige Aufwände**	**Gesamt**
Herstellkosten	0	399.466	151.946	164:554	346.541	335.354	– 3.001	*116.138*	***1.510.998***
Vertriebskosten	136.724	21.568	9247	7.715	5.005	149.564	– 3.867	*137.156*	***454.789***
Verwaltungskosten	0	0	0	10.041	1.085	93.998	– 3.401	*47.652*	***149.375***
	0	0	0	15.745	1.621	0	0	*32.444*	***49.810***

Sonstige betriebliche Aufwendungen									
Sonstige betriebliche Erträge	0	0	0	0	0	0	- 40.759	*0*	***- 40.759***
Firmenwerabschreibung	0	0	0	0	0	0	0	*0*	***0***
	136.724	421.034	152.870	198.055	354.252	578.916	- 51.028	*333.390*	***2.124.213***

Das Umsatzkostenverfahren ist grundsätzlich mehr am Controlling als an der Finanzbuchhaltung orientiert und daher für eine kurzfristige monatliche Erfolgsrechnung wesentlich aussagekräftiger als das Gesamtkostenverfahren. Wenn die Bewertung der Bestände identisch ist, ergibt sich nach beiden Methoden das gleiche Periodenergebnis. Für die interne Steuerung des Unternehmens ist die Umsatzkostenerfolgsrechnung zielführender, da mit Hilfe ihrer Deckungsbeitragsrechnung effizienter und nachvollziehbarer ermittelt werden können.

Vergleichende Darstellung der beiden Erfolgsrechnungsmethoden Bosshard-Gruppe (Swiss GAAP FER, 2013/2014, in TCHF)

Erfolgsrechnung 2013 nach Umsatzkostenverfahren	
Nettoumsatz	605'716
Kosten verkaufter Waren und Leistungen	416'909
Bruttogewinn	**188'807**
Verkaufsaufwand	80'217
Verwaltungsaufwand	38'807
Betriebsgewinn (EBIT)	**69'783**
Finanzergebnis	4'083
Gewinn vor Steuern	**65'700**
Ertragssteuern	9'699
Konzerngewinn	**56'001**
Im Anhang sind verschiedene Positionen einzeln aufgeschlüsselt (in Mio. CHF):	
Umsatz brutto	609.7
Erlösminderungen	4.0
Nettoumsatz	605.7
Personalaufwand	123.4
Sonstiger Betriebsaufwand	17.1

Finanzaufwand und Finanzertrag	106.3

Beim Finanzergebnis wird der Finanzertrag TCHF 1'248 (in 3 Einzelpositionen) und Finanzaufwand TCHF 5'331 (2 Einzelpositionen) getrennt ausgewiesen.

Erfolgsrechnung 2013 nach Gesamtkostenverfahren

Erlös aus Lieferungen und Leistungen	609'714
Erlösminderungen	19'555
Nettoumsatz	**590'159**
Warenaufwand	348'124
Bruttogewinn	**242'035**
Personalaufwand	123'388
Verwaltungsaufwand	19'478
Sonstiger betrieblicher Aufwand	17'072
Betrieblicher Gewinn vor Abschreibungen und Amortisationen EBITDA	**82'098**
Abschreibungen	10'863
Amortisationen	1'452
Betriebsgewinn EBIT	**69'783**
Finanzergebnis	4'083
Ordentliches Ergebnis	**65'700**
Betriebsfremdes Ergebnis	–
Gewinn vor Steuern	**65'700**
Ertragssteuern	9'699
Konzerngewinn	**56'001**

Die Bossard-Gruppe (Rechnungslegung nach Swiss GAAP FER) hat 2014 die Darstellung der Erfolgsrechnung vom Gesamt- auf das Umsatzkostenverfahren umgestellt »in Anpassung an die üblichen Darstellungen der Erfolgsrechnung von Industrie- und Produktionsunternehmen«. Gleichzeitig wurden die überarbeiteten Regeln zur Umsatzerfassung (Swiss GAAP FER 3/18) frühzeitig angepasst.Im Konzernabschluss 2014 wurde die Erfolgsrechnung 2013 auch nach dem neuen Gliederungsschema Umsatzkostenverfahren dargestellt (Restatement), was einen Vergleich der beiden Verfahren für die gleiche Rechnungsperiode ermöglicht.

Die im Schema Swiss GAAP FER 3/7 im Gesamtkostenverfahren vorgesehenen Bestandesänderungen an unfertigen und fertigen Erzeugnissen sowie unverrechneten Leistungen sind nicht ausgewiesen. Die zusätzlichen Angaben gemäss OR 959b IV über Abschreibungen (TCHF 10'863) und Amortisationen (TCHF 1'452) sind im Anlagespiegel und in der Geldflussrechnung aufgeführt.

Ein Vergleich der beiden Darstellungsvarianten zeigt, dass sich auf der Stufe Bruttogewinn wegen der unterschiedlichen Aufschlüsselung der Aufwendungen eine deutliche Abweichung ergibt. Für den zwischenbetrieblichen Vergleich bedeutet dies, dass Bruttogewinnmargen je nach dem Typ der Erfolgsrechnung selbst in der gleichen Branche (z. B. Nahrungsmittel oder Chemie) unterschiedlich ausfallen und Vergleiche der operativen Umsatzrentabilität nicht sinnvoll sind. Auch ist ein zwischenbetrieblicher EBITDA-Vergleich nicht möglich. Somit kann die Wahl der Darstellungsform der Erfolgsrechnung einen erheblichen Einfluss auf die Berechnung und die Aussagequalität von Kennzahlen haben.

Die Absatzerfolgsrechnung (OR 959a III) stellt als Gegenposten zu den Nettoerlösen aus Lieferungen und Leistungen die Aufwendungen für die Herstellung (OR 951) sowie die allgemeine Verwaltung und den Vertrieb der verkauften Produkte und Dienstleistungen gegenüber. Die Bestandesänderungen werden nicht ausgewiesen. Die übrigen fünf Positionen sind gleich wie im Gesamtkostenverfahren.

Weil bei der Darstellung nach Funktionsbereichen die Kostenarten nicht erscheinen, verlangt OR 959b IV die Bekanntgabe des Personalaufwandes sowie der Abschreibungen und Wertberichtigungen des Anlagevermögens im Anhang. Das Umsatzkostenverfahren wird vor allem von grossen internationalen Konzernen angewendet, weil deren Konkurrenten dieses ebenfalls verwenden, was den Investoren die Vergleichbarkeit der Performance und Bilanzstruktur ermöglicht. Die Verbreitung der Absatzkostenerfolgsrechnung ist im internationalen Vergleich höher als jene der Produktionserfolgsrechnung.

5.3 Gesetzliche Mindestgliederung nach der Gesamtkostenverfahren (Produktionskostenerfolgsrechnung)

5.3.1 Grundsätzliches

In den verschiedenen Phasen zur Reform des Buchführungs- und Rechnungslegungsrechts sind die gesetzlichen Mindestanforderungen an die Darstellung der Erfolgsrechnung stets kontrovers diskutiert worden. Eine vertiefte Gliederung der Aufwendungen und Erträge stiess früher in der Wirtschaft auf Widerstand, weil diese die Einflussmöglichkeiten der Unternehmensleitung auf den Ausweis des Jahresergebnisses einschränkt. In einer summarischen Darstellung und insbesondere in Sammelpositionen lassen sich Gewinnelemente leichter verstecken. Manche derartigen Posten werden »nach einem fragwürdigen Landesbrauch« zur Bildung stiller Reserven benutzt.[223]

Der in OR 959b festgelegte Ausweis von elf Positionen in der Produktionserfolgsrechnung (acht in der Absatzerfolgsrechnung) unterschreitet jedoch deutlich

223 Böckli, Neue OR-Rechnungslegung, S. 131.

jenen des an die EU-Richtlinie angelehnte HGB mit 23 (19) Positionen des Einzelabschlusses.

Es ist allerdings zu beachten, dass das Rechnungslegungsrecht im Vergleich zu den summarischen an die EU-Richtlinien angelehnten Vorschriften 1991 im Anhang (OR 959c) auch »Angaben, Aufschlüsselungen und Erläuterungen zu Positionen der Bilanz und der Erfolgsrechnung« verlangt. Vor allem zur zuverlässigen Beurteilung der Aufwands- und Ertragsstrukturen sind Aufschlüsselungen der Sammelpositionen, wie übriger betrieblicher Aufwand oder Abschreibungen und Wertberichtigungen sowie der verschiedenen Elemente zusammenfassenden Positionen 8 (betriebsfremd) und 9 (einmalig, ausserordentlich und periodenfremd) erforderlich. Offen ist der Ausweis von fehlenden, eigenständigen Positionen, welche keiner anderen Position zugeordnet werden kann, wie die übrigen betrieblichen Erträge.[224]

Eine weitere Untergliederung von Positionen der vorgeschriebenen Mindestgliederung ist aus Gründen der Klarheit und Verständlichkeit zulässig.[225] Soll die gesetzliche Reihenfolge nicht verändert werden (OR 959b), ist es empfehlenswert, die zusätzlichen Angaben, wie in OR 959c I, Ziff. 2 vorgesehen, im Anhang zu machen und darauf zu verweisen.

Gleich wie im HGB regelt der schweizerische Gesetzgeber (OR 958d I) die Frage, wie in der Mindestgliederung von Bilanz und Erfolgsrechnung vorzugehen ist, wenn in einer Position Null auszuweisen ist, weil der Betrag unwesentlich ist oder überhaupt fehlt. Positionen können weggelassen werden, es sei denn, dass im Vorjahr ein Betrag ausgewiesen worden ist.[226]

Die Mindestgliederung nach OR 959 b II sieht folgendes Gliederungsschema vor:

1. Nettoerlöse aus Lieferungen und Leistungen
2. Bestandesveränderungen an unfertigen und fertigen Erzeugnissen sowie an nicht fakturierten Dienstleistungen
3. Materialaufwand
4. Personalaufwand
5. Übriger betrieblicher Aufwand
6. Abschreibungen und Wertberichtigungen auf den Positionen des Anlagevermögens
7. Finanzaufwand und Finanzertrag
8. Betriebsfremder Aufwand und betriebsfremder Ertrag
9. Ausserordentlicher, einmaliger und periodenfremder Aufwand und Ertrag

---

224 Böckli, Neue OR-Rechnungslegung, S. 131: Böckli weist zu Recht darauf hin, dass unter übrigen betrieblichen Erträgen ggf. beträchtliche Beträge auszuweisen sind (Lizenzerträge, Veräusserungsgewinne). Aktivierte Eigenleistungen sind nach der EU-Richtlinie keine Untergruppen der Nettoerlöse oder der Bestandesänderungen.

225 HWP, 2014, S. 265.

226 So ist die Nullposition »betriebsfremdes Ergebnis« in der Erfolgsrechnung 2013 bei Bossard aufgeführt, weil 2012 ein Betrag ausgewiesen war.

10. Direkte Steuern
11. Jahresgewinn oder Jahresverlust

5.3.2 Gesetzliche Mindestgliederung mit Ergänzungen der Produktionserfolgsrechnung

5.3.2.1 Nettoerlös aus Lieferungen und Leistungen

Der Fortbestand wie auch die Weiterentwicklung des Unternehmens steht und fällt mit der Marktleistung in Form der verkauften Waren, Erzeugnisse oder Dienstleistungen. Das Rechnungslegungsrecht präzisiert die bisherige Regelung des Aktienrechts (aOR 663 II), wonach »der Erlös aus Lieferungen und Leistungen« nachzuweisen war, ohne zwischen Brutto- oder Nettoerlös zu unterscheiden. Pflichtinformation ist nur der Nettowert. Es ist jedoch zulässig, den Bruttoerlös auszuweisen und die Erlösminderungen offen abzusetzen.[227] Die damit verbundene Information kann aufschlussreich sein, wenn beispielsweise die kräftige Umsatzsteigerung vor allem dank erhöhter Preisnachlässe zustande gekommen ist.

Beispiel Aufschlüsselung Betriebsertrag nach Aufschlüsselung Betriebsertrag Dienstleistungsunternehmen SGV Schifffahrtsgesellschaft Vierwaldstättersee AG (Abschluss OR, 2018)

Verkehrsertrag (Diese Positionen im Anhang weiter augeschlüsselt (z. B. Verkehrsertrag nach Reiseverkehrsarten, Abonnements, Post- und Güterverkehr)).
Abgeltung öffentliche Hand
Ertrag Gastronomie
Ertrag Shiptec
Bestandesänderung an fertigen und unfertigen Erzeugnissen
Aktivierte Eigenleistung
Übriger Ertrag

Für alle Ertragsarten (ausgenommen Abgeltung) sind Bruttoerlös und Erlösminderungen ausgewiesen. Überdies besteht eine ausführliche Segmentberichterstattung:

Der **Bruttoerlös** entspricht dem Marktwert des Forderungsbetrags für Lieferungen von Waren, Erzeugnissen und erbrachten Dienstleistungen. Der **Nettoerlös** ohne Mehrwertsteuer ergibt sich nach Abzug von Erlösminderungen, welche direkt dem Verkaufsumsatz zugeordnet werden können, wie Rabatte, Skonti,[228] Um-

227 Pfaff/Ganz/Stenz/Zihler, Kommentar zu OR 959b, Anm. 45, S. 374.

228 Sofern die Skontoabzüge nicht über den Finanzaufwand erfasst werden, was auch nach Behr/Leibfried, S. 484, betriebswirtschaftlich folgerichtig ist. HWP, 2014, S. 264.

satz, Boni, Treueprämien, Rückvergütungen, Wechselkursdifferenzen sowie Debitorenverluste, sofern sie mit den Umsätzen der Periode verbunden sind. Keine Erlösminderungen sind Aufwendungen zur Erzielung des Umsatzes, wie Vertreterprovisionen, Versandspesen oder Kundenanlässe wie Messen. Es handelt sich um Vertriebsaufwand, welcher wegen des Verrechnungsverbotes nicht vom Verkaufserlös in Abzug gebracht werden darf.

Beispiel Aufschlüsselung Nettoerlös aus Lieferungen und Leistungen Bell SA (Swiss GAAP FER, 2018)

Anhang der Konzernrechnung

Nach Produktgruppen
Frischfleisch
Charcuterie Eigenproduktion
Charcuterie Handelswaren
Geflügel
Spezialfleisch (unter anderem Wild, Kaninchen)
Seafood
Convenience
Übriger Umsatz
Produktgruppe Schweiz
Charcuterie
Convenience
Übriges
Produktgruppe international
Eine weitere Unterteilung der Nettoerlöse erfolgt nach Absatzkanälen.

Für Unternehmen, welche auf eine Segmentberichterstattung verzichten (nach Swiss GAAP FER 31/8 sogar für nicht börsenkotierte Gesellschaften möglich), ist eine Aufschlüsselung auf verschiedene Elemente des Umsatzerlöses nach Produktgruppen und Dienstleistungen sinnvoll.

5.3.2.2 Bestandesänderungen an unfertigen und fertigen Erzeugnissen sowie an nicht fakturierten Dienstleistungen

Diese Position war unter dem bisherigen Recht nicht separat auszuweisen. Damit in der Produktionserfolgsrechnung ein periodengerechtes Ergebnis erfasst wird, ist die für die noch nicht abgesetzten Erzeugnisse und nicht fakturierten Dienstleistungen entstandenen Aufwendungen die **Bestandeszunahme** an Halb- oder Fertigfabrikate auszuweisen. Solche Bestandeserhöhungen stellen einen Ertrag dar, der jedoch nicht unter den Nettoerlösen auszuweisen ist, weil es sich um Bestände handelt, die noch nicht zum Umsatz geworden und daher zu Anschaffungs- bzw. Herstellungskosten zu erfassen sind.[229]

Bei Verkauf müssen die aktivierten Anschaffungs- bzw. Herstellungskosten als **Bestandesverminderung** ausgebucht werden, weil der Nettoerlös aus der Lieferung und Leistung an den Kunden erfasst wird. Eine Bestandesverminderung ist ein Aufwand, welcher mit dem Ertrag saldiert werden kann. Bei der Anwendung des Umsatzkostenverfahrend sind die Bestandesänderungen in den Nettoerlösen aus Lieferungen und Leistungen bzw. in den Herstellkosten enthalten.[230] Mehr Transparenz als die auf zwei Positionen der Betriebserträge beschränkte gesetzliche Mindestgliederung ergibt sich bei einer freiwilligen Erweiterung mit Ausweis der Gesamtleistung.

Beispiel Produktionserlös Hochdorf Gruppe (Swiss GAAP FER, 2015, in TCHF)

	Erlös aus Lieferungen und Leistungen (nach sechs Warengruppen)	550'655
+	Übriger Ertrag [x)]	553
=	Bruttoverkaufserlös	551'208
-	Erlösminderungen [x)]	6'967
=	Nettoverkaufserlös	544'241
+	Bestandesänderungen Halb- und Fertigfabrikate)	987
=	Produktionserlös	545'228

[x)] Aufschlüsselung im Anhang. Keine aktivierte Eigenleistung

Kennzahlen zur Analyse der Ertragslage werden zweckmässigerweise auf die Gesamtleistung (Produktionsertrag) bezogen.

5.3.2.3 Aktivierte Eigenleistungen ins Anlagevermögen

Aktivierte Leistungen in das Sach- oder immaterielle Anlagevermögen in Form von selbstgenützten Betriebseinrichtungen, werterhöhende Arbeiten an Liegenschaften oder selbst erarbeitete immaterielle Werte (Swiss GAAP FER 10/3), z. B. Software für interne Zwecke und zum Verkauf an Dritte sind ein Bestandteil der Gesamtleistung und deshalb zwingend auszuweisen.[231] Im gesetzlichen Gliederungsschema ist diese Position im Gegensatz zu ausländischen Rechnungslegungsnormen nicht vorgesehen. Die Zusammenfassung mit den Bestandesänderungen oder der Ausweis als »sonstiger betrieblicher Ertrag« erscheint nur vertretbar, wenn es sich um unwesentliche Beträge handelt.

229 Pfaff/Ganz/Stenz/Zihler, Kommentar zu OR 959b, Anmerkung 48, S. 375.
230 Roberto/Trüeb, Handkommentar zu OR 959b, Anmerkung 24. S. 143.
231 Pfaff/Ganz/Stenz/Zihler, Kommentar zu OR 959b, Anmerkung 53, S. 377.

Beispiel Eigenleistung Titlisbergbahnen AG (Swiss GAAP FER, 2019)

Die Bewertung der Sachanlagen erfolgt zu Anschaffungswerten abzüglich der betriebswirtschaftlich notwendigen Abschreibungen. Die Abschreibungen erfolgen linear über die geschätzte Nutzungsdauer der Objekte. Wertvermehrende Anschaffungen werden aktiviert, sofern diese CHF 15'000 bei den Bahnen und je CHF 5'000 bei den Restaurants und den Hotels betragen. Eigenleistungen werden aufgrund von Arbeitsrapporten aktiviert, sofern der Markt- oder Nutzwert nachhaltig erhöht oder die Lebensdauer wesentlich verlängert wird. Im Berichtsjahr und im Vorjahr wurden keine Eigenleistungen aktiviert.

5.3.2.4 Übriger betrieblicher Ertrag

Das gesetzliche Gliederungsschema ist eine Mindestvorgabe. Entsprechend dem Grundsatz der Klarheit sind, sofern es sich um wesentliche Beträge handelt, zusätzliche Positionen auszuweisen.[232] Das trifft vor allem für die übrigen betrieblichen Erträge zu, welche nicht unter die Position Nettoerlös aus Lieferungen und Leistungen fallen, sofern diese für die Beurteilung der Erträge von Bedeutung sind. Der Ausweis erfolgt in der Praxis entweder summarisch (mit Aufteilung auf zwei oder drei Positionen) oder sehr detailliert.

Ausweis übriger betrieblicher Ertrag SGV Schifffahrt Vierwaldstättersee (OR, 2018, in TCHF)

Anhang	
Reisebüro Weggis	98
Vermietungen	835
Souvenirverkäufe	349
Übriger Ertrag	414
	1'696

Die Aufteilung kann auch sinnvoll sein, um die Segmentberichtserstattung zu ergänzen. Zu den übrigen betrieblichen Erträgen zählen auch Direktverkäufe von Roh- und Hilfsmaterial, Abfällen, Erlöse aus Personalverpflegung, Personalausleihen, Schadenersatzleistungen, Zuschüsse der öffentlichen Hand zur Schaffung von Arbeitsplätzen (Standortförderung).[233]

232 HWP, 2014, S. 265.

233 Nicht zu verwechseln mit Zuschüssen für Investitionen ins Anlagevermögen.

Aufschlüsselung übriger betrieblicher Ertrag Dorma-Kaba (Swiss GAAP FER, 2018, in Mio. CHF)

Anhang der Konzernrechnung	
Mietertrag betrieblicher Liegenschaften	1.0
Gewinn Verkauf Anlagevermögen	1.7
Weiterverrechnete Kosten	0.5
Lizenzerträge	1.1
Versicherungsentschädigungen	0.3
Übrige Erträge	8.1
Übriger Aufwand	- 0.3
	12.4

Werden Gewinne aus dem Verkauf von Anlagevermögen in dieser Position erfasst (wie in verschiedenen Jahresabschlüssen aus der Praxis erwähnt), ist es wichtig, dass es sich um regelmässig anfallende Erträge handelt.[234]

5.3.2.5 Materialaufwand

Der Materialaufwand erfasst den Verbrauch zu Anschaffungs- bzw. Herstellungskosten von Roh- und Hilfsstoffen für die Erstellung der Betriebsleistung sowie für Handelswaren als **Warenaufwand** den Einstandspreis der verkauften Waren. Er umfasst neben Material auch Bestand- und Zubehörteile, sonstige Werkstoffe, Hilfs- und Verbrauchsmaterial, Bestandesänderungen und Materialverluste. Dazu zählen auch die gemäss Inventar erfassten, nicht getrennt ausgewiesenen Bestandesänderungen sowie Inventur- und Bewertungsdifferenzen auf zugekauften Lagerbeständen. Der Materialaufwand umfasst gemäss Kontenrahmen KMU (Hauptgruppe 45) auch den gesamten Energieaufwand für die Leistungserstellung (Elektrizität, Gas, Brennstoff, Betriebsstoff, Wasser).

5.3.2.6 Personalaufwand

Der Personalaufwand umfasst alle an die beschäftigten Arbeitnehmer bezahlten oder noch geschuldeten Löhne, Gehälter, obligatorische und freiwillige Sozialleistungen, einschliesslich Nebenbezüge einer Rechnungsperiode. Zum Personalaufwand sind auch die Vergütungen in Form von Sachleistungen zu rechnen (Na-

234 In grösseren Unternehmen ist z. B. die Veräusserung von nicht mehr benötigten Gegenständen des Anlagevermögens kein ausserordentlicher Vorgang. Pfaff/Ganz/Stenz/Zihler, Kommentar zu OR 958b, Anm. 57, S. 378.

turalbezüge, Dienstwohnungen). Erhaltene Leistungen von Sozialversicherungen (z. B. Erwerbsausfallsentschädigungen, Kranken- und Unfalltaggelder), Erträge aus Personalausleihungen ebenso wie die Auflösung von Arbeitgeber-Beitragsreserven sind als Aufwandminderung zu verbuchen. Ferien- und Überzeitguthaben des Personals sowie nicht ausbezahlte Gratifikationen und Erfolgsbeteiligungen sind als passive Rechnungsabgrenzung zu erfassen (FER 23/4), in der Praxis hingegen werden sie oft als kurzfristige Rückstellungen verbucht. Im Interesse einer sachgerechten Gliederung nach Aufwandarten sind auch die Personalnebenkosten zu erfassen, wie Aufwendungen für die Personalausbildung, Personalbeschaffung usw. Gewinnabhängige statutarische Tantiemen an den Verwaltungsrat sind nicht Aufwand, sondern Gewinnverwendung. Weil dies zu steuerlichen Mehrbelastungen führt, ist die Tantieme als Form der Verwaltungsratsentschädigung in der Schweiz weitgehend verschwunden.

Die ordentlichen Vergütungen an die Mitglieder des Verwaltungsrats (feste Honorare, Sitzungsgelder, Nebenleistungen) sind Personalaufwand. Aus Gründen der Klarheit ist es zweckmässig, den Personalaufwand im Anhang aufzuschlüsseln nach Lohn, Gehälter, Sozialversicherungen und Personalvorsorgeeinrichtungen und übriger Personalaufwand.

Aufschlüsselung Personalaufwand Dorma-Kaba (Swiss GAAP FER, 2018)

Anhang der Konzernrechnung

Löhne und Gehälter
Sozialversicherungsbeiträge
Aktienbasierte Vergütungen
Personalvorsorge
Übrige Ausschüttungen
Andere Personalvergütungen

Zum Personalaufwand zählen auch Leistungen, welche nicht Bruttolohnbestandteile sind, doch zu Gunsten des Personals erfolgen wie Aufwendungen für Weiterbildung und Personalbeschaffung. Keine klare Regelung besteht für die Behandlung von Entschädigungen an temporäres Personal. Handelt es sich um Lohnaufwand des Unternehmens oder übriger Aufwand, vor allem wenn dieses dem eigenen Personal gleichgestellt ist? In der Praxis werden Temporärlöhne im Personalaufwand erfasst.[235] Auch die Ausleihung von Personal von Dritten kann als Personalaufwand qualifiziert werden.

---

235 Pfaff/Ganz/Stenz/Zihler: Kommentar zu OR 959b, Anm. 69, S. 381. HWP, 2014, S. 266, sowie Kontenrahmen KMU (Gruppe 50: Lohnaufwand, Produktion, Konto 5090: Temporäre Arbeitnehmer).

5.3.2.7 Übriger betrieblicher Aufwand

Unter diese Position werden – ähnlich einem Sammeltopf – alle Aufwendungen erfasst, welche nicht unter die bereits erwähnten Positionen einzureihen sind, sofern sie mit der gewöhnlichen Geschäftstätigkeit zusammenhängen und wiederkehrend sind, d. h., nicht unter der Position betriebsfremd, periodenfremd oder ausserordentlich auszuweisen sind. In der Praxis wird diese Position auch oft als übriger Betriebsaufwand bezeichnet.

Der übrige Betriebsaufwand wird im Kontenrahmen KMU in folgenden Hauptgruppen zusammengefasst, welcher als Orientierungsgrösse für das Rechnungslegungsrecht dienen kann:

- Raumaufwand einschliesslich Leasing Immobilien,
- Unterhalt, Reparaturen, Ersatz (URE) einschliesslich Raten für operatives Leasing,
- Fahrzeug- und Transportaufwand,
- Sachversicherungen, Abgaben und Gebühren,
- Energie- und Entsorgungsaufwand,
- Verwaltungs- und Informatikaufwand einschliesslich Beratungsaufwand, Rechtskosten, Beiträge und Spenden, Aufwand Verwaltungsrat, Generalversammlung, Revisionsstelle,
- Werbeaufwand einschliesslich Reisespesen, Marktanalysen,
- sonstiger betrieblicher Aufwand einschliesslich Forschung und Entwicklung,
- Rückstellungen, für welche die endgültige Aufwandart nicht genau feststeht.[236]

Kapitalsteuern sind aus betriebswirtschaftlicher Sicht, weil nicht ertragsabhängig, nicht mit den Gewinnsteuern zusammenzufassen und daher betrieblicher Aufwand.[237]

Auch Verluste beim Abgang von Gegenständen des Anlagevermögens (Verkaufspreis niedriger als der Buchwert) sind als übriger Betriebsaufwand zu erfassen. Besondere Aufmerksamkeit verdient die Position Forschungs- und Entwicklungsaufwand (kurz F+E, in englischer Sprache Research and Development). Forschungsaufwand entsteht aus eigenständigen planmässigen Untersuchungen zur Gewinnung neuer wissenschaftlicher oder technischer Erkenntnisse, über deren technische Verwertbarkeit und wirtschaftliche Erfolgsaussichten grundsätzlich keine Aussagen gemacht werden müssen (HGB 255 II a). Er darf daher nicht aktiviert werden können. Der Entwicklungsaufwand ergibt sich aus der Anwendung von Forschungsergebnissen für die Verbesserung bestehender oder die Erstellung neuer Produkte, Dienstleistungen und Produktionsverfahren. Der Entwicklungsaufwand kann aktiviert werden, wenn am Bilanzstichtag ein Prototyp oder Muster vorliegt und erwartet werden kann, dass es dem Unternehmen ge-

236 Im Kontenrahmen nicht vorgesehen.
237 HWP, 2014, S. 276.

lingt, dessen Marktfähigkeit zu erreichen und das Produkt zu vermarkten. Angesichts der zentralen Bedeutung von Forschungs- und Entwicklungsaktivitäten für die Zukunftssicherung des Unternehmens ist es wichtig, dass im Jahresabschluss auch über diesen Tätigkeitsbereich – zwingend im Lagebericht (OR 961c) – informiert wird.[238]

Da in dieser Position zahlreiche heterogene Posten zusammengefasst sind, ist es aus der Sicht der Bilanzanalyse erwünscht, wenn die wichtigsten Elemente im Anhang aufgrund der Klarheit und Wesentlichkeit aufgeschlüsselt werden.

5.3.2.8 Abschreibungen und Wertberichtigungen auf Positionen des Anlagevermögens

In Gesetzgebung, Rechtsprechung und Wirtschaftspraxis ist eine Begriffsverwirrung rund um die Abschreibungen, Rückstellungen und Wertberichtigungen unverkennbar. Besonders störend ist die Tatsache, dass der Gesetzgeber sich im Steuerrecht (DBG 63) nicht an die Begriffe hält, die er im Rechnungslegungsrecht verwendet, indem er z. B. statt von Wertberichtigungen von einer Delkredere-Rückstellung spricht. Die Fachliteratur zum Rechnungslegungsrecht zeichnet sich eine übereinstimmende Verwendung der Begriffe ab, wie diese im Folgenden verwendet werden.

Abschreibungen sind die planmässigen, systematischen, sich wiederholenden und in der Regel auf Nutzungsdauer oder die Nutzungskapazität ausgerichteten (OR 960) Wertkorrekturen auf Positionen des Anlagevermögens. Sie sind fortlaufend, geplant und auf den Nutzenverzehr ausgerichtet.

Die Nutzungs- oder altersbedingte Wertverminderung wird mit den Abschreibungen periodisch erfasst und unterscheidet sich dadurch von den Wertberichtigungen.

Wertberichtigungen sind Wertkorrekturen[239] bzw. Wertminderungen von Aktiven, die sich auf einmalige Voraussetzungen beziehen. Sie sind in der Regel ausserplanmässig zu vollziehen und ungeplant. Sie werden in der Regel auf dem Umlaufvermögen gebildet.

Wertberichtigungen sind insbesondere im Umlaufvermögen wie bei Forderungen oder Warenvorräten üblich. Sie betreffen neu auch die Positionen des Anlagevermögens (Impairments): Sachanlagen (bewegliche und unbewegliche), Finanzanlagen, Beteiligungen und immaterielle Anlagen. Solche Wertberichtigungen wurden

238 Pfaff/Ganz/Stenz/Zihler, Kommentar zu OR 959, Anmerkung 28, S. 280.
239 Botschaft 2007, S. 1711.

früher als ausserplanmässige Abschreibungen bezeichnet.[240] HGB 253 III verwendet diese Begriffe nach wie vor.

Eine Besonderheit des schweizerischen Rechnungslegungsrechts ist die Unterscheidung zwischen **echten Wertberichtigungen**, welche bei einem gemäss der gesetzlichen Höchstbewertungsvorschriften zu hohen Buchwert vorzunehmen sind, und **unechten Wertberichtigungen.** Bei diesen handelt es sich um wirtschaftlich nicht erforderliche Korrekturen unter dem korrekten Wert nach dem True-and-Fair-Value-Konzept (Bildung von stillen Reserven durch Unterbewertung).

Als **pauschale Wertberichtigungen** gelten ständige Wertkorrekturen, vor allem auf Positionen des Umlaufvermögens wie die steuerlich zugelassene Unterbewertung der Vorräte (sog.Warendrittel) und Pauschaldelkredere von 5% auf inländische und 10% auf ausländische Forderungen aus Lieferungen und Leistungen (Delkredere). Dazu zählt auch die vom OR irrtümlich als »Schwankungsreserve« bezeichnete pauschale Wertberichtigung von Aktiven mit beobachtbaren Marktpreisen, welche eine klassische unechte Wertberichtigung darstellt.[241]

Planmässig bedeutet, dass zu Beginn der wirtschaftlichen Nutzung der Ausgangswert als der abschreibungsbedürftige Betrag (Anschaffungs- oder Herstellungskosten unter Berücksichtigung eines allfälligen Liquidationserlöses am Ende der Nutzungsdauer wie auch nach FER 18/12 und 25), die planmässige Nutzungsdauer oder der Abschreibungszeitraum (die wirtschaftliche Nutzungsdauer und die Abschreibungsmethode (Abschreibungsverfahren) festgelegt werden.[242]

Für jedes Jahr der Nutzung werden der jährliche Abschreibungsaufwand (zeit- oder leistungsproportional) und der Buchwert (als fortgeführter Ausgangswert) ermittelt. Eine entsprechende Übersicht - getrennt nach Anlagekategorien - gibt der **Anlagespiegel.** Dieser ist allerdings im schweizerischen Recht nicht zwingend und lediglich für Abschlüsse nach Swiss GAAP FER gefordert (FER 18/15f). Eine Ausnahme bei den periodischen Abschreibungen besteht für das finanzielle Anlagevermögen, welches nicht planmässig abgeschrieben wird.

Aus verschiedenen Gründen kann sich die bei der Anschaffung der Sachanlage geschätzte Nutzungsdauer als unrichtig erweisen. Die Nutzungsdauer muss den veränderten Verhältnissen angepasst werden. Sofern aus einem Impairment-Review (Wertbeeinträchtigung) sich Anzeichen für eine Wertminderung ergeben bzw. sich die Nutzungsdauer ändert, so ist der verbleibende Restwert systematisch über die neu geschätzte Nutzungsdauer abzuschreiben (FER 18/11). Ein Impairment ist auch nach dem Rechnungslegungsrecht vorgesehen.

Falls sich bei der Überprüfung der Werthaltigkeit einer Sachanlage eine veränderte Nutzungsdauer ergibt, so wird der Restbuchwert planmässig über die neu festgelegte Nutzungsdauer abgeschrieben. Muss die Nutzungsdauer wegen einer unerwarteten technologischen Entwicklung verkürzt werden, sind entsprechend der kürzeren Nutzungsdauer die jährlichen Abschreibungen vom verbleibenden

240 Böckli, Neue OR-Rechnungslegung, S. 219.

241 Pfaff/Ganz/Stenz/Zihler, Kommentar zu OR 960b, Anmerkung 30, S. 401.

242 Roberto/Trueb, Kommentar zu OR 960a, S. 181.

Nettowert zu erhöhen. Eine Verlängerung der Nutzungsdauer führt dagegen zu einer Kürzung der jährlichen Abschreibungen, weil der verbleibende Nettobuchwert auf zusätzliche Rechnungsperioden »verteilt« werden kann.[243]

Abschreibungen sind grundsätzlich ein Vorgang der Erfolgsrechnung, da es sich um Aufwand handelt. Eine Nebenfunktion für abnutzbare Anlagegüter ist die Wertangleichung und die Verteilung von Auszahlungen für abnutzbare Anlagegüter, die erst in einer späteren Rechnungsperiode durch entsprechende Nutzung zum Aufwand werden. Abschreibungen haben nach dem Konzept der organischen Bilanztheorie von Schmidt überdies die Funktion der Substanzerhaltung. Dieses berücksichtigt der schweizerische Gesetzgeber ausdrücklich in OR 960 IV durch die Möglichkeit von zusätzlichen Abschreibungen zu Wiederbeschaffungszwecken.

Ein zuverlässiger Einblick in die wirtschaftliche Lage des Unternehmens (OR 958 I) erfordert einen getrennten Ausweis der Wertberichtigungen und der Abschreibungen, nicht zuletzt, weil die Auflösung von nicht mehr notwendigen Wertberichtigungen einen ausserordentlichen Ertrag darstellt.[244]

Aufgrund der praktisch uneingeschränkten Freiheit der nach OR buchführungspflichtigen Unternehmungen, stille Reserven zu bilden, besteht selbstverständlich – anders als im Bilanzrecht des HGB für Kapitalgesellschaften – keine Pflicht zur sog. **Wertaufholung**, d. h. zur Rückgängigmachung nicht mehr notwendiger ausserplanmässiger Abschreibungen.[245] Swiss GAAP FER regelt hingegen das buchhalterische Vorgehen bei einem (teilweisen) Wegfall einer Wertbeeinträchtigung ausdrücklich (FER 20/15ff.). Im Gegensatz zur Abschreibung wird in einem solchen Fall auch von **Zuschreibung** gesprochen.

Werden die Abschreibungen auf Sachanlagen über den betriebswirtschaftlich erforderlichen Betrag eingesetzt, handelt es sich wohl um die besonders verbreitete Variante der Bildung von stillen Reserven. Dem Rechnungslegungsadressaten kann die Transparenz über die Entwicklung der Ertragslage freiwillig vermittelt werden, indem in den Erläuterungen zum Jahresabschluss im Anhang die entsprechenden Angaben erfolgen.

Beispiel Informationen über die Abschreibungspraxis Migros Genossenschaft Aare (Einzelabschluss nach OR-Abschluss, 2018, in TCHF)

	2018	2017
Grundstücke und Bauten	56'046	32'488
Technische Anlagen und Maschinen	117'703	120'067
Übrige Sachanlagen	5'733	12'127
Immaterielle Werte	2	329

243 Beispiele siehe FER 18, Anhang 2 und 3.

244 HWP, 2014, S. 374.

245 Böckli, Neue OR-Rechnungslegung, S. 78 und 223. Zuschreibung ist nicht gleichbedeutend wie Aufwertung (OR 670).

Finanzanlagen	8'696	11'276
Beteiligungen	–	–
	188'180	176'826

Auf Grund der Ertragslage konnten die Abschreibungen auf Sachanlagen hoch gehalten werden. Gegenüber den betriebswirtschaftlich erforderlichen Werten sind mehr Abschreibungen verbucht worden. Diese Beträge sind mit dem ausgewiesenen handelsrechtlichen Gewinn von TCHF 35'146 (Vorjahr (TCHF 30'521) zu vergleichen. Auf Grund der freiwilligen gesetzlichen Informationen im Anhang können fachkundige Rechnungslegungsadressaten den markant höheren betriebswirtschaftlichen Gewinn berechnen.

Abschreibungsursachen sind vielfältig und können auf unterschiedliche Gründe zurückgeführt werden:

- ruhende Abnutzung (natürliche Abnutzung im Zeitablauf),
- technische Abnutzung,
- Substanzminderung (Bergwerke, Kiesgruben),
- Fristablauf (Miet- und Pachtverträge),
- technischer Fortschritt,
- Bedarfsverschiebungen und Nachfrageveränderungen auf den Absatzmärkten,
- sinkende Wiederbeschaffungspreise,
- Fehlinvestitionen (z. B. Kapazitätsausbau aufgrund falscher Erwartungen),
- Katastrophen (Feuer, Überschwemmungen, Explosionen).

Beispiel Aufschlüsselung Abschreibungen EMMI (Swiss GAAP FER, 2018, in TCHF)

Abschreibungen Sachanlagen planmässig	96'025
Abschreibung Sachanlagen ausserplanmässig	948
Amortisation Goodwill planmässig	23'369
Amortisation Goodwill ausserplanmässig	610
Amortisation andere immaterielle Anlagen planmässig	15'477
Amortisation andere immaterielle Anlagen ausserplanmässig	0
Total	**136'429**

Die Goodwill-Amortisationen von equity-konsolidierten Gesellschaften sind in der Erfolgsrechnung in der Position »Anteil am Ergebnis von assoziierten Gesellschaften und Gemeinschaftsorganisationen enthalten.[246]

246 Die Bezeichnung Amortisation bezeichnet in IAS 38/8 die systematische Verteilung des gesamten Abschreibungsbetrags eines immateriellen Vermögenswerts über die Nutzungsdauer. Abschreibungen beziehen sich auf Sachanlagen.

Die Abschreibungen können nach folgenden Aspekten differenziert werden:

- **Nach der Darstellung in der Bilanz:** direkte Abschreibung (Anschaffungswert mit Abschreibungen saldiert) oder indirekte Abschreibung (Bruttoprinzip).
- **Nach den Teilgebieten des Rechnungswesens:** bilanzmässige Abschreibung (Abschreibungen in der Finanzbuchhaltung) oder kalkulatorische Abschreibung (betriebsnotwendige Abschreibung in der Kostenrechnung).
- **Nach der Bewertungsbasis:** Abschreibung vom Anschaffungswert oder Abschreibung vom Tageswert.
- **Nach dem Ausgangswert:** Abschreibung vom ursprünglichen Anschaffungs- oder Tageswert oder Abschreibung vom Buchwert.
- **Nach der Bemessung (Abschreibungsmethode):** zeitabhängige Abschreibung, lineare Abschreibung (gleichbleibende Quoten), degressive Abschreibung (fallende Quoten), progressive Abschreibung (steigende Quoten), leistungsabhängige Abschreibung (nach der Beanspruchung der Anlage, z. B. nach der Fahrleistung bei Lastwagen oder bei nicht erneuerbaren Ressourcen wie Kiesgruben).
- **Kombination von Abschreibungsmethoden** (z. B. geometrisch-degressive Abschreibung mit Übergang auf lineare Abschreibung).

Die Festlegung der Abschreibungsmethode, der Abschreibungsdauer und eines Restwertes liegen im Ermessen des Unternehmens. Sofern Veränderungen von planmässigen Abschreibungen festgelegt werden müssen, sind die Auswirkungen im Anhang darzulegen, um die Stetigkeit zu wahren.

Bei **linearer Abschreibung (straight-line)** werden die Anschaffungs- oder Herstellungskosten gleichmässig auf die betriebsübliche Nutzungsdauer verteilt. Der jährliche Abschreibungsbetrag wird ermittelt, indem die Anschaffungs- bzw. Herstellungskosten durch die Zahl der Jahre der Nutzung dividiert werden. Verbleibt am Ende der Nutzungsdauer ein erwähnenswerter Restwert (Schrottwert), so wird dieser bei der Berechnung der jährlichen Abschreibungsbeträge berücksichtigt. Die lineare Abschreibung weist dem abzuschreibenden Anlagevermögensgegenstand Jahr für Jahr gleichbleibende Wertverminderung durch Abnutzung zu. Diese Annahme ist jedoch unrealistisch. Berücksichtigt man anfallende Reparaturkosten, stellt sich ein zusätzliches Problem. Diese treten vor allem gegen Ende der Nutzungsdauer auf und führen zusammen mit dem linearen Abschreibungsbetrag zu einer Höherbelastung gegen Ende der Nutzungsdauer.

Beispiel lineare Abschreibungsmethoden (OR-Abschluss)

Ein Industrieunternehmen in der Holzverarbeitung erwirbt eine Maschine im Wert von CHF 98'000. Dabei wird ein Altmaterialwert von CHF 5'000 geschätzt. Die Nutzungsdauer beträgt sechs Jahre.

Nach der lineare, konstante Abschreibungsmethode ergibt sich wie folgt:

$$\frac{(98'000 - 5'000)[\text{CHF}]}{6\ [\text{Jahre}]} = 15'500$$

Jahr 1	CHF 15'500
Jahr 2	CHF 15'500
Jahr 3	CHF 15'500
Jahr 4	CHF 15'500
Jahr 5	CHF 15'500
Jahr 6	CHF 15'500
Total	CHF 93'000

In den verschiedenen Jahren ist die Abschreibung konstant und erhöht die Planbarkeit der künftigen Kosten. Allerdings entspricht diese Form der Abschreibung nur teilweise der ökonomischen Realität, da die Belastung und Beanspruchung der Maschine unterschiedlich erfolgen kann.

Bei der **geometrisch-degressiven Methode (double declining)** stellen die Abschreibungsbeträge eine abnehmende geometrische Reihe dar, die in der wichtigsten Form der Buchwertmethode durch einen gleichbleibenden Abschreibungsprozentsatz vom jeweiligen Restwert zustande kommt. Buchhalterisch ergibt sich anhand der Anlagekartei bei geometrisch-degressiver Abschreibung folgende Entwicklung des Buchwertes. Die Abschreibungshöhe ergibt sich als Resultat eines prozentualen Wertes vom Buchwert, folglich sinken die Abschreibungsbeträge jährlich. Berücksichtigt man zudem die steigenden Reparaturkosten gegen Ende der Nutzungsperiode, führt dies zu einer gleichmässigen Belastung.

Beispiel geometrisch-degressive Abschreibungsmethode (OR-Abschluss)

Ein Industrieunternehmen in der Holzverarbeitung erwirbt eine Maschine im Wert von CHF 98'000. Dabei wird ein Altmaterialwert von CHF 5'000 geschätzt. Die Nutzungsdauer beträgt sechs Jahre.

Der Abschreibungssatz für die geometrisch-degressive Methode ergibt sich aus folgender Formel:

$$q = 100 \times \left(\frac{5'000}{98'000}\right)^{1/6} = 39.1\%$$

Nach der geometrisch-degressiven Methode ergeben sich folgende Werte (ausgehend vom Bruttobetrag aufgrund der Berücksichtigung des Restwertes in der Formel):

Jahr 1: 38'318 CHF (98'000 x 39.1%)
Jahr 2: 23'335 CHF (59'682 x 39.1%)
Jahr 3: 14'211 CHF (36'347 x 39.1%)
Jahr 4: 8'655 CHF (22'136 x 39.1%)
Jahr 5: 5'271 CHF (13'480 x 39.1%)
Jahr 6: 3'210 CHF (8'209 x 39.1%)
Summe: 93'000 CHF

Die arithmetisch-degressive Abschreibungsmethode führt zu unterschiedlichen Belastungen in den verschiedenen Jahren. Zu Beginn sind die Abschreibung hoch und in den kommenden Jahren fallen die Abschreibungen entsprechend.

Die Buchwerte werden in den ersten Jahren stark und in den Folgejahren weniger stark reduziert.

Bei der **arithmetisch-degressiven Methode (double declining)** vermindern sich die jährlichen Abschreibungsquoten stets um den gleichen Betrag. Ansonsten gelten die Charakteristika der geometrisch-degressiven Abschreibung. Ein Sonderfall der arithmetisch-degressiven Abschreibung ist die digitale Abschreibung (years' digit method). Der abzuschreibende Betrag wird durch die Summe der Jahresziffern dividiert. Die jährlichen Abschreibungssätze ergeben sich aus dem Quotienten der noch verbleibenden Nutzungsdauer und der Summe der Jahresziffern. Er kann auch durch Multiplikation des Degressionsbeitrages mit den Jahresziffern in umgekehrter Reihenfolge berechnet werden.

Beispiel arithmetrisch-degressive Abschreibungsmethode (OR-Abschluss)

Ein Industrieunternehmen in der Holzverarbeitung erwirbt eine Maschine im Wert von CHF 98'000. Dabei wird ein Altmaterialwert von CHF 5'000 geschätzt. Die Nutzungsdauer beträgt sechs Jahre.

Für die arithmetrisch-degressive Methode ist der konstante Degressionsbetrag zu bestimmen:

$$d = \frac{2 \times (98'000-5'000)}{6 \times (6+1)} = 4'429 \text{ (oder } \frac{93'000}{21}\text{)}$$

Daraus ergeben sich die jährlichen Abschreibungen mit Hilfe der Multiplikation der gekehrten Jahreszahlen:
Jahr 1: 26'571 CHF (6 x 4'429)
Jahr 2: 22'143 CHF (5 x 4'429)
Jahr 3: 17'714 CHF (4 x 4'429)
Jahr 4: 13'286 CHF (3 x 4'429)
Jahr 5: 8'857 CHF (2 x 4'429)
Jahr 6: 4'429 CHF (1 x 4'429)
Summe: 93'000 CHF

In den ersten Jahren sind die Abschreibungen deutlich höher als in den Folgejahren. Hingegen werden auch in den ersten Jahren die Buchwerte stärker als in den Folgejahren reduziert.

In der Praxis ist die degressive Abschreibungsmethode weit verbreitet, da die steuerrechtliche Abschreibungspolitik sich fast ausschliesslich von degressiven Sätzen vom Buchwert ausgeht (Tax driven accounting).

Bei der **leistungsbezogenen Abschreibungsmethode (Gebrauchsabschreibung, performanced-based)** wird nicht die Zeit geschätzt, auf die die Anschaffungs- oder Herstellungskosten zu verteilen sind, sondern die mögliche Leistungsabgabe. Es wird versucht, eine Skalierung für den Verbrauch, z. B. gefahrene km/Jahr bei Fahrzeugen, Betriebsstunden/Jahr bei einer Maschine, bearbeitete Menge, zu erstellen. Die Anschaffungs- oder Herstellungskosten werden durch die geschätzte Zahl der mit dem Anlagegut zu bearbeitenden Produkte oder der möglichen Laufstunden einer Anlage dividiert. Auf diese Weise ergibt sich der Abschreibungsbetrag je Produktionseinheit oder Maschinenstunde. Der Abschreibungsbetrag hängt somit proportional vom Beschäftigungsgrad ab, weshalb dieses Verfahren insbesondere für die Kostenrechnung als vorteilhaft betrachtet wird. Gängig ist auch die Bezeichnung als leistungsproportionale Abschreibung. Bei Investitionen in nicht erneuerbare Ressourcen ist sie unter Swiss GAAP FER zwingend anzuwenden (FER 18/24).

Beispiel leitungsorientierte Abschreibungsmethode (OR-Abschluss)

Ein Industrieunternehmen in der Holzverarbeitung erwirbt eine Maschine im Wert von CHF 98'000. Dabei wird ein Altmaterialwert von CHF 5'000 geschätzt. Die Nutzungsdauer beträgt sechs Jahre.

Für die leistungsbezogene Abschreibungsmethode sind entsprechende Leistungsdaten notwendig. Es werden folgende Leistungsdaten für die kommenden sechs Jahre geschätzt, wobei sich die zu festlegende Abschreibung jeweils aus der Division aus dem Abschreibungsbetrag und der geschätzten Totalleistung (93'000 CHF / 7'500 000) ergibt, die mit der jährlichen Leistung am Ende zu multiplizieren ist:

Jahr	Geschätzte Leistung in Metern	Abschreibungsbetrag
1	1'300 000	16'120 CHF
2	1'000 000	12'400 CHF
3	1'700 000	21'080 CHF
4	700'000	8'680 CHF
5	1'200 000	14'880 CHF
6	1'600 000	19'840 CHF
Total	7'500 000	93'000 CHF

Die leistungsbezogene Abschreibung führt zu jährlichen Schwankungen in den Abschreibungen. Allerdings deckt diese Variante am ehesten die wirtschaftliche Leistungsfähigkeit und Benutzung von Positionen des Anlagevermögens ab.

Das Rechnungslegungsrecht schreibt keine Abschreibungsmethode vor und verbietet auch keine. Swiss GAAP FER lässt die Wahl zwischen der linearen, der degressiven und der leistungsproportionalen Abschreibung zu (FER 18/24). Lediglich der Vollständigkeit halber sei auch der Begriff der Einmalabschreibung (Sofortabschreibung auf einen »Memoriafranken«) angeführt: Im Anschaffungsjahr wird das Objekt auf den »Erinnerungsfranken« oder auf den voraussichtlichen Liquidationserlös abgeschrieben. Die Zulässigkeit der Einmalabschreibung ist im handelsrechtlichen Jahresabschluss jedoch umstritten. Nicht vereinbar ist sie auf jeden Fall mit einem Jahresabschluss nach True and Fair View, wie er für börsenkotierte Gesellschaften vorgeschrieben ist. Abschreibungen erscheinen als jährlicher Aufwand in der Erfolgsrechnung und bei Anwendung des Bruttoprinzips in der Bilanz vom Anschaffungsjahr bis zum Abgang des Anlagegegenstandes kumuliert unter Wertberichtigungen (indirekte Abschreibungen). Beim Umsatzkostenverfahren entfällt der gesonderte Ausweis, indem die Abschreibungen den einzelnen Bereichen Produktion (Herstellungskosten), Verwaltung und Vertrieb zuzuordnen sind. Wertverminderungen, welche nicht durch Nutzung bzw. einen systematischen Wertverzehr verursacht werden (Verluste aus Wertbeeinträchtigungen, Impairment of Assets, vgl. FER 20), sind durch gezielte, einmalige Wertkorrekturen zu erfassen.

Bei den börsenkotierten Gesellschaften ergeben sich folgende Medianwerte (Abschlüsse nach IFRS) für die verschiedenen Sachanlagepositionen:[247]

- Betriebseinrichtungen 7 Jahre
- Mobiliar 6 Jahre
- Fahrzeuge 5 Jahre
- Gebäude 32 Jahre
- Maschinen 10 Jahre
- Software 4 Jahre
- Marken 11 Jahre
- Informationstechnologie 4 Jahre

Offenbar ändern die börsenkotierte Unternehmen ihre bisherige Abschreibungsmethode in nur sehr geringen Ausmass.

5.3.2.9 Finanzaufwand und Finanzertrag

Der Finanzaufwand umfasst:

- Zinsaufwand samt Kommissionen und Spesen auf Bankschulden,
- Zinsaufwand auf Darlehens- und Anleihensschulden,
- Zinsaufwand auf Hypothekarschulden für betrieblich genutzte Liegenschaften (sofern keine gesonderte Liegenschaftserfolgsrechnung geführt wird),

247 Passardi/Gisler, Abschreibungspraxis für Sachanlagen und immaterielle Anlagen gemäss IFRS, in EF: 2020/9, S. 590.

- realisierte und nicht realisierte Wertverminderungen auf Wertschriften, Wertkorrekturen auf Finanzanlagen,
- Zinsaufwand auf den Kapitaleinlagen der Gesellschafter (bei Personengesellschaften),
- Verluste aus derivativen Finanzinstrumenten.

Umstritten ist die Behandlung der Skontoabzüge von Debitoren. Sie können als Erlösminderung betrachtet werden und in die Warenrechnung eingeschlossen werden, während sie auch Bestandteil des Kapitalaufwandes darstellen können. Werden Skontoabzüge auf Lieferantenfakturen als Kapitalertrag (Zinsertrag) betrachtet, ist es hingegen nur logisch, die von Forderungen aus Lieferungen und Leistungen vorgenommenen Skontoabzüge als Kapitalaufwand zu erfassen. Der Kontenrahmen KMU sieht als Variante die Skontoabzüge ebenfalls als Teil des Finanzergebnisses vor. Sowohl die Einräumung eines Skontoabzuges an Kunden wie auch die Ausnützung der Lieferantenskonti sind finanzwirtschaftliche Entscheidungen, welche untrennbar mit der Liquiditätssituation der Unternehmung verbunden sind.

Unter die Sammelposition Finanzertrag können fünf Arten von Erträgen fallen:

- **Erträge aus Beteiligungen:** Darunter fallen nur die Gewinnausschüttungen, nicht aber allfällige Gewinne aus der Veräusserung von Beteiligungen. Diese sind als Gewinne aus Veräusserungen von Anlagevermögen gesondert auszuweisen. Kontrovers ist die Frage, wie der Ertrag aus veräusserten Bezugsrechten zu behandeln ist. Theoretisch handelt es sich um eine Teilveräusserung und der Ertrag ist als Kapitalgewinn zu betrachten und nicht mit den laufenden Erträgen zu vermengen. In der deutschen Lehre wird deshalb die Verbuchung als Beteiligungsertrag abgelehnt. In der schweizerischen Praxis werden Bezugsrechtserlöse – ungeachtet der theoretischen Bedenken – wie Dividendenausschüttungen behandelt. Im handelsrechtlichen Einzelabschluss darf eine Wertzunahme der Beteiligung, wie sie beispielsweise durch zurückbehaltene Gewinne entsteht, nicht erfasst werden. Im Konzernabschluss hingegen umfasst der Ertrag aus Beteiligungen auch den Gewinnanteil an nach der Equity-Methode erfassten assoziierten Gesellschaften.
- **Zinsen aus dem Finanzanlagevermögen** (Darlehen, Aktivhypotheken usw.).
- **Erträge aus den Wertschriften des Umlaufvermögens** (Zinsen, Dividenden, realisierte und bei Bilanzierung der Wertschriften zu Marktwerten, nicht realisierte Kursgewinne).
- **Sonstige Zinserträge** (Bankguthaben, Geldmarktanlagen, beanspruchte Lieferantenskonti, sofern nicht unter Aufwandminderungen erfasst).
- **Verkehrswertanpassungen** derivativer Finanzinstrumente.

Wichtig ist, dass der Finanzertrag bzw. -aufwand nicht verrechnet werden darf, sondern einzeln in der Erfolgsrechnung ausgewiesen werden muss.

5.3.2.10 Betriebsfremder Aufwand und betriebsfremder Ertrag

Diese Begriffe sind mit der OR-Revision 1991 ins Rechnungslegungsrecht eingeführt worden (aOR 663) und waren schon damals nicht klar von den betrieblichen Positionen abzugrenzen. Zum betriebsfremden Ergebnis gehören Aufwendungen und Erträge, welche sich klar von der betrieblichen Haupttätigkeit unterscheiden, wie die Aufwendungen und Erträge aus nicht betrieblichen Sachanlagen (FER 3/9, Ziff. 21) und nicht betriebsnotwendigen Beteiligungen z. B. einer unternehmenseigenen Hotel AG eines Maschinenbaukonzerns oder der Besitz von Renditeliegenschaften eines Konzerns.[248]

Beispiel verschiedenartige Geschäftsbereiche als Unternehmensstrategie Säntis Schwebebahn AG (OR, 2018, in TCHF)

Verkehrsertrag	6'051
Ertrag Gastronomie	12'499
Liegenschaften	814
Total	**19'364**

Der Betrieb der Schwebebahn – der ursprüngliche Unternehmenszweck – erzielt nur einen Drittel des Betriebsertrags des Unternehmens. In den letzten Jahren wurde der Gastronomiebetrieb (Hotel, Gaststätten) markant verstärkt. Die Rechnungslegung nach OR verzichtet auf die Position 8 des Gliederungsschemas und ebenso auf die nicht zwingende detaillierte Erfolgsrechnung für die beiden Hauptbereichen.

Bei der Abgrenzung der betriebsfremden von den betrieblichen Geschäftstätigkeiten besteht ein Ermessensspielraum. Verschiedene Tätigkeiten, welche auf den ersten Blick als betriebsfremd erscheinen, sind Teil der Strategie des Gesamtunternehmens[249] (Betrieb eines Tea Rooms durch eine Konditorei, Gastronomische Betriebe bei Bergbahn-Unternehmen, Casino AG einer Hotelbetriebs-AG).[250] Die Ergebnisse solcher Geschäftsbereiche sind deshalb als betrieblich zu betrachten.

248 Beispiel aus der Praxis: Die Beteiligung wurde inzwischen im Zusammenhang mit einer Strukturbereinigung des Konzerns veräussert.

249 Aus der Sicht der Adressaten ist eine Teilerfolgsrechnung für diese Nebenbetriebszweige im Geschäftsbericht erwünscht, wobei der Saldo in die Erfolgsrechnung des Gesamtunernehmens übertragen wird.

250 Pfaff/Ganz/Stenz/Zihler, Kommentar zu OR 959b, Anmerkung 84, S. 387.

5.3.2.11 Ausserordentlicher, einmaliger, periodenfremder Aufwand und Ertrag

Das Rechnungslegungsrecht kennt im Gegensatz zu den internationalen Normen (EU-Richtlinie 2013, IFRS) besondere Positionen für »aussergewöhnlich Vorgänge«. Auch für diese Position besteht für die Zuordnung ein Ermessensspielraum. Nach einheitlichen Merkmalen unterscheiden sich die drei Kategorien wie folgt (▶ Tab. 5).[251]

Tab. 5: Ausserordentlicher, einmaliger und periodenfremder Aufwand und Ertrag

Beschreibung	ausserordentlich	einmalig	periodenfremd
ausserhalb der Geschäftstätigkeit im Berichtsjahr	Ja	Ja	Ja
ausserhalb der gewöhnlichen Geschäftstätigkeit	Ja	Ja	Nein
erwartungsgemäss wiederkehrend	Nein	Nein	Ja
wesentlich (entscheidungsrelevant)	Ja	Ja	Ja

Ausserordentliche Posten fallen selten an, sind innerhalb des Planungshorizontes nicht wiederkehrend und können daher nicht geplant werden. Sie hängen auch nicht mit dem ordentlichen Geschäftsgang zusammen. Ein erheblicher Schadenfall wegen deliktischer Handlungen oder nicht versicherte Zerstörungen von Vermögenswerten und Wertverluste wegen Enteignung sind solche ausserordentlichen Ereignisse und in der Regel auch einmalig. In grösseren Konzernen sind Aufwendungen bei Umstrukturierungen, Unternehmenszusammenschlüssen (M&A-Aktivitäten), Stilllegungen von Geschäftsbereichen usw. nicht selten und zählen deshalb zum gewöhnlichen Geschäftsgang, weshalb diese bei strenger Auslegung nicht als ausserordentlich gelten. Auch die Darstellung der Erträge von aufgelösten Rückstellungen, z. B. für ungewöhnliche Prozessrisiken, welche deutlich zu hoch eingesetzt worden sind, ist in der Praxis nicht einheitlich. Kontrovers ist der Ausweis der Gewinne aus der Veräusserung von Anlagevermögen. Kapitalgewinne aus der Veräusserung von langfristig gehaltenen Sach- oder Finanzanlagevermögen sind als ausserordentlicher oder einmaliger Ertrag auszuweisen. Von Zeit zu Zeit vorkommende Gewinne oder Verluste aus Verkäufen beim Ersatz von Sachanlagen sind dagegen nicht ausserordentlich, sondern übriger betrieblicher Ertrag, bzw. Aufwand.

Periodenfremde Erträge und Aufwendungen sind solche, welche innerhalb der Geschäftstätigkeit auftreten, aber einer früheren Rechnungsperiode zugeord-

251 Pfaff/Ganz/Stenz/Zihler, Kommentar zu OR 959b, Anmerkung 84, S. 387.

net werden müssen, wie Korrekturen von fehlerhaften Schätzungen und Bewertungen oder Erträge aus Versicherungsleistungen für Schäden in früheren Geschäftsjahren.

Aus der Sicht der Rechnungslegungsadressaten ist es wichtig, die im Anhang zwingend offenzulegenden Erläuterungen zu dieser Erfolgsrechnungsposition kritisch zu beurteilen, denn die Praxis zeigt, dass die Aufsichts- und Leistungsorgane zur Schönung der betrieblichen Zwischenergebnisse EBITDA/EBIT immer wieder negative betriebliche Geschäftsfälle aus der gewöhnlichen Geschäftstätigkeit ins ausserordentliche Ergebnis verschieben oder einen Ertrag aus einem einmaligen Ereignis unter ordentlichem Betriebsertrag ausweisen.

Nicht vorgesehen ist im gesetzlichen Gliederungsschema und im Schema Swiss GAAP FER der getrennte Ausweis von Aufwendungen und Erträgen im Zusammenhang mit **nicht fortgeführten Tätigkeiten**. In den Konzernabschlüssen von börsenkotierten grossen Gesellschaften werden diese Positionen aufgeführt.

5.3.2.12 Direkte Steuern

Bei früheren Vorhaben zur Revision des Rechungslegungrechts war der Widerstand aus der Praxis gegen die Offenlegung der Steuern stets kräftig. Die Botschaft 2007 verzichtete deshalb auf den Ausweis von Steuern im Einzel- und im Konzernabschluss nach OR (anders als in den anerkannten Rechnungslegungsstandards). Bei der parlamentarischen Beratung des Entwurfs zum Rechnungslegungsrecht wurde die Position Direkte Steuer jedoch eingefügt. Es handelt sich bei juristischen Personen um die Steuern auf dem Gewinn und (bei den Kantonssteuern) auf dem Kapital sowie Grundstückgewinnsteuern,[252] bei natürlichen Personen um Einkommens- und Vermögenssteuern. Zu erfassen sind die für das Geschäftsjahr zu entrichtenden Steuern, also nicht nur die bezahlten Steuern, weil die Gewinnsteuer gleichzeitig mit der Gewinnerzielung entsteht. Steuerstraf- und -bussen dagegen sind keine direkten Steuern. Wegen der Kapitalsteuer haben die ausgewiesenen direkten Steuern keinen unmittelbaren Bezug zum Jahresergebnis. Nach Swiss GAAP FER 3 sind deshalb in der Erfolgsrechnung betriebswirtschaftlich korrekt nur die Ertragssteuern nach der Position Gewinn/Verlust vor Ertragssteuern auszuweisen.

Im Gegensatz zu Böckli[253] werden in der Praxis betriebswirtschaftlich korrekt die Kapitalsteuern als betrieblicher Aufwand unter »übrige betriebliche Aufwendungen« erfasst.[254] Soll in einem Abschluss nach dem OR-Gliederungsschema die steuerliche Gewinnbelastung ausgewiesen werden, empfiehlt es sich, für die Kapi-

252 HWP, 2014, S. 276. Grundstückgewinnsteuern sind nicht zu verwechseln mit Handänderungssteuern bei Immobilientransaktionen.

253 Böckli, Neue OR-Rechnungslgeung, S. 132.

254 Meyer, Accounting, S. 132. Beispiel aus der Praxis: Geschäftsbericht 2015 Burkhalter-Gruppe. Die mustergültig aufgeschlüsselte Position »Sonstiger betrieblicher Aufwand« enthält auch die Kapitalsteuern.

talsteuern in der Position »Direkte Steuern« einen »Davon«-Vermerk vorzusehen oder den Betrag direkt aufzuteilen.[255]

Beispiel direkte Steuern Vontobel Holding AG (OR, 2014 und 2015; in TCHF)

Direkte Steuern	**2014**	**2015**
Ertragssteuern	0.0	3.0
Kapitalsteuern	0.4	0.4
	0.4	3.4
Veranlagung Stand	2012	2012

In der Rechnungslegung nach Swiss GAAP FER sind aufgrund der Bewertung nach True and Fair View besondere Normen für den Ausweis der Ertragssteuern vorgesehen, welche auch für Kern-FER anwendbar sind. Aus den Bewertungsdifferenzen zwischen dem FER-Abschluss und dem Abschluss nach OR sind zusätzlich zu den laufenden Steuern latente Ertragssteuern zu berücksichtigen.

Latente Steuern sind wiederkehrende jährliche Gewinnsteuern, welche auf den Wertzuwachs auf Anlagevermögen und bei besonderen Steuern andere stille Reserven, die nicht auf den Buchwert abstellen (kantonale Grundstückgewinnsteuern) entstehen. Diese sind im Einzelabschluss – nicht aber im Konzernabschluss – von geringer Bedeutung.

Der laufende Ertragssteueraufwand wird in der Erfolgsrechnung in der Position »Ertragssteuern« ausgewiesen. Verpflichtungen aus laufenden Ertragssteuern werden in der Bilanz unter der Position »übrige kurzfristige Verbindlichkeiten« ausgewiesen.

Die Bewertungsdifferenz zwischen den steuerlich massgebenden Werten und den Werten der Finanzbuchhaltung werden systematisch ermittelt. Darauf werden die latenten Steuereffekte berücksichtigt. Für latente Steuern werden Rückstellungen über die Position »Steuern« gebildet und im Rückstellungsspiegel offengelegt. Im Einzelabschluss ist es unzulässig, latente Steuerguthaben, die über die Verrechnung mit dem Gewinn der laufenden Steuerperiode hinausgehen, zu aktivieren (Verstoss gegen das Anschaffungskostenprinzip).[256]

Beispiel Jungfraubahn Holding AG (Konzernabschluss nach Swiss GAAP FER, in TCHF)

Ertragssteuern	**2018**	**2017**
Ertragssteuern	13'999	12'335
latente Steuern	863	969
Total	**14'862**	**13'304**

255 Pfaff/Ganz/Stenz/Zihler, Kommentar zu OR 959b, Anmerkung 93, S. 389.

256 HWP, 2014, S. 224.

Eine besondere Bedeutung haben latente Ertragssteuern in der Konzernrechnung. Verlustvorträge von Tochtergesellschaften können mit zukünftigen Gewinnen verrechnet werden und führen zu aktiven latenten Ertragssteuern. Auf Grund der Vorsicht werden diese jedoch nicht genutzt und keine Aktivierung vorgenommen. Ihr Umfang wird jedoch offengelegt.

5.2.3.13 Jahresgewinn oder Jahresverlust

Als Saldo der in den vorangehenden Positionen ausgewiesenen Aufwendungen und Erträge ergibt sich als Saldo der Jahresgewinn oder Jahresverlust.

Sowohl im Gliederungsschema der Erfolgsrechnung wie der Bilanz fehlt der mit dem OR 1991 eingeführte Begriff des **Bilanzgewinns/Bilanzverlusts**, bestehend aus dem Jahresergebnis und dem Gewinn-/Verlustvortrag aus früheren Jahren. Er wird in der Praxis weiterhin getrennt ausgewiesen und ist Bestandteil der freiwilligen Gewinnreserve.[257]

5.4 Gesetzliche Mindestgliederung der Absatzerfolgsrechnung (Umsatzkostenverfahren)

5.4.1 Überblick

In Übereinstimmung mit den internationalen Rechnungslegungsstandards (z. B. IAS 1/101 ff.) und ausländischen Rechtsordnungen (z. B. EU-RL 2013/34) sieht das Rechnungslegungsrecht durch ein Wahlrecht die Gestaltung der Erfolgsrechnung nun auch mit dem Umsatzkostenverfahren vor. Die Mindestgliederung nach OR 959 b III sieht folgendes Gliederungsschema vor:

1. Nettoerlöse aus Lieferungen und Leistungen,
2. Anschaffungs- oder Herstellungskosten der verkaufen Produkte und Leistungen,
3. Verwaltungsaufwand und Vertriebsaufwand,
4. Finanzaufwand und Finanzertrag,
5. betriebsfremder Aufwand und betriebsfremder Ertrag,
6. ausserordentlicher, einmaliger und periodenfremder Aufwand und Ertrag,
7. direkte Steuern,
8. Jahresgewinn oder Jahresverlust.

Beim Umsatzkostenverfahren sind zusätzlich im Anhang (OR 959b IV) auszuweisen:

257 Böckli, Neue OR-Rechnungslegung, S. 105.

- Personalaufwand (wie Gesamtkostenverfahren),
- Abschreibungen und Wertberichtigungen auf Positionen des Anlagevermögens (wie Gesamtkostenverfahren).

Das gesetzliche Mindestgliederungsschema ist im Vergleich zum HGB lückenhaft. Es fehlen die sonstigen Erträge, die ausserplanmässigen Abschreibungen auf Sachanlagen und immateriellen Vermögenswerte.

Die veröffentlichten konsolidierten Abschlüsse nach dem Umsatzkostenverfahren zeigen, dass das gesetzliche Gliederungsschema zur Erhöhung der Transparenz um verschiedene vom OR nicht vorgesehene Posten erweitert wird. Die Position 1 (Nettoerlös aus Lieferungen und Leistungen) und die Nummern 4 bis 8 stimmen in der Bezeichnung und im Inhalt mit jenen der Produktionserfolgsrechnung überein. Die Darstellung der gesetzlichen Positionen gilt deshalb auch für diesen Erfolgsrechnungstyp. Zu erläutern sind deshalb nur die Ziffern 2 und 3.

5.4.2 Anschaffungs- und Herstellungskosten der verkauften Produkte und Leistungen

Die Anschaffungskosten beziehen sich auf die fremdbezogenen Waren und Dienstleistungen. Die Herstellkosten weisen einen Bezug zur Produktion von Waren und Dienstleistungen auf. Sie bilden den Wertschöpfungsprozess eines Unternehmens ab.

5.4.3 Vertriebs- und Verwaltungskosten

Ein beträchtlicher Teil dieser Kosten wird im Gesamtkostenverfahren unter dem übrigen betrieblichen Aufwand erfasst.

5.4.4 Übriger betrieblicher Aufwand und Ertrag

Es ist möglich, dass sich einzelne Aufwendungen nicht eindeutig der Herstellung, dem Vertrieb oder der Verwaltung zuordnen lassen. Es wird deshalb empfohlen, eine zusätzliche Position »Übriger betrieblicher Aufwand und Ertrag« vorzusehen,[258] z. B. für Verluste aus dem Abgang von Anlagevermögen, Bildung von Rückstellungen mit dem Charakter von stillen Reserven, Wertberichtigungen auf Finanzanlagen und Beteiligungen, welche nach dem Gesamtkostenverfahren unter dieser Position erfasst werden und die im Umsatzkostenverfahren nicht ausgewiesen werden.

---

258 Pfaff/Ganz/Stenz/Zihler, Kommentar zu OR 959b, Anmerkung 103, S. 392.

5.5 Gliederung nach betriebswirtschaftlichen Kriterien und Branchenerfordernissen

Die neueren Rechnungslegungsvorschriften berücksichtigen weitgehend die von der betriebswirtschaftlichen Lehre entwickelten Kriterien zu einer aussagekräftigen, auf die Informationsbedürfnisse der Unternehmen und der Rechnungslegungsadressaten abgestimmten Gestaltung der Erfolgsrechnung. Die Trennung aller ausserbetrieblichen und ausserordentlichen Aufwendungen und Erträge vom Aufwand und Ertrag des eigentlichen (gewöhnlichen) Geschäftsbetriebs war im Kontenrahmen Käfer schon seit über vier Jahrzehnten vorgeschlagen,[259] bis diese 1991 für alle Aktiengesellschaften vorgeschrieben wurde. Eine verfeinerte Gliederung der Erfolgsrechnung sieht der Kontenrahmen KMU vor, indem er in der Klasse 3 betrieblicher Ertrag aus Lieferungen und Leistungen die Erlöse aus Lieferungen und Leistungen nach drei Geschäftsbereichen (Produktion, Handel, Dienstleistungen) und zusätzlich die Nebenerlöse wie Erlöse aus Lizenzen, Verkauf von Abfällen, Roh- und Hilfsmaterial) getrennt erfasst und ausweist.[260]

Eine Autobahnraststätte kann z. B. den Erlösen aus ihren drei Geschäftsbereichen Gastronomie/Shop/Treibstoff die direkten Aufwendungen für Material, Waren, Dienstleistungen und Personalaufwand gegenüberstellen und das Bruttoergebnis für jeden Bereich ermitteln. Abweichungen vom gesetzlichen Gliederungsschema sind vom Gesetzgeber ausdrücklich vorgesehen, »sofern dies aufgrund der Tätigkeit des Unternehmens üblich ist«. Es handelt sich dabei insbesondere um Besonderheiten der Wirtschaftszweige (OR 958c III).

In der Hotellerie, bei Transportunternehmen, in landwirtschaftlichen Betrieben sind branchenspezifische Konten zu führen. Grundlegende Abweichungen bei Banken oder Versicherungen erfordern eigenständige Normen des Gesetzgebers, z. B. für Banken (BankG und BankV) und daraus abgeleitet die detaillierten Rechnungslegungsvorschriften für Banken, Effektenhändler, Finanzgruppen und -konglomerate,[261] Versicherungen und von Standardsettern.[262]

Verschiedene Unternehmen legen für klar abgegrenzte Geschäftsbereiche getrennte Erfolgsrechnungen bis zur Stufe EBITDA vor, insbesondere Transportunternehmen mit angeschlossenem Gastronomiebetrieb (z. B. Bergbahn Adelboden, Niesenbahn) offen.

259 Käfer, Kontenrahmen für Gewerbe, Industrie und Handelsbetrieb. 1. Auflage, (1947), nach zehn Auflagen durch den Kontenrahmen KMU abgelöst.

260 Kontenrahmen KMU, S. 124 ff.

261 Rundschreiben FINMA 2015/1.

262 Swiss GAAP FER 21 (NPO), 26 (Vorsorgeeinrichtungen), 41 (Gebäude- und Krankenversicherungen).

Gliederung der Erfolgsrechnung einer reinen Holding-Gesellschaft Biella – Neher Holding AG (OR, 2015, in TCHF)

Ertrag	
Dividendenertrag	4'320
Lizenzertrag	145
Finanzertrag	2'116
Management Fees	1'388
Übriger betrieblicher Ertrag	730
Aussserordentlicher Ertrag	2'057
Total Ertrag	**10'756**
Aufwand	
Finanzaufwand	5'578
Personalaufwand	1'561
Übriger betrieblicher Aufwand	927
Abschreibung immaterielles Anlagevermögen	110
Abschreibung Finanzanlagen	8'215
Total Aufwand	**16'391**
Verlust vor Steuern	5'635
Gewinnsteuern	0
Jahresverlust	**5'635**

Das Ergebnis der Erfolgsrechnung der Holding ist wesentlich schlechter als jenes der Gruppe, welche 2015 einem gegenüber dem Vorjahr deutlich verbesserten Konzerngewinn von TCHF 1'987 ausweist. Die Ursache für das ungenügende Holdingergebnis sind notwendige Wertkorrekturen auf ausländischen Beteiligungen und Darlehen (Währungsverluste auf Euro und PLN sowie RON).

Abweichungen vom gesetzlichen Gliederungsschema sind (OR 959b V) aus unternehmungsspezifischen Gründen bei der Rechnungslegung von reinen Holdinggesellschaften ohne eigene Tätigkeit in Produktion, Handel oder Dienstleistungen für Dritte notwendig.

5.6 Verbuchung des Unternehmensergebnisses

5.6.1 Grundsätzliches

Im Jahresergebnis als Oberbegriff werden positive Kennzahlen als **Gewinn**, negative Kennzahlen als **Verlust** bezeichnet.[263] Es handelt sich um die massgebliche Grösse zur Beurteilung der wirtschaftlichen Leistungsfähigkeit eines Unternehmens oder dessen Teileinheiten sowie von Unternehmensgruppen (Konzern). Sie wird in der Jahresrechnung (OR 958 II) durch Aufstellung der Erfolgsrechnung ermittelt.[264] Unterjährige Rechnungsperioden (Monats-, Quartals- und Semesterergebnisrechnungen) sind in der internen Rechnungslegung mit einer anderen als der handelsrechtlichen Zielsetzung gebräuchlich. Halbjahresabschlüsse von börsenkotierten Gesellschaften betreffen nur den Konzern. Semestereinzelabschlüsse der Obergesellschaft müssen nicht erstellt und veröffentlicht werden.

Der Jahresgewinn als Überschuss der Erträge über die Aufwendungen bewirkt die Erhöhung des Eigenkapitals, welches betriebswirtschaftlich den zukünftigen Geld-, Güter- und Leistungsabgängen an die Unternehmenseigentümer entspricht.[265] Die Darstellung des Eigenkapitals in der Bilanz und seine Veränderungen durch das Geschäftsergebnis in der Bilanz hängt von der Rechtsform des rechnungslegungspflichtigen Unternehmens ab (OR 959v II).

5.6.2 Verbuchung bei Personenunternehmen

Personenunternehmen (Kollektiv- und Kommanditgesellschaft) und Einzelunternehmen zeichnen sich dadurch aus, dass eine persönliche und unbeschränkte Haftung für die Verbindlichkeiten des Unternehmens besteht.

Im Einzelunternehmen wird für den Unternehmer in der Regel ein Eigenkapitalkonto (Konto Kapital) und als Unterkonto des Eigenkapitals ein Privatkonto geführt.[266] Über dieses Privatkonto werden Kapitalbezüge für den privaten Gebrauch des Einzelunternehmers verbucht. Ein Jahresgewinn erhöht, ein Jahresverlust vermindert das Eigenkapital. Wegen der persönlichen Haftung des Unternehmenseigentümers erübrigen sich besondere Eigenkapitalschutzbestimmungen zu Gunsten der Gläubiger.

Bei den **Kollektivgesellschaften** leisten die Gesellschafter die vertraglich festgelegten Kapitaleinlagen, welche jedoch keine feste Grösse darstellen – vergleich-

263 Das deutsche Recht verwendet anstelle von Jahresgewinn/Jahresverlust die Begriffe Jahresüberschuss/Jahresfehlbetrag (HGB 266).

264 Die zuverlässige Beurteilung setzt allerdings voraus, dass es sich beim ausgewiesenen Jahresergebnis um den nach allgemein anerkannten betriebswirtschaftlichen Grundsätzen ermittelten Betrag handelt.

265 Meyer, Accounting, S. 34.

266 Käfer, Kommentar zu aOR 958, Anmerkung 578, S. 762.

bar mit dem Grundkapital einer Kapitalgesellschaft – und deshalb auch nicht im Handelsregister eingetragen werden. Auch die Ansprüche der Gesellschafter auf Honorar, Zins auf Kapitalanlagen und Gewinn-/Verlustanteile sind in der Regel im Gesellschaftervertrag geregelt. Nicht nur das Honorar, sondern auch die Zinsen auf den Kapitaleinlagen sind unabhängig vom Geschäftsergebnis auszuzahlen. Wenn nichts anderes vereinbart worden ist, erhöhen die Gewinnanteile der Gesellschaft die Kapitaleinlagen. Sind die Kapitaleinlagen durch Verluste vermindert, sind zuerst allfällige Gewinne zum Verlustausgleich zu verwenden (OR 560 I).

Die **Kommanditgesellschaft** ist eine Abart der Kollektivgesellschaft,[267] mit im Vergleich zu diesem neuen Typ von Gesellschaftern, den Kommanditären, welche ausschliesslich mit einer im Handelsregister eingetragenen Kommanditsumme, welche dem Höchstbetrag der Haftung des Kommanditärs entspricht. Für die Ergebnisverwendung ist OR 611 wichtig. Eine Verzinsung der Kommanditsumme ist nur möglich bei einem Ertragsüberschuss der Erfolgsrechnung, welcher grössenmässig mindestens dem Zinsanspruch entspricht.

5.6.3 Verbuchung bei Kapitalgesellschaften

5.6.3.1 Verbuchung des Jahresgewinns

Ein wichtiges Anliegen des Gesetzgebers ist im Interesse der Gläubiger bei den Kapitalgesellschaften der Schutz des Eigenkapitals, nicht nur im Zusammenhang mit der Kapitalaufbringung, sondern auch im Hinblick auf Eigenkapitalentnahmen durch Kapitalrückzahlung und insbesondere durch Gewinnausschüttungen. Für die Gesellschaft mit beschränkter Haftung (GmbH) sind, unabhängig von ihrer besonderen personenbezogenen Ausgestaltung als Kapitalgesellschaft, die Vorschriften über die Reserven die Bestimmungen des Aktienrechts anwendbar (OR 801). Damit ist auch die Ergebnisverwendung gleich wie bei der Aktiengesellschaft (AG) geregelt. Wegen des geringeren Mindestgrundkapitals ist die GmbH im Vergleich zur AG die bevorzugte Rechtsform für kleinere Gesellschaften im KMU-Segment mit einer eng begrenzten Zahl von Gesellschaftern. Es ergeben sich deshalb bei der GmbH-Ergebnisverwendung in der Praxis weniger Probleme als bei der Regelung von OR 671, welche für alle Aktiengesellschaften, ungeachtet ihrer Grösse und Kapitalgeberstruktur, gelten. Die folgenden Ausführungen beziehen sich deshalb auf Aktiengesellschaften nach dem Aktienrecht 1991 und die Sonderbestimmungen aus dem Rechnungslegungsrecht über die Reserven (OR 959a II, Ziff. 3).

Ergebnisverwendung bei einer Aktiengesellschaft bedeutet Beschlussfassung der Generalversammlung über den Bilanzgewinn oder -verlust im Rahmen der gesetzlichen Vorschriften.

267 Die Kommanditgesellschaft ist eine Abwandlung der Kollektivgesellschaft (Druey, J.N.: Gesellschafts- und Handelsrecht (Zürich 2010), S. 72).

Die bei der Gewinnverwendung zwingenden Reservezuweisungen waren bei der Revision des Aktienrechts in den 1930er Jahren besonders heftig umstritten. OR 671 wurde wie kaum ein anderer Artikel im Parlament hin und her geschoben. Aus heutiger Sicht muten die damals vorgebrachten Argumente unverständlich an und hatten die »unnötig verwickelten« Bestimmungen über die zwingenden Reservezuweisungen zur Folge.[268] Diese wurden bei der Revision 1991 nur unwesentlich vereinfacht. Die vom Gesetzgeber in OR 671 beabsichtige Einschränkung der Gewinnausschüttungen zur Stärkung der Unternehmenssubstanz ist seit Jahrzehnten nicht mehr zweckmässig und realitätsfremd.

Die in OR 672 normierten statutarischen Reserven sind freiwillige Gewinnreserven. Angesichts der bei Aktiengesellschaften üblichen Bildung von hohen offenen und verdeckten Reserven ist die Bestimmung in der Praxis überflüssig. Dies gilt auch für OR 673 und 674 III.[269] OR 671 schränkt die Gewinnausschüttung durch folgende Vorschriften über zwingende Zuweisungen an die gesetzlichen Reserven ein:

1. **Erste Reservezuweisung**[270]: 5 Prozent des Jahresgewinnes, solange die allgemeine gesetzliche Gewinnreserve nicht 20 Prozent des einbezahlten Aktienkapitals erreicht. Ein allfälliger Bilanzverlustvortrag kann vom Jahresgewinn abgezogen werden. Reicht der Jahresgewinn zum Ausgleich des Bilanzverlustes nicht aus, entfällt die Pflicht zur Reservezuweisung.
2. **Ausschüttung einer Dividende** von 5 Prozent (Grunddividende) auf dem einbezahlten Aktienkapital.
3. **Zweite Reservezuweisung**: 10 Prozent der über eine Dividende von 5 Prozent ausgerichteten Gewinnanteile, solange die allgemeine gesetzliche Gewinnreserve nicht 50 Prozent des einbezahlten Aktienkapitals erreicht.

Die erste Reservezuweisung ist notwendig, weil die gesetzlichen Gewinnreserven noch nicht 20% des Grundkapitals erreichen. Höhere Zuweisungen als das gesetzliche Minimum sind erlaubt. Die zweite Zuweisung an die allgemeinen gesetzlichen Gewinnreserven beträgt 10% der als Gewinnanteil ausgerichteten Beträge, welche nach Ausschüttung einer Grunddividende erfolgen. Zuweisungen an die Personalvorsorgeeinrichtungen und arbeitsrechtliche Gewinnbeteiligungen sind keine Gewinnanteile im Sinn von OR 671 II, Ziff. 3. Als solche gelten die Zusatzdividenden (höhere Beträge als 5%) und falls in den Statuten vorgesehen, die Tantièmen an den Verwaltungsrat oder Ausschüttungen an Genussscheine. Für die zweite Zuweisung gibt es keinen gesetzlichen Höchstbetrag. In der Praxis wird jedoch häufig auf die zweite Zuweisung verzichtet, wenn die Gesellschaft gesetzliche Gewinn- und Kapitalreserven ausweist, welche 50% des Aktienkapitals erreichen. Als Be-

268 Botschaft 1983, Ziff. 324.1, S. 151.

269 In den Statuten von Aktiengesellschaften finden sich in der Regel keine Vorschriften über die Bildung statutarischer Reserven.

270 HWP, 2014, S. 232.

gründung wird angeführt, dass Gewinn- und Kapitalreserven ausgeschüttet werden dürfen, wenn diese 50% des Aktienkapitals übersteigen.

Fiktives Beispiel einer Gewinnverwendung nach OR 671

Von einem Unternehmen, welches einen Einzelabschluss nach OR erstellt, sind folgende Informationen bekannt:

Bilanz (TCHF)

Umlaufvermögen	1'800	Kurzfristiges Fremdkapital	850
Anlagevermögen	1'100	Langfristiges Fremdkapital	1'150
		Aktienkapital	600
		Gesetzliche Gewinnreserven	100
		Freiwillige Gewinnreserven	90
		Gewinnvortrag	10
		Jahresgewinn	100
	2'900		**2'900**

	Jahresgewinn	100
+	Gewinnvortrag	10
=	Bilanzgewinn	110
-	Erste Reservezuweisung 5% vom Jahresgewinn	5
-	5% Grunddividende	30
		75
-	8% Zusatzdividende	48
	Zweite Reservezuweisung (gerundet)	5
=	Gewinnvortrag	22

Die erste Reservezuweisung ist zu vollziehen, da die gesetzlichen Reserven die 20% Zuweisung noch nicht erreicht haben. Auf der Zusatzdividende (auch Superdividende genannt) ist eine Zweitreservenzuweisung zu vollziehen.

Ein Partizipationskapital ist zu behandeln wie das einbezahlte Aktienkapital. Sofern Genussscheine bestehen, sind sie im Antrag für die Gewinnverwendung entsprechend zu berücksichtigen. Eine Ausschüttung kann der Reservezuteilung unterliegen.

Fiktives Beispiel Antrag für Gewinnverwendung mit Genussscheinen (OR)

Von einem Unternehmen, welches einen Einzelabschluss nach OR erstellt, ist bekannt, dass aus einer vergangenen Sanierung 5 000 nennwertlose Genussscheine bestehen. Jeder Genussschein berechtigt zu einem Bezug von maximal

5.00 CHF je Genussschein, sofern eine Dividende von mindestens 6% ausgeschüttet wird. Der Verwaltungsrat beschliesst eine maximale Dividende.

Bilanz (TCHF)

Aktiven		Passiven	
Aktiven	1'970	Kurzfristiges Fremdkapital	500
		Langfristiges Fremdkapital	420
		Aktienkapital	500
		Partizipationsscheine	250
		Gesetzliche Gewinnreserven	200
		Gewinnvortrag	8
		Jahresgewinn	92
	1'970		**1'970**

	Jahresgewinn		92
+	Gewinnvortrag		8
=	Bilanzgewinn		100
–	5% Grunddividende		– 37.5
–		1% Zusatzdividende	– 7.5
–	Genussscheinausschüttung		– 25
–	3% Zusatzdividende		– 22.5
–	Zweite Reservezuweisung (7.5 + 25 + 22.5)		– 5.5
=	Gewinnvortrag		2

Auf eine erste Reservezuweisung kann verzichtet werden, da das gesetzliche Minimum bereits erreicht ist.

Auch in Unternehmensgruppen bezieht sich die Beschlussfassung der Generalversammlung über die Gewinnverwendung auf den Einzelabschluss der Obergesellschaft (Holding). Die entsprechenden statutarischen Vorschriften sind in der Regel sehr knapp.

Beispiel Statutenbestimmung Gewinnverwendung EMS Chemie Holding

Die Generalversammlung beschliesst, unter Vorbehalt der gesetzlichen Bestimmungen über die Verwendung des Bilanzgewinns, insbesondere die Festsetzung der Dividende. Der Verwaltungsrat unterbreitet ihr seine Vorschläge.

Zusätzlich zu den rechtlichen Vorschriften über die Gewinnverwendung sind auch betriebswirtschaftliche Überlegungen anzustellen. In welchem Ausmass sind die erzielten Gewinne einzubehalten, um das Wachstum des Unternehmens durch Selbstfinanzierung sicherzustellen? Welche Ausschüttungsquote erwarten die Aktionäre? Dies kann insbesondere bei Familienaktiengesellschaften von Bedeutung sein, die nicht in der Geschäftsführung vertreten sind.

Weil jede Gewinnausschüttung einen Liquiditätsabgang zur Folge hat, sollte die Zahlungsbereitschaft durch die beschlossene Dividende nur in einem Umfang geschmälert werden, der sich im Hinblick auf den aktuellen Stand und den zukünftigen Mittelbedarf verantworten lässt und zwar aus der Sicht der Obergesellschaft wie auch der Unternehmensgruppe.[271]

OR 671 ist mit der kleinlich anmutenden Grunddividende von 5% und den Prozentsätzen für die Reservezuweisung auf KMU zugeschnitten. Für grössere Gesellschaften ist die Unterscheidung zwischen Grunddividende und Zusatzdividende wegen der in den letzten Jahren vorgenommenen Reduktion der Nennwerte, Aktienkapitalrückzahlungen und Splits mit entsprechend tiefen Aktienkapital bedeutungslos geworden.

Beispiel Gewinnverwendung nach OR Bergbahnen Engelberg-Trübsee-Titlis AG (in TCHF)

	2018	**2017**
Gewinnvortrag	71'033	68'468
Jahresergebnis	12'176	8'206
Zur Verfügung stehende Bilanzgewinn	83'209	76'674

Antrag des Verwaltungsrats für die Gewinnverwendung:

Dividenden 9.40 CHF pro Aktie	- 6'275	- 5'641
Vortrag auf neue Rechnung	76'934	71'033

Der Verwaltungsrat unterbreitet der Generalversammlung einen Antrag über die Gewinnverwendung. Hierzu wird der Bilanzgewinn dargelegt und die Verwendung entsprechend beantragt.

Eine Dividende darf nur in diesen Fällen ausgeschüttet werden, sofern dem Unternehmen keine betriebsnotwendige Liquidität entzogen wird. Sofern die Annahme der Unternehmensfortführung in Zweifel gezogen wird, kann keine Dividende beschlossen werden.

Beispiel Antrag für die Gewinnverwendung APG SGA (Swiss GAAP FER, 2020, in CHF)

3. Verwendung des Bilanzgewinns
Der Verwaltungsrat beantragt, den Bilanzgewinn wie folgt zu verwenden:

271 Zur Ausschüttungspolitik siehe Boemle/Stolz Unternehmungsfinanzierung, S. 471 ff.

Jahresgewinn	68'760 786
Gewinnvortrag	39'486 371
Gewinnvortrag 2019	108'247 157

Aufgrund der gestiegenen Unsicherheit im Zusammenhang mit der Covid-19-Pandemie beantrag der Verwaltungsrat, für das Geschäftsjahr 2019 die Dividendenzahlung auszusetzen und stattdessen den Jahresgewinn 2019 und den Gewinnvortrag auf neue Rechnung vorzutragen.

Weil reine Holdinggesellschaften in der Regel nur wenige Arbeitnehmer beschäftigen,[272] hat der Gesetzgeber von 1936 und 1991 für diese eine weniger strenge Regelung der Reservezuweisungspflicht vorgesehen (OR 671 IV). Nachdem an der Konzernspitze von börsenkotierten Gesellschaften in der Regel bis auf wenige Ausnahmen eine reine Holdinggesellschaft steht, sind die Gewinnverwendungsvorschriften von OR 671 – wenn überhaupt – nur noch für Einzelabschlüsse operativer schweizerischer Tochtergesellschaften relevant. Daher ist die Zweizuweisung bei Holding gesetzlich nicht vorgeschrieben.

Die gesetzlichen Regelungen für die Gewinnverwendung sehen folgende Reformen vor (Entwurf OR 672):

- 5 Prozent des Jahresgewinns sind der gesetzlichen Reserve aus Gewinnen (gesetzliche Gewinnreserve) zuzuweisen. Liegt ein Verlustvortrag vor, so ist dieser vor der Zuweisung an die Reserve zu decken.
- Die gesetzliche Gewinnreserve ist zu äufnen, bis sie 50 Prozent des im Handelsregister eingetragenen Aktienkapitals erreicht.
- Bei Gesellschaften, deren Zweck hauptsächlich in der Beteiligung an anderen Unternehmen besteht (Holdinggesellschaften), ist die gesetzliche Gewinnreserve zu äufnen, bis sie 20 Prozent des eingetragenen Aktienkapitals erreicht.
- Für die Verwendung der gesetzlichen Gewinnreserve gilt Artikel 671 Absatz 2. Die Dividende darf erst festgesetzt werden, nachdem die Zuweisung an die gesetzliche Gewinnreserve erfolgt ist.

Weiter besteht in der Praxis oft die Option, dass Dividenden aus gesetzlichen Kapitalreserven erfolgen können. Diese sind bei den Aktionären in der Regel einkommenssteuerfrei, sofern die Aktionäre ihren Anteil im Privatvermögen halten. Es bestehen Sonderregelungen für börsenkotierte Gesellschaften.

272 Hochdorf Holding (Bilanzsumme CHF 196 Mio., keine Mitarbeiter), ABB Ltd. Bilanzsumme CHF10'973 Mio., 20 Mitarbeiter), Ems Chemie Holding (BilanzsummeCHF 654 Mio., keine Mitarbeiter), Clariant (Bilanzsumme CHF 5'115 Mio., keine Mitarbeiter).

Beispiel Ausschüttung aus den gesetzlichen Kapitalreserven Julius Bär (IFRS, 2019, in CHF)

Gewinnvortrag	107'380
Gewinn 2019	378'743 248
Auflösung gesetzliche Kapitalreserven	83'928 543
Der Generalversammlung zur Verfügung	462'779 171
Ausschüttung	-167'857 086
Zuweisung freiwillige Gewinnreserve	-290'000 000
Vortrag neue Rechnung	4'922 085

Vorbehältlich der Annahme des Antrages, entspricht die Ausschüttung von total CHF 167'857 086 einer Ausschüttung aus gesetzlichen Kapitalreserven von 0.375 CHF pro Namenaktie, die ohne eine Verrechnungssteuer ausgeschüttet werden kann (Quelle: NZZ, 18. Mai 2020)

5.6.3.2 Verbuchung von Verlusten

Übersteigt der Jahresverlust den Bilanzgewinn, stellt sich die Frage, wie der Bilanzverlust in der Bilanz auszuweisen sei. Mangels präziser gesetzlicher Bestimmungen konnte er bisher mit den offenen Reserven verrechnet werden oder als fiktiver Aktivposten »Verlustvortrag« auf der linken Bilanzseite ausgewiesen werden (Gruppe Aktive Berichtigungsposten nach Kontenrahmen Käfer).[273] Das gesetzliche Gliederungsschema sieht keine entsprechenden Bilanzposten mehr vor, so dass der Bilanzverlust als Minusposten nach der gesetzlichen Gewinnreserve auszuweisen ist.

Gemäss den präzisieren Gliederungsvorschriften zu den Reserven der Aktiengesellschaft dürfen die gesetzlichen Gewinnreserven und die gesetzlichen Kapitalreserven nur zur Deckung von Verlusten und zum Durchhalten in Krisenzeiten verwendet werden (OR 671 III). Der Gesetzgeber hat 1991 nicht beachtet, dass das Überleben des Unternehmens in Zeiten schlechten Geschäftsgangs sowie Massnahmen, welche der Arbeitslosigkeit entgegenwirken, flüssige Mittel erfordern und diese mit der buchmässigen Auflösung der Reserven nicht freigesetzt werden.[274] Die offenen Reserven, ob gesetzliche oder freiwillige, ermöglichen lediglich den buchmässigen Ausgleich von Bilanzverlusten.[275]

273 BKS OR II, Anmerkung 49 zu aOR 663a, S. 559.

274 Dieser Widerspruch wurde durch auf der Aktivseite um gesperrte Finanzanlagen gedeckte Arbeitsbeschaffungsreserven gelöst, welche aus fiskalischen Überlegungen 2011 abgeschafft worden sind.

275 Die in der Praxis oft verwendete Bezeichnung Verlustdeckung ist sachlich falsch, weil die entsprechende Vermögensabnahme nur durch eine Vergütung in Geld, z. B., durch eine Versicherung gedeckt, wird.

Bestehen mehrere Arten von Reserven, muss die Frage beantwortet werden, welche zuerst zur Verlustverrechnung beansprucht werden muss. Grundsätzlich sind zuerst freiwillige Gewinnreserven aufzulösen, bevor die gesetzlichen Gewinnreserven beansprucht werden. Die bestehende Gesetzeslücke soll mit der nächsten Aktienrechtsrevision geschlossen werden. Der Entwurf zum Aktienrecht (Stand 2014) sieht folgende neuen Gesetzesartikel vor:

Entwurf OR 674

Verluste müssen in folgender Reihenfolge verrechnet werden:

1. dem Gewinnvortrag
2. der freiwilligen Gewinnreserve
3. der gesetzlichen Gewinnreserve
4. der gesetzlichen Kapitalreserve

Anstelle der Verrechnung mit der gesetzlichen Gewinnreserve oder der gesetzlichen Kapitalreserve dürfen verbleibende Verluste auch ganz oder teilweise auf die neue Jahresrechnung vorgetragen werden.

E-OR 674 regelt die Verwendung der Verlustdeckung. Sofern stille Reserven in einem ausreichenden Umfang vorhanden sind, können auch diese für die Deckung von Verlusten herangezogen werden.

Ausweis und Verwendung des Jahresverlustes CPH Chemie und Papier Holding AG (OR 2014 und 2015, in TCHF)

Bilanz nach OR	**2014**	**2015**[276]
Aktienkapital 6'000'000 Aktien zu nom. CHF 5.–	30'000	30'000
Gesetzliche Kapitalreserven	12'300	8'402
Gesetzliche Gewinnreserven	10'016	10'016
Freiwillige Gewinnreserven	379'150	379'151
Bilanzgewinn	– 295	– 31'268
davon Gewinn-/Verlustvortrag	*0*	*– 295*
davon Jahresverlust	*– 295*	*– 30'973*
Eigene Aktien	– 116	– 160
Total Eigenkapital	431'055	396'141

276 Der Verlustabschluss 2015 ist auf die hohen Wertberichtigungen auf langfristigen Forderungen an Konzerngesellschaften (Intercompany Darlehen) als Folge der Frankenstärke und des Preisrückgangs im Papierbereich zurückzuführen.

Antrag über die Verwendung des Jahresverlustes

Bilanzverlust	- 31'268
Auflösung Reserven aus Kapitaleinlagen	3'600
Ausschüttung an die Aktionäre	- 3'600
Verrechnung mit freiwilligen Gewinnreserven	31'268
Vortrag auf neue Rechnung	0

In der Bilanz 2014 übersteigen die gesetzlichen Gewinn- und Kapitalreserven mit TCHF 22'213 das Aktienkapital. Der Überschuss ist gemäss Praxis für eine Gewinnausschüttung ungeachtet der Höhe des Bilanzverlustes frei verfügbar.[277] Die Gewinnausschüttung erfolgt mit Rücksicht auf den Grundsatz der Dividendenkontinuität.[278] Diese ist auch aus der Sicht der Liquidität vertretbar. Die Holding verfügte am 31.12.2015 über flüssige Mittel von TCHF 13'169 und keine kurzfristigen Finanzverbindlichkeiten.

5.6.4 Verbuchung bei Genossenschaften

Die Rechnungslegungsvorschriften für Genossenschaften sind nicht mehr zeitgemäss. Eine Ausnahme besteht für Grossgenossenschaften mit mindestens 2'000 Genossenschaftern (OR 962). Darunter fallen die regionalen Genossenschaften der Migros[279] sowie Versicherungsunternehmen in der Rechtsform der Genossenschaft (Mobiliar, Vaudoise, Emmental Versicherung) und grosse Wohnbaugenossenschaften.

Grundsätzlich fällt der Reinertrag aus dem Betrieb der Genossenschaft in ganzem Umfang ins Genossenschaftsvermögen, sofern die Statuten nichts anderes bestimmen. Ist eine Verteilung vorgesehen, wird er den Genossenschaftern entsprechend der Benutzung der genossenschaftlichen Einrichtungen, z. B. aufgrund der Einkäufe, verteilt (OR 859). Bei Genossenschaften mit Anteilscheinkapital ist eine kapitalbezogene Verwendung des Reinertrags in Form einer Verzinsung der Anteilscheine möglich. OR 859 III mit der Beschränkung der Anteilscheinverzinsung auf den landesüblichen Zinsfuss für ungesicherte langfristige Darlehen ist allerdings in Tiefzinsphasen schwierig anzuwenden.

Im Hinblick auf die Pflicht zur Bildung einer gesetzlichen Gewinnreserve wird auf OR 860 verwiesen. Für Kreditgenossenschaften gelten besondere Vorschriften (OR 861).[280]

277 HWP, 2014, S. 235.

278 Boemle, M./Stolz, C., Unternehmungsfinanzierung Band 1, S. 476.

279 Diese erstellen ihre Jahresrechnung freiwillig nach Rechnungslegungsrecht.

280 Die lokalen Raiffeisenbanken wie auch der Dachverband unterstehen der Bankengesetzgebung

6 Bilanz

6.1 Begriff, Funktionen und Formen der Bilanz

Wie kaum ein anderer Begriff des Rechnungswesens ist die Bilanz zum sprachlichen Allgemeingut geworden. Damit verbindet sich die Vorstellung des Abrechnens, des Überblicks über einen Tatbestand oder ein Geschehen, der Gegenüberstellung von Pro und Kontra, des Abwägens von positiven und negativen Aspekten, von Vor- und Nachteilen. Ethymologisch leitet sich das Wort aus dem lateinischen »bilanx« (bis = zweifach; doppelt, lanx = Schale) ab. Es weist damit auf die sich im Gleichgewicht befindende zweischalige Waage (bilancium, bilancia, balance) hin. Von alters her wird die Bezeichnung »Bilanz« von Kaufleuten für jene Aufstellung verwendet, in der wie bei einer Waage die Vermögensanteile (Aktiven) und die Schulden und das Reinvermögen (Passiven) gleichwertig einander gegenübergestellt werden.

Die **Bilanz** ist ein Momentbild, die buchhalterische Abbildung der »Vermögens- und Finanzierungslage des Unternehmens am Bilanzstichtag« (OR 959).[281] Bei der Erstellung der Bilanz wird ein Querschnitt gemacht durch den Fluss der Entwicklung einer auch in Zukunft weiterhin tätigen Wirtschaftseinheit (Going Concern).

Die Bilanz zeigt Bestände, nicht Abläufe oder Prozesse. Es ist deshalb verwirrend, wenn der Ausdruck Bilanz nicht nur für die Zustands- und Bestandesbilanzen, sondern auch für die Darstellung von Bewegungen verwendet wird, z. B. in der Volkswirtschaftslehre für die Zahlungs-»Bilanz« (ein Einnahmen- und Ausgabenkonto für den Wirtschaftsverkehr zwischen dem Inland und dem Ausland) und ihren Teil-»Bilanzen« (Ertragsbilanz, Handelsbilanz usw.).

In der Praxis wird die Bilanz in Anlehnung an das frühere Buchführungs- und Bilanzrecht, welches den Begriff der Rechnungslegung noch nicht kannte, häufig auch als Oberbegriff für Jahresrechnung oder Jahresabschluss verwendet. Die Bilanzpflicht (aOR 958) und die Bilanzgrundsätze (aOR 959) beziehen sich jedoch auf die Jahresrechnung als Ganzes. Im Sprachgebrauch wird in der Praxis beispielsweise im Zusammenhang mit dem Jahresabschluss das Fachwort Steuerbilanz erhalten bleiben.

---

281 Die Bezeichnung Finanzierungslage ist eine Besonderheit des schweizerischen Rechnungslegungsrecht, Swiss GAAP FER Rahmenkonzept und HGB 264 II verwenden den Begriff Finanzlage.

Im Rechnungslegungsrecht (OR 959) wird der Begriff »Bilanz« im Gegensatz zur Volkswirtschaftslehre ausschliesslich für die Vermögensbestandesrechnung verwendet.

Die Bilanz ist eine summarische Zusammenstellung der am Stichtag vorhandenen Aktiven und Passiven eines Unternehmens. Sie zeigt das Vermögen, die Verbindlichkeiten und das Eigenkapital am Abschlussstichtag auf.

In der kontenmässigen Darstellung werden die Aktiven auf der linken, die Passiven auf der rechten Seite aufgeführt. Anders als in verschiedenen Definitionen wird absichtlich nicht von einer Gegenüberstellung gesprochen, dann diese ist ebenso wenig wie die Konten- oder Staffelform Wesensmerkmal der Bilanz in betriebswirtschaftlicher und juristischer Sicht.

6.2 Aktivierbarkeit und Aktivierungspflicht

6.2.1 Grundbegriffe

Zu den Begriffen Vermögen und Passiven wurden unter dem bisherigen Recht mangels einer Legaldefinition zahlreiche Lehrmeinungen entwickelt, welche jedoch oft einer strengen theoretischen Beurteilung nicht standhalten. In der Fachliteratur, in Gesetzen oder in der Rechtsprechung erscheint das Wort Vermögen in verschiedenen Bedeutungen. In der Bilanz ist jener Begriff relevant, welcher im Rechnungslegungsrecht verwendet wird.

Es ist deshalb verständlich, dass in den Rechnungslegungsstandards[282] der Begriff des Vermögens im Einklang mit der herrschenden Lehre umschrieben wurde als die Gesamtheit der zukünftigen Nutzleistung über die das Unternehmen am Bilanzstichtag ohne weitere Gegenleistung verfügen kann.[283] Das Rechnungslegungsrecht übernimmt den Begriff in der Legaldefinition.

OR 959 II:

Als Aktiven müssen Vermögenswerte bilanziert werden, wenn aufgrund vergangener Ereignisse über die verfügt werden kann, ein Mittelzufluss wahrscheinlich ist und ihr Wert verlässlich geschätzt werden kann. Andere Vermögenswerte dürfen nicht bilanziert werden.

282 IAS-Rahmenkonzept, Swiss GAAP FER.

283 Käfer in Anlehnung an amerikanische Autoren: Bereits 1943 in »Die Betriebsrechnung« sowie in: Die Bilanz als Zukunftsrechnung (Zürich 1976).

Passiven sind zukünftige, nutzenbringende Abgänge ohne weitere Gegenleistung.[284] Diese setzen sich aus zwei Gruppen zusammen: dem **Fremdkapital** und dem **Eigenkapital** als Saldogrösse zwischen den Aktiven und dem Fremdkapital, welches sich aus Verbindlichkeiten (Schulden) und Rückstellungen zusammensetzt. In der Praxis sind diese beiden Gruppen – wie im Folgenden noch aufgezeigt wird – häufig nicht eindeutig zu unterscheiden.[285] Die Gliederung des Fremdkapitals folgt einer Gliederung nach ihrer Fristigkeit, während die Gliederung der Aktiven einer Gliederung nach ihrer Liquidierbarkeit folgt.

Die Passiven unterscheiden sich nach der Abgangsrichtung (Empfänger) und der Abgangszeit. Beim kurzfristigen Fremdkapital erfolgt der Abgang in der Regel binnen Jahresfrist, beim langfristigen Fremdkapital nach einem Jahr. Beim Fremdkapital sind die Empfänger Gläubiger oder diesen nahestehende Dritte. Rückstellungen sind Abgänge an allenfalls noch nicht bekannte aussenstehende Dritte.

OR 959 III:

Verbindlichkeiten müssen als Fremdkapital bilanziert werden, wenn sie durch vergangene Ereignisse bewirkt wurden, ein Mittelabfluss wahrscheinlich ist und ihre Höhe verlässlich geschätzt werden kann.

Beim **Eigenkapital** erfolgen die Abgänge auf lange Sicht und in der Regel ohne Verfalltermin an den Unternehmer, die Gesellschafter oder Drittbeteiligte (z. B. Mitarbeiter).

Für die zu aktivierenden und passivierenden Sachverhalte verwendet die Fachliteratur den Begriff **Bilanzansatz**. Damit werden die Kriterien zur Bestimmung der Aktiven und des Fremdkapitals festgelegt. Die Aktiven werden in der Regel ebenfalls in zwei Gruppen gegliedert – dem Umlauf- und dem Anlagevermögen. Seit dem Rechnungslegungsrecht ist die Unterscheidung des Unternehmensvermögens in der Rechnungslegung gesetzlich geregelt.

Als **Umlaufvermögen** gelten jene Vermögensgegenstände, die sich bei normalen Geschäftsverläufen innerhalb eines Jahres in Geld verwandeln lassen oder deren sonstiger Nutzen innert einem Jahr verbraucht sein wird. Als **Anlagevermögen** gelten jene Vermögensgegenstände, die beim geplanten Geschäftsverlauf Nutzleistungen für mehr als ein Jahr abgeben. Der Gesetzgeber umschreibt die Begriffe wie folgt.

284 Käfer, Kommentar zu OR, Grundlagen, S. 22.
285 Roberto/Trueb, Handkommentar zu OR 959, S. 213.

OR 959 III:

Als Umlaufvermögen müssen die flüssigen Mittel bilanziert werden sowie andere Aktiven, die voraussichtlich innerhalb eines Jahres ab Bilanzstichtag oder innerhalb des normalen Geschäftszyklus zu flüssigen Mitteln werden oder anderweitig realisiert werden.

OR 960 I und II:

Als Anlagevermögen gelten Werte, die in der Absicht langfristiger Nutzung oder langfristigen Haltens erworben werden. Als langfristig gilt ein Zeitraum von mehr als zwölf Monaten.

Über die **Aufgabe** der Bilanz hat sich die Betriebswirtschaftslehre schon in ihren wissenschaftlichen Anfängen ausführlich beschäftigt und verschiedene Anschauungen und Theorien entwickelt (Bilanztheorien). Diese haben sich in neuerer Zeit unter dem herkömmlichen Titel auf den Jahresabschluss als Ganzes ausgeweitet.[286]

Im Vordergrund steht die **Informationsfunktion.** Nach dem früheren Recht (aOR 957) hatte die Bilanz über die Vermögenslage des Geschäfts, die mit dem Geschäftsbetrieb zusammenhängenden Schuld- und Forderungsverhältnissen sowie die Betriebsergebnisse der einzelnen Geschäftsjahre festzustellen. Durch die Vorschrift »Bestimmung des Geschäftsvermögens« wurde eindeutiges Privatvermögen der Geschäftsinhaber bei Personenunternehmen aus der Buchführungspflicht ausgeklammert. Allerdings können einzelne Vermögenspositionen nicht eindeutig zugeteilt werden (Liegenschaften, Wertschriften, Darlehen). Massgebend für das Merkmal Geschäftsvermögen ist, ob dieses vorwiegend dem Zweck des Unternehmens dient.[287]

Verschiedene zur Beurteilung der Tätigkeit der Unternehmensleistung eingesetzte Kennzahlen (Kapitalstruktur, Liquidität) verwenden Grössen, welche der Bilanz entnommen werden, sind unentbehrliche Informationen zur zuverlässigen Beurteilung der wirtschaftlichen Lage des Unternehmens (OR 958). Die Bilanz ist auch die Grundlage zur Berechnung und Feststellung des Kapitalverlusts oder Überschuldung (OR 725).

Bei Gesellschaften ist die Bilanz ein unerlässliches Mittel der Rechenschaftsablage der Geschäftsführer (Manager) gegenüber den Auftrags- und Kapitalgebern über den Umfang der Zusammensetzung des Vermögens, der Verbindlichkeiten und des Eigenkapitals sowie dem damit in der Rechnungsperiode erzielten Ergebnis.

---

286 Bilanztheorien, in Lexikon des Rechnungswesens, S. 115 ff.

287 Bossard, Kommentar zu OR a957, Anmerkung 70, S. 175.

Auch für die **Formen** der Bilanz sieht OR 958a die Konten- oder Staffelform vor. Als Kontenform ist sowohl die Gegenüberstellung von Aktiven und Passiven (Bilanzkonto) oder die Darstellung nacheinander möglich. Die **Staffel- oder Berichtsform** durch Einfügung von Saldogrössen wie Netto-Umlaufvermögen oder Nettoaktiven, ist im Gegensatz zur Erfolgsrechnung in der schweizerischen Praxis – anders als im angelsächsischen Raum – nicht üblich. Bei Anwendung der Staffelform jedoch innerhalb der vier Gruppen die in OR 959a vorgegebene Reihenfolge einzuhalten:[288]

	Umlaufvermögen
–	kurzfristiges Fremdkapital
=	Nettoumlaufvermögen
+	Anlagevermögen
–	langfristiges Fremdkapital
=	**Eigenkapital**

Bei der Verwendung der Staffelform ist darauf zu achten, dass die Vorzeichen korrekt gesetzt und interpretiert werden, da eine Soll-Haben-Logik in dieser Darstellungsform entfällt.

Beispiel einer Bilanz in Staffelform (angelsächsische Praxis, in TCHF)[289]

Immaterielle Anlagen	185
Sachanlagen	864
Finanzanlagen	9
Anlagevermögen	**1'058**
Vorräte	413
Forderungen	697
Flüssige Mittel	396
Umlaufvermögen	**1'506**
Kurzfristiges Fremdkapital	889
Netto-Umlaufvermögen	**617**

288 Nösberger/Weingartner: Gliederung und Anhang, Angaben gemäss neuem Rechnungslegungsrecht, in: EF 10/2016, S. 714. Pfaff/Ganz/Stenz/Zihler, Kommentar zu OR 958d, Anmerkung 7, S. 196. Die Gliederung der EU und dementsprechend des HGB 266 beginnt jedoch mit den am wenigsten liquiden Positionen.

289 Aus dem Geschäftsbericht einer börsenkotierten britischen plc (Zahlen in Mio. GBP). Diese Variante wird in der EU-Richtlinie 2013/34 als vertikale Gliederung vorgesehen (Anhang IV).

Vermögen nach Abzug des kurzfristigen Fremdkapitals	**1'675**
Langfristiges Fremdkapital	(534)
Aktienkapital und Reserven	**1'141**
Einbezahltes Aktienkapital	803
Agioeinzahlungen	89
Reserve für Aktienrückkäufe	67
Gewinnreserve	148
Anteile Minderheitsaktionäre	34
Aktienkapital und Reserven	**1'141**

6.2.2 Aktivierungspflicht

Unter dem früheren Buchführungs- und Bilanzrecht war es wegen der Gesetzeslücken Aufgabe der Lehre, den zentralen Begriff der Aktiven zu umschreiben. Dabei wurden sowohl aus rechtlicher wie aus betriebswirtschaftlicher Sicht Anschauungen vertreten, welche keine allgemein gültigen Aussagen darstellen, weshalb verschiedene Bilanzinhalte als Ausnahmen erklärt werden mussten, so die aktivierten Gründungs- und Organisationskosten nach aOR 664 als Bilanzierungshilfe. Diese unbefriedigenden Umstände hatten zur Folge, dass die Standardsetter wie IASB oder FER-Fachkommission in den Rahmenkonzepten[290] klare Begriffe festgelegt haben, welche mit jenen der Betriebswirtschaftslehre weitgehend übereinstimmen. Diese dienten dem Gesetzgeber als Vorlage für die Formulierung von OR 959a III.

Die Legaldefinition (OR 959 II) regelt die **Aktivierungspflicht** (»müssen« bilanziert werden) und damit die **Aktivierbarkeit**, d. h. die **Bilanzfähigkeit**, bei der Ersterfassung eines Vermögenswertes und bei der Folgebewertung (▶ Abb. 13).

Auch die fünf Merkmale, welche erfüllt werden müssen, damit Vermögenswerte bilanzierungspflichtig und damit bilanzierungsfähig sind, legt der Gesetzgeber fest. Damit wird aus der Sicht »einer zuverlässigen Beurteilung« (OR 958) eine empfindliche Lücke im Normensystem der Rechnungslegung geschlossen.[291] Allerdings werden weder in der Botschaft noch im Gesetz die einzelnen Ansatzkriterien näher erläutert.

290 IAS-Rahmenkonzept 49a (2001). Swiss GAAP FER RK 15.

291 Nösberger/Boemle, Konzeption des neuen Rechnungslegungsrechts, in: ST 1-2/2014, S. 11.

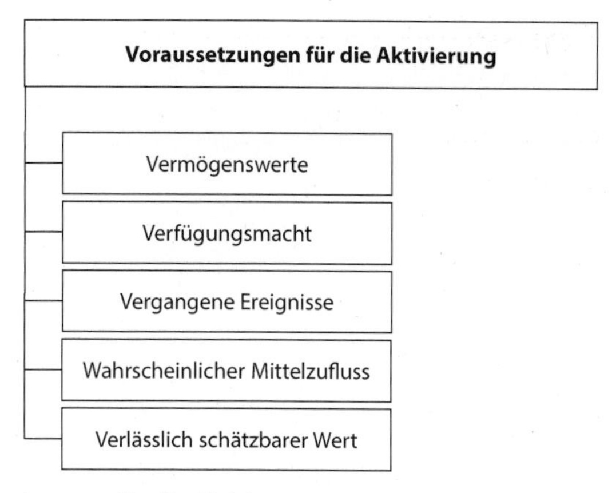

Abb. 13: Voraussetzungen für die Aktivierung

- **Vermögenswerte**: Es handelt sich um die Gesamtheit der einem Unternehmen zuzuordnenden, identifizierbaren und in Geld bewerteten zukünftiger Nutzenpotentiale (economic benefits) , d. h. über die Berichtsperiode hinaus in Form von direkten oder indirekten Geldzuflüssen oder Vermeidung von Geldabflüssen (IFRS RK 4.14).[292]
- **Verfügungsmacht**: Im Gegensatz zu früheren Normen wird in der Verfügungsmacht nicht verlangt, dass Vermögenswerte selbständig, durch Veräusserung oder Nutzenüberlassung verwertet werden können.[293] Verfügungsmacht bedeutet demnach gemäss der wirtschaftlichen Betrachtungsweise und in Übereinstimmung mit internationalen Kriterien nicht rechtliches Eigentum, sondern Kontrolle im Sinn von »control«, sprich faktische Beherrschung.[294]
- **Vergangene Ereignisse**: Im früheren IAS-Rahmenkonzept wurden Vermögenswerte als Ressourcen definiert, die aufgrund von vergangenen Geschäftsvorfällen oder anderen Ereignissen in der Vergangenheit in der Verfügungsmacht des Unternehmens stehen und so im Unternehmen einen zukünftigen Nutzen bringen. Böckli interpretiert dieses Merkmal als Verbot von in die Zukunft vorwegnehmenden Buchungen.[295]
- **Wahrscheinlicher Mittelfluss**: Schwieriger als der Begriff Mittelfluss ist das Merkmal »wahrscheinlich« zu bestimmen. In den IFRS gilt als Kriterium »more likely than not«, was als Wahrscheinlichkeit von 50.1% betrachtet wird.[296] Nachdem das schweizerische Rechnungslegungsrecht in OR am Vorsichtsprinzip ausdrücklich festhält, ist an die Wahrscheinlichkeit ein strenger Massstab

292 Böckli, Neue OR-Rechnungslegung, S. 75. Nösberger/Boemle, in ST 2/2014, S. 166.
293 Pfaff/Ganz/Stenz/Zihler, Kommentar zu OR 959, Anmerkung 12, S. 276.
294 Böckli, Neue OR-Rechnungslegung, S. 75 und 107. Roberto/Trueb, Handkommentar zu OR 959, Anmerkung 22, S. 108.
295 Böckli, Neue OR-Rechnungslegung, S. 75.
296 Böckli, Neue OR-Rechnungslegung, S. 76.

anzulegen. Der wirtschaftliche Nutzen muss »certain oder virtuell certain«, d. h., »so gut wie sicher« sein.[297] Damit ist allerdings die massgebende Wahrscheinlichkeit für jene des Nutzenzuflusses nicht konkretisiert. In der Fachliteratur werden mindestens 50.1% und 80% genannt.
- **Verlässlich schätzbarer Wert**: Auch dieses Merkmal wurde vom IFRS-Rahmenkonzept übernommen. Aktiven müssen bei der Ersterfassung und bei der Folgebewertung in späteren Rechnungsperioden bewertet werden. Als verlässlich gelten Anschaffungs- oder Herstellungskosten oder andere Werte.[298]

Vermögenswerte, auf welche diese Merkmale kumulativ zutreffen, müssen aktiviert werden. Die aufwandwirksame Verbuchung von aktivierungspflichtigen Vermögenswerten (z. B. die Verbuchung der Anschaffung von Sachanlagen als Element der Herstellungskosten oder der Verzicht auf die Erfassung von aktivierbaren Eigenleistungen) ist nicht mehr zulässig.[299] Mit der streng formulierten Legaldefinition wurden die bisherigen Aktivierungswahlrechte (z. B. für immaterielle Anlagen) abgeschafft.

Die Aktivierungspflicht gilt für die Ersterfassung, d. h. beim Zugang von Vermögenswerten. Sie bedeutet nicht auch eine Aktivierungspflicht bei der Folgebewertung.[300] Nachdem im handelsrechtlichen Jahresabschluss Abschreibungen und Wertberichtigungen nicht begrenzt sind, kann die Aktivierungspflicht durch nachträgliche Vollabschreibung bzw. Wertberichtigung auf den Pro-Memoria-Posten umgangen werden.[301] Es besteht auch keine Pflicht zur Erfassung von Wertaufholungen (Zuschreibung, OR 960a, IV), wenn der Grund zu einer besonderen Wertberichtigung nachträglich und voraussichtlich dauernd wegfällt (Reversal einer Wertberichtigung).

Beispiel ETH Finanz- und Rechnungswesen Rechnungslegung nach IPSAS

Aktivierungs- und Passivierungsgrenzen (2017)
Investitionen und Lagerbestände sind ab folgenden Werten zu aktivieren:

- Immobilien: ab CHF 100‘000
- Nutzerspezifische Ausbauten in bundeseigenen und in gemieteten Liegenschaften: ab CHF 100‘000
- Mobilien: ab CHF 10‘000
- Gekaufte immaterielle Vermögenswerte: ab CHF 100‘000
- Selbst geschaffene immaterielle Vermögenswerte: ab CHF 1 Mio.

---

297 IAS 37/33 und 37/35.

298 IAS RK 83.

299 Nösberger/Boemle, ST 3/2014, S. 165. Weil die Bildung stiller Reserven zulässig bleibt, müssen deshalb solche Positionen zuerst aktiviert und nachher vollständig abgeschrieben/wertberichtigt werden.

300 Böckli, Neue OR-Rechnungslegung, S. 78.

301 Pfaff/Ganz/Stenz/Zihler, Kommentar zu OR 959, Anmerkung 24, S. 279.

- Lagerbestände: ab CHF 100‘000
- Rückstellungen sind mindestens ab einem Betrag von CHF 500‘000 zu bilden
- Zeitliche Abgrenzungen sind mindestens ab einem Betrag von CHF 100‘000 vorzunehmen.

Der ETH-Rat kann in Weisungen weitere Grenzen festlegen (Verordnung vom 5. Dezember 2014 (Art. 10)).

Bei verschiedenen Vermögenswerten sind die Bedingungen zur Aktivierung unter dem Rechnungslegungsrecht näher abzuklären.

- **Forschungs- und Entwicklungskosten:** Hat die Gesellschaft die Kontrolle über das Ergebnis der Forschung und Entwicklung oder ist die Verbreitung der Forschungs- und Entwickungsergebnisse vom Inhalt einer Zulassung oder dem Entscheid einer Drittpartei abhängig? In der Regel wird die Kontrolle bejaht werden können. Damit sind die Forschungs- und Entwicklungsaufwendungen aktivierbar.[302] Grundsätzlich ist Grundlagenforschung allerdings als Aufwand zu qualifizieren.
- **Goodwill:** Die Bilanzfähigkeit stellt sich beim selbsterarbeiteten Goodwill (nicht aktivierbar), beim Erwerb von Beteiligungen (im Anschaffungspreis eingeschlossen und nicht getrennt aktivierbar) beim Asset Deal (bei der Übernahme von Aktiven und Passiven eines Unternehmens darf der Goodwill zum Anschaffungswert bilanziert werden).[303] Die unklaren Sachverhalte bei der Goodwill-Aktivierung im Zusammenhang mit den Bedingungen werden an anderer Stelle behandelt.
- **Langfristige Verträge mit festen Laufzeiten:** Bei langfristigen Verträgen mit festen Laufzeiten ergeben sich Fragen der Periodenabgrenzung. Beispielsweise kann ein zehnjähriger, unkündbarer Mietvertrag für Geschäftsräume herangezogen werden. Der Wert der 10 Mietzinszahlungen entspricht dem Kaufpreis des Rechts auf Nutzung der Räume. Dieses stellt einen Mittelzufluss in Form einer Leistung des Vermieters dar, kontrolliert vom Mieter. Nachdem die Wahrscheinlichkeit wie auch die verlässliche Schätzung gegeben sind, werden alle Bedingungen für die Aktivierbarkeit erfüllt. Aus den gleichen Überlegungen führen Anlagegüter, die mit operativem Leasing genutzt werden, zur Aktivierbarkeit von Rechten aus einem Vertrag. Leasinggeschäfte sind deshalb grundsätzlich zu bilanzieren.[304]
- **Langfristige Fertigungsaufträge:** Es besteht im Rechnungslegungsrecht keine Regelung zu Fertigungsaufträgen (Percentage of Completion). Die Lehrmeinun-

302 Nösberger/Boemle, in: ST 3/2014, S. 168.

303 HWP, 2014, S. 202.

304 Nösberger/Boemle, in: ST 3/2014, S. 170. HWP, 2014, S. 197. Allerdings mit einer Einschränkung bei einer formellen vertragsrechtlichen Auslegung der Verfügungsgewalt. Pfaff/Ganz/Stenz/Zihler, Kommentar zu OR 959, Anmerkung 18, S. 277.

gen zur Aktivierungspflicht von langfristigen Fertigungsaufträgen sind zweigeteilt. Insgesamt ist eine vorsichtige Bilanzierung anzustreben, so dass der Entschädigungsanspruch und der anteilige Gewinn mit genügender Sicherheit abschätzbar sind. Die Grundsätze der ordnungsgemässen Rechnungslegung der Vorsicht (besonders Realisationsprinzip) sind hier hohe Bedeutung beizumessen.[305]

- **Verlustvorträge**
  Verlustvortäge können einen Vermögenswert darstellen, wobei die Ansatzkritieren nach OR 959 II zu kritisch zu prüfen sind. Der wahrscheinliche Nutzenzufluss kann gegeben sein, wenn dieser mit künftigen Verlusten nach steuerrechtlichen Überlegungen verrechnet werden kann.[306] Allerdings ist hierbei Zurückhaltung bei der Aktivierung geboten.

Neben den Ansatzkriterien nach dem Grund ist auch jenes der Höhe des Betrages von Bedeutung. Zu diesem Zweck ist im Sinn der Grundsatz ordnungsgemässer Rechnungslegung eine Aktivierungsuntergrenze in den unternehmensinternen Richtlinien zur Buchführung bzw. Rechnungslegung festzulegen. Die betragsmässigen Grenzen sind nach der Bedeutung der Positionen in der Rechnungslegung des Unternehmens festzulegen. Werden diese jedoch, gemessen an der Unternehmensgrösse, relativ hoch angesetzt, liegt eine Bildung von stillen Reserven vor.

Beispiel Offenlegung der Aktivierungsuntergrenze Bergbahnen Engelberg-Trübsee-Titlis AG (Swiss GAAP FER, 2018)

Wertvermehrende Anschaffungen werden aktiviert, sofern sie CHF 15'000 bei den Bahnen und je CHF 5'000 bei den Hotels und bei den Restaurants betragen.

Das deutsche Recht kennt den Begriff der **geringwertigen Wirtschaftsgüter**, welche aktiviert und sofort abgeschrieben oder direkt als Aufwand verbucht werden.[307] Die Aktivierungsuntergrenze kann auch dazu verwendet werden, um eine Verlustsituation zu vermeiden.[308]

6.2.3 Aktivierungsverbot

Die Aktivierungspflicht führt grundsätzlich zu einem Aktivierungsverbot für alle Unternehmenswerte, welche der Legaldefinition nicht entsprechen, beispielsweise die Aktivierbarkeit von Verwaltungsaufwand in den Herstellungskosten, von Auf-

305 Pfaff/Ganz/Stenz/Zihler, Kommentar zu OR 958b, Anmerkung 16, S. 178.
306 Teiltler/Hürlimann: Aktivierung von Verlustvorträgen unter OR, in: EF, 8/2019, S. 548.
307 Coenenberg/Haller/Schulze, Jahresabschluss, S. 169.
308 Praxisbeispiel: In einer KMU-AG wird im Jahresabschluss Restrukturierungsaufwand unter immaterielle Werte aktiviert, um einen Verlustausweis zu vermeiden.

wendungen für Grundlagenforschung oder Restrukturierungen. Aufwendungen zum Aufbau eines Vertriebsnetzes oder eines neuen Marktsegmentes. Bei Marktentwicklungskosten ist der Schritt zur Erfassung von Zukunftshoffnungen und zur Fata Morgana klein, wie Böckli zutreffend bemerkt.[309] Für die Aktivierung von selbstgeschaffenen immateriellen Werten ist erforderlich, dass die dafür angefallenen Aufwendungen messbar, separat erfassbar und weitere Mittel zur späteren Verwendung verfügbar sind (FER 10/4). Nur die budgetierten und notwendigen Aufwendungen dürfen zur Bilanzierung herangezogen werden.

Ein Aktivierungsverbot besteht auch für treuhänderisch gehaltene Aktiven beim Treuhänder (das Treugut).[310] Als Folge des Merkmals der Verfügungsmacht sind allerdings Angaben über gehaltenes Treugut im Anhang notwendig (OR 959a III).

6.2.4 Passivierungspflicht

Bilanzrechtlich umfassen die Passiven **Verbindlichkeiten**, d. h., das gesamte kurz- und langfristige Fremdkapital einschliesslich der passiven Rechnungsabgrenzungskosten und Rückstellungen, sowie das Eigenkapital aus der Summe aller Aktiven, vermindert um die Summe aller Verbindlichkeiten in seinen verschiedenen Formen. Der Gesetzgeber definiert die Verbindlichkeiten in OR 959 nach den gleichen Kriterien wie die Aktiven. Ausführlicher ist die Begriffsumschreibung von Swiss GAAP FER RK 17.

Verbindlichkeiten entstehen aus vergangenen Geschäftsvorfällen oder Ereignissen, falls ein zukünftiger Mittelabfuss wahrscheinlich ist (z. B. durch den Erwerb von Gütern und Dienstleistungen, durch Gewährleistungsverbindlichkeiten oder aus Haftpflichtansprüchen aus erbrachten Leistungen). Der Erfüllungsbetrag muss verlässlich ermittelt bzw. geschätzt werden können. Ist dies nicht möglich, handelt es sich um eine Eventualverbindlichkeit.

Die Passivierungspflicht ergibt sich aus dem Grundsatz der Vollständigkeit der Rechnungslegung (OR 958c).[311] Sie erfolgt in der Regel im handelsrechtlichen Abschluss zum Nennwert der bestehenden oder zu erwerbenden Verbindlichkeiten (OR 960e I). Abweichungen (Barwertbilanzierung) sind bei der Rechnungslegung nach besonderen Standards (OR 962a) möglich. Die in der Praxis unter dem frühe-

309 Böckli, Neue OR-Rechnungslegung, S. 212.

310 Im schweizerischen Recht ist Treuhand ein auftragsübliches Rechtsverhältnis zwischen einem Treugutgeber als wirtschaftlich Berechtigtem und einem Treuhänder. Der Treuhänder hat am Treugut kein eigenes Nutzungsrecht. Der Treuhänder trägt kein eigenes Risiko, weshalb weder treuhänderisch gehaltene Aktiven noch die Übertragungsverpflichtung bilanziert werden. HWP, 2014. S. 326 ff.

311 Käfer, Kommentar zu OR a959, Anmerkung 324, S. 890.

ren Recht praktizierte Bildung von stillen Reserven auf fiktiven Passivkonten («diverse Kreditoren«) ist nach dem Grundsatz der ordnungsgemässen Rechnungslegung klar gesetzeswiderig.[312] Aufgrund von OR 960a ist der Ausweis von unechten Verbindlichkeiten (= stille Reserven) unter Rückstellungen dagegen zulässig.

OR 960e II präzisiert die Passivierungspflicht mit Bezug auf die Rückstellungen. Diese sind zu Lasten der Erfolgsrechnung zu bilden, wenn vergangene Ereignisse einen Kapitalabfluss in zukünftigen Geschäftsjahren erwarten lassen.

Zu beachten ist, dass es auch unter den Passiven rechtlich nicht bilanzierungsfähige Positionen gibt, allerdings nicht im Rechungslegungsrecht, sondern im Steuerrecht, welches verbuchte, geschäftsmässig nicht begründete Rückstellungen nicht als Verbindlichkeiten anerkennen kann (DBG 63).

6.3 Arten von Bilanzen

6.3.1 Ordnungsmerkmale

Die Bilanz wurde – nach der während Jahrzehnten dominierenden Ansicht als zentrales Element des Jahresabschlusses – als Bezeichnung für Sachverhalte verwendet, welche den Jahresabschluss als Ganzes betreffen. Dies gilt insbesondere für die traditionelle rechtliche Unterscheidung zwischen **Handelsbilanz** (genau handelsrechtliche Bilanz) und **Steuerbilanz**, obwohl DBG 59 ff. sich mit der steuerrechtlich massgebenden Erfolgsrechnung befasst. Eine Steuerbilanz im engeren Sinn des Wortes gibt es trotz dem breiten Gebrauch des Begriffs in der Praxis nicht. Gewinn- und Kapitalsteuern werden aus dem Jahresabschluss aufgrund des Massgeblichkeitsprinzips nach dem Rechnungslegungsrecht abgeleitet.

Nach der **Rechnungsperiode** wird zwischen **Jahresbilanz** und **Zwischenbilanz** unterschieden. Auch hier handelt es sich um Abschlüsse mit Bilanz und Erfolgsrechnung.[313] Bei der Jahresbilanz ist zwischen der Bilanz zu Beginn des Geschäftsjahres (Eröffnungsbilanz) und am Ende des Geschäftsjahres (Schlussbilanz) zu unterscheiden. Gemäss den Grundsätzen ordnungsgemässen Rechnungslegung muss zur Sicherstellung der Vollständigkeit und der gleichen Wertansätze die Eröffnungsbilanz mit der Schlussbilanz des Vorjahres übereinstimmen (formale **Bilanzkontinuität** oder **Bilanzidentität**).

Weitere Ordnungsmerkmale mit der Bezeichnung Bilanz betreffen wie erwähnt nach neuerer Auffassung stets die Jahresrechnung, z. B. nach der Zahl der einbezogenen Unternehmen (Einzelabschluss / Konzernabschluss) oder nach den Adressaten (interne und externe Abschlüsse).

---

312 HWP, 2014, S. 58.

313 Die obligatorische Zwischenbilanz für Banken im engeren Sinn des Wortes gibt es seit 1996 nicht mehr. Das rev. BankG verlangt (Art. 6) einen Zwischenabschluss mit Bilanz und Erfolgsrechnung, für kotierte Banken zusätzlich mit Anhang und Eigenkapitalausweis, Handschin, Kommentar BankG, Anmerkung 415.

6.3.2 Sonderbilanzen

Im Lebenszyklus eines Unternehmens treten Ereignisse auf, welche in der Regel einmaligen Charakter aufweisen und in der Rechnungslegung eine Sonderbehandlung erfordern. Man spricht deshalb von »**Sonderbilanzen**« oder Sonderfällen des Jahresabschlusses. Gemeinsam ist diesen Bilanzen, dass es sich nicht um vollständige Abschlüsse handelt, weil eine Erfolgsrechnung noch nicht möglich oder nicht sinnvoll ist (▶ Abb. 14).

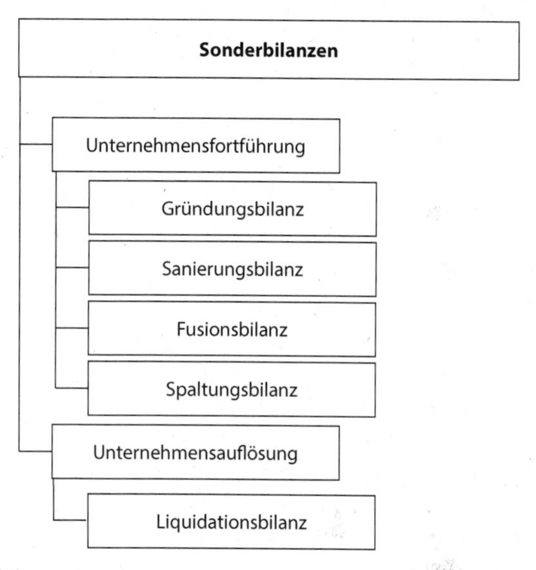

Abb. 14: Sonderbilanzen

Die **Gründungsbilanz** (Geschäftseröffnungsbilanz) ist bei Personenunternehmen auf den Zeitpunkt des Beginns der Buchführungspflicht gemäss OR 957 zu erstellen, was ein Inventar aller wesentlichen Vermögenspositionen und Verbindlichkeiten voraussetzt.

Bei Kapitalgesellschaften ist die Gründungsbilanz auf den Tag des Eintrags in Handelsregister zu erstellen. Besondere Bewertungsprobleme ergeben sich bei Sachgründungen, weil die gesetzlichen Höchstbewertungsvorschriften bei den eingebrachten bzw. übernommenen Sachwerten zu beachten sind. Eine Überbewertung kommt einer unvollständigen Erfüllung der Einlageverpflichtungen der Gründeraktionäre gleich.[314] Dies soll der Gründungsbericht (OR 635 I) der Gründer

314 Bei der Bewertung der Sachanlagen ist zudem zu berücksichtigen, dass im ersten Jahresabschluss und in der Folge die Bewertungsgrundsätze offenzulegen sind (OR 959c I, Ziff. 1)

verhindern, wobei mindestens ein zugelassener Revisor diesen zu prüfen hat (OR 634, Ziff. III und 635a).

Wird die Rechtsform einer Gesellschaft unter Fortbestand aller vermögens- und mitgliedschaftsrechtlichen Beziehungen geändert, liegt eine **Umwandlung** nach FusG 53 vor. Es wird weder eine Liquidation mit Neugründung noch eine Vermögensübertragung vorgenommen. Es geht darum, ein unpassend gewordenes Rechtskleid durch ein anderes zu ersetzen.[315]

Methodisch ist eine besondere Umwandlungsbilanz nicht erforderlich, da weder eine Vermögensverschmelzung noch eine Vermögensaufteilung stattfindet. In FusG 62 I wird jedoch festgehalten, dass u. a. «die der Umwandlung zugrundeliegende Bilanz» (neben Umwandlungsplan und -bericht) von einem besonders befähigten Revisor geprüft werden muss. Dabei ist zu beachten, dass eine besondere Zwischenbilanz zu erstellen ist, wenn der Bilanzstichtag zum Zeitpunkt der Erstattung des Umwandlungsberichts mehr als sechs Monate zurückliegt oder seit der Erstellung der letzten Bilanz wichtige Veränderungen in der Vermögenslage eingetreten sind (FusG 58 I). Für diese Umwandlungsbilanz sind gegenüber dem ordentlichen Jahresabschluss Erleichterungen vorgesehen (FusG 58 II). Eine körperliche Bestandesaufnahme ist nicht notwendig. Zudem können die Bewertungen in der letzten Bilanz unter Anpassung an allfällige zwischenzeitliche Bewegungen übernommen werden. Zu berücksichtigen sind jedoch Abschreibungen, Wertberichtigungen und Rückstellungen für die Zwischenzeit sowie wesentliche Wertveränderungen, die aus den Büchern nicht ersichtlich sind (FusG 58 II lit. b).

Wird beim Ausscheiden eines Gesellschafters die Abfindung aufgrund einer sog. Auseinandersetzungsbilanz (Status) ermittelt, handelt es sich um eine Sonderrechnung ausserhalb der Buchführung.

Bei einem auf einem Fusionsvertrag beruhenden Zusammenschluss (Verschmelzung) zweier oder mehrerer Rechtsträger zu einer Einheit, wird für die Jahresabschlussbilanz der zu verschmelzenden Gesellschaften die Bezeichnung **Fusionsbilanz** verwendet. Auch die Eröffnungsbilanz der »neuen«, aus der Fusion entstandenen Gesellschaft, wird als Fusionsbilanz bezeichnet. Die Fusionsbilanz beruht auf der Annahme der Unternehmensfortführung.[316] Diese stellt ein wichtiges Element für die Bewertung der an der Fusion beteiligten Gesellschaften und damit auch des Umtauschverhältnisses dar. Wenn diese älter als sechs Monate sind (zum Beispiel Jahresabschluss 31. Dezember, Fusionsbeschluss 15. September), ist eine **Zwischenbilanz** zu erstellen (FusG 11 V). Dafür sind jedoch Erleichterungen vorgesehen. Es handelt sich um einen Abschluss mit Bilanz, Erfolgsrechnung und Anhang nach OR 958 II.[317]

Auch bei der **Spaltung** werden Vermögenswerte übertragen. Bei der **Aufspaltung** überträgt die übertragende Gesellschaft unter Anlehnung an ihr gesamtes Vermögen auf zwei oder mehrere Gesellschaften. Bei der **Abspaltung** wird nur

315 Von der Crone/Gersbach/Kessler/Ingber, Fusionsgesetz, S. 271.
316 Pfaff/Ganz//Stenz/Zihler, Kommentar, Teil Sonderbilanzen, S. 828.
317 Von der Crone/Gersbach/Kessler/Ingber, Fusionsgesetz, S. 85.

ein Teil des Vermögens übertragen. VOR-Abschluss des Spaltungsvertrags und Erstellung des Spaltungsplans ist eine Zwischenbilanz (**Spaltungsbilanz**) zu erstellen.[318] Wenn der Bilanzstichtag mehr als sechs Monate zurückliegt oder seit dem Abschluss wichtige Änderungen in der Vermögenslage eingetreten sind (FusG 35 I), sind die von der Spaltung betroffenen Vermögenswerte und Verbindlichkeiten mit einer eindeutigen Bezeichnung in einem **Inventar** im Spaltungsvertrag aufzuführen (FusG 37b).[319]

Die Sanierung eines Unternehmens erfordert in der Regel stets eine Bereinigung der Bilanzstruktur durch besondere Sanierungsmassnahmen. Die **Sanierungsbilanz** zeigt die Auswirkungen der buchhalterisch wirksamen Sanierungsmassnahmen auf die Bilanz. Häufig wird sie der Generalversammlung, die über die Sanierungsmassnahmen zu beschliessen hat, als sog. **Pro-Forma-Bilanz** vorgelegt. Sie weist die Situation der Unternehmung nach, falls die zumeist auf einen zurückliegenden Bilanzstichtag wirksamen Massnahmen bereits beschlossen gewesen wären.

Mit der Sanierungsbilanz nicht zu verwechseln ist der **Status**, welcher den Gläubigern (SchKG 299) oder den Obligationären im Nachlassverfahren aufgrund von OR 1175 »auf den Tag der Gläubigerversammlung« vorzulegen ist. Die Vorschrift ist völlig unpraktikabel, sodass ein vor der Gläubigerversammlung liegender Stichtag festgelegt werden muss.

Die Erstellung einer **Liquidationsbilanz** wird vorgeschrieben für den Beginn der Liquidation von Personengesellschaften (OR 687 I, 619 I), von sonstigen Handelsgesellschaften und von Genossenschaften (OR 742 I, 743 V, 770 II, 823, 903 II, 913 I). Die Liquidationseröffnungsbilanz ist eine **Vermögensermittlungsbilanz** auf der Grundlage von Veräusserungswerten.[320]

6.4 Gliederung der Bilanz

6.4.1 Gesetzliche Mindestgliederung

Das allgemeine Buchführungsrecht kannte bis 2015 überhaupt keinen Mindestinhalt der Bilanz und damit auch keine Vorschriften zur Gliederung. In den Bilanzen von Aktiengesellschaften waren auf der Aktivseite sieben, auf der Passivseite acht Positionen auszuweisen. Das Rechnungslegungsrecht (OR 959a) verfeinert die bisherige aktienrechtliche Mindestgliederung durch zusätzliche Positionen, insbesondere im Eigenkapital und verlangt, dass weitere Positionen ausgewiesen werden müssen, sofern dies für die Beurteilung der Vermögens- oder Finanzierungslage durch Dritte wesentlich oder aufgrund der Tätigkeit des Unternehmens üblich ist.

318 Konkret: Ein vollständiger Abschluss nach OR 958 II.

319 Die buchhalterische Abweichung einer Abspaltung zeigt Kommentar Pfaff/Ganz/Stenz/Zihler auf S. 839.

320 Pfaff/Ganz/Stenz/Zihler, Kommentar, Teil Sonderbilanzen, S. 817.

Wie in der Erfolgsrechnung sind die Positionen der gesetzlichen Mindestgliederung in der vorgeschriebenen Reihenfolge aufzuführen. Die Struktur behält im Gegensatz zum Gliederungsschema der EU-Richtlinie 2013 die schweizerische Praxis bei, indem an erster Stelle das Umlaufvermögen und das kurzfristige Fremdkapital aufzuführen sind.[321]

Unter den Aktiven müssen ihrem Liquiditätsgrad entsprechend folgende Positionen einzeln und in der vorgegebenen Reihenfolge ausgewiesen werden:

1. Umlaufvermögen
   a) flüssige Mittel und kurzfristige gehaltene Aktiven mit Börsenkurs
   b) Forderungen aus Lieferungen und Leistungen
   c) übrige kurzfristige Forderungen gegenüber nahestehenden Organisationen
   d) Vorräte und nicht fakturierte Dienstleistungen
   e) aktive Rechnungsabgrenzungen
2. Anlagevermögen
   a) Finanzanlagen
   b) Beteiligungen
   c) Sachanlagen
   d) immaterielle Werte
   e) nicht einbezahltes Grund-, Gesellschafter- oder Stiftungskapital

Unter den Passiven müssen ihrer Fälligkeit entsprechend mindestens folgende Positionen einzeln und in der vorgesehenen Reihenfolge ausgewiesen werden:

1. kurzfristiges Fremdkapital
   a) Verbindlichkeiten aus Lieferungen und Leistungen
   b) kurzfristige verzinsliche Verbindlichkeiten
   c) übrige kurzfristige Verbindlichkeiten
   d) passive Rechnungsabgrenzungen
2. langfristiges Fremdkapital
   a) langfristige verzinsliche Verbindlichkeiten
   b) übrige langfristige Verbindlichkeiten
   c) Rückstellungen sowie vom Gesetz vorgesehene ähnliche Positionen
3. Eigenkapital
   a) Grund-, Gesellschafter- oder Stiftungskapital, ggf. gesondert nach Beteiligungskategorien
   b) gesetzliche Kapitalreserve
   c) gesetzliche Gewinnreserve
   d) freiwillige Gewinnreserven oder kumulierte Verluste als Minusposten
   e) eigene Kapitalanteile als Minusposten

321 Das HGB-Schema beginnt mit dem immateriellen Anlagevermögen bzw. dem gezeichneten Eigenkapital und endet mit den flüssigen Mitteln, den Rechnungsabgrenzungen und den aktiven bzw. passiven latenten Steuern.

Wie für die Erfolgsrechnung erfordert die für die Rechnungslegungsadressaten erwünschte Übersichtlichkeit und Klarheit der Bilanz den Verzicht auf eine weitergehende Aufgliederung der vorgesehenen Positionen. Diese ist im Anhang vorzunehmen, zumal der Anhang ein gleichwertiger Bestandteil des Jahresabschlusses ist.

Nach OR 959a IV sind Forderungen und Verbindlichkeiten gegenüber Organen und Beteiligten bzw. gegenüber Beteiligungen in der Bilanz oder im Anhang gesondert darzulegen. Dies erhöht die Transparenz für die Bilanzadressaten, um mögliche Interessenskonflikte zu vermeiden.

Die Mindestgliederung erhöht die Vergleichbarkeit zwischen Unternehmen und verbessert die Datengrundlage für die Berechnung und Interpretation von Kennzahlen.

6.4.2 Betriebswirtschaftliche Gliederung nach Swiss GAAP FER

Swiss GAAP FER unterscheidet sich vom gesetzlichen Gliederungsschema durch die Reihenfolge der Positionen, die Trennung der Aktiven in flüssige Mittel und Wertschriften und durch die Unterteilung der verzinslichen und unverzinslichen sowie der Gliederung des Eigenkapitals.

Die nachstehenden Positionen sind in der Bilanz oder im Anhang gesondert auszuweisen:

- bei den Forderungen: gegenüber nahestehenden Unternehmen oder Personen[322],
- bei den Sachanlagen: unbebaute Grundstücke, Grundstücke und Bauten, Anlagen und Einrichtungen, Sachanlagen im Bau,
- übrige Sachanlagen,
- bei den Finanzanlagen: Wertschriften, aktive latente Ertragssteuern, Beteiligungen,
- übrige Finanzanlagen,
- bei den immateriellen Anlagen: erworbene immaterielle Werte, selbst erarbeitete immaterielle Werte (insbesondere auch aktivierte Entwicklungskosten),
- bei den Verbindlichkeiten: gegenüber nahestehende Unternehmen oder Personen,
- bei den Rückstellungen: Steuerrückstellungen (für latente Ertragssteuern), Rückstellungen aus Vorsorgeverpflichtungen, Restrukturierungsrückstellungen, Sonstige Rückstellungen,
- beim Eigenkapital: Beträge der einzelnen Titelkategorien des Kapitals der Unternehmen.

322 FER verwendet wie seinerzeit im VE 2005 vorgesehen, die Bezeichnung Organisation, im Rechnunlegungsrecht ersetzt durch Unternehmen.

Beispiel Bilanzgliederung Bad Ragaz Gruppe (Swiss GAAP FER, 2019)

KONSOLIDIERTE BILANZ

Per 31. Dezember | in CHF 1'000

AKTIVEN	ANMERKUNGEN	2019	2018
Land	(7)	48'951	48'951
Gebäude	(7)	221'942	186'049
Übrige Sachanlagen	(7)	14'224	17'175
Sachanlagen		**285'117**	252'175
Beteiligungen an assoziierten Gesellschaften	(10)	10'780	7'953
Arbeitgeberbeitragsreserven	(18)	11'889	11'333
Finanzanlagen		**22'669**	19'286
Anlagevermögen		**307'786**	271'461
Flüssige Mittel		6'047	4'454
Forderungen aus Lieferungen und Leistungen	(11)	3'260	4'410
Übrige Forderungen	(12)	712	597
Warenvorräte		3'389	2'925
Aktive Rechnungsabgrenzungen		1'476	709
Umlaufvermögen		**14'884**	13'095
TOTAL AKTIVEN		322'670	284'556

PASSIVEN		2019	2018
Aktienkapital	(13)	23'940	23'940
Kapitalreserven		76'588	76'585
Eigene Aktien	(14)	-735	-954
Gewinn- und übrige Reserven		41'113	38'746
Eigenkapital der Aktionäre		140'906	138'317
Minderheitsanteile	(9)	3'924	3'198
Eigenkapital		**144'830**	141'515
Finanzverbindlichkeiten	(15)	143'920	110'795
Latente Ertragssteuerrückstellungen	(16)	5'708	6'607
Passive Rechnungsabgrenzungen		290	366
Langfristiges Fremdkapital		**149'918**	117'768
Finanzverbindlichkeiten	(15)	2'604	800
Verbindlichkeiten aus Lieferungen und Leistungen		2'469	4'579
Ertragssteuerverbindlichkeiten		414	525
Übrige Verbindlichkeiten	(17)	11'442	11'091
Passive Rechnungsabgrenzungen		10'993	8'278
Kurzfristiges Fremdkapital		**27'922**	25'273
TOTAL PASSIVEN		322'670	284'556

27

Weitere wesentliche Positionen sind separat auszuweisen:

- Die Veränderungen der einzelnen Positionen des Eigenkapitals, zwischen Beginn und Ende der Berichtsperiode, sind im Eigenkapitalnachweis gesondert auszuweisen.
- Wertberichtigungen auf Positionen des Umlaufvermögens und der Finanzanlagen sind im Anhang auszuweisen.

Bei der indirekten Methode sind die kumulierten Wertberichtigungen auf Positionen des Sachanlagevermögens unter den entsprechenden Aktiven oder im Anhang jeweils gesondert auszuweisen.

Die Abgrenzung der wichtigsten Positionen ist überdies zwingend vorgegeben. Bei den Wertschriften ist zu unterscheiden zwischen kurzfristigen Anlagen mit Börsenkurs (= Marktpreis) und Forderungspapieren und Beteiligungsrechten, die nicht Effekten sind, sondern Finanzanlagen.[323]

Offen ist der Ausweis von **Anzahlungen**, sowohl von geleisteten Zahlungen für noch nicht oder erst teilweise erhaltene Lieferungen und Leistungen (Waren, Material sowie Sachanlagen). Erhaltene Anzahlungen von Kunden für Vorräte können vom Bestand der Vorräte in Abzug gebracht werden. Geleistete Anzahlungen an Lieferanten werden unter den Vorräten ausgewiesen (FER 17/2), solche für Anlagegüter unter den Sachanlagen. Erhaltene (passive) Anzahlungen mit reinem Vorleistungscharakter sind als kurzfristige Verbindlichkeiten zu bilanzieren, wenn bereits Leistungen erbracht worden sind (Fabrikationsaufträge).

Beispiel Ausweis Anzahlungen von Kunden ABB (IFRS, 2015, in Mio. USD)

Kurzfristiges Fremdkapital	
Zusammengefasstes Fremdkapital	15'844
davon Anzahlungen von Kunden	1'598
Umlaufvermögen	
Zusammengefasstes Umlaufvermögen	22'760
davon Vorräte netto	4'757
Auszug Anhang 2015	
Vorräte	
Rohstoffe	1'793
Aufträge in Arbeit	1'574
Fertigfabrikate	1'442
Anzahlung an Lieferanten	188

323 Effekten sind nach FinfraG 2 lit. B vereinheitlichte und zum massenweisen Handel geeignete Wertpapiere, Wertrechte, Derivate und Bucheffekten.

	4'997
Verwendete Kundenanzahlungen	(240)
Netto Bilanzwert	**4'757**

6.5 Zuordnung und Bewertung einzelner Positionen der Aktiven

Bei allen Bilanzpositionen werden Inhalt, gesetzliche Bewertungsgrundlagen sowie Gliederung und Ausweis beschrieben.[324]

Nach OR 960a sind bei der Ersterfassung die Aktiven aus Gründen des Gläubigerschutzes höchstens zu Anschaffungs- oder Herstellkosten zu bewerten. Auch in der Folgebewertung dürfen dieser nicht höher als zu Anschaffungs- oder Herstellkosten bewertet werden. Hierbei ist diese Höchstbewertungsvorschrift als Grundsatz bei allen Aktiven zu beachten, wobei weiterführende Bestimmungen zu berücksichtigen sind.

6.5.1 Umlaufvermögen

Das Umlaufvermögen zeigt die flüssigen Mittel sowie andere Aktiven, welche voraussichtlich innerhalb eines Jahres ab Bilanzstichtag oder innerhalb eines normalen Geschäftszyklus zu flüssigen Mitteln oder anderweitig realisiert werden (OR 959 III). Das Umlaufvermögen ist in der gesetzlichen Reihenfolge in mindestens fünf Positionen zu gliedern. Ordnungskriterium ist vom Ausgangspunkt der flüssigen Mittel die abnehmende Verfügbarkeit (Liquidierbarkeit).

6.5.1.1 Flüssige Mittel

Im Rechnungslegungsrecht wurden in Abweichung vom bisherigen Recht die flüssigen Mittel mit den kurzfristig gehaltenen Aktiven mit Börsenkurs zu einer Position vereinigt. Die neue Position ist aus mehreren Gründen nicht zweckmässig. So muss in der Geldflussrechnung die Veränderung der flüssigen Mittel nachgewiesen werden. Die kurzfristig gehaltenen Aktiven sind deshalb auszuklammern. Besondere Probleme ergeben sich in Unternehmensgruppen, welche die Liquidität

324 Für die bei der Verbuchung und der Bestandsermittlung zu beachtenden Regeln wird auf die entsprechenden Ausführungen im Band »Buchführung und Rechnungslegung« aus dem »Schweizer Handbuch der Wirtschaftsprüfung« verwiesen. Treuhand Kammer, jetzt EXPERT SUISSE, (Zürich 2014).

zentral als sog. **Cash Pooling** bewirtschaften. Diese können hier nicht dargestellt werden, weshalb auf die entsprechende Spezialliteratur verwiesen wird.[325]

Flüssige Mittel in CHF (Bargeld, Bankguthaben auf Kontokorrent-, Spar- und Anlagekonten, Festgeldanlagen) erfordern keine Bewertung und gelten als jederzeit oder bei Festgeldanlagen in mindestens drei Monaten verfügbar.

Die auf der Buchführungswährung lautenden Konten sind zum Nennwert zu bewerten. Kassenbestände und Guthaben in Fremdwährung sind zu den Jahresendkursen umzurechnen. In der Praxis weisen zahlreiche börsenkotierte Unternehmen im handelsrechtlichen Einzelabschluss in Abweichung vom gesetzlichen Gliederungsschema getrennt flüssige Mittel und Wertschriften aus. Auch bestehen durch die Umrechnung von Fremdwährungen in die Landeswährung steuerrechtliche Unterschiede.

6.5.1.2 Kurzfristig gehaltene Aktiven mit Börsenkurs

Der neue Begriff des Rechnungslegungsrecht der kurzfristig gehaltenen Aktiven mit Börsenkurs oder beobachtbarem Marktpreis in einem aktiven Markt nach OR 960b I ist sehr weit gefasst. Er umfasst neben Effekten auch Gold sowie andere Edelmetalle und sogar Rohstoffe, die auf einem aktiven Markt gehandelt werden, sofern diese der Anlage von Überschussliquidität dienen. Gold und Edelmetalle sowie Rohstoffe, welche im Rahmen der Unternehmenstätigkeit für Handels- oder Produktionszwecke eingesetzt werden, sind als Rohmaterial- oder Handelswarenvorräte zu bilanzieren. Gold und Edelmetalle zu langfristigen Vermögensanlagen sind als Finanzanlagen zu erfassen. An den Begriff eines beobachtbaren Marktpreises auf einem aktiven Markt sind jedoch hohe Anforderungen. Eine regelmässige Liquidität im Markt und regelmässige Preisfestlegungen vermag nur eine Börse in aller Regel zu genügen.

Im Gegensatz zu den flüssigen Mitteln besteht jedoch bei diesen Aktiven das Risiko von nicht zu unterschätzenden Wertschwankungen.[326] Das Rechnungslegungsrecht sieht deshalb in OR 960b II die Bildung einer Schwankungsreserve vor. Die kurzfristig gehaltenen Aktiven sind zum Börsenkurs bzw. Marktpreis am Bilanzstichtag zu bewerten. Gewinn und Verlust gegenüber dem Buchwert gelten als realisiert und sind im Finanzergebnis auszuweisen.[327] Es ist deshalb zweckmässig, Rohstoffe mit Börsenkurs nicht mit flüssigen Mitteln und kotierten Effekten zusammen in einer Bilanzposition auszuweisen.[328] In den meisten veröffentlichten Jahresabschlüssen wird eine Position unter dieser Bezeichnung nicht aufgeführt.

325 HWP, 2014, S. 152.

326 Bei der Versicherung »Die Mobiliar« lieferte der Geldbestand als Kapitalanlage 2015 die negativste Performance aller Anlagekategorien aus (Geschäftsbericht 2015, S. 50). Die Gliederung der Jahresrechnung von Versicherungsunternehmen weicht von OR 959a und b wegen der besonderen Tätigkeit deutlich ab.

327 HWP, 2014, S. 127.

328 Roberto/Trueb: Handkommentar zu OR 959a, Anm. 8, S. 122.

Beispiel Bewertung kurzfristig gehaltene Aktiven mit Börsenkurs Schindler Holding (OR 2018)

Bilanz (in TCHF)	2018	2017
Kurzfristige Finanzanlagen	7'473	6'926

Anhang
Bewertungsgrundsätze der Wertschriften:
In dieser Position sind Wertschriften mit Börsenkursen enthalten, welche zum Marktwert am Bilanzstichtag bewertet werden. Die Wertänderungen sind im Finanzertrag oder Finanzaufwand enthalten. Im Vorjahr wurden die Wertschriften zum niedrigeren Wert aus Anschaffungskosten und dem Börsenkurs am Bilanzstichtag ausgewiesen. Wertänderungen, welche die Anschaffungskosten übersteigen, wurden in einer Schwankungsreserve erfasst. Wertänderungen unter die Anschaffungskosten wurden im Finanzaufwand erfasst. Die Wertschriften wurden abzüglich Schwankungsreserve dargestellt. Der Betrag der Schwankungsreserve belief sich im Vorjahr auf CHF 1.4 Mio. Der Betrag der Schwankungsreserve beläuft sich auf den Bilanzstichtag auf CHF 7.0 Mio. (Vorjahr CHF 2.3 Mio.).

Bei Verwendung von Schwankungsreserven dürfen keine zusätzlichen stillen Reserven gebildet werden. Die Schwankungsreserve dient auch dazu, keine zusätzliche Steuerbelastung zu verursachen.

6.5.1.3 Forderungen aus Lieferungen und Leistungen

Forderungen sind unerfüllte Ansprüche des Unternehmens gegenüber Dritten. Sie entstehen aus verschiedenartigen Gründen, in der Regel im Zusammenhang mit der Erfüllung von Verträgen. Die Zusammenfassung in Gruppen und Untergruppen sowie nach der Fälligkeit ist zur Beurteilung der wirtschaftlichen Lage unerlässlich und deshalb in den in- und ausländischen Kontenrahmen vorgegeben und seit 1991 in der Schweiz für Aktiengesellschaften, seit 2015 generell gesetzlich vorgeschrieben.

Forderungen aus Lieferungen und Leistungen sind Guthaben bei Kunden, welche aus der eigentlichen betrieblichen Tätigkeit, dem Verkauf von Erzeugnissen, Handelswaren oder Dienstleistungen entstanden sind und im Nettoerlös zum Ausdruck kommen. Vereinfacht verwendet die wirtschaftliche Praxis dafür die Bezeichnung Debitoren. Forderungen aus nicht betrieblichen Leistungen wie aus dem Verkauf von Gegenständen des Sachanlagevermögens sind unter übrige kurzfristige Forderungen auszuweisen.

Bei Lieferungen mit Rückgaberecht (z. B. im Versandhandel) werden Umsatz und Gewinn nicht bei der Auslieferung des Verkaufsgegenstandes, sondern erst bei Ablauf der Rückgabefrist bzw. nach Bezahlung realisiert. Vor diesem Zeitpunkt ist die ausgelieferte Ware nicht unter Forderungen, sondern noch unter den Vorräten zu bilanzieren.[329]

Sind in der Kreditbeziehung mit ausländischen Geschäftspartnern Wechsel üblich, sind solche **Besitzwechsel** (Rimessen) Teil der Forderungen aus Lieferungen und Leistungen, **Schuldwechsel** (Tratten) der Verbindlichkeiten aus Lieferzungen und Leistungen. Erfolgen Lieferungen und Leistungen mit einer längeren Zahlungsfrist als zwölf Monaten, sind die entsprechenden Forderungen im Anlagevermögen in der Position Finanzanlagen auszuweisen.

Kundenguthaben binden finanzwirtschaftlich betrachtet Kapital. Es ist möglich, die Bewirtschaftung mit einer Factoring-Vereinbarung zu optimieren. Der Factor kann die administrative Tätigkeit im Zusammenhang mit den Debitoren übernehmen, die ausstehenden Forderungen (Debitorenbuchhaltung) bevorschussen gegen Sicherheitsabtretung und auch das Delkredererisiko tragen. Die Buchführung hängt davon ab, welche dieser Leistungen das Unternehmen beansprucht. Werden lediglich die ausstehenden Kundenguthaben vom Factor bevorschusst ohne gleichzeitige Übernahme des Delkredere, wird ein Passivkonto auf den Namen des Factors eröffnet, welches wie ein Bankkonto geführt wird. Bevorschusst der Factor die Kundenguthaben und übernimmt er auch das Debitorenrisiko, werden die abgetretenen Kundenguthaben ausgebucht und auf ein Aktivkonto Factor übertragen, auf dem die Forderungen mit dem Vorschuss des Factors verrechnet werden.

Beispiel Ausweis Factoringtransaktionen AFG Arbon (IFRS, 2015)

Seit Februar 2010 verkauft AFG Forderungen im Zusammenhang mit einer Factoring-Vereinbarung. Da weder alle Chancen noch Risiken übertragen noch zurückbehalten worden sind und kein Übergang der Verfügungsmacht vorliegt, werden die Forderungen in der Höhe des sog. Continuing Involvement in der Bilanz erfasst. Insbesondere verbleibt das Spätzahlungsrisiko bei der AFG.

Per 31.12.2015 betrug der Buchwert der abgetretenen Forderungen CHF 7.3 Mio (CHF 8.9 Mio.). Davon erhielt AFG vom Factor bereits CHF 7.1 Mio. (CHF 11.2 Mio.) an flüssigen Mitteln. Die Differenz von CHF 0.2 Mio. (CHF 2.3 Mio. übrige Verbindlichkeiten) ist als übrige Forderungen gegenüber dem Factor ausgewiesen.[330]

Die **Bewertung von Forderungen aus Lieferungen und Leistungen** erfolgt grundsätzlich zum Nominalbetrag, wobei für die zu erwartenden Bezüge (Rabatte, Skonti) und Ausfälle (zahlungsunfähige oder -unwillige Schuldner) sowie bestrittene Forderungen (z. B. im Fall einer Mängelrüge) Wertberichtigungen zu bilden sind (OR 960a III). Dabei ist zwischen Einzel- und Pauschalberichtigungen zu unterscheiden. Im Steuerrecht wird auf Inlandforderungen eine Pauschalwertberich-

329 HWP, 2014, S. 141.

330 Der Bilanzwert der Forderungen aus Lieferungen und Leistungen betrug brutto TCHF 94'411, das Delkredere TCHF 9'050, netto total TCHF 85'361 (TCHF 101'927).

tigung von 5% und auf ausländischen Forderungen von 10% anerkannt. In der Praxis sind Forderungen, die älter als 180 Tagen sind, nicht mehr als werthaltig zu betrachten und sollten wertberichtigt sein. Nach dem Rechnungslegungsrecht sind aufgrund des Vorsichtsprinzips auf ihre Werthaltigkeit zu prüfen und bei Anzeichen einzeln wertzuberichtigen.

OR 950a IV verlangt den getrennten Ausweis von Forderungen und Verbindlichkeiten gegenüber Beteiligten (Aktionäre, Gesellschafter), Organen (Verwaltungsräte, Mitglieder der Geschäftsleitung) und Beteiligungen. Aus der Sicht der Rechnungslegungsadressaten sind vor allem die Forderungen gegenüber nahestehenden Personen zu beobachten, weil die Stellung des Schuldners bezüglich Bonität und Konditionen einem Fremdvergleich (at arm's length) allenfalls nicht standhält.[331]

Beispiel Altersstruktur SFS Groupe (Swiss GAAP FER, 2018, in TCHF)

Altersstruktur	**2018**	**2017**	
Nicht fällig	251.6	263.7	
Überfällig 1 bis 30 Tage	49.8	49.2	
Überfällig 31 bis 90 Tage	12.5	12.2	
Überfällig mehr als 91 Tage	3.8	2.1	
Forderungen aus Lieferungen und Leistungen	317.7	327.2	brutto
Wertberichtigungen	- 3.2	- 3.2	
Forderungen aus Lieferungen und Leistungen	314.5	324.0	netto

Kurzfristige Forderungen sind zum Nominalwert bilanziert. Die Wertberichtigung wird aufgrund der Fälligkeitsstruktur und der erkennbaren Bonitätsrisiken bestimmt.

Es kann sich als zweckmässig erweisen, dass die Altersstruktur der Forderungen aus Lieferungen und Leistungen offengelegt wird. So lässt sich die Notwendigkeit von Wertberichtigungen besser qualifizieren. Eine solche ist weder für Swiss GAAP FER noch beim Rechnungslegungsrecht vorgeschrieben, erhöht Zweifelsohne die Transparenz in der Berichterstattung.

6.5.1.4 Übrige kurzfristige Forderungen

Unter dieser Position sind alle Forderungen auszuweisen, welche nicht unter den Forderungen aus Lieferungen und Leistungen erfasst werden können. Es handelt sich sowohl um betriebliche wie nicht betriebliche kurzfristige Guthaben, insbe-

331 Pfaff/Ganz/Stenz/Zihler, Kommentar zu OR 959a, Anmerkung 175, S. 346.

sondere solche gegenüber dem öffentlichen Gemeinwesen (Sozialversicherungen und Vorsorgeeinrichtungen), gegenüber dem Personal (Lohnvorauszahlungen) und WIR-Guthaben sowie Kautionen oder Mietzinsdepots. Es gibt keine besonderen Bewertungsvorschriften des Rechnungslegungsrechts. Zu beachten ist vor allem das Niederstwertprinzip.[332]

6.5.1.5 Vorräte und nicht fakturierte Dienstleistungen

Unter der Sammelbezeichnung Vorräte werden zusammengefasst:

- **Rohmaterial**: Güter in grösseren Mengen, meistens in einzeln zurechenbaren Teilen eines Produktes werden, welche am Bilanzstichtag nicht be- oder verarbeitet worden sind.
- **Hilfs- und Betriebsstoffe, Verpackungsmaterial** (z. B. Schmiermittel, Heizöl, Verbrauchsmaterial) dienen nur indirekt der Produktion. Leihverpackungen, wie Harasse, Paletten, Fässer sind Eigentum des Leihgebers (Sachanlagen) und deshalb nicht als Vorräte zu erfassen.[333]
- **Halbfabrikate**: Produkte, die noch nicht alle Stufen des Produktionsprozesses durchlaufen haben und in einem Zwischenstadium gelagert werden.
- **Erzeugnisse in Arbeit** (nach HGB unfertige Erzeugnisse): Produkte, deren Fertigungsprozess im Zeitpunkt des Jahresabschlusses noch nicht abgeschlossen ist. Dieser Posten entspricht bei Dienstleistungsunternehmen den aufgelaufenen Kosten der noch nicht fakturierten Dienstleistungen.
- **Fertige Erzeugnisse bzw. Fertigfabrikate**: sind selbst hergestellte, verkaufsbereite Produkte.
- **Handelswaren**: fremdbezogene Güter, welche ohne wesentliche Veränderung verkauft werden können.
- **Angefangene Bauten auf fremdem Boden**: bei Bauunternehmen zählen aus juristischer Sichtweise nicht zu den unfertigen Erzeugnissen, sondern sind den Forderungen zuzuordnen, können auch nach dem Grundsatz substance over form zu den Vorräten gerechnet werden. Eine klare Bezeichnung ist jedoch unerlässlich, damit die Eigentumsverhältnisse deutlich erkennbar sind (»Bauaufträge auf fremdem Boden«).[334]

Bei Halb- und Fertigfabrikaten wird für die Ermittlung der Herstellkosten eine Betriebsbuchhaltung vorausgesetzt, die den Rechnungslegungsnormen weitgehend entspricht.

In den Bilanzen von in der Produktion oder im Handel tätigen Unternehmen erfordert die Bestandsermittlung sowie ihrer Grössenordnung im Umlaufvermö-

332 Die Bewertung von sog. WIR-Rechnungsguthaben gibt immer wieder zu steuerrechtlichen Auseinandersetzungen Anlass.

333 HWP, 2014, S. 158.

334 HWP, 2014, S. 158.

gen erhöhte Beachtung. Die bei der Rechnungslegung vorhandenen Bestände sind entweder gemäss OR 958a II durch Inventur oder durch Übernahme der Beträge aus ordnungsgemäss geführter Lagerbuchhaltung zu ermitteln. Bei Erzeugnissen in Arbeit ist der Arbeitsfortschritt massgebend. Bei Dienstleistungsaufträgen und auftragsbezogener Fertigung erfolgt der Bestandsnachweis durch den erfassten Arbeitseinsatz zuzüglich allfälliger Fremdleistungen. Bei Hilfs- und Betriebsstoffen sowie Büromaterial wird der jährliche Einkauf dem Verbrauch gleichgesetzt, weshalb eine Bilanzierung entfällt.[335]

Bei der Bewertung ist zwischen Erst- und Folgebewertung zu differenzieren. Grundsätzlich ist festzuhalten, dass für Vorräte eine **Einzelbewertung** vorzunehmen ist. Einzelne Kategorien von Vorräten sind jedoch als gleichartig zu betrachten und können daher zur Inventurvereinfachung als Gruppe bewertet werden (OR 960 I).

OR 960a unterscheidet zwischen Anschaffung und Herstellung. Bei der Anschaffung, wozu auch Tauschtransaktionen zählen, stehen die Erwerbskosten durch den Marktpreis fest. Die **Anschaffungskosten** (Einstandspreis) umfassen den Anschaffungspreis einschliesslich Nebenkosten wie Transport, Speditions- und Abladekosten, Eingangszölle, Provisionen unter Abzug der Einkaufspreisminderung wie Rabatte, Rückvergütungen (FER 17/17). Skonti können entweder als Preisminderung oder als Finanzertrag betrachtet werden, weil es den Unternehmen freisteht, ob der Skontoabzug gemacht oder der Lieferantenkredit beansprucht wird. Die gewählte Variante ist im Anhang offenzulegen.

Bei Handelsunternehmen werden die Anschaffungskosten auch nach der retrograden Methode ermittelt, indem sie vom Bruttoverkaufspreis ohne Steuern die Verkaufspreisminderungen und die Bruttomarge abgezogen werden. Die Verwendung einer durchschnittlichen Marge je Vorratsgruppe ist zulässig, wenn diese eine weitgehend einheitliche Marge hat.[336]

Bei Vorräten, welche zur Reifung länger gelagert werden (Wein, Käse, usw.), müssen Lagerkosten bei der Bewertung berücksichtigt werden. Der Vorgang der Herstellung ist abgeschlossen, wenn das Erzeugnis betriebsbereit, bzw. bestimmungsmässig verwendet werden kann.

Die Berechnung der Herstellungskosten von Vorräten kann wie folgt ausgestaltet sein von Verarbeitungsbetrieben:[337]

Direkte Materialkosten
+ indirekte Materialkosten
+ Herstellungskosten für Halbfabrikate
+ variable und fixe, direkte und indirekte Lohnkosten des Fertigungsbereichs
+ andere allgemeine, variable und fixe, direkte und indirekte Kosten des Fertigungsbereichs

335 HWP, 2014, S. 161.
336 Meyer, Accounting, S. 169.
337 Meyer, Swiss GAAP FER, S. 170.

\+ anteilige Verwaltungskosten des Herstellungsbereichs

\+ Anteil der Fremdkapitalzinsen (sofern gerechtfertigt)

\+ Anteil der Entwicklungskosten (sofern gerechtfertigt)

= Herstellungskosten

Der Begriff der Herstellungskosten ist allerdings im Rechnungslegungsrecht nicht definiert, weil die Bildung von stillen Reserven zulässig ist und deshalb nicht alle Gemeinkosten, aber mindestens die Einzelkosten des Materials und des Fertigungsprozesses aktiviert werden müssen.[338]

Bei der Rechnungslegung nach Swiss GAAP FER (FER 17/19) sind neben den Material- und den Fertigungsgemeinkosten auch die anteiligen Verwaltungskosten des Herstellungsbereichs, unabhängig davon, ob sie variabel oder periodenfix sind, einzubeziehen. Bei der Ermittlung der Gemeinkostenzuschläge wird von einer normalen Produktionskapazität ausgegangen. Bei der Festlegung der kalkulatorischen Abschreibungen ist mit realistischen Abschreibungssätzen zu rechnen.

Eine Besonderheit unter den Vorräten stellen die zur Sicherstellung der Versorgung mit lebensnotwendigen Gütern bestehenden obligatorischen oder freiwilligen **Pflichtlager** gemäss dem Landesversorgungsgesetz (LVG) dar.[339] Für diese können Finanzierungserleichterungen und steuerwirksame zusätzliche Wertberichtigungen (stille Reserven) beansprucht werden (LVG 23).

In der Folgebewertung nach OR 960c sind die Endbestände am Bilanzstichtag zu bewerten. Sie wird entscheidend durch die für die Bewertung der Vorratsabgänge verwendete Methode (Kosten- oder Verbrauchsfolgeverfahren) beeinflusst.

Das Kernproblem der Folgebewertung liegt in dem von OR 960a I geforderten Vergleich am Bilanzstichtag zwischen den Anschaffungs- und Herstellungskosten und dem Veräusserungswert von Vorräten, d. h., dem zukünftigen Netto-Absatzmarktpreis.[340] Mit der Anwendung des Niederstwertprinzips (at cost or market, which ever is lower) von OR 960c werden erkennbare, aber noch nicht realisierte Wertverminderungen erfolgswirksam erfasst und der Grundsatz der **verlustfreien Bewertung** konsequent umgesetzt.[341]

Für die Bewertung der Vorräte können auch **Standard- oder Plankosten** verwendet werden,[342] wobei jedoch zu beachten ist, dass die der Planung zu Grunde liegende Kapazitätsauslastung realistisch ist. Bei positiver Kapazitäts- und Preisabweichung sind die bilanzierten Standardkosten zu überprüfen.[343]

---

338 Pfaff/Ganz/Stenz/Zihler: Kommentar zu OR 960a, Anmerkung 59, S. 466.

339 HWP, 2014, S. 168.

340 Pfaff/Ganz/Stenz/Zihler: Kommentar zu OR 960c, Anmerkung 16, S. 502. Böckli, Neue OR-Rechnungslegung, S. 199.

341 Roberto/Trueb, Kommentar zu OR 96oc, Anmerkung 14, S. 194.

342 Beispiel: »Die Bewertung der Vorräte erfolgt im wesentlichen zu Standardkosten, welche jährlich überprüft werden«. (Geschäftsbericht Huber & Suhner, Anhang zur Konzernrechnung 2015: Bewertungsmethoden)

343 Diese könnten über den Herstellungskosten liegen (HWP 2014, S. 167).

Mit einer **Rückrechnung** kann beurteilt werden, ob der Preis des Absatzmarktes bezüglich Verwaltungs- und Vertriebskosten tiefer ist als die Anschaffungs- und Herstellungskosten. Die Rückrechnung ergibt den für die Bewertung im Jahresabschluss massgeblichen Vergleichswert.

Einen richtigen Einfluss auf die Bewertung haben Wertberichtigungen auf den Vorräten. Ist der Vergleichswert tiefer als die erfassten Anschaffungs- und Herstellungskosten, ist eine Wertberichtigung in der Höhe dieser Differenz zu Lasten des Periodenergebnisses vorzunehmen (FER 17/6).

Wertberichtigungen sind nicht nur aufgrund des Niederstwertprinzips vorzunehmen, sondern auch für nicht kurante Vorräte (Ladenhüter) sowie für Bestände, die den üblichen Absatz übersteigen. Anzeichen dafür sind sehr tiefe Umschlagshäufigkeiten, Zeitpunkt des letzten Bestellungseingangs usw. Im Extremfall sind Liquidationswerte einzusetzen und nötigenfalls sogar eine Rückstellung für künftig anfallende Entsorgungskosten zu bilden.[344] Die Veränderung der Wertberichtigung ist erfolgsneutral als Material-/Warenaufwand, bzw. als Bestandesänderung zu verbuchen (FER 17/29). Wertberichtigungen sind erfolgswirksam aufzulösen, wenn sie nicht mehr benötigt werden (FER 17/5). Mit den Wertberichtigungen nicht zu verwechseln sind Wertbeeinträchtigungen (Impairments) von Vorräten, welche z. B. im Zusammenhang mit der Aufgabe von Geschäftsbereichen, Restrukturierungen und Liquidationen notwendig werden.

Beispiel Ausführliche Angaben zur Wertberichtigung auf Vorräten C-Technologie-Konzern (Swiss GAAP FER, 2014/2015)

Vorräte	**31.12.2014**	**31.12.2015**
Rohmaterialien	25'710	27'823
Wertberichtigung von Slow-Movers und obsoleter Ware	(5'543)	(6'466)
Nettowert der Rohmaterialien	**20'167**	**21'357**
Halbfabrikate	10'883	10'099
Wertberichtigungen und »Lower of Cost or Market«	(1'832)	(871)
Nettowert der Halbfabrikate	**9'051**	**9'228**
Fertigfabrikate	3'315	3'509
Wertberichtigung für Überschussmengen and Lower o Cost Market«	(737)	(812)
Nettowert Fertigfabrikate	**2'578**	**2'697**
Total Vorräte	**31'796**	**33'282**

344 HWP, 2014, S. 168.

Von den rechtlich notwendigen Wertberichtigungen im Hinblick auf die Einhaltung der Höchstbewertungsvorschriften der Vorräte zu unterscheiden ist die sog. **pauschale Warenreserve von einem Drittel (privilegierter Warendrittel)** auf dem gesetzlichen Höchstwert (Anschaffungs- oder Herstellungskosten abzüglich der Wertberichtigungen für unkurante Waren oder vom tieferen Veräusserungswert). Mit der steuerlichen Bewertungskorrektur wird eine stille Reserve auf den Vorräten gebildet. Nimmt der Vorratsbestand ab, werden beim gleichbleibenden Satz von 33 1/3 % für die Bewertungspauschale zwangsläufig stille Reserven aufgelöst (OR 959c 1 Ziff. 3).

Das gesetzliche Gliederungsschema sieht für die Vorräte und nicht fakturierte Dienstleistungen eine Sammelposition im Umlaufvermögen vor. Der Verwendungszweck und nicht die Beschaffenheit bestimmen die Zuordnung zu den Vorräten und damit zum Umlaufvermögen. Nach FER 17/9 können langfristige Güter wie Ersatzteile in der Maschinenindustrie unter Umständen als Anlagevermögen bilanziert werden.[345] Eine Untergliederung in der Bilanz oder im Anhang ist jedoch zur zuverlässigen Beurteilung der wirtschaftlichen Lage des Unternehmens unerlässlich. Es ist nicht so sehr die Entwicklung der Gesamtposition Vorräte von Interesse, sondern jene der einzelnen Kategorien. In industriellen Unternehmen sind deshalb mindestens die drei Hauptkategorien entsprechend der Branchenbesonderheiten auszuweisen. In der Nahrungsmittelindustrie sind z. B. unter den Vorräten die Verpackungsmaterialen eine wichtige Position.[346]

Die Aufschlüsselung nach OR 959c I Ziff. 2 kann nach Geschäftsbereichen oder nach der Gattung vorgenommen werden.

Beispiel Ausweis Vorräte nach Geschäftsbereichen (OR, Schifffahrtsgesellschaft Vierwaldstättersee, 2015, in TCHF)

Anhang zur Konzernrechnung 2015

	2018	**2017**
Gastronomie	1'042	962
Schiffstechnik	105	100
Schifffahrt	122	157
Angefangene Arbeiten für Dritte	570	99
	1'839	**1'318**

345 In Transportunternehmen werden Materialvorräte und Ersatzteile als Sachanlagen betrachtet und im Sachanlagespiegel dargestellt. Beispiele Jungfraubahn-Gruppe (Geschäftsbericht 2015) sowie BVZ-Gruppe (Konzernrechnung 2015).

346 Lindt & Sprüngli weisen in der Konzernrechnung das Verpackungsmaterial als eigene Position aus. Diese erreichte 2015 mit CHF 96.9 Mio. 15% des gesamten Bestandes der Vorräte von CHF 547.5 Mio. Emmi fasst in der Konzernrechnung das Verpackungsmaterial mit den Rohstoffen und Halbfabrikaten zusammen.

Das Rechnungslegungsrecht für OR-Abschlüsse ebenso wie Swiss GAAP FER enthält keine Vorschriften zum Ausweis der auf dem Bruttowert der Vorräte vorgenommenen Wertberichtigungen. Die Offenlegung ist jedoch bei den börsenkotierten Gesellschaften üblich.

Beispiel Offenlegung der Vorräte nach Kategorien mit Ausweis der Wertberichtigungen Meyer Burger-Gruppe (Swiss GAAP FER, 2017/2018, in TCHF)

	2018	**2017**
Rohmaterial, Einkaufsteile, Handelsware	70'650	81'494
Halbfabrikate	42'735	53'899
Fertigfabrikate	14'719	31'989
Maschinen vor Abnahme	52'538	66'584
Anzahlungen von Kunden	- 48'230	- 77'420
Wertberichtigungen	- 53'848	- 73'232
Warenvorräte	**78'564**	**83'314**

Die Vorräte werden anhand des Fertigstellungsgrads der einzelnen Produkte und ihrer Bestimmung unterschieden in Rohmaterial, Kaufteile und Handelsware, Halbfabrikate und Fabrikate in Arbeit, Fertigfabrikate sowie Maschinen vor Abnahme. Eine Bilanzierung unter Maschinen vor Abnahme erfolgt ab Auslieferung der Maschine bis zum Zeitpunkt der Endabnahme durch den Kunden. Rohmaterial, Kaufteile und Handelsware werden zu gewichteten, durchschnittlichen Anschaffungskosten oder zum niedrigeren Nettoveräusserungswert bewertet. Halbfabrikate, Fabrikate in Arbeit, Fertigfabrikate sowie Maschinen vor Abnahme werden zu Herstellkosten oder zum niedrigeren Nettoveräusserungswert bewertet. Skontoabzüge werden als Anschaffungswertminderungen behandelt. Der Nettoveräusserungswert entspricht dem geschätzten Verkaufspreis abzüglich direkter Verkaufskosten und gegebenenfalls Kosten der Fertigstellung. Wertberichtigungen werden für zu hohe Bestände an Vorräten, die voraussichtlich nicht veräussert werden können, für Vorräte, die kaum oder keine Lagerumschläge erzielen und für beschädigte und unverkäufliche Vorräte vorgenommen.

6.5.1.6 Exkurs: Langfristige Fertigungsaufträge

Innerhalb der Vorräte nehmen die **Erzeugnisse** bzw. **Aufträge in Arbeit**, deren Ausführung sich über mehrere Rechnungsperioden erstreckt,[347] eine Sonderstel-

347 HWP, 2014, S. 170.

lung ein. Die strikte Anwendung des **Realisations**- und **Imparitätsprinzips** verhindert in diesen Fällen einen periodengerechten Ausweis des Geschäftsergebnisses. Die Erfahrung zeigt zudem, dass Unternehmen mit langfristigen Fertigungsaufträgen diese sehr wirkungsvoll als »Verschiebebahnhof« für Gewinne einsetzen, mit dem Ziel, unter dem Deckmantel der Bilanzvorsicht mit der Erfolgserfassung nach Fertigstellung eine Türe für willkürliche Gewinnausweise offenlassen. Die internationalen Rechnungslegungsstandards untersagen deshalb die Anwendung der **Completed-Contract-Methode** (CCM; Methode der Gewinnrealisierung nach Fertigstellung) und lassen nur die **Percentage-of-Completation-Methode** (POCM; Methode der anteiligen Gewinnrealisierung) zu. Gemäss der POCM wird der erwartete Gewinn aus einem Auftrag dem Fortschritt der bislang erbrachten Leistungen entsprechend als realisiert ausgewiesen (FER 22/2 und 14f). Allfällige erwartete Verluste sind hingegen sofort als Aufwand zu verbuchen, fallabhängig entweder als Wertberichtigung oder als Rückstellung (FER 22/5).

Da nur die Methode der anteiligen Gewinnrealisierung dem Grundkonzept des True and Fair View entspricht, schreibt auch Swiss GAAP FER die Erfassung langfristiger Fertigungsaufträge nach der POCM vor (FER 22). Die POCM wird den Prämissen der Periodisierung und der Vergleichbarkeit gerecht, folglich muss das Realisationsprinzip zurücktreten. Die Anwendung der POCM wird auch als zulässig betrachtet, sofern die handelsrechtlichen Bedingungen nach FER 22/4 kumulativ erfüllt sind.

Falls die Voraussetzungen für die Anwendung der POCM nicht gegeben sind, wird gemäss der CCM bilanziert (FER 22/3 und 19f.). Die erfolgswirksame Erfassung des langfristigen Auftrages erfolgt in diesem Fall erst nach dem Übergang des Lieferungs- und Leistungsrisikos vom Auftragnehmer an den Auftraggeber.

Bei der CCM, welche dem strikt angewendeten Realisationsprinzip entspricht, wird der Auftrag erst am Ende der Fertigung erfolgswirksam. Bei POCM werden Aufwand/Umsatz und Erfolg aufgrund der laufenden Auftragsrealisierung in der Erfolgsrechnung erfasst, womit das Realisationsprinzip durchbrochen wird. Das Hauptproblem der POCM ist die Zuordnung der Aufwendungen und Erträge auf die einzelne Rechnungsperiode. Es stehen zu diesem Zweck verschiedene Varianten zur Verfügung.[348]

Wegen des erwähnten Wahlrechts in der Rechnungslegung nach OR zwischen dem Gewinnausweis in Teilen nach dem Projektfortschritt (POCM) oder gesamthaft nach Abschluss des Auftrags (CCM Completed Contract-Methode) ist es unerlässlich, über die angewendete Methode im Anhang zu informieren.

348 Meyer, Swiss GAAP FER, S. 225.

Beispiel Darstellung der Fertigungsaufträge Meyer Burger-Gruppe (Swiss GAAP FER, 2018)

Nettoguthaben aus Fertigungsaufträgen (in TCHF)	**31.12.2018**	**31.12.2017**
Aufträge in Arbeit	66‘97	16‘599
Anzahlungen von Kunden	– 65‘811	– 28‘129
Fertigungsaufträge netto	**1‘167**	**– 11‘350**
Ausweis in der Bilanz		
Nettoguthaben aus Fertigungsaufträgen	6‘961	1‘137
Nettoverbindlichkeiten aus Fertigungsaufträgen	5‘794	12‘666
Zusätzliche Informationen		
Ertrag aus der PoC-Methode (Erfolgsrechnung)	51‘332	1‘725

Fertigungsaufträge sind Aufträge zur kundenspezifischen Fertigung von Vermögenswerten oder Gruppen von Vermögenswerten, die üblicherweise über mehrere Monate abgewickelt werden. Fertigungsaufträge werden mit der Percentage-of-Completion-Methode bewertet (PoC), wenn diese Aufträge einen wesentlichen Einfluss auf den Gesamtumsatz resp. das Ergebnis haben. Der Fertigstellungsgrad wird individuell für jeden Fertigungsauftrag ermittelt und entspricht dem Verhältnis der bis zum Stichtag angefallenen Auftragskosten zu den am Stichtag geschätzten gesamten Auftragskosten. Die aufgelaufenen Kosten und die gemäss Fertigstellungsgrad realisierten Nettoerlöse werden laufend in der Erfolgsrechnung ausgewiesen.

Sofern das Ergebnis des Fertigungsauftrages verlässlich geschätzt werden kann, wird ein entsprechender Gewinnanteil realisiert. Für Fertigungsaufträge, wo das Ergebnis des Fertigungsauftrages noch nicht verlässlich geschätzt werden kann, werden die Umsätze in der gleichen Höhe wie die bereits aufgelaufenen Kosten erfasst.

In der Bilanz werden die aufgelaufenen Kosten plus Gewinnanteil (bei verlässlicher Schätzung) minus Anzahlungen von Kunden als Nettoguthaben respektive Nettoverbindlichkeiten aus Fertigungsaufträgen ausgewiesen. Drohende Verluste werden in vollem Umfang als Wertberichtigung erfasst. Ist die Wertberichtigung höher als der Wert des Aktivums, wird im Umfang der Differenz eine Rückstellung gebildet.

Ein Sonderfall der langfristigen Fertigungsaufträge sind die vertraglichen Leistungen von Bauhandwerkern, die Anspruch auf die Errichtung eines gesetzlichen Bauhandwerkerpfandrechts haben, weshalb die Anwendung der POC-Methode nicht den Bilanzierungsregeln des RLR widerspricht.[349]

349 Pfaff/Ganz/Stenz/Zihler, Kommentar zu OR 958b, Anmerkung 18, S. 157.

6.5.1.7 Aktive Rechnungsabgrenzungen

Die Bezeichnung Rechnungsabgrenzungsposten wurde 1931 erstmals in die gesetzliche Terminologie eingeführt (Deutsches Aktiengesetz). OR 663a IV führte diesen auch in der Schweiz ein. Käfer betrachtet den Begriff als verfehlt, weil alle Bilanzposten die einzelnen Geschäftsjahre voneinander **abgrenzen.**[350] In der Buchführungspraxis kommt die Bezeichnung transitorische Aktiven zur Anwendung. Diese entstehen aus der Tatsache, dass sich bei Dauerleistungsverträgen – wie Mieten, Stromlieferungen, Versicherungen – Leistung und Gegenleistung am Abschlussstichtag oft nicht ausgleichen.

Seit der Revision des Deutschen Aktiengesetzes 1965 unterscheidet der deutsche Gesetzgeber zwischen transitorischen und antizipativen Rechnungsabgrenzungsposten. Als **transitorische Aktiven** werden jene Posten betrachtet, welche vor dem Bilanzstichtag zu einer Auszahlung geführt haben, während der Aufwand jedoch die folgende Rechnungsperiode betrifft (**Aufwandvortrag**), z. B. zum Voraus bezahlte Versicherungsprämien, Mietzinse. Die **antizipativen Aktiven** entstehen, weil der Ertrag im laufenden Geschäftsjahr entstanden ist, die Einzahlung aber erst im nächsten Geschäftsjahr erfolgt (**Ertragsnachtrag**), z. B. Marchzins (Stückzinsen) auf Aktivdarlehen, ausstehende Umsatzprämien. In der schweizerischen Bilanzierungspraxis wird jedoch zwischen transitorischen und antizipativen Aktiven kein Unterschied gemacht.[351] Dies steht im Einklang mit der Lehrmeinung von Käfer, nach der es sich in den beiden Fällen um kurzfristige Forderungen handelt, um eine **Leistungsforderung** im Fall der transitorischen Aktiven, sowie um eine **Geldforderung** im Fall der antizipativen Aktiven, wobei für den Vertragspartner keine besonderen Personenkonten geführt werden.[352]

Eine Besonderheit unter den Positionen der aktiven Rechnungsabgrenzung stellt das **Disagio** dar, d. h., die Differenz zwischen dem Anschaffungspreis und dem Rückzahlungspreis von Darlehen sowie Anleihensobligationen. Das Disagio korrigiert den nominalen Zinssatz und wird deshalb in jährlichen Beträgen über die Laufzeit im Finanzaufwand erfasst. Bei mehrjährigen Laufzeiten ist deshalb der Ausweis des Disagios unter den kurzfristigen Aktiven sachlich unzutreffend.[353] Die Erfassung unter den Finanzanlagen ist sachgerechter.[354] Die aktiven Rechnungsabgrenzungen sind nach den Grundsätzen für die Forderungen zu Nominalwerten zu bewerten.

---

350 Käfer, Kommentar zu OR 958, Anm. 229, S. 287.

351 HWP, 2014, S. 171. Pfaff/Ganz/Stenz/Zihler: Kommentar zu OR 958b, Anm. 12, S. 155. KMU Kontenrahmen, Gruppe 130. Gegenteilige Meinung in Pfaff/Ganz/Stenz/Zihler: Kommentar zu OR 959a, Anm. 65, S. 216, in Anlehnung an das deutsche Recht (HGB 250, 266 B 4).

352 Käfer: Kommentar zu OR a958, Anm. 340, S. 681.

353 HWP, 2014, S. 210.

354 Pfaff/Ganz/Stenz/Zihler: Kommentar zu OR 960e, Anm. 8, S. 51.

6.5.1.8 Übriges Umlaufvermögen

Unter dieser in OR 959a nicht vorgesehene Positionen sind binnen Jahresfrist zur Veräusserung bestimmte langfristige Vermögenswerte zu erfassen. Diese sind mit dem niedrigeren vom Buchwert und Marktwert abzüglich Veräusserungskosten zu bewerten. Es kann sich auch um Gruppen von Vermögenswerten und Schulden, die zusammen verkauft werden, handeln. Auch ganze Geschäftsbereiche, welche bereits veräussert oder zur Veräusserung bestimmt sind, fallen unter diese Position.[355]

Beispiel Veräusserte Geschäftsbereiche Looser-Konzern (Swiss GAAP FER 2015)

Anhang zur Konzernrechnung 2015

Informationen zu aufgegebenen Geschäftseinheiten werden ab Ankündigung der Aufgabe im Anhang ausgewiesen. Der Umsatz und das betriebliche Ergebnis des aufgegebenen Geschäftsbereichs werden im Anhang separat offengelegt. Die Offenlegung umfasst auch die Zahlen der Vorjahresperiode. Im Dezember 2015 wurde der Geschäftsbereich Temperierung verkauft. Offengelegt wurden im Anhang für 2015 und 2014 der Nettoumsatz, EBITDA und EBIT sowie die Buchwerte der veräusserten Aktiven und Verbindlichkeiten, der Netto-Aktiven, der Netto-Verkaufspreis und der dabei erzielte Verkaufsgewinn sowie der Geldfluss aus Verkauf.

Swiss GAAP FER regeln den getrennten Ausweis der **aufzugebenden Geschäftsbereiche** oder der Veräusserung bestimmter Vermögenswerte mit den damit zusammenhängenden Verbindlichkeiten im Anhang nur für börsenkotierte Unternehmen (FER 31/4). Eine Auswertung der Geschäftsberichte 2014 zeigt jedoch, dass der Begriff der aufzugebenden Geschäftsbereiche unterschiedlich interpretiert und umgesetzt wird.[356]

6.5.2 Anlagevermögen

Die gesetzliche Reihenfolge der mindestens auszuweisenden Positionen ist sachlich nicht überzeugend. Die an erster Stelle erwähnten Finanzanlagen (ohne Beteiligungen) sind vor allem bei KMU im Allgemeinen von geringerer Bedeutung als die Sachanlagen. Für die Zuteilung zum Anlagevermögen ist die Zweckbestim-

355 Clariant bildet in der Konzernbilanz für »zum Verkauf stehende Vermögenswerte« eine dritte Gruppe. Roche weist diese unter dem »Sonstigen Anlagevermögen« aus. Besonders ausführlich ist die Darstellung im Geschäftsbericht 2015 der AFG.

356 Eine Analyse der Anwendung für das Geschäftsjahr 2014 bei Suter/Balkanyl, in: EF 10/2016, S. 763.

mung und die damit verbundene voraussichtliche Investitionsdauer (OR 959a III) massgebend. Wegen der mehrfachen und überdies wechselnden Zweckbestimmung ergeben sich zum Umlaufvermögen Abgrenzungsprobleme. Das Anlagevermögen orientiert sich am langfristigen Zweck eines Unternehmens.

6.5.2.1 Finanzanlagen

Die Finanzanlagen umfassen langfristige Vermögenswerte, welche nicht als Beteiligungen gelten und finanzielle Kapitalanlagen darstellen. Finanzielle Vermögenswerte, welche kurzfristig – innert 12 Monaten – veräussert werden können oder fällig werden und einen Börsenkurs haben, sind in der entsprechenden Position im Umlaufvermögen auszuweisen.

Als Finanzanlagen gelten demnach:[357]

- **Aktien ohne Beteiligungsabsicht** (Beteiligungsrechte, welche weniger als 20% der Stimmen umfassen),
- **Anleihensobligationen**, wenn diese nicht als Liquiditätsreserve dienen,
- **Darlehensforderungen**, ohne oder mit Sicherheiten, insbesondere grundpfandgesicherte (Hypothekdarlehen),
- **langfristige Vorschüsse** an Mitarbeiter (sofern nicht Organmitglieder),
- **Edelmetalle**, die nicht der Leistungserstellung dienen,
- **nicht betriebliche Immobilien** zu Renditezwecken[358],
- **Arbeitgeberbeitragsreserven**[359] ,
- **Disagio.**

Beispiel Finanzanlagen Schindler Holding AG (OR, 2017/2018, in TCHF)

Anhang zum Einzelabschluss

	2018	**2017**
Langfristige Finanzanlagen	155'633	52'276

Die langfristigen Finanzanlagen enthalten im Wesentlichen Festgelder mit einer Fälligkeit von mehr als zwölf Monaten in der Höhe von CHF 126.7 Mio. (Vorjahr: CHF 48.7 Mio.) sowie Obligationenanleihen in der Höhe von CHF 25.4 Mio. (Vorjahr: CHF 0 Mio.).

Der getrennte Ausweis von Forderungen mit Rangrücktritt ist nicht vorgeschrieben, aber erwünscht. Die Bewertung bei der Ersterfassung und in der Folgebewer-

357 Pfaff/Ganz/Stenz/Zihler, Kommentar zu OR 959a, Anmerkung 69, S. 317.

358 Obwohl diese geradezu klassische Kapitalanlagen sind, werden Renditeliegenschaften von Swiss GAAP FER 18/14 unter die betrieblichen Sachanlagen eingereiht.

359 Meyer, Swiss GAAP FER, S. 163.

tung erfolgt nach den für die Aktiven geltenden Regeln. Forderungen werden grundsätzlich zum Nominalwert bewertet.[360]

6.5.2.2 Beteiligungen

Der Begriff der Beteiligungen ist gesetzlich definiert (OR 960a III). In der Praxis handelt es sich um Anteile an Kapitalgesellschaften (AG, GmbH) und einfachen Gesellschaften. Wegen der besonderen Stimmrechtsverhältnisse fallen Genossenschaftsanteile nicht unter diesen Begriff.[361] In Konzernen ist es üblich, Tochterunternehmen nicht ausschliesslich über Beteiligungskapital (Aktien, Stammanteile) zu finanzieren, sondern häufig in Form des sog. wirtschaftlichen Eigenkapitals (Aktionärsdarlehen). Diese sind unter Finanzanlagen zu erfassen und nach OR 959a IV auszuweisen.

Auch für Beteiligungen gilt OR 960 (Einzelbewertung) und OR 960a (Höchstbewertungsprinzip). Aufwertungen innerhalb des Anschaffungswertes (Zuschreibung) sind erfolgswirksam zu verbuchen. Gerade bei Beteiligungen ist die Anwendung von Gruppenbewertung in der Praxis oft anzutreffen, sofern die gesetzlichen Voraussetzungen nach OR 960 erfüllt sind.

Steigt der Wert einer Beteiligung nach dem Erwerb als Folge der eigenkapitalbildenden zurückbehaltenen Gewinne über die Anschaffungskosten, ist eine höhere Bewertung im handelsrechtlichen Einzelabschluss (Equity Accounting) nicht zulässig.

Beispiel Beteiliungen SN Energie (OR, 2018, in CHF)

Anhang zum Einzelabschluss 2018

	2018	2017
Beteiligungen	35'443 387	35'566 263

Anhanginformation zu den Beteiligungen:

Beteiligungen werden zum Anschaffungswert, abzüglich allfälliger Einzelwertberichtigungen, ausgewiesen.

Zu den Anschaffungskosten zählen auch aufgeschobene bzw. geschuldete Kaufpreiszahlungen. Bedingte Kaufpreiszahlungen (sog. Earn-out-Vereinbarungen) sind zusammen mit den erforderlichen Rückstellungen zu erfassen, wenn sie als wahrscheinlich erachtet werden.[362]

360 HWP, 2014, S. 173/174.

361 Wegen dem Kopfstimmrecht zählt die Person des Genossenschafters und nicht der Umfang des Anteilscheinbesitzes (OR 854, OR 885).

362 HWP, 2014, S. 176.

6.5.2.3 Sachanlagen

Sachanlagen sind zur langfristigen Nutzung für die Herstellung von Gütern oder die Erbringung von Dienstleistungen bestimmt und gehen durch Abnützung mittelbar in der Leistungsergebnis ein. Im gesetzlichen Gliederungsschema ist keine weitere Unterteilung vorgesehen. Die Sammelposition ist jedoch wenig transparent, weshalb die Forderung nach einer vertieften Untergliederung gemäss OR 959a III begründet ist. Der Kontenrahmen KMU sieht sowohl bei den mobilen wie bei den immobilen Sachanlagen je acht Untergruppen vor.

Für die interne Bilanzierungsgliederung ist folgende Feingliederung der immobilen Sachanlagen zweckmässig:

- unbebaute Grundstücke (Bauland, welches zur Betriebserweiterung als Reserveland oder zu Kapitalanlagezwecken erworben wurde),
- Kiesgruben,
- Mit Liegenschaften überbaute Grundstücke (Betriebs- und Renditeliegenschaften),
- Anderweitig überbaute Grundstücke (Parkplätze, Bahnanschlussgeleise),
- Bauten auf fremdem Boden, z. B. erstellt aufgrund von Baurechten,
- Bauten in Ausführung,
- Grundstückähnliche Rechte, z. B. Kiesausbeutungsrechte, andere Nutzungsrechte.

In allen Kategorien der immobilen Sachanlagen sind grundsätzlich Land und Gebäude getrennt zu erfassen. Für die Feingliederung der Sachanlagen sind die Informationsbedürfnisse der Unternehmungsleitung und der externen Rechnungslegungsadressaten massgebend.

Unbebaute Grundstücke

In ZGB 655 wird der Begriff Grundstücke als Oberbegriff betrachtet. Grundstücke sind Liegenschaften, d. h. Land (Boden) und Gebäude, selbstständige und dauernde in das Grundbuch aufgenommene Rechte, Bergwerke sowie Miteigentumsanteile an Grundstücken. Entgegen dem rechtlichen Begriff wird in der Wirtschaftspraxis unter Grundstücken im Allgemeinen nur der Boden (Landparzellen) verstanden. Unbebaute Grundstücke dienen als Landreserven für spätere Betriebserweiterungen oder als Kapitalanlage, entweder zur späteren Überbauung mit Renditeliegenschaften oder zur Veräusserung mit Gewinn. Die Erfahrung zeigt, dass in der Vergangenheit – abgesehen von Phasen der Konjunkturüberhitzung – der Landwert beständig ist, weshalb keine Abschreibungen erforderlich sind. Bei dauernden Wertverminderungen sind jedoch zusätzliche Wertberichtigungen (ausserplanmässige Abschreibungen) auch auf unbebautem Land vorzunehmen (FER 20/22).

Bebaute Grundstücke
Bauten und das Land sind Bestandteile des Grundstücks, weshalb diese in der Bilanz als Einheit ausgewiesen werden. Trotz Zusammenfassung sind die steuerlichen Aspekte der Abschreibungen zu beachten. Abschreibungen werden nur auf den Gebäuden steuerlich anerkannt.

Der Kontenrahmen[363] nimmt folgende Unterteilung vor:

- Geschäftsliegenschaften,
- Fabrikgebäude,
- Werkstattgebäude,
- Lagergebäude,
- Ausstellungs- und Verkaufsgebäude,
- Büro- und Verwaltungsgebäude,
- Liegenschaften zu Anlagezwecken (Wohnhäuser, Eigentumswohnung).

Im Baurecht erstellte Gebäude sind zu erfassen. Für alle Kategorien sind besondere Konten für Anzahlungen vorgesehen. Nach den **Bewertungsvorschriften** des Rechnungslegungsrechts und von Swiss GAAP FER sind Anschaffungs- bzw. Herstellungskosten unter Abzug der notwendigen Abschreibungen der gesetzliche Höchstwert. Dieser umfasst bei Gebäuden auch die vom Käufer bezahlten Vermittlungsprovisionen, Notariatskosten und Grundstückgewinnsteuern. **Angefangene Bauten** werden zu den bis zum Bilanzstichtag aufgelaufenen Baukosten bilanziert. Zu den Herstellungskosten gehören auch Kosten für den Abbruch des alten Gebäudes und die Kosten für die Behebung allfälliger Umweltschäden.[364] Die Aktivierung von Zinsaufwendungen im Zusammenhang mit Liegenschaften während der Bauphase ist in Swiss GAAP FER 18/7 geregelt und zulässig.

Besondere Bewertungsvorschriften gelten nach Swiss GAAP FER für nicht betriebliche, **zu Renditezwecken erworbene Liegenschaften**. Bei der Folgebewertung gilt der **aktuelle Wert** (Tages- oder Nettomarktwert) oder die Anschaffungs-/Herstellungskosten abzüglich Abschreibungen. Der aktuelle Wert wird nach dem zu erwartenden Ertrag bzw. Geldfluss oder nach einer anderen allgemein anerkannten Methode geschätzt. In diesem Fall sind planmässige Abschreibungen nicht zulässig (FER 18/14).

Bewegliche Sachanlagen
Die beweglichen Sachanlagen umfassen Maschinen und Apparate, Mobiliar, Laden- und Werkstatteinrichtungen, Büromaschinen, Informatik- und Kommunikationstechnologie, Fahrzeuge, Werkzeuge, Geräte, Lagereinrichtungen, feste Einrichtungen und Installationen, soweit übrige Positionen wie Berufskleidung, Wäsche, Formen und Modelle. Die Bewertung erfolgt bei der Anschaffung bzw. Herstellung zu den Kosten. Die Aktivierungsuntergrenze wird unternehmensintern durch die

363 Gruppe 160 mit besonderen Konten für Objekte im Leasing.
364 HWP, 2014, S. 190.

Bewertungsrichtlinien festgelegt. In der Folgebewertung sind die ordentlichen Abschreibungen und Wertberichtigungen zu erfassen. Bewertungseinheit ist die kleinstmögliche Gruppe von Anlagegütern mit unabhängig bestimmbarem Nutzwert.[365]

Beispiel Aktivierungsuntergrenze SNB (2017)

Unter den Sachanlagen sind Grundstücke und Gebäude, Anlagen im Bau, Software und übrige Sachanlagen aufgeführt. Die Untergrenze für die Aktivierung von Einzelbeschaffungen beträgt 20 000 CHF. Andere wertvermehrende Investitionen werden ab 100‘000 CHF aktiviert. Die Bilanzierung der Sachanlagen erfolgt zu Anschaffungswerten abzüglich der betriebsnotwendigen Abschreibungen.

6.5.2.4 Geleaste Sachanlagen

Die wirtschaftliche Betrachtungsweise (substance over form) ist ein allgemein anerkannter Grundsatz der Rechnungslegung. Anlagen, welche einem Unternehmen zur betrieblichen Nutzung im Leasing überlassen worden sind, sollten deshalb in der Rechnungslegung gleich dargestellt werden, wie Anlagen im Eigentum. Das Rechnungslegungsrecht enthält allerdings keine konkreten Bestimmungen zum Leasing.

Finanzierungsleasing liegt nach FER 13/2 in der Regel vor, wenn

- bei Vertragsabschluss der Bauwert der Leasingsraten sowie einer allfälligen Restzahlung in etwa dem Anschaffungs- bzw. Netto-Marktwert des Leasingguts entspricht, oder
- die erwartete Leasingdauer nicht wesentlich abweicht von der wirtschaftlichen Nutzungsdauer des Leasingguts, oder
- das Leasinggut am Ende der Leasingdauer ins Eigentum des Leasingnehmers übergehen soll, oder
- eine allfällige Restzahlung am Ende der Leasingdauer wesentlich unter dem dannzumaligen Netto-Marktwert liegt.

Die Erfüllung eines Kriteriums genügt, um für die Qualifikation eines Finanzierungsleasing zu bejahen. Eigentumsähnliche fremdfinanzierte Anschaffungen erfüllen die gesetzlichen Voraussetzungen zur Aktivierung (OR 959 II), weshalb sie in der Bilanz zu erfassen und auszuweisen sind, wie dies auch FER 13/4 vorsieht. Der Buchwert, der durch Finanzierungsleasing aktivierten Leasinggüter sowie der Gesamtbetrag der damit verbundenen Verbindlichkeiten (Barwert der künftigen Leasingzahlung) sind in der Bilanz oder im Anhang offenzulegen.

365 HWP, 2014, S. 193.

Beispiel Darstellung des Finanzierungsleasings in der Bilanz KMU AG Printproduktion (Herstellung von Drucksachen, OR, in TCHF)

Bilanz	**2015**	**2016**
Mobile Sachanlagen		
Maschinen/ Apparate	7'000	253'000
Maschinen im Leasing	62'000	2'026'000
Mobiliar/ Einrichtungen	102'600	130'000
Informatik	6'001	24'001
Fahrzeuge	7'000	64'001
Fahrzeuge Leasing	7'000	3'000
	191'601	2'500'002
Kurzfristige verzinsliche Verbindlichkeiten		
Aus Finanzierungsleasing	123'000	470'000
Langfristige verzinsliche Verbindlichkeiten		
Finanzierungsleasing	112'750	2'076'234

Bewertungsgrundsätze (Anhang)

Sachanlagen werden bei der Ersterfassung höchstens zu den Anschaffungs- bzw. Herstellungskosten bewertet und in der Folgebewertung gemäss dem Merkblatt 1995 der ESTV zu den maximalen Sätzen abgeschrieben. Die Zunahme 2016 ist durch die Erneuerung des Maschinenparks (Drucken, Falzen, Schneiden) bedingt. Die Druckmaschine wurde mit Finanzierungsleasing beschafft. Die Amortisation der Leasingverpflichtung erfolgt über die Laufzeit. Die gesetzlichen Mindestangaben zur Entwicklung des Sachanlagevermögens sind aus der Sucht der Rechnungsadressaten ungenügend. Mit der Beschränkung auf die Nettowerte fehlen die Informationen über Bruttoinvestitionen, Desinvestitionen und Abschreibungen der verschiedenen Anlagekategorien. Die erwünschte Transparenz wird mit einem Anlagespiegel erreicht.

Alle Geschäfte, welche nicht als Finanzierungsleasing zu qualifizieren sind, werden demnach als **operatives Leasing**, d. h., als reine Gebrauchsüberlassung betrachtet. Mietverhältnisse, die wirtschaftlich einem Finanzierungsleasing gleichzusetzen sind, werden dagegen ungeachtet ihrer Bezeichnung als bilanzierungspflichtig behandelt.[366] Zur Behandlung der Leasingtransaktionen beim Leasingnehmer im Einzelabschluss nach OR hat sich bei der Auslegung der Gesetzeslücken noch keine einheitliche Meinung gebildet.

366 Pfaff/Ganz/Sterchi/Zihler: Kommentar zu OR 959, Anm. 18, S. 277.

So wird auch die formal juristische Auslegung (Eigentumsübertragung als Voraussetzung für die Verfügungsmacht) und damit der Verzicht auf Aktivierung und Passivierung als vertretbar betrachtet.[367] Andererseits ist die Bilanzierung des operativen Leasings nicht ausgeschlossen. Im Rechnungslegungsrecht 1991 (aOR 663b, Ziff. 3) ging der Gesetzgeber klar von einem Bilanzierungswahlrecht aus. Wahlrechte sind jedoch mit der Legaldefinition der Aktiven im Rechnungslegungsrecht nicht zu vereinbaren. Güter, die unter einem Finanzleasing beschafft worden sind, sind zwingend zu aktivieren und die damit zusammengehenden Verbindlichkeiten zu passivieren.[368]

Nach IFRS 16 besteht eine faktische Verpflichtung, Leasinggeschäfte als finanzielles Leasing zu qualifizieren und dieses in der Bilanz anzusetzen. Es besteht einzig noch eine Option, kurzfristige Verträge (shortterm leases) und solche mit geringem Wert (small tickets) als operatives Leasing zu behandeln.

6.5.2.5 Immaterielle Werte

Immaterielle Werte umfassen alle identifizierbaren von Dritten erworbenen oder selbsterarbeitete, nicht körperlichen und nicht monetären Nutzungspotentiale, die in der Verfügungsmacht des Unternehmens stehen.[369]

Die Rechnungslegung immaterieller Werte gewinnt in neuerer Zeit wegen der technologischen und wissenschaftlichen Entwicklung erheblich an Bedeutung, da die Sachanlageintensität der Unternehmen abnimmt. Bei den immateriellen Werten ist zu unterscheiden zwischen den käuflich erworbenen und den selbsterarbeiteten Werten wie die Aufwendungen für Entwicklungsprojekte, Patente usw. Als Sonderfall ist der Goodwill zu betrachten.

Erworbene immaterielle Werte (derivative Werte)
Die aus den mannigfaltigen Arten von nicht physischen Vermögenswerten, wie gewerbliche Schutzrechte (Patente, Urheberrechte, Warenzeichen), öffentlich-rechtliche Betriebskonzessionen, durch Verträge gesicherte Rechte (Begünstigungen, Lizenzen, Bezugs- und Lieferrechte, Konkurrenzverbote), IT-Programme, Verfahren und sonstige Geschäftsgeheimnisse (Rezepturen, Kundenlisten, in Sportbetriebsgesellschaften Transferwerte aus Spielerverträgen) einzeln erworbenen Werte können zu den Anschaffungskosten gemäss den Bedingungen des Kaufvertrags bewertet werden. Bei der Folgebewertung ist die Nutzungsdauer festzulegen. Die Folgebewertung hängt von der Nutzung ab.[370]

Im Einzelabschluss sind diese Vermögenswerte nur beim Erwerb in einem Asset Deal (OR 181), nicht jedoch beim Share Deal, dem Kauf einer Beteiligung (Mehr-

367 HWP, 2014, S. 197.
368 Boemle, M./Nösberger, Th.: Konzeption des neuen Rechnungslegungsrechts, in: ST 3/ 2014, S. 170.
369 Böckli: Neue OR-Rechnungslegung, S. 87.
370 Behr/Leibfried, Rechnungslegung, S. 376.

heit der Aktien oder Stimmenanteile), aktivierbar.[371] Im Konzernabschluss werden diese indirekt erworbenen immateriellen Werte durch die Kaufpreisallokation ausgewiesen. Der Wert der nicht einzeln separat zu erfassenden Aktiven wird dem Goodwill zugeordnet.

Selbsterarbeitete immaterielle (originäre) Werte

Unter dem bisherigen Recht (OR 1936/1991) fehlte eine klare Regelung der Aktivierung von selbst geschaffenen immateriellen Werten. aOR 664 regelte die Bilanzfähigkeit von sog. Organisationskosten zusammen mit den Gründungs- und Kapitalerhöhungskosten. Diese waren als Bilanzierungshilfe konzipiert, weshalb die Nutzungsdauer höchstens mit fünf Jahren angenommen wurde. Im Rechnungslegungsrecht entfällt die Bilanzierungshilfe. Es bleibt jedoch offen, wie »Kosten, die mit der Erweiterung oder Umstellung des Geschäfts entstehen«, zu erfassen sind, denn die Botschaft hält ausdrücklich fest, dass bestimmte Organisationskosten aktivierbar sind.[372]

Für Eigenentwicklung neuer Produkte und Verfahren besteht ein Aktivierungswahlrecht. Erforderlich ist jedoch, dass die Kriterien für die Aktivierbarkeit von OR 959 II erfüllt sind. Es muss sich um einen identifizierbaren Vermögenswert handeln, der einen klaren Wettbewerbsvorteil aufweist und dadurch über mehrere Jahre einen verlässlich absehbaren Netto-Nutzen abwirft.[373] Dies setzt voraus, dass die Marktreife des Produkts absehbar und die Vermarktung finanzierbar ist.

Ein besonderes Problem stellt die Bewertung von Marken dar. Ist der Wert einer Marke auf intensive Marketinganstrengungen des Unternehmens über Jahrzehnte hinaus entstanden, handelt es sich um einen selbst geschaffenen und deshalb nicht aktivierbaren Wert. In der Bilanz grosser Markenartikelhersteller kommen deshalb beträchtliche Werte nicht zum Ausdruck.

So wird der Wert der Marke Lindt 2015 auf CHF 2‘237 Mrd. geschätzt.[374] In der Konzernbilanz von Lindt & Sprüngli werden alle Marken und geistiges Eigentum mit CHF 459 Mio. ausgewiesen, welche nach dem IFRS-Regeln nicht abgeschrieben werden. Das konsolidierte Eigenkapital erreichte 2015 CHF 3‘490 Mio., pro PS CHF 1‘435 oder 5.6 % Bilanzsumme von CHF 6‘259 Mio. Würde der aktuelle Markenwert bilanziert, ergäbe sich eine markante Erhöhung des konsolidierten Eigenkapitals auf CHF 5‘723 Mio., pro PS auf CHF 2‘353.

Selbstgeschaffener Goodwill ist in keinem Fall aktivierbar, weil im Gegensatz zum erworbenen Goodwill keine identifizierbaren Kosten vorhanden sind. Brand Accounting ist zu einem Spezialgebiet der internationalen Rechnungslegung ge-

371 Roberto/Trueb, Handkommentar zu OR 959a, Anm. 19, S. 124.

372 Botschaft 2007, S. 1705.

373 Böckli, Neue OR-Rechnungslegung, S. 211. Swiss GAAP FER 10/4.

374 Berechnungen von Interbrand (brand value) für BILANZ 2015. Die wertvollste Marke eines schweizerischen Konzerns ist 2016 gemäss Interbrand mit CHF 11‘381 Mio. Nescafé und das Markenzeichen Vogelnest von Nestlé mit CHF 7‘995 Mio., gefolgt von ROLEX mit CHF 7‘387 Mio.

worden. In der Konzernrechnungslegung stellt sich die Frage nach der Selbständigkeit des Rechts an der bei einer Unternehmensübernahme erworbenen Marke.

Die separate Erfassung von Marken getrennt vom Goodwill ist vor allem deshalb von Bedeutung, weil für alle immateriellen Werte eine unbeschränkte Nutzungsdauer angenommen wird und nicht mit Werteinbussen gerechnet werden muss.

Erworbener Goodwill als Sonderfall

Der erworbene (derivative) Goodwill als Differenz zwischen dem Kaufpreis des Unternehmens oder von Unternehmensteilen und dem neubewerteten Nettovermögen ist zu unterscheiden vom selbstgeschaffenen (originären) Goodwill.

Ein im Rahmen eines Asset Deals gemäss OR 181 erworbener Goodwill ist aktivierbar. Dieser kann personenbezogen (fachliche Fähigkeiten des bisherigen Unternehmers) oder objektbezogen (Marktstellung des Unternehmens) sein. Wegen der starken Abhängigkeit vom bisherigen Eigentümer muss ein personenbezogener Goodwill innerhalb von höchstens fünf Jahren abgeschrieben werden. Bei einem objektbezogenen Goodwill ist eine längere Abschreibungsdauer möglich. Der Verzicht auf Abschreibungen (Impairment-only-Ansätze gemäss IFRS) ist im OR-Einzelabschluss unzulässig.[375] Die Werthaltigkeit ist regelmässig zu überprüfen. Besondere Bestimmungen für die Erfassung und den Ausweis des Goodwills bestehen bei Konzernabschlüssen (Swiss GAAP FER 30/14-18).

Ein Goodwill kann sich auch aus einer Fusion bei der übernehmenden Gesellschaft ergeben, wenn der Nennwert der neu ausgegebenen Aktien den Aktivenüberschuss der übernommenen Gesellschaft übersteigt. Auch hier besteht ein Wahlrecht zur Erfassung. In der Rechnungslegung kann der Goodwill entweder aktiviert bzw. zu Lasten des frei verwendbaren Eigenkapitals (Fusionsdisagio) oder erfolgswirksam abgeschrieben werden.[376]

6.5.2.6 Anlagespiegel

Der Anlagespiegel ist eine tabellarische Übersicht mit Angaben zu den Veränderungen der verschiedenen Anlagekategorien während eines Rechnungsjahres (mit den entsprechenden Zahlen des Vorjahres). Das Rechnungslegungsrecht sieht im Gegensatz zum HGB wie schon das OR 1936/1991 keinen Anlagespiegel vor. Es verlangt nicht einmal den Bruttoausweis der seinerzeitigen Anschaffungs- bzw. Herstellungskosten, die bisher aufgelaufenen Kosten und die Abschreibungen des Rechnungsjahres (kumulierte Abschreibungen). Die direkte Verrechnung der jährlichen Abschreibungen mit dem Restwert (direkte Abschreibung) ist zulässig. Bei allen Rechnungslegungsstandards ist dagegen ein Anlagespiegel zwingend, was eine umfassende Anlagebuchhaltung erfordert.[377]

---

375 HWP, 2014, S. 202.

376 Roberto/Trueb, Handkommentar zu OR 960a, Anmerkung 12, S. 199.

377 Pfaff/Ganz/Stenz/Zihler, Kommentar zu OR 959, Anmerkung 21, S. 278.

FER 18 gibt im Anhang ein Beispiel eines Sachanlagespiegels. Wegen der Bedeutung des immateriellen Anlagevermögens sollte der Anlagespiegel auch diese Anlagekategorie umfassen.

Beispiel Kategorien des Anlagespiegels Bell AG (Swiss GAAP FER)

Finanzanlagen

- Nicht konsolidierte Beteiligungen
- Darlehen an Nahestehende
- Darlehen an Dritte
- Freies Stiftungsvermögen
- Aktive latente Steuern
- Sonstige

Immaterielle Anlagen

- Software
- Markenrechte
- Andere Rechte
- Goodwill

Sachanlagen

- Maschinen und Maschinenanlagen
- Immobilien
- Informatik Hardware
- Mobilien und Fahrzeuge
- Anzahlungen

Verschiedene Unternehmen publizieren bei den Immobilien die zuvor erwähnte Untergliederung nach Arten (unbebaute Grundstücke, betriebliche Liegenschaften, Renditeliegenschaften). FER 18/16 fordert folgende Angaben über die Veränderungen bei den einzelnen Kategorien:

- **Anschaffungswerte**
  - Bruttowerte zu Beginn der Rechnungsperiode
  - Zugänge von Anlagen
  - Abgänge von Anlagen
  - Reklassifikationen
  - Währungseinflüsse
  - Bruttowert am Ende der Rechnungsperiode
- **Kumulierte Wertberichtigungen**
  - Wertberichtigungen zu Beginn der Rechnungsperiode

- Planmässige Abschreibungen
- Wertbeeinträchtigungen (Impairment)
- Abgänge
- Reklassifikationen
- Wertberichtigungen am Ende der Rechnungsperiode

- **Nettobuchwerte (Nettobuchwerte zu Beginn und am Ende der Rechnungsperiode)**

Die Verringerung des Anlagevermögens durch Veräusserung, Vernichtung oder aus anderen Gründen ist gesondert auszuweisen, und zwar zu den ursprünglichen Anschaffungs- und Herstellungskosten, also nicht zu Restbuchwerten. Zuschreibungen sind wertmässige Erhöhungen des Anlagevermögens. Wegen des Nominalwertprinzips handelt es sich im Normalfall um Korrekturen früher verbuchter Abschreibungen.

Im Anlagespiegel der Konzernrechnung sind zudem auch Änderungen des Konsolidierungskreises und Währungseinflüsse separat aufzuführen (FER 30/31f).

6.5.2.7 Übrige Positionen des Anlagevermögens

Es bestehen verschiedene Positionen, die zum übrigen Anlagevermögen zählen. Typische Positionen sind nicht einbezahltes Aktienkapital, aktive latente Steuern, biologische Aktiven und zum Verkauf stehende Vermögenswerte.

Nicht einbezahltes Aktienkapital
OR 632 verlangt bei der Gründung einer Aktiengesellschaft eine Mindesteinlage von 20% oder mindestens CHF 50‘000. Der nicht einbezahlte Teil wird als non versé bezeichnet. Bei den grösseren Unternehmen und bei börsenkotierten Gesellschaften ist die volle Einzahlung die Regel. Nach Käfer handelt es sich bei nicht einbezahltem Aktienkapital um ein latentes bedingtes Guthaben, solange die Gesellschaft die Restzahlung nicht eingefordert hat.[378] Die für die Bilanzierung relevanten Leistungen fehlen und die Ansprüche ruhen. Logischerweise wird die Leistungspflicht beim Aktionär auch nicht passiviert. Die Qualifizierung des nicht einbezahlten Grundkapitals war schon immer kontrovers. Handelt es sich überhaupt um einen Vermögenswert und wenn ja, welcher Art? Die Motive für den Verzicht auf Volleinzahlung bei der Gründung können sehr unterschiedlich sein (kein Mittelbedarf der Gesellschaft oder Geldmangel bei den Gründern).

Die Position ist weder dem Umlauf- noch dem Anlagevermögen zuzuordnen.[379] Eine Zuordnung in der Nähe der Finanzanlagen ist jedenfalls am wenigsten falsch. In OR 959a hat der Gesetzgeber anders entschieden. Wichtig ist für die Beurtei-

378 Käfer, Kommentar zu OR a958, Anmerkung 591, S. 768. Die Forderung kann von der Gesellschaft jederzeit fällig gestellt werden.

379 Böckli, Aktienrecht, S. 938.

lung der wirtschaftlichen Lage sowohl aus der Sicht des Unternehmens wie der Rechnungslegungsadressaten, dass das nicht einbezahlte Aktienkapital bei der Beurteilung des Eigenfinanzierungsgrades wie ein Minusposten zum Eigenkapital betrachtet wird.

Aktive latente Steuern

Beim Jahresabschluss nach True and Fair View entstehen im Vergleich zu den steuerlich massgebenden Werten Bewertungsdifferenzen. Diese führen zu latenten Ertragssteuern. Für die Ermittlung sind die tatsächlich zu erwartenden Steuersätze massgebend. Passive latente Ertragssteuern entstehen, falls die Aktiven in der Steuerbilanz tiefer bewertet sind als im Swiss GAAP FER-Abschluss. Im umgekehrten Fall sind aktive latente Steuern abzugrenzen.[380]

Im Einzelabschluss werden – gestützt auf das Vorsichtsprinzip – aktive latente Steuern nicht bilanziert.[381] In Konzernabschlüssen kommt den steuerlich anrechenbaren Verlustvorträgen eine besondere Bedeutung zu, denn diese wirken sich in späteren Rechnungsperioden wegen der Verrechnung des Verlustvortrages mit dem erzielten Gewinn steuersparend aus.[382] Nach FER 11/19 sind aktive latente Steuern unter Finanzanlagen, passive latente Steuern unter Rückstellungen auszuweisen.

Beispiel latente Steuern bei der Looser Holding (Swiss GAAP FER, 2014 und 2015)

Konzernrechnung – Anhang

Latente Steuern werden auf den temporären Bewertungsunterschieden zwischen Konzern- und Steuerwerten unter Einbezug von tatsächlichen lokalen Steuersätzen zurückgestellt oder aktiviert. Für Differenzen zwischen den nach Swiss GAAP FER-Grundsätzen und nach steuerrechtlichen Grundsätzen ermittelten Werten von Bilanzpositionen, welche zum Zeitpunkt ihres künftigen Ausgleichs weder zu steuerbaren noch zu steuerlich abzugsfähigen Beträgen führen, werden keine latenten Steuern berechnet. Latente Ertragssteuerguthaben aus abzugsfähigen temporären Bewertungsdifferenzen und aus steuerlich anrechenbaren Verlustvorträgen werden nur soweit aktiviert, als die Realisierung in absehbarer Zukunft als wahrscheinlich erscheint.

Die Aktivierung von Verlustvorträgen für latente Ertragssteuerguthaben erfolgt nur, wenn mit hoher Wahrscheinlichkeit damit gerechnet wird, dass in den nächsten Jahren entsprechende Gewinne zur Verrechnung mit denen Verlustvorträgen erwirtschaftet werden.

380 Meyer, Swiss GAAP FER, S. 124.

381 Pfaff/Ganz/Stenz/Zihler, Kommentar zu OR 959a, Anmerkung 96, S. 325.

382 Bei der Gewinnsteuerbelastung von 20 % kann ein Verlustvortrag von CHF 5 Mio. eine Steuergutschrift von CHF 1 Mio. auslösen: Wenn Verluste mehr Wert bekommen, in NZZ vom 18. Oktober 2016.

Konzernbilanz (in TCHF)	**2014**	**2015**
Anlagevermögen		
Latente Ertragssteuerguthaben	4'490	2'234
Langfristige Verbindlichkeiten		
Latente Ertragssteuern	26'169	2'290

Die Information im Anhang zu den latenten Ertragssteuerguthaben und den Verbindlichkeiten sind sehr umfangreich und erfolgen ohne gesetzliche Verpflichtung oder entsprechende Vorschrift von Swiss GAAP FER.

Zusätzliche Informationen zum Steuereffekt von Verlustvorträgen (in TCHF)[383]

	2014	**2015**
Total Verlustvorträge, auf denen latente Ertragssteuerguthaben berücksichtigt sind	9'858	8'095
Latente Steuerguthaben auf Verlustvorträgen	2'282	1'861
Verlustvorträge, auf denen keine latenten Ertragssteuerguthaben berücksichtigt sind	9'444	12'854
Steuereffekt auf nicht aktivierten latenten Guthaben auf Verlustvorträgen	3'430	3'282

Biologische Aktiven

Die internationalen Rechnungslegungsvorschriften regeln die landwirtschaftlichen Tätigkeiten in einem besonderen Branchenstandard und definieren »biologische Aktiven, biologische Transformation und Ernte« (IAS 41). Darunter fallen als besondere Vermögenskategorien lebende Tiere und Pflanzen (Rebberge, Baumplantagen) sowie landwirtschaftliche Produkte im Erntestadium. Für die Bewertung gilt konsequent der Marktwertansatz. Schweizerische Unternehmen, die einen anerkannten Standard für die Rechnungslegung anwenden, sind von diesen Regeln nur ausnahmsweise bei Anwendung von IFRS betroffen.[384] Im Rechnungslegungsrecht sind biologische Aktiven in der Mindestgliederung nicht verlangt.

Zum Verkauf stehende Vermögenswerte

Langfristige Vermögenswerte, deren Buchwert im Wesentlichen durch den Verkauf anstelle einer weiteren betrieblichen Nutzung realisiert wird, sind im Einzel-

383 Wenn Verlustvorträge auf den latenten Ertragssteuerguthaben berücksichtigt worden sind, ist auch die Fälligkeitsstruktur offenzulegen. Bei Looser sind bis 2020 keine Beträge fällig, für die Geltendmachung der verbleibenden Beträge bestehen keine Fristen.

384 NZZ vom 28.2.2015: Die Schweiter-Gruppe weist nach IFRS im Anlagevermögen des Konzernabschlusses 106 Balsabaumplantagen zur Gewinnung von Holz als Kernmaterial für Verbundstoffanwendungen aus. Junge Bäume werden zu Herstellungskosten, über zwei Jahre alte Bestände zum Marktpreis für Balsa-Schnittholz bewertet.

abschluss oder in der konsolidierten Bilanz getrennt auszuweisen. Die Bewertung erfolgt zum Buchwert oder zum geschätzten Veräusserungswert abzüglich Veräusserungskosten. Wird die Veräusserung binnen Jahresfrist erwartet, ist die Position im übrigen Umlaufvermögen auszuweisen. Im Rechnungslegungsrecht ist eine separate Aufführung im Anhang mit entsprechenden Ausführungen zu empfehlen.

6.6 Zuordnung und Bewertung einzelner Positionen des Fremdkapitals

6.6.1 Kurzfristiges Fremdkapital

6.6.1.1 Verbindlichkeiten aus Lieferungen und Leistungen

Gliederung und Ausweis der einzelnen Positionen erfolgen grundsätzlich gleich wie die Forderungen aus Lieferungen und Leistungen. Eine Verrechnung von Soll- und Haben-Salden ist nicht zulässig. Ergeben sich aus Geschäftsbeziehungen mit einzelnen Lieferanten Soll-Salden, sind diese als übrige kurzfristige Forderungen auszuweisen.[385] Die Bewertung erfolgt zu Nennwerten. Bestrittene Verbindlichkeiten sind, sofern diese nicht offensichtlich unberechtigt sind, zu bilanzieren oder als Eventualforderungen auszuweisen.

Beispiel Pizol Bergbahnen AG (OR, 2019, in CHF)

	2019	2018
Verbindlichkeiten aus Lieferungen und Leistungen	1'035 457	583'021

Auszug aus dem Anhang
Der Ausweis erfolgt zum Nominalwert. Die kurzfristigen Verbindlichkeiten weisen eine Zahlungsfrist von maximal 12 Monate auf. Langfristige Verbindlichkeiten sind nach 12 Monaten fällig. Die Passiven Rechnungsabgrenzungen weisen keine Restlaufzeiten grösser einem Jahr auf.

6.6.1.2 Kurzfristige verzinsliche Verbindlichkeiten

In dieser Position sind vor allem jene kurzfristig verzinslichen Verbindlichkeiten auszuweisen, welche vor dem nächsten Bilanzstichtag fällig werden (mindestens innert zwölf Monaten). Darunter fallen auch die in den nächsten zwölf Monaten fälligen Verbindlichkeiten aus Finanzierungsleasingverträgen. Auch hier gilt der getrennte Ausweis der Verbindlichkeiten gegenüber Nahestehenden.

385 HWP, 2014, S. 206.

Eine Sonderform der kurzfristigen verzinslichen Finanzverbindlichkeiten sind die Sichteinlagen von Mitarbeitenden beim Arbeitgeber zu Vorzugskonditionen (sog. Betriebssparkassen)[386] gestützt auf eine Ausnahmebestimmung der BankV 3a. Genossenschaften sind zur Entgegennahme von Einlagen ihrer Genossenschafter ermächtigt, z. B. Wohnbaugenossenschaften oder Coop.

6.6.1.3 Übrige kurzfristige Verbindlichkeiten

Nach dem KMU-Kontenrahmen sind unter dieser Position zu bilanzieren: kurzfristige nicht verzinsliche Verbindlichkeiten gegenüber staatlichen Behörden, wie MWST, direkte Steuern, Verrechnungssteuern usw. sowie gegenüber Dritten, z. B. Beteiligungen (Gruppengesellschaften) im Abschluss der Holdinggesellschaft und Beteiligten (in privaten Aktiengesellschaften Kontokorrentverkehr mit Aktionären), Kontokorrentverkehr mit Personalvorsorgeeinrichtungen.

Nach Abschluss der Generalversammlung wird die beschlossene Gewinnausschüttung in Form der Dividende und – falls eine solche überhaupt noch in den Statuten vorgesehen ist, was in neuerer Zeit selten ist – eine Tantieme als Gewinnbeteiligung des Verwaltungsrats Teil des kurzfristigen Fremdkapitals. Die Aktionäre werden damit zu Gläubigern der Gesellschaft.

6.6.1.4 Anzahlungen von Kunden

Es handelt sich um Verpflichtungen aus Verträgen über zukünftige Lieferungen und Leistungen an Kunden, sofern dafür bereits Gegenleistungen eingegangen sind. Wegen der besonderen Natur dieser Verpflichtungen – die Verpflichtung wird nicht durch eine Geldzahlung, sondern durch eine Leistung erfüllt – ist ein separater Ausweis entsprechend des anerkannten Rechnungslegungsstandards nach dem Grundsatz der wirtschaftlichen Betrachtungsweise zwingend.

»Erhaltene Anzahlungen auf Bestellung sind, soweit Anzahlungen auf Vorräten nicht von dem Posten Vorräte offen abgesetzt werden, unter den Verbindlichkeiten gesondert auszuweisen«, legt HGB 268 V fest. Im Rechnungslegungsrecht fehlt allerdings die entsprechende Norm.

Der betriebswirtschaftlichen Besonderheit der Verpflichtung aus Anzahlungen von Kunden wird am besten Rechnung getragen, indem diese Beträge offen in einer Vorspalte von den Vorräten abgesetzt werden (FER 17/2 und 10).

Durch die »Verrechnung« der Anzahlungen von Kunden mit den Vorräten werden in den Vorräten jene Bestände ausgeschieden, welche wirtschaftlich betrach-

386 Die Bossard-Gruppe, Zug, weist 2015 unter den kurzfristigen Finanzverbindlichkeiten von TCHF 58'293 die Personaldepositenkasse mit TCHF 19'175 zu 1.3-2% verzinsten Einlagen der Mitarbeitenden aus. Bei den schweizerischen Novartisgesellschaften erhielten die Mitarbeitenden auf den CHF 1'651 Mio. im Jahr 2015 einen Zins von 0.62% (Finanzbericht 2015, S. 156).

tet bereits den Kunden zustehen. Anzahlungen, die effektiv noch zurückgefordert werden können, sind selbstverständlich von der Verrechnung ausgenommen. Ein Rückforderungsanspruch wird in der Regel bestehen, wenn mit der Leistungserstellung noch nicht begonnen worden ist (FER 2/10).

Beispiel Ausweis der Anzahlungen von Kunden ABB (IFRS, 2015, in Mio. USD)

Kurzfristiges Fremdkapital	
Positionen Fremdkapital	15'844
davon Anzahlungen von Kunden	1'598
Umlaufvermögen	
Positionen Umlaufvermögen	22'760
davon Vorräte netto	4'757
Auszug Anhang 2015	
Vorräte	
Rohstoffe	1'793
Aufträge in Arbeit	1'574
Fertigfabrikate	1'442
Anzahlungen an Lieferanten	188
	4'997
Verwendete Kundenanzahlungen	(240)
Netto Bilanzwert	**4'757**

Wird der Abzug nicht bereits in der Bilanz (in einer Vorkolonne zu den entsprechenden Vorräten) vorgenommen, ist er im Anhang auszuweisen (FER 17/11) und auf jeden Fall bei der bilanzanalytischen Gliederung zu berücksichtigen (▶ Kap. 13). Die erhaltenen Anzahlungen sind wie die Verpflichtungen gegenüber anderen Kunden zu bewerten.

6.6.1.5 Passive Rechnungsabgrenzung

Diese Position bezieht sich auf noch nicht bezahlten Aufwand (transitorische Abgrenzungen) des Rechnungsjahres oder bereits erhaltenen Ertrag (antizipative Abgrenzungen) für das folgende Jahr. Hierzu zählen auch die kurzfristigen passiven Abgrenzungen für Steuerrückstellungen bei Kapitalgesellschaften und die Ferien- und Überzeitguthaben der Mitarbeitenden.

6.6.1.6 Kurzfristige Rückstellungen

Diese Position ist im gesetzlichen Gliederungsschema nicht vorgesehen, aus Gründen der Bilanzklarheit aber notwendig, weil unter den zahlreichen Ursachen für die Bildung von Rückstellungen auch Mittelabflüsse in den nächsten zwölf Monaten erfolgen können. Auch sollte diese Position zusätzlich von den passiven Rechnungsabgrenzungen aufgeführt werden.

6.6.2 Langfristiges Fremdkapital

6.6.2.1 Langfristige verzinsliche Verbindlichkeiten

Zu den langfristigen verzinslichen Verbindlichkeiten zählen Bankdarlehen mit oder blanko ohne Sicherheiten (sog. Investitionskredite), Grundpfanddarlehen, Kaufpreisverpflichtungen aus Unternehmensübernahmen, Darlehen von Personalvorsorgeeinrichtungen im Rahmen der Einschränkung gemäss BVV2, Verpflichtungen aus Finanzierungsleasing, bei kapitalmarktfähigen Gesellschaften gewöhnliche Obligationenanleihen (Straight Bonds) und Wandelanleihen.[387] In den letzten Jahren sind jedoch zahlreiche Wandelanleihen industrieller Unternehmen zurückbezahlt worden.

Passive Darlehen mit Rangrücktritt, welche erst Anspruch auf Rückzahlung haben, wenn die Forderungen anderer Fremdkapitalgeber befriedigt sind, müssen gesondert ausgewiesen werden. Diese werden als wirtschaftliches Eigenkapital betrachtet und sind deshalb bei der Beurteilung des Verschuldungsgrades des Unternehmens zu berücksichtigen.

Beispiel Looser Holding Offenlegung der Finanzfälligkeiten (Swiss GAAP FER, 2015)

Anhang der Konzernrechnung

Die Fälligkeiten sowie die Aufteilung in kurz- und langfristige Finanzverbindlichkeiten gemäss Konzernbilanz stellen sich wie folgt dar (in TCHF):

	kurzfristig	langfristig
Fälligkeit des verzinslichen Fremdkapitals	**bis 1 Jahr**	**2 bis 5 Jahre**
Bankverbindlichkeiten	2'228	140'425
Darlehen Dritter	29	57
Aktionärsdarlehen	12'000	12'000

387 Zur Darstellung der Wandelanleihen in der Rechnungslegung siehe Boemle, M./Stolz, C.: Unternehmungsfinanzierung, Band 2 (Zürich 2012), S. 60 ff.

Weitere Struktur in der Bilanz aufgeführt:

Total kurzfristige Finanzverbindlichkeiten 31.12.2015	**2'257**	**2'257**
Total langfristige Verbindlichkeiten 31.12.2015	**140'482**	**12'000**
Total Verbindlichkeiten 31.12.2015	**154'739**	

Die effektiven Zinssätze der Finanzverbindlichkeiten belaufen sich zum Bilanzstichtag auf rund 1.8 Prozent (Vorjahr 1.6 Prozent). Es besteht ein Konsortialkredit mit einer Gesamtlimite von CHF 200.0 Mio. Der Konsortialkredit hat eine Vertragsdauer von fünf Jahren und ist spätestens am 30. Juni 2018 zurückzuzahlen. Die Verzinsung basiert auf variablen Zinssätzen (Libor/Euribor plus Marge in Abhängigkeit des Verschuldungsfaktors). Im Berichtsjahr wurden alle Covenants (Verschuldungsfaktor und Eigenfinanzierungsgrad) eingehalten. Aktionärsdarlehen über CHF 12.0 Mio. (Vorjahr CHF 12.0 Mio.) sind gegenüber dem Banksyndikat einem Rangrücktritt unterstellt. Aufgrund des Konsortialkredits können die Aktionärsdarlehen unter bestimmten Bedingungen amortisiert werden.

Die Informationen gehen wesentlich weiter als zwingende Offenlegung nach Swiss GAAP FER. In zahlreichen Finanzberichten fehlen die Angaben über die Zinskonditionen sowie die vereinbartem Covenants. IFRS-Normen sind in diesem Bereich strenger als Swiss GAAP FER.

Eine transparente Rechnungslegung verlangt, dass die Zinssätze sowie die Fälligkeiten und allfällige weitere Kreditbedingungen wie die sog. **Debt Covenants**[388] offengelegt werden.[389] Nur bei deren Einhaltung handelt es sich bei den Bankverpflichtungen um langfristiges Fremdkapital.[390] Die Umbuchung in das kurzfristige Fremdkapital kann nur unterbleiben, wenn die kreditgebende Bank vor der Erstellung des Abschlusses bei einer Verbuchung der Debt Covenants auf die sofortige oder kurzfristige Rückzahlung verzichtet.[391]

6.6.2.2 Rückstellungen

Obwohl die Lehre sie schon seit langem präzis umschreibt, ist in der Praxis keine andere Bilanzposition derart von Missverständnissen und Unklarheiten geprägt

388 Debt Covenants sind Sicherungsklauseln in den Kreditvereinbarungen, welche die Handlungsfreiheit des Schuldners während der Kreditdauer einschränken. (Lexikon des Rechnungswesens, S. 270).

389 OR 961a verlangt nur von grösseren Unternehmen eine Gruppenaufteilung der Fälligkeiten (1-5 Jahre und nach 5 Jahren)

390 Eine vorbildlich ausführliche Offenlegung der vereinbarten Debt Covenants gibt der Geschäftsbericht 2015 der Burkhalter Gruppe, S. 57, obwohl bei der Gesellschaft 2014 und 2015 keine Finanzverbindlichkeiten bestanden.

391 HWP, 2014, S. 212.

wie die Rückstellungen.[392] So vermengt die Rechnungslegungspraxis noch immer Rückstellungen mit Wertberichtigungen auf Aktiven, Reserven (Rücklagen), Eventualverbindlichkeiten und Rechnungsabgrenzungsposten. Vor allem die sog. »Delkredere-Rückstellungen« halten sich beharrlich selbst im Sprachgebrauch von Fachleuten. Zur Begriffsverwirrung trägt allerdings auch der Gesetzgeber bei, welcher beispielsweise im statutarischen Einzelabschluss – entgegen der Legaldefinition von OR 960e II – ausdrücklich die Verbuchung stiller Reserven unter »Übrige Rückstellungen« zulässt (OR 960e III Ziff. 4 und OR 960 IV).

Auch im Steuerrecht wird der Begriff der Rückstellungen betriebswirtschaftlich unzutreffend verwendet, so z. B. für vorläufige Wertberichtigungen und Abschreibungen. Die Rechnungslegungsgremien haben zudem lange mit der Normierung der Rückstellungen zugewartet. IAS 37 war erstmals 1999 und Swiss GAAP FER 23 im Jahresabschluss 2004 anzuwenden.

Rückstellungen sind Verpflichtungen, welche aufgrund von vergangenen Ereignissen in künftigen Geschäftsjahren einen wahrscheinlichen Mittelabfluss ohne Gegenleistung erwarten lassen, der in seiner Höhe verlässlich geschätzt werden kann. Sie sind als nicht bargeldwirksame Aufwendungen erforderlich zur periodengerechten Erfolgsermittlung und zum vollständigen Fremdkapitalausweis.[393]

Vier Merkmale kennzeichnen die im Einzelabschluss zwingend zu bildenden Rückstellungen (echte Rückstellungen oder Rückstellungen im engeren Sinn):

- die Verbindlichkeit wird durch ein vergangenes Ereignis bewirkt,
- ein Mittelabfluss in künftigen Geschäftsjahren,
- Wahrscheinlichkeit des Mittelabflusses,
- verlässliche Schätzung der Höhe des Mittelabflusses.

Auch erwarteter Minderzufluss/erlös (zukünftiger Verlust) kann einen Rückstellungsbedarf auslösen.[394] Vergangene Ereignisse, welche die Bildung einer Rückstellung erfordern, gründen entweder auf rechtlichen Verpflichtungen (gesetzliche, vertragliche oder reglementarische Bestimmungen) oder auf faktischen Verpflichtungen (übliches Geschäftsverhalten, öffentlich angekündigte Massnahmen, geweckte Erwartungshaltung, Reputationsrisiko), sozialer Druck zur Sanierung der Unternehmens-Vorsorgeeinrichtung. Diese werden vereinfacht als **Kulanzrückstellungen** – im Gegensatz zu den **Verbindlichkeitsrückstellungen** – bezeichnet.

---

392 Käfer, Kommentar zu OR a958, Anmerkung 552, S. 752. Zöbeli, Rückstellungen in der Rechnungslegung (Dissertation Freiburg 2003), S. 29 ff.

393 In Anlehnung an Böckli, Neue OR-Rechnungslegung, S. 224

394 HWP, 2014, S. 213.

FER 23/3 präzisiert, dass die Verminderung zukünftiger Erträge oder Margen, ebenso wie zukünftige Aufwendungen, kein verpflichtendes Ereignis darstellen. Verpflichtungen können nur gegenüber Dritten entstehen. Die sog. Aufwandrückstellungen für künftige Ausgaben wie Generalüberholung von Produktionsanlagen (Sanierung von Sachanlagen), Firmenjubiläen, Standortverlegung usw. sind deshalb keine echten Rückstellungen, weil ein externer Leistungsempfänger fehlt. Eine besondere Form sind die Drohverlustrückstellungen für drohende und unvermeidliche Verluste aus einer bestehenden Geschäfts- oder Vertragsbeziehung (onerous contracts). Im aOR waren Rückstellungen für drohende Verluste aus schwebenden Geschäften ausdrücklich erwähnt. Auch wenn das Rechnungslegungsrecht auf diesen Begriff verzichtet, besteht die Verpflichtung, gestützt auf das Vorsichtsprinzip, wie bis anhin.[395]

Die Ursachen für die Bildung von Rückstellungen sind so mannigfaltig wie das Geschäftsleben. Der Kontenrahmen KMU sieht Konten für 16 Arten von langfristigen Rückstellungen vor.[396] Als Orientierungshilfe führt das HWP sogar 21 Arten von echten Rückstellungen auf:

- Umweltschäden,
- Restrukturierungsvorhaben,
- Rücknahmeverpflichtungen (beispielsweise Gebinde, Miete/Kauf),
- hängige Prozesse oder angedrohte Klagen,
- Wiederherstellungs-, Instandstellungs- oder Rückbauverpflichtungen,
- Dienstalters- oder Jubiläumsgeschenke,
- Währungs- und Transferrisiken,
- allgemeine Steuerrisiken,
- Eigenversicherung,
- Regressansprüche auf weitergegebenen Wechseln (Wechselobligo, Regressverpflichtungen,Indossamentsverpflichtungen),
- Bürgschaften,
- Kapitalnachschussverpflichtungen,
- Gesellschafterhaftung,
- Haftung aus der Übernahme eines Geschäfts,
- Verluste aus schwebenden Geschäften (beispielsweise Termin- und Prämiengeschäfte),
- Konventionalstrafen, Reugelder,
- Solidarschuldverhältnisse laut Vertrag oder Gesetz,
- Verluste aus Liefer- und Abnahmeverpflichtungen,

395 Böckli, Neue OR-Rechnungslegung, S. 233. Pfaff/Ganz/Stenz/Zihler, Kommentar zu OR 959a, Anmerkung 124, S. 332.

396 Die im Kontenrahmen KMU, Gruppe 260, S. 49 aufgeführten Rückstellungen für die Sicherung des dauernden Gedeihens und die Schwankungsreserven sind eindeutig keine echten Verbindlichkeiten, sondern stille Reserven.

- Verluste aus langfristigen Verpflichtungen (beispielsweise aufgelöste Mietverträge, Konkurrenzverbote),
- Sanierungsleistungen an Vorsorgeeinrichtungen bei Unterdeckung.

Der Gesetzgeber gibt mit der Aufzählung von ausgewählten Arten von Rückstellungen in OR 960 III Anlass zu einer irreführenden Auslegung des fachlich korrekten Begriffs der Rückstellungen als Verbindlichkeiten (Fremdkapital).

Rückstellungen für die «Sanierung von Sachanlagen» im Sinne einer Überholung sowie für Restrukturierungen[397] und vor allem jene »zur Sicherung des dauernden Gedeihens der Unternehmens« sind weder rechtliche noch faktische Verpflichtungen gegenüber Dritten und damit in der Regel kein Fremdkapital (OR 959a II). Sie werden beschönigend in der Literatur als Rückstellungen im weiteren Sinn (i.w.S.) bezeichnet.[398] Objektiv handelt es sich in der Regel um verdecktes Eigenkapital oder Wertbeeinträchtigungen.

Solche gesetzlich zulässige Vorverlegungen von Aufwand oder schlicht die Bildung von stillen Reserven widersprechen dem vom Gesetzgeber festgesetzten Ziel »der zuverlässigen Beurteilung der wirtschaftlichen Lage« ebenso wie das Wahlrecht, nicht mehr benötigte Rückstellungen in der Bilanz weiter zu führen (OR 960e IV).

Wegen der schwammigen Begriffsumschreibung des Gesetzgebers im Rechnungslegungsrecht ist die Position Rückstellungen vorzüglich geeignet, durch überhöhte Aufwendungen dank der zahlreichen Kategorien der verschiedenen Rückstellungsarten gemäss Kontenrahmen KMU den Jahresgewinn im Rahmen der gesetzlichen Ermessensspielräume möglichst tief zu halten. Die Rückstellungen sind ein Musterbeispiel für die Anwendung des Tax Driven Accounting im Einzelabschluss von KMU und Tochtergesellschaften von Unternehmensgruppen.

Beispiel SN Energie (OR, 2018, in CHF)

Rückstellungen und Nettoauflösung von stillen Reserven

	2018	***2017***
Rückstellungen	48'278 737	60'112 949
Rückstellungen für belastenende Verträge	13'850 000	24'250 000
Dispositionsfonds	832'630	1'132 630
Rückstellungen für Marktrisiken	3'096 107	4'130 319
Steuerrückstellungen	1'000 000	1'100 000

397 Erst wenn die zuständigen Organe die entsprechenden Massnahmen definitiv beschlossen haben, ist der Mittelabfluss nicht mehr abwendbar und die Bildung der Rückstellung verpflichtend.

398 Roberto/Trueb, Handkommentar Privatrecht zu OR 960e.

Nettoauflösung stiller Reserven	3'164 848	3'721 076
Ausgewiesener Jahresgewinn	2'378 966	2'234 180

Die stillen Reserven sind im Zusammenhang mit Marktrisiken und belastenden Stromverträgen reduziert worden, was zu einer wesentlichen Auflösung von stillen Reserven geführt hat.

In der Rechtslehre sind die Meinungen über die Ablehnung von unechten Rückstellungen jedoch nicht einhellig. So betrachtet Handschin die Rückstellungen grundsätzlich als allgemeine Reserve für künftigen Mittelabfluss. Die Bildung von Rückstellungen für zukünftige Geschäftsrisiken ermöglicht dem Verwaltungsrat, Risiken, die den Aktionären nicht offengelegt werden sollen, rechtzeitig zu berücksichtigen, sowie für aussenstehende Rechnungslegungsadressaten verdeckt die Eigenkapitalbasis zu verstärken.[399] Die zuverlässige Beurteilung des Jahresabschlusses wird jedenfalls durch die Verbuchung von verdecktem Eigenkapital unter dem Fremdkapital nicht gefördert.

Eine wichtige Bedeutung kommt der Verbuchung und der Verwendung von Rückstellungen zu. Steht die Verpflichtung zur **Bildung** einer Rückstellung fest, ist diese in der laufenden Buchführung zu erfassen. Ein Rückstellungsaufwand ist jenem Aufwandskonto zu belasten, dem es inhaltlich am ehesten entspricht.[400] In begründeten Ausnahmefällen, die nicht mit der ordentlichen Geschäftstätigkeit im Zusammenhang stehen, können Rückstellungen über das betriebsfremde oder ausserordentliche Ergebnis verbucht werden. Die zweckkonforme **Verwendung von Rückstellungen** erfolgt, sobald die Verbindlichkeit im Zusammenhang mit dem zu erwartenden Nutzenabgang geschuldet ist. Die Auflösung einer Rückstellung hat im gleichen Bereich wie die Bildung zu erfolgen.

Beispiel Rückstellungen Opernhaus Zürich (OR, 2017, in TCHF)

	2017/2018	**2016/2017**
Gutscheine Eventim	2'296	2'187
Überzeit / Ferien	5'331	5'137
Allgemeine Personalreserve	1'550	1'450
Programmrisiken	3'150	3'150
Immobilienprojekte	11'000	10'000
Sonstige	2'424	2'254
Total	25'741	24'178

399 Handschin, Rechnungslegung, S. 370. Nach Handschin, S. 386, sind jedoch auch im OR-Abschluss »vor allem Rückstellungen mit Eigenkapitalcharakter« wie die in OR 960e III genannten, gesondert offenzulegen.

400 HWP, 2014, S. 214.

Die Verwendung einer zweckbestimmten Rückstellung wird mit dem entsprechenden Betrag erfolgsneutral durch eine Bestandesbuchung vermindert, beispielsweise die Bezahlung der Ertragssteuern, für welche eine Rückstellung gebildet worden ist, mit dem Buchungssatz Rückstellung für Steuern an Bank. Nicht mehr benötigte Rückstellungen werden bei ihrer Auflösung nicht als übriger betrieblicher Ertrag, sondern oft als ausserordentlicher Ertrag verbucht, da das Merkmal »ausserordentlich« in der schweizerischen Rechnungslegungspraxis nach wie vor grosszügig ausgelegt wird.

In der Praxis werden kurzfristige Rückstellungen und Positionen zu Rechnungsabgrenzungen häufig nicht klar getrennt. Aufwendungen für Provisionen, laufende Steuern (keine latenten), Ferien- und Überzeitansprüche des Personals, Rabatte an Kunden mit Treuekarten usw., fallen bei strenger Begriffsauslegung unter die Rechnungsabgrenzungen.

Beispiel Forbo Konzernabschluss (IFRS, 2018, in Mio. CHF)

Ausweis und Verbuchung von Rückstellungen

	2018	**2017**
Kurzfristige Rückstellungen	20.0	18.8
Langfristige Rückstellungen	40.7	32.3
Garantierückstellungen	5.2	5.3
Umweltrückstellungen	8.2	8.4
Rechtsfallrückstellungen	29.8	20.3
Personalrückstellungen	13.1	12.4
Übrige Rückstellungen	4.4	4.7

Rückstellungen werden gebildet, wenn der Konzern eine gegenwärtige rechtliche oder faktische Verpflichtung aufgrund eines Ereignisses in der Vergangenheit hat und es wahrscheinlich ist, dass zur Begleichung der Verpflichtung ein Mittelabfluss resultieren wird und die Verpflichtung verlässlich quantifiziert werden kann. Der angesetzte Rückstellungsbetrag ist der beste Schätzwert am Bilanzstichtag für die hinzugebende Leistung unter Berücksichtigung der der Verpflichtung zugrunde liegenden Risiken und Unsicherheiten, umdie gegenwärtige Verpflichtung zu erfüllen. Rückstellungen werden gebildet, wenn der Konzern eine gegenwärtige rechtliche oder faktische Verpflichtung aufgrund eines Ereignisses in der Vergangenheit hat und es wahrscheinlich ist, dass zur Begleichung der Verpflichtung ein Mittelabfluss resultieren wird und die Verpflichtung verlässlich quantifiziert werden kann. Der angesetzte Rückstellungsbetrag ist der beste Schätzwert am Bilanzstichtag für die hinzugebende Leistung unter Berücksichtigung der der Verpflichtung zugrunde liegenden Risiken und Unsicherheiten, um die gegenwärtige Verpflichtung zu erfüllen. Die Rückstelllungen haben sich bereits im Jahr 2017 aufgrund eines Kartellverfahrens in Frankreich erhöht werden müssen. Das Verfahren wurde bereits im Jahr 2013 aufgenommen. Der Aktienkurs reagiert negativ auf die Bildung dieser Rückstellungen im Jahr 2017.

Die zentrale Herausforderung bei den Rückstellungen ist ihre Bewertung. Nach OR 960 I sind Bilanzpositionen »in der Regel« einzeln zu bewerten. Deshalb sind für grosse atypische Rückstellungen, z. B. für Schadenersatzzahlungen, Wiederherstellungspflichten, Vertragsstrafen, ausserordentliche Sozialleistungen im Zusammenhang mit Umstrukturierungen (Abgangsentschädigungen, Outplacement-Aufwendungen usw.), Einzelrückstellungen zu bilden. Zusammengehörige Risiken für Garantieleistungen, Boni, Gratifikationen an Mitarbeitende für das abgelaufene Geschäftsjahr sind in Pauschalrückstellungen zusammenzufassen.[401]

Grundsätzlich hängt der Betrag der Rückstellungen vom Erwartungswert der künftigen Mittelabflüsse ab, wobei die Wahrscheinlichkeit wie die Verlässlichkeit der Mittelabflüsse zu berücksichtigen ist.[402] Im Rechnungslegungsrecht und auch bei Swiss GAAP FER fehlt eine Umschreibung des Begriffs »wahrscheinlich«. Von IFRS wurde die Methodik »more likely than not« festgelegt, d. h., ein Mittelabfluss von höher als 50 % ist wahrscheinlicher als nicht, weshalb eine Rückstellung erforderlich ist. Dies ist in der schweizerischen Lehre umstritten, weil ein Ereignis mit einer Wahrscheinlichkeit von 25–49 % demnach keine Rückstellung erfordert, während bei 55 % eine Rückstellung in voller Höhe zu bilden wäre.[403]

Böckli[404] schlägt deshalb die Bildung von Rückstellungen nach dem Wahrscheinlichkeitsgrad vor:

- bis zu 25 % keine Rückstellung, erfolgsneutral, Angabe im Anhang unter Eventualverbindlichkeit
- 25-75 % Rückstellung nach dem mittleren Grad der Wahrscheinlichkeit
- 75-100 % Verbindlichkeit mit hoher Wahrscheinlichkeit

Dies bedeutet, dass bei einer Wahrscheinlichkeit unter 50 % anteilsmässige Rückstellungen zu bilden sind.[405] Auch das Kriterium der verlässlichen Schätzbarkeit (reliable estimate) wird weder im Gesetz noch in der erläuternden Botschaft 2007 umschrieben. Nachdem das schadenverursachende Ereignis ja bereits eingetreten ist, sollte eine Schätzung mindestens für den geringsten, sachlich begründeten Schätzungswert nach dem Grundsatz der Vorsicht machbar sein.

---

401 Rentsch/Zöbeli, Rückstellungen nach dem neuen Rechnungslegungsrecht, in: Rechnungswesen und Controlling 3/13, S. 12.

402 Pfaff/Ganz/Stenz/Zihler, Kommentar zu OR 960e, Anmerkung 23, S. 520.

403 Die IFRS-%-Regel wird abgelehnt vom Kommentar Pfaff/Ganz/Stenz/Zihler (S. 521), Roberto/Trueb (S. 207) und HWP (S. 216) sowie Böckli, P. mit einem Gegenvorschlag.

404 Böckli, Neue OR-Rechnungslegung, S. 231.

405 Pfaff/Ganz/ Stenz/Zihler, Kommentar zu OR 960e, Anmerkungen 22-30, S. 530 ff.

Beispiel Bewertung Jungfraubahnen (Swiss GAAP FER, 2019)

Rückstellungen

Rückstellungen sind auf Ereignissen in der Vergangenheit begründete, wahrscheinliche Verpflichtungen, deren Höhe und/oder Fälligkeit ungewiss, aber schätzbar sind. Die Bewertung erfolgt nach einheitlichen betriebswirtschaftlichen Kriterien.

Es ist jedoch unbestritten, dass die in der Praxis allerdings seltene Unmöglichkeit einer zuverlässigen Schätzung zum Ausweis einer Eventualverpflichtung im Anhang führt.

Rückstellungen sind wie andere Verbindlichkeiten zum Nennwert zu bilanzieren. Es wird deshalb die Meinung vertreten, die Diskontierung von langfristigen Rückstellungen auf dem Barwert nach IFRS und Swiss GAAP FER 23.6 sei vom Rechnungslegungsrecht nicht verlangt.[406] Der Verzicht auf Diskontierung bedeutet je nach Kapitalmarktverhältnissen aus betriebswirtschaftlicher Sicht einen zu hohen Rückstellungsbetrag in der Bilanz, was auf der Passivseite jedoch dem Vorsichtsprinzip entspricht. Für die Berechnung, Verbuchung und den Ausweis im Zusammenhang mit den Rückstellungen für verschiedene Sachverhalte wird auf die Ausführungen in Swiss GAAP FER verwiesen.[407]

Um die Transparenz für die Rückstellungen zu gewährleisten, die im erheblichen Mass mit Unsicherheiten verbunden sind, ist eine erhöhte Aufmerksamkeit der Offenlegung und Darstellung zu geben. Das Rechnungslegungsrecht begnügt sich mit der Vorschrift zum Ausweis in der Bilanz nach OR 959a II Ziff. 2 und im Anhang als Eventualverbindlichkeiten nach OR 959c II, Ziff. 10. In einem Einzel- oder Konzernabschluss nach OR erfahren die Rechnungslegungsadressaten nur die Gesamtsumme der bilanzierten Rückstellungen, nicht aber deren Zweckbestimmungen.

Eine zuverlässige Beurteilung der Vermögenslage ist jedoch auf zusätzliche Angaben angewiesen, mindestens in Form einer Aufgliederung nach inhaltlichen Merkmalen oder aufschlussreicher in einem sog. Rückstellungsspiegel, wie er zwingend von Swiss GAAP FER gefordert ist (FER 22/10-13). Die sonstigen Rückstellungen sind weiter aufzuschlüsseln, falls wesentliche zusätzliche Kategorien bestehen.[408]

---

406 Pfaff/Ganz/Stenz/Zihler, Kommentar zu OR 960e, Anmerkung 11, S. 517. Wird eine Barwertberechnung vorgenommen, muss auf die Abweichung im Anhang hingewiesen werden.

407 Meyer, Accounting, S. 234 ff.

408 Im Finanzbericht 2015 der AFG werden zur Position »Übrige« von TCHF 12'336 (2'691) Rückstellungen von CHF 7.3 Mio. für Unterausnutzung der Mietflächen bei einem langfristigen Mietvertrag und CHF 1.7 Mio. für eine vorzeitige Auflösung (Sponsoring) sowie für Rechtsfälle offengelegt.

Beispiel Rückstellungsspiegel Biella Neher Holding (Swiss GAAP FER, 2018, in TCHF)

Anhang zu Konzernrechnung 2018

	Restrukturierungen	Vorsorgeverpflichtungen	Latente Steuern	Übrige	Total
1.1.2017	**507**	**589**	**5'085**	**91**	**6'272**
+ Bildung	0	146	156	60	362
- Verwendungen	- 90	- 192	0	- 68	- 350
- Auflösung	- 420	0	- 878	- 23	- 1'321
Währungseinfluss	3	3	83	0	89
31.12.2017	**0**	**546**	**4'446**	**60**	**5'052**
+ Bildung	1'541 [1)]	122	90	0	1'753
- Verwendung	0	- 156	- 17	0	- 173
- Auflösung	0	- 23	- 327	- 24	- 374
Währungseinfluss	- 9	0	- 41	0	- 50
31.12.2018	**1'532**	**489**	**4'151**	**36**	**6'208**
davon kurzfristige Rückstellungen	**1'532**	**0**	**0**	**36**	**1'568**

1) Die Aufwendungen sind im Personalaufwand enthalten.

Die Rückstellungen sind auch aus steuerrechtlicher Perspektive zu analysieren, um ihre Auswirkung auf das Rechnungslegungsrecht zu verstehen. Mit der gegenüber dem OR 1936/1991 umfangreicheren und von internationalen Rechnungslegungsstandards beeinflussten Regelung der Rückstellungen ergeben sich deutliche Abweichungen des Steuerrechts vom Rechnungslegungsrecht.

Im Steuerrecht (DBG 63) decken sich z. B. der Begriff »der unmittelbar drohenden Verlustrisiken oder im Geschäftsjahr bestehende Verpflichtungen, deren Höhe noch unbestimmt ist«, mit dem handelsrechtlichen Rückstellungsbegriff. Wegen der umgekehrten Massgeblichkeit werden auch solche Posten als Rückstellungen erfasst, welche nicht der OR-Definition entsprechen. Bei der Durchsicht von steuerrechtlichen Gerichtsentscheidungen fällt auf, dass diese oft die geschäftsmässige Begründung von Rückstellungen für die unterschiedlichsten Zweckbestimmungen betreffen, z. B. »Rückstellungen für künftige Forschungs- und Entwicklungsbeiträge an Dritte« oder das sog. Warendrittel, welches keine Rückstellung, sondern eine stille Reserve darstellt. Dies führt schliesslich dazu, dass Einzelabschlüsse nach dem Rechnungslegungsrecht mehr den steuerrechtlichen Normen entsprechen.

6.7 Zuordnung und Ausweis einzelner Positionen des Eigenkapitals

6.7.1 Begriff, Funktionen und Schutz des Eigenkapitals

Das Eigenkapital ist eine Rechnungsgrösse, der auf der Aktivseite keine bestimmten Vermögenswerte (Mittel, Ressources) zugeordnet werden können.[409] Das Eigenkapital ist für die Beurteilung der Bonität und die Existenzsicherung für viele Unternehmen entscheidend.

Eigenkapital ist in der Rechnungslegung die rechnerische Differenz zwischen den Unternehmensaktiven und den Verbindlichkeiten. Das einbezahlte Eigenkapital wird vom Unternehmer oder den Gesellschaftern in Form von Zahlungsmitteln oder anderen Vermögenswerten langfristig oder zeitlich unbegrenzt zur Verfügung gestellt oder aus dem Ergebnis der Unternehmenstätigkeit als erarbeitetes Eigenkapital im Unternehmen belassen.

Wegen den rechtsformneutralen Rechnungslegungsnormen ist eine einheitliche Bezeichnung des nominalen Grundkapitals (z. B. Aktienkapital oder Genossenschaftskapital) nicht möglich. Der Ausweis der verschiedenen Eigenkapitalkategorien ist ebenfalls rechtsformenabhängig. Die in OR 959a II Ziff. 3, b-e erwähnten Reservekonten, sowie die Vorschrift über die Beteiligungskategorien beziehen sich ausschliesslich auf Kapitalgesellschaften (AG, GmbH und KmAG).

In allen buchführungspflichtigen Rechtsformen ist das Eigenkapital der primäre Träger des Unternehmensrisikos, weshalb der Gesetzgeber für Gesellschaften im Interesse der Direktbeteiligten und der Öffentlichkeit (Systemschutz) Regeln zur Aufbringung und zum Erhalt des Eigenkapitals jenen Unternehmen erlassen hat, wenn die Eigentümer ihre Haftung für die Unternehmensverbindlichkeiten beschränken können. **Gesetzlich geschütztes Eigenkapital** steht für Ausschüttungen und andere Leistung an Gesellschafter nicht zur Verfügung. Als **materielles Eigenkapital** (tangible Net Worth) wird das Eigenkapital nach Abzug des Goodwills bezeichnet. Der Begriff berücksichtigt die Problematik der zuverlässigen Beurteilung der Werthaltigkeit des Goodwills.[410]

Mit dem Ziel des Eigenkapitalschutzes wird vom Gesetzgeber ein angemessenes Verhältnis zwischen den Vermögenswerten (Aktiven) und den Verbindlichkeiten (Fremdkapital) und damit ein ausreichendes Haftungssubstrat für die Gläubiger angestrebt. Der im Eigenkapital verkörperte Aktivenüberschuss dient als Puffer

409 Der traditionelle Begriff der »eigenen Mittel« ist deshalb unzutreffend. Eine Ausnahme bildeten die 2012 aufgehobenen Arbeitsbeschaffungsreserven der privaten Wirtschaft, für welche auf der Aktivseite liquide Mittel zur Finanzierung der Arbeitsbeschaffungsmassnahmen ausgeschieden werden mussten.

410 Beispiel: Credit Suisse, Schlüsselkennzahlen Geschäftsbericht 2015.

gegen unvorhergesehene oder unvorhersehbare Mittelabflüsse und Wertverminderungen der Aktiven. Die Schrumpfung des Eigenkapitals geht im Allgemeinen mit einer Schwächung der Liquidität durch Einnahmeausfälle und wachsende Zahlungsverpflichtungen einher.

Bei Personengesellschaften erhalten die Gesellschafter durch Kündigung des Gesellschaftsvertrags Anspruch auf Auszahlung ihres Kapitalanteils. Die Gesellschafter einer GmbH können aus wichtigen Gründen auf Austritt klagen (OR 822, 825). Auch Genossenschaften können einen Abfindungsanspruch von ausscheidenden Genossenschaftern vorsehen (OR 864). Nur bei der Aktiengesellschaft kann das ausgewiesene Eigenkapital nicht durch Entscheidungen von einzelnen Aktionären geschmälert werden. Bei Beschlüssen der Generalversammlung zur Reduktion des geschützten Eigenkapitals sind zum Schutz der Gläubiger besondere Vorschriften zu beachten (OR 732 ff.).

Die Überwachung des Bestandes, der Zusammensetzung und der Entwicklung des Eigenkapitals anhand der Bilanz ist deshalb eine Kernaufgabe der Rechnungslegung, indem sie die für diesen Zweck unerlässlichen Informationen zur Verfügung stellt, und zwar in der Qualität, welche zuverlässige Entscheidungen ermöglicht. Es ist deshalb verständlich, dass nach Swiss GAAP FER das buchmässige Eigenkapital[411] nicht durch Verschleierung der Ertragslage über die Bildung und Auflösung von stillen Reserven – im Widerspruch zu »den tatsächlichen Verhältnissen« – verfälscht ausgewiesen wird.

Beispiel Pestalozzi Stiftung (Swiss GAAP FER, 2017, in CHF)

Ausweis des Eigenkapitals

	2017	**2016**
Grundkapital	100'000	100'000
Freies Kapital	6'423 447	6'237 174
Gebundenes Kapital	6'215 958	5'749 519
Total	12'739 405	12'086 693

Nach ZGB 83a II gelten für Stiftungen die Bestimmungen des Rechnungslegungsrechts und die Regelung der kaufmännischen Buchführung sinngemäss. Es liegen somit keine weiteren Regelungen für das Eigenkapital vor. Das Grundkapital bzw. das Stiftungskapital und nach der Stiftungsurkunde oder Reglementen vorgesehene Reserven sind einzeln darzulegen. Sinngemäss gilt dies für Vereine nach ZGB 69a.

411 Das buchmässige Eigenkapital widerspiegelt wegen der zum Gläubigerschutz geltenden Höchstwertvorschriften nicht dem Marktwert des Eigenkapitals. Dieser ist z. B. bei einer vor Jahren erworbenen Geschäftsliegenschaft an bester Lage deutlich höher als der korrekte Buchwert, vor allem nach OR und auch nach Swiss GAAP FER. Marktbewertung ist nur für ausschliesslich zu Renditezwecken gehaltene Liegenschaften zulässig (FER 18/14).

6.7.2 Eigenkapital bei Personenunternehmen

Personenunternehmen zeichnen sich gegenüber Kapitalgesellschaften und Genossenschaften dadurch aus, dass eine oder mehrere natürliche Personen für die Unternehmensverbindlichkeiten voll und uneingeschränkt mit dem Unternehmens- und Privatvermögen haften.

In der buchführungspflichtigen **Einzelunternehmung** wird für den Inhaber ein Kapitalkonto geführt. Diesem werden die Einlagen des Geschäftsinhabers gutgeschrieben und die Kapitalrückzüge belastet.

Um das Kapitalkonto von den zahlreichen Buchungen während des Geschäftsjahres für private Zwecke zu entlasten, werden diese einem **Privatkonto** belastet bzw. gutgeschrieben. Am Ende des Geschäftsjahres wird der Saldo des Privatkontos auf das Kapitalkonto übertragen.

In einer **Kollektivgesellschaft** werden die Kapitaleinlagen der Kollektivgesellschafter auf den für jeden Teilhaber eröffneten Kapitalkonto gutgeschrieben. Eine bestimmte Höhe ist gesetzlich nicht vorgeschrieben. Die Kapitalkonten sind keine festen Grössen. Diese verändern sich im Laufe der Zeit durch weitere Einzahlungen und durch Verzicht auf Gewinnausschüttungen oder Verluste.

Weil die **Kommanditgesellschaft** mit mindestens einem voll haftenden Gesellschafter (Komplementär) und einem beschränkt haftenden Gesellschafter (Kommanditär) mit unterschiedlichen Rechten und Pflichten aufweist, ist die gesetzliche Regelung der Kapitalaufbringung und der Ergebnisverwendung komplizierter als bei der Kollektivgesellschaft. Wegen der in der Praxis aktuell geringen Bedeutung der KommG (Ende 2018 lediglich 2'205 Gesellschaften), wird für eine ausführliche Darstellung auf die Fachliteratur verwiesen.[412]

6.7.3 Eigenkapital bei Kapitalgesellschaften

Die wesentlichen Unterscheidungsmerkmale der verschiedenen Gesellschaftsformen sind die vorherrschenden Strukturelemente: der persönliche Einsatz der Gesellschafter bei Personengesellschaften oder der Kapitaleinsatz bei Kapitalgesellschaften. Der Gesetzgeber hat jedoch keine klare Trennung vorgesehen, indem er bei der GmbH als Mischform auch zahlreiche personenbezogene Elemente wie die beschränkte Zahl der Gesellschafter, die fehlende Kapitalmarktfähigkeit der Stammanteile die Treuepflicht, den Ausschluss oder Austritt von Gesellschaftern eingeführt hat.[413] Deshalb sind die für die AG als Prototyp der Kapitalgesellschaft massgebenden Eigenkapitalvorschriften zwar auch bei der GmbH anwendbar (OR 801), aber in den vorherrschenden kleinen Ein- oder Zweipersonen-Unternehmen von geringer praktischer Bedeutung. Das Grundkapital einer GmbH unterscheidet sich nicht nur in der Bezeichnung Stammkapital von der Aktiengesellschaft, son-

412 Handschin, Rechnungslegung, S. 97 ff.

413 Meier-Hayoz/Fortsmoser/Sethe, Gesellschaftsrecht, S. 567 und 572.

dern auch in der Mindesthöhe von seit 1936 unveränderten bescheidenen CHF 20‘000. Eine ausführliche Darstellung der GmbH erübrigt sich deshalb.

6.7.3.1 Einbezahltes Eigenkapital bei Aktiengesellschaften

Der in OR 950a Ziff. 3a verwendete Begriff des **Grundkapitals** betraf im Aktienrecht 1936 das **Aktienkapital.** Mit der Aktienrechtsrevision 1991 wurde das **Partizipationskapital** als fakultativer Bestandteil des Grundkapitals eingeführt. Für das Total und für beiden Bestandteile verzichtet der Gesetzgeber auf einen Begriff. Die Bezeichnung Grundkapital wird für die Addition von Aktien- und Partizipationskapital verwendet. Grundkapital bezieht sich bei Gesellschaften ohne Partizipationskapital auf das Aktienkapital. Bei Normen, welche den Eigenkapitalschutz (z. B. OR 725) betreffen, ist ein vorhandenes PS-Kapital zum Aktienkapital zu addieren. In der Folge wird nur noch der Begriff des Grundkapitals verwendet.

Das Partizipationskapital stellt dem Aktienkapital gleichgestelltes Grundkapital dar, welches dem Anteilseigner ein Anrecht auf Gewinnbeteiligung bewahrt, aber ohne an der Ausgestaltung des Unternehmens mitwirken zu können (keine Mitwirkungsrechte, reine finanzielle Rechte). Ein Genussschein ist im Gegensatz zum Partizipationsschein eine Mischform zwischen Eigen- und Fremdkapital, welches den Anspruch am Gewinnanteil repräsentiert.

Grundsätzlich umfasst das einbezahlte Grundkapital der Aktiengesellschaft die mitgliedschaftsrechtlichen Einzahlungen auf die Summe der Nennwerte der Aktien und allenfalls der Partizipationsscheine. Die Einzahlung auf das gezeichnete Grundkapital erfolgt bar (konkret bei einer Bank, OR 633 I), durch Sacheinlagen oder Sachübernahmen. Durch eine besondere Prüfung (OR 628) soll sichergestellt werden, dass diese mindestens dem Nennwert der ausgegebenen Aktien entsprechen (OR 635a). Aktionäre können ihre Leistungspflicht auch durch Verrechnung mit einer Gegenforderung gegenüber der Gesellschaft erfüllen. Die Prüfung bezieht sich in diesem Fall nur auf den Bestand und die Verrechenbarkeit, nicht aber auf den Wert der Forderung. In der Bilanz erscheint nur die Summe der Nennwerte des Grundkapitals.

Eine Besonderheit stellt das **Agio** dar. Bei wachsenden Aktiengesellschaften ergibt sich in der Regel früher oder später ein zusätzlicher Bedarf an Eigenkapital, welcher durch eine Aktienkapitalerhöhung gedeckt wird. Vor allem bei Publikumsgesellschaften werden die neuen Aktien über dem Nennwert ausgegeben. Die Differenz zwischen dem einbezahlten Ausgabebetrag der Aktien und dem Nennwert wird als **Agio** (Aufgeld) bezeichnet.

Unter dem bisherigen Recht war die Erfassung des Agios in der Rechnungslegung unbefriedigend geregelt. Es war – wie Gewinne – der allgemeinen Reserve zuzuweisen, womit auf diesem Konto einbezahltes und erarbeitetes Kapital vermengt worden sind und das einbezahlte Kapital nicht aus der Bilanz ersichtlich war. Wird das Agio nach OR 671 II Ziff. 1 steuerrechtlich und betriebswirtschaftlich unzweckmässig zu Abschreibungen oder Wohlfahrtszwecken verwendet, hinterlässt es in der Bilanz überhaupt keine Spuren.

Gemäss der Gliederungsvorschrift vor OR 959a ist das Agio, welches bei Kapitalerhöhungen die Regel, bei der Gründung jedoch eher selten ist, der **gesetzlichen Kapitalreserve** gutzuschreiben. Weitere Gutschriften auf diesem Konto erfolgen bei A-Fonds-perdu-Zuschüssen von Anteilseignern ohne Gegenleistung und ohne Buchung auf das Grundkapital. Kaduzierungsgewinne (OR 671 II Ziff. 2) sind in der Praxis höchst selten.

Beispiel Ausweis des Eigenkapitals Looser Holding (OR, 2015, in TCHF)

	2014	2015
Aktienkapital	33'073	33'073
Gesetzliche Reserven:		
Reserven aus Kapitaleinlagen	16'342	9'502*
Übrige Kapitaleinlagen	39'446	39'446
Freiwillige Gewinnreserven:		
Gewinnvortrag	78'013	94'425
Jahresverlust/-gewinn	16'412	- 673
Eigene Aktien	- 462	- 294
Total Eigenkapital	**182'825**	**175'479**

* Die gesetzliche Kapitaleinlagenreserve beinhaltet im Wesentlichen das Agio aus der Sacheinlagengründung aus dem Jahr 2004 sowie die Reserve auf Grund von Fusionen. Die ESTV hat bestätigt, dass die ausgewiesenen Reserven bis auf den Betrag von TCHF 2'925 als Kapitaleinlage gemäss VStG 5 1 qualifiziert sind.

Nach dem Kapitaleinlagenprinzip können zu Lasten der Kapitalreserve in späteren Jahren verrechnungs- und einkommenssteuerfrei Ausschüttungen oder Rückzahllungen des Grundkapitals der Anteilseigner vorgenommen werden. Kapitalreserven, welche die entsprechenden Voraussetzungen erfüllen und von der ESTV anerkannt sind, müssen von dem Konto »übrigen Kapitalreserven« getrennt ausgewiesen werden. In der Konzernrechnung sind ggf. beim Ausweis des Eigenkapitals weitere Positionen erforderlich.

6.7.3.2 Einbezahltes Eigenkapital bei Genossenschaften

Die Genossenschaft ist eine personenbezogene Gesellschaftsform mit dem Hauptzweck, die Interessen ihrer Mitglieder durch gemeinsame Selbsthilfe zu fördern. Im Gegensatz zur Aktiengesellschaft ist bei der Genossenschaft das Grundkapital (OR 626) deshalb kein Begriffselement. Bei der Genossenschaft kann jedoch ein in

Teilsummen zerlegtes Grundkapital (Genossenschaftsanteilscheine, OR 833) die wirtschaftliche Zielsetzung unterstützen. Eine Mindesthöhe ist jedoch nicht vorgeschrieben und darf auch nicht in einer bestimmten Höhe statutarisch festgelegt werden. Jeder Genossenschafter in Genossenschaften mit Anteilscheinkapital hat jedoch mindestens einen Anteilschein zu übernehmen, wobei die Genossenschaft den Nennwert frei festlegen kann. Wenn die Genossenschaft das Anteilscheinkapital verzinst (OR 859 III), wird der Nennwert aus wirtschaftlichen Gründen auf einen Mindestbetrag festgelegt, in der Regel in der Grössenordnung des früheren OR 622 IV (CHF 100). Eine Ausgabe über dem Nennwert, d. h. mit einem Agio, ist mit Ausnahme der Kreditgenossenschaften kaum üblich. Zusätzliche Kapitalreserven sind deshalb selten.

Beispiel Ausweis des Eigenkapitals einer Genossenschaft fenaco Genossenschaft (Stammhaus der Landi-Gruppe, OR, 2015, in TCHF)

	2014	**2015**
Anteilscheinkapital *	137'369	142'676
Gesetzliche Gewinnreserven	28'000	29'000
Freiwillige Gewinnreserven	135'300	135'300
Vortrag vom Vorjahr	812	810
Jahresgewinn	13'240	13'561
Total Bilanzgewinn	14'052	14'371
Total Eigenkapital	314'721	325'347

* 1'426 755 Anteilscheine zu nominal CHF 100, wovon 225'455 (Vorjahr 207'392) im Eigenbesitz der Landi AG sind und in der Konzernbilanz als Minusposten aufgeführt sind.

Wegen der geringen Bedeutung des einbezahlten Genossenschaftskapitals ist die Bereitstellung von Eigenkapital aus Ertragsüberschüssen der Geschäftstätigkeit (Selbstfinanzierung über Gewinnreserven) noch mehr als bei der Aktiengesellschaft zentral.

6.7.4 Erarbeitetes Eigenkapital

Dem Ertragsüberschuss in der Erfolgsrechnung steht als Jahresgewinn in der Bilanz vor Ergebnisverwendung das durch das Unternehmensergebnis in der Periode erarbeitete Eigenkapital oder bei einem Jahresverlust das vernichtete Eigenkapital gegenüber. Bei den Personengesellschaften bestehen keine Bestimmungen über die Bildung von Gewinnreservekonten.

Für die Aktiengesellschaft (seit 2006 auch für die GmbH) sind bei der Gewinnverwendung besondere Vorschriften zur Reservebildung aus dem Jahresergebnis zu beachten. In der Bilanz nach Gewinnverwendung sind bei AG und GmbH die nicht zur Ausschüttung bestimmten Gewinnanteile nach den gesetzlichen Vorschriften auf den in OR 959a II Ziff. 3 unter Beachtung der Bestimmungen von OR 671 auszuweisen:

- gesetzliche Gewinnreserven aus Zuweisung gemäss OR 671 I und II Ziff. 3, aus Aufwertung gemäss OR 670 I und aus Reserven für eigene Aktien, welche von Tochtergesellschaften gehalten werden (OR 659a II),
- freiwillige Gewinnreserven aus Beschluss der Generalversammlung, aus Bilanzgewinn, aus Minusposten Bilanzverlust und eigene Kapitalanteile als Minusposten,
- besondere Kategorien von gesetzlichen Gewinnreserven.

Zur Beseitigung einer Unterbilanz können Grundstücke und Beteiligungen über die Anschaffungs- oder Herstellungskosten hinaus bis zum wirklichen Wert aufgewertet werden, um für den Bewertungsbetrag eine besondere **Aufwertungsreserve** zu bilden (OR 670 bzw. E-OR 725c). Die gesetzlichen Gliederungsvorschriften sehen dafür jedoch keine eigenen Positionen vor. Gegebenenfalls liegt eine gesetzliche Gewinnreserve vor.

OR 659 II sieht eine besondere **Reserve für eigene Aktien** vor. Nachdem die eigenen Aktien nach OR 959a II Ziff. 3e zwingend als Minusposten auszuweisen sind, entfällt die Reserve für eigene Aktien nach unbestrittener Auffassung der Lehre jedoch beim direkten Erwerben.[414] Beim indirekten Erwerb durch eine Tochtergesellschaft ist die Reserve jedoch nach wie vor erfolgsneutral zu bilden.[415]

Bei den **Schwankungsreserven** ist die Bezeichnung Reserve irreführend. **Neubewertungsreserven** entstehen durch Anpassung des bisherigen Buchwerts an den Marktwert (Fair Value) im Konzernabschluss. Aktuelle Werte sind mit Ausnahme der Renditeliegenschaften im handelsrechtlichen Einzelabschluss nicht zulässig (Imparitätsprinzip). Die Aufwertung ist jedoch nicht einer Bewertungsreserve gutzuschreiben, sondern erfolgswirksam im Periodenergebnis zu erfassen (Swiss GAAP FER 14).

Da Rückzahlungen aus Kapitalreserven (kurz KER) steuerfrei an die Anteilseigner erfolgen können, ist ein korrekter Ausweis im Handelsrecht notwendig. Eine steuer- und handelsrechtlich konforme Darstellung der Kapitalreserven kann wie folgt ausgestaltet sein[416]:

- Aktienkapital,
- gesetzliche Kapitalreserven (Aufgliederung in KER, ausländische KER, übrige KER),

414 HWP, 2014, S. 229.

415 Als Begründung siehe auch Neuhaus/Gerber, Basler Kommentar II, Anmerkung 85, S. 2555.

416 Für weitere Details ist auf das Kreisschreiben 29b, Kapitaleinlageprinzip, der ESTV verwiesen.

- gesetzliche Gewinnreserve,
- freiwillige Gewinnreserve,
- eigene Kapitalanteile (Aufgliederung in KER, ausländische KER, übrige KER).

6.7.5 Eigenkapitalnachweis

Zur besseren Übersicht werden die im Berichtsjahr eingetretenen Veränderungen des Eigenkapitals in einer besonderen Darstellung, dem Eigenkapitalnachweis, offengelegt (FER 3/4). Der Eigenkapitalnachweis ist als separates Element der Jahresrechnung nach den anerkannten Rechnungslegungsstandards gleichwertig zur Bilanz, Erfolgsrechnung und Geldflussrechnung darzustellen (FER 24/26).

Für folgende Eigenkapitalkomponenten sind in tabellarischer Form die Veränderungen für das Berichtsjahr und das Vorjahr aufzuzeigen:

- Gesellschaftskapital,
- nicht einbezahltes Gesellschaftskapital (Minusposten),
- Kapitalreserven,
- eigene Aktien (Minusposten),
- einbehaltene Gewinne (Teile der Gewinnreserven),
- Neubewertungsreserven (Teile der Gewinnreserve),
- allenfalls weitere wesentliche Komponenten.

Im Einzel- und im Konzernabschluss ist nach dem Rechnungslegungsrecht ist kein Eigenkapitalnachweis vorgeschrieben. Nach dem FER-Rahmenkonzept ist dieser jedoch ein obligatorischer Bestandteil der Jahresrechnung. In den veröffentlichten Geschäftsberichten wird der Eigenkapitalnachweis in der Konzernrechnung dargestellt.

6.7.6 Unterbilanz

Ein wesentliches Merkmal der Kapitalgesellschaft (AG, GmbH) ist das feste Grundkapital (Aktienkapital, Stammkapital). Als veränderlicher Teil des Eigenkapitals sind die offenen Reserven zu betrachten. Ein allfälliger Verlust wird deshalb zuerst der freiwilligen Gewinnreserven und, sofern diese nicht ausreicht, der gesetzlichen Reserve belastet. Eine Verpflichtung dazu besteht jedoch nicht. Zur Gruppe der gesetzlichen Reserven sind die gesetzlichen Gewinnreserve, gesetzlichen Kapitalreserven und die Aufwertungsreserven zu nennen. Die Generalversammlung kann beschliessen, den Bilanzverlust auf neue Rechnung vorzutragen (OR 698 II Ziff. 4). In diesem Fall spricht man von einer **scheinbaren oder unechten Unterbilanz.** Eine unechte Unterbilanz ist somit gegeben, wenn ein Bilanzverlust durch vorhandene, freie Gewinnreserven gedeckt ist. Der Bilanzverlust setzt sich aus einem Jahresverlust und einem Verlustvortrag zusammen.

Beispiel unechte Unterbilanz fiktives Beispiel Einzelabschluss (OR)

Bilanz der Misera AG (in TCHF)

Umlaufvermögen	3'400	Kurzfristiges Fremdkapital	2'400
Anlagevermögen	4'600	Langfristiges Fremdkapital	3'000
		Aktienkapital	2'000
		Gesetzliche Gewinnreserve	500
		Freiwillige Gewinnreserve	900
		Bilanzverlust	(800)
	8'000		8'000

Der Bilanzverlust wird durch Beschluss der Generalversammlung zulasten der freien Reserve ausgebucht. Es verbleibt der Gesellschaft noch eine freie Gewinnreserve von 100. Das feste Gesellschaftskapital von 2'000 TCHF ist durch die vorhandenen Aktiven (8'000 TCHF) abzüglich der Schulden (5'400 TCHF) mehr als gedeckt (2'600 TCHF). In der Wirklichkeit liegt somit keine Unterbilanz vor. Sie ist allenfalls als unecht zu bezeichnen. Stille Reserven können ebenfalls verwendet werden, durch eine Auflösung, mögliche Verluste zu decken.

Nach E-OR 674 sind Verluste nach folgender Reihenfolge zu verrechnen:

1. mit dem Gewinnvortrag,
2. mit den freiwilligen Gewinnreserven,
3. mit den gesetzlichen Gewinnreserven,
4. mit der gesetzlichen Kapitalreserve.

Anstelle mit der gesetzlichen Gewinnreserve oder gesetzlichen Kapitalreserve darf ein offener Verlust noch in der Bilanz offen ausgewiesen werden. Sofern stille Reserven bestehen, können diese ebenfalls zur Kompensation von Verlusten verwendet werden. Hierzu sind diese jedoch aufzulösen und bei einer wesentlichen Nettoauslösung im Anhang offenzulegen.

Eine echte Unterbilanz liegt vor, wenn die vorhandenen Aktiven das Fremdkapital vollständig, das Grundkapital jedoch nur noch zum Teil decken. Der Bilanzverlust übersteigt die vorhandenen Reserven nicht. In dieser Konstellation sind noch keine Massnahmen nach OR 725 zu ergreifen. Bei einer **echten Unterbilanz** ist allerdings der Bilanzverlust (Verlustvortrag und Verlustvorträge) grösser als die freiwilligen Gewinnreserven. Ein Fall eines hälftigen Kapitalverlustes liegt allerdings noch nicht vor.

Beispiel echte Unterbilanz ohne gesetzliche Folgen fiktives Beispiel Einzelabschluss (OR)

Bilanz der Misera AG (in TCHF)

Umlaufvermögen	2'900	Kurzfristiges Fremdkapital	2'600
Anlagevermögen	4'800	Langfristiges Fremdkapital	2'900
		Aktienkapital	2'000
		Gesetzliche Gewinnreserve	500
		Freiwillige Gewinnreserve	900
		Bilanzverlust	(1'200)
	7'700		7'700

Aktiven	7'700 TCHF
- Fremdkapital	5'500 TCHF
Effektives Eigenkapital	2'200 TCHF

Das effektive Eigenkapital von 2'200 TCHF ist kleiner als das Aktienkapital und die gesetzlichen Reserven in der Höhe von 2'500 TCHF. Rechtlich ist der Begriff des Kapitalverlustes von Bedeutung. Nach dem OR 725 I liegt ein Kapitalverlust vor, wenn der Bilanzverlust 50% des Grundkapitals und der gesetzlichen Reserven aufgezehrt hat. Dieser Tatbestand, in der Praxis auch als «hälftiger Kapitalverlust» bezeichnet, stellt eine qualifizierte Form der Unterbilanz dar. Im vorliegenden Beispiel trifft dies jedoch nicht zu:

Grundkapital	2'000
+ gesetzliche Gewinnreserve	500
	2'500
davon 50%	1'250

Der Bilanzverlust von 1 200 liegt unter dem Schwellenwert gemäss OR 725 I. Der mit der gesetzlichen Bezugsgrösse zu vergleichende Bilanzverlust wird rechnerisch, das heisst, lediglich gedanklich und nicht etwa als Buchung, ermittelt, indem der ausgewiesene Verlust um die nicht gesetzlichen Reserven bereinigt wird.

Beispiel echte Unterbilanz Pizolbahnen AG (OR 2015/2016, in CHF)

	2016	2015
Aktienkapital	26'876 252	26'518 800
Verlust vom Vorjahr	- 7'587 278	- 9'716 647

Jahresverlust	– 593'371	– 3'370 631
Total Eigenkapital	18'695 603	13'431 522

Die drei schlechten Winter führten für unsere Unternehmung notgedrungen zu erheblichen Liquiditätsproblemen, die nur mit Zusatzkrediten und der Erstreckung von Kreditamortisationen überbrückt werden konnten. Es ist einmal mehr darauf hinzuweisen, dass die Pizolbahnen in der aktuellen Finanzierungsstruktur die laufenden Betriebskosten und Amortisationen nur dann tragen können, wenn sie einen EBITDA (Betriebsgewinn vor Zinsen, Steuern und Abschreibungen) von mindestens 2 Mio. CHF erzielen. Diese wichtige Schwelle wurde letztmals im Geschäftsjahr 2012/2013 erreicht. Das führte auch dazu, dass in den vergangenen Jahren keine Reserven erwirtschaftet werden konnten. Letztlich hängt das damit zusammen, dass man sich seinerzeit bei der Sanierung der Pizolbahnen auf ein Konzept mit zwei kostenintensiven Zubringerbahnen geeinigt hat. Es war schon damals klar, dass dieses Konzept aus betriebswirtschaftlicher Sicht eine grosse Herausforderung darstellte und es ist schon damals darauf hingewiesen worden, dass der von der neuen Unternehmung zu erwartende Cashflow für die Finanzierung weiterer Infrastrukturen, d. h. insbesondere für weitere Beschäftigungs- und Beschneiungsanlagen, nicht ausreichen wird.

Im Falle eines Kapitalverlustes im Sinne des Aktienrechtes liegt eine Unterbilanz mit gesetzlichen Folgen vor. Nach OR 725 I liegt ein **Kapitalverlust (hälftiger Kapitalverlust)** vor, wenn die letzte Jahresbilanz zeigt, dass die Hälfte des Aktienkapitals und der gesetzlichen Reserven nicht mehr gedeckt sind. Zu den gesetzlichen Reserven zählen die gesetzlichen Kapital- und Gewinnreserven sowie die Aufwertungsreserven und die Reserven für eigene Anteile. In diesem Fall muss der Verwaltungsrat unverzüglich eine Generalversammlung ein und muss ihr Sanierungsmassnahmen beantragen.

Offen ist die Fragen, ob nur der gesetzlich geschützte Teil oder der ausgewiesene Anteil an gesetzlichen Reserven für die Bestimmung des Kapitalverlustes herangezogen werden muss. Nach der Botschaft ist nur der nicht ausschüttbare Teil der gesetzlichen Reserven als Bestimmungsmass für den Kapitalverlust heranzuziehen. Dies ist allerdings umstritten, da auch Expertenmeinungen dahingehen, dass die ausgewiesenen Kapitalreserven heranzuzuziehen sind.[417]

Als Basis für die Beurteilung eines Kapitalverlustes dient eine ordnungsgemäss erstellte Jahresrechnung. Auch sind Minuspositionen wie Bilanzverluste oder eigene Anteile nicht in die Berechnung mit einzubeziehen, sondern es ist von den Nominalwerten auszugehen.

417 Glanzmann, Drohende Zahlungsunfähigkeit, Kapitalverlust und Überschuldung, das neue aktienrechtliche Sanierungsrecht, in: GesKR, 4-2017.

Beispiel echte Unterbilanz mit gesetzlichen Folgen (hälftiger Kapitalverlust) fiktives Beispiel Einzelabschluss (OR)

Bilanz der Misera AG (in TCHF)

Umlaufvermögen	2'300	Kurzfristiges Fremdkapital	2'500
Anlagevermögen	4'400	Langfristiges Fremdkapital	2'800
		Aktienkapital	2'000
		Gesetzliche Gewinnreserve	500
		Freiwillige Gewinnreserve	900
		Bilanzverlust	(2'000)
	6'700		6'700

Aktiven	6'700 TCHF
- Fremdkapital	5'300 TCHF
Effektives Eigenkapital	1'400 TCHF

Der Bilanzverlust (2'000 TCHF) erreicht 80% des Aktienkapitals und der gesetzlichen Gewinnreserve. Damit ist ein für den Gesetzgeber kritischer Schwellenwert überschritten. Der Tatbestand des Kapitalverlustes gemäss OR 725 I ist erfüllt. Die Hälfte des Aktienkapitals und der gesetzlichen Reserven von 2'500 TCHF beträgt 1'250 TCHF. Das tatsächliche Eigenkapital hingegen nur noch 1 400 TCHF.

Als Sanierungsmassnahmen können folgende Massnahmen beschlossen werden:

- A-Fonds-perdu-Zuschüsse durch die Anteilseigner,
- Harmonika (Reduktion des Aktienkapitals und anschliessende Einbringung von neuen Aktienkapital),
- Forderungsverzichte von Gläubiger,
- Auflösung von stillen Reserven,
- Forderungsverzichte von Anteilseignern.

Nach E-OR 725a liegt ein Kapitalverlust künftig vor, wenn die Aktiven abzüglich der Verbindlichkeiten zwei Drittel der Summe aus Aktienkapital, nicht an die Aktionäre zurückbezahlbare gesetzliche Kapitalreserven und gesetzliche Gewinnreserven nicht mehr decken. Der Verwaltungsrat hat in diesem Fall Massnahmen zur Beseitigung des Kapitalverlustes zu ergreifen. Somit wird die Referenzgrösse des Kapitalverlustes im Gesetz neu aufgeführt.

Beispiel hälftiger Kapitalverlust und Fortführungsfähigkeit Airesis SA (OR Holding und IFRS Konzern 2016)

Die seit 2004 börsenkotierte Holdinggesellschaft erwirbt hauptsächlich Mehrheitsbeteiligungen an Sportartikelherstellern (Le Coq sportif, Skimarke, Movement und Sportartikelvertrieb). Die Ertragslage ist auf Konzernebene volatil und seit 2013 negativ. Dies kommt jedoch in den Abschlüssen unterschiedlich zum Ausdruck. So zeigt der Einzelabschluss 2016 der Holding im Gegensatz zur Konzernrechnung keine Anzeichen von finanziellen Schwierigkeiten der Gruppe.

Berechnung hälftiger Kapitalverlust auf konsolidierter Grundlage (OR 725, in TCHF)

Konzernbilanz	**2015**	**2016**
Aktiven		
Flüssige Mittel	6'459	10'020
Forderungen Lieferungen und Leistungen	32'748	26'439
Übrige kurzfristige Aktiven	9'717	11'751
Vorräte	29'988	27'547
(Umlaufvermögen)	**(78'912)**	**(75'757)**
Beteiligungen assoziierter Unternehmen	1'140	1'180
Langfristige Darlehen	72	–
Immaterielle Anlagen	39'797	38'218
Sachanlagen	6'631	8'165
Übrige langfristige Aktiven	12'789	11'784
(Anlagevermögen)	(60'429)	(59'347)
Bilanzsumme	**139'341**	**135'104**
Passiven		
Kurzfristige Finanzverbindlichkeiten	29'272	32'187
Verbindlichkeiten Lieferungen und Leistungen	38'556	40'137
Sonstige kurzfristige Verbindlichkeiten	11'522	15'790
Kurzfristige Verbindlichkeiten	**79'350**	**88'114**
Langfristige Finanzverbindlichkeiten	9'325	7'045
Übrige langfristige Verbindlichkeiten	7'360	10'586
Langfristige Finanzverbindlichkeiten	**16'595**	**17'631**
Aktienkapital	14'374	15'506
Agio (Kapitalreserven)	60'539	64'376

Sonstige Reserven	4'414	4'399
./. eigene Aktien	- 121	- 121
Kumulierte Verluste	- 41'588	- 57'277
Minderheitsanteile	5'878	2'476
Total Eigenkapital	**43'396**	**29'359**
Bilanzsumme	**139'341**	**135'104**

Berechnung hälftiger Kapitalverlust (OR 725):

50% des Aktienkapitals und der Kapitalreserve von TCHF 79'882 entsprechen TCHF 39'941. Die kumulierten Verluste von TCHF 57'277 sind wesentlich höher, weshalb grundsätzlich die Notwendigkeit einer Zwischenbilanz zu Veräusserungswerten auf Konzernebene im Zusammenhang mit der Fortführungsfähigkeit ernsthaft abzuklären ist, worauf auch der Passus im Revisionsbericht die Rechnungslegungsadressaten aufmerksam macht. Der Verwaltungsrat ist der Ansicht, die Fortführungsfähigkeit sei gegeben.[418]

Bericht der Revisionsstelle zum Konzernabschluss:

Die Revisionsstelle bestätigt, dass die Konzernrechnung ein den tatsächlichen Verhältnissen entsprechendes Bild der Vermögens-, Finanz- und Ertragslage in Übereinstimmung mit den International Financial Reporting Standards IFRS und dem schweizerischen Gesetz vermittelt. Der Bericht enthält einen zusätzlichen Passus.

Ungewissheit über die Unternehmensfortführung:

Wir machen Sie auf die Anmerkungen 2.7 im Anhang aufmerksam, wonach begründete Zweifel über die Fähigkeit der Gesellschaft zur Fortführung der Unternehmenstätigkeit bestehen. Wenn die Fortführung nicht möglich ist, wird es erforderlich, die Konzernrechnung auf Grundlage der Veräusserungswerte zu erstellen.

Im Aktienrecht erscheint der Begriff «Unterbilanz» nur im Zusammenhang mit der Kapitalherabsetzung (OR 735) und bei der Aufwertung (OR 670 I), wobei im letzteren Fall ein Kapitalverlust im Sinne von OR 725 I gemeint ist. Für den Fall der begründeten Besorgnis einer Überschuldung – und nicht erst im Fall einer tatsächlichen Überschuldung – ist OR 725 II zu beachten. Wenn eine begründete Besorgnis einer Überschuldung besteht, muss eine Zwischenbilanz erstellt werden und durch eine Revisionsstelle zur Prüfung vorgelegt werden. Wenn die Zwischenbilanz ergibt, dass die Forderungen der Gläubiger weder zur Fortführungsoder Veräusserungswerten gedeckt sind, so muss der Verwaltungsrat den Richter benachrichtigen. Eine **Überschuldung** ist gegeben, wenn die Aktiven kleiner sind als das Fremdkapital. Diese Massnahme kann einzig dadurch unterlassen werden, wenn Gläubiger im Rang gegenüber der anderen Gesellschaftsgläubiger zurücktre-

418 Eine kritische Beurteilung erfolgte in Finanz und Wirtschaft, Nr. 29 vom 25.4.2016.

ten. Der Rangrücktritt muss mindestens im Ausmass der Unterdeckung, sprich der Überschuldung, erfolgen.

Zur Feststellung einer Überschuldung wird die Gesamtheit der Aktiven mit der Summe des Fremdkapitals verglichen. Ob Anlass zu einer begründeten Besorgnis zur Überschuldung besteht, hängt weitgehend von der Beurteilung der geschäftlichen Entwicklung im laufenden Geschäftsjahr und der Zuverlässigkeit der bisherigen Bewertungen zu Fortführungswerten ab. Wird im Beispiel der Misera AG angenommen, das Budget für das laufende Jahr sehe einen weiteren Verlust von 1 100 vor, ergibt sich – zwecks Vereinfachung unter der Annahme eines unveränderten Fremdkapitals – Ende Jahr folgendes Bilanzbild:

Beispiel Überschuldung fiktives Beispiel Einzelabschluss (OR)

Bilanz der Misera AG (in TCHF)

Umlaufvermögen	1'900	Kurzfristiges Fremdkapital	3'400
Anlagevermögen	4'100	Langfristiges Fremdkapital	2'300
		Aktienkapital	2'000
		Gesetzliche Gewinnreserve	500
		Freiwillige Gewinnreserve	900
		Bilanzverlust	(3'100)
	6'000		6'000

Das Sicherheitspolster für die Gläubiger wäre mit einem verbleibenden Eigenkapital von 300 TCHF (6'000 TCHF – 3'400 TCHF – 2'300 TCHF), gemessen am Gesamtkapital von 6'000 TCHF, sehr schmal. Besteht das Anlagevermögen vor allem aus schwer realisierbaren Fabrikanlagen und Einrichtungen, ist zu befürchten, dass zu Veräusserungswerten ein zusätzlicher Abschreibungsbedarf von 1'000 TCHF (Annahme beim Beispiel Misera AG) erfasst werden muss. Dies führt zu Aktiven von 5 000 TCHF (4'100 TCHF + 1'900 TCHF – 1'000 TCHF) und somit liegt ein Fall einer Überschuldung vor:

Fremdkapital	5'700 TCHF
– Aktiven (zu Veräusserungswerten)	– 5'000 TCHF
Überschuldung	700 TCHF

Die zwingende Benachrichtigung des Richters zur Konkurseröffnung könnte allerdings unterbleiben, wenn sich beispielsweise mehrere Gläubiger bereit erklären, eine Rangrücktrittserklärung abzugeben: Darlehen mit Rangrücktritt gelten als wirtschaftliches Eigenkapital.

Ein Rangrücktritt darf keine Bedingungen enthalten, muss unbefristet und schriftlich vorliegen, dass dieser von einer Revisionsstelle akzeptiert ist. Er muss auch für den Gläubiger finanziell selbst tragbar sein.[419] Auch müssen mindestens die vorhandene Überschuldung bzw. der Bilanzverlust abgedeckt sein.

Ein Rangrücktritt ist ein zweiseitiges Rechtsgeschäft mittels eines schriftlichen Vertrags zwischen der notleidenden Gesellschaft und Gläubigern, welche sich bereit erklären, auf ihre Forderungen gegenüber der notleidenden Gesellschaft faktisch zu verzichten (im Rang zurückzutreten). Der Rangrücktritt muss so ausgestaltet sein, dass eine Stundung ermöglicht wird und für den Gläubiger tragbar ist.

Es ist allerdings einleuchtend, dass der Betrag des Rangrücktritts nicht nur dem Fremdkapital-Überhang entsprechen darf, sondern auch ein angemessenes Sicherheitspolster zur Deckung von Verlusten, die in den nächsten zwölf Monaten nach Unterzeichnung des Rangrücktritts zu erwarten sind, miteinschliessen soll.

Der Rangrücktritt ist ein Vertrag zwischen der überschuldeten Gesellschaft und Gläubigern, die im Fall eines Konkurses im Rang hinter andere Gläubiger zurücktreten. Er beseitigt die Überschuldung nicht. Vor allem bewirkt er keine Stärkung der Liquidität der notleidenden Gesellschaft. Daher ist er nur ein unterstützendes Instrument im Zusammenhang mit anderen Massnahmen. Für sich allein kommt der Rangrücktritt nur dann infrage, wenn die Gesellschaft zwar überschuldet, daneben aber ertrags- und liquiditätsmässig überlebensfähig ist.

6.7.7 Überschuldungsbilanz

Eine tatsächliche Überschuldung ist gegeben, wenn diese im Bilanzbild offensichtlich ist. Eine «offensichtliche Überschuldung» nach OR 728c III liegt dann vor, wenn sich die Überschuldung «auch bei optimistischer Betrachtungsweise nicht leugnen lässt», d. h., wenn jeder verständige Mensch ohne weitere Abklärungen sofort sieht, dass die Aktiven die Schulden und notwendigen Rückstellungen nicht zu decken vermögen und keine oder keine genügenden Rangrücktritte erfolgt sind.

Beispiel tatsächliche, offensichtliche Überschuldung fiktives Beispiel Einzelabschluss (OR)

Bilanz der Misera AG (in TCHF)

Umlaufvermögen	1'500	Kurzfristiges Fremdkapital	3'600
Anlagevermögen	3'000	Langfristiges Fremdkapital	1'700
		Aktienkapital	2'000
		Gesetzliche Gewinnreserve	500
		Freiwillige Gewinnreserve	0
		Bilanzverlust	(3'300)
	4'500		4'500

419 Siehe hierzu auch die Schweizer Prüfungsstandards (PS), 2013, S. 261.

Fremdkapital	5'300 TCHF
– Aktiven (zu Veräusserungswerten)	– 4'500 TCHF
Überschuldung	– 800 TCHF

Die vorhandenen Aktiven von 4'500 TCHF decken nicht mehr die Ansprüche der Gläubiger in der Höhe von 5'300 TCHF. Es kommt zu einer Überschuldung von 800 TCHF nach OR 725 II. Falls der Verwaltungsrat glaubwürdig einen Sanierungsplan vorlegen kann, besteht die Möglichkeit, dass der Richter – trotz Überschuldung – den Konkurs aufschiebt.

Nach E-OR 725b kann eine Benachrichtigung des Richters unterbleiben, wenn neben dem Rangrücktritt begründete Aussicht besteht, dass die Überschuldung innert angemessener Frist, spätestens aber innert 90 Tagen nach Vorliegen des Zwischenabschlusses behoben werden kann und die Gläubigerforderungen nicht gefährdet sind.

Beispiel Überschuldungsbilanz mit Rangrücktritt Einzelabschluss S Hotel AG (aOR, in TCHF)

	2001	**2002**
Flüssige Mittel	589	576
Forderungen	778	880
Wertschriften	3	3
Warenvorräte	419	339
Aktive Rechnungsabgrenzung	55	33
Umlaufvermögen	**1'844**	**1'831**
Hotelliegenschaft	9'368	9'368
Umbauten	4'480	4'200
Installationen	2'591	2'235
Projekt Renovation	963	1'896
Mobiliar	3'512	3'365
Maschinen	33	272
Depot	2	2
Anlagevermögen	**21'246**	**21'338**
Kreditoren	1'938	1'034
Übrige Kreditoren	0	503
Konokorrent Holding	502	1'130
Passive Rechnungsabgrenzung	106	99

Rückstellungen	144	72
Kurzfristiges Fremdkapital	**2'690**	**2'838**
Aktionärsdarlehen	23'143	23'952
Darlehen Lieferanten	83	71
Langfristiges Fremdkapital	**23'226**	**24'023**
Aktienkapital	2'133	2'133
Gesetzliche Reserven	3'245	3'245
Spezialreserve	710	710
Bilanzverlust	- 8'915	- 9'780
Eigenkapital	- 2'827	- 3'692
Bilanzsumme	23'089	23'169
Rangrücktritt Holding	***3'963***	

Die Revisionsstelle stellt fest, dass die Gesellschaft überschuldet ist. Der Verwaltungsrat hat die Bilanz zu Fortführungswerten erstellt und auf die Benachrichtigung des Richters verzichtet, da Rangrücktrittsvereinbarungen bestehen und der Mehrheitsaktionär garantiert, die notwendigen Mittel zur Weiterführung der Geschäftstätigkeit zur Verfügung zu stellen. Der Revisionsbericht enthält ferner einen Zusatz wegen wesentlicher Unsicherheit bezüglich der Werthaltigkeit der Position «Projekt Renovation». Seit 2003 wird der Geschäftsbericht nicht mehr veröffentlicht.

6.7.8 Künftig drohende Zahlungsunfähigkeit

Als neuer Tatbestand wird in der Aktienrechtsreform der Begriff der drohenden Zahlungsunfähigkeit nach E-OR725 eingeführt. Eine solche ist gegeben, wenn die fälligen Verbindlichkeiten nicht mehr erfüllt werden können und keine Kredite mehr zur Verfügung stehen, flüssige Mittel aufzunehmen. Zeitlich wird ein Rahmen von sechs Monaten angenommen, in welchem eine drohende Zahlungsunfähigkeit angenommen werden muss. Unternehmen, die der ordentlichen Revision unterstehen, werden 12 Monate veranschlagt.[420] Eine zentrale Rolle nimmt daher die prospektive Beurteilung des Kriteriums der drohenden Zahlungsunfähigkeit ein. Es muss auch im Zusammenhang der Annahme der Unternehmensfortführung beurteilt werden.[421]

Bei der Beurteilung der drohenden Zahlungsfähigkeit wird eine prospektive Perspektive verlangt, für welche ein Liquiditätsplan erstellt werden muss. Der Li-

420 Botschaft zur Änderung des Obligationenrechts, S. 573ff.

421 Hachmann, Kriterium der Zahlungsunfähigkeit in der aktienrechtlichen Sanierung, Anmerkung 68, S. 100.

quiditätsplan muss Ein- und Auszahlungen für die Geschäfts-, Finanz- und Investitionstätigkeit umfassen. Auch ist eine laufende Beurteilung der wirtschaftlichen Lage anzufügen.

E-OR 725 umfasst somit folgende wesentliche Pflichten und Aufgaben in Bezug auf die Liquiditätsüberwachung mit sich:

- Der Verwaltungsrat überwacht die Zahlungsfähigkeit der Gesellschaft.
- Droht die Gesellschaft zahlungsunfähig zu werden, so ergreift der Verwaltungsrat Massnahmen zur Sicherstellung der Zahlungsfähigkeit.
- Der Verwaltungsrat hat mit gebotener Eile zu handeln.

Die drohende Zahlungsunfähigkeit ergänzt somit den hälftigen Kapitalverlust und die Überschuldung.

6.7.9 Schwankungsreserven

Im Rechnungslegungsrecht wurde im Zusammenhang mit der Bewertung von Aktiven mit Börsenkursen oder beobachtbaren Marktpreisen (fungible Vermögenswerte) zum Kurs bzw. Marktwert der Begriff der Schwankungsreserven nach OR 960b II eingeführt. Die rechtliche Beurteilung dieser Position der Jahresrechnung ist allerdings kontrovers. Der Begriffsbestandteil »Reserve« ist missverständlich.

Es handelt sich nicht wie bei den anderen Reservearten um einen Bestandteil des ausgewiesenen Eigenkapitals, sondern um eine vorsorgliche Wertberichtigung zur Neutralisierung zukünftiger Schwankungen der Marktpreise.[422] Handschin[423] betrachtet die Schwankungsreserven jedoch als gesetzliche Reserven, Roberto/Trueb[424], sowie Dekker[425] als Fremdkapital und das Handbuch für Wirtschaftsprüfung[426] als direkt von der aktiven Position abgesetzte Wertberichtigung und damit als stille Reserven bildendes Eigenkapital.

Im Zeitpunkt der Bildung zu Lasten des Finanzergebnisses ist z. B. bei Effekten der Unterschied zwischen dem Marktwert und dem Betrag der Schwankungsreserve eine stille Reserve. Sinken in der Folge die Kurse bis zur unteren Bandbreite, wird die Erfolgsrechnung durch den Kursrückgang nicht belastet, weil der Kursverlust von der Schwankungsreserve aufgefangen wird.

422 Böckli, Neue OR-Rechnungslegung, S. 38.
423 Anderer Meinung Handschin, Rechnungslegung, S. 402.
424 Roberto/Trueb, Kommentar zu OR 960b, Anmerkung 39, S. 191.
425 Pfaff/Ganz/Stenz/Zihler, Kommentar zu OR 960b, Anm. 13, S. 663.
426 HWP, 2014, S. 205.

Beispiel Auswirkungen der Schwankungsreserve fiktives Beispiel (OR, in TCHF)

	31.12.01	**31.12.02**	**31.12.03**
Kurswert	2'150	2'070	1'940
Bilanzwert maximal (Kurswert)	2'150	2'070	1'940
Bilanzwert minimal (Anschaffungskosten)	2'000	2'000	1'940
Schwankungsreserve	150	70	–
Finanzaufwand	150	–	60

Bei der Abschlussbesprechung des Jahresabschlusses 03 der Beteiligungsgesellschaft A wird festgelegt, zum Effektenbestand im Anschaffungswert von TCHF 2'000 und einem Kurswert von TCHF 2'150 eine Schwankungsreserve zu bilden.

Auch der Begriff der Wertberichtigung ist sachlich nicht korrekt, weil mit der Bildung der Schwankungsreserve keine Überbewertung eines Aktivums korrigiert wird. Als Wertberichtigung entsprechend dem Gesetzestext darf die Schwankungsreserve im Gegensatz zu den rechtlich echten Reserven nicht auf der Passivseite ausgewiesen werden. Die Schwankungsreserve ist von der Aktivenposition entweder direkt abzusetzen (Nettoausweis) und im Anhang separat auszuweisen, oder offen in einer Vorkolonne als Minusposten aufzuführen. Ein Ausweis auf der Passivseite als Reserven oder Rückstellungen ist nicht zulässig nach OR 960a II und OR 960a III.[427]

6.8 Exkurs Finanzinstrumente

Der in den 1990er Jahren einsetzende kräftige Boom der Finanzmärkte bedeutete eine Herausforderung für die Standardsetzer der Rechnungslegung, nachdem der Gesetzgeber beim Erlass entsprechender Normen die Neuerungen der Lancierung von Finanzprodukten nicht berücksichtigt hat.[428] Auch 2013 erliess das Rechnungslegungsrecht keine Normen zur Erfassung und Bewertung von Finanzinstrumenten. Die Rechnungslegungsstandards füllten diese Lücken – als erster 1995 IAS 32. Als Finanzinstrument wird ein Vertrag bezeichnet, welcher zu einem finanziellen Aktivum bei der einen Partei und zu einem Passivum (finanzielle Verbindlichkeit oder Eigenkapitalinstrument) bei der anderen Partei führt (IAS 32/11).

Von den klassischen **originären Finanzinstrumenten** wie Zahlungsmittel, Forderungen, Anleihen, Aktien usw. unterscheiden sich die **derivativen Finanzinstrumente,** deren Wert sich in Abhängigkeit des Preises von originären Finanzin-

427 Pfaff/Ganz/Stenz/Zihler, Kommentar zu OR 960b, Anmerkung 30, S. 491.

428 HGB 1985, OR-Revision 1991. Der deutsche Gesetzgeber erwähnte den Begriff Finanzinstrumente erstmals 2004, ohne diesen jedoch zu konkretisieren.

strumenten oder anderen Sachverhalten wie Zinsen, Rohstoffpreise, Devisenkurse (Basiswerte) verändert. Weitere Merkmale nach FER 27/1 sind die im Vergleich zum direkten Kauf des Basiswertes geringere Anfangsinvestition und die Begleichung erst zu einem späteren Zeitpunkt.

Bei den derivativen Finanzinstrumenten werden drei Grundformen unterschieden:

- **Optionen**, mit welchen der Käufer das Recht, aber nicht die Pflicht erwirbt, eine bestimmte Menge an Basiswerten an einem bestimmten Tag in der Zukunft zu einem beim Vertragsabschluss festgelegten Preis (strike price) zu kaufen (Calloption) bzw. zu verkaufen (Putoption).
- **Swaps** sind Tauschgeschäfte (Cold option), bei denen zwei Parteien vereinbaren, zu einem bestimmten Zeitpunkt Zahlungen auszutauschen. Z. B. fixe Zinszahlungen gegen variable Zinszahlungen, bei einem festen Termingeschäft verpflichten sich zwei Partner, an einem bestimmten Tag in der Zukunft einen bestimmten Wert zu einem festgelegten Preis zu tauschen zwecks Absicherung von Preis und Kursschwankungen auf den Absatz- oder Beschaffungsmärkten. Anrechte auf Swaps werden als Swaption bezeichnet und weisen ähnliche Eigenschaften wie Optionen auf.
- **Futures** sind börsenbehandelte standardisierte Termingeschäfte. Bei den Forwards handelt es sich um individuell erarbeitete und daher nur ausserbörsliche Geschäfte. Nicht standardisierte Termingeschäfte werden als Forwards bezeichnet.

Derivative Instrumente sind in der Bilanz zu erfassen, sobald sie der Definition eines Aktivums nach OR 959 II oder eines Passivums nach OR 959 V entsprechen. Die Ersterfassung erfolgt zum aktuellen Wert (FER 27/3-5). Die Folgebewertung hängt vom Haltezweck des Finanzinstrumentes ab, entweder zur Sicherung (Hedging) oder zu anderen Zwecken wie Anlage oder Handel. Die Offenlegung derivativer Finanzinstrumente erfolgt im Anhang (FER 27/8).

Beispiel Geschäftsberichte 2017 Konzernabschluss Loeb-Gruppe (Swiss GAAP FER, 2017)

Die Loeb-Gruppe finanziert sich über mittel- und langfristige Hypothekardarlehen von erstklassigen Bankinstituten. Zu Absicherungszwecken eines Teils der damit verbundenen Zinsrisiken werden derivate Finanzinstrumente (Interest Rate Swaps) für eine Periode von fünf bis fünfzehn Jahren eingesetzt. Die Absicherung erfolgt auf rollender Basis. Es bestehen keine wesentlichen Gegenpartei-Risiken. Derivate Finanzinstrumente werden zum Erwerbszeitpunkt sowie bei der Folgebewertung zu Marktwerten (Fair Value) bewertet. Sie werden mittels Abdiskontierung der zukünftigen Geldflüsse (Cash-Flows-Hedge) anhand von veröffentlichten Zinssätzen von den entsprechenden Banken ermittelt. Sie werden ausschliesslich für bestehende Zinsrisiken beziehungsweise Finanzverbindlichkeiten eingesetzt. Die Loeb-Gruppe kauft Handelswaren im nahen Ausland ein. Hauptfremdwährung ist der EURO. Um die Einflüsse der Kursschwankungen zu minimieren, schliesst die Gruppe auf rollender Basis Termingeschäfte ab. Sie sind kurzfristiger Natur und erstrecken sich auf eine Zeitperiode von maximal neun Monaten. Bei den Interest Rate Swaps (pay fix/receive free floating) sind die Voraussetzungen für die Anwendung von Hedge Accounting erfüllt. Die Festzinsbasis bei den per Ende Dezember 2017 bestehenden Interest Rate Swaps beträgt 1.47 % bis 1.75 %. Die variable Verzinsung basiert auf dem CHF-Libor. Per Stichtag 31.12.2017 und 31.12.2016 waren keine Termingeschäfte offen.

Zinssatzswaps und Währungsabsicherungen (in CHF)

Transaktion	Betrag	Periode	Zinssatz	Marktwert 2017	Marktwert 2016
Interest Rate Swap auf Hypotheken	5'000 000	2014-2019	1.72%	– 211'801	– 342'028
Interest Rate Swap auf Hypotheken	10'000 000	2014-2024	1.47%	– 1'145 769	– 1'409 670
Swaption	15'000 000	2024-2034	1.75%	– 1'369 065	– 1'549 807
Total Zinsabsicherung				– 2'726 635	– 3'301 505

Falls ein Unternehmen derivative Finanzinstrumente einsetzt, sind diese trotz fehlender konkreter Gesetzesvorschriften in der laufenden Buchführung ordnungsgemäss zu erfassen.[429] Eine freiwillige Offenlegung der derivativen Finanzinstrumente entspricht eindeutig der Zielsetzung der Rechnungslegung. Sie ist für die zuverlässige Beurteilung der Vermögens- und Finanzlage für die Rechnungslegungsadressaten wichtig und unerlässlich, sofern diese vom Umfang her bedeutend sind.[430]

6.9 Exkurs Mehrwertsteuer

Die Mehrwertsteuer (MWST)[431] ist eine indirekte Steuer, welche auf dem Verbrauch von Produkten und Dienstleistungen in der Schweiz erhoben wird. Sie hat den Charakter eines Durchlaufpostens.[432] Sie wird durch Unternehmen bei Verkäufen an Kunden erhoben und dem Bund überwiesen. Der Export ist von der

429 HWP, 2014, S. 136.

430 HWP, 2014, S. 138.

431 Mehrwertsteuergesetz (MWSTG) vom 12. Juni 2009, Mehrwertsteuerverordnung (MWSTV) vom 27. November 2009.

432 HWP, 2014, S. 98.

MWST ausgenommen, hingegen unterliegt der Import mehrheitlich der MWST. Unternehmen, welche der Mehrwertsteuerpflicht unterliegen, haben eine gesetzliche Pflicht, die MWST auf den abgesetzten Produkten und Dienstleistungen zu erheben. Sie bezahlen ihrerseits auf den von ihnen bezogenen Produkten und Dienstleistungen.

Steuerpflichtig wird nach MWSTG 10, wenn der Jahresumsatz grösser als CHF 100 000 ist, und, unabhängig von der Rechtsform, ein Unternehmen mit Gewinnabsicht (berufliche oder gewerbliche Tätigkeit selbständig ausübend) betreibt und unter eigenen Namen nach aussen auftritt. Nach MWSTG 70 hat ein Unternehmen, welches mehrwertsteuerpflichtig ist, seine Geschäftsbücher und Aufzeichnungen nach den handelsrechtlichen Vorgaben zu führen. Die ESTV darf weitere Aufzeichnungspflichten erlassen. In diesem Zusammenhang muss ein solches Unternehmen umfangreiche Unterlagen nach MWSTV 128 aufbereiten:

- Eine Umsatzabstimmung der relevanten Konten mit der Jahresrechnung (Abstimmung der Jahresrechnung mit dem Abstimmungsformular der ESTV).
- Eine Vorsteuerabstimmung (sofern die effektive Methode angewendet wird).

Bei Konzernen kann die Gruppenbesteuerung nach MWSTG 13 zur Anwendung kommen. Die Gruppenbesteuerung führt dazu, dass auf den Umsätzen zwischen den im Konzern verbundenen Unternehmen (sog. Innenumsätze) keine Mehrwertsteuer erhoben werden muss. Die Mehrwertsteuer ist nur auf sog. Aussenumsätze (Umsätze mit Dritten) zu erfassen.

Unternehmen, die der Mehrwertsteuer unterliegen, führen zusätzliche Konten, um die Mehrwertsteuer in der Bilanz korrekt abzubilden. Für die erhobene Mehrwertsteuer bei verkauften Produkten und Dienstleistungen wird ein Konto Umsatzsteuer geführt. Es stellt ein Passivkonto dar und zählt zu den übrigen Verbindlichkeiten. Für eingekaufte Produkte, Dienstleistungen und Investitionen ins Anlagevermögen, auf denen die Lieferanten die Mehrwertsteuer abrechnen, können die beziehenden Unternehmen einen Vorsteuerabzug beanspruchen, sofern sie mehrwertsteuerpflichtig sind. Hierzu wird ein Konto Vorsteuer unter übrigen kurzfristigen Forderungen geführt.

In der Regel ist der Saldo des Kontos Umsatzsteuer höher als jener des Vorsteuerkontos. Die beiden Konten werden verrechnet. Die offene Verbindlichkeit des Kontos Umsatzsteuer wird dem Bund jeweils 60 Tage nach dem Quartalsabschluss überwiesen. Unternehmen mit einem hohen Exportanteil hingegen weisen einen höheren Betrag auf dem Vorsteuerkonto auf. In diesem Fall hat ein Unternehmen eine Forderung gegenüber dem Bund. Die Differenz zwischen dem Saldo der Konten Umsatz- und Vorsteuer wird als Nettozahllast bezeichnet und ist dem Bund (ESTV) zu überweisen bzw. bei einem Guthaben kann die Differenz zurückgefordert werden. Um Unternehmen administrativ zu entlasten, kann sie die Methode der Saldosteuer nach MWSTG 37 beansprucht werden. Dabei wird auf die Erfassung der Vorsteuer bzw. auf die Führung der Vorsteuerkonten verzichtet. Der Vorsteueranspruch wird mit einer Pauschale abgegolten. Dabei wird die

Mehrwertsteuer ordentlich auf den steuerpflichtigen Umsätzen zu einem reduziertem Abgabesatz (Saldo) erfasst.[433] Bei der Saldobesteuerungsmethode wird auf die Erfassung der Vorsteuer verzichtet.

Es werden zwei Netto- und Bruttomethoden für die Verbuchungen der MWST unterschieden. Bei der Nettomethode werden die Geschäftsvorfälle beim Vor- und Umsatzsteuerkonto sofort erfasst und verbucht. Bei der Bruttomethode hingegen erfolgen die Korrekturbuchungen in der Regel auf das Ende eines Quartals, wenn die Abrechnung zu erfolgen hat. Weiter wird bei der Abrechnung zwischen vereinbarten und vereinnahmten Entgelt differenziert. Das vereinbarte Entgelt bedeutet, dass die Mehrwertsteuer mit dem Zeitpunkt der Rechnungsstellung (Forderung oder Verbindlichkeit) erfasst wird. Nach dem vereinnahmten Entgelt erfolgt die Erfassung mit dem Zahlungseingang. In der Praxis ist die Nettomethode nach vereinbartem Entgelt die Regel. Jeweils auf das Quartalsende muss ein Unternehmen das Umsatz- und Vorsteuerkonto abschliessen und der ESTV innerhalb von 60 Tagen nach Quartalsende in Form einer Selbstdeklaration melden. Eine Verbindlichkeit ist der ESTV zu überweisen. Bei der Saldosteuermethode erfolgt die Abrechnung halbjährlich.

Auch wenn ein Unternehmen nicht der Buchführungspflicht nach OR unterliegt, muss es folgende Pflichten erfüllen:[434]

- Aufstellung über Aktiven und Passiven sowie Einnahmen und Ausgaben,
- zeitnahe und chronologische Festhaltung von Geschäftsvorfällen
- Aufführung von Namen der Leistungserbringer und -empfänger,
- bei Ausgaben: Aufführung des Zahlungszwecks.

Zudem ist es zentral, dass eine Prüfspur in der Buchhaltung sichergestellt wird. Auf Sammelbuchungen ist weitgehend zu verzichten. Die Grundlagen zu einer ordnungsgemässen Buchführung gelten auch sinngemäss für Unternehmen, welche nicht umfassend der Buchführungspflicht unterliegen.[435]

Bei mangelhaft geführter Buchhaltung können Nachkontrollen zu hohen Nachzahlungen und annäherungsweisen Ermittlung der Mehrwertsteuer führen, die nachhaltig für ein Unternehmen sein können.[436] Bei festgestellten Fehlern kann es notwendig sein, eine Rückstellung für mögliche Nachzahlungen zu erfassen.

433 HWP, 2014, S. 98.

434 Zweifel/Beusch/Glauser/Robinson, Kommentar zum Schweizerischen Steuerrecht, Bundesgesetz über die Mehrwertsteuer, Anmerkung 70, N 10.

435 Zweifel/Beusch/Glauser/Robinson, Kommentar zum Schweizerischen Steuerrecht, Bundesgesetz über die Mehrwertsteuer, Anmerkung 70, N 12.

436 Siehe auch MWST-Info 16, Buchführung Rechnungsstellung, 2010, S. 8.

7 Anhang

7.1 Einleitung

Erweitert ein KMU seine Geschäftstätigkeit, erfolgt dies in der Regel in einer ersten Phase im Rahmen des bisherigen Rechtsträgers, eines Einzelunternehmens oder einer Gesellschaft, seltener als Verein und Stiftung. Der **Einzelabschluss** (OR 958 II) mit Bilanz, Erfolgsrechnung und Anhang umfasst die gesamten relevanten Unternehmensaktivitäten.

Der Gesetzgeber hat den Anhang als dritten Teil der Jahresrechnung lange vernachlässigt. Erst mit dem Rechnungslegungsrecht wurde der Anhang für alle buchführungspflichtigen Unternehmen – mit Ausnahme der Personenunternehmen (OR 959c III) – mit unterschiedlichem Umfang (Sonderbestimmungen für grössere Unternehmen OR 961a) vorgeschrieben.

In der Folge wird Unternehmenswachstum vielfach durch Übernahme eines anderen Unternehmens erreicht. Dieses wird damit zum Tochterunternehmen, welches vom Mutterunternehmen beherrscht wird (FER 30/45). Es entsteht ein **Konzern** mit Pflicht zu einer erweiterten Rechnungslegung.

Nach dem Rechnungslegungsrecht (OR 963 I) hat das Mutterunternehmen als juristische Person zusätzlich zu den Einzelabschlüssen von Mutter- und Tochterunternehmen eine besondere Jahresrechnung, die **Konzernrechnung**,[437] zu erstellen. Mit der Konzernrechnung soll die Vermögens- und Ertragslage von Mutter- und Tochterunternehmen so dargestellt werden, als ob es sich um ein einzelnes Unternehmen handeln würde.

In der Konzernrechnung werden alle gruppeninternen Positionen und Transaktionen eliminiert. Dadurch verändert sich auch der Ausweis der Positionen im Anhang. Bei der Darstellung der zwingenden Positionen des Anhangs ist deshalb zu unterscheiden zwischen dem Einzelabschluss und dem Konzernabschluss. Bei den Angaben im Anhang ergeben sich deshalb beachtliche Abweichungen zwischen den beiden Abschlüssen. So können im Einzelabschluss der Muttergesellschaft Angaben über Ereignisse nach dem Bilanzstichtag (OR 959 II, Ziff. 13) mangels rele-

---

437 Allerdings sind alle nicht kotierten Gesellschaften, welche unter der KMU-Schwelle (20-40-250) liegen, von Konzernrechnungspflicht befreit. Es ist jedoch klar festzuhalten, dass sich der Verwaltungsrat einer Unternehmensgruppe mit beispielsweise 100 Mitarbeitern nur aufgrund von Einzelabschlüssen nach OR der Gruppengesellschaften kein zuverlässiges Urteil über die Vermögens-, Finanz- und Ertragslage der Gruppe als Ganzes bilden kann.

vantem Sachverhalt entfallen, während im Konzernabschluss über solche wesentlichen Ereignisse informiert werden muss.

Sowohl für den Einzelabschluss wie für die Konzernrechnung können anerkannte **Standards zur Rechnungslegung** nach der Verordnung anerkannten Rechnungslegungsstandards angewendet werden. Die für diese Darstellung massgebenden Swiss GAAP FER erweitern die gesetzlichen Pflichtangaben (▶ Abb. 15).

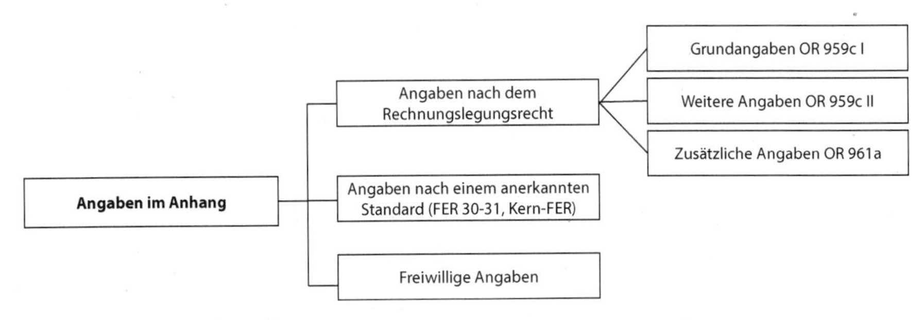

Abb. 15: Struktur des Anhangs

Wird die Konzernrechnung nach einem anerkannten Standard erstellt, entfallen jedoch für den Einzelabschluss verschiedene Angaben (OR 961d I). Auf die Geldflussrechnung und den Lagebericht kann verzichtet werden. Von dieser Erleichterung machen die Obergesellschaften durchwegs Gebrauch.

Die Erstellung des Anhangs ist deshalb eine Herausforderung, weil die Gefahr von nicht korrekt vermittelten Informationen im Anhang besteht. Beim Anhang kann die Problematik darin bestehen, dass Informationen nicht oder nicht hinreichend dargestellt werden, was zu ungünstige Investitions- und Kapitalentscheidungen führen kann. Weiter bestehen Informationen, die für den Adressaten nicht nützlich sind oder die Informationen werden nicht in verständlicher oder effektiver Form bereitgestellt.

7.2 Begriff, Funktion und Gestaltung des Anhangs

Mit den Vorschriften zum Anhang betrat der schweizerische Gesetzgeber Neuland. Obwohl der Anhang gleichwertiger Bestandteil des Jahresabschlusses – neben Bilanz und Erfolgsrechnung – ist, besteht die Gefahr, dass er in der Praxis als blosses «Anhängsel» zur Bilanz und zur Erfolgsrechnung betrachtet wird. Diese Fehlinterpretation der Bedeutung des Anhangs könnte noch dadurch gefördert werden, dass das Rechnungslegungsrecht – anders als die ausländische Gesetzgebung – den Anhang nur sehr knapp regelt.

- Der Anhang muss nach der herrschenden Lehre folgenden Anforderungen genügen:

- Der Anhang muss richtig sein, d. h., die Angaben müssen nach zulässigen, nachprüfbaren Regeln gewonnen werden und nach dem Kenntnisstand am Bilanzstichtag zutreffend sein.
- Der Anhang muss sich auf das Wesentliche beschränken.
- Der Anhang muss klar und übersichtlich sein.
- Zusammengehöriges soll zusammen dargestellt werden.
- Der Anhang muss stetig sein, d. h. aufeinanderfolgende Berichte dürfen nicht ohne zwingenden Grund in Art und Aufbau geändert werden.
- Fehlanzeigen sind zu vermeiden.
- Der Anhang muss für den in Wirtschaftsfragen Kundigen verständlich sein.
- Der Anhang muss zusammenhängend aufgestellt sein.
- Der Anhang muss vollständig sein, d. h., dass alle vom Gesetz verlangten Angaben und Darstellungen enthalten sind.

Zur Gestaltung des gesetzlichen Pflichtinhaltes des Anhangs haben sich in der Praxis drei Formen herausgebildet:

1. Es werden nur jene Positionen aufgeführt, für die eine Angabe obligatorisch ist.
2. Sämtliche zwingenden Angaben werden gemacht, doch wird hinzugefügt, dass keine anderen Tatbestände zu erwähnen sind (Negativvermerk).
3. Es werden alle in OR 959c erwähnten Positionen aufgelistet, mit dem Vermerk «keine» (oder Vergleichbarem), falls die Angabe entfällt (Nullvermerk).

Folglich treten im Anhang die folgenden vier Elemente auf:

- Gesetzliche Pflichtangaben: Alle Angaben gemäss OR 959c.
- Gesetzliche Wahlpflichtangaben: Diese können entweder in der Bilanz bzw. Erfolgsrechnung oder im Anhang gemacht werden. Diese Variante ist im Rechnungslegungsrecht nicht ausdrücklich vorgesehen. Möglich ist jedoch der Ausweis der Verbindlichkeiten gegenüber Vorsorgeeinrichtungen als Bilanzposition.
- Angaben aufgrund von Empfehlungen von Regelwerken: FER 6 (Mindestinhalt des Anhangs) und FER 30/33 (Offenlegung von Angaben im Anhang zur Konzernrechnung): Wahlpflichtangaben sind häufig vorgesehen in den Regelwerken, z. B. FER 3/3 und 9 (Aufgliederung von Positionen der Bilanz und Erfolgsrechnung), ferner FER 18/17 (Liegenschaften zu Renditezwecken sind separat unter Immobilien oder unter Finanzanlagen auszuweisen).
- Freiwillige Angaben: Über die Anforderungen des Gesetzes oder eines Regelwerks hinausgehende Aufgliederungen von Bilanz bzw. Erfolgsrechnungspositionen; Offenlegung der Bedingungen von Kreditvereinbarungen (Covenants).

Für die Informationen im Anhang sind verschiedene Formen möglich. Die im Anhang verwendeten Begriffe haben folgende Bedeutung:

- Angabe: blosse Nennung oder weitere Zusätze,
- Ausweis: quantiative Nennung,
- Aufgliederung: quantitative Segmentierung einer Grösse in einzelne Komponenten,
- Erläuterung: verbale Kommentierung oder Interpretation eines Sachverhaltes,
- Darstellung: tabellarische Aufgliederung einer Information,
- Begründung: Offenlegung von Argumenten und Überlegungen, die kausal für ein bestimmtes Tun und Lassen relevant sind.

Die Ausgestaltung des Anhangs ist weitgehend frei und das Rechnungslegungsrecht lässt die Form offen.

7.3 Obligatorischer Inhalt des Anhangs nach OR 959c I

Im Rechnungslegungsrecht sind die vom Gesetzgeber geforderten Angaben in zwei Kategorien unterteilt, die drei zentrale Pflichtteile des Anhangs darstellen und offenzulegen:

- Angaben über die angewendeten Bilanzierungs- und Bewertungsgrundsätze,
- Aufschlüsselung und Erläuterungen zu den Positionen der Bilanz und der Erfolgsrechnung,
- Angaben über die Auflösung von stillen Reserven,
- weitere von Gesetzes wegen verlangte Angaben.

7.3.1 Angaben über die angewandten Bilanzierungs- und Bewertungsgrundsätze

In diesem Absatz sind Angaben über die angewandten Grundsätze der Jahresrechnung anzugeben. Sie beziehen sich insbesondere auf die Bilanzierung und Bewertung, die noch vom Gesetz vorgeschrieben sind. Die Bewertung steht dabei im Zentrum der Offenlegung. Dies kann u. a. für folgende Positionen in der Bewertungspraxis relevant sein:

- Zeitpunkt und Art der Erfassung von Geschäftsvorfällen von Vorräten und angefangenen Arbeiten (POCM),
- Bewertung von Aktiven zu Marktpreisen, Bildung von Schwankungsreserven,
- Bewertung zu Veräusserungs- anstelle von Fortführungswerten,
- Ansetzung eines Delkredere,
- Privilegierter Warendrittel (aus steuerrechtlichen Gründen),
- Bewertungspraxis bei den Rückstellungen,
- Abschreibungsmethodik,

- Behandlung von Sicherungsgeschäften,
- Behandlung von Leasinggeschäften,
- Abweichung vom Grundsatz der Stetigkeit in Darstellung und Bewertung,
- Anwendung der Gruppenbewertung bei spezifischen Bilanzpositionen, insbesondere bei Beteiligungen,
- Schätzungen und Annahmen, sofern diese wesentlich sind für die Bilanzadressaten,
- Verwendung von Fremdwährungskursen für Bestände in fremden Währungen, sofern diese wesentlich sind.

7.3.2 Aufschlüsselung und Erläuterungen zu Positionen der Bilanz und der Erfolgsrechnung

Die gesetzliche Mindestgliederung ermöglicht nur einen gedrängten Einblick in zahlreiche Einzelpositionen der Erfolgsrechnung, beispielsweise beim Nettoerlös, sonstigen betrieblichen Aufwendungen und Erträgen und vor allem nicht betrieblichen, ausserordentlichen und periodenfremden Erfolgspositionen.

Auch in der Bilanz sind mehrere Sammelpositionen ohne Einzelheiten schwierig zu beurteilen (Vorräte, Sachanlagen, immaterielle Werte, verzinsliche Verbindlichkeiten und vor allem Rückstellungen). Erwünscht ist auch die Aufschlüsselung der direkten Steuern wegen des Anteils der Gewinnsteuern am auszuweisenden Gesamtbetrag.[438]

Die herausfordernde Frage ist, welche Positionen weiter aufzugliedern sind. Hierbei ist auf das Prinzip der Wesentlichkeit zu achten. In der Offenlegung ist auf Sachverhalte zu prüfen, die für die Bilanzadressaten von besonderem Interesse sein können.

7.3.3 Gesamtbetrag der netto aufgelösten stillen Reserven

Diese Position fehlte im Gesetzesentwurf des Bundesrates 2007, was als empfindlicher Mangel beurteilt worden ist. Der Ständerat hat erfreulicherweise die Bestimmung aus dem Aktienrecht (aOR 663, Ziff. 8) wieder in die zwingenden Angaben im Anhang aufgenommen mit einer textlichen Erweiterung (Wiederbeschaffungsreserven und darüberhinausgehende stille Reserven). Offengelegt werden muss der Saldo aus dem Betrag der aufgelösten und neugebildeten stillen Absichtsreserven (Willkürreserven) mit der entsprechenden Vorjahreszahl. Bei der Offenlegung bleiben jedoch wie im bisherigen Aktienrecht Unklarheiten: die Wesentlichkeit des Betrags der Nettoauflösung sowie die fehlende Definition des Begriffs des erwirtschafteten Ergebnisses. Deshalb ist für die zweckkonforme Umsetzung der Bestimmung eine Auslegung erforderlich.[439]

---

438 Böckli, Neue OR-Rechnungslegung, S. 145.

Beispiel SN Energie (OR, 2019, in CHF)

	2019	**2018**
Jahresgewinn	3'416 817	2'378 966
Geldfluss aus Betriebstätigkeit	7'139 645	8'345 302
Nettoauflösung stille Reserven (Anhang)	4'123 458	3'164 848

Bemerkung im Anhang unterhalb der Nettoauflösung der stillen Reserven: Die Veränderung der stillen Reserven im Geschäftsjahr ist insbesondere auf die Auflösung der Rückstellungen für Marktrisiken sowie Änderung der stillen Reserven für belastende Strombezugsverträge zurückzuführen.

Für die Bestimmung der Wesentlichkeit liegt nach der herrschenden Lehre der Schwellenwert zwischen 10% und 20%, bei 10%, wenn die Mehrzahl der Faktoren für die Gesellschaft ungünstig ist, was in der Praxis die Regel sein dürfte.[440]

Als erwirtschaftetes Ergebnis betrachten die meisten Autoren den ausgewiesenen Jahresgewinn.[441] Dabei ist allerdings zu beachten, dass dieser wegen der Möglichkeit durch die Bildung und Auflösung von stillen Reserven beeinflusst werden kann und somit nicht dem tatsächlich erzielten Unternehmensergebnis entspricht.

Aus der Sicht der Rechnungslegungsadressaten ist es nachteilig, dass nicht erkennbar ist, welche Positionen der Erfolgsrechnung durch Auflösung stiller Reserven gegenüber den tatsächlichen Verhältnissen verzerrt dargestellt werden. Banken haben die Auflösung von stillen Reserven als ausserordentlichen Ertrag auszuweisen.[442]

Die zur Kontrolle des Bestandes und der Veränderung der stillen Reserven erstellte Übersicht[443] ist ein unternehmensinternes Dokument und nicht Teil der Rechnungslegung.

7.3.4 Weitere vom Gesetz verlangten Angaben

Entsprechende Bestimmungen finden sich in zahlreichen Einzelnormen des Rechnungslegungsrecht, beispielsweise:

- OR 958a II: Zweifel beim Going Concern,

---

439 Siehe hierzu auch Neuhaus, M./Gerber, R.: Basler Kommentar II zu OR 959c, Anm. 22, S. 2574. Anderer Meinung Handschin, S. 430: Er betrachtet den Bilanzgewinn als erwirtschaftetes Ergebnis.

440 Böckli, Neue OR-Rechnungslegung, S. 639. Nach der RBV 2015 gilt für Banken eine Auflösung, die mindestens 20% des ausgewiesenen Periodenergebnisses ausmacht, als wesentlich (Ziff. 255).

441 Siehe auch Neuhaus, M./Gerber, R., Balser Kommentar OR 959c II, Anm. 22, S. 2574.

442 RBV 2015, Ziff. 254.

443 HWP, 2014, S. 248.

- OR 959a IV: Forderungen und Verbindlichkeiten gegenüber Beteiligten und Beteiligungen,
- OR 959b IV: Angabe von Personalaufwand und Abschreibung bei der Absatzerfolgsrechnung,
- OR 960b: Bewertung der Wertschriften zu Marktpreisen,
- OR 670: Aufwertung im Falle eines Kapitalverlustes oder Überschuldung,
- E-OR 725c: Neue Regelung zur Aufwertung,
- ER-734 ff.: Vergütungen.

Es können sich auch Offenlegungspflichten aus anderen Bundesgesetzen ergeben, wie die Offenlegung der Lohnvergleichsanalyse für grössere Unternehmen.

7.4 Zusätzliche Angaben nach OR 959c II

7.4.1 Angaben zum Unternehmen, zu Vollzeitstellen und Beteiligungen

Die Angaben zur Firma, Rechtsform und Sitz dürften in der Regel den Rechnungslegungsadressaten bereits bekannt sein. Dagegen sind die Pflichtangaben zu den Vollzeitstellen wenig informativ, denn diese beziehen sich nur auf die sog. KMU-Schwellen (10-50-250). Ohne genaue Angaben der **Vollzeitstellen** im Jahresdurchschnitt, wie sie von grösseren Unternehmen im Lagebericht (OR 961c II) offenzulegen ist, wird die Auswertung des Jahresabschlusses erschwert , weil verschiedene Kennzahlen sich auf die Anzahl Beschäftigte beziehen.

> **Bergbahnen Disentis (OR, 2019)**
>
> Bandbreite der Vollzeitstellen im Jahresdurchschnitt
> 2019: Nicht über 50 Vollzeitstellen
> 2018: Nicht über 50 Vollzeitstellen
>
> Weitere Angaben sind im Anhang nicht aufgeführt.

Die Angaben über **Beteiligungen** sind gegenüber aOR 663b erweitert worden, indem neben den direkten auch die wesentlichen indirekten Beteiligungen aufzuführen sind, und zwar mit Firma, Rechtsform, Sitz, Kapital sowie Stimmenanteile. Indirekte Beteiligungen sind solche, welche von einem Tochterunternehmen gehalten werden.

In grösseren Unternehmen hält die Holdinggesellschaft direkt oder indirekt eine beträchtliche Anzahl Beteiligungen, welche auch im Konzernabschluss aufzuführen sind. Deshalb wird im Allgemeinen im Einzelabschluss der Holding nur auf dieses Verzeichnis verwiesen. Diese Information ist deshalb von besonderer Relevanz, weil dadurch die Pflicht zur Konsolidierung auch beurteilt werden kann.

7.4.2 Bestand, Erwerb und Veräusserung von eigenen Anteilen

Dabei ist zu unterscheiden zwischen der **Bestandesangabe** am Bilanzstichtag für eigene Anteile im Portefeuille des Unternehmens sowie bei anderen Gesellschaften, an denen das Unternehmen mehrheitlich oder auch nur beteiligt ist. Die **Bewegungsangaben** sind im Gesetz nicht näher umschrieben. Es sind gemäss bewährter Lehre und Praxis aufzuführen: Anfangs- und Schlussbestand des Rechnungsjahres, die Anzahl der Käufe und Verkäufe mit Durchschnittskursen sowie die bezahlten Höchst- und Tiefstkurse. Call- und Putoptionen sind nicht anzugeben.[444]

Beispiel Ausweis über Bestand und Veräusserungen eigener Anteile CX Holding (Familien-AG mit erweitertem Aktionärskreis, OR)

Eigene Aktien	**31.12.2015**		**31.12.2016**	
	Anzahl Aktien	Kaufpreis (CHF)	Anzahl Aktien	Kaufpreis (CHF)
Anfangsbestand	532	2'440 160	532	2'440 160
Käufe	0	–	0	–
Verkäufe	0	–	460	1'527 000
Verkaufsverlust		–		678'700
Schlussbestand	532	2'440 160	72	234'460

Das Aktienkapital beträgt CHF 2'800'000, eingeteilt in 56'000 Namenaktien zu nominal CHF 50.–. Zwei Gründerfamilien halten direkt oder indirekt rund 80% der Aktien. Die Minderheitsaktionäre, vorwiegend aus der Region, halten ihre Titel als Kapitalanlage. Der Verlust bei der Veräusserung wurde der gesetzlichen Gewinnreserve, welcher 20% des Aktienkapitals deutlich übersteigt (OR 671 III) belastet.

Die Angabe im Anhang erfüllen knapp die Vorschriften. Der durchschnittliche Verkaufspreis (für 2016 CHF 3'319) kann berechnet werden. Er ist tiefer als der Eigenkapitalwert je Aktie gemäss Konzernabschluss. Es ist jedoch offen, ob es sich um eine einzige oder um mehrere Transaktionen zu unterschiedlichen Preisen gehandelt hat, welche mit einem kräftigen Verlust auf den seinerzeitigen Kaufpreis abgewickelt wurden. Grundsätzlich ist eine transparente Information gerade bei Gesellschaften mit nicht börsenkotierten Titeln erwünscht.

7.4.3 Leasingverbindlichkeiten

Nachdem bei strenger Auslegung der Definition der Aktiven bei Kauf-ähnlichen Leasingverträgen (Finanzierungsleasing) das Anlageobjekt aktiviert, die Leasingverbindlichkeiten entsprechend der Fälligkeit unter dem kurz- bzw. langfristigen

444 Böckli, Neue OR-Rechnungslegung, S. 151.

Fremdkapital erfasst wird, sind im Anhang nur noch Angaben zu mietähnlichen Leasinggeschäften (operatives Leasing) aufzuführen. Auf diese bezieht sich die Information über die Restschuld und zwar auf diskontierter Basis.[445] Verträge, welche innert 12 Monaten nach dem Bilanzstichtag auslaufen oder gekündigt werden können, müssen nicht offengelegt werden.

Beispiel Ausweis von operativen Leasingverbindlichkeiten Bachem Holding (Swiss GAAP FER, 2016, in TCHF)

Operating-Leasingverbindlichkeiten – minimale Leasingzahlungen

	31.12.2015	31.12.2016
Innerhalb 1 Jahr	509	440
Zwischen 1 und 5 Jahren	986	860
In mehr als 5 Jahren	929	782
Total zukünftige minimale Operating-Leasingzahlungen	**2'424**	**2'082**

Es bestehen Operating-Leasingverhältnisse für Büroeinrichtungen, Fahrzeuge und Gebäude. Die Restlaufzeit der verschiedenen Verträge liegt zwischen 1 und 9 Jahren. Für die Gebäude-Leasings bestehen Erneuerungsoptionen. 2016 betrug der verbuchte Aufwand für Operating-Leasing in der konsolidierten Erfolgsrechnung 622 TCHF /2015: 495 TCHF).

Die Leasingverbindlichkeiten haben insbesondere einen wesentlichen Einfluss auf die Verschuldungsquote eines Unternehmens. Daher sind diese Informationen für die Finanzanalyse von hoher Relevanz.

7.4.4 Verbindlichkeiten gegenüber Vorsorgeeinrichtungen

Als Vorsorgeeinrichtungen (kurz VE) gelten paritätische und patronale Stiftungen sowie Sammelstiftungen zur Personalvorsorge nach BVG. Verbindlichkeiten entstehen aus vom Unternehmen geschuldeten reglementarischen Arbeitgeberbeiträgen, welche am Bilanzstichtag noch nicht überwiesen worden sind, sowie von aus grundsätzlicher Sicht eher unerwünschten gesicherten Darlehen der Pensionskasse an das Unternehmen. Die entsprechenden Beträge sind als Fremdkapital bereits in der Bilanz enthalten, weshalb im Anhang ein Verweis genügt.

445 Pfaff/Ganz/Stenz/Zihler: Kommentar zu OR 959c, Anm. 64, S. 418.

Beispiel Grand Hotel Bad Ragaz Verbindlichkeiten gegenüber der Vorsorgeeinrichtung (Holdingabschluss, OR, 2019, in CHF)

	2019	2018
Verbindlichkeiten gegenüber Vorsorgeeinrichtungen	205'000	164'000

Die Rechnungslegungsadressaten eines OR-Abschlusses sind über die aus der Sicht aller Stakeholder eines Unternehmens aufgrund der bescheidenen Mindestangaben im Anhang überhaupt nicht über Art und Stand der VE informiert. Bei einem grösseren Bestand an Arbeitnehmenden interessiert, nach welcher Variante gemäss BVG diese versichert sind und wie die Finanzierung der VE ausgelastet ist. Welche finanziellen Auswirkungen haben die VE auf die Vermögenslage des Unternehmens (Über- oder Unterdeckung)? Bestehen Arbeitgeberbeitragsreserven (AGBR)? Wie hoch ist der Personalvorsorgeaufwand des Geschäftsjahres?

Wesentlich ausführlicher sind die Bestimmungen der anerkannten Rechnungslegungsstandards, insbesondere auf internationaler Ebene. Die umfangreichen und komplexen Anforderungen von IFRS (IAS 19) zeigen eindeutig den Vorteil der einfachen, aber dennoch aussagekräftigen Informationen nach Swiss GAAP FER.[446]

7.4.5 Sicherheiten für Verbindlichkeiten Dritter

Offenzulegen ist der Gesamtbetrag, ohne Aufschlüsselung nach Arten der Sicherheiten, der für die Verbindlichkeiten Dritter bestellten Sicherheiten, wobei auch andere Konzernunternehmen als Dritte gelten.[447] Neben der Sicherungsübereignung und Drittpfandbestellung (ZGB 793 und ZGB 884 ff.) sind verschiedene schuldrechtliche Sicherheiten möglich, z. B. Bürgschaften, Garantieverpflichtungen, Dividendengarantien oder Zusagen zur Verlustübernehme zugunsten von Minderheitsaktionären von Tochtergesellschaften, sowie Abtretung (Zession) von Forderungen an den Kreditgeber eines Dritten, solidarische Haftung bei einfachen Gesellschaften, Cash Pooling-Vereinbarungen, Übernahme von Aktiven und Passiven, Spaltung, Vermögensübertragung (FusG). Oft werden, um im Anhang eine Ausweisverpflichtung zu umgehen, garantieähnliche Verpflichtungen abgegeben, welche einem faktischen Beistandszwang gleichzusetzen und in der Praxis unter dem schillernden Begriff der **Patronatserklärung** anzutreffen sind. Liegt eine klagbare Erfüllungsverpflichtung vor, handelt es sich um eine harte Patronatserklärung.

446 Ruag will wegen Vorsorgeregeln nichts mehr von IFRS wissen, NZZ vom 22.3.2016. Die Gesellschaft wechselt auf Swiss GAAP FER. Umstritten ist die Berücksichtigung der Besonderheiten der schweizerischen Vorsorgepläne bei der Anwendung von IAS 19 (FuW vom 15.10.2016).

447 Pfaff/Ganz/Stentz/Zihler: Kommentar zu OR 959c, Anm. 73, S. 420

Patronatserklärungen ohne Verpflichtungswillen des Ausstellers sind nicht ausweispflichtig[448], wobei zu beachten ist, dass für unverbindlich gedachte Erklärungen unter bestimmten Voraussetzungen Pflichten entstehen können. In Konzernverhältnissen spielt überdies auch der ebenfalls kontrovers diskutierte Aspekt der sog. Vertrauenshaftung eine Rolle. Im Zweifel über die Natur von Patronatserklärungen werden ähnliche Formulierungen wie Letter of Comfort, Letter of Awarness verwendet im Hinblick auf den Zweck der Rechnungslegung (zuverlässige Beurteilung der Vermögens- und Ertragslage) hat ein Ausweis im Anhang zu erfolgen. Anzugeben ist der Gesamtbetrag, um den das Eigenkapital schwinden würde, wenn die Zahlungsverpflichtung erfüllt werden müsste. Es ist zu empfehlen, zusätzlich zum vollen Haftungsbetrag auch den am Stichtag beanspruchten Betrag auszuweisen.

7.4.6 Verpfändung oder Belastung von Aktiven

Werden Aktiven zur Sicherung eigener Verbindlichkeiten verpfändet oder abgetreten, wird das Haftungssubstrat des Unternehmens zugunsten einzelner Gläubiger (SchKG 219) geschmälert. Eine zuverlässige Beurteilung der Kreditwürdigkeit erfordert deshalb Informationen über Art und Umfang der entsprechenden Sicherstellungen oder Eigentumsvorbehalte. Diese können auch auf folgende Positionen[449] beziehen:

- Forderungen,
- Warenlager,
- Guthaben und Wertschriften bei einer Bank, bei einer gleichzeitig bestehenden Schuld gegenüber dieser Bank,
- Liegenschaften,
- Aktivierte Leasingobjekte,
- Beteiligungen.

Beispiel Gesamtbetrag der zur Sicherung eigener Verbindlichkeiten verwendeten Aktiven – Tamedia AG (OR, 2016, in TCHF)

	2015	**2016**
Gebäude	53'600	51'970
Grundstücke	39'171	39'171
Wertschriften	320	320
	93'091	**91'461**

448 Handschin, Rechnungslegung, S. 369.
449 HWP, 2014, S. 291

Es sind keine weiteren Informationen im Anhang aufgeführt. Die Wertschriften sind für Abonnementsversicherungen verpfändet. Grundstücke und Gebäude für Grundpfandsicherungen von Finanzverbindlichkeiten.

Offenzulegen sind nicht die gesicherten Forderungen der Gläubiger, sondern der Buchwert der belasteten Aktiven. Auf diese Weise können die Rechnungslegungsadressaten erkennen, dass die Gesellschaft über diese Positionen nicht mehr frei verfügen kann. Die vom Gesetz geforderten Angaben sind jedoch wenig aussagekräftig. Die belasteten Aktiven sind deshalb nach Gruppen aufzuführen mit der Art und der Belastung (FER 6/7).

Beispiel belastete Aktiven Grand Hotel Bad Ragaz (Holdingabschluss OR, 2019, in TCHF)

	2019	2018
Verpfändetes Anlagevermögen (zu Buchwerten)	211'015	176'420
Eingetragene Pfandrechte	139'000	139'000
Belehnung per Bilanzstichtag	130'740	93'500

7.4.7 Eventualverbindlichkeiten

Eventualverbindlichkeiten entstehen aus rechtlichen oder tatsächlichen Verpflichtungen, bei denen ein Mittelabfluss entweder unwahrscheinlich erscheint oder in der Höhe nicht verlässlich geschätzt werden kann. Dies unterscheidet Eventualverbindlichkeiten von bilanzierungspflichtigen Rückstellungen. Die einzelnen Eventualverbindlichkeiten sind nach Fallgruppen zu gliedern.[450]

Beispiel Angabe zu Eventualverpflichtungen Mobilezone Holding (OR, 2019, in TCHF)

Anhang

	2019	2018
Mehrwertsteuer Solidarhaftung aus Gruppenbesteuerung	p.m.	p.m.
Garantie zugunsten Tochtergesellschaften	3'300 000	3'300 000

450 Handschin, Rechnungslegung, S. 256

In Grosskonzernen ist die Berichterstattung über Eventualverbindlichkeiten in der Regel sehr ausführlich. Bei Roche erfolgt diese gemeinsam mit den Erläuterungen zu den Rückstellungen und den langfristigen Finanzverbindlichkeiten.

7.4.8 Aktien und Optionen für Organe und Mitarbeitende

Unternehmen, welche dem Verwaltungsrat und der Geschäftsleitung sowie den Mitarbeitenden Aktien und/oder Optionen auf solche Rechte einräumen, haben Zahlen und Gesamtwert[451] der im Geschäftsjahr ausgerichteten oder zugeteilten Aktien/Optionen im Anhang aufzuführen. Weitergehende Offenlegungspflichten haben börsenkotierte Unternehmen im besonderen Vergütungsbericht zu beachten.

Beispiel Informationen zu der Beteiligung von Mitarbeitenden Orior Holding (OR)[452]

Anhang

Mitarbeiterbeteiligungsprogramm
Die Gruppe hat einen Mitarbeiterbeteiligungsplan für Mitglieder des Verwaltungsrats, Mitglieder des Management Board, Mitglieder der Geschäftsleitungen der Kompetenzzentren sowie für vom Verwaltungsrat bestimmte Mitarbeiter der ORIOR-Gruppe. Den teilnahmeberechtigten Mitarbeitenden bzw. dem Verwaltungsrat können als Anreiz für zukünftige Leistungen jährlich Aktien zu Sonderkonditionen angeboten werden. Die Aktien, die im Rahmen dieses Plans ausgegeben werden, können von ORIOR an der Börse erworben oder mittels genehmigter, bedingter oder ordentlicher Kapitalerhöhung geschaffen werden. Der Aktienkaufpreis entspricht dem volumengewichteten Durchschnittskurs der letzten sechs Monate vor Beginn der zweimonatigen Angebotsfrist, einer an der SIX gehandelten ORIOR-Aktie abzüglich eines Discounts von 25%, Die Aktien unterliegen einer 3-jährigen Sperrfrist, welche mit der Aktienzuteilung beginnt. Während des Jahres 2015 wurden 20‘240 Aktien zum Preis von CHF 41-45 (Jahresschlusskurs 61) an die Planteilnehmer verkauft, was einem Total von TCHF 839 entspricht.

Im Geschäftsjahr 2015 wurden keine Mitarbeiteraktien ausgegeben.

---

451 Es handelt sich nicht um den Steuerwert, sondern um den nach einer bestimmten Methode berechneten inneren Wert, wenn – was in KMU in der Regel zutreffen wird – kein Markt- bzw. Börsenwert bekannt ist.

452 Die Konzernrechnung erstellt die börsenkotierte ORIOR-Gruppe (Nahrungsmittel) nach IFRS.

Für die Bewertung von privat gehaltenen Aktien wird in der Praxis in der Regel auf die letzt verfügbaren Steuerwerte je Aktie zurückgegriffen.

7.4.9 Erläuterungen zu ausserordentlichen, einmaligen oder periodischen fremden Positionen

Für die zuverlässige Beurteilung der nachhaltigen Ertragskraft eines Unternehmens ist die letzte Zeile der Erfolgsrechnung, welche den Jahresgewinn oder Jahresverlust ausweist, aus verschiedenen Gründen wenig aussagekräftig. Es kann durch die Bildung von stillen Absichtsreserven eine zu bescheidene Ertragskraft oder durch Auflösung stiller Reserven ein zu positives Bild aufgezeigt werden. Immerhin ist es durch die Verpflichtung, die Auflösung von stillen Reserven im wesentlichen Umfang nach OR 959c I, Ziffer 3, im Anhang zu erfassen, für die fachkundigen Bilanzadressaten möglich, das tatsächliche Ergebnis bei geschwächter Ertragslage annähernd zu beurteilen.

Die drei Kategorien der Sammelposition 9 bei der Produktionserfolgsrechnung bzw. 6 bei der Absatzerfolgsrechnung des gesetzlichen Gliederungsschemas der Erfolgsrechnung erfordert jedoch zur Erhöhung der Transparenz eine Aufschlüsselung mit Erwähnung des Sachverhaltes, auch wenn die eindeutige Abgrenzung zu den ordentlichen Aufwand- und Ertragspositionen nicht einfach ist. Deshalb ist diese Tatsache – wie die Praxis zeigt – geradezu eine Einladung zur Manipulation wichtiger Kennzahlen der Abschlussanalyse (z. B. EBITDA/EBIT).

Beispiel Erläuterungen zu zu ausserordentlichen, einamligen und periodenfremden Positionen Säntisbergbahnen AG (OR, 2019, in CHF)

Auszug aus der Erfolgsrechnung	**2019**	**2018**
Gewinn auf Anlagenabgang	207'708	0
Detailinformationen aus dem Anhang		
Gewinn Verkauf einer Wohnung	187'137	0
Gewinn Verkauf übriges Anlagevermögen	20'571	0

Um problematische Zuordnungen einzelner Buchungstatbestände zwecks Verschleierung der Ertragslage zu verhindern, untersagt IFRS den Ausweis von ausserordentlichen Positionen (IAS 1/87). Entsprechende Informationen finden sich deshalb nur in Einzelabschlüssen nach OR oder in Konzernrechnungen nach Swiss GAAP FER. Werden nur die Beträge der drei Kategorien ohne Erläuterungen aufgeschlüsselt – wie dies in der Praxis gar nicht selten ist – tappt die Analyse bei der Beurteilung der nachhaltigen Gewinnentwicklung im Dunkeln. Daher sind die Erläuterungen bzw. Aufschlüsselungen zu ausserordentlichen, einamligen und periodenfremden Positionen von hoher Relevanz.

7.4.10 Wesentliche Ereignisse nach dem Bilanzstichtag

7.4.10.1 Grundsätzliches

Der Jahresabschluss wird auf einen bestimmten Stichtag hin, den sog. Bilanzstichtag, erstellt. Grundsätzlich ist die Rechtslage am Schlusstag des Geschäftsjahres massgebend und es sind die Wertansätze anzuwenden, die an diesem Tag gelten.[453] Da jedoch die Durchführung der Abschlussarbeiten, die Erstellung der Jahresrechnung und deren Prüfung durch die Revisionsstelle eine gewisse Zeit erfordert, können nach dem Bilanzstichtag positive wie negative Tatsachen, die sog. **Ereignisse nach dem Bilanzstichtag**, zutage treten, die möglicherweise das abgeschlossene Geschäftsjahr und damit den Jahresabschluss betreffen.

Das Obligationenrecht kannte bis zum Inkrafttreten des Rechnungslegungsrechts keine einschlägigen Normen, die sich explizit mit Ereignissen nach dem Bilanzstichtag beschäftigen. Swiss GAAP FER enthalten – im Gegensatz zu IFRS (IAS 10) – hierzu keinen eigenen Standard. Ereignisse nach dem Bilanzstichtag finden lediglich im Rahmenkonzept (FER-RK 28) im Zusammenhang mit den Rückstellungen (FER 23/6 und 7) und den Erfordernissen des Anhangs (FER 6/3) Erwähnung.

IFRS hat 2008 zur Behandlung der Ereignisse nach dem Bilanzstichtag in der Rechnungslegung einen besonderen Standard (IAS 10) erlassen, wobei die entsprechenden Normen für die Periode zwischen dem Bilanzstichtag und dem Tag, an dem der Abschluss vom zuständigen Organ genehmigt und zur Veröffentlichung freigegeben worden ist, zu beachten sind. In der schweizerischen Praxis betrifft dies – bis auf wenige Ausnahmen – die Zeitspanne zwischen dem 31. Dezember und einem Tag zwischen Januar (z. B. sehr früh bei Novartis am 24. Januar 2017) und Ende April.[454]

7.4.10.2 Arten und Offenlegung

Es sind zwei Kategorien von solchen Ereignissen[455] zu unterscheiden: Ereignisse mit der Notwendigkeit zur Anpassung und solche Anpassungsnotwendigkeit. Die Details werden nachfolgend vertieft behandelt.

Ereignisse mit Notwendigkeit zur Anpassung (Adjusting Events), bei einer bereits am Bilanzstichtag gegebenen Tatsache, die erfahrungsgemäss zu einem späteren Vermögensschwund oder -abgang führen müsste (»neues Licht auf eine alte Tatsache«). Die negativen Tatsachen sind in der Jahresrechnung des Vorjahres buchungspflichtig. Massgebend für die Berücksichtigung des Ereignisses ist der Zeitpunkt der Ursache und nicht erst jener der Kenntnisnahme.[456] Positive

453 HWP, 2014, S. 296.

454 Unter Berücksichtigung des Generalversammlungstermins gemäss OR 699 II.

455 Die Unterscheidung geht auf IAS 10 zurück.

456 Pfaff/Ganz/Stenz/Zihler: Kommentar zu OR 959c, Anm. 91, S. 425.

Tatsachen, welche vor dem Ende des Geschäftsjahres gegeben waren, sind jedoch wegen des Vorsichtsprinzips (OR 958c, Ziff. 5) und des Realisationsprinzips für Erträge nicht bilanzfähig.

Beispiele für die Anpassungsnotwendigkeit des Jahresabschlusses:

- Die Zahlungsunfähigkeit eines Schuldners mit einer nicht wertberichtigten kurzfristigen Forderung im Abschluss des Vorjahres, die im neuen Geschäftsjahr vor der Abschlussfeststellung bekannt wird.
- Eine Konventionalstrafe, welche nach dem Bilanzstichtag für eine in der Vorjahresrechnung verbuchte, aber nicht fristgerecht erfolgte Auftragserfüllung geltend gemacht wird, führt zu einer Rückstellung im alten Geschäftsjahr.[457]
- Auch die Vermögenseinbusse durch ungetreue Geschäftsbesorgung (StGB 158) eines Kadermitarbeiters durch pflichtwidriges Verhalten im Vorjahr, welches erst nach dem Bilanzstichtag entdeckt wird, erfordert eine Anpassung der Vorjahresrechnung.

Anpassungswirksame Vorfälle sind jedoch nicht immer eindeutig zu erkennen. Beispiele für Adjusting Events, welche gegenüber den letzten der Generalversammlung vorgelegten Abschlüssen zu einer wesentlichen Veränderung der auszuweisenden Positionen führen, sind wegen der kurzen Zeitspanne zwischen Bilanzstichtag und Abschlussgenehmigung eher selten und im veröffentlichten Abschluss bereits enthalten. Die Buchwerte der Vermögenswerte und Verbindlichkeiten zum Bilanzstichtag werden angepasst, falls berücksichtigungspflichtige Ereignisse nach dem Bilanzstichtag diese Werte beeinflussen. Solche Anpassungen erfolgen bis zum Datum der Genehmigung der Konzernrechnung durch den Verwaltungsrat.

Wesentliche Ereignisse ohne Anpassungsnotwendigkeit (Non Adjusting Events), deren Ursachen im neuen Jahr liegen, sind grundsätzlich erst im neuen Jahresabschluss zu erfassen. Weil diese aber für die Rechnungslegungsadressaten bei der Beurteilung der Vermögens- und Ertragslage von Bedeutung sein können, sind sie nach Art und finanzieller Auswirkung im Anhang offenzulegen. Typische Beispiele in der Praxis können sein:

- Vermögenseinbusse durch Feuer, Überschwemmungen usw.,
- Preisrückgänge auf Beschaffungs- oder Absatzmärkten,
- Währungsschwankungen,
- Kündigung von für die weiteren Geschäftsbeziehungen wichtigen Verträge (z. B. Lizenzvereinbarungen),
- Delisting von Produkten bei einem Grossabnehmer (z. B. im Retailhandel),
- Verwaltungsratsbeschlüsse vor der Abschlussgenehmigung über Restrukturierungen, Unternehmungsübernahmen, usw.

457 HWP, 2014, S. 296.

Beispiel Erläuterungen zu ausserordentlichen, einmaligen und periodenfremden Positionen Säntisbergbahnen AG (OR, 2018)

Eine Lawine hat am 10. Januar 2019 das Hotel- und das Fuhrparkgebäude sowie Teile der Werkkonstruktion der ersten, 54 Meter hohen Schwebebahnstütze beschädigt. Dadurch kann der Betrieb der Schwebebahn nicht mehr gewährleistet werden. Die Existenz des Unternehmens ist durch diese Ereignisse nicht gefährdet. Die Gebäudeschäden sind durch die kantonale Gebäudeversicherung gedeckt und die Deckungssummen der All-Risk-Versicherung betragen für Elementarschäden CHF 4 Mio. und für den Ertragsausfall CHF 8 Mio.

Im Jahresabschluss wurde ein Jahresgewinn von 3‘849 CHF ausgewiesen.

Die Offenlegung von Non Adjusting Events im Anhang ist in der Regel meistens knapp gehalten. Üblich ist folgender Text: »Es sind keine weiteren Ereignisse zwischen dem 31. Dezember 2016 und dem Datum der Genehmigung der vorliegenden Jahresrechnung (28. Februar 2017) durch den Verwaltungsrat eingetreten, die eine Anpassung der Bilanzwerte zur Folge hätten oder an dieser Stelle offengelegt werden müssten.«

Die Aufhebung des Euro-Mindestkurses im Januar 2015 war ein Musterbeispiel für einen offenlegungs-, aber nicht buchungspflichtigen Sachverhalt.

Beispiel Offenlegung von Ereignissen nach dem Bilanzstichtag CPH CHEMIE + PAPIER Holding (OR, 2014)

Wesentliche Ereignisse nach dem Bilanzstichtag

Am 15. Januar 2015 entschied die Schweizerische Nationalbank die am 6. September 2011 eingeführte Kursuntergrenze von CHF 1.20 pro Euro aufzuheben. Die Märkte reagierten mit einer massiven Aufwertung des Schweizer Frankens. Noch ist unklar, bei welchem Umrechnungskurs sich der Franken gegenüber dem Euro und USD einpendeln wird.

Zur Werthaltigkeit der Anlagen im Bereich Papier (Perlen Papier) ist es noch verfrüht, eine abschliessende Aussage zu treffen. Die Anlagen haben Lebenszeiten von über 30 Jahren. Ohne Kenntnis, wo sich die Wechselkurse nachhaltig ansiedeln werden, ist es nicht möglich, eine zuverlässige Berechnung darzustellen. Die erste Analyse im Bereich Papier, mit aktualisierten Parametern (WACC 5%, Verkaufspreis der nächsten 2 Planjahre) aber ohne Berücksichtigung möglicher Gegenmassnahmen hat ergeben, dass bei einem Kurs von mehr als Euro/CHF 1.15 über die Restnutzungsdauer der Sachanlagen aus heutiger sich kein zusätzlicher Impairmentbedarf besteht.

Der sehr informative Geschäftsbericht der börsenkotierten CPH-Gruppe umfasst die Konzernrechnung nach Swiss GAAP FER und den Holdingabschluss nach OR mit ausführlichem Anhang. Die Revisionsberichte wurden am 15. Februar 2015 erstellt. Im Geschäftsbericht 2015 wurde zum Geschäftsverlauf (Jahresdurchschnittskurs Euro 1.0681) festgestellt, dass der starke Franken und sinkende Papierpreise sowohl das Konzern- wie das Holdingergebnis stark negativ beeinflusst haben (Konzernbetriebsergebnis EBIT: CHF -21.8 Mio.).Wegen Wertberichtigungen auf Intercompany-Darlehen und Beteiligungen wies die Holdingrechnung ebenfalls einen hohen Jahresverlust aus. 2016 war das Konzernbetriebsergebnis mit CHF 5.9 Mio. wieder positiv.

Wesentliche Ereignisse nach dem Bilanzstichtag sind im Konzern- und im Einzelabschluss der Holding (nach OR) getrennt offenzulegen. Im Holdingabschluss fehlen im Allgemeinen konkrete Angaben ebenso wie Negativvermerke im Anhang.[458] Der Zeitpunkt des Bekanntwerdens von Ereignissen nach dem Bilanzstichtag hat ggf. auch bedeutende Auswirkungen auf die Prüfung und den Bericht des Abschlussprüfers. Folglich befassen sich die Schweizer Prüfungsstandards ausführlich mit den damit verbundenen Fragestellungen, doch in erster Linie aus Sicht der Revision und nicht der Rechnungslegung.

7.4.11 Vorzeitiger Rücktritt der Revisionsstelle

Die entsprechende Pflichtangabe besteht bereits seit dem Revisionsrecht 2008 (OR 730a III). Die Angabe der Gründe ist nur bei einem vorzeitigen Rücktritt, nicht aber nach Ablauf der Amtsdauer zwingend.

Die Bestimmung wird ihre Wirkung nur bei kleineren revisionspflichtigen Unternehmen mit einer begrenzten Zahl von Aktionären entfalten. Für eine Publikumsgesellschaft wäre das mit einem vorzeitigen Rücktritt verbundene Reputationsrisiko eindeutig zu gross, weshalb in der Öffentlichkeit die Bekanntgabe dieses Sachverhaltes wenn möglich vermieden werden dürfte.

7.4.12 Anleihensobligationen

Unternehmen, die Anleihensobligationen ausgegeben haben und deshalb zu zusätzlichen Angaben über die Konditionen verpflichtet sind, müssen unter den aktuellen Gegebenheiten kapitalmarktfähig sein. Die Ausgabe von Anleihen setzt eine bedeutende Unternehmensgrösse und die Rechnungslegung nach einem anerkannten Standard voraus. OR 959c III mutet deshalb realitätsfremd an. Die Anleihensobligationen fallen überdies auch unter die Vorschrift von OR 961c I, Ziff. a.

Die Unternehmen müssen daher nach OR 959c IV Angaben zu Beträgen, Zinsen und Fälligkeiten für Anleihensobligationen bekannt geben und offenlegen.

458 Passardi/Bitterli: Ereignisse nach dem Bilanzstichtag bei Anwendung von Swiss GAAP FER, in: EF 3/2017.

7.5 Besondere Vorschriften zum Anhang für grössere Unternehmen und börsenkotierte Gesellschaften

7.5.1 Überblick

Die umfangreiche Aufzählung von OR 959c ist nicht abschliessend, weil sich weitere Pflichtangaben im Rechnungslegungsrecht, im Aktienrecht 1991 und in der VegüV 2013, sowie in den Swiss GAAP FER als anerkanntem Rechnungslegungsstandard nach OR 962 und VARS finden.

Die aus der Sicht der Rechnungslegungsadressaten sehr aufschlussreichen Angaben über nahestehende Personen nach OR 959a IV und OR 663b bis I, Ziff. 5 werden beispielsweise in FER 16 ausführlich erweitert.

Aus der Generalklausel (catch-all-clause) des Rechnungslegungsrecht (OR 957a I) können zudem implizierte Pflichten zu zusätzlichen Angaben abgeleitet werden wie Erläuterungen zur Anpassung der Rechnungslegung an die Besonderheiten des Unternehmens, Abweichungen von den Grundsätze ordnungsgemässer Rechnungslegung (Stetigkeit, Verrechnungsverbot), Rangrücktritt, Verzicht auf Erstellung einer Teilkonzernrechnung.

Böckli weist ferner auf nicht weniger als 19 zweckmässige vom Gesetz nicht geforderte Angaben im Anhang hin. Darunter fallen zahlreiche Positionen, welche von grösseren Unternehmen nach einem von VARS anerkannten Regelwerk, z. B. die Swiss GAAP FER, offenzulegen sind.

Als grössere Unternehmen gelten nach OR 961 jene, die von Gesetzes wegen zur ordentlichen Revision (OR 727) verpflichtet sind. Dazu zählen Unternehmen mit börsenkotierten Beteiligungspapieren und/oder Anleihensobligationen sowie KMU, welche die bekannten Schwellenwerte 20/40/250 überschreiten. Sie müssen zusätzliche Angaben im Anhang machen, eine Geldflussrechnung und einen Lagebericht erstellen. Der Anhang muss durch Angaben über langfristig verzinsliche Verbindlichkeiten und zum Honorar der Revisionsstelle erweitert werden.

Die in OR 961a im Anhang verlangten zusätzlichen Angaben grösserer Unternehmen verbessern die Transparenz von nach OR erstellten KMU-Abschlüssen nicht wesentlich. Nur ein anerkannter Rechnungslegungsstandard wie Swiss GAAP FER ermöglicht eine zuverlässige Beurteilung der wirtschaftlichen Lage, weil dessen Anforderungen an die Offenlegung von Sachverhalten deutlich weitergehen als jene von OR 961a.

7.5.2 Langfristige Verbindlichkeiten

Informationen über die Fälligkeit von langfristigen Verbindlichkeiten (Laufzeit von mehr als einem Jahr) sind für die Beurteilung der Finanzlage notwendig. In OR 961a I, Ziff. 1 sind die geforderten Angaben zu Fälligkeitsstruktur mit nur zwei Kategorien (1 bis 5 Jahre und nach 5 Jahren) jedoch unbefriedigend. Eine präzise

Angabe zu den einzelnen Fälligkeitsterminen und Zinskonditionen ist deshalb erwünscht.

Beispiel Angabe über Finanzverbindlichkeiten OC Oerlikon Corporation AG (OR, 2016)

Die Holding des OC Oerlikon Konzerns hat Ende 2016 zwei Anleihen ausstehend und nicht näher aufgeführte langfristige Darlehen in CHF, Euro, US-und Hongkong-Dollar ausstehend. Im Holdingabschluss wird für Einzelheiten auf den Abschluss des Oerlikon Konzerns verwiesen, welche wie folgt dargestellt werden.

Darlehen und Anleihen in CHF Mio.	**2015**	**2016**
Kurzfristig		
Anleihe	300	–
Darlehen und Kredite	6	2
Total kurzfristige Darlehen und Anleihen	**306**	**2**
Langfristig		
Anleihen	449	449
Finanzierungsleasingverbindlichkeiten	5	7
Sonstige Darlehen und Kredite	4	10
Total langfristige Darlehen und Anleihen	458	466
Total Darlehen und Anleihen	**764**	**468**

Die Bestimmungen und Konditionen der ausstehenden Darlehen und Anleihen sind folgendermassen aufgeteilt:

In CHF Mio.	**Währung**	**Zinssatz**	**Fälligkeit**	**Nominalwert**	**Buchwert**
Konsortialkredit/revolvierender Kredit	CHF	Libor + 0.60%	2021	–	–
Anleihe	CHF	1.25%	2019	300	299
Anleihe	CHF	2.625%	2024	150	150
Finanzleasingverbindlichkeiten	var.	var.	2017-2027	7	7
Verschiedene kurz- und langfristige Verbindlichkeiten	var.	var.	var.	12	12

Die Aufschlüsselung der langfristigen Verbindlichkeiten erhöht die Transparenz und verbessert die Qualität der Jahresabschlussanalyse.

7.5.3 Honorare der Revisionsstelle

Die Honorareinnahmen eines Revisionsunternehmens aus dem Mandat eines einzelnen Kunden kann Hinweise auf die mögliche Abhängigkeit der Revisionsstelle von dieser Kundenbeziehung geben. Aus diesem Grund verlangt OR 961a, Ziff. 2 den getrennten Ausweis der Einnahmen aus Revisions- und anderen Dienstleistungen.[459]

Beispiel Offenlegung der Revisionshonorare Advaltech (2015)

Bericht Corporate Governance

Das von der Revisionsstelle fakturierte Revisionshonorar betrug CHF 406‘000 (Vorjahr CHF 482‘000). Ferner wurden folgende zusätzliche Honorare entschädigt:

In CHF	2014	2015
Steuerberatung	96'000	91'000
Kooperationsprojekte	67'000	–

Für die Rechnungslegungsadressaten ist vor allem das Verhältnis zusätzliches Honorar zum Revisionshonorar von Interesse. Es lässt einen Schluss zu, ob die Objektitivät und Unabhängigkeit der Revisionsstelle gegeben ist.

7.5.4 Weitere erforderliche Angaben

7.5.4.1 Rechtliche Grundlagen

In der letzten Phase der Beratungen des Aktienrechts 1991 wurden die bisher vernachlässigten Aspekte einer transparenten Finanzberichterstattung und Corporate Governance noch berücksichtigt. Die entsprechenden Bestimmungen wurden jedoch nicht in das Rechnungslegungsrecht übernommen. Sie sind indirekt über OR 961 in Verbindung mit OR 727 I, Ziffer 1a, sowie gestützt auf die Börsennormen des FinfraG (früher BEHG) anzuwenden. Die aktienrechtlichen Vorschriften sind mit der VeGüV 2013 überarbeitet worden. Die nachfolgend aufgeführten Praxisbeispiele entsprechend den aktuellen Vorschriften der verschiedenen Rechnungslegungsnormen.

459 Eine Liste der Revisionsdienstleistungen nach RAG 2, Buchstabe a enthält Pfaff/Ganz/Stenz/Zihler; Kommentar zu OR 960a, Anm. 10, S. 543.

7.5.4.2 Angaben über bedeutende Aktionäre

Sind an einer Aktiengesellschaft mehrere Aktionäre beteiligt, kommt dem Stimmenverhältnis bei den Entscheidungen der Generalversammlung eine hohe Bedeutung zu, insbesondere wenn Stimmrechtsaktien nach OR 693 vorhanden sind. Es besteht nämlich die Möglichkeit von potentiellen Interessenkonflikten zwischen bedeutenden Aktionären (OR 663c) und den übrigen Aktionären. Die Beherrschungsverhältnisse von grösseren Aktiengesellschaften sind deshalb wichtige Informationen bei den Investitionsentscheidungen in Aktien von Publikumsgesellschaften.

Mit der OR-Revision 1991 wurde die Offenlegung der Beherrschungsverhältnisse bei börsenkotierten Gesellschaften eingeführt. Im Anhang sind alle Aktionäre aufzuführen, deren Beteiligung 5% der Stimmrechte übersteigt. Offenzulegen sind überdies die Beteiligungsverhältnisse der Mitglieder des Verwaltungsrats, der Geschäftsleitung und des Beirates (OR 663c III).

Wesentlich strenger als OR 663c sind die Bestimmungen über die Offenlegung der bedeutenden Aktionäre nach dem Finanzmarktinfrastrukturgesetz (FinfraG), welches in Art. 120 von den Erwerbern oder Verkäufern von Aktien, Erwerbs- oder Veräusserungsrechten strenge Meldepflichten verlangt. Diese gelten beim Erreichen der Grenzwerte von 3%, 5%, 10%, 15%, 20%, 25%, 33 1/3% oder 66 2/3%.

Beispiele bedeutende Aktionäre SFS Group AG (Holding, OR, 2016)

Bedeutende Aktionäre

Die Gründerfamilie Huber und Stadler/Tschan der SFG Group AG bilden eine in Absprache handelnde Gruppe gemäss Art. 10 der Verordnung der Eidgenössischen Finanzmarktaufsicht über die Börsen und den Effektenhandel (BEHV-FINMA).

Anteile Aktienkapital und Stimmrechte	31.12.2015	21.12.2016
Gründerfamilien	55.1%	55.0%

Die beiden Familien haben ihre Grundsätze der Zusammenarbeit und Partnerschaft in einer Charta festgehalten. Es ist ihre Absicht, langfristig eine kontrollierende Mehrheit von über 50% des Aktienkapitals und der Stimmrechte an der SFS Group AG halten. Gemeinsam stimmen sie sich in wichtigen Entscheiden ab und setzen die erfolgreiche Entwicklung der SFS Group AG in jedem Fall den eigenen Partikularinteressen der einzelnen Familien vor.

Dem Verwaltungsrat sind per Bilanzstichtag keine weiteren im Aktienregister eingetragene und stimmberechtigte Aktionäre und stimmrechtsverbundene Aktionärsgruppen bekannt, deren Beteiligung 5% des ausgegebenen Kapitals bzw. der Stimmrechte übersteigen.

Aktienbestand von Verwaltung und Konzernleitung
Die nachfolgende Tabelle gibt Auskunft über die Aktienbestände der Organmitglieder:

Verwaltungsrat	**Anzahl Aktien am 31.12.2015**	**Anzahl Aktien am 31.12.2016**
Heinrich Spoerry, Präsident, nicht exekutives Mitglied (Vj, exekutiv)	n/a	194'480
Ruedi Huber, nicht exekutives Mitglied	245'960	247'404
Urs Kaufmann, nicht exekutives, unabhängiges Mitglied	6'680	7'780
Thomas Oetterli, nicht exekutives, unabhängiges Mitglied	4'680	5'780
Karl Stadler, nicht exekutives Mitglied	2'521'480	2'522'580
Jörg Walther, nicht exekutives, unabhängiges Mitglied	1'680	2'780
Total	**2'780'480**	**2'980'804**

Der Aktienbestand von Karl Stadler setzt sich aus privat gehaltenen Aktien und aus Aktien der von ihm kontrollierten Wistama Finanz- und Beteiligungs-AG zusammen. Die im Berichtsjahr zugeteilten Aktien sind im Vergütungsbericht offengelegt.

Im Aktienrecht 2016 wird die Aufhebung von OR 663c vorgeschlagen. Die Vorschrift ist durch die Finanzmarktgesetzgebung überholt. Die Informationen von OR 663c III sind im Vergütungsbericht enthalten (VegüV 14, inskünftig in E-OR 732-734e).

7.5.4.3 Vergütungen und Kredite an die Mitglieder des Verwaltungsrats und der Geschäftsleitung

Grössere Gesellschaften haben als zusätzliche Information zum Personalaufwand Angaben über Beteiligungsrechte sowie Optionen zu machen, welche allen Mitarbeitenden im Geschäftsjahr zugeteilt worden sind. Zusätzliche Offenlegungspflichten zu allen Vergütungen, welche den Mitgliedern des Verwaltungsrats, der Geschäftsleitung sowie des Beirates – sofern ein solcher besteht, was in der Praxis äusserst selten ist – ausgerichtet werden, wurden 2003 mit der Revision von OR 663b den börsenkotierten Gesellschaften auferlegt. Die neue Vorschrift umschrieb sehr ausführlich die verschiedenen Arten von Vergütungen, dem Kreis der Personen und der auszuweisenden Beträge im Anhang. Sie wurde jedoch nicht in das Rechnungslegungsrecht übernommen, sondern mit der Verordnung gegen übermässige Vergütungen bei börsenkotierten Gesellschaften (VegüV) vom 20. November 2013 aufgehoben und die Offenlegung im Zusammenhang mit der Transparenz von Bezügen der Gesellschaftsorgane erheblich erweitert.[460] Der Verwaltungsrat ist verpflichtet, jährlich einen schriftlichen **Vergütungsbericht** zu erstellen. Dieser baut auf den Vorgaben des Rechnungslegungsrechts und den Vorschriften über den Geschäftsbericht (OR 696 und OR 958e I) sowie den Grundsätzen der Corporate Governance auf.

Für die Offenlegungspflicht sind der Kreis der Personen sowie die Art der ausgerichteten Vergütungen, wie auch die entsprechenden Beträge definiert (VegüV 14). Vergütungen sind alle geldwerten Leistungen, welche den betreffenden Personen im Zusammenhang mit ihrer Organtätigkeit ausgerichtet werden. Im Gegensatz zum Steuer- und Sozialversicherungsrecht ist weder der Zeitpunkt der Auszahlung noch der tatsächliche Rechtserwerb, sondern die Zuteilung des Geldwertvorteils massgebend. In der Praxis fallen in der Regel jedoch Rechtserwerb und Auszahlung zusammen. Die geldwerten Vorteile sind nicht identisch mit den Lohnbestandteilen. Eine Vergütung von tatsächlichen Spesen sind keine geldwerten Leistungen nach VegüV, wohl aber jener Teil der Pauschalspesen, welche die tatsächlichen Aufwendungen übersteigt.

Rechnungslegungspflichtige grössere Unternehmen, vor allem solche mit Mehrheitsaktionären, welche keinen Vergütungsbericht erstellen müssen, ist zu empfehlen, über die Vergütungen an ihre Organe – wie dies in der EU-Richtlinie 2013/34, Art. 17d und demzufolge in HGB 285, Ziff. 9 vorgeschrieben ist – im Anhang wenigstens in knapper Weise zu informieren.

Beispiel freiwilliger Vergütungsbericht SGV Schifffahrtgesellschaft des Vierwaldstättersees AG (OR, 2016)

Anhang konsolidierte Jahresrechnung

Vergütungsbericht des Verwaltungsrates und der Gruppenleitung

Die Vergütungen des Verwaltungsrates bestehen aus einer fixen Entschädigung, einem fixen Spesenanteil und Sitzungsgeldern. Die Entschädigungen des Verwaltungsrates sind nicht an Erfolgskomponenten gekoppelt. Die Entschädigungen der Gruppenleitungsmitglieder setzen sich zusammen aus einem festen, auf der individuellen Einstufung basierenden Fixlohn und einer erfolgsabhängigen variablen Vergütung. Der variable Lohnanteil beträgt maximal 20% der fixen Entschädigung. Der zur Auszahlung gelangende variable Lohnanteil richtet sich nach dem Erreichungsgrad der im Voraus formulierten quantitativen und qualitativen Ziele der einzelnen Gruppenleitungsmitglieder. Die Entschädigungen umfassen die Bruttobeträge (vor Abzug von Sozialleistungen) und werden nachfolgend in TCHF ausgewiesen:

460 Der Vergütungsbericht der UBS 2016 samt Bericht der Revisionsstelle umfasst 48 Seiten.

Person	Basisvergütung	Variable Vergütung	Sitzungsgelder Spesenpauschale	2015 Beträge	2016 Beträge

Die Bestimmungen der VegüV sollen mit der Revision des Aktienrechts (E vom 23.11.2016) auf Gesetzesstufe geregelt werden (E OR 732 – 735d). Gesellschaften, deren Aktien nicht an einer Börse gehandelt werden, können entsprechende Bestimmungen über die Vergütungen in ihre Statuten übernehmen (z. B. Erstellen eines Vergütungsberichts, Kompetenz der GV über die Vergütungen abzustimmen).

Das im OR 2007 in OR 697 fünfmal exolizit vorgesehene Recht des einzelnen Aktionärs auf Auskunftserteilung über Vergütungen, Darlehen und Kredite an Organe und nahestehende Personen ist nicht mehr vorgesehen. Deshalb ist aus der Sicht von Minderheitsaktionären die freiwillige Offenlegung im Anhang erwünscht, um zu verhindern, dass Verwaltungsrat und Geschäftsleitung durch die Generalversammlung bescheidene Gewinnausschüttungen mit ihrer Stimmenmehrheit beschliessen lassen, diese jedoch für sich zu Lasten der unwissenden Minderheitsaktionäre mit überhöhten Vergütungen ausgleichen.

In börsenkotierten Gesellschaften sind für den Verwaltungsrat und die Geschäftsleitung mit Nennung des Namens und der Funktion alle Kategorien von Vergütungen darzustellen (VegüV 14, Ziffer 34). Die neue Gesetzesvorschrift in OR 959c II, Ziffer 11, über die Angaben im Anhang geht weiter als die Vorschrift des Aktienrechts, verlangt sie doch nicht nur Anzahl und Wert von Beteiligungsrechten oder Optionen auf solche Rechte für Verwaltungs- und Leitungsorgane, sondern auch für die Mitarbeitenden.

Unklar ist die Auslegung von OR 959c, Ziffer 2, betreffend der Beteiligungsrechte für die übrigen, insbesondere leitenden, Mitarbeiter, welche auch in zahlreichen mittelgrossen Unternehmen von Mitarbeiter-Kapitalbeteiligungsplänen (Employee-Stock-Owner-ship-Pläne) profitieren können. Lipp[461] beurteilt die Offenlegung der entsprechenden Angaben, insbesondere in KMU, als schwierig umsetzbar. Nach Kessler[462] sind daher nur die im Berichtsjahr neu ausgegebenen Beteiligungsrechte anzuführen und zwar insgesamt, ohne Namensnennung. Bei der Wertangabe sind entweder zeitgemässe Methoden der Finanzanalyse anzuwenden oder wenigstens die Steuerwerte anzugeben.[463]

In den untersuchten veröffentlichten Geschäftsberichten für die Jahre 2016 und 2017 fehlen in den OR-Abschlüssen durchwegs die von OR 959c geforderten

461 Roberto, V./Trüeb, H.R.: Handkommentar zum schweizerischen Privatrecht zu OR 959c, Anm. 83, S. 169.

462 Pfaff/Ganz/Stenz/Zihler: Kommentar zu OR 959c, Anm. 87, S. 424.

463 Nach Böckli, S. 158, ist die Angabe des Steuerwertes nicht sachgerecht. In der Praxis wird dieser bei nicht börsenkotierten Unternehmen jedoch gestützt auf das KS 28 der SSK (Bewertung von Wertpapieren ohne Kurswert) als angemessene Lösung beurteilt.

Angaben über die Beteiligungen der übrigen Mitarbeiter. Dies kann damit erklärt werden, dass die berichtspflichtige Gesellschaft normalerweise eine Holding ist und überhaupt keine oder nur wenige Mitarbeiter gemäss der Offenlegungspflicht nach OR 959c II, Ziffer 2, beschäftigt.

7.5.4.4 Angaben über die von den Mitgliedern des Verwaltungsrats, der Geschäftsleitung sowie von nahestehenden Personen gehaltenen Aktien

Die Offenlegung der Beteiligungsverhältnisse von Organen nach OR 663c sind durch die VegüV erweitert worden, was bei den Informationen im Vergütungsbericht und im Anhang der Jahresrechnung zu Doppelspurigkeiten führen kann.

Beispiel Biella-Neher Holding (OR, 2016)

Beteiligungsverhältnisse Verwaltungsrat und Gruppenleitung – Anhang zur Jahresrechnung 2016

	Eigene	von nahestehenden Personen	Anzahl Aktien total	Anteil Aktienkapital
DS	0	2'000	2'000	24.1%
AS	3	3	6	0.07%

OR 663c III präzisiert, dass zusätzlich zu den Beteiligungen der Organe die Aktienbeteiligungen nahestehender Personen ebenfalls berücksichtigt werden müssen. Diese sind jedoch nicht getrennt offenzulegen, sondern in den Besitz des entsprechenden Organmitglieds einzubeziehen.[464] Offenzulegen sind nur die Aktienbeteiligungen an der berichtenden Gesellschaft, nicht aber ein allfälliger Aktienbesitz an Tochtergesellschaften des Konzerns. Eine freiwillige Aufteilung zwischen dem eigenen Aktienbesitz und jenem für Nahestehende (vor allem bei Unternehmen, Stiftungen usw.) kann jedoch aufschlussreich sein.

7.5.5 Voraussetzungen für den Verzicht auf Angaben

OR 961d sieht eine Option zur Entlastung der umfangreichen Vorschriften des Rechnungslegungsrecht vor, wenn eine Konzernrechnung erstellt wird und der Einzelabschluss der Muttergesellschaft deshalb zur Beurteilung der wirtschaftlichen Lage des Unternehmens an Bedeutung verliert. Ins Gewicht fällt dabei die

464 Beispiel aus dem Anhang zur Jahresrechnung 2016 der Roche Holding: »Des Weiteren hielten die Mitglieder des Verwaltungsrats und ihnen nahestehende Personen Aktien und Genussscheine gemäss nachfolgender Tabelle«.

Möglichkeit bei Erstellung einer Konzernrechnung nach OR auf den Lagebericht und die Geldflussrechnung zu verzichten.

Unternehmen, welche jedoch ihre Rechnungslegung nach Swiss GAAP FER gestalten, profitieren von der gesetzlichen Erleichterung kaum, verlangen doch selbst die Kern-FER vom »kleinen« Organisation (unter CHF 10 Mio. Bilanzsumme, CHF 20 Mio. Jahresumsatz sowie 50 Vollzeitstellen) eine Geldflussrechnung sowie die Ergänzung der Jahresrechnung durch einen Jahresbericht (FER RK 22).

7.6 Generelle Anforderungen von Swiss GAAP FER

7.6.1 Grundsätzliches

Die Bedeutung des Anhangs im Rahmen der finanziellen Berichterstattung des Unternehmens kommt auch darin zum Ausdruck, dass die Bestimmungen zur Gestaltung und Offenlegung des Anhangs Bestandteil der Kern-FER sind. Alle Sachverhalte, deren Offenlegung von den übrigen Fachempfehlungen verlangt wird, sind im Anhang darzustellen (FER 6/4). Bei gewissen Angaben besteht jedoch ein Wahlrecht zwischen dem Ausweis in der Bilanz oder im Anhang. Nachdem der Anhang eine Entlastungsfunktion hat (FER 1/5) ist es jedoch zu empfehlen, z. B. die von FER 18/2 geforderte Detailangabe zu den Sachanlagen – oder von FER 23/10 zu den Rückstellungen im Anhang darzustellen.

Die von Swiss GAAP FER im Anhang in Ergänzung zu den Pflichtangaben von OR 959c ausgewiesenen Sachverhalten bringen den Rechnungslegungsadressaten nützliche Informationen für ihre Entscheidungsfindung, was für die freiwillige Anwendung von FER-Standards bei privaten Aktiengesellschaften mit Minderheitsaktionären spricht.

7.6.2 Ertragssteuern

Im handelsrechtlichen Einzelabschluss sind die direkten Steuern in der Erfolgsrechnung getrennt auszuweisen. Zur Beurteilung der Ertragskraft des Unternehmens vor der steuerlichen Gewinnbelastung ist jedoch eine Analyse der Ertragssteuern unerlässlich. Dabei sind nicht nur die laufenden Ertragssteuern auf dem Periodenergebnis zu berücksichtigen, sondern auch die zukünftigen Ertragssteuerbelastungen, welche sich nach den True-and-Fair-View-Prinzip ermittelten Werten und jenen, die steuerrechtlich massgebend sind, ergeben. Erfassung, Bewertung und Ausweis der latenten Ertragssteuern sind in FER 11/5 – 11/10 ausführlich geregelt.[465] Im Einzelabschluss nach OR und nach Swiss GAAP FER weist die Position Steuern in der Erfolgsrechnung deshalb unterschiedliche Beträge aus.

465 Ein Beispiel zeigt Meyer, Swiss GAAP FER, Seiten 128-132.

Beispiel Einzelabschluss fiktives Beispiel (OR und Swiss GAAP FER, in TCHF)

	2014	2015	2016
nach OR nach Rechnungslegungsrecht			
Aufwand für laufende Steuern	4'753	4'315	4'220
Aufwand für latente Steuern	0	0	0
Total Steuern	**4'753**	**4'315**	**4'220**
nach Swiss GAAP FER			
Aufwand für laufende Steuern	4'753	4'315	4'220
Aufwand für latente Steuern	1'095	- 200	400
Total Steuern	**5'848**	**4'115**	**4'620**

Für die Beurteilung der Steuerbelastung sind die zukünftigen Steuerersparnisse, welche sich in Konzernen aus der Nutzung von Verlustvorträgen auf die auszuweisenden Ertragssteuern im Konzernabschluss ergeben, offenzulegen.

Beispiel Einfluss von Verlustvorträgen auf die Ertragssteuern NZZ Mediengruppe Swiss GAAP FER (2016, in TCHF)

Anhang zur Konzernrechnung

	2015	2016
Laufende Ertragssteuern	- 4'127	- 4'583
Veränderung latente Steuern	364	- 6
	- 3'763	**- 4'589**

Im Berichtsjahr 2016 konnten Verlustvorträge steuerlich genutzt werden, die zu einer Steuereinsparung von CHF 1.7 Mio. (Vorjahr CHF 0.03 Mio.) führten. Bei der NZZ Muttergruppe sind neu Ende Jahr noch nicht genutzte steuerliche Verlustvorträge von CHF 26.1 Mio. (Vorjahr CHF 32.0 Mio.) vorhanden. Der daraus resultierende latente Steueranspruch von CHF 5.1 Mio. wird aus Vorsichtsgründen nicht aktiviert.

Insbesondere vorhandene Verlustvorträge können einen erheblichen Anteil der künftigen Steuerersparnisse repräsentieren. Nach DBG 31 bzw. DBG 67 können nach steuerrechtlicher Rechnung die Verluste der letzten sieben Jahre mit den künftigen Gewinnen bzw. Einkommen verrechnet werden.

7.6.3 Transaktionen mit Nahestehenden

Der Begriff der nahestehenden Personen, der bereits im Steuerrecht verwendet wird, ist 1999 ohne Umschreibung mit OR 678 I in das Aktienrecht eingeführt worden (Rückerstattung von Leistungen). Neu regelt VegüV 16 die nicht marktüblichen Vergütungen, Darlehen und Kredite an nahestehende Personen. Die Definition von nahestehenden Personen ist insbesondere aus Perspektive des Rechnungslegungsrechts zu definieren und zu beurteilen.

Nahestehend ist eine Person, wenn sie mit einem oder mehreren Mitgliedern des Verwaltungsrats oder der Geschäftsleitung aufgrund persönlicher, verwandtschaftlicher, vertraglicher, wirtschaftlicher, rechtlicher oder tatsächlicher Bindungen eng verbunden ist.

In der schweizerischen Rechnungslegungspraxis sind Informationen über die geschäftlichen Beziehungen zwischen der berichterstattungspflichtigen Gesellschaft und ihr nahestehenden Personen und Unternehmungen **(Related Party Disclosure)** nur bei börsenkotierten Gesellschaften oder nach Swiss GAAP FER vorgeschrieben. Es handelt sich bei diesen Angaben darum, mögliche Interessenkonflikte zwischen Personen und diesen nahestehenden Unternehmen, welche die Möglichkeit haben, auf Entscheide einzuwirken oder diese mitzubestimmen, und dem berichterstattenden Unternehmen offenzulegen. Solche können sich ergeben aus verdeckten Gewinnausschüttungen (die Gesellschaft mietet Räume in Liegenschaften, welche dem Hauptaktionär gehören, zu höheren als den marktüblichen Mietzinsen), Erbringen oder Beanspruchen von Dienstleistungen, Verlustübernahmen usw.

In Anlehnung an IFRS verlangt Swiss GAAP FER 15 im Anhang Angaben über Transaktionen mit nahestehenden Personen, wie z. B. durch Transfer von Aktiven und Passiven, Erbringung und Beanspruchung von Dienstleistungen, Eingehen von Verpflichtungen und Eventualverbindlichkeiten.[466] Zu beachten ist, dass die Identität der nahestehenden Personen nicht offengelegt werden muss.

In der Rechnungslegung nach OR sind wegen der fehlenden rechtlichen Verpflichtung zum Ausweis freiwillige Informationen über solche Transaktionen (FER 15/2, 3, 10 und 11) spärlich. Es bleibt offen, ob diese tatsächlich selten sind oder nicht offengelegt werden.

466 Zu konkreten Beispielen siehe Meyer, Swiss GAAP FER, S. 154.

Beispiel Transaktionen mit nahestehenden Personen B+D Gruppe Baudienstleistungen (Swiss GAAP FER, 2016, in TCHF)

Anhang zur Konzernrechnung: Erläuterungen

Nahestehende Personen

Als nahestehende Person (juristische und natürliche) wird betrachtet, wer direkt oder indirekt einen bedeutenden Einfluss auf finanziellen oder operativen Entscheidungen des Unternehmens oder der Gruppe ausüben kann:

- Alle assoziierten Unternehmungen inkl. ARGE[467] gem. Konsolidierungskreis
- Verwaltungsräte B+D Holding AG
- Mitglieder der Gruppenleitung
- Aktionäre der B+D Beteiligungs AG (Familien Holding)[468]
- B+D Beteiligungs AG (Familien Holding)
- Vorsorgeeinrichtungen

Folgende Bilanzpositionen bestehen gegenüber Nahestehenden und folgende Transaktionen mit Nahestehenden wurden ergebniswirksam erfasst:

	2015	**2016**
Bilanz		
Darlehen von Pensionskasse	2'000	2'000
Verbindlichkeiten aus Leistungen gegenüber B+D Beteiligungs AG	1'890	1'682
Übrige Verbindlichkeiten aus Leistungen gegenüber B+D Beteiligungs AG	0	0
Erfolgsrechnung		
Zinsen für Darlehen von Pensionskasse	- 14	- 29
Aufwand für Leistungen der B+D Beteiligungs AG	- 250	- 207

Bei Transaktionen mit Nahestehenden stellt sich aus steuerrechtlicher Sicht auch die Frage von geldwerten Leistungen, die an diese Personengruppe ausgerichtet werden können. Geldwerte Leistungen sind nicht marktkonforme Leitungen und Transaktionen. Nach stetiger Rechtssprechung des Bundesgerichtes wird von einer geldwerten Leistung ausgegangen, wenn diese an Nahestehende oder Anteilseigner fliessen und die Leistung und Gegenleistung in einem Missverhältnis ste-

467 ARGE = Arbeitsgemeinschaft, in der Regel als einfache Gesellschaft nach OR 530 ff: Zur Ausführung von zeitlich befristeten Projekten mit anderen Bauunternehmen.

468 Boemle/Stolz, Unternehmungsfinanzierung, Band 1, S. 399.

hen. Diese Transaktionen sind im Weiteren dem Führungs- oder Leistungsorgan bekannt.

7.6.4 Vorsorgeverpflichtungen

Die gesetzlichen Angaben im Anhang (OR 959c II, Ziff. 7) vermitteln keine Informationen über die Leistungen zugunsten der Arbeitnehmer des Unternehmens in der beruflichen Vorsorge, obwohl dieser im Rahmen der Human Relations als zweite Säule eine nicht zu unterschätzende Bedeutung zukommt.

Es ist den Unternehmen freigestellt, in welcher Form sie ihre Mitarbeitenden für die Risiken Alter, Invalidität und Tod versichern. Die entsprechenden Angaben sind jedoch für die Beurteilung der Vorsorgeverpflichtungen aus der Sicht der Rechnungslegungsadressaten angebracht.

Die Rechnungslegungsadressaten eines OR-Abschlusses sind aufgrund der knappen Mindestangaben im Anhang überhaupt nicht über den Stand der Vorsorgeeinrichtungen (VE) ihres Unternehmens informiert. Eine komplexe Regelung sieht IFRS 19 vor. Einfacher, aber trotzdem aussagekräftig sind die aus diesem Grund bevorzugten Swiss GAAP FER-Normen.[469] Für die berufliche Vorsorge sind als rechtlich vom Unternehmen getrennte Institutionen Pensionskassen, Versicherungen und Sammelstiftungen zuständig.

Beispiele Angaben über die Art der beruflichen Vorsorge Meyer Burger (Swiss GAAP FER, 2016)

Die Meyer Burger Gruppe hat sich in der Schweiz bezüglich der Personalvorsorge einer Sammelstiftung mit Vollversicherungscharakter angeschlossen. Aufgrund dieser Vollversicherung ist die Meyer Burger Gruppe nicht Risikoträgerin und es ergibt sich neben den ordentlichen Beiträgen keine wirtschaftliche Verpflichtung. Es bestehen auch keine Arbeitgeberbeitragsreserven und somit verfügt die Gruppe über keinen aktivierbaren wirtschaftlichen Nutzen aus Vorsorgeplänen.[470]

Die Mitarbeitenden der nicht schweizerischen Konzerngesellschaften sind im jeweiligen Land den gemäss lokalen Gesetzen geltenden staatlichen Vorsorgeeinrichtungen angeschlossen. In der Folge ergeben sich daraus ausser den als Aufwand verbuchten Beitragszahlungen weder ein wirtschaftlicher Nutzen noch eine wirtschaftliche Verpflichtung.

469 Praxisbeispiel: »RUAG will wegen Vorsorgeregeln nichts mehr von IFRS wissen«, in: NZZ vom 22.3.2016. Die Gesellschaft wechselt auf Swiss GAAP FER.

470 Der bisherige patronale Wohlfahrtsfonds wurde 2015 aufgelöst. Der Liquidationsüberschuss wurde der Arbeitgeberbeitragsreserve (TCHF 2'047) und die freien Mittel (TCHF 288) an die Anteilsberechtigten bzw. ihren Vorsorgeeinrichtungen überwiesen.

Die wirtschaftlichen Auswirkungen der finanziellen Lage der Vorsorgeeinrichtungen (VE) werden gestützt auf die VE-Jahresrechnung beurteilt, welche (BVV 2, Art. 47 II) nach Swiss GAAP FER 26 zwingend zu erstellen ist. Auf der Passivseite erfordern drei Positionen besondere Aufmerksamkeit.

- das Stiftungskapital (freie Mittel/ Unterdeckung),
- die Arbeitgeberbeitragsreserve,
- die Wertschwankungsreserve.[471]

Beim Stiftungskapital ergibt sich nach BVV 2, Art. 44 eine **Unterdeckung**, wenn nach vollständiger Auflösung der Wertschwankungsreserve ein Aufwandüberschuss besteht (FER 26/12). Bei einer **Unterdeckung** liegt das Stiftungsvermögen unter den versicherungsmathematischen Ansprüchen der Rentenberechtigten. Die Wertschwankungsreserve musste vollständig zur Deckung von negativen Ergebnissen der VE herangezogen werden. Arbeitnehmer und Arbeitgeber haben bei Deckungslücken Sanierungsbeiträge zu leisten. Für die Anteile des Arbeitgebers sind die entsprechenden Beiträge als Verbindlichkeiten in Form einer Rückstellung zu erfassen. Bei Arbeitgebern, welche einer gemeinschaftlichen oder Sammeleinrichtung angeschlossen sind, kann eine Über-/Unterdeckung der VE der einzelnen Unternehmen nicht ermittelt werden. Eine **Überdeckung** liegt vor, wenn das Vermögen der VE die Vorsorgeansprüche der Versicherten, Arbeitgeberreserven, Wertschwankungsreserven und die freien Mittel des Stiftungskapitals übersteigt.

Viele Unternehmen verfügen in ihrer Pensionskasse oder in einer besonderen Wohlfahrtseinrichtung (patronale Stiftungen) über eine **Arbeitgeberbeitragsreserve (kurz ABGR).** Diese wird durch freiwillige Zuwendungen gebildet mit dem Zweck, bei unbefriedigendem Geschäftsgang Arbeitgeberbeiträge in späteren Geschäftsjahren durch Auflösung der ABGR zu leisten. Zur Bildung einer ABGR ohne Verwendungsverzicht im Einzelabschluss ist der Mittelabfluss erfolgsunwirksam auf einem Aktivkonto zu erfassen, entweder nach Kontenrahmen KMU unter aktive Rechnungsabgrenzung (Konto 1302) oder unter Finanzanlagen (Konto 1470). Der aktivierte Betrag kann ganz oder teilweise wertberichtigt werden, womit eine stille Reserve entsteht. Die spätere Verwendung ist als Auflösung von stillen Reserven (OR 959c I, Ziff. 3) im Anhang offenzulegen. In der Praxis ist die Verbreitung von ABGR sehr hoch.

Verfügt die VE über frei verwendbares Stiftungskapital, stellt sich die Frage nach dem wirtschaftlichen Nutzen für den Arbeitgeber. Dieser könnte beispielsweise durch Senkung der Arbeitgeberbeiträge Personalaufwendungen sparen. In der Praxis wird jedoch auf die buchhalterische Erfassung dieses Nutzens verzich-

471 Die Wertschwankungsreserve von VE dient nach Swiss GAAP FER 26/14 der nachhaltigen Sicherheit der Erfüllung des Vorsorgezwecks. Sie wird aufgrund von finanzmathematischen Überlegungen und aktuellen Gegebenheiten festgelegt. Sie hat deshalb nicht die Bedeutung einer Wertberichtigung wie die Schwankungsreserve nach OR 960b II.

tet. Wird der Nutzen jedoch bilanziert, erfolgt das unter den langfristigen Finanzanlagen mit der Bezeichnung »Aktiven aus Vorsorgeeinrichtungen« (FER 16/3b).[472] Die AGBR ohne Verwendungsverzicht ist nicht Bestandteil des Stiftungskapitals und deshalb aktivierbar.[473]

Beispiel Erläuterungen zu den Vorsorgeeinrichtungen B+D-Gruppe (Swiss GAAP FER 16, 2016, in TCHF)

Anhang zur Konzernrechnung

Allgemeine Erläuterungen

Arbeitnehmende und ehemalige Arbeitnehmende erhalten verschiedene Personalvorsorgeleistungen oder Altersrenten. Die B+D-Gesellschaften sind bei rechtlich selbständigen VE der B+D-Gruppe angeschlossen. Die wirtschaftlichen Auswirkungen aus den vorhandenen VE werden jährlich beurteilt und der daraus abgeleitete wirtschaftliche Nutzen oder die wirtschaftliche Verbindlichkeit bilanziert.

Personalvorsorgeeinrichtungen

	Über-/Unterdeckung gem. FER 26	Wirtschaftlicher Anteil der Organisation		Auf die Periode abgerechnete Beiträge	Vorsorgeaufwand im Personalaufwand
	2016	2016	2015	2016	2016
Personale Fonds/Vorsorgeeinrichtungen	0	0	0	0	0
Vorsorgepläne ohne Über-/Unterdeckung	0	0	0	– 135	– 135
Vorsorgepläne mit Überdeckung	0	0	0	– 1'769	– 1'769
Total	**0**	**0**	**0**	**– 1'904**	**– 1'904**

472 Der Verwendungsverzicht des Unternehmens dient vor allem zur Sanierung der VE bei einer Unterdeckung. AGBR mit Verwendungsverzicht sind nicht aktivierungspflichtig und stellen keine stillen Reserven dar (HWP, 2014, S. 247).

473 Nach Böckli (Neue Rechnungslegung, S. 118) ist eine Aktivierung im OR-Abschluss unstatthaft. Andere Meinung siehe Helbling, C.: Aktivierung von Arbeitgeberbeitragsreserven in der Firmenbilanz, in: ST 3/2009, S. 223.

Der Ausweis des wirtschaftlichen Nutzens per 31.12.2016 basiert auf der dem Bilanzstichtag vorangehenden Jahresrechnung der BVG nach Swiss GAAP FER 26. Per 31.12.2016 hat die Pensionskasse der B+D-Gruppe einen Deckungsgrad von 115.0% (zum Zeitpunkt der Erstellung des vorliegenden Geschäftsberichts ist dieser Wert noch ungeprüft (Vorjahr 115.8%). Die Wertschwankungsreserve ist noch nicht vollständig geäufnet, weshalb die Pensionskasse keine Überdeckung ausweist. Der technische Zinssatz beträgt 2.0%.

Arbeitgeberbeitragsreserven

	2015	**2016**
Saldovortrag 1.1.	820	406
Verwendung	- 424	- 424
Bildung	0	110
Saldo	**396**	**99**
Zinsen	10	7
Saldo 31.12.	**406**	**107**
Ergebnis im Personalaufwand aus AGB	10	8

Die Arbeitgeberreserven aller Gesellschaften befinden sich in der Vorsorgestiftung B+D AG.

Über PV sowie Bestand und Bildung von ABGR schweigt der OR-Einzelabschluss. Swiss GAAP FER 16 verlangt zwingend die entsprechenden ausführlichen Angaben, welche im folgenden Beispiel dargestellt werden.

7.6.5 Konzernrechnung

Wenn sich rechtlich selbständig bleibende Unternehmen als Tochtergesellschaften unter einem beherrschenden Mutterunternehmen (Obergesellschaft) zu einem Konzern zusammenschliessen, wird die Aussagekraft der einzelnen Abschlüsse wegen der in der Regel engen wirtschaftlichen Beziehungen innerhalb der Unternehmensgruppe stark eingeschränkt.

Aus dem Begriff des Konzerns wird die Pflicht zur Erstellung einer konsolidierten Jahresrechnung (eines Konzernabschlusses) abgeleitet. Damit werden die Vermögens-, Finanz- und Ertragslage so dargestellt, als ob Mutter- und Tochtergesellschaften ein einziges Unternehmen bilden würden. Der schweizerische Gesetzgeber verhielt sich, gleichgerichtet mit der Rechnungslegungspraxis der grossen Unternehmungen, gegenüber der Pflicht zur Erstellung einer aussagekräftigen Konzernrechnung und den dabei anzuwendenden Regeln stets zurückhaltend. Die Lücken in der Gesetzgebung füllten die Fachempfehlungen zur Rechnungslegung mit mehreren FER-Richtlinien aus, welche ab 1994 in Abweichung von den rudimentären Bestimmungen von OR 1991 auf dem True-and-Fair-View-Prinzip aufgebaut wurden. Mit dem Swiss GAAP FER-Konzept 2007 sind mit FER 30 in einem Standard alle Regeln, welche nur für die Konzernrechnung gelten, als Ergänzung zum Regelwerk für die Einzelabschlüsse zusammengefasst worden.

Im OR 1991 wurde die Konzernrechnungspflicht nur für die Aktiengesellschaften vorgeschrieben (aOR 663e-663f), wobei als schwerwiegender Mangel die Anwendung eines allgemein anerkannten Regelwerks nicht zwingend war. Das Rechnungslegungsrecht unterstellte grundsätzlich alle rechnungspflichtigen Unternehmen der Konsolidierungspflicht, wobei diese in der Praxis allerdings wegen der Schwellenwerte von OR 963a nur für mittelgrosse und grosse Unternehmen gilt. Ein anerkanntes Regelwerk muss somit (wie im aOR) nicht angewendet werden, es sei denn, die Beteiligungsrechte oder Anleihensobligationen sind an der Börse kotiert oder eine Minderheit von Gesellschaftern mit 20% des Grundkapitals verlange dies. Grosskonzerne wenden IFRS oder US-GAAP an. In der Praxis grössere Unternehmen ist Swiss GAAP FER der anerkannte Standard für die Erstellung der Konzernrechnung.[474] Auch bei mittelgrossen Konzernen machen freiwillig erstellte Konzernrechnungen nur dann einen Sinn für die Adressaten, wenn diese Swiss GAAP FER entsprechen.

7.7 Besondere Anforderungen an börsenkotierte Gesellschaften

Mit der zunehmenden Ablösung der IFRS durch Swiss GAAP FER als Rechnungslegungsstandard börsenkotierter schweizerischer Gesellschaften fehlen professionellen Investoren bei internationalen Unternehmensanalysen einige wesentliche Informationen, welche IAS/IFRS-Standards bieten. Dadurch ergeben sich Lücken in der zuverlässigen Information der Adressaten der finanziellen Berichterstattung.

Zur Behebung dieser Mängel hat die FER-Fachkommission 2013 das Regelwerk mit einem besonderen Standard 31 für börsenkotierte Unternehmen ergänzt. Sie trägt damit den Besonderheiten der erweiterten Rechenschaftspflicht dieser Unternehmen Rechnung und erleichtert überdies die Vergleichbarkeit von FER-Abschlüssen mit jenen nach internationalen Standards.

7.7.1 Aktienbezogene Vergütungen

Aktienbezogene Vergütungen sind eine besondere Form der variablen Mitarbeitervergütungen, wenn bestimmte Voraussetzungen erfüllt sind, wie die Erfüllung von Unternehmens- oder Bereichszielen, zeitlicher Verbleib im Unternehmen usw. Häufig erfolgen diese Vergütungen nicht in Geld, sondern in Beteiligungs-

474 Siehe Übersicht in FuW vom 10.5.2017.

rechten oder kombiniert in Aktien, Optionen, anderen Beteiligungspapieren und Barausgleich.

Die nach OR 959c II, Ziff. 11 offenzulegenden Angaben sind wegen der unpräzisen Formulierung des Gesetzestextes ungenügend und jene im Vergütungsbericht (VegüV 14 III) nicht Teil der Jahresrechnung. Deshalb stellt FER 31/3 ergänzende Anforderungen an die Berichterstattung über diesen Sachverhalt.

Anhang der Jahresrechnung der BACHEM Holding (Swiss GAAP FER, 2016)

Ein Teil der variablen Vergütung an Konzernleitungsmitglieder sowie ein Teil der Verwaltungsratsentschädigung wird in Form von Aktien der Unternehmung ausgerichtet. Diese Aktien werden unentgeltlich abgegeben. Der Einstandspreis der Aktien wird als Personalaufwand verbucht. Der Anhang der Jahresrechnung enthält eine tabellarische Übersicht mit folgenden Detailangaben für jedes einzelne Mitglied des Verwaltungsrats und der Geschäftsleitung: Anzahl der frei verfügbaren Aktien, Anzahl Aktien mit Sperrfrist, Anzahl Aktien total, Anteil Aktien, zugeteilt im Berichtsjahr; Anzahl frei verfügbarer Optionen, Anzahl Optionen mit Sperrfrist, Anzahl Optionen total, Anzahl Optionen, zugeteilt im Berichtsjahr. Zusätzliche Angaben über einzelne Elemente der gesamten Vergütung für Verwaltungsrat und Konzernleitung finden sich im Vergütungsbericht.

Anhang zur Konzernrechnung 2016

Mitglieder der Konzernleitung der regionalen Geschäftsleitungen sowie der Geschäftsleitungen von grösseren Gruppengesellschaften erhalten 25 bis 30% der variablen Vergütung in Form von Aktien. Die Anzahl zuteilbarer Aktien wird auf der Grundlage der durchschnittlichen Schlusskurse des betreffenden Geschäftsjahres berechnet. Die Aktien sind für eine Dauer von 3 Jahren gesperrt, unterliegen aber keinen weiteren Erdienungsbedingungen. Der Aufwand wird zum zukünftigen Tageswert der Zuteilung geschätzt, abgegrenzt und als Zunahme des Eigenkapitals (Kapitalreserven) verbucht. Allfällige Differenzen zur effektiven Zuteilung werden im Folgejahr erfolgswirksam korrigiert. Zusätzliche Informationen über die einzelnen Elemente der Vergütung für Verwaltungsrat und Konzernleitung enthält der Vergütungsbericht 2016.

Die von FER 31/3 geforderten Informationen finden sich – allerdings in unbefriedigender (wenig präziseren) Formulierung – in den Pflichtangaben von OR 959c II, Ziffer 11.

7.7.2 Aufgegebene Geschäftsbereiche

Für die Beurteilung der Ertragslage einer Unternehmensgruppe ist es unerlässlich, dass ein Vergleich mit dem Vorjahr nicht durch wesentliche Veränderungen in der operativen Tätigkeit, z. B. durch Aufgabe von Geschäftsbereichen, Verkauf, Abspaltungen, Schliessung, Stilllegung oder Veräusserung von Tochtergesellschaften, beeinträchtigt wird.[475]

Swiss GAAP FER 31/4 verlangt, dass nach der Ankündigung Nettoerlös aus Lieferungen und Leistungen und das Betriebsergebnis dieser Geschäftsbereiche getrennt ausgewiesen wird, und zwar im Anhang. Die Bestimmung ist unbefriedigend, weil sie den Begriff des Geschäftsbereichs nicht definiert. Handelt es sich um eine Geschäftssparte, einen geographischen Markt oder um ein bestimmtes Kundensegment? Auch zum Ausweis in der Bilanz äussert sich FER 30/3 nicht (summarischer Ausweis der entsprechenden Aktiven und des Fremdkapitals oder Angabe der wesentlichen Positionen). Kann die Transaktion in den nächsten zwölf Monaten abgewickelt werden, sind die Beträge als Umlaufvermögen bzw. kurzfristige Verbindlichkeiten aufzuführen.[476]

7.7.3 Ergebnis je Beteiligungsrecht (Gewinn je Aktie)

Unter den neutralen Begriff der Beteiligungsrechte fallen Aktien, die in den letzten Jahren allerdings nur noch bei wenigen Gesellschaften üblichen Partizipationsscheine (PS), z. B. Lindt & Sprüngli, Schindler, Kantonalbanken sowie als Ausnahme die Genussscheine (Roche).

Das Ergebnis je Beteiligungsrecht entspricht bei Konzernen dem **Konzerngewinn je Aktie** bzw. Earnings Per Share (EPS). Diese Grösse erhält ihre Bedeutung vor allem im Zusammenhang mit der Kennziffer **Kurs-Gewinn-Verhältnis** (KGV) bzw. Price Earnings Ratio (PER).

Das KGV kann sowohl aufgrund des Ergebnisses des letzten Geschäftsjahres wie auch des zu erwartenden Ergebnisses des laufenden oder des übernächsten Geschäftsjahres berechnet werden.

Bei Gesellschaften mit einfacher Kapitalstruktur (z. B. nur Aktien mit einheitlichem Nennwert) ist die Berechnung des Gewinns je Aktie problemlos. Der Jahresgewinn wird durch die Zahl der ausstehenden Aktien dividiert. Hat sich die Zahl der ausstehenden Aktien im Berichtsjahr verändert, z. B. durch eine ordentliche Kapitalerhöhung, Ausübung von Wandel- und Optionsrechten oder Rückkauf von eigenen Aktien, sind wegen der zu ermittelnden durchschnittlichen Zahl von Aktien unterschiedliche Berechnungen möglich. Für die Investoren ist es zudem wichtig zu wissen, wie sich zukünftige Kapitalerhöhungen auf das Ergebnis je Aktie auswirken werden. Deshalb sind zwei Methoden für die Berechnung des Gewinns je Aktie zu unterscheiden.

---

475 Eberle/Loser, Swiss GAAP FER 31, in: St 4/2014, S. 302.

476 Meyer, Swiss GAAP FER, S. 306.

- Das **unverwässerte Ergebnis je Aktie** (Basic Earnings per Share). Der Periodengewinn wird durch die gewichtete Anzahl der während der Periode ausstehenden Aktien ermittelt.
- Das **verwässerte Ergebnis** (Diluted Earnings per Share). Der Jahresgewinn und der gewichtete Durchschnitt der sich im Umlauf befindenden Aktien werden um die Auswirkungen der zusätzlichen auf die potenziellen Aktien bereinigt. Potenzielle Aktien sind Aktien, welche durch Ausübung von Wandel- oder Optionenrechten (z. B. bei aktienbasierten Vergütungssystemen) entstehen können.

Je nach Umfang der potenziellen Aktien kann der Unterschied zwischen dem unverwässerten und dem verwässerten Ergebnis beträchtlich ausfallen. Der Gewinn je Aktie ist vor allem auch für Nichtfachleute eine sehr leicht verständliche und anschauliche Kennzahl, weshalb diese auch im Jahresabschluss von privaten Aktiengesellschaften, deren Aktien nicht kotiert sind oder ausserbörslich gehandelt werden, dargestellt werden sollte.

Beispiel Gewinn je Aktie Hochdorf (Swiss GAAP FER, 2019, in CHF)

	2019	**2018**
Gewinn je Aktie unverwässert	– 164.56	2.02
Gewinn je Aktie verwässert	– 164.56	1.39
Berechnung Gewinn je Aktie unverwässert:		
Durchschnittlicher gewichteter Aktienbestand	1'453 643	1'404 931
Unternehmensgewinn nach Minderheiten	– 239'214 569	2'844 707
Gewinn je Aktie unverwässert	– 164.56	2.02
Berechnung Gewinn je Aktie verwässert:		
Durchschnittlicher gewichteter Aktienbestand	1'453 643	1'404 931
Verwässerungseffekt Wandelanleihe	393'524	717'136
Aktienbestand verwässert	*1'847 167*	*2'121 067*
Unternehmensgewinn nach Minderheiten	– 239'214 569	2'844 707
Zins aus Wandelanleihe	112'310	118'701
Steuereffekt 12% auf Wandelanleihe	– 12'033	
Unternehmensgewinn verwässert	*– 239'114 292*	*2'950 690*
Gewinn je Aktie unverwässert	– 164.56	1.39

Die Verwässerung wird berechnet aus der Pflichtwandelanleihe über CHF 218.49 Mio. und dem Wandelpreis von CHF 304.67, woraus maximal 717'136 neue Aktien generiert werden. Die Wandelfrist läuft vom 3.1.2018 bis und mit 13.3.2020. Per 31.12.2019 sind nach den bereits erfolgten Wandlungen im Umfang von CHF 98'595'000 noch nominell CHF 119'895'000 ausstehend.

Als Zinsaufwand wird hier nur die Aufzinsung auf der Fremdkapitalkomponente für das laufende Geschäftsjahr berücksichtigt. Die eigentlichen Zinszahlungen werden, wie in Ziffer 15 beschrieben, mit dem Fremdkapitalteil der abgezinsten Zinszahlungen verrechnet.

Für die Ermittlung des Unternehmensergebnisses pro Aktie wird das den Aktionären der HOCHDORF-Gruppe zustehende Unternehmensergebnis durch die durchschnittliche gewichtete Anzahl ausstehender Aktien dividiert. Die gehaltenen eigenen Aktien werden dabei nicht in die Berechnung der durchschnittlich ausstehenden Aktien einbezogen. Der gewichtete Aktienbestand ergibt sich aus der Summe von allen Transaktionen im Berichtsjahr sowie aus dem Zugang durch Bildung von neuen Namenaktien aus Wandlung der Wandelanleihe.

In den letzten Jahren fällt allerdings auf, dass der in der Finanzberichterstattung erwähnte Gewinn von der in der Erfolgsrechnung ausgewiesenen Grösse als Folge von sog. Gewinnbereinigungen oder Normalisierungen abweicht oder mit einem sog. Kerngewinn gerechnet wird. Die im Anhang offengelegten Berechnungen mit den entsprechenden Kommentaren sind deshalb aufmerksam zu lesen.[477]

7.7.4 Latente Ertragssteuern

Für die Berechnung der laufenden und der latenten Ertragssteuern ist Swiss GAAP FER 11 massgebend. Das ordentliche Ergebnis wird in FER 31/7 und FER 3/8 definiert. Im Anhang ist der auf der Basis des ordentlichen Ergebnisses gewichtete durchschnittliche Steuersatz anzuwenden. Überdies ist der Einfluss auf Veränderungen von Verlustvorträgen auf die Ertragssteuern zu quantifizieren und zu erläutern. Die Umsetzung von FER 11 ist in der Praxis im Allgemeinen bei grösseren Gruppen ausführlicher als im Swiss GAAP FER-Einzelabschluss.[478]

7.7.5 Verbindlichkeiten finanzieller Art

Es geht um die Angaben zur Bewertung von finanziellen Verbindlichkeiten, den Konditionen sowie der Erfassung von Wandelanleihen. Die Unternehmen halten sich bei der Bewertung an den Sammelwert, vereinzelt wird auch die Amortized Cost-Methode angewendet, Wandelanleihen werden bei der aktuellen Börsensituation in der Schweiz kaum mehr aufgelegt.

477 Die Krux mit Einmaleffekten im Gewinn (Gewinne «schöngerechnet») in: FuW vom 20.5.2017.

478 Siehe das Beispiel zu den Ertragssteuern nach FER 31.

7.7.6 Segmentberichterstattung

Grössere Unternehmen, insbesondere Unternehmensgruppen (Konzerne), setzen sich in der Regel aus mehreren Geschäftsbereichen oder Produktsparten zusammen. Im Schweizer KMU-Kontenrahmen sind deshalb in der Erfolgsrechnung drei Hauptgruppen von Erlösen vorgesehen:

- Produktion,
- Handel,
- Dienstleistung.

Die Hauptgruppen können überdies nach verschiedenen Bereichen unterteilt werden. Ebenfalls wird der Material-, Handelswaren- und Dienstleistungsaufwand sowie der Personalaufwand getrennt erfasst. Damit kann für jede der drei Geschäftstätigkeiten auf der ersten Stufe der Erfolgsrechnung ein Bruttoergebnis ermittelt werden. Um das betriebliche Ergebnis vor Abschreibungen und Wertberichtigungen (Earnings before Interest, Taxes, Depreciation, Amortization, EBITDA) zu kennen, müssen allerdings auch die übrigen Betriebsaufwendungen nach Geschäftsbereichen getrennt erfasst werden.

Grosskonzerne, welche sich auf eine oder wenige Geschäftssparten beschränken, sind selten geworden. So betrachtet der Schindler-Konzern das Tätigkeitsgebiet Aufzüge und Fahrtreppen als ein integriertes Geschäft[479] und nicht als mehrere unterschiedliche Bereiche, zwischen denen keine oder nur geringe marktorientierte oder technologische Verwandtschaft besteht.

Die durch die Diversifikation der Unternehmenstätigkeit ausgelösten zusätzlichen Informationsbedürfnisse der Rechnungslegungsadressaten sind deshalb bei Grosskonzernen besonders ausgeprägt. Auch wenn die in den 1970er Jahren häufig anzutreffenden extremen Diversifikationsstrategien durch Fokussierung auf Kernaktivitäten abgelöst worden sind, weist beispielsweise der früher klassische Milch-, Kaffee- und Schokoladekonzern Nestlé jetzt sieben unterschiedliche Geschäftszweige mit verschiedenen Wachstumsaussichten auf. Die ausführliche Segmentberichterstattung umfasst Umsatz-, Gewinn- und Bilanzkennzahlen, die bei diversifizierten Konzernen aufgrund von aggregierten Zahlen für den Gesamtkonzern ohne Segmentberichterstattung wenig aussagekräftig sind.[480]

Wenn die Öffentlichkeit Kenntnis vom Jahresabschluss erhält, kann sich die Segmentberichterstattung ungünstig auf das berichterstattende Unternehmen

---

479 Finanzbericht 2016, Anhang Konzernrechnung, S. 55. Die Segmentberichterstattung entfällt. Andere Beispiele für Einspartenkonzerne sind Burkhalter (Elektrotechnikleistungen am Bauwerk), Zehnder Group (Systemanbieter für Innenraumklima) und Lindt & Sprüngli (Premium Schokoladeprodukte).

480 Ausführliche Informationen über die wichtigsten Kennzahlen zur Beurteilung der Entwicklung der wichtigsten Geschäftsfelder verlangen deshalb vor allem die internationalen Rechnungslegungsstandards IFRS und US-GAAP.

auswirken. Konkurrenten können den Angaben allenfalls nützliche Informationen für ihr eigenes Marktverhalten entnehmen. Swiss GAAP FER verzichtete deshalb wegen des Widerstandes führender Unternehmen gegen diese Informationspflichten bis 2013 auf einen eigenen Standard zur Segmentberichterstattung. FER-Anwender mit kotierten Beteiligungsrechten werden jedoch nun mit FER 31 (Ergänzende Fachempfehlungen) generell zu einer erhöhten Transparenz verpflichtet.

Beispiel ausführliche Segmentberichterstattung Jungfraubahn Holding (Swiss GAAP FER, 2016, in TCHF)

Anhang der Konzernrechnung

	2015	2016	Veränderung	in %
Segmentumsätze				
Nettoumsatz Jungfraujoch – Top of Europe	117'569	110'855	– 6'714	– 5.7%
Nettoumsatz Erlebnisberge	15'580	18'431	2'851	18.3%
Nettoumsatz Wintersport	26'808	24'187	– 2'621	– 9.8%
Nettoumsatz übrige Segmente	421'228	41'130	902	2.2%
Elimination konzerninterne Umsätze	– 25'697	– 26'573	– 876	3.5%
Total Betriebsertrag gemäss Erfolgsrechnung	**175'488**	**169'030**	**– 6'458**	**– 3.7%**
Segmentergebnisse EBITDA				
EBITDA Jungfraujoch – Top of Europe	62'481	54'169	– 8'312	– 13.3%
EBITDA Erlebnisberge	5'348	7'627	2'279	42.6%
EBITDA Wintersport	2'139	– 202	– 2'341	– 109.4%
EBITDA übrige Segmente	9'434	9'483	49	0.5%
Eliminationen Konzern	2	– 7	9	– 128.6%
Total EBITDA gemäss Erfolgsrechnung	**79'395**	**71'079**	**– 8316**	**– 10.5%**

Zu den übrigen Segmenten zählen insbesondere das Kraftwerk der Jungfraubahn, die Jungfraubahn Management AG sowie das Parkhaus Lauterbrunnen. Das Segment Wintersport umfasst die Jungfrau-Skiregion mit Pisten-, Winterwander- und Schlittenangeboten. Der Lagebericht erläutert verbal das Geschäftsmodell und die Marktentwicklung der Segmente. Der Nutzen der Segmentberichterstattung zeigt sich in der Offenlegung der Segmentergebnisse, welche im Gesamtergebnis der Konzernerfolgsrechnung verschleiert werden, z. B. die negativen Ergebnisse im Bereich Wintersport und der Aufschwung im Bereich Erlebnisberge.

Diese umfasst zwingend Informationen über Geschäftsbereiche oder Sparten sowie Segmentergebnisse und geographische Märkte. Um den Bedenken der betroffenen Gesellschaften gegen diese Bestimmungen Rechnung zu tragen, kann jedoch in begründeten Fällen auf den Ausweis der Segmentergebnisse verzichtet werden.

FER 31/8

Die auf der obersten Leitungsebene für die Unternehmenssteuerung verwendete Segmentrechnung ist auf Stufe Segmenterlöse sowie Segmentergebnisse offenzulegen und auf die Erfolgsrechnung überzuleiten. Dabei können wirtschaftlich ähnliche Sparten (z. B. gleichartige Durchschnittsmargen, vergleichbare Produkte und Dienstleistungen) zusammengefasst dargestellt werden, wenn dadurch die Aussagekraft der Segmentrechnung nicht beeinträchtigt wird. In begründeten Fällen kann auf den Ausweis der Segmentergebnisse verzichtet werden.

Einspartenunternehmen betrachten deshalb nur die geographischen Märkte als berichtspflichtige Segmente.

Beispiel Verzicht auf Offenlegung der Segmentergebnisse Bell-Gruppe (Swiss GAAP FER, 2016)

Anhang zur Konzernrechnung

Bell informiert über die Verkaufsumsätze, die Investitionen und die Personalbestände der drei geographischen Märkte und der Hilcona (Convenience Produkte). Abweichend zu der ergänzenden Fachempfehlung für kotierte Unternehmen (Swiss GAAP FER 31) sieht der Verwaltungsrat der Bell AG im Interesse der Aktionäre von der Veröffentlichung der detaillierten Segmentergebnisse aus folgenden Gründen ab:

Rückschlüsse auf die Preisgestaltung

Das Produktsegment der Bell-Gruppe unterscheidet sich je Segment. Während im Segment Bell Schweiz ein breites Segment an Frischfleisch, Geflügel, Seafood und Charcuterie vermarktet wird, beschränkten sich die Sortimente in den übrigen Segmenten auf die spezifischen Warengruppen Charcuterie, Geflügel und Convenience. Rückschlüsse auf die Preisgestaltung in diesen Warengruppen wären bei einer Offenlegung von Segmentergebnissen entsprechend leicht möglich. Dadurch hätte die Bell-Gruppe einen erheblichen Wettbewerbsnachteil.

Beeinträchtigung Verhandlungsposition

Der europäische Markt zeichnet sich durch eine geringe Anzahl Marktteilnehmer auf dem Beschaffungs- und Absatzmarkt aus. Gleichzeitig gibt es dazwischen eine Vielzahl von Verarbeitern/Produzenten. Die Bell-Gruppe ist eines der wenigen Unternehmen in der Branche, welches seine Ergebnisse und Finanzzahlen veröffentlicht. Die Offenlegung von detaillierten Segmentergebnissen hätten die Folge, dass sich dadurch in Bezug zur Konkurrenz die Verhandlungsposition der Bell-Gruppe gegenüber Abnehmern und Lieferanten verschlechtern würde.

7.8 Zwischenberichterstattung

Die Zwischenberichterstattung ist in KR 50 vorgeschrieben. Verlangt werden Halbjahresabschlüsse. Die Veröffentlichung von Quartalsabschlüssen ist dagegen freiwillig. Zwischenabschlüsse sind nicht prüfungspflichtig. Für die Erstellung sind die Bestimmungen der anerkannten Rechnungslegungsstandards massgebend. Mit FER 31 ist der bisherige Standard FER 12 aufgehoben worden. Kern der Zwischenberichterstattung ist eine verkürzte Darstellung von Bilanz, Erfolgs- und Geldflussrechnung sowie des Eigenkapitalnachweises. Ferner sind Erläuterungen über die Tätigkeit und den Geschäftsverlauf im Berichtzeitraum verlangt (FER 31, Ziffer 9-12). Bei den Informationen im Zwischenbericht sind die gleichen Grundsätze wie in der Jahresrechnung einzuhalten. Vereinfachungen sind zulässig, sofern damit keine Beeinträchtigung der Darstellung des Geschäftsgangs verbunden ist.

7.9 Freiwillige Angaben im Anhang

Der vom Gesetz oder den Fachempfehlungen geforderte Katalog von Anhangangaben kann im Interesse eines zuverlässigen Urteils über die wirtschaftliche Lage durch weitere Informationen ergänzt werden, z. B. durch weitergehende Einzelheiten bei den Angaben zur Bewertung, insbesondere bei immateriellen Werten, quantifizierte Angaben zur im Lagebericht erwähnten Forschungs- und Entwicklungstätigkeit.[481]

Bei Gesellschaften mit börsenkotierten oder ausserbörslich gehandelten Aktien sind Informationen über die wichtigsten Kennzahlen je Aktie und die Börsenkursentwicklung im Mehrjahresvergleich zweckmässig.

481 Zahlreiche von Böckli (Neue OR-Rechnungslegung, S. 170/171) als zweckmässig bezeichneten freiwilligen Angaben betreffen den Abschluss nach OR. In Swiss GAAP FER-Abschlüssen sind diese Pflicht.

8 Geldflussrechnung

8.1 Entwicklung und rechtliche Grundlagen

Die traditionellen Abschlussbestandteile Bilanz und Erfolgsrechnung schweigen sich fast völlig über Massnahmen aus, wie die Unternehmensleitung die oft vordringliche Aufgaben erfüllt, die Zahlungsfähigkeit zu erhalten, sowie über die Ursachen der Zu- und Abnahme der flüssigen Mittel, über Finanzierungs- und Investierungsvorgänge. Sowohl für die Aufsichts- und Leitungsorgane der Gesellschaft als auch die externen Adressaten der Rechnungslegung sind aussagekräftige Informationen über Stand und Veränderung der Liquidität jedoch unerlässlich. Dieser Mangel muss deshalb durch zusätzliche Aufstellungen behoben werden, welche über die durch die betriebliche Tätigkeit erwirtschafteten Finanzmittel, die für Investitionen und Zahlungen an Fremd- und Eigenkapitalgelder zur Verfügung stehen, informieren.

Amerikanische Autoren haben das Problem schon früh erkannt und in verschiedenen Publikationen die Darstellung der Liquidität in Form einer besonderen Rechnung, dem sog. Funds Statement (**Statement of Sources and Application of Funds)** vorgeschlagen.

Ursprünglich wurden diese Aufstellungen aus den Bestandesdifferenzen der Bilanz abgeleitet (sog. Veränderungsbilanz). Bei der Zusammenfassung von Beträgen aus der Veränderungsbilanz werden Bilanzgruppen gebildet. In den USA wurde dafür der Begriff der »funds« geprägt, was Käfer als »Mittelgesamtheit« oder kürzer **»Fonds«** bezeichnet. Durch Interpretation der Bestandesänderungen als Mittelherkunft und Mittelveränderungen wurde eine **Bewegungsbilanz** mit Fokus auf die Liquidität erstellt:[482]

Mittelherkunft: Zunahme Passiven (+ P) oder Abnahme Aktiven (– A)
Mittelverwendung: Abnahme Passiven (– P) oder Zunahme Aktiven (+ A)

In der erweiterten Fassung werden in die Bewegungsbilanz auch Kontenumsätze und Angaben aus der Erfolgsrechnung (z. B. Jahresgewinn, Abschreibungen, Veränderung der Rückstellungen) einbezogen. In den 1950er Jahren verbreitete sich in den USA unter verschiedenen Bezeichnungen und Formen die Veröffentlichung von Funds Statements. Messgrösse für die Beurteilung der Liquidität war in der Regel das

482 Coenenberg/Haller/Schultze, Jahresabschluss und Jahresabschlussanalyse, S. 806.

Nettoumlaufvermögen (Net Working Capital, kurz NWC).[483] Der Accounting Principles Board (APB) bemühte sich 1971 um eine gewisse Vereinheitlichung, so in der Bezeichnung »Statement of Changes in Financial Position«. APB liess die Wahl des Fondstypus offen. Empfohlen wurden Zahlungsmittel, monetäre Nettoaktiven oder Nettoumlaufvermögen. Für die unterschiedlichen Fondstypen wählte Käfer in seinem grundlegenden Werk als einheitliche Bezeichnung **Kapitalflussrechnung.**[484]

Besonders hervorzuheben ist, dass in den herkömmlichen Fondsrechnungen der amerikanischen Unternehmen die Zusammenfassung von Reingewinn und Abschreibungen als sog. Cashflow nicht erscheint. Mittelflüsse aus Geschäftstätigkeit sind »Funds Provided by Operation« (FPO).

Deutsche und zögernd auch schweizerische Unternehmen ergänzten in Anlehnung an die Entwicklung in den USA die jährliche Finanzberichterstattung in den 1960er Jahren mit **Mittelflussrechnungen** in Form von sog. Bewegungsbilanzen. Der Informationswert dieser Zusatzrechnungen war jedoch beschränkt, denn ihre Aussagekraft entsprach jener des Jahresabschlusses. Mit der wachsenden Kritik an der Aussagekraft des Nettoumlaufvermögens zur Beurteilung der Liquiditätsentwicklung wurden vermehrt geldnahe Fonds verwendet, wobei sich die Kapitalflussrechnung dem Konzept der **Geldflussrechnung** näherte.[485]

Mit der Geldflussrechnung werden Informationen bereitgestellt über Zahlungsströme, welche zusammen mit weiteren Angaben aus Bilanz, Erfolgsrechnung und Anhang eine Beurteilung ermöglichen über

- die Fähigkeit eines Unternehmens oder Konzerns, aus der operativen Tätigkeit Zahlungsmittelüberschüsse zu erwirtschaften. Darüber gibt die Erfolgsrechnungen keine ausreichenden Informationen, weil der ausgewiesene Unternehmensgewinn nicht mit einer Vermehrung der flüssigen Mittel gleichgesetzt werden kann. Einerseits verursacht ein Teil der Aufwendungen wie Abschreibungen, Wertberichtigungen und Bildung von Rückstellungen keinen Geldabfluss und andererseits sind Erträge nicht immer liquiditätswirksam.
- die Ursachen über die Differenzen zwischen dem Cashflow aus Geschäftstätigkeit und dem Jahresergebnis (Auflösung von Rückstellungen, stillen Reserven, Werterhöhungen von Finanzanagen usw.) und damit der Gewinnqualität.
- die Fähigkeit des Unternehmens oder des Konzerns, die Zahlungsverpflichtungen fristgerecht zu erfüllen, Gewinnausschüttungen vorzunehmen und die Kreditwürdigkeit zu erhalten.
- Investitionen aus eigener Kraft zu finanzieren.

483 Entsprechend der damaligen Bedeutung der Current Ratio als Liquiditätskennziffer betrachtet.

484 Käfer, Kapitalflussrechnung (1984), S. 55. Diese Bezeichnung verwendet konsequent nach wie vor die deutsche Gesetzgebung (HGB 297 I) auch DRS 21 für die Darstellung mit dem Fonds Zahlungsmittel.

485 Boemle, Von der Bewegungsbilanz zur Geldflussrechnung, in: Festschrift Georgio Behr, S. 233.

Nachdem in den USA 1987 mit FAS 95 das Statement of Cash Flows als verpflichtende Darstellung eingeführt wurde, gab diese der Form der Geldflussrechnungen weltweit Auftrieb. 1992 legte der IASB für eine Geldflussrechnung als Pflichtbestandteil des Jahresabschlusses Regeln fest, welche sich an das amerikanische Vorbild anlehnten. IAS 7 ist ohne grundlegende Überarbeitung immer noch in Kraft. Dieser Standard hat FER 4 massgeblich beeinflusst.

Die europäischen Gesetzgeber haben die Rechnungslegungsvorschriften nur zögernd angepasst.[486] Das HGB 297 sieht eine Kapitalflussrechnung seit 2004 zwingend nur für Konzernabschlüsse vor. Seit 2009 ist diese auch in Einzelabschlüssen von allen kapitalmarktorientierten Unternehmen zu erstellen (HGB 264). Gemäss HGB 342 regelt das Rechnungslegungsstandard Committee (DRSC) das Nähere in DRS 21 zur Kapitalflussrechnung.

Nachdem 1991 der schweizerische Gesetzgeber im revidierten Aktienrecht ebenfalls auf eine Regelung verzichtet hat, sprang die Börse 1996 mit den Kotierungsvorschriften in die Lücke. Für börsenkotierte Gesellschaften wurde nach aFER 6 (1994) eine Mittelflussrechnung zwingend, wobei die Wahl des Fonds offengelassen wurde. Der Fonds Nettoumlaufvermögen wurde jedoch als weniger geeignet bezeichnet.

Der Vorschlag im Entwurf zum Rechnungslegungsrecht im Jahr 2007 (OR 961), grösseren Unternehmen die Geldflussrechnung als Bestandteil des Jahresabschlusses vorzuschreiben, war deshalb bemerkenswert.[487] Das Rechnungslegungsrecht umschreibt die Geldflussrechnung in OR 961b wie folgt.

> Die Gelflussrechnung stellt die Veränderung der flüssigen Mittel des Unternehmens infolge Ein- und Auszahlungen aus der Geschäftstätigkeit, Investitionstätigkeit und Finanzierungstätigkeit je gesondert dar. Die Veränderungen der Flüssigen Mittel zwischen den Bilanzdaten ist nachzuweisen.

Das Rechnungslegungsrecht beschränkt sich jedoch auf die Festlegung des Fonds (flüssige Mittel) und die Gliederung in drei Aktivitätsbereiche. Es fehlen nähere Bestimmungen, welche aufzeigen, wie die Geldflussrechnung im Einzelnen zu gliedern ist, um zum Ausweis der drei Netto-Cashflow aus der operativen, der Investitions- und der Finanzierungstätigkeit zu gelangen.

Für Unternehmen, welche nicht zur ordentlichen Revision verpflichtet sind, ist die Erstellung einer Geldflussrechnung freiwillig. Von Gesetzes wegen muss OR 961b bei der Darstellung nicht angewendet werden.[488] Swiss GAAP FER 4 ist als Kern-FER jedoch auch für KMU unter den Anwendern verbindlich. Konzerne sind im Abschluss des Mutterunternehmens nach OR 961d von einer Geldflussrechnung befreit, wenn

---

486 Die letzte EU-Richtlinie 2013/34 »über den Jahresabschluss und damit verbundene Berichte« erwähnt die Mittelflussrechnung als Teil des Jahresabschlusses immer noch nicht.

487 Gemäss Botschaft des Bundesrats zum Rechnungslegungsrecht 2007, S. 1717.

488 Pfaff/Glanz/Stenz/Zihler, Kommentar zu OR 961b, Anm. 4, S. 549.

sie eine Konzernrechnung nach einem anerkannten Standard der Rechnungslegung erstellen, welcher auch eine konsolidierte Geldflussrechnung einschliesst.

Die Zurückhaltung der in- und ausländischen Gesetzgebungen bei der Regulierung der verschiedenen Varianten von Cash Flow Statements veranlasste die privaten Gremien zur Setzung von Rechnungslegungsstandandards, sich dieser Aufgabe anzunehmen. Die von der VASR 1 anerkannten Regelwerke wie IAS 7, US GAAP und Swiss GAAP 4 enthalten entsprechende Normen. Ist die Geldflussrechnung gesetzlicher Bestandteil der Jahresrechnung, sind grundsätzlich die Grundsätze ordnungsgemässer Buchführung und Grundsätze ordnungsgemässer Rechnungslegung anwendbar. Trotz der sehr knappen Regelung in OR 961b besteht für die grösseren Unternehmen durch die anerkannten Standards der Rechnungslegung ein klarer Rahmen zur Gestaltung der Geldflussrechnung sowohl für den Einzelabschluss wie für die Konzernrechnung. Weil das Rechnungslegungsrecht auf ein verbindliches Gliederungsschema verzichtet, haben die Gesellschaften beim Abschluss nach OR in der Praxis bei der Darstellung verschiedene Wahlrechte, z. B. bei der Zuordnung einzelner Positionen oder der Bildung von Subtotalen. Auch die anerkannten Standards der Rechnungslegung (mit Ausnahme von DRS 21) sehen Optionen vor. Die Mindestgliederung von Bilanzen und Erfolgsrechnungen nach OR bieten eine nicht verbindliche Orientierung, allerdings ist nach dieser der Ausweis der Gelflussrechnung auszurichten.

8.2 Struktur und Darstellung der Geldflussrechnung

8.2.1 Begriff des Fonds

Die Geldflussrechnung ergänzt die Bilanz und die Erfolgsrechnung durch die Darstellung der Geldströme einer Periode.

Der Fonds, welcher Zahlungsmittel (Flüssige Mittel) und Zahlungsmitteläquivalente umfasst, wird die eine zu definierende Gesamtheit von Zahlungsmittel bezeichnet.

Die Veränderung des Fonds und der Nachweis der Ursachen ist ein wichtiger Indikator zur Beurteilung der Liquiditätsentwicklung eines Unternehmens. Nachdem die früheren Funds Statements, welche – wie aFER 6 mehrere Fondsvarianten zugelassen haben – in den anerkannten Standards der Rechnungslegung durch Cash Flow Statements abgelöst worden sind, gelten grundsätzlich nur Zahlungsmittel und äquivalente Zahlungsmittel als Fonds (IAS 7). Das Nettoumlaufvermögen ist als Fonds nicht mehr gesetzeskonform. Die Zahlungsmittel umfassen Barmittel und Sichteinlagen bei Banken (IAS 7/6). Zahlungsmitteläquivalente werden in FER 4/4 als »geldnahe Mittel, die als Liquiditätsreserve gehalten werden« umschrieben. Es handelt sich um kurzfristige Finanzmittel, die jederzeit in flüssige Mittel umgewandelt werden können und nur unwesentlichen Wertschwankungen unterliegen. Diese Definition entspricht DRS 21, Ziffer 9, welcher zusätzlich präzisiert, dass kurzfristige Finanzmittel »im Erwerbszeitpunkt nur eine Restlaufzeit von maximal drei Monaten haben.« Keine flüssigen Mittel sind Festgelder mit einer Restlaufzeit von über drei Monaten, weil diese nur beschränkt flüssig gemacht werden können. Börsenkotierte Obligationen haben ebenfalls eine längere Restlaufzeit, Aktien überhaupt keine, weshalb diese, auch wenn sie nur kurzfristig zur Anlage überschüssiger Liquidität gehalten werden, wegen der Kursschwankungen nicht als Zahlungsäquivalente betrachtet werden. Dies gilt auch für Anteilscheine von Effekten- und Immobilienfonds nach KAG. Die Bilanzposition nach OR 959a I Ziffer 1 lit. a entspricht nicht der Fondsdefinition »flüssige Mittel« von OR 961b. FER 4/5 übernimmt von IAS 7/8 auch die Ausnahme bezüglich kurzfristige Bankkontokorrentkrediten mit Schwankungen des Kontensaldos mit Soll- und Habenbeständen, die Bestandteil der Zahlungsmitteldispositionen des Unternehmens sind und als kurzfristige Bankverbindlichkeiten den **Fonds Netto Flüssige Mittel** gelten. Flüssige Mittel und Netto Flüssige Mittel sind als Fonds nach Rechnungslegungsrecht zulässig.[489]

8.2.2 Darstellung und Gliederung der Geldflussrechnung

Grundsätzlich bestehen für die Geldflussrechnungen zwei Darstellungsmöglichkeiten. Die Geldflüsse können entweder nach Mittelherkunft und Mittelverwendung (Finanzflussformat) oder nach dem Bereichsaspekt (Aktivitätsformat) gegliedert werden. Entsprechend den Vorgaben von den anerkannten Standards der Rechnungslegung und dem Rechnungslegungsrecht ist das **Aktivitätsformat** in der Rechnungslegung die Regel. Die Gliederung der Investierungs- und Finanzierungsbereiche nach Geldzuflüssen und Geldabflüssen erhöht die Übersicht.[490] Der Saldo der drei Bereiche zeigt entweder einen Überschuss, welcher den Bestand der flüssigen Mittel erhöht, oder einen Fehlbetrag, welcher aus dem Anfangsbestand des Fonds gedeckt werden muss.

Beispiel Ausweis Fonds Netto Flüssige Mittel Hoher Kasten Drehrestaurant und Seilbahn AG (OR, 2014-2018, in CHF)

Summarische Geldflussrechnung (Mehrjahresvergleich)

	2014	2015	2016	2017	2018
Geldfluss aus Betriebstätigkeit	974'880	1'021'014	920'383	917'881	1'298'414
Geldfluss aus Investitionstätigkeit	– 1'378'490	– 1'419'440	– 1'13'7'295	– 190'915	– 115'286

489 OR 961b i.V. m. VASR 1 sowie HWP, 2014, S. 277. In Übereinstimmung mit DRS 21/19 und 21/34.

490 Meyer, Accounting, S. 36.

Geldfluss aus Finanzierungstätigkeit	275'000	500'000	200'000	– 425'000	– 1'100'000
Veränderung Netto Flüssige Mittel	**- 128'609**	**101'568**	**- 16'912**	**301'966**	**83'128**

Der Fonds Netto Flüssige Mittel weist folgende Zusammensetzung auf:

	2014	**2015**	**2016**	**2017**	**2018**
Flüssige Mittel	32'290	49'049	31'249	333'038	416'166
Kurzfristige verzinsliche Verbindlichkeiten	– 85'874	– 1'066	– 178	–	–
Netto Flüssige Mittel	**– 53'584**	**47'983**	**31'079**	**333'038**	**416'166**

In den Jahren 2014-2018 war es nicht möglich, die hohen Investitionen aus dem Geldfluss aus betrieblicher Tätigkeit (operativer Cash Flow) zu decken, weshalb die Hypotheken um CHF 975'000 erhöht worden sind. Nach Abschluss der Erweiterungsinvestitionen konnte 2017 CHF 425'000 Hypotheken zurückbezahlt und der Bestand an Netto Flüssigen Mitteln, von CHF 31'072 auf CHF 333'038 erhöht werden. Es bestehen keine kurzfristigen verzinsliche Verbindlichkeiten mehr.

Für Banken ist der getrennte Ausweis von Geldflüssen nach Geldabflüssen für jede Position der Geldflussrechnung nach FINMA-RS 15/1 vorgeschrieben.[491] Ein Geldabfluss aus Geschäftstätigkeit wird als Cashdrain bezeichnet (▶ Abb. 16).

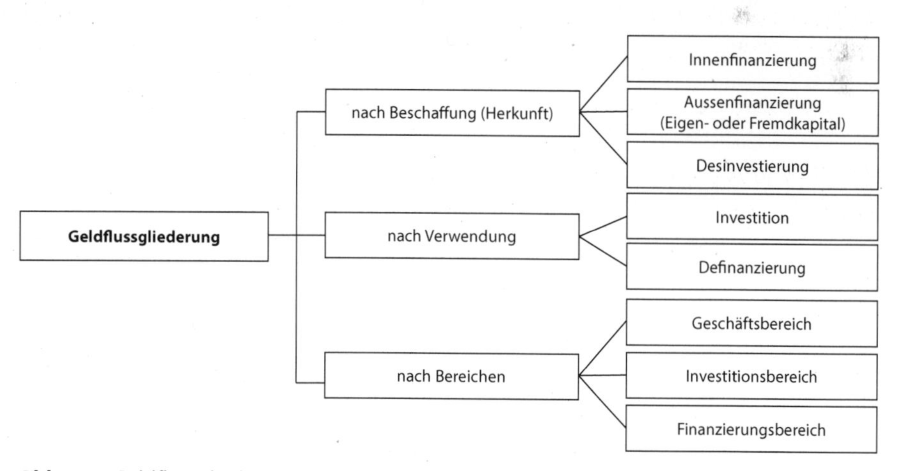

Abb. 16: Geldflussgliederung

491

Die Gliederung nach Bereichen ist im Rechnungslegungsrecht vorgeschrieben, was in der Darstellung die Staffelform voraussetzt. Die früher übliche Darstellung in Kontenform nach Mittelherkunft und -verwendung ist damit überholt. Der Geldfluss aus operativer Tätigkeit kann nach zwei Methoden erfolgen:[492]

- In der **direkten Methode** werden Einzahlungen von Kunden für die Lieferung von Waren, Fabrikaten und Leistungen, aus Finanzanlagen (Zinsen und Dividenden), aus Vermietungen sowie die Auszahlungen für Lieferantenrechnungen, Löhne und Gehälter, Personalvorsorge sowie sonstige betriebliche Aufwendungen ausgewiesen. Dies setzt voraus, dass die zahlungswirksamen Geschäftsfälle getrennt erfasst werden. Die periodengerechte Erfolgsermittlung erfordert zahlreiche nicht zahlungswirksame Buchungstatsachen wie Abschreibungen, Bildung und Verwendung von Rückstellungen, sowie Wertberichtigungen als Folge von Impairments, was aufwendige Analysen des gesamten Buchungsverkehrs erfordert.[493]
- Die **indirekte Methode** hat sich für den operativen Bereich durchgesetzt, weil die Ermittlung der Geldzu- und abflüsse aus Geschäftstätigkeit eng mit der Erfolgsermittlung zusammenhängt. In Anlehnung an die früher üblichen Mittelflussrechnungen ist das Periodenergebnis die Ausgangsgrösse. Es wird um die nicht liquiditätswirksamen Erträge und Aufwendungen korrigiert.[494] Entsprechend der früheren traditionellen Darstellung wird von verschiedenen Unternehmen aus den erwähnten Positionen ein Zwischenergebnis gebildet, was die anerkannten Standards der Rechnungslegung nicht vorsehen. Deshalb fehlt dem Subtotal der Positionen aus dem Bereich Geschäftstätigkeit eine einheitliche Bezeichnung. Nach der Lehre ist es irreführend, diese Grösse als Cash Flow oder Cash Earnings zu bezeichnen.[495] Die Bezeichnung »erarbeitete Mittel« ist zutreffender, weil sie nicht auf Geldflüsse hinweist und Verwechslungen mit dem echten operativen Cashflow vermeidet.

Im Bereich aus Geschäftstätigkeit sind die durch nicht zahlungswirksame Aufwendungen und Erträge verursachten Veränderungen der Positionen des Umlaufvermögens (ohne flüssige Mittel, insbesondere der Vorräte und der Kundenforderungen sowie der kurzfristigen Lieferantenverbindlichkeiten sowie aktive und passive Rechnungsabgrenzungen) bei der Beurteilung des operativen Cashflows – Subtotal aus dem Bereich aus Geschäftstätigkeit – zu beachten.[496]

Bei der direkten oder indirekten Methode stimmt der Bereichssaldo Geldfluss aus Unternehmenstätigkeit betragsmässig überein. Nach FER 4/2 muss bei der in-

492 FER 4/2.
493 Meyer, Accounting, S. 34.
494 Meyer, Swiss GAAP FER, S. 89.
495 Käfer, Kapitalflussrechnung, S. 346.
496 Eine Zunahme wirkt sich auf die Liquidität wie eine kurzfristige Investition bzw. Finanzierung aus (nach Behr/Leibfried, Rechnungslegung, S. 239).

direkten Methode in einer Überleitung der Nachweis nach folgendem Schema erbracht werden:

	Jahresergebnis
+ /-	nicht liquiditätswirksame Aufwendungen/Erträge
+ /-	Veränderungen Positionen des Umlaufvermögens
=	Geldfluss aus Geschäftstätigkeit (operativer Cashflow)

Für die Darstellung der Geldflüsse aus Investitions- und Finanzierungstätigkeit ist nur die direkte Methode zulässig. Für Rechnungslegungsadressaten ohne vertiefte Ausbildung im finanziellen Rechnungswesen ist die direkte Methode einfacher zu verstehen. Bei der indirekten Methode weisen die einleitend aufgeführten Positionen Reingewinn, Abschreibungen, Veränderung der Rückstellungen und weitere Positionen nicht auf Geldflüsse hin. Der Umfang der tatsächlichen Geldflüsse der Ein- und Auszahlungen in der Berichtsperiode ist nicht ersichtlich.[497]

Ein Gliederungsschema schreibt das Rechnungslegungsrecht nicht vor. Die Darstellung sollte sich aber gemäss Botschaft an die Mindestgliederung nach Bilanz und Erfolgsrechnung orientieren und die Vorjahreszahlen erfassen.

FER 4/9 und 9-12 zeigt die Gliederung der drei Bereiche. Die gesetzliche Bezeichnung Geschäftstätigkeit ist zu weit gefasst. Die anerkannten Standards der Rechnungslegung verwenden »Betriebstätigkeit«, »operating activities«, »laufende Geschäftstätigkeit«, d. h. auf Erlöserzielung gerichtete Tätigkeit des Unternehmens.[498]

Teilweise bestehen Zuordnungen bei Geldflüssen aus drei Kategorien. Dies ist beispielsweise bei Zins- und Dividendeneinnahmen sowie Zinszahlungen der Fall, wobei die Zuordnung jeweils zu begründen ist. In der Praxis wird diese häufig dem operativen Bereich zugeordnet.

Nicht im Rechnungslegungsrecht vorgeschrieben, aber üblich, ist der Ausweis der Bestände an flüssigen Mitteln zu Jahresbeginn und -ende. Die Veränderung ergibt sich auch aus der Summe der drei Geldflüsse.

Anstelle des Gesetzgebers haben das Setzen von verbindlichen Bestimmungen zur Gestaltung der Geldflussrechnung die Standardsetter zur Rechnungslegung übernommen, international des IASB mit IAS 7, in der Schweiz Swiss GAAP FER mit FER 7 und besonders ausführlich für Deutschland das DRSC mit DRS 21. Diese dienen dem Einzelabschluss bei der Erstellung einer Geldflussrechnung nach OR als Orientierung.

Die Vorschriften des Rechnungslegungsrecht betreffen sowohl den Einzelabschluss wie die Konzernrechnung von grösseren Unternehmen nach OR 961 i.V.m. OR 727 II. Börsenkotierte Gesellschaften und Emittenten von Anleihen sind bis auf

497 Meyer, Accounting, S. 22.
498 DRS 21, Zusammenfassung.

wenige Ausnahmen Konzerne, welche eine Konzernrechnung nach anerkannten Standards zur Rechnungslegung erstellen und nach OR 961d I für die Holding und die Tochtergesellschaften auf eine Geldflussrechnung verzichten können.[499] Die überwiegende Mehrheit der rechnungspflichtigen Unternehmen unterstehen wegen der grosszügig festgelegten Kriterien in OR 727 II deshalb nicht der Pflicht zu Erstellung einer Geldflussrechnung.

Sachverständige der Rechnungslegung und der finanziellen Unternehmungsführung empfehlen auch den KMU, freiwillig eine Geldflussrechnung zu erstellen. Als Folge der für die Gestaltung bestehenden Wahlfreiheit fehlt, wegen der unterschiedlichen Darstellung vor allem des Subtotals Cash Flow, die zwischenbetriebliche Vergleichbarkeit. Dies zeigen vor allem die von Gesellschaften, deren Aktien im OTC-Markt gehandelt werden, nach OR veröffentlichten Geldflussrechnungen. Die Existenz von stillen Reserven erschwert den Vergleich zwischen Geldflussrechnungen, die nach OR erstellt worden sind.

Nach OR sind im Jahresabschluss zu Vergleichszwecken auch die Zahlen aus dem Vorjahr aufzuführen. Diese ausserordentlichen Vorgänge kann jedoch die Beurteilung der Unternehmenstätigkeit beeinträchtigen. Aus diesen Überlegungen sind in den USA für die Geldflussrechnung die Zahlen für eine 3-Jahres-Vergleichsperiode auszuweisen. In verschiedenen Beispielen wird diese Praxis in Ergänzung zu den veröffentlichten Berichten übernommen.

Beispiel freiwillig erstellte Geldflussrechnung einer KMU mit eingeschränkter Revision Säntis Schwebebahn AG (OR)

Das Beispiel zeigt eine Geldflussrechnung (wie bei anderen Unternehmen hin und wieder unter der herkömmlichen Bezeichnung Mittelflussrechnung) eines anlageintensiven Unternehmens in einer Phase mit lebhafter, den betrieblichen Cash Flow markant übersteigender Investitionstätigkeit. Die Gesellschaft hat sich seit dem 1935 eröffneten Bahnbetrieb zu einem mit einem Aktienkapital von CHF 2.4 Mio. und rund 16'000 Aktionären breit abgestützten Tourismusunternehmen mit Hotel- und Gastronomiebetrieben entwickelt. Ab 2013 erfolgte die Realisierung eines Neubauprojektes Hotel Schwägalp mit Kosten von CHF 42 Mio., welches 2016 abgeschlossen und wegen der gesunden Kapitalstruktur mit einer Aktienkapitalerhöhung und Aufnahme von langfristigen Darlehen problemlos finanziert werden konnte. Der hohe Eigenfinanzierungsgrad von 94% Ende 2014 hat sich nach einem Rückgang 2015 auf 51% mit 60% Ende 2017 normalisiert. Anstelle einer Barausschüttung erhielten die Aktionäre nach ihrem Aktienbesitz abgestufte Gratisfahrten.

Der Einzelabschluss der Säntis Schwebebahn AG umfasst den Mindestinhalt des Jahresabschlusses, erweitert mit einer Mittelflussrechnung, einer Kennzahlenübersicht für die Jahre 2014-2018 sowie einer Segmentierung der Umsätze

499 Als Ausnahme legt die ABB Ltd., Zürich, Obergesellschaft des ABD-Konzerns im Einzelabschluss 2017 freiwillig eine »Cash Flow-Rechnung« nach OR 961b vor.

nach Verkehr, Gastronomie (Hotel, Restaurants, Shop) und Infrastruktur der Liegenschaften und einem Anlagespiegel. Die 21 (144) eigenen Aktien im Marktwert von TCHF 20 (150) sind als Abzugsposten im Eigenkapital ausgewiesen. Der Gewinn aus Kauf- und Verkaufstransaktionen wird im Finanzertrag erfasst.[500] Der Fonds Flüssige Mittel wird im Anhang nicht aufgeschlüsselt. Es sind keine kurzfristigen Finanzverbindlichkeiten ausgewiesen. Der bescheidene ausgewiesene Jahresgewinn der drei letzten Geschäftsjahre beeinträchtigt wegen der kräftigen Expansion im Bereich Gastronomie die zuverlässige Beurteilung der nachhaltigen tatsächlichen Ertragskraft des Unternehmens. Hingegen haben sich die Geldflüsse aus operativer Tätigkeit über die Jahre weitgehend verbessert, womit die Selbstfinanzierungskraft gestärkt wird.

Mittelflussrechnung nach der indirekten Methode (in TCHF)

	2016	**2017**	**2018**
Jahresgewinn	3	3	4
Abschreibungen	2'394	2'664	3'467
Veränderung Rückstellungen	0	0	0
Cash Flow	**2'397**	**2'667**	**3'471**
Veränderung Forderungen	– 292	153	85
Veränderung Vorräte	6	– 52	– 35
Veränderung eigene Aktien	– 124	129	16
Veränderung aktive Rechnungsabgrenzung	0	0	0
Veränderung kurzfristige Verbindlichkeiten	– 8'538	– 1'904	79
Veränderung passive Rechnungsabgrenzung	512	72	252
Mittelfluss aus betrieblicher Tätigkeit	**– 8'039**	**1'062**	**3'868**
Mittelfluss aus Investitionstätigkeit	**– 1'692**	**– 1'116**	**– 2'320**
Freier Cashflow	**– 7'731**	**– 54**	**1'548**
Erhöhung kurzfristige verinzliche Verbindlichkeiten	0	0	250
Erhöhung langfristige Verbindlichkeiten	1'655	530	– 2'220
Gewinnausschüttung	0	0	0
Mittelfluss aus Finanzierungstätigkeit	**1'655**	**530**	**– 1'970**
Veränderung flüssige Mittel	**– 6'070**	**476**	**– 422**
Flüssige Mittel per 1. Januar	8'041	1'965	2'441
Flüssige Mittel per 31. Dezember	1'965	2'441	2'019

500 Nach Swiss GAAP FER 4/12 gelten Bestandesänderungen von eigenen Aktien als Vorgang im Finanzierungsbereich.

In grösseren Unternehmen und Konzernen ist die Geldflussrechnung ein umfangreicher Bestandteil der Rechnungslegung. Eine Analyse der Geldflussrechnung setzt eine aufmerksame Durchsicht der einzelnen Positionen der drei Geschäftsbereiche voraus.

8.2.3 Geldfluss aus Geschäftstätigkeit

Der Geldfluss aus Geschäftstätigkeit (operativer Cashflow) steht im Zentrum der Geldflussrechnung. Er bildet eine zentrale Finanzgrösse für die Beurteilung der Selbstfinanzierung und für die Annahme der Unternehmensfortführung. Die Zahlungsbereitschaft des Unternehmens wird primär bestimmt durch die mit der ordentlichen Geschäftstätigkeit verbundenen Ein- und Auszahlungen, welche in der Regel zu einem positiven Überschuss der Einzahlungen und bei regelkonformer Ermittlung nach den anerkannten Standards zur Rechnungslegung zum **operativen Cashflow** – aussagekräftiger Indikator der Liquidität – führen. Dieser ist unerlässlich zur langfristigen Existenzsicherung des Unternehmens (Finanzierung der Investitionen) und zur Deckung der finanziellen Ansprüche der Eigentümer.

Der Geldfluss aus Geschäftstätigkeit (operativer Cashflow) informiert über den Umfang und die Elemente der aus der laufenden Geschäftstätigkeit erwirtschafteten flüssigen Mittel.

In der Rechnungslegungspraxis wird die Schlüsselgrösse der Geldflussrechnung, der Geldfluss aus Betriebstätigkeit (cash flow from operating activities), bis auf wenige Ausnahmen nach der indirekten Methode ermittelt. Diese weicht grundlegend von der direkten Methode mit den Elementen der Einzahlungen und Auszahlungen im Zusammenhang mit dem Umsatz- oder Gesamtleistung des Unternehmens ab.

Beispiel Tamedia-Gruppe Auszug konsolidierte Geldflussrechnung (IFRS, in TCHF)

Mittelfluss aus betrieblicher Tätigkeit nach der direkten Methode

	2016	2017	2018
Einnahmen aus verkauften Lieferungen und Leistungen	974'023	954'533	950'269
Ausgaben für Personal	(412'872)	(400'935)	(419'163)
Ausgaben für bezogene Lieferungen und Leistungen	(368'783)	(326'657)	(337'362)
Dividenden von assoziierten Gesellschaften/Joint Ventures	19'354	25'916	30'719

Mittelfluss aus betrieblicher Leistung vor Finanzergebnis und Steuern	**211'722**	**252'856**	
Bezahlte Zinsen	(1'839)	(464)	(1'060)
Erhaltene Zinsen	1'170	359	250
Übriges Finanzergebnis	(1'197)	(1'438)	(2'186)
Bezahlte Ertragssteuern	(31'247)	(28'051)	(33'722)
Mittelfluss aus betrieblicher Tätigkeit	**178'609**	**223'263**	**187'745**

Die Mittelflussrechnung, zutreffender Geldflussrechnung, des Medienkonzerns Tamedia (betrieblicher Gesamtertrag 2017 CHF 974 Mio.) wird – eine Ausnahme in der Konzernfinanzberichterstattung – nach der direkten Methode erstellt.[501] Im Jahr 2018 wurde auf die Darstellung der Zwischengrösse Mittelfluss aus betrieblicher Leistung vor Finanzergebnis und Steuern verzichtet.

Ausgangsgrösse der indirekten Methode ist das aufgrund der Aufwendungen und Erträge ermittelte Periodenergebnis (Jahresgewinn oder Jahresverlust). Diese muss deshalb um die nicht geldwirksamen Aufwendungen und Erträge bereinigt werden. Zudem sind die Veränderungen bei den Aktiv- und Passivkonten des Umsatzbereichs (z. B. Forderungen aus Lieferungen und Leistungen, übrige Forderungen, Vorräte, aktive Rechnungsabgrenzung, Verbindlichkeiten aus Lieferungen und Leistungen, übrige kurzfristige Verbindlichkeiten, passive Rechnungsabgrenzung) zu erfassen. Der Bereich Geldfluss aus operativer Tätigkeit umfasst deshalb neben dem Periodenergebnis nicht geldwirksame Aufwendungen und Erträge, welche nicht Aktiv- oder Passivkonten des Umsatzbereichs betreffen wie Abschreibungen und Wertberichtigungen des Anlagevermögens.

Um den Unterschied zur indirekten Methode eines anderen Medienkonzern, der NZZ-Gruppe (betrieblicher Gesamtertrag 2017 CHF 428 Mio.) aufzuzeigen, wird die Struktur des Bereichs Geldflüsse aus Geschäftstätigkeit für die gleichen Geschäftsjahre dargestellt.

Beispiel Geldfluss aus Geschäftstätigkeit NZZ-Medienkonzern (Swiss GAAP FER, in TCHF)

Auszug konsolidierte Geldflussrechnung Indirekte Methode

Cash Flow aus Geschäftstätigkeit

	2016	**2017**
Anteiliges Ergebnis der Aktionäre NZZ	21'438	26'469
Minderheitsanteil am Ergebnis	2'396	2'183

501 Die von IAS 7 wegen der erhöhten Aussagekraft ausdrücklich empfohlene direkte Methode wird in der Praxis nur selten angewendet.

Abschreibungen auf Sach- und immateriellen Anlagen	21'104	15'675
Verlust aus Wertbeeinträchtigungen	695	316
Sonstige fondswirksame Positionen	- 105	- 829
Erfolg aus Abgängen von Sach- und immateriellen Anlagen	- 1'704	0
Erfolg aus Beteiligungsverkäufen	0	- 4'993
Ergebnis aus Equity-Bewertung	- 628	- 984
Veränderungen Position Umlaufvermögen ohne flüssige Mittel und kurzfr. operative Verbindlichkeiten (6 Positionen)*	-65	-753
Veränderung Rückstellungen	- 8'659	- 2'006
Cash Flow aus Geschäftstätigkeit	**34'472**	**35'068**

*Die NZZ-Mediengruppe hat keine kurzfristigen Finanzverbindlichkeiten

In der NZZ-Konzernrechnung wird wie in FER 4 vorgesehen kein Zwischenergebnis Mittelfluss vor Veränderung Nettoumlaufvermögen ausgewiesen. Bei der Analyse ist zu beachten, dass verschiedene Veränderungen von Bilanzpositionen sich nicht in einer Veränderung der flüssigen Mittel auswirken, z. B. die Abnahme von kurzfristigen Forderungen aus Lieferungen und Leistungen, wenn sich das Unternehmen bereit erklärt, diese in ein langfristiges Darlehen umzuwandeln oder bei einer Sanierung kurzfristige Verbindlichkeiten in langfristige Verbindlichkeiten oder in Aktien, bzw. Stammkapital umgewandelt werden. Nicht geldwirksam ist auch die Erhöhung des Aktienkapitals gegen Sacheinlagen. Der zwischenbetriebliche Vergleich von Hauptpositionen der Geldflussrechnung wird zudem erschwert durch die Wahlmöglichkeit, wie Zinsen, Gewinnausschüttungen und Ertragssteuern ausgewiesen werden, entweder als Cashflows aus operativer Tätigkeit oder im Finanzierungs- und Investitionsbereich.

Für den Begriff Cashflow hat sich noch keine einheitliche Terminologie gebildet, weshalb er vor allem im Sprachgebrauch der Praxis für unterschiedliche Inhalte verwendet wird. Aus der Praxis vor Anwendung der anerkannten Standards zur Rechnungslegung stammt die Praxisbezeichnung Cashflow für die Positionen Periodenergebnis korrigiert um Abschreibungen und Bildung/Auflösung von Rückstellungen. Dieser ist nicht mehr zeitgemäss, weil die nach dieser einfachen Rechnung ausgewiesene Grösse nicht mit dem Begriff des Cashflows aus Geschäftstätigkeit nach dem Rechnungslegungsrecht und der anerkannten Standards zur Rechnungslegung übereinstimmt. Erhaltene und bezahlte Zinsen sind betrieblich, können jedoch auch dem Bereich Investitionstätigkeit zugeordnet werden, wenn ein entsprechender direkter Zusammenhang besteht.[502] Auch die bezahlten

502 Meyer, Accounting, S. 235.

Steuern zählen zum betrieblichen Bereich, wenn diese separat ausgewiesen werden.

Die Unterteilung der operativen Geldflüsse zwischen der Summe aus dem Periodenergebnis +/- nicht geldwirksame Erträge/Aufwendungen (sog. Cashflow nach Praktikerformel) und den Veränderungen des Netto-Umlaufvermögens ist im Rechnungslegungsrecht und in den anerkannten Standards zur Rechnungslegung nicht vorgesehen.

In der Gründungs- und Aufbauphase eines Unternehmens (Start-up) ist ein Geldabfluss aus Geschäftstätigkeit (Cash Drain) häufig nicht zu vermeiden. Besondere Aufmerksamkeit erfordert jedoch ein Cash Drain bei Unternehmen mit anhaltender Ertragsschwäche und knapper Eigenkapitalbasis.

8.2.4 Geldfluss aus Investitionstätigkeit

Der Cashflow aus Investitionstätigkeit umfasst Zahlungsflüsse im Zusammenhang mit den Ressourcen des Unternehmens, welche langfristig ertragswirksam eingesetzt werden können. Zur Investitionstätigkeit zählen auch Zahlungsströme von Finanzanlagen, welche im Rahmen der kurzfristigen Kapitalbewirtschaftung oder zu Handelszwecken gehalten werden. Elemente der Investitionstätigkeit sind auch alle Zahlungsströme aus Kauf oder Verkauf von Unternehmen aus dem Konsolidierungskreis oder von Unternehmensbereichen.

Geldfluss aus Investitionstätigkeit umfasst Geldabflüsse durch Umwandlung von Zahlungsmitteln in Sach-, Finanz- und immateriellem Anlagevermögen sowie durch Geldzuflüsse aus der Desinvestition von Anlagevermögen. Der Saldo wird als Nettoinvestitionen bezeichnet.

Beispiel Geldfluss aus Investitionstätigkeit NZZ-Medienkonzern (Swiss GAAP FER, in TCHF)

Auszug konsolidierte Geldflussrechnung, Cash Flow aus Investitionstätigkeit

	2016	**2017**	**2018**
Investitionen in Sachanlagen	- 8'135	- 3'235	- 4'752
Devestition in Sachanlagen	2'395	246	5'114
Investitionen in immaterielle Anlagen	- 6'206	- 3'049	- 3'678
Deinvestitionen immaterielle Anlagen	0	0	779
Investitionen in konsolidierte Gesellschaften	- 22'421	- 10'656	- 30'837
Devestition von konsolidierten Gesellschaften	- 102	6586	1563
Übergang Flüssige Mittel in Joint Venture	0	0	- 32810

Dividenden von assoziierten Gesllschaften	1'510	1'505	443
Veränderung von Wertschriften	- 13'534	4'603	- 4'512
Investition in übrige Finanzanlagen	- 2'422	- 8'313	- 525
Devestitionen von übrigen Finanzanlagen	926	203	2087
Cash Flow aus Investitionstätigkeit	**- 47'989**	**- 12'110**	**- 67'128**

Die Reduktion der Ausgaben beim Cash Flow aus Investitionstätigkeit ist hauptsächlich auf die reduzierten Ausgaben bei den Investitionen in konsolidierte Gesellschaften zu finden. Auch wurden weniger Ausgaben bei den Sachanlagen getätigt. Im Vorjahr ist der Free Cash Flow negativ, im Folgejahr 2017 positiv aufgrund der tieferen Investitionen. Im Jahr 2018 erfolgte eine Einlage in ein Joint Venture, was als Investition dargelegt wurde.

Zur Erhaltung der Substanz und der Wettbewerbsfähigkeit sind Investitionen in das Sachanlage- und immaterielle Anlagevermögen unerlässlich. Unternehmenswachstum erfordert den Ausbau der Leistungskapazität durch Erweiterungsinvestitionen. Bei Investitionsentscheiden sind häufig beide Merkmale gegeben, weil der technische Fortschritt bei der Erneuerung bestehender Anlagen im Allgemeinen dank der erhöhten Leistungsfähigkeit auch zu einer Kapazitätserweiterung führt. Es ist deshalb bemerkenswert, dass Lafarge Holcim bei der Kommentierung der Konzerngeldflussrechnung die Nettoinvestition nach Bestandeserhaltung, Erweiterung und Diversifikationsinvestition unterscheidet.[503] Wird in der Geldflussrechnung die Netto-Investitionstätigkeit ausgewiesen, sind Einzelheiten nach den drei Anlagekategorien getrennt im Anhang offenzulegen.

Beispiel Tamedia-Gruppe (IFRS, in TCHF)

Auszug konsolidierte Mittelflussrechnung, Cash Flow aus Investitionstätigkeit

	2016	**2017**	**2018**
Investitionen in Sachanlagen	(5'207)	(6'634)	(16'610)
Desinvestitionen von Sachanlagen	1'314	3'752	110
Desinvestitionen von zur Veräusserung bestimmten Vermögenswerten	17'449	-	
Investitionen in konsolidierte Gesellschaften	(40'640)	295	(192'624)
Desinvestitionen von konsolidierten Gesellschaften	5'443	-	3'371
Investitionen in Beteiligungen an Assoziierten / Joint Ventures	(12'665)	(490)	(2'053)

503 Geschäftsbericht LafargeHolcim 2017, S. 215.

Desinvestitionen von Beteiligungen an Assoziierten / Joint Ventures	22'060	590	5'849
Investitionen in übrige Finanzanlagen	(4'618)	(7'613)	(21'891)
Desinvestitionen von übrigen Finanzanlagen	7'645	–	115
Investitionen in immaterielle Finanzanlagen	(1'880)	(4'518)	(9'875)
Mittelfluss aus Investitionstätigkeit	**(11'099)**	**(14'617)**	**(233'608)**

Die nach Kategorien des Anlagevermögens gegliederten Investitionen nach Abzug der Desinvestitionen liegen deutlich unter dem Cash Flow aus Betriebstätigkeit 2017 von TCHF 223'268 (Vorjahr TCHF 178'609), weshalb ein gegenüber dem Vorjahr erhöhter Überschuss verbleibt.

Typische Fehler in der Praxis nach Geldflussrechnung bei Swiss GAAP FER sind die Beschaffung einer Maschine mittels Finanzierungsleasing, die bereits im Zeitpunkt des Anlagezugangs erfasst wird, anstelle der eigentlich korrekten, ersten Leasingzahlung. Weiter wird ein Unternehmenserwerb kurz vor dem Jahreswechsel als Investitionsvorgang bilanziert, obwohl die Zahlung erst im Folgejahr erfolgt.

8.2.5 Geldfluss aus Finanzierungstätigkeit

Die Bonität eines Unternehmens lässt sich auch vom Cashflow aus Finanzierungstätigkeit herleiten. Er ist eine wichtige Grösse für die Beurteilung der Verschuldungskapazität.

Finanzierungstätigkeiten betreffen die Aufnahme oder Rückzahlung von Finanzverbindlichkeiten, Einzahlungen und Auszahlungen bei Veränderung des einbezahlten Eigenkapitals sowie die Gewinnausschüttungen an die Eigentümer.

Veränderungen des einbezahlten Eigenkapitals ergeben sich aus Einzahlungen bei Kapitalerhöhungen (Grundkapital und Agio) sowie Auszahlungen bei Kapitalherabsetzungen (Nennwert- und Agiorückzahlungen) und Aktienrückläufe nach besonderen Verfahren von börsenkotierten Gesellschaften.

Es handelt sich um Transaktionen mit den Unternehmenseigentümern (Aktionäre, Gesellschafter, Teilhabern) aus dem Bereich des Eigenkapitals und Minderheitsaktionären von konsolidierten Tochterunternehmen. Bei Publikumsgesellschaften sind Kauf und Verkauf von eigenen Aktien (OR 659) in Konzernen von Anteilen der Minderheitsaktionäre von Tochtergesellschaften üblich. Im Anhang sind entsprechend Ausführungen darzulegen. Bei Unternehmensvergleichen ist das Wahlrecht für den Ausweis der bezahlten Zinsen und Steuern (Geschäfts- oder Finanzierungstätigkeit) zu berücksichtigen.

Beispiel Tamedia-Gruppe (IFRS, in TCHF)

Auszug konsolidierte Mittelflussrechnung, Cash Flow aus Finanzierungstätigkeit

	2016	2017	2018
Gewinnausschüttung an Aktionäre Tamedia	(47'700)	(47'684)	(47'684)
Gewinnausschüttung an Minderheitsaktionäre	(16'753)	(20'527)	(22'857)
Aufnahme kurzfristiger Verbindlichkeiten	–	–	185'001
Kapitalrückzahlung an Minderheitsaktionäre	(12'574)	–	–
(Rückkauf)/Verkauf eigene Aktien	(1'250)	(1'319)	(3'584)
Kauf Anteile Minderheitsaktionäre	(3'308)	(2'364)	(1'594)
Verkauf Anteile Minderheitsaktionäre	2'900	3'503	10'000
Aufnahme kurzfristiger Finanzverbindlichkeiten	46	–	16'397
Rückzahlung kurzfristige Finanzverbindlichkeiten	(3'999)	(30'002)	(66'653)
Rückzahlung langfristige Finanzverbindlichkeiten	(120'219)	(50'619)	(291)
Mittelfluss aus Finanzierungstätigkeit	**(202'857)**	**(149'010)**	**68'771**
Fremdwährungseinfluss	**(39)**	**539**	**(423)**
Veränderung der flüssigen Mittel	**(35'386)**	**60'174**	**22'485**
Flüssige Mittel 1. Januar	98'649	55'943	123'438
Flüssige Mittel zur Veräusserung bestimmter Vermögenswerte per 1. Januar	–	7'320	–
Flüssige Mittel per 31. Dezember	55'943	123'438	145'923
Flüssige Mittel zur Veränderung bestimmter Vermögenswerte per 31. Dezember	7'320	–	–
Veränderung der flüssigen Mittel	**(35'386)**	**60'174**	**22'485**

Mit dem hohen Free Cash Flow in den beiden Geschäftsjahren erübrigen sich besondere Finanzierungsmassnahmen zur Mittelbeschaffung. Die verfügbaren Zahlungsmittel wurden vor allem zum Abbau der Finanzverbindlichkeiten und zur Gewinnausschüttung eingesetzt.

Eine fundierte Beurteilung der Finanzierungsaktivitäten erfordert zusätzlich zu den Angaben über die Ursachen der Veränderung der Zahlungsmittel eine Analyse der Bilanz (insbesondere der Kapitalstruktur) und den Informationen im Anhang zur Liquidität (offene Kreditlimiten, Covenants). Besonders zu beachten ist das Verhältnis der Gewinnausschüttung zum operativen Cashflow.

Beispiel Geldfluss aus Finanzierungstätigkeit NZZ-Medienkonzern (Swiss GAAP FER, in TCHF)

Auszug konsolidierte Geldflussrechnung Cash Flow aus Finanzierungstätigkeit

	2016	2017	2018
Veränderung langfristige Finanzverbindlichkeiten	100	–	–
Dividendenausschüttung	– 8000	– 8000	– 10000
Dividendenzahlungen an Minderheitsaktionäre	– 2707	– 2603	– 2436
Kauf/Verkauf von eigenen Aktien	– 917	– 4854	188
Cash Flow aus Finanzierungstätigkeit	**– 11524**	**– 15457**	**– 12248**

Dank der vor allem in früheren Jahren überdurchschnittlichen Ertragskraft der NZZ-Mediengruppe und der soliden Kapitalstruktur waren Erhöhungen des einbezahlten Eigenkapitals und die Beanspruchung von langfristigem Fremdkapital seit 1987 nicht erforderlich.

8.3 Free Cash Flow

Kerngrössen zur Beurteilung der Finanzkraft des Unternehmens sind der durch die laufende Geschäftstätigkeit generierte Cashflow und der durch die Investitionen verursachte Bedarf an Zahlungsmitteln. Eine Schlüsselzahl für die Beurteilung des finanziellen Zustandes eines Unternehmens lässt sich mit dem Free Cashflow ermitteln.

Als Free Cash Flow (FCF oder frei verfügbarer Geldfluss) wird der Betrag der flüssigen Mittel bezeichnet, welcher durch die laufende Geschäftstätigkeit erwirtschaftet und um die betriebsnotwendigen Investitionen verringert wird. Er ergibt sich rechnerisch aus der Summe aus den Geldflüssen aus Betriebs- und Investitionstätigkeit.

Es sind zwei Arten von Free Cash Flow zu unterscheiden:[504]

- Der **Free Cash Flow Entity** (gesamtkapitalbezogener Free Cash Flow) steht für die Auszahlungen an die Fremdkapitalgeber (Zinsen, Rückzahlungen von Finanzverbindlichkeiten) und die Eigenkapitalgeber zur Verfügung.
- Beim **Free Cash Flow Equity** (eigenkapitalbezogener Free Cash Flow) handelt es sich um jene flüssigen Mittel, über welche die Eigenkapitalgeber – bei der

504 Coenenberg/Haller/Schultze, Jahresabschluss und Jahresabschlussanalyse, S. 1097.

Aktiengesellschaft die Aktionäre – für Gewinnausschüttungen, Aktienkapital und Kapitalreserve sowie Rückzahlungen verfügen können.

Zu beachten ist, dass der bei der Unternehmensbewertung nach der DCF-Methode verwendete Free Cash Flow-Begriff sich nicht mit dem Free Cash Flow aus der Geldflussrechnung deckt.[505]

Die Analyse des Free Cash Flow im Mehrjahresvergleich ermöglicht Rückschlüsse auf die Finanzkraft des Unternehmens, die für Erneuerungs- und Erweiterungsinvestitionen kein zusätzliches Fremd- oder Eigenkapital in Anspruch nehmen zu müssen. Lücken im Free Cash Flow können durch Abbau von Liquiditätsreserven oder Finanzierungsmassnahmen gedeckt werden. Langfristig gesehen sollte der Free Cash Flow positive Werte annehmen, um das finanzielle Gleichgewicht zu wahren und Unternehmensmehrwert zu generieren.[506]

Beispiel SFS Group Free Cash Flow-Rechnung im Mehrjahresvergleich Konzernrechnungslegung (Swiss GAAP FER, in Mio. CHF)

	2013	**2014**	**2015**	**2016**	**2017**
Operativer Cash Flow	226.0	199.8	211.3	241.5	226.6
Investitionen	– 34.0	– 131.0	– 103.1	– 313.7	– 132.6
Free Cash Flow	**192.0**	**68.8**	**108.2**	**– 72.2**	**94.0**
Zum Vergleich					
Konzerngewinn (ausgewiesen)	86.5	110.2	105.0	122.2	159.1

Der negative Cash Flow im Geschäftsjahr 2016 ist vor allem auf den Kauf einer Medizinaltechnik-Beteiligung in den USA zurückzuführen. Die Mehrjahresübersicht zeigt Schwankungen des Free Cash Flows sowie die Unterschiede zwischen den relevanten Kennzahlen aus der Geldflussrechnung (Einzahlungen und Auszahlungen) und der Erfolgsrechnung mit dem Jahresergebnis des Konzerns als Saldo von Erträgen und Aufwendungen.

In einer Phase mit hohen Nettoauszahlungen für Erhaltungs- und Erweiterungsinvestitionen reicht der Cashflow aus laufender Tätigkeit nicht aus zur Deckung des Finanzbedarfs (negativer Free Cash Flow). Die Investitionsplanung ist daher mit einer mittelfristigen Finanzplanung zu verbinden, welche die Geldflüsse aus Finanzierungstätigkeit aufzeigt. Beschränkt sich die Investitionstätigkeit dagegen vorwiegend auf Ersatz- und Erweiterungsinvestitionen, verbleibt ein Überschuss

505 Lütolf/Rupp/Birrer, Handbuch Finanzmanagement, S. 78.
506 Volkart/Wagner, Corporate Finance, S. 157.

an Zahlungsmitteln, welcher zur Schuldentilgung oder zum Aufbau von Überschussliquidität verwendet werden kann.[507]

Es gibt keine einheitliche Definition des Free Cash Flow. Unternehmen weisen diese Kennzahl nach ihren eigenen Informationsbedürfnissen aus. Nähere Angaben in den Anmerkungen zur Geldflussrechnung über die Zusammensetzung sind deshalb erwünscht.[508]

Beispiel Berechnung und Darstellung des Free Cash Flow Conzzeta Cruppe (Swiss GAAP FER, in Mio. CHF)

	2015	**2016**	**2017**	**2018**
Geldfluss aus Geschäftstätigkeit	86.6	96.0	94.1	114.8
Investitionen in Sachanlagen	- 16.0	- 19.6	- 29.2	- 58.9
Desinvestitionen von Sachanlagen	0.6	1.8	1.5	1.0
Investitionen in Finanzanlagen ohne Wertschriften	- 1.1	- 3.2	- 3.1	- 13.3
Desinvestitionen von Finanzanlagen ohne Wertschriften	4.3	6.1	10.2	2.7
Investitionen in immateriellen Anlagen	- 4.1	- 5.1	- 8.1	- 13.3
Betrieblicher Cash Flow	**70.5**	**76.0**	**65.4**	**83.4**
Kauf von Wertschriften	- 130.0	- 50.0		-
Verkauf und Rückzahlung von Wertschriften	8.1	130.0		-
Kauf von Geschäftsaktivitäten	- 0.6	- 63.1	- 176.1	- 41.4
Verkauf von Geschäftsaktivitäten /Beteiligungen	- 8.1		14.7	-

Auszug aus der Geldflussrechnung

Free Cash Flow	**- 60.1**	**92.9**	**- 96.0**	**42.0**
Cash Flow aus Geschäftstätigkeit vor Veränderung Nettoumlaufvermögen	82.7	88.0	116.6	160.2
Veränderung Nettoumlaufvermögen (6 Positionen)	+ 4.1	+ 8.0	- 22.5	- 16.2
Geldfluss aus Geschäftstätigkeit	**86.8**	**96.0**	**94.1**	**144.0**

507 Als Überschussliquidität werden jene flüssigen Mittel bezeichnet, welche die betriebsnotwendige Mindestliquidität übersteigen. Boemle/Stolz, Unternehmungsfinanzierung, S. 167.

508 Novartis informiert über die konzernspezifische Definition des Free Cash Flow mit einer entsprechenden tabellarischen Darstellung. Geschäftsbericht 2017, S. 165 und S. 184. Lafarge Holcim definiert den Free Cash Flow: Geldfluss aus Geschäftstätigkeit abzüglich Nettoinvestitionen Sachanlagen. Geschäftsbericht 2017, S. 253.

Der betriebliche Cash Flow berechnet sich auf der Basis des Free Cash Flow ohne Veränderung von Wertschriften und Geldanlagen mit einer Laufzeit von über 90 Tagen sowie ohne Kauf und Verkauf von Geschäftsaktivitäten und Beteiligungen. Die Kennzahl wird zur Steuerung der operativen Leistung eingesetzt.

Auszug aus den Erläuterungen:
»Trotz höheren Konzernergebnissen haben insbesondere der Aufbau des Nettoumlaufvermögens und höhere Nettoinvestitionen von CHF 28.7 Mio. (Vorjahr CHF 20.0 Mio.) zu einer Übernahme des betrieblichen Cash Flow geführt. Zusätzlich sind Nettozahlungen für Acquisitionen und Desinvestitionen im Umfang von CHF 161.4 Mio. (Vorjahr CHF 63.1 Mio.) abgeflossen. Im Vorjahr führte der Ablauf einer Geldanlage zu einem Netto Geldzufluss aus Investitionstätigkeit von CHF 80 Mio.

Die Conzzeta Gruppe ist ein international tätiger breit diversifizierter Konzern mit vier unterschiedlichen Segmenten, einem konsolidierten Umsatz von CHF 1‘483 Mio. (2017) und einer sehr soliden Bilanz mit einer Eigenkapitalfinanzierung von 68.2% (Vorjahr 75.0%) sowie einer Netto Liquidität von CHF 349.1 Mio. (Vorjahr 469.8 Mio.)

Eine Besonderheit der Conzzeta-Rechnung ist die Unterscheidung zwischen dem operativen Cash Flow nach bestimmten Arten von Investitionen, den Unternehmensacquisitionen und das Cash-Management ergänzenden Transaktionen.

8.4 Beispiele aus der Praxis

Nachdem das Rechnungslegungsrecht auf besondere Vorschriften zur Gestaltung der Geldflussrechnung verzichtet, gibt das Schema im Schweizer Kontenrahmen KMU nützliche Hinweise für eine Darstellung nach OR. Swiss GAAP FER-Anwender haben das Schema von FER 4/7-12 zu beachten. Die mit der Geldflussrechnung vermittelten Informationen sind mit der Auswertung der Bilanz und Erfolgsrechnung zu verknüpfen. Sie erfordern eine erhöhte Aufmerksamkeit bei einer angespannten Liquiditätslage, einer schwachen Ertragslage und einer den Risiken nicht angemessenen Kapitalstruktur.

8.4.1 Geldflussrechnung nach OR einer Konzerngesellschaft

Für die Darstellung der Geldflussrechnung im Einzelabschluss ist entsprechend der Praxis von US-Unternehmen eine 3-Jahresperiode wünschenswert, weil erfahrungsgemäss der Cashflow aus Geschäftstätigkeit schwankungsanfällig ist und ausserordentliche Sachverhalte in einem Geschäftsjahr beim gesetzlich vorgeschriebenen Ausweis von nur zwei Jahren eine verlässliche Beurteilung beeinträchtigen.

ABB Ltd. Zürich ist die Obergesellschaft (Mutterunternehmen) nach schweizerischem Recht des ABB-Konzerns. Der Holding-Abschluss wird in CHF nach OR 957 ff. erstellt. Die Tätigkeit der Gesellschaft umfasst ausschliesslich die Finanzbeziehungen zwischen dem Mutterunternehmen und den Tochtergesellschaften. Die Abnahme der flüssigen Mittel (2015-2017) hat nur eine beschränkte Ausnahmekraft, weil der Bestand an flüssigen Mitteln im Konzern Ende 2017 von USD 4'526 (3'644) Mio. massgebend ist.

Beispiel Geldflussrechnung (Einzelabschluss) einer Konzernobergesellschaft ABB Ltd. Zürich (OR, 2018, in TCHF)

Fonds Flüssige Mittel Cashflow Rechnung

Geschäftsjahr per 31. Dezember	**2017**	**2018**
Geschäftstätigkeit:		
Reingewinn	949'740	1'297'584
Cashflow aus Geschäftstätigkeit, netto	**973'093**	**1'284'843**
Cashflow für Investitionstätigkeit, netto	**(65'879)**	**(542'120)**
Cashflow für Finanzierungstätigkeit, netto	**(1'039'022)**	**(1'827'334)**
Nettoveränderungen der flüssigen Mittel	**(50)**	**(371)**
Flüssige Mittel zum Jahresbeginn	**739**	**689**
Flüssige Mittel zum Jahresende	**689**	**318**

Das Aktienkapital am 31.12.2017 betrug TCHF 260'178. Die wichtigste Bilanzposition ist die Beteiligung an der Subholding ABB Asea Brown Boveri Ltd. in Zürich mit einem Aktienkapital von TCHF 2'768'000 und einem Buchwert von TCHF 8'973'229, bilanziert gemäss den Angaben zu den Bewertungsgrundsätzen nach dem Niederstwertprinzip (Anschaffungswert). Die ABB Schweiz AG Baden ist eine der zahlreichen gemäss OR 959c, Ziffer 4 i, im Anhang aufgeführten weltweiten indirekten Beteiligungen der ABB Ltd. Zürich. Der ABB-Konzern veröffentlicht eine ausführliche Konzernfinanzberichterstattung nach US-GAAP. Er könnte deshalb gestützt auf OR 961d – wie bei den anderen börsenkotierten Mutterunternehmen üblich – auf eine Geldflussrechnung verzichten. Wird diese jedoch auch im Einzelabschluss erstellt, hat sie die Revisionsstelle wie die anderen Bestandteile der Jahresrechnung zu prüfen. Der Anhang des Einzelabschlusses einer reinen Holding enthält weniger Angaben als nach OR 959a und 961c, weil die mit den operativen industriellen Tätigkeiten verbundenen Abschlusspositionen weitgehend fehlen.

Als weiteres Beispiel dient die Geldflussrechnung des Konzerns der Thurau Gruppe AG. Die Thurau Gruppe besitzt zahlreiche Tochtergesellschaften. Sie haben den Zweck von Raststättenbetriebe an Autobahnen im Raum Ostschweiz.

Beispiel Geldflussrechnung (Einzelabschluss) einer Konzernobergesellschaft Thurau Gruppe (OR, 2018, in CHF)

Fonds Flüssige Mittel

Geschäftsjahr per 31. Dezember	**2017**	**2018**
Abschreibungen und Wertberichtigungen	1'558 533	1'308 233
Veränderungen Forderungen aus Lieferungen und Leistungen	16'590	24'031
Veränderungen kurzfristige Forderungen	237'662	– 282'877
Veränderungen Vorräte	41'300	143'850
Veränderungen aktive Rechnungsabgrenzung	– 39'746	20'675
Veränderungen Verbindlichkeiten Lieferungen und Leistungen	– 551'065	587'410
Veränderungen kurzfristige Verbindlichkeiten	– 6'453	– 44'060
Veränderungen passive Rechnungsabgrenzungen	– 399'203	508'146
Neubewertung Fremdwährungen Equity	31'845.96	– 180'639
Geldfluss aus Geschäftstätigkeit	**2'001 602.96**	**3'171 971**
Investitionen in Finanzanlagen	– 610'113	– 560'082
Investitionen in Beteiligungen	– 119'700	– 598'944
Investitionen in Sachanlagen	– 687'366.96	– 6'577 317
Geldfluss in Investitionstätigkeit	**1'417 179.96**	**7'736 343**
Veränderungen Finanzverbindlichkeiten	837'500	4'600 0000
Gewinnausschüttungen an Dritte	– 480'536	– 482'928
Geldfluss auf Finanzierungstätigkeit	**356'964**	**4'117 072**
Veränderungen der Flüssigen Mittel	**941'387**	**– 447'300**
Flüssige Mittel zu Beginn des Berichtsjahres	2'956 651	3'403 951
Flüssige Mittel am Ende des Berichtsjahres	3'898 038	2'956 651
Veränderung Flüssige Mittel	**941'387**	**– 447'300**

Während der Jahresgewinn auf Konzernstufe leicht zugenommen hat, hat sich der Geldfluss aus Geschäftstätigkeit um einen Drittel reduziert. Hauptsächlich sind dabei die Abnahmen der Verbindlichkeiten als Ursache hervorzuheben. Die Investitionen sind stark rückläufig, da im Vorjahr aus strategischen Gründen erheblich in das Sachanlagevermögen investiert wurde. Hierzu wurden die Finanzverbindlichkeiten erhöht, wobei die Gewinnausschüttungen leicht tiefer zu liegen kommen als im Vorjahr. Trotz der Investitionen haben die Flüssigen Mittel im Jahresvergleich zugenommen, hauptsächlich durch die Erhöhung der Finanzverbindlichkeiten. Das Beispiel der Thurau Gruppe zeigt somit auch, dass die Liquiditäts- und Ertragskraft hauptsächlich aus der Geldflussrechnung erkennen lässt, da die Einnahmen und Ausgaben veranschaulicht werden.

8.4.2 Geldflussrechnung eines grossen Industriekonzerns nach Swiss GAAP FER

Aus einem ursprünglichen Eisenwarenhandelsunternehmen wurde von den beiden Gründerfamilien, welche 2017 noch 55% der Stimmen und des Kapitals halten, ein internationaler Technologiekonzern mit 1'633 Mio. CHF Umsatz aufgebaut. Die SFS Group öffnete sich 2014 dem Publikum mit einem IPO und Börsenkotierung im SIX International Reporting Standards. Im Geschäftsjahr 2017 wurde von IFRS auf Swiss GAAP FER umgestellt. Deshalb ist ein Zahlenvergleich über eine Mehrjahresperiode nicht möglich. Die Vorjahreszahlen wurden jedoch angepasst. Für die Gliederung der Geldflussrechnung wurden die strengeren Anforderungen von IFRS beibehalten, weshalb Positionen wie Ertragssteuern, bezahlte Zinsen und unter Investitionstätigkeit Dividenden von nicht konsolidierten Gesellschaften ausgewiesen sind. Der SFS-Konzern hat nur wenige Tochterunternehmen mit zudem unbedeutenden Minderheitsaktionären.

Beispiel konsolidierte Geldflussrechnung SFS Group (kotiert SIX Swiss Reporting Standard Swiss GAAP FER, in Mio. CHF)

	2017	**2018**
Konzerngewinn	159.1	193.9
Ertragssteuern	39.7	41.2
Finanzergebnis	- 1.3	7.2
Abschreibungen/Amortisationen	125.8	89.7
Bezahlte Zinsen	- 4.4	- 4.4
Bezahlte Ertragssteuern	- 43.0	- 42.0
Veränderungen von fondswirksamen Rückstellungen und Wertberichtigungen	- 0.4	5.0
Sonstige fondswirksame Aufwendungen / Erträge	4.9	- 0.8
Gewinn (-)/ Verlust (+) aus Abgängen des Anlagevermögens	- 8.4	- 1.3
Cash Flow vor Veränderung des Nettoumlaufvermögens	**272.0**	**288.5**

Veränderung Forderungen aus Lieferungen und Leistungen	- 40.7	9.7
Veränderung sonstige Forderungen und aktive Rechnungsabgrenzungen	- 12.4	4.0
Veränderungen Vorräte	- 32.0	- 24.9
Veränderung Verbindlichkeiten aus Lieferungen und Leistungen	31.1	- 2.1
Veränderung sonstige kurzfristige Verbindlichkeiten und passive Rechnungsabgrenzungen	8.6	- 11.7
Veränderung des Nettoumlaufvermögens	45.4	- 25.0
Geldzufluss aus Betriebstätigkeit	**226.6**	**263.5**
Auszahlungen für Investitionen in Sachanlagen	- 128.8	- 146.1
Einzahlungen aus Desinvestitionen von Sachanlagen	12.0	4.3
Auszahlungen für Investitionen in immaterielle Anlagen	- 8.2	- 3.0
Einzahlungen aus Förderbeiträgen	4.2	-
Auszahlungen für den Erwerb konsolidierter Unternehmen	- 10.2	- 9.6
Einzahlungen aus dem Verkauf konsolidierter Unternehmen	-	-
Auszahlungen für Investitionen in Finanzanlagen	-	-
Veränderung von Aktivdarlehen	- 4.3	- 0.2
Dividenden von Assoziierten / Gemeinschaftsunternehmen	0.5	- 1.0
Zins- und Wertschrifteneinnahmen	2.2	1.0
Geldabfluss aus Investitionstätigkeit	**- 132.6**	**- 154.5**
Aufnahme / Rückzahlung kurzfristiger Finanzverbindlichkeiten	15.8	1.3
Aufnahme/Rückzahlung langfristige Finanzverbindlichkeiten	- 95.9	- 18.9
Dividende an Aktionäre	- 65.6	- 71.2
Dividenden an Minderheitsaktionäre	- 0.2	- 1.2
Geldfluss aus Finanzierungstätigkeit	**- 145.9**	**- 90.0**
Umrechnungsdifferenzen	0.9	- 2.1
Veränderung Flüssige Mittel	**- 51.0**	**16.9**
Flüssige Mittel Anfangsbestand	163.8	112.8
Flüssige Mittel Schlussbestand	**112.8**	**129.7**

In Abweichung zur Geldflussrechnung im Einzelabschluss enthält eine konsolidierte Geldflussrechnung typische Positionen des Konzernabschlusses (Anteile von Minderheiten, von assoziierten Gesellschaften, Geldflüsse im Zusammenhang mit dem Erwerb oder Verkauf von konsolidierten Gesellschaften).

Der getrennte Ausweis von Zinsen und Ertragssteuern ist in FER 4/10 nicht vorgesehen. IFRS sieht dafür Wahlrechte vor, welche unterschiedlich genützt werden. So sind z. B. in der Konzernrechnung erhaltene und bezogene Zinsen entweder im Geldfluss aus Finanzierungstätigkeit oder im Geldfluss aus Investitionstätigkeit, Steuern im Geldfluss aus Betriebstätigkeit auszuweisen. Eine klare Regelung enthält dagegen DRS 21/40: Zinsaufwendungen, Zinserträge sowie Ertragssteueraufwände/-erträge sind im Cashflow aus laufender Tätigkeit auszuweisen.[509]

Die SFS-Geldflussrechnung zeigt den bei einer Abschlussanalyse zu beachtenden Einfluss der Veränderungen des Nettoumlaufvermögens auf die Entwicklung des operativen Cashflows. Die deutliche Steigerung des Konzernergebnisses steht im Gegensatz zum Rückgang des Geldflusses aus betrieblicher Geschäftstätigkeit.

509 Meyer, Konzernrechnung, S. 191.

9 Narrativer Teil des Geschäftsberichts

9.1 Gesellschaftsbezogene Berichterstattung

Die gesellschaftsbezogene Berichterstattung (Corporate Responsibility Reporting oder auch Corporate Social Responsibilty genannt) ergänzt – insbesondere bei Grossunternehmen – die vorwiegend auf die Kapitalgeber ausgerichtete Berichterstattung im Rahmen des Geschäftsberichts durch eine Darstellung der gesellschaftlichen Auswirkungen der Unternehmenstätigkeit.

Die **Corporate Social Responsibility** kann dazu dienen, dass ein Unternehmen langfristig seinen Unternehmenswert steigern kann, sofern entsprechende Anreize bestehen, dass das Gesellschaftsinteresse und die CSR-Normen harmonisiert sind.

Ursprünglich erfolgten die gesellschaftsbezogenen Unternehmensinformationen in einem nach einer unzutreffenden Übersetzung des amerikanischen Begriffs Social Accounting als Sozialbilanz bezeichneten Bericht. Es handelt sich jedoch nicht um eine Bilanz im herkömmlichen Sinn, sondern um eine Darstellung der gesellschaftsbezogenen Ziele und Tätigkeiten des Unternehmens.[510] Damit geben die Unternehmen über ihren gesellschaftlichen Nutzen, z. B. ihres Leistungsangebotes im Markt, und die Nachhaltigkeit ihres Handels, sowie eine verantwortungsbewusste Geschäftsführung, im Interesse aller Stakeholder, insbesondere der Mitarbeitenden und der Öffentlichkeit Rechenschaft.

Der Stellenwert der Ökologie in der öffentlichen Meinung führt zu einer Umweltberichterstattung. Diese bezieht sich insbesondere auf Fragen der sinnvollen und sparsamen Ressourcennutzung, der Entsorgung und des Abfallrecyclings. Zahlreiche Geschäftsberichte enthalten deshalb zu diesen Bereichen eine Übersicht mit Umweltkennzahlen.

---

510 In der Schweiz legte der Migros Genossenschaftsbund erstmals 1978 zusätzlich zum Geschäftsbericht eine Sozialbilanz vor, welche in der Folge erweitert, später jedoch eingestellt worden ist.

Beispiel Gesellschaftsbezogene Berichterstattung in Bezug auf die Umweltkennzahlen Meyer Burger (Swiss GAAP FER Abschluss, 2018)

Umweltkennzahlen[1]

	2018	2017	2016
Energieverbrauch [MWh]	**13474**	**13835**	**14654**
Strom	**10063**	**10582**	**10765**
davon Eigenproduktion (Photovoltaik)[2]	106	43	87
Wärme und Kälte	**2234**	**2265**	**2531**
Treibstoffe	**1177**	**988**	**1358**
Diesel	1103	905	1224
Benzin	71	69	103
LPG/Propan	3	13	30
Total CO_2-Emissionen [Tonnen CO_2-Äquivalente][3]	**6048**	**6219**	**6858**
Scope 1	**786**	**740**	**893**
Brennstoffe für Wärme und Kälte	472	477	532
Treibstoffe	314	263	360
Scope 2 (Strom)[4]	**3150**	**3348**	**3417**
Scope 3 (Geschäftsreisen)	**2113**	**2131**	**2283**
Flugreisen	2102	2111	2255
Mietautos und Zug[5]	10.31	19.53	27.60
Wassernutzung [m³]	**702143**	**569474**	**597002**
Trinkwasser/Frischwasser	21652	17177	19417
Grundwasser[6]	680491	552297	577585
Abwasser [m³]	**15590**	**12451**	**17340**
Kommunale Kläranlage[7]	15244	11834	16307
Abwasserbehandlung durch Dritte	346	617	1033
Abfall [Tonnen]			
Abfall	**259**	**328**	**327**
Restmüll in Verbrennung (KVA)	100	115	79
Restmüll unbekannte Verwertung[8]	–	–	52
Kompostierung	–	15	7
Holz (Verbrennung)	159	198	189
Recycling	**457**	**447**	**419**
Papier und Karton	58	87	115
Glas	42	48	11
Metall (v.a. Aluminium, Kupfer, Eisen, Stahl)	349	302	231
Plastik	8	10	60
PET[9]	1	1	2
Sonderabfall	**734**	**827**	**728**
Batterien (Recycling)	0.6	0.4	0.5
Elektroschrott (Recycling)	84	60	47
Öle, Fette, Chemikalien (v.a. wässrige Lösungen)	598	696	621
Sondermüll (v.a. Kühlschmiermittel und Schlämme)	51	71	60

[1] Standorte Thun und Hohenstein-Ernstthal
[2] Strom aus der PV-Anlage am Standort Hohenstein-Ernstthal wird direkt ins Netz eingespiesen (2018/2017/2016: 18/17/18 MWh).
[3] Emissionskategorien gemäss Greenhouse Gas Protocol. Scope 1: Verbrennung in eigenen Anlagen/Fahrzeugen; Scope 2: eingekaufte Elektrizität; Scope 3: bezogene Dienstleistungen Dritter
[4] Die Emissionen aus eingekauftem Strom (Scope 2) wurden mit aktualisierten Emissionsfaktoren für alle in der Tabelle dargestellten Jahre berechnet, was zu einer minimen Anpassung der jeweiligen Werte für 2016 und 2017 führte.
[5] Diese Zahl schliesst den Dieselverbrauch von Mietautos in Thun ein.
[6] Wird am Standort Thun zu Heiz- bzw. Kühlzwecken gefördert und danach wieder dem Grundwasserreservoir zugeführt
[7] Der letztjährige Bericht enthielt einen Schätzwert für 2017 des Standorts Hohenstein-Ernstthal. Das Gesamtvolumen der durch kommunale Kläranlagen behandelten Abwässer wurde deshalb für 2017 nachträglich korrigiert.
[8] Ehemals klassifizierter «Restmüll unbekannte Verwertung» am Standort Hohenstein-Ernstthal wird seit 2017 der Verbrennung zugeführt.
[9] Angabe zum PET-Recycling für den Standort Thun basiert auf einer Schätzung

19 Berichterstattung 2018 | Lagebericht

Den wichtigsten Beitrag an eine nachhaltige Entwicklung leistet Meyer Burger durch ihre innovativen Produkte und Technologien selbst: Dank der Steigerung der Energieeffizienz von Solarzellen und -modulen können Kunden einen positiven Beitrag zum Umweltschutz leisten. Mit der Verbesserung der Energie- und Ressourceneffizienz an ihren Technologie- und Produktionsstandorten arbeitet Meyer Burger anhaltend an der Senkung des eigenen ökologischen Fussabdrucks.

***Auszug* Umweltkennzahlen**

Position	2018	2017	2016
Energieverbrauch (in MWh)	13 474	13 835	14 654
CO_2-Emissionen (in CO_2-Äquivalente)	6 048	6 219	6 858
Wassernutzung (in m^2)	702 143	569 474	597 002
Abfall (in Tonnen)	259	328	327
Recycling (in Tonnen)	457	447	419

Verschiedene Anzeichen deuten darauf hin, dass die Umweltberichterstattung für grössere Unternehmen inskünftig verstärkte Aufmerksamkeit erhalten wird. Auf internationaler Ebene hat eine unabhängige Institution, die Global Reporting Initiative, in einem Standard sog. **GRI-Indikatoren** zur Berichterstattung über die Nachhaltigkeitsentwicklung festgelegt.[511]

Die UNO hat 2005 17 Ziele bekanntgegeben, welche den Planeten schützen, die Armut beenden und den Wohlstand aller Menschen fördern sollen (Sustainable Developement Goals SDG). Corporate Responsability Reporting (CRR) wird entweder als ein Teil des Geschäftsberichts veröffentlicht oder getrennt vorgelegt (z. B. Implenia, Nestlé, Berner Kantonalbank, Swisscom). Die Zuverlässigkeit der GRR-Berichterstattung kann wie jene der Rechnungslegung im Einzel- und Konzernabschluss von einer Revisionsstelle in einem besonderen Prüfungsbericht bestätigt werden (z. B. bei Novartis, Roche).

511 Die G-3-Richtlinien im Detail sind zu finden unter http://www.globalreporting.org. Roche Geschäftsbericht, 2016, S. 4. Im Geschäftsbericht 2016 erwähnt Meyer Burger, an welcher Stelle über die Umsetzung der relevanten GRR-Indikatoren in der Unternehmensgruppe nähere Angaben zu finden sind. Die Post AG publiziert jährlich einen besonderen GRR-Bericht.

9.2 Corporate Governance

Der Begriff der Corporate Governance hat seit den frühen 1990er Jahren im angelsächsischen Raum und in der Folge auch in der Praxis von grösseren schweizerischen Unternehmen wachsende Bedeutung erlangt. Er lässt sich in keine andere Sprache angemessen übersetzen. Ziel ist ein Gleichgewicht zwischen den verschiedenen Organen der Gesellschaft, eine ausreichende Transparenz der gesellschaftsinternen Vorgänge und die Sicherung der Rechtsstellung der Aktionäre.[512] Corporate Governence-Regelwerke richten sich aus naheliegenden Gründen vor allem an börsenkotierte Gesellschaften.[513] Das Grundkonzept ist auch für grössere private Aktiengesellschaften wegweisend.

Corporate Governance ist ein durch die Anteilseigner und den Vorgaben des Gesellschaftsrechts definierter Ordnungsrahmen für die einheitliche Unternehmensführung zwecks Leitung und Überwachung eines Unternehmens, um die Ansprüche aller Anspruchsgruppen gerecht zu werden.

Bei börsenkotierten Gesellschaften umfasst die Corporate Governance-Berichterstattung folgende Angaben, welche in der Regel in Form einer separaten Berichterstattung von der Börsenaufsicht verlangt werden:

- **Kapitalstruktur** (Aktien, Aktionariat, Mitwirkungsrechte der Aktionäre). Zu den Mitwirkungsrechten der Aktionäre sind Angaben über die Vinkulierungsbestimmungen, Stimmrechtsbeschränkungen sowie die Regelung bei einem Wechsel der Aktienmehrheit üblich. Aus der Sicht der Minderheitsaktionäre ist vor allem die Pflicht zu einem Übernahmeangebot des Erwerbers von über 33 1/3% der Stimmrechte nach dem FinfraG 135 I (über 33 1/3%) und 163 von Bedeutung. Die Gesellschaft kann in den Statuten ein Opting-up (Beispiel: Swatch Group: Erwerb über 49% der Stimmrechte) vorsehen oder Pflichtangebot für die Minderheitsaktionäre aufheben. (Opting-out-Beispiele: Bachem, Conzzeta, Ems Chemie, OC Oerlikon)
- **Bedeutende Aktionäre und Kreuzbeteiligungen**
- **Konzernstruktur** (Verzeichnis der Beteiligungen, Konsolidierungskreis, Kreuzbeteiligungen)
- **Verwaltungsrat** (Information über die Mitglieder, die Arbeitsweise, Ausschüsse, Kompetenzregelung, Kontroll- und Informationsinstrumente)

512 Botschaft E-OR 2016, S. 1606.

513 Swiss Code of Best Practice, Economie Suisse sowie SIX-Richtlinie zur Corporate Governance 2014. Böckli, Corporate Governance, Erfolg und Versagen einer Leitidee, in: ST 4/2014, S. 349 ff. (mit umfangreichen Literaturangaben). Mit dem E OR 2016 sollen auch die Auskunfts- und Einsichtsrechte von Aktionären nichtkotierter Gesellschaften verstärkt werden (E-OR 697, 697a).

- **Geschäftsleitung** (Biografie der Mitglieder, weitere Tätigkeiten und Interessenverbindungen)
- **Vergütungen und Beteiligungen, Darlehen:** Die entsprechenden Informationen sind aufgrund der Bestimmungen der VegüV im besonderen Vergütungsbericht zu finden. Bei nicht kotierten Gesellschaften erfolgen diese Angaben jedoch nur ausnahmsweise auf freiwilliger Grundlage und in begrenztem Umfang).
- **Mitwirkungsrechte der Aktionäre:** Die Stimmrechtsbeschränkungen sind im Wesentlichen offenzulegen.
- **Kontrollwechsel und Abwehrmassnahmen:** Angebotsplicht bei Wechsel der Aktienmehrheit, besondere Vergütungen an Mitglieder des Verwaltungsrats und der Geschäftsleitung für den Fall des Ausscheidens nach einem Wechsel der Aktienmehrheit (Golden Parachutes genannt, solche Vertrags-Klauseln würden allerdings einer guten Corporate Governance widersprechen).
- **Revisionsstelle:** Dauer des Mandates und Amtsdauer der Revisoren, Revisorenhonorare sowie Honorare für andere als Prüfungsdienstleistungen (OR 961).
- **Informationspolitik**

In der Schweiz sind die Offenlegungspflichten nach der Richtlinie zur Corporate Governance für börsenkotierte Gesellschaften offengelegt. Weiter dient die Berichterstattung, um potenzielle Interessenskonflikte erkennbar zu machen. Im Wesentlichen sollte der Verwaltungsrat eine Oberaufsicht wahrnehmen und unabhängig gegenüber der Geschäftsleitung sein.

9.3 Kapitalmarktbezogene Berichterstattung

Bei börsenkotierten Gesellschaften oder Gesellschaften des OTC-Marktes betreffen die Kapitalmarktbeziehungen vor allem den Aktienmarkt. Grössere Gesellschaften beanspruchen auch den Anleihensmarkt durch Ausgabe der Obligationenanleihen in verschiedenen Varianten und Sonderformen (z. B. Wandelanleihen).[514]

Einzelheiten zu den ausstehenden Anleihen sind im Anhang aufzuführen (OR 959c IV), so dass sich in diesem Abschnitt – abgesehen von den im OR nicht verlangten Marktwerten der Anleihen – zusätzliche Erläuterungen erübrigen.

In Informationen über die Aktien sind hauptsächlich durch die Informationsbedürfnisse der Beteiligten, der Finanzanalytiker und der Anlageberater bei Banken und Vermögensverwaltern geprägt. Zweckmässig sind Angaben im Mehrjahresvergleich über das Aktienkapital, die Anzahl Aktien, Gewinn/Verlust je Aktie, den Cashflow (als erarbeitete Mittel, sog. ertragswirtschaftlicher Cashflow oder unpräzise Cash Earnings), des Eigenkapitals, die Ausschüttung, Höchst-/Tiefststand, Jah-

514 Für eine ausführliche Darstellung der Finanzierung mit Anleihen siehe Boemle/Stolz: Unternehmungsfinanzierung, Bd. 2, S. 23 ff.

resschlusskurse, durchschnittliches Handelsvolumen pro Tag, Kurs/Gewinn-Verhältnis (PER), Kurs/Eigenkapital (Price-Book Value).

Aufschlussreich sind auch Informationen über die Struktur des Aktionariates in Ergänzung zur Pflichtinformation über bedeutende Aktionäre nach OR 663c im Anhang. Bedeutende Aktionäre nach OR 663c sind solche mit einer Mindestbeteiligung von 5% der Aktien. Der Markt einer Aktie wird erfahrungsgemäss von den Transaktionen der institutionellen Anleger beeinflusst.

Beispiel Informationen über das Aktionariat Hochdorf Holding (Swiss GAAP FER)

Aktionäre nach Kategorien per 31.12.2016

Bezeichnung	Eingetragene Aktionäre
Natürliche Personen	1'837
Juristische Personen	91
Pensionskassen (PK)	15
Versicherungen	4
Investmentgesellschaft/Fonds	26
Übrige Stiftungen	5
Banken (BK)	16
Öffentlich-rechtliche Körperschaften	4
Total	**1'998**

Aktionäre nach Streuung per 31.12.2016

Anzahl Aktien	Eingetragene Aktionäre
1 - 10	225
11 - 100	1'025
101 - 1'000	637
1'001 - 10'000	93
10'001 - 100'000	17
100'000 und mehr	1
Total	**1'998**

Bei der Darstellung der Kursentwicklung der Aktie im Mehrjahresvergleich ist der Vergleich mit der Entwicklung eines relevanten Börsenindexes (z. B. SPI) sinnvoll. Die Angaben zu Aktienrendite sollten sich nicht auf die Dividendenrendite beschränkten, sondern auch den Total Return (Ausschüttung zuzüglich Kursgewinn oder abzüglich Kursverlust) aufzeigen. Eine Erläuterung der Ausschüttungspolitik

(z. B. Ziel Payout Ratio) ist aus der Sicht der Anleger und ihrer Berater erwünscht, denn die Dividendenausschüttung ist ein wesentlicher Bestandteil der Gesamtrendite einer Aktienanlage.

Seit jüngerer Zeit besteht in der Praxis der Rechnungslegung eine Tendenz zur Verwendung von alternativen Performancekennzahlen. Diese werden eingesetzt, um die interne Perspektive der Führung darzulegen. In der Regel beruhen diese nicht auf den Zahlen der Rechnungslegung nach einem anerkannten Standard der Rechnungslegung, sondern auf internen, betriebswirtschaftlichen Zahlen, die als Ergänzung im Geschäftsbericht aufgeführt werden. Nach RLAPM (Richtlinie über die Verwendung von alternativen Performancekennzahlen) ist eine alternative Führungskennzahl wie folgt definiert: Eine alternative Performancekennzahl ist eine Finanzkennzahl in Bezug auf die vergangene oder zukünftige finanzielle Leistung, Finanzlage oder Kapitalflüsse, die nicht im anwendbaren anerkannten Rechnungslegungsstandard definiert oder ausgeführt wird.

In der Praxis werden solche, insbesondere für operatives Ergebnis, Bareinnahmen, Ergebnis vor Einmalaufwendungen, Ergebnis vor Zinsen, Steuern, Abschreibung und Amortisation (EBITDA), Nettoverschuldung, eigenständiges Wachstum oder ähnliche Bedingungen, die Anpassungen von Posten in Erfolgs-/ Gesamtergebnisrechnungen, Bilanzen oder Kapitalflussrechnungen bezeichnet.

9.4 Nachhaltigkeitsberichterstattung

In den letzten Jahren hat die Berichterstattung zur Nachhaltigkeit (**Sustainabilty Reporting**) in einem ausgiebigen Mass an Bedeutung gewonnen. Die Nachhaltigkeitsberichterstattung ist umfassender als die gesellschaftsbezogene Bericherstattung und kann als ihre Weiterentwicklung betrachtet werden.

Die börsenkotierten Unternehmen in der Schweiz können auf freiwilliger Basis eine Nachhaltigkeitsberichterstattung einführen (sog. Opting-in), wovon aktuell 19 Unternehmen in der Schweiz Gebrauch machen. In diesem Fall verpflichten sich diese Unternehmen, einen von der Schweizer Börse anerkannten Standard der Nachhaltigkeitsberichterstattung anzuwenden, wobei ausschliesslich der Global Reporting Initiative (GRI) in der Schweiz angewendet wird. Aktuell sind dies:

- Global Reporting Initiative (GRI),
- Sustainability Accounting Standards,
- UN Global Compact,
- European Public Reat Estate Association Beste Practices Recommendations on Sustainability Reporting.

Die Schweizer Börse prüft auch die Einhaltung der Berichterstattung der gewählten Nachhaltigkeitsstandards. Es geht im wesentlichen Punkt um die Berichterstattung eines Unternehmens in sozialen, ökologischen und gesellschaftlichen Fragen. Diese Punkte gehen aus der gewöhnlichen Berichterstattung kaum oder überhaupt nicht hervor. Das Bedürfnis nach umfassenden Informationen ist ausgeprägt und die Unternehmen sehen sich einem wachsenden Rahmen eines Informationsbedürfnisses ausgesetzt.

So können folgende Aspekte für die ESG-Berichterstattung in Betracht kommen (environment, social und governance):

- Umweltmanagement,
- ökoeffizienter Betrieb,
- Produkteverantwortung,
- Mitarbeiter (angemessene Vergütung, Fortbildung, Gleichberechtigung),
- soziale Entwicklung (Verhaltenskodex, Ethikrichtlinien),
- Versorgungsketten,
- effizente Führungsstruktur (Unabhängigkeit des Verwaltungsrates),
- umfassende Aktionärsrechte,
- Vergütung an die Führungskräfte (Transparenz, Verbindung von Leistung und Entschädigung).

Beispiel Sustainability Reporting Straumann Gruppe 2017

SUSTAINABILITY – MATERIAL TOPICS

Identifying and addressing relevant/material sustainability topics that present risks or opportunities to our business is important for our long-term success and is closely linked to our business processes and stakeholder communications. Each year, we conduct interviews with senior managers across the company – in alignment with the provisions of the Global Reporting Initiative (GRI) Principles for Defining Report Content – to determine the most pertinent sustainability issues for the Straumann Group and our stakeholders. The chart on the right gives an overview of the sustainability topics found to be most material for our business success (horizontal axis) and the interests expressed by our stakeholders, which include customers, employees, investors and community representatives (vertical axis). The materiality of our sustainability topics did not change significantly in 2017.

STAKEHOLDER ENGAGEMENT

Open communication and interactive dialogue with our stakeholders is an important part of responsible corporate behavior at Straumann. Interests expressed by our customers include assistance from Straumann in growing their businesses and establishing their specialist reputations. Dental service organizations are also interested in affordability and ethical practices. Employee feedback has indicated interest in professional development and work/life balance. Charitable partner organizations are interested in continuing sponsorship relations and agreed goals. Shareholders are interested in share price development, and socially responsible investment professionals are additionally interested in performance on sustainability topics.

Börsenkotierte Gesellschaften in der Schweiz können sich an einem internationalen anerkannten Standard der Nachhaltigkeit erklären und offenlegen, dass sie diesen als Grundlage für die Berichterstattung verwenden (sog. Opting-in).

Nachhaltigkeit im engeren Sinne bedeutet, dass soziokulturelle, ökologische und ökonomische Ressourcen nur soweit ver- und gebraucht werden, dass sie auch zukünftigen Generationen in der gleichen Qualität und Quantität zur Verfügung stehen können. Die Nützlichkeit dieser zusätzlichen Berichterstattung ist allgemein anerkannt, führt allerdings zu einem erheblichen Mehraufwand für die berichterstattenden Unternehmen.

Die Nachhaltigkeitsberichterstattung bietet einen umfassenderen Blick in ein Unternehmen, zugleich verursacht sie Kosten und kann den wahren ökonomischen Erfolg verschleiern. Die Unternehmensführung ist zunehmend auf die Befriedigung aller Anspruchsgruppen ausgerichtet und vernachlässigt dabei, dass gerade die Reduktion auf das Wesentliche in den Hintergrund gerät.

9.5 Lagebericht

9.5.1 Zweck und Form des Lageberichts

Mit der Revision des Aktienrechts 1991 wurde von allen Aktiengesellschaften und GmbH im Rahmen des Geschäftsberichts (aOR 662) die Vorlage eines **Jahresberichts** vorgeschrieben, welcher den Geschäftsverlauf sowie die wirtschaftliche und finanzielle Lage der Gesellschaft darzustellen und über im abgelaufenen Geschäftsjahr vorgenommenen Kapitalerhöhungen zu informieren hatte. Der Gesetzgeber verzichtet jedoch auf die Umschreibung von inhaltlichen Anforderungen an die beiden für die zusätzlichen Informationen der Abschlussadressaten wichtigen Elemente.

Die in der Fachliteratur aufgestellten konkreten Anforderungen sind im Allgemeinen nur bei Gesellschaften mit einer grösseren Zahl von Streubesitzaktionären beachtet worden, nachdem auch Swiss GAAP FER im Rahmenkonzept (RK 34) Mindestangaben vorsieht. In den OR-Abschlüssen von kleinen Aktiengesellschaften, aber auch von grösseren Unternehmen mit einem beschränkten Kreis von Aktionären, sind die aktienrechtlichen Vorschriften zum Jahresbericht wenig beachtet worden, wenn ein solcher überhaupt erstellt worden ist. Die Vernachlässigung des Jahresberichts wurde auch dadurch begünstigt, dass dieser nicht zusammen mit dem Zahlenwerk des Jahresabschlusses von der Revisionsstelle geprüft wird und auch nicht von Gesetzes wegen offenzulegen ist. Eine Anpassung der entsprechenden Bestimmung im Zusammenhang mit der Revision des Aktien- und Rechnungslegungsrechts war deshalb notwendig.[515]

Im Rechnungslegungsrecht ist der **Geschäftsbericht** der Oberbegriff, welcher als wichtigsten Bestandteil für alle rechnungslegungspflichtigen Unternehmen die Jahresrechnung (Einzelabschluss) enthält. Im Gegensatz zum bisherigen Recht haben nur noch grössere Unternehmen, welche zwingend von Gesetzes wegen der ordentlichen Revisionspflicht unterliegen, einen in Übereinstimmung mit der EU-Terminologie neu definierten **Lagebericht** (OR 961 Ziffer 3) zu erstellen. Im Rechnungslegungsrecht wird in einem einzigen Artikel (OR 961c) in Verbindung mit OR 961 im Aktienrecht etwas verwirrende Terminologie klargestellt sowie Zweck und Inhalt des Lageberichts festgelegt.

Als Bestandteil des Geschäftsberichts ergänzt der Lagebericht jene Aspekte, welche im Zahlenwerk der Jahresrechnung nicht zum Ausdruck kommen. Die Informations- und Rechenschaftsfunktion der Jahresrechnung nach OR (Einzelabschluss und Konzernrechnung) zur wirtschaftlichen Lage des Unternehmens wird bekanntlich dadurch eingeschränkt, dass der Einzelabschluss die Grundlage für die Steuerbemessung, die Beschlussfassung zur Ausschüttung und den Eigenkapitalschutz bildet. Weil beim Lagebericht der Konflikt zwischen der Rechenschafts- und Informationsaufgabe entfällt, erfüllt er im Geschäftsbericht eine Ergänzungsfunktion.[516] Er stellt entsprechend der Generalnorm in OR 961c I den Geschäftsverlauf und die wirtschaftliche Lage des Unternehmens und ggf. des Konzerns unter Bezugnahme auf die Einflussfaktoren wie die wirtschaftlichen Rahmenbedingungen, der Beschaffungs- und Absatzmärkte des Unternehmens und die Wettbewerbssituation dar. Mit dem Lagebericht werden ein Gesamtbild und die Zusammenhänge aufgezeigt, welche den Rechnungslegungsadressaten eine zuverlässige Beurteilung ermöglicht.[517] Zur Form äussert sich das Gesetz nicht, aber es ist unbestritten, dass er schriftlich vorzulegen ist.[518]

Beispiel Lagebericht Opernhaus Zürich (OR, 2017)

Geschäftsverlauf und wirtschaftliche Lage

Die Opernhaus Zürich AG betreibt im Auftrag des Kantons Zürich ein Musiktheater und Ballett. Die Grundlagen hierfür sind im Opernhausgesetz vom 15. Februar 2010, im Grundlagenvertrag zwischen dem Kanton Zürich und der Opernhaus Zürich AG vom 26. November 2010 und 9. Februar 2011 sowie der Leistungsvereinbarung zwischen dem Kanton Zürich und der Opernhaus Zürich AG vom 17. / 18. Januar 2012 definiert und geregelt. Das Opernhaus Zürich erhielt vom Kanton Zürich in der Spielzeit 2017/ 18 Zuschüsse in der Höhe von CHF 80,0 Mio., was im Vergleich zur Spielzeit 2016 / 17 unverändert ist. Der Beitrag des Kantons Zürich wurde nach einer entsprechenden KEF-Erklärung

515 Botschaft 2007, S. 1622.

516 Pfaff/Glanz/Stenz/Zihler, Kommentar zu OR 961c, Anmerkung 13, S. 584.

517 Pfaff/Glanz/Stenz/Zihler, Kommentar zu OR 961c, Anmerkung 44, S. 591.

518 Botschaft 2008, S. 1717. Eine mündliche Berichterstattung durch den Verwaltungsrat an der Generalversammlung genügt nicht.

ab dem 1. Januar 2016 um 2% bzw. ca. CHF 1.6 Mio. pro Jahr gekürzt. In der Spielzeit 2017 / 18 kam diese Kürzung ab Januar 2016 zum zweiten Mal für eine volle Spielzeit zum Tragen. Das Geschäftsjahr konnte mit einem Gewinn von CHF 158 777 (Vorjahr CHF 110 624) abgeschlossen werden, was einer Zunahme von 43.5% entspricht. Darin kommen vor allem die hohen Eigeneinnahmen bei den Vorstellungen sowie im Sponsoring zum Ausdruck, bei einer stabilen Kostenbasis. Die wirtschaftliche Lage des Opernhauses Zürich kann zum Ende der Spielzeit 2017 / 18 weiterhin als stabil bezeichnet werden. Für alle absehbaren Verpflichtungen und Risiken konnten in den letzten Jahren entsprechende Rückstellungen und Reserven aufgebaut werden. Dank der guten Besucherzahlen und der soliden Unterstützung durch Öffentlichkeit und Sponsoren ist die Einnahmensituation unverändert gut, was auch in einer hohen Eigenwirtschaftlichkeit in Höhe von 37.4% zum Ausdruck kommt.

Anzahl Vollzeitangestellte
In der Spielzeit 2017/18 beschäftigte die Opernhaus Zürich AG im Jahresdurchschnitt 590 Mitarbeitende (Vollzeitstellen). Hinzu kommen 13 Personen, die sich in einer Berufsausbildung befinden und 46 Personen, die in den Nachwuchsprogrammen des Opernhauses (Internationales Opernstudio, Orchesterakademie, Juniorballett) sind.

Durchführung einer Risikobeurteilung
Im Rahmen des Internen Kontrollsystems IKS führt die Opernhaus Zürich AG jährlich eine Risikobeurteilung durch, welche jeweils im VR-Ausschuss und im Verwaltungsrat besprochen und verabschiedet wird. Dabei beurteilt der Verwaltungsrat die für die Gesellschaft wesentlichen Risiken auf ihre Eintrittswahrscheinlichkeit und möglichen Auswirkung und beschliesst Massnahmen, mit welchen die Risiken vermieden, vermindert oder versichert werden können.

Investitionen
Insgesamt wurden in der Spielzeit 2017 / 18 Investitionen in der Höhe von CHF 11.1 Mio. getätigt. Davon betreffen rund CHF 3.6 Mio. die Ausstattungen für die Neuproduktionen. Weitere Investitionen betrafen eine Finanzanlage über CHF 6.0 Mio. sowie technische Anlagen für den Bühnenbetrieb, Fahrzeuge sowie die Informatik. Gleichzeitig wurde eine Finanzanlage über CHF 10.0 Mio. zurückgenommen. Die Altlastsanierung (Asbest) und die Aufstockung des Ausstattungslagers Kügeliloo verlaufen gemäss Terminplan. Die Rückbauarbeiten und das neue Dach über den bestehenden Sheddächern wurden Ende 2017 fertig gestellt. Seit Anfang 2018 läuft die eigentliche Asbestsanierung der Sheddächer und Rinnen. Die Fertigstellung des gesamten Bauprojekts und der Umgebungsarbeiten (Umzäunungen, Entwässerung etc.) findet voraussichtlich im September 2019 statt. Zeitplan und Kostenrahmen können eingehalten werden.

Zukunftsaussichten

Das Opernhaus Zürich leistet im Auftrag und mit Unterstützung des Kantons Zürich einen wesentlichen Beitrag zum kulturellen Angebot in Zürich und den umliegenden Kantonen. Das Opernhaus Zürich geht davon aus, dass dieser Auftrag mit entsprechender öffentlicher Unterstützung erfolgreich weitergeführt wird. Gemäss Leistungsvereinbarung zwischen dem Kanton Zürich und der Opernhaus Zürich AG legt der Kanton den Kostenbeitrag so fest, dass das Opernhaus Zürich seine rechtlichen Verpflichtungen erfüllen kann. Vor einer Kürzung des Kostenbeitrags gegenüber dem Vorjahr beschliesst er eine sogenannte KEF-Erklärung, was dem Opernhaus Zürich de facto einen Vorlauf von einem Jahr gibt. Das Opernhaus Zürich ist zuversichtlich, die bereits per 1. Januar 2016 erfolgte Subventionskürzung von 2% sowie wiederkehrende finanzielle Mehrbelastungen für die eigene Pensionskasse aus eigener Kraft absorbieren zu können, was seit 2016 zusammen über CHF 3 Mio. pro Spielzeit ausmacht. Um seinen gesetzlichen Auftrag erfüllen zu können, geht das Opernhaus Zürich davon aus, dass in den nächsten Jahren keine weitere Kürzung des kantonalen Kostenbeitrags erfolgen wird.

Bei Unternehmen, welche einen Konzernabschluss erstellen – beispielsweise alle börsenkotierten Gesellschaften – entfällt ein Lagebericht für den Einzelabschluss der Obergesellschaft (OR 961a I). Für die formelle Gestaltung des Lageberichts sind die allgemeinen Grundsätze der ordnungsmässigen Rechnungslegung auch für verbale Darstellungen anzuwenden (OR 958), wobei der Stetigkeit besondere Beachtung zu widmen ist, um die Vergleichbarkeit bei der Darstellung des Geschäftsverlaufs zu gewährleisten. Auch Unternehmen, welche freiwillig einen Lagebericht erstellen, haben in der Zielsetzung des Lageberichts entsprechend, die allgemeinen Berichtsgrundsätze und die einzelnen Berichtspunkt gemäss OR 961a einzuhalten.

Die im früheren Aktienrecht ausdrücklich geforderte Darstellung der finanziellen Lage fehlt im aktuellen Gesetzestext. Eine Beurteilung der Entwicklung von Liquidität (Geldflussrechnung/ Kennzahlen) sowie der Verschuldung und des Potentials zur Finanzierung des Wachstums sowie der Absicherung von finanziellen Risiken, sind jedoch klassische Themen zur Schilderung des Geschäftsverlauf und der wirtschaftlichen Lage.[519] Eine Kernaufgabe der Darstellung des Geschäftsverlaufs sind im Allgemeinen Teil Indikatoren zur zukünftigen Geschäftsentwicklung.[520] Der Lagebericht sollte daher das zu berichtende Jahr und das künftige Jahr umfassen und kommentieren, wobei der Fokus auf dem zukünftigen Jahr liegt.

519 Böckli, Neue OR-Rechnungslegung, S. 182.
520 Botschaft 2007, S. 1717.

9.5.2 Besondere Angaben im Lagebericht und Würdigung

Bei der gesetzlichen Aufzählung von sechs Aufgaben von OR 961c II handelt es sich um eine Konkretisierung der in Abschnitt I umschriebenen Zweckbestimmung. Im Lagebericht sind namentlich folgende Elemente zu erläutern und aufzuführen:

Anzahl Vollzeitstellen im Jahresdurchschnitt

Massgebend sind alle Beschäftigten mit einem Arbeitsvertrag entsprechend ihren Stellenprozenten (Vollzeitäquivalente). Temporärbeschäftigte werden nicht einbezogen, jedoch die Auszubildenden. Die getrennte Erfassung ist zu empfehlen. Zusätzliche Angaben sind in der Berichterstattung über Mitarbeitende und Soziales wünschenswert.[521] Zu beachten ist, dass die Angaben im Anhang des Einzelabschlusses (nach OR 959c II, Ziffer 2) nur summarisch und im Lagebericht des Konzerns ausführlicher zu machen sind.

Beispiel Angaben zu Vollzeitstellen SGV Luzern (OR, 2016)

Angabe im Einzelabschluss nach OR
Die Anzahl der Vollzeitstellen liegt im Jahresdurchschnitt weder 2015 noch 2016 über 250 Stellen.

Konsolidierte Rechnung der SGV-Gruppe (nach OR)

Beschäftigte Mitarbeitende in der SGV Gruppe	2015	2016
Festangestellte SGV AG inkl. Auszubildende	80	90
Festangestellte Shiptec AG inkl. Auszubildende	60	60
Festangestellte Tavolago AG inkl. Auszubildende	117	132
Saison- und Teilzeitmitarbeitende AGV AG	96	102
Saison- und Teilzeitmitarbeitende Shiptec AG	10	15
Saison- und Teilzeitmitarbeitende Travolage AG	305	262
Total SGV Gruppe	668	661
Entspricht Vollzeitstellen SGV Gruppe	416	432

Angaben zur Risikobeurteilung
Der Fokus bei dieser Berichterstattung bezieht sich nicht auf Risiken möglicher Fehlaussagen in der Jahresrechnung, sondern vielmehr auf die Unternehmensrisiken insgesamt. Hierzu zählen u. a. die operativen, finanziellen sowie strategischen

521 Pfaff/Glanz/Stenz/Zihler, Kommentar zu OR 961c, Anmerkung 54, S. 594.

und regulatorischen Risiken. Zu den finanziellen Risiken können Gefahren bei operativen Verlusten, Finanzierung und Bewertung genannt werden. Der Gesetzgeber lässt offen, wie diese Berichterstattung zu erfolgen hat. Eine Leerformel, wonach eine Risikobeurteilung durchgeführt worden ist, ist für die Bilanzadressaten ohne Informationsgewinn und genügt nach Rechnungslegungsrecht nicht.[522] Vielmehr ist betriebswirtschaftlich eine umfassende Berichterstattung zum Risikoprozess erwünscht. Hierzu zählen die identifizierten Risiken, ihre Messung und der Umgang mit ihnen. Auch kann es sinnvoll sein, über die Risikofähigkeit und -bereitschaft des Unternehmens Auskunft zu geben. Nach dem Rechnungslegungsrecht sind die Massnahmen, Beurteilungen zu den Risiken oder eine Beschreibung des Risikomanagements nicht zwingend im Lagebericht zu erwähnen.[523]

In der Praxis der Darstellungen des Lageberichts sind die entsprechenden Angaben zu den Risiken und des Risikomanagements, sofern solche überhaupt gemacht werden, oft sehr allgemein gehalten und deshalb wenig informativ. Als mustergültig ist der Auszug aus dem Lagebericht eines Handelsunternehmens zu beurteilen, vor allem wegen der Quantifizierung von Angaben.

Beispiel Berichterstattung über die Durchführung einer Risikobeurteilung Loeb Holding AG (Swiss GAAP FER)

Anhang konsolidierte Rechnung

Risikomanagement nach Art. 961c, Abs. 2 Ziff. 2 OR
Der Verwaltungsrat der Loeb Holding AG hat eine Risikomanagement-Richtlinie und Grundsätze erlassen. Die Geschäftsleitungen der Gruppengesellschaften sind beauftragt, zweimal jährlich eine Risikoanalyse durchzuführen. Der Risikobeurteilungsprozess beinhaltet, dass Risiken systematisch erfasst, ausgewertet und priorisiert werden. Weiter werden deren Einflüsse auf das gesamte Unternehmen beurteilt sowie Massnahmen eingeleitet und überwacht, um Risiken zu vermeiden oder zu minimieren.

522 Böckli, Neue OR-Rechnungslegung, S. 184.

523 Böckli, Neue OR-Rechnungslegung, S. 184. Andere Meinung Pfaff, D.: Angaben über die Durchührung einer Risikobeurteilung im Anhang und im Lagebericht, in: Festschrift Max Boemle (Zürich 2008), S. 326. Pfaff/Glanz/Stenz/Zihler: Kommentar zu OR 961c, Anm. 59, S. 594: »Substantielle Angaben zur Beurteilung der Unternehmensrisiken und ihres Managements sind erforderlich.«

Die Risiken werden in drei Kategorien eingeteilt:

- die externen Risiken (unter anderem Marktsituation, Nachfrage, Konkurrenz);
- die betriebsinternen Risiken (operative Risiken im Zusammenhang mit der Unternehmensführung);
- die finanziellen Risiken (Kredit-, Zinssatz-, Währungs-, Kapitalmarktrisiken).

Die unterschiedlichen Risiken sind gemäss deren finanziellem Einfluss und Eintrittswahrscheinlichkeiten beurteilt und priorisiert worden. Gemäss der 2015 durchgeführten Risikoanalyse haben die marktseitigen Gefahren (Konkurrenzsituation und Preisentwicklung aufgrund der schwierigen Marktsituation seit dem 15. Januar 2015 (Aufgabe des Mindestkurses CHF/Euro) auch im Berichtsjahr massiv zugenommen. Gegenüber dem Vorjahr sind die unternehmensinternen Risiken als Folge der erfolgreichen Einführung der neuen IT-Plattform hingegen gesunken. Das Net Exposure (Summe der Einzelrisiken abzüglich Massnahmen) der Loeb-Gruppe beträgt 20.3% des ausgewiesenen Eigenkapitals gegenüber 19% im Vorjahr.

Der Verwaltungsrat hat im Berichtsjahr das Thema »Risikomanagement« in seiner Sitzung am 19. September 2016 eingehend behandelt. Der Verwaltungsrat ist zum Schluss gekommen, dass – trotz der bedeutenden Zunahme der unternehmensexternen Risiken – die wesentlichen Risiken entweder durch adäquate Massnahmen oder durch das bestehende Eigenkapital abgedeckt sind. Die hohe Eigenkapitalquote und eine vorhandene Liquidität garantieren eine ausreichende Risikodeckung.

Bestellung- und Auftragslage

Die Umsetzung dieser Bestimmung hängt massgeblich von der Branche ab. In der Maschinenindustrie ist beispielsweise zwischen Bestellungseingang und Auftragsbestand zu unterscheiden. Der Bestellungseingang (Order Intake), der Auftragsbestand (Order backlog) sowie das Verhältnis Bestellungseingang/Umsatz (Book to Bill Ratio) sind klassische Frühindikatoren. Eine deutliche Zunahme im Vergleich zum Vorjahr bedeutet im Allgemeinen eine spätere Umsatzsteigerung. Diese Informationen sind insbesondere für die Beurteilung der Annahme für die Unternehmensfortführung von Bedeutung.

Beispiel VAT Group Haag SG 2016 Auszug aus Kennzahlen-Übersicht (Swiss GAAP FER)

Konsolidierte Jahresrechnung

	2015	**2016**
Order Intake	427.8	561.9
Order Backlog 31.12.	71.9	122.1
Net Sales	4'110	507.9

Die Beurteilung im Geschäftsbericht zum Konzern unter verschiedenen Titeln wie Kennzahlen wie Strategie, Geschäftsmodelle, Marktentwicklung, Ertrag nach Segmenten oder MAP entspricht auch ohne den formellen Titel Lagebericht den gesetzlichen Anforderungen. Der Einzelabschluss beschränkt sich deshalb auf Bilanz, Erfolgsrechnung und Anhang der VAT-Group AG (reine Holding).

Forschungs- und Entwicklungstätigkeit (F+E)[524]
Forschungstätigkeit, d. h., das eigenständige und planmässige Suchen nach neuen technisch verwertbaren und wirtschaftlich erfolgsversprechenden Ergebnissen sowie deren Anwendung zur Entwicklung oder Verbesserung von Verfahren und Produkten, ist für die langfristige Wettbewerbsfähigkeit entscheidend. Deshalb sind Informationen über die Forschung und Entwicklung für die Beurteilung der zukünftigen Aussichten aus der Sicht der Abschlussadressaten wichtig.

Beispiel Lagebericht Genossenschaft Migros Aare (OR, 2016)

Negativbestätigung
Die Genossenschaft betreibt als Detailhandelsunternehmen selbst keine Forschung.

Ausserordentliche Ereignisse
Es bestehen keine aussergewöhnlichen Ereignisse.

Aus der Sicht des Unternehmens ist eine ausführliche Berichterstattung wegen der damit verbundenen Wettbewerbsnachteile heikel, weil Konkurrenten aus Informationen über Arbeiten an Produktinnovationen und neuen Anwendungsmöglichkeiten Nutzen ziehen könnten.[525] Verschiedene Wirtschaftszweige haben keine F+E-Tätigkeiten, z. B. Handel, gewerbliche Betriebe oder Beratungsunternehmen, weshalb entsprechende Aufgaben entfallen oder eine negative Bestätigung angeben im Lagebericht.

Beispiel Konzernbericht Schweizer Zucker AG (OR, 2016)

Forschungs- und Entwicklungstätigkeit
Die Schweizer Zucker AG betreibt Forschung und Entwicklung. Dabei geht es vor allem um Prozessoptimierungen, spezifische Kundenbedürfnisse und Sortimentserweiterungen.

524 Das Rechnungslegungsrecht definiert F+E-Tätigkeit, im Gegensatz zum HGB 255 und zu IAS 38, nicht.
525 Baetge/Kirsch/Thiele, Bilanzen, S. 771.

Ausserordentliche Ereignisse
Wesentliche Ereignisse nach dem Bilanzstichtag sind bereits im Anhang offenzulegen (OR 959c II, Ziffer 13). Nachdem einmalige und aussergewöhnliche Ereignisse entsprechende Aufwendungen und Erträge zur Folge haben, sind diese auch in der Erfolgsrechnung auszuweisen und im Anhang zu erläutern. OR 961c, Ziffer 5, ist deshalb eine Leerformel.

Zukunftsaussichten
Die zu erwartende Entwicklung der wirtschaftlichen Lage, ggf. auch in späteren Geschäftsjahren, ist sinnvollerweise im Geschäftsverlauf darzustellen. Unter diesem Titel wären deshalb neben qualitativen auch quantitative Prognosen (Umsatzzunahme – wenn möglich nach Segmenten, erwartete Veränderung der Margen) erwünscht.

Beispiel Lagebericht Burkhalter Group (Swiss GAAP FER, 2016)

Zukunftsaussichten
Das Management geht davon aus, dass im operativen Geschäft im laufenden Jahr nochmals leichte Verbesserungen erwartet werden können. Ob damit der Gewinn pro Aktie weiter gesteigert werden kann, hängt von der Entwicklung der Alpiq Burkhalter Technik AG, einem 50% Joint Venture zwischen der Burkhalter Holding AG und der Alpiq Intec ab. Die Bautätigkeit in der Schweiz wird aus heutiger Sicht auch 2017 aufgrund des tiefen Zinsniveaus und der kontinuierlichen Zuwanderung weiter ansteigen. Auch die Nachfrage nach Service-Dienstleistungen wird weiterhin hoch bleiben. Somit wird die Burkhalter Gruppe auch in Zukunft von diesen positiven Rahmenbedingungen profitieren können.

Disclaimer
Die finanzielle Berichterstattung enthält vorausschauende Aussagen. Sie widerspiegeln aktuelle Einschätzungen der Burkhalter Gruppe bezüglich Marktbedingungen und zukünftiger Ereignisse sind daher bestimmten Risiken, Unsicherheiten und Annahmen unterworfen. Unvorhersehbare Ereignisse könnten zu einer Abweichung der tatsächlichen Ergebnisse von den in dieser Berichterstattung gemachten Voraussagen und publizierten Informationen führen. Insoweit sind sämtliche in dieser Berichterstattung enthaltenen vorausschauenden Aussagen mit diesem Vorbehalt versehen.

Aus rechtlichen Gründen erwähnen die Unternehmen bei ihren Angaben wegen einer allfälligen Verantwortlichkeit für die von Rechnungslegungsadressaten getroffenen Entscheidungen, gestützt auf Informationen zur aktuellen sowie der künftigen Entwicklung des Unternehmens, einen sog. **Disclaimer.**[526]

Die Folgen der Berichterstattung über die Zukunftsaussichten sind vor allem bei kapitalmarktbezogenen Unternehmen (börsenkotierte und solche mit regelmässigem Handel im OTC-Markt) nicht zu unterschätzen. Die im Geschäftsbericht für das abgelaufene Geschäftsjahr erfolgten Annahmen werden deshalb von börsenkotierten Gesellschaften deshalb im zwingenden Halbjahresbericht aktualisiert.

Beispiel Aktualisierung der Zukunftsaussichten Georg Fischer (Swiss GAAP FER, 2017)

Halbjahresbericht 2017 Ausblick
GF Piping Systems profitiert von einer anhaltenden Nachfrage in den meisten ihrer relevanten Märkte. GF Automotive verfügt über eine sehr gute Auftragslage. Und GF Machining Solutions startete ins zweite Halbjahr mit einem markant höheren Bestellungseingang. Unter der Annahme, dass sich das wirtschaftliche Umfeld nicht verschlechtert, erwarten wir für das Jahresergebnis 2017 ein über den Zielen liegendes Umsatzwachstum sowie eine klare Steigerung der Profitabilität. Die erwarteten Ergebnisse liegen in der Bandbreite der Ziele der Strategie 2020 mit einem ROS (EBIT-Marge) von 8-9% sowie einem ROIC (Return on Invested Capital) von 18-22%.[527]

Der Geschäftsbericht von grösseren Unternehmen enthielt schon unter dem früheren OR in Ergänzung zur Jahres- oder Konzernrechnung narrative Elemente. Das Rechnungslegungsrecht legt für das Unternehmen sowie ggf. den Konzern unter dem Titel Lagebericht eine klare Berichtsstruktur, in OR 961c I (Allgemeiner Teil) und in OR 961c II (Besonderer Teil mit einem Sechspunkte-Katalog) fest. Das Mutter-Unternehmen kann (OR 961d) jedoch auf den Lagebericht verzichten, wenn dieses eine Konzernrechnung nach einem anerkannten Standard zur Rechnungslegung erstellt.[528]

Die gesetzliche Befreiung von der Erstellung eines Lageberichts für eine besondere Kategorie von Konzernen, nämlich jene, die sich nicht mit einer Konzernrechnung nach OR begnügen,[529] ist aus der Sicht der Rechnungslegungsadressaten nicht zweckmässig. Mit der Verzichtregelung hat der Gesetzgeber übersehen, dass der Lagebericht jene Aspekte darzustellen hat, welche im Einzelabschluss und im Konzernabschluss trotz des erweiterten Umfangs des Anhangs nicht zum Ausdruck kommen.[530]

Die anerkannten Rechnungslegungsstandards enthalten überdies keine präzisen Bestimmungen über den Lagebericht. RK 34 Swiss GAAP FER fordert im »Jahresbericht« eine Skizzierung des wirtschaftlichen Umfeldes des vergangenen Jahres

526 Disclaimer haben in den Finanzmarktbeziehungen die Bedeutung einer Haftungsabgrenzungs- und Haftungsausschlussklausel bezüglich des Inhalts von Grundlagen-Dokumentationen. GBF-Lexikon, S. 316.
527 Geschäftsjahr Georg Fischer 2016: ROS 8.3%, ROIC 19.3%.
528 Die Sonderregelung als Minderheitsrecht gemäss OR 961d dürfte in der Praxis nur ausnahmsweise relevant werden.
529 Pfaff/Glanz/Stenz/Zihler, Kommentar OR 961d, Anmerkung 8, S. 606.
530 Botschaft 2007, S. 1717.

und die Zukunftserwartungen bezüglich des wirtschaftlichen Umfeldes sowie einen Ausblick zur weiteren Entwicklung des Unternehmens, insbesondere des folgenden Jahres, vor allem zu Risiken und Chancen.

Gemäss einer Untersuchung von 52 Geschäftsberichten (ohne Finanzunternehmen) börsenkotierter Unternehmen für 2016 zeigt die Umsetzung von OR 961c ein etwas zwiespältiges Bild. Zu beachten ist, dass börsenkotierte Unternehmen, bei denen es sich durchwegs um Konzerne handelt, auf einen narrativen Teil im Sinne eines Lageberichtes wegen der besonderen Börsenbestimmungen nicht verzichten können.

Die neue Gesetzesbestimmung von OR 961c und 961d erweist sich als Papiertiger, denn 79% der Unternehmen halten sich nicht an die Berichtsstruktur, 13% mindestens teilweise. Nur 8% (= 4 Unternehmen) handeln den Pflichtkatalog ab.[531] Ein Lagebericht als Teil des Einzelabschlusses, welcher den Geschäftsverlauf einer reinen Holding darstellt, wäre ohnehin wenig aussagekräftig.[532]

In den Geschäftsberichten von Konzernen wird im Einzelabschluss des Mutterunternehmens von der Befreiung gemäss OR 961d durchwegs Gebrauch gemacht. Umso wichtiger wäre es, in Ergänzung zum im Allgemeinen sehr ausführlichen Bericht über den Geschäftsverlauf, Hinweise zur Risikobeurteilung zu machen, z. B. die Abhängigkeit von Grosskunden auf Einkaufs- oder Absatzmärkten, langfristige Mietverträge usw. Für Unternehmungsvergleiche wäre eine einheitliche Berichtsstruktur mit den sechs Katalogpunkten erwünscht.

9.6 Wertschöpfungsrechnung

Die Erfolgsrechnung weist das den Eigentümern (Shareholdern) zustehende Unternehmungsergebnis aus. Die gewinnorientierte Betrachtungsweise hat in der Berichterstattung seit den 1990er Jahren stark an Bedeutung gewonnen. Das erzielte Unternehmungsergebnis kann jedoch auch unter dem Blickwinkel aller an der Leistungserstellung Beteiligten (Stakeholder) beurteilt werden.

Die Wertschöpfungsrechnung betrachtet das Unternehmen als Koalition verschiedener Gruppen von Stakeholdern. Die Wertschöpfung einer Unternehmung entspricht dabei dem in einer bestimmten Periode durch Erzeugung von Gütern und Erbringung von Dienstleistungen geschaffenen Mehrwert oder Wertzuwachs (valeur ajoutée/Added Value). Dieser Betrachtungsweise liegt die Vorstellung zugrunde, die Unternehmung füge den Vorleistungen, d. h. den von anderen Wirtschaftseinheiten bezogenen Gütern und Dienstleistungen durch ihren eigenen Leistungsbeitrag einen zusätzlichen Wert hinzu. Dieser Wertzuwachs kann in einer besonderen Darstellung ausgewiesen werden.

531 Pfaff/Glanz, Lageberichterstattung in der Schweiz, in: R&C 1/2017, S. 7.

532 ABB Ltd. Zürich, Muttergesellschaft des ABB-Konzerns, legt als Ausnahme im OR-Einzelabschluss zum summarischen Lagebericht auch eine Geldflussrechnung vor.

Als Wertschöpfungsrechnung bezeichnet man das Rechenschema für die Ermittlung und Darstellung des von der Unternehmung geschaffenen Wertzuwachses sowie dessen Verteilung für eine bestimmte Periode.

Obwohl es in der Schweiz keine Empfehlungen (und schon gar keine Vorschriften) zur Aufstellung einer Wertschöpfungsrechnung gibt, fand diese als Folge der gesellschaftlichen Entwicklung seit den 1970er Jahren Eingang in die veröffentlichten Geschäftsberichte.

Entsprechend ihrer Aufgabe kann die Wertschöpfungsrechnung in eine Entstehungs- und in eine Verteilungsrechnung gegliedert werden. Die **Entstehungsrechnung** weist den Wert der erzeugten Güter und der erbrachten Dienstleistungen aus, während die **Verteilungsrechnung** über die Verteilung der Wertschöpfung auf, die an der Leistungserstellung Beteiligten informiert. Beide Rechnungen stellen eine Auswertung der buchhalterisch erfassten Vorgänge der Unternehmungstätigkeit dar und müssen zum gleichen Resultat führen. Den Zusammenhang zwischen Entstehungs- und Verteilungsrechnung stellt die folgende Abbildung schematisch dar.

Beispiel Wertschöpfungsrechnung Claro Fair Trade AG (OR, 2012, in CHF)

	2010/2011		**2011/2012**	
Umsatz	20'228 472		18'134 018	
Vorleistungen	- 15'331 883		- 13'318 778	
Lieferanten	- 72'441		- 60'105	
Übrige Lieferanten	- 994'967		- 1'077 909	
Bruttowertschöpfung	**3'829 181**		**3'677 226**	
Abschreibungen	- 374'616		- 377'799	
Nettowertschöpfung	**3'454 565**	**100%**	**3'299 427**	**100%**
Verteilung der Wertschöpfung				
Mitarbeitende (Lohnsummen)	3'222 928	93.3%	3'177 375	96.4%
Fremdkapitalgeber (Zinsaufwand)	73'849	2.1%	23'942	0.7%
Aktionäre (Dividende)	0		0	
Öffentliche Hand (Steuern)	32'677	1.0%	26'556	0.8%
Unternehmen (Reserven)	125'111	3.6%	70'554	2.1%

Die **Entstehungsrechnung** ermittelt die Wertschöpfung als Differenz zwischen der Gesamtunternehmungsleistung und den Vorleistungen. Zur Gesamtunternehmungsleistung zählen die Verkaufserlöse, Bestandesänderungen an Halb- und Fertigerzeugnissen, die aktivierten Eigenleistungen sowie alle übrigen betrieblichen Erträge (Zinsen, Dividenden, Beteiligungserträge, Mieten und Pachten, Lizenzeinnahmen u.Ä.). Davon sind die Vorleistungen abzuziehen (Verbrauch der von anderen Unternehmen bezogenen Materialen und Dienstleistungen) sowie sonstige Aufwendungen. Werden die Abschreibungen nicht zu den Vorleistungen gerechnet, ergibt dies die Bruttowertschöpfung. Abschreibungen und Wertberichtigungen stellen Abgeltungen von früher bezogenen Vorleistungen dar. Werden diese von der Bruttowertschöpfung abgezogen ergibt sich die Nettowertschöpfung, die in der Praxis häufig - etwas ungenau - auch nur als Wertschöpfung bezeichnet wird.

Beispiel Wertschöpfungsrechnung SIKA Gruppe (2016, in Mio. CHF)

	2014	2015	2016
Umsatz	5'571	5'489	5'748
Vorleistung	- 3'691	- 3'572	- 3'631
Bruttowertschöpfung	**1'880**	**1'917**	**2'117**
Abschreibungen	- 165	- 164	- 170
Rückstellungsveränderung	0	2	- 12
Nettowertschöpfung	**1'715**	**1'755**	**1'935**
an Mitarbeitende	894	900	941
davon Sozialleistungen	205	212	222
an die öffentliche Hand	149	157	189
an die Kreditgeber (Zinsaufwand)	26	22	16
an die Kapitalgeber (Dividende)	146	183	200
an das Unternehmen (Jahresgewinn)	441	465	567
abzüglich Dividende	- 146	- 183	- 200
Nettowertschöpfung	**1'715**	**1'755**	**1'935**

Die **Verteilungsrechnung** ermittelt die Wertschöpfung als Summe der Einkommen aller an der Erstellung der Gesamtunternehmungsleistung Beteiligten und zeigt, mit welchem Anteil diese am erwirtschafteten Wertzuwachs beteiligt sind. Üblicherweise bezieht sich diese auf die Nettowertschöpfung. Der Wertschöpfungsanteil der Mitarbeiter umfasst sämtliche Personalaufwendungen wie Löhne, Gehälter, Gratifikationen, Boni, gesetzliche und freiwillige Sozialabgaben sowie Aus- und Weiterbildungskosten. Die öffentliche Hand partizipiert am Wertzuwachs mit Einnahmen aus Steuern und Abgaben. Umwelt und Gesellschaft können von der erarbeiteten Wertschöpfung in vielfältiger Weise profitieren, z. B. in Form, von Beiträgen der Unternehmung zum Umweltschutz oder von Zuwendungen für kulturelle und soziale Zwecke (z. B. bei den Migros-Genossenschaften das sog. Kulturprozent). Die Fremdkapitalgeber beziehen Zinsen und die Eigenkapitalgeber Dividenden. In der Genossenschaft verbleibt derjenige Teil der Wertschöpfung, der nicht verteilt wird, im Unternehmen zur Reservebildung.[533]

Die Wertschöpfung aller Mitarbeiter zeigt den Anteil am erwirtschafteten Wertzuwachs der Berichtsperiode. Er ist aussagefähiger als der vielfach berechnete Umsatz je Mitarbeiter, weil sich – je nach dem Umfang der von Dritten bezogenen Vorleistungen – die auf die umsatzbezogenen Kennzahlen im zwischenbetrieblichen Vergleich ein falsches Bild von der Arbeitsproduktivität je einzelner Mitarbeiter ergibt

In den letzten Jahren wurden Wertschöpfungsrechnungen in den Geschäftsberichten von Publikumsgesellschaften nur noch ausnahmsweise veröffentlicht, nachdem der Nachhaltigkeits- und Sozialberichterstattung mehr Aufmerksamkeit erhält.

Die Wertschöpfungsrechnung baut in der Regel auf Erfolgsrechnungen nach dem Gesamtkostenverfahren auf und ist nur sinnvoll beim True-and-Fair-View-Konzept.[534]

9.7 Geschäftsbericht nach Swiss GAAP FER

Nach dem Rahmenkonzept von Swiss GAAP FER ist ein Geschäftsbericht zu erstellen. Er umfasst einen Jahresbericht sowie die Jahresrechnung. Die Jahresrechnung wiederum setzt sich aus der Bilanz, der Erfolgsrechnung, dem Anhang, der Geldflussrechnung, Eigenkapitalnachweis und dem Anhang zusammen.

Der Jahresbericht muss mindestens folgende Aspekte enthalten:

- Umfeld: Hierzu ist das wirtschaftliche Umfeld, die massgebenden Rahmenbedingungen und die Zukunftserwartungen des wirtschaftlichen Umfelds zu bezeichnen.
- Geschäftsjahr: Die wesentlichen Bestandteile der Jahresrechnung sind anhand geeigneter Bilanz- und Erfolgskennzahlen zu beschreiben. Auch ist ihre Entwicklung zu erläutern.
- Ausblick: Hier ist für das kommende Geschäftsjahr mit Fokus auf Risken und Chancen zu erläutern.

---

533 Nach Coenenberg/Haller/Schultze sind einbehaltene Gewinne Einkommen der Eigenkapitalgeber, Jahresabschluss, S. 1182. Aktionäre können jedoch im Rahmen der gesetzlichen Vorschriften in späteren Jahren auch über die unverteilten Gewinne in der Gewinnreserve verfügen.

534 Für den Aufbau einer Wertschöpfungsrechnung beim Umsatzkostenverfahren siehe Coenenberg/Haller/Schultze: Jahresabschluss, S. 1178.

Beispiel Zermatt Bergbahnen AG, Swiss GAAP FER, 2019

Geschäftsentwicklung und Geschäftsergebnis
Die Zermatt Bergbahnen AG ist mit nahezu unveränderten wirtschaftlichen Rahmenbedingungen gegenüber dem Vorjahr in das Geschäftsjahr 2019/2020 gestartet. Die wirtschaftlich angespannte Lage im Euroraum und die ungelösten Probleme betreffend Staatsverschuldung einzelner Mitgliedländer der EU widerspiegeln sich in der Zinspolitik der Europäischen Zentralbank und in der Folge auch im Handeln der Schweizerischen Nationalbank und dem gegenüber dem Vorjahr noch stärker überbewerteten Schweizerfranken. Die äusserst erfreuliche Entwicklung betreffend Nachfrage von Gästen aus dem asiatischen Raum und aus Nordamerika setzte sich auch im Sommer 2019 fort. Das Sommergeschäft, welches als strategischer Wachstumstreiber für den Umsatz der ZBAG definiert ist, hat sich mit beachtlichen Steigerungsraten weiter positiv entwickelt. Das Wintergeschäft 2019/2020 startete vielversprechend. Bis zur verordneten Betriebseinstellung per 13. März 2020 aufgrund der »Corona»-Pandemie zeichnete sich die Erreichung eines weiteren Rekordergebnisses ab. Mit Blick auf die Reservationssituation in den Beherbergungsbetrieben, den Schneeverhältnissen und dem Witterungsverlauf nach dem Lockdown wäre die Marke von CHF 80 Mio. Betriebsertrag in Reichweite gelegen. Auch im zurückliegenden Geschäftsjahr hat sich das eingeführte dynamische Pricing bewährt. Wiederum wurden im Wintergeschäft mehr als 30% der Verkäufe online abgewickelt. Die Dynamisierung der Preise in Kombination mit der »Best Price»-Garantie online hat sich somit als bewährte Verkaufsstrategie etabliert. Frühbucher sind von den je nach Auslastung, Wetter- und Schneeverhältnissen dynamischen Preisen (steigend) nicht betroffen, da die Vorlaufzeit für Preisanpassungen ca. drei bis fünf Tage beträgt und auf allen Verkaufskanälen gleichzeitig erfolgt. Trotz der durch das abrupte Saisonende verursachten Verschlechterung der Ertragslage konnten die finanziellen Kennzahlen über den Benchmark-Werten für die Seilbahnen Schweiz gehalten werden. Die konsequente Verfolgung der Ziele, welche vom Verwaltungsrat unserer Unternehmung im Rahmen der Strategie 2022 definiert worden sind, zeigt Wirkung. Der Umfang des Sommergeschäftes wurde durch gezielte Investitionen und neue Produkte gesteigert.

Ausblick
COVID-19 wird auch im Geschäftsergebnis 2020/2021 Spuren hinterlassen. Das Budget sowie die Investitionsplanung wurden an die veränderten Rahmenbedingungen angepasst. Im Sommer 2020 rechnen wir mit dem vollständigen Ausbleiben von Gästen aus den Überseemärkten, wodurch das Sommerergebnis sicher unter dem Resultat des Berichtsjahres bleiben wird. Auch für die Wintersaison 2020/2021 kann nicht mit einer vollständigen Normalisierung des internationalen Reiseverkehrs gerechnet werden. Dank des traditionell starken

Binnenmarktes und Gästen aus dem Euroraum wird der prozentuale Rückgang im Winter jedoch tiefer als im Sommer ausfallen.

Der Jahresbericht umfasst noch weitergehende Information für das Jahr 2019.

In der Praxis wird der Geschäftsbericht in der Regel zu Beginn der Berichterstattung gestellt, wobei weitergehende Informationen auch offengelegt werden. Auch werden Erfolgskennzahlen und Key Performance Indicators (KPI) erläutert und erklärt.

10 Konzernrechnung

10.1 Begriffliche Grundlagen

10.1.1 Begriffe und Formen des Konzerns

Zur Steigerung der Wettbewerbsfähigkeit, Erhöhung von Marktanteilen und Stärkung der Ertragskraft erwerben Unternehmen durch Kauf oder Aktientausch Beteiligungen an anderen Unternehmen. Durch finanzielle und organisatorische Zusammenfassung von rechtlich selbständig bleibenden Unternehmen entstehen besondere Wirtschaftsgebilde, welche im Ursprungsland USA Unternehmensgruppen (Group of Companies oder Corporate Group), im deutschen Sprachraum als Konzern bezeichnet werden.

Der schweizerische Gesetzgeber hat dem Konzern, im Gegensatz zum Ausland, trotz der seit mehreren Jahrzehnten wachsenden wirtschaftlichen Bedeutung, wenig Aufmerksamkeit geschenkt. Ein umfassendes Konzernrecht fehlt nach wie vor. Der Konzern ist nach schweizerischem Recht kein Träger von Rechten und Pflichten. Mit der Aktienrechtsrevision 1991 wurde im Zusammenhang mit der Pflicht zur Erstellung einer Konzernrechnung in OR a663e eine Konzerndefinition eingeführt. Diese wurde im Rechnungslegungsrecht in einer Minimalvariante neu formuliert. Ein Konzern umfasst nach OR 963 I eine juristische Person als Mutterunternehmen (Dach- oder Obergesellschaft), welche ein oder mehrere rechnungspflichtige Unternehmen (Tochter- oder Untergesellschaften) kontrolliert.[535] Prägnanter wird der Begriff in der Fachliteratur definiert.[536]

Ein Konzern ist ein Zusammenschluss von mehreren rechtlich selbständigen Gesellschaften zu wirtschaftlichen Zwecken, bei denen ein Mutterunternehmen ein oder mehrere Tochterunternehmen kontrolliert und allenfalls an gemeinsam geführten oder assoziierten Unternehmen beteiligt ist.

535 In der Praxis sind unter den juristischen Personen neben AG, GmbH, KmAG nur ausnahmsweise Genossenschaften sowie Vereine und Stiftungen Mutterunternehmen eines Konzerns, z.B. bei den Genossenschaftskonzernen Migros-Genossenschaftsbund, Coop Genossenschaft Basel, fenaco Genossenschaft Bern (Landwirtschaftskonzern) und Schweizerische Mobiliar-Genossenschaft.

536 Meyer, Konzernrechnung, S. 25

Die Form der Kontrolle ist in OR 963 II näher umschrieben. Kontrolle ist gleichbedeutend mit der Möglichkeit zur Ausübung eines beherrschenden Einflusses, um die Geschäftspolitik einschliesslich der Finanzpolitik zu bestimmen und aus der Geschäftstätigkeit Nutzen zu ziehen (»Control Konzept«).[537] Das formelle Kriterium »einheitliche Leitung« (aOR 663e I) wird im Rechnungslegungsrecht nicht mehr erwähnt.

Die Möglichkeit zur Beherrschung (control) liegt vor, wenn die Muttergesellschaft die Macht hat, die finanzielle und betriebliche Politik in der Weise zu bestimmen, dass sie daraus einen eigenen Nutzen ziehen kann. Der Tatbestand der Beherrschung wird angenommen, wenn die Muttergesellschaft

- direkt oder indirekt über mehr als die Hälfte der Stimmrechte verfügt oder die Verfügungsmacht über die Stimmenmehrheit durch eine Vereinbarung mit anderen Investoren (Stimmenbindungsvertrag) erreicht,
- gesetzlich oder vertraglich (z. B. durch einen Aktionärsbindungsvertrag) zur Unternehmensführung berechtigt ist,
- die Zusammensetzung der Mehrheit des Verwaltungsrates bestimmt,
- die Mehrheit der Stimmen in einem Leitungsorgan abgeben kann.

In einfachen Verhältnissen ist die Muttergesellschaft direkt an allen auf der gleichen Stufe stehenden Tochtergesellschaften beteiligt (**einstufiger Konzern**). Beim **mehrstufigen Konzern** hält die Muttergesellschaft über Tochtergesellschaften auch indirekt Beteiligungen, wobei diese nicht nur nebeneinander, sondern auch untereinanderstehen (Tannenbaumprinzip) (▶ Abb. 17).

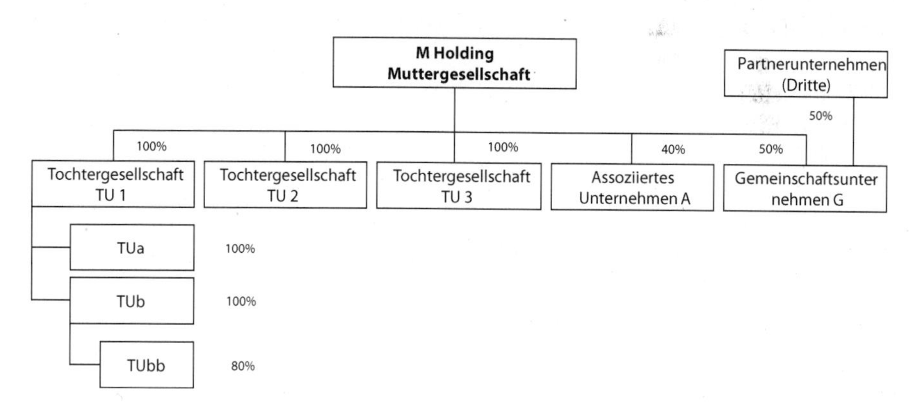

Abb. 17: Beispiel Konzernstruktur

Wie die Abbildung zeigt, halten TU1 und TU2 ihrerseits Beteiligungen und werden dadurch zu einer **Zwischen- oder Subholding**. Bei TUa mit TUb und TUbb han-

537 Pfaff/Glanz/Stenz/Zihler, Kommentar zu OR 963, Anmerkung 15-17, S. 674.

delt es sich um das Beispiel eines **Teilkonzerns, Sub-** oder **Zwischenkonzerns** mit Minderheitsaktionären. Die Zahlen zeigen die Kapitalanteile und Stimmrechte an den Gesellschaften. Die einzelnen Gesellschaften repräsentieren folgende Funktionen:

- M Holding: Mutter-, Ober- oder Dachgesellschaft,
- TU1: Tochtergesellschaften von M und Muttergesellschaft von TUa, TUb,
- TUa/b: Enkelgesellschaften der Muttgesellschaft,
- TUbb: Tochtergesellschaft von TUb
- P: Partnerunternehmung von M,
- A: Assoziierte Gesellschaft (Anteile zwischen 20% bis 50%),
- G: Gemeinschaftsunternehmen (Joint Venture).

Weicht der Stimmanteil vom Kapitalanteil ab (bei Stimmrechtsaktien nach OR 693), sind die Stimmrechtsanteile der Obergesellschaft für die Konzerngesellschaft massgebend. Grössere Konzerne sind stets mehrstufige Konzerne mit Subholdings, welche Geschäftsbereiche (Segmente) oder die Konzernunternehmen in einem Land zusammenschliessen (**Länderholdings**).

Durch ihren Zweck einer Beteiligung an anderen Unternehmen wird die Obergesellschaft nach Aktienrecht zur **Holdinggesellschaft** (OR 671 II). Eine **reine Holdinggesellschaft** liegt vor, wenn sich diese ausschliesslich auf die Verwaltung ihrer Beteiligungen und der damit zusammenhängenden Finanzoperationen beschränkt. Eine **gemischte Holdinggesellschaft** übt neben der Verwaltung der Beteiligungen noch eine eigene industrielle oder Dienstleistungstätigkeit aus (Konzern mit Stammhausstruktur).[538]

Ein illustratives Beispiel für eine Konzernstruktur nach OR bietet die Raststätte der Thuraugruppe. Die Raststätte Thurau AG betreibt eine eigene Gastronomie und führt ihre beiden 100% Tochtergesellschaften, die Tankstelle Thurau AG und die Shop Raststätte Thurau AG. Die Thurau-Beteiligungs AG ist eine Subholding, welche 51% des Aktienkapitals der Raststation Bodensee Hörbranz GmbH (Stammkapital EUR 1.7 Mio) hält. Die Thurau Beteiligungs-AG ist eine Subholding (Zwischengesellschaft) (▶ Abb. 18).

Besondere Merkmale des Einzelabschlusses einer gemischten Holding sind – zusätzlich zu den übrigen Bilanzpositionen – unter den Aktiven die kurzfristigen Forderungen gegenüber Beteiligungen, die Finanzanlagen (z. B. Konzerndarlehen), Beteiligungen und die Konzernverbindlichkeiten.

In den letzten Jahren sind bis auf wenige Ausnahmen die meisten börsenkotierten gemischten Holdinggesellschaften durch Abspaltung (Ausgründung) der betrieblichen Aktivitäten in reine Holdinggesellschaften umgewandelt worden.[539]

538 Boemle/Stolz, Unternehmungsfinanzierung, Band 1, S. 250. Beteiligungs- und Holdinggesellschaften hatten im Steuerrecht einen besonderen Status (sog. Holdingprivileg nach aStHG 28). Mäusli-Allenspach/Oertli, Das schweizerische Steuerrecht, S. 238.

539 Beispiel von börsenkotierten Unternehmen: Huber & Suhner, Group Minoteries SA.

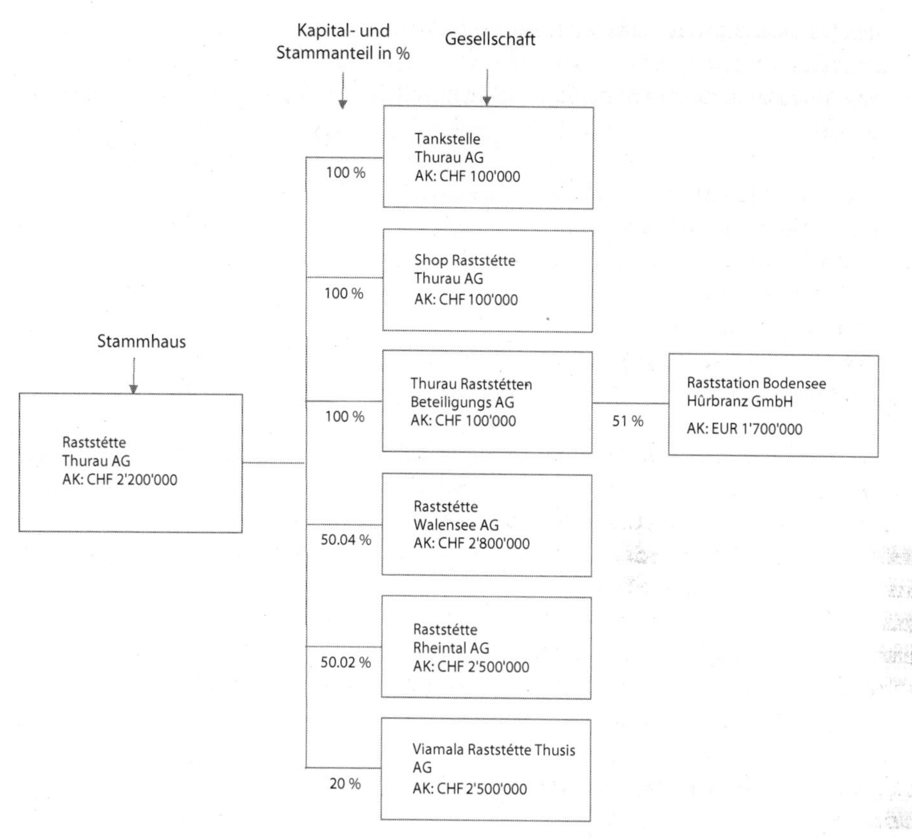

Abb. 18: Konzernstruktur der Raststätte Thurau (Quelle: Geschäftsbericht Raststätte Thurau, 2017)

Die Bedeutung der Konzerne im modernen Wirtschaftsleben führt, verbunden mit den verschiedenen Wirtschaftsstufen, zu unterschiedlichen Konzerntypen.[540] Diese haben jedoch auf die Gestaltung der Rechnungslegung keinen Einfluss.

Liegt aufgrund von OR 963 ein Konzern vor, besteht grundsätzlich zwingend die Pflicht zur Erstellung einer Konzernrechnung. Im Gesetzgebungsverfahren wurde jedoch die KMU von dieser Pflicht befreit. Mit der Erhöhung der Schwellenwerte auf konsolidierter Basis von 10 - 20 - 200 auf 20 - 40 - 250 wurde mit OR 963b I Ziffer 1 die besondere Kategorie der **KMU-Konzerne** gebildet und mit Ziffer 2 die Sonderregelung für **Subkonzerne** (aOR 663 f.) präzisiert. Die Anwendung von OR 963 ff. ist deshalb nur für mittelgrosse und grosse Konzerne relevant, da sich kleinere Konzerne von der Konsolidierungspflicht befreien können.[541]

540 Boemle/Stolz, Unternehmungsfinanzierung, Band 1, S. 156.

541 Böckli, Neue OR-Rechnungslegung, S. 206. Pfaff/Glanz/Stenz/Zihler, Kommentar OR 963a, Anmerkungen 20-44, S. 714.

10.1.2 Aufgaben der Konzernrechnung

Die finanzielle, produktions- oder absatzmässige Verflechtung von Konzernunternehmen kann zu zahlreichen Transaktionen Anlass geben, welche die Vermögens- und Ertragslage erheblich beeinflussen, z. B. durch konzerninterne Warenlieferungen, Lizenzgebühren, Gewinnverschiebungen über Verrechnungspreise oder Finanztransaktionen. Der Einzelabschluss des Mutterunternehmens (Obergesellschaft) und des abhängigen Konzernunternehmens ist deshalb nur beschränkt aussagekräftig. Dieser kann in vielfältiger Weise manipuliert werden. Die Ertragslage einer gemischten oder reinen Holdinggesellschaft entwickelt sich nicht notwendigerweise entsprechend den Ergebnissen der Tochtergesellschaften, weil die Holding von ihren Tochtergesellschaften sehr unterschiedliche Gewinnausschüttungsquoten verlangen kann. Auch durch die Art der Finanzierung der Tochterunternehmungen wird die Ertragslage der Holding beeinflusst. Wird eine Tochtergesellschaft vor allem über Darlehen oder Vorschüsse der Muttergesellschaft finanziert, können auch bei schlechter Ertragslage Zinsen der Holdingerfolgsrechnung gutgeschrieben werden, während bei einer Beteiligungsfinanzierung die Holding durch die ausbleibenden Dividendenzahlungen einen Ertragsausfall erleidet. Darum besteht in jeder Unternehmensgruppe das berechtigte Bedürfnis – sowohl der Leitungsorgane als auch der Aktionäre und der übrigen Kapitalgeber – nach einem konzentrierten Überblick über die Vermögens- Finanz- und Ertragslage des Konzerns als wirtschaftliche Einheit.

Beispiel Abweichungen Holding-/Konzernabschluss Thurau Raststätte-Gruppe (OR, in TCHF)

Die Thurau Raststätten-Gruppe ist nicht börsenkotiert. Die Aktien werden jedoch im OTC-Markt gehandelt. Es besteht keine Konsolidierungspflicht nach OR 962 I und nach OR 961, weil die Grössenmerkmale (20-40-250) in beiden Jahren deutlich unterschritten werden. Der Kennzahlenvergleich verdeutlicht die Notwendigkeit einer Konzernrechnung für die sachkundigen Rechnungslegungsadressaten zu einer zuverlässigen Beurteilung der Gruppe und des Aktienwertes, welcher von den Konzernzahlen und nicht von jenen der gemischten Holding beeinflusst wird.

	Holding		**Konzern**	
	2018	**2017**	**2018**	**2017**
Betrieblicher Ertrag L+L	3'423	3'868	29'405	27'569
EBITDA	– 271	37	2'273	1'968
Jahresgewinn	510	779	1'113	1087
Bilanzsumme	14'581	13'806	28'722	28'331
Eigenkapital	7'401	7'222	14'183	13'673

Schon vor der Erarbeitung einer Konzernrechnung 1993 haben deshalb fortschrittliche Konzerne freiwillig und in Ergänzung zum Holdingabschluss im Geschäftsbericht der Muttergesellschaft summarische Jahresabschlüsse der wesentlichen Tochtergesellschaften aufgeführt. Werden die Abschlüsse sämtlicher Tochterunternehmen mit jenen der Muttergesellschaft aufaddiert, entsteht eine **Sammelbilanz** und eine **Sammelerfolgsrechnung**.[542] Eine zuverlässige Darstellung der Vermögens- und Ertragslage des Konzerns als wirtschaftliche Einheit ist anhand einer Sammelrechnung nicht möglich. Das Bild wird durch die konzerninternen Transaktionen verfälscht.

Aus diesem Grund erstellen kapitalmässig, vertraglich oder personell verbundene Unternehmen eine besondere **Konzernrechnung**, welche die Darstellung der Vermögens-, Finanz- und Ertragslage aller Konzernunternehmen auf die Beziehungen mit Aussenstehenden beschränkt. Andere verwendete Bezeichnungen sind Gruppenabschluss, Konzernabschluss, konsolidierter Abschluss (RL 2013/34 EU oder konsolidierte Jahresrechnung (OR 963).

Die Konzernrechnung fasst die Abschlüsse aller zum Konzern gehörenden (konsolidierten) Gesellschaften unter Annahme einer fiktiven rechtlichen Einheit zu einem einzigen Abschluss zusammen, welcher die Vermögens- Finanz- und Ertragslage des Konzerns so darstellt, als ob es sich um ein einziges Unternehmen handeln würde.

Zu diesem Zweck müssen aus den Einzelabschlüssen alle Transaktionen eliminiert oder korrigiert werden, welche sich nicht ergeben oder nicht zu denselben Ergebnissen geführt hätten, wenn die konsolidierten Gesellschaften nur eine Gesellschaft gebildet hätten.

Weil dem Konzern die Rechtspersönlichkeit fehlt, dient der Konzernabschluss jedoch nicht als Grundlage für die Gewinn- und Kapitalbesteuerung. Der nach OR erstellte Einzelabschluss der Obergesellschaft ist relevant als Grundlage für die Beschlussfassung über die Ergebnisverwendung und zur Beurteilung der aktienrechtlichen Kapitalschutzbestimmungen.

Die aufgrund der 1993 (aOR 663e) eingeführten gesetzlichen Pflicht erstellte Konzernrechnung wird in der Aktiengesellschaft vom Verwaltungsrat der Obergesellschaft als Bestandteil des Geschäftsberichtes ihrer Revisionsstelle zur Prüfung vorgelegt. Diese empfiehlt der Generalversammlung im Normalfall Genehmigung unter besonderen Voraussetzungen Genehmigung mit Einschränkung oder gar Rückweisung (= Ablehnung).

542 Auf diese Weise stellte der Mövenpick-Konzern bis zur erstmaligen Vorlage eines konsolidierten Abschlusses (1978) seine Vermögens- und Ertragslage in Ergänzung zum Jahresabschluss der Holding dar.

10.2 Rechtliche Grundlagen

Das Konzernrecht in der Schweiz ist derart geregelt, dass die Pflicht zur Erstellung einer Konzernrechnung geklärt ist, allerdings nicht das Vorgehen für die Erstellung einer Konzernrechnung. Für die Erstellung von konsolidierten Abschlüssen sind folgende Rechnungslegungsnormen relevant:

- **die gesetzlichen Vorschriften des Rechnungslegungsrechts (OR 963-963b)**
  Im Aktienrecht 1991 waren die gesetzlichen Bestimmungen zur Konzernrechnung ausgesprochen knapp und deshalb aus der Sicht der Rechnungslegungsadressaten unbefriedigend. Die im Gesetzesentwurf 2007 vorgeschlagene, entscheidende Verbesserung, nämlich die zwingende Anwendung eines anerkannten Standards zur Rechnungslegung (E-OR 963b), wurde bei der Parlamentsberatung beträchtlich abgeschwächt. So enthält das Rechnungslegungsrecht nur »bescheidene Neuerungen und Retuschen.[543] Die klare Umschreibung der Konzernrechnungslegungspflicht wird durch verschiedene Sonderregelungen verwässert. Eine begrenzte Delegationsmöglichkeit dieser Pflicht sieht für Genossenschaften, Vereine, Stiftungen, die selbst nicht operativ tätig sind, z. B. Unternehmensstiftungen OR 963 IV vor.[544]
  Mit OR 963a I werden – wie erwähnt – kleine Konzerne (KMU-Konzern) sowie Subkonzerne (Zwischen- oder Subholdings in mehrstufigen Konzernen)[545] und Unternehmen, welche von der Delegationsmöglichkeit Gebrauch machen, von der Pflicht zur Erstellung einer Konzernrechnung befreit, vorbehältlich der vier Sonderfälle nach OR 963a II Ziff. 1-4.[546] Ziffer 2 ermöglicht qualifizierten Minderheiten (Aktionäre mit 20% des Grundkapitals, 10% der Genossenschafter oder der Vereinsmitglieder) eine Konzernrechnung zu verlangen.[547] Damit wird gegenüber dem bisherigen Aktienrecht die Minderheit von Aktionären nicht börsenkotierter Aktiengesellschaften, welche 20% des Grundkapitals vertritt, bessergestellt. Diese kann ohne Angabe von Gründen eine Konzernrechnung nach einem anerkannten Standard zur Rechnungslegung verlangen. Für

---

543 Böckli, Neue OR-Rechnungslegung, S. 365.

544 Pfaff/Glanz/Stenz/Zihler, Kommentar zu OR 963, Anmerkungen 63-72, S. 694. Beispiel: Die Schweizerische Mobiliar-Genossenschaft macht von OR 963 IV Gebrauch und delegiert die Erstellung einer Konzernrechnung an die einzige Tochterunternehmung Schweizerische Mobiliar Holding AG.

545 Zu den Voraussetzungen für die Befreiung von Subkonzernen siehe Neuhaus/Baur, BSK OR II 963b Ziff. 2, S. 2650.

546 Ziffer 1 hat in der Praxis keine Wirkung, weil der Verwaltungsrat darüber entscheidet, ob diese Notwendigkeit besteht, daher ist sie ein »Leerlauf«.

547 Konzernrechnungspflichtige Vereine haben vermutlich Raritätswert. Die Wirkung der Bestimmung ist bei grösseren Vereinen und Genossenschaften voraussichtlich ohnehin beschränkt, weil es für die Befürworter eines ASR-Abschlusses schwierig ist, die anderen Gesellschafter oder Mitglieder ohne Zugang zum Mitglieder-Register zwecks Unterstützung des Begehrens zu erreichen.

börsenkotierte Gesellschaften ist die Anwendung der anerkannten Standards zur Rechnungslegung in jedem Fall zwingend.
OR 963b regelt die Pflicht zur Anwendung von anerkannten Standards zur Rechnungslegung (ASR). Die für inlandorientierten Konzerne in Betracht kommenden anerkannten Standards zur Rechnungslegung sind Swiss GAAP FER 30 (Fassung vom 1. Januar 2012). Die Ergebnisse einer vorgesehenen Überarbeitung sind zum Zeitpunkt der Drucklegung noch offen.[548] Für die Anwendung von Swiss GAAP FER zu beachten ist, dass tiefere Grössenkriterien als in OR 963b I gelten: Mio. CHF 10 Mio. (Bilanzsumme), CHF 20 Mio. (Jahresumsatz), 50 (Vollzeitstellen).
- **ggf. ausländische Vorschriften**
  Dies betrifft Obergesellschaften von Konzernen mit Sitz im Ausland, welche nationale Rechnungslegungsvorschriften anwenden, z. B. die von der EU (durch Endorsement) anerkannten IFRS.
- **Konzerninterne Vorschriften**, falls gesetzliche Bestimmungen oder anerkannten Standards zur Rechnungslegung lückenhaft sind oder Wahlrechte vorsehen.

Auch eine Aktiengesellschaft mit nur einem wirtschaftlich bedeutenden Tochterunternehmen ist ein Konzern und deshalb grundsätzlich konzernrechnungspflichtig. Zur Befreiung eines KMU-Konzerns von der Konzernerstellungspflicht sind nach OR 963c die Schwellenwerte auf Konzernstufe summarisch zusammenzufassen nach Elimination von internen Transaktionen und Positionen.[549]

Beispiel Kleinkonzern mit Konsolidierungspflicht Linde Holding Biel AG (OR)

Die Linde Holding Biel AG mit einem Aktienkapital von CHF 3'500'555, eingeteilt in 35'000 vinkulierte Namenaktien, welche ausserbörslich gehandelt werden, hält 100% des Aktienkapitals ihrer beiden Tochtergesellschaften Privatklinik Linde AG Biel und Lindenpark Immobilien AG Biel. Die Muttergesellschaft weist 2015 eine Bilanzsumme von CHF 15.0 Mio. (Vorjahr 14.8 Mio.) und einen Nettoerlös von CHF 0.44 Mio. (Vorjahr 5.3 Mio.) aus. Sie hat – wie bei einer reinen Holding-Gesellschaft üblich – keine Mitarbeitenden. Die auf Basis der Schwellenwerte ermittelten Dienstleistungserlöse erreichen für 2016 CHF 88.3 Mio. (Vorjahr CHF 83.3 Mio.), eine Bilanzsumme von CHF 56.5 Mio. (Vorjahr CHF 41.1 Mio.) sowie 440 (Vorjahr 420) Mitarbeitenden entsprechend 323 (Vorjahr 322) Vollzeitstellen für 2016. Die Linde-Gruppe erfüllt in beiden Berichtsjahren nicht nur zwei, sondern alle drei Kriterien nach OR, welche eine Konsolidierungspflicht zur Folge hat. Die Gesellschaft legte im Geschäftsbericht 2016

548 Die Anwendung der übrigen anerkannten Standards gemäss VASR 1 I für Unternehmen (IFRS und US-GAAP) ist für Unternehmen bekanntlich sehr aufwändig.

549 Böckli, Neue OR-Rechnungslegung, S. 273. Anderer Meinung Pfaff/Glanz/Stenz/Zihler, Kommentar zu OR 963a, Anmerkungen 12, S. 711.

zusätzlich zum Einzelabschluss der Linde Holding eine Konzernrechnung nach OR vor.[550]

Die Prüfung, ob eine Konzernrechung nach dem Rechnungslegungsrecht zu erstellen ist, kann nachfolgenden Prüfverfahren von Kontrollfragen ermittelt werden (▶ Abb. 19):

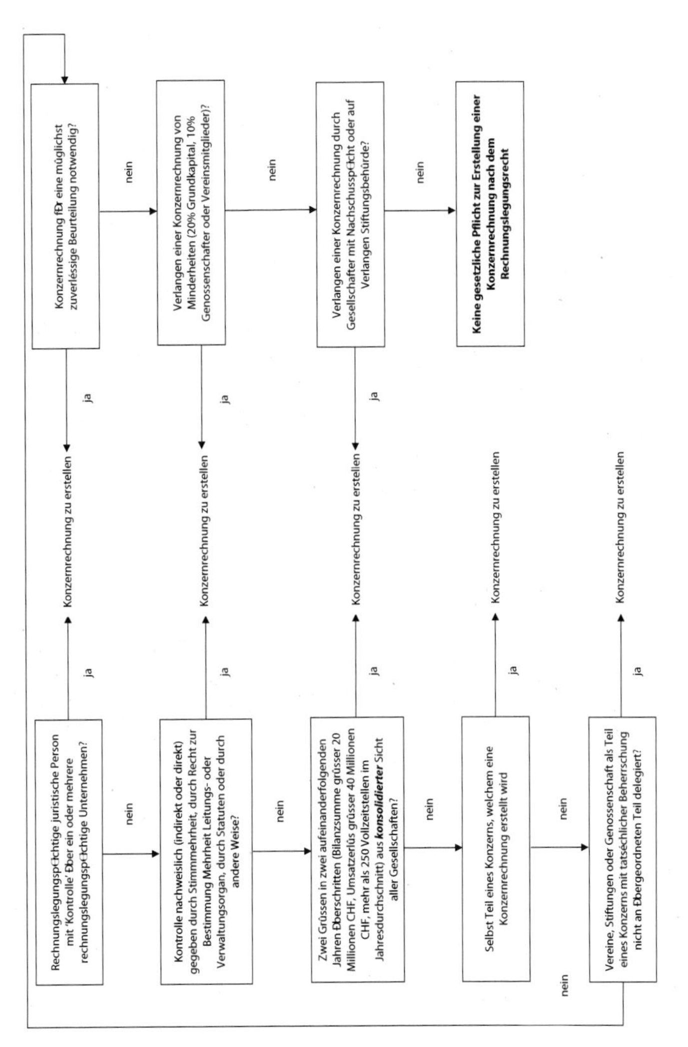

Abb. 19: Prüfverfahren für die Konsolidierungspflicht nach OR

550 Als Jahresgewinn weist die Linde Holding 2016 TCHF 376 (851) und der Konzern TCHF 8'376 (7'794) aus. 2017 wurde die Linde Holding Biel auf dem Weg eines öffentlichen Übernahmeangebotes von der Hirslanden-Gruppe übernommen. Es wurde kein Geschäftsbericht mehr veröffentlicht.

10.3 Grundsätze ordnungsmässiger Konsolidierung (GoK)

Börsenkotierte Gesellschaften und grosse Genossenschaften (OR 962 I) haben ihre Konzernrechnung nach einem anerkannten Standard zur Rechnungslegung zu erstellen. Für die übrigen konzernrechnungspflichtigen grösseren Unternehmen untersteht die Konzernrechnung nach OR 963b III den Grundsätzen ordnungsmässiger Rechnungslegung (GoR). Die GoR beziehen sich grundsätzlich auf den Einzelabschluss. Die Konzernrechnung setzt jedoch bei einer differenzierten Betrachtung unterschiedliche Anforderungskriterien an die Konsolidierung voraus. Durch Praxis, Fachliteratur und anerkannten Standards zur Rechnungslegung wurden deshalb besondere Grundsätze ordnungsmässiger Konsolidierung (GoK) entwickelt.[551]

10.3.1 Vollständigkeit der Konzernrechnung

Grundsätzlich sind Vermögen und Verbindlichkeiten, Aufwendungen und Erträge aller Tochterunternehmen in den Konsolidierungskreis einzubeziehen. Die in Gesetzen oder anerkannte Standards der Rechnungslegung enthaltenen Wahlrechte oder Verbote für den Einbezug bestimmter Konzernunternehmen sind deshalb eng auszulegen.[552]

10.3.2 Fiktion der rechtlichen Einheit

Damit die Konzernrechnung die wirtschaftliche Lage aller Konzernunternehmen so darstellt, als wenn sie rechtlich ein einziges Unternehmen wären, wird der Konzern als ein fiktives Unternehmen mit eigenständiger Rechtspersönlichkeit betrachtet. Transaktionen zwischen den Tochterunternehmen als selbständige Rechtspersonen müssen demnach eliminiert werden, was konzerntypische Korrekturmassnahmen bei der Erstellung der Konzernrechnung (Konsolidierung) erfordert. Relevant aus Konzernsicht sind nur die Beziehungen der Tochterunternehmen gegenüber Aussenstehenden.[553]

10.3.3 Einheitlicher Abschlusstermin

Aus dem Konzern als fiktiver Rechtseinheit ergibt sich auch die Notwendigkeit einer einheitlichen Abrechnungsperiode beim Ausweis der Vermögens-, Finanz- und Ertragslage. Alle Konzernunternehmen haben deshalb ihre Einzelabschlüsse

551 Siehe auch Busse von Colbe, Konzernabschluss, in: Handwörterbuch der Rechnungslegung und Prüfung, S. 1351.

552 Coenenberg/Haller/Schultze, Jahresabschluss, S. 614.

553 HWP, 2014, S. 353. Meyer, Konzernrechnung, S. 23

auf den gleichen Abschlusstag wie das Mutterunternehmen zu erstellen.[554] Absichtliche Abweichungen vom einheitlichen Termin führen zu Verschiebungen zwischen Vermögen, Verbindlichkeiten und Ertragszahlen sowie zur Verschleierung von konzerninternen Sachverhalten, dies wird damit verhindert. Abweichungen vom konzerneinheitlichen Abschlussstichtag bei einzelnen Tochtergesellschaften erfordern bei diesen einen vollständigen Zwischenabschluss, nach Swiss GAAP FER 30/51, allerdings nur, sofern die zeitliche Abweichung 3 Monate nicht übersteigt.

Bei einigen schweizerischen Konzernen schliesst die Holdinggesellschaft drei Monate später ab als die operativen Tochterunternehmen. So können im Einzelabschluss der Holding auf den 31. März die von den Konzerngesellschaften ausgeschütteten Dividenden aus dem am 31. Dezember des Vorjahres abgeschlossenen Geschäftsjahr zeitnah erfasst werden. So erfolgt bei der EMS Gruppe der Konzernabschluss auf den 31. Dezember, Abschlusstermin der Ems Chemie Holding ist der 31. März. Die Generalversammlung findet im August statt.

10.3.4 Einheitlicher Kontenplan

Damit die Vermögens- und Ertragslage der Einzelabschlüsse der Tochterunternehmen konzernweit einheitlich dargestellt wird, sind Richtlinien zur Erfassung der einzelnen Geschäftsfälle und Ereignisse notwendig. Die laufende Buchführung aller Tochterunternehmen hat nach einem einheitlichen Kontenplan zu erfolgen. Eine eigentliche auf die Konsolidierung ausgerichtete Konzernbuchführung gibt es dagegen auf Konzernebene in der Regel nicht.[555]

10.3.5 Einheitliche Erfassung und Bewertung

Die Einheitlichkeit bezieht sich auf die Definition der Konteninhalte, Erfassung und Bewertung von Elementen der Einzelabschlüsse der Konzernunternehmen gemäss dem Konsolidierungshandbuch. Bei ausländischen Tochtergesellschaften sind allfällige landesspezifische Erfassungsnormen (Erfassungsgebot, Wahlrechte zur Erfassung) zu vereinheitlichen. Die nach landesspezifischen Vorschriften zur Buchführung und Bewertung erstellten Einzelabschlüsse der Tochterunternehmen, die sog. **Handelsbilanz I** (HB I), sind gemäss Konzernrichtlinien zu vereinheitlichen und zu bereinigen, z. B. durch Eliminierung unrealisierter Zwischenergebnisse. Daraus entsteht die **Handelsbilanz II** (HB II). Die Addition der HB II ergibt sog. summarischen **Summenabschluss** (aggregierte Bilanzen und aggregierte Erfolgsrechnungen). Dieser entspricht den einheitlichen Gliederungs- und

554 Eine entsprechende Vorschrift im Rechnungslegungsrecht fehlt, zwingend nach HGB 299 I.

555 Pfaff/Glanz/Stenz/Zihler, Kommentar zu OR 963b, Anmerkung 35, S. 737 und Anmerkung 43, S. 740.

Bewertungsvorschriften des Konzerns und bildet die Grundlage für die interne Konzernfinanzberichterstattung und den Konzernabschluss.[556]

Zu beachten ist, dass börsenkotierte Gesellschaften nach anerkannten Standards der Rechnungslegung einen Konzernabschluss nach True and Fair View vorzulegen haben. Die Einzelabschlüsse schweizerischer Tochterunternehmen werden nach OR erstellt und weisen im Allgemeinen wesentliche stille Reserven auf, welche für die einheitliche Bewertung nach einem anerkannten Standard zur Rechnungslegung aufgelöst werden müssen. Die Neubewertung von Aktiven und Rückstellungen führt zu latenten Steuerverpflichtungen.

Wenn die Leitungsorgane des Konzerns sich mit einem Konzernabschluss nach Rechnungslegungsrecht begnügen, weil die Bestimmungen von OR 962 nicht anwendbar sind, ist die Aussagefähigkeit für diese wie für externe Adressaten jedoch sehr beschränkt.

10.3.6 Stetigkeit der Konsolidierungsmethoden

Um die materielle Einheitlichkeit und zeitliche Vergleichbarkeit zu gewährleisten, sind beispielsweise die Wahlrechte nach einheitlichen Kriterien auszuüben und kontinuierlich anzuwenden. Auch für die einzelnen Konsolidierungsmassnahmen, z. B. Kapitalkonsolidierung, Eliminierung von Konzernzwischengewinnen, Behandlung eines Goodwill, gilt der Grundsatz der gleichmässigen Behandlung im Zeitvergleich. Für Abweichungen vom Grundsatz der Stetigkeit sind die gleichen Kriterien anwendbar, welche im Swiss GAAP FER RK 30 festgelegt sind.

10.4 Konsolidierungskreis und Konsolidierungsmethoden

10.4.1 Festlegung des Konsolidierungskreises

Der Konsolidierungskreis definiert jene Kriterien, nach denen Unternehmen in die Konzernrechnung einbezogen werden (Swiss GAAP FER 30/44).

Grundsätzlich umfasst ein Konzernabschluss nach Rechnungslegungsrecht alle Unternehmen, welche die Obergesellschaft beherrschen kann.[557] Das gilt auch für Konzernrechnungen, welche nicht nach Swiss GAAP FER, sondern mangels konkreter gesetzlicher Normen nach »selbstgebastelten Regeln« erstellt werden. Es gibt

556 Beispiele zur Bereinigung der Handelsbilanz I und die Erstellung der Handelsbilanz II in Meyer: Konzernrechnung, S. 97 Pfaff/Glanz/Stenz/Zihler, Kommentar zu OR 963, Anmerkung 64, S. 749. Prochinig/Winiger/von Gunten, Konzernrechnung, S. 52.

557 Pfaff/Glanz/Stenz/Zihler, Kommentar zu OR 963, Anmerkung 28, S. 678. und OR 963b, Anmerkung 36, S. 738

keine Ausnahmen vom Konsolidierungskreis für abweichende Tätigkeiten (branchenfremde Gesellschaften wie Banken oder Versicherungen in einem Industriekonzern) zur Veräusserung bestimmter Konzernunternehmen,[558] insbesondere auch nicht für Zweckgesellschaften (Special Purpose Entities, SPE), gestützt auf den Grundsatz der wirtschaftlichen Betrachtungsweise. Kontrovers sind die Meinungen, wonach bei Vorliegen der Kontrollvermutung ein Verzicht auf die Konsolidierung möglich sei.[559] Gestützt auf die Grundsätze ordnungsgemässer Rechnungslegung wird auf die Erfassung von unwesentlichen Beteiligungen verzichtet.

In der Praxis gibt es auch Unternehmen, bei denen zwei oder mehrere voneinander unabhängige Gesellschaften im Rahmen einer gemeinsamen Beherrschung (joint control) zusammenwirken, was eine besondere Regelung erfordert.

Der Konsolidierungskreis wird deshalb über das Mutter-/Tochterverhältnis ausgeweitet durch ein Stufenkonzept. Man unterscheidet beim Einbezug in die Konzernrechnung und berücksichtigte diese nach der Intensität der Beziehung (▶ Tab. 6).

Tab. 6: Einbezug in den Konsolidierungskreis nach der Intensität der Beziehung Mutter-Tochtergesellschaft

Stufe	Intensität der Beziehung	Berücksichtigung in der Konzernrechnung	Prozentanteile als Orientierung
Tochterunternehmen	Beherrschung	Vollkonsolidierung nach der Erwerbsmethode	Mehr als 50%
Gemeinschaftsunternehmen	Gemeinschaftliche Kontrolle	Wahlrecht zwischen anteilsmässiger Konsolidierung bzw. Quotenkonsolidierung und Equity-Methode	50% : 50%
Assoziierte Unternehmen	Bedeutender Einfluss ohne Kontrolle	Equity-Methode	20 bis 50%
Finanzbeteiligungen	Jede/r andere Aktionär/Gesellschaft	Führung als Beteiligung	Weniger als 20%

Es gibt demnach vier Möglichkeiten zur Erfassung von Konzernunternehmen in der Konzernrechnung. Allerdings kommen nur in Grosskonzernen alle vier Stufen vor. Gemeinschaftsunternehmen sind beispielsweise eher selten.

Bestehen nur Finanzbeteiligungen, entfällt die Konzernrechnung. Beherrschung einer Unternehmung bedeutet somit den Einbezug in den Konsolidierungskreis sowie die Anwendung der Methode der Vollkonsolidierung für Tochterunterneh-

558 HWP, 2014, S. 366.
559 Böckli, Neue OR-Rechnungslegung, S. 271.

men und von ergänzenden Methoden für die anderen Stufen. Die Erwerbsmethode und die Quotenkonsolidierung beruhen grundsätzlich auf den Anschaffungswerten der zu konsolidierenden Unternehmen. Bei einer Konzernrechnung nach dem Rechnungslegungsrecht bilden diese auch die gesetzlichen Höchstwerte.

In Konzernrechnungen nach anerkannten Standards zur Rechnungslegung werden bei der Equity-Methode die assoziierten Gesellschaften nach den aktuellen Anteilen des Mutterunternehmens am Eigenkapital und am Periodenergebnis der Untergesellschaft erfasst, was bei günstigen Geschäftsergebnissen zu einer Bewertung über dem seinerzeitigen Erwerbspreis führt und dem Realisationsprinzip (OR 960a II) widerspricht.

10.4.2 Vollkonsolidierung

Die Einzelabschlüsse sämtlicher Tochterunternehmen werden nach dem Kontrollprinzip (Control Principle) vollständig in die Konzernrechnung einbezogen, ungeachtet der Tatsache, dass diese nicht notwendigerweise zu 100% der Obergesellschaft gehören. Alle Positionen der Bilanz und Erfolgsrechnung werden deshalb immer zu 100% erfasst. Der Gegenwert der nicht beherrschenden Anteile von Drittaktionären (Minderheitsaktionäre) an Gesellschaften wird offen ausgewiesen.[560] Ihre Ansprüche werden jedoch als Teile des Eigenkapitals bzw. des Periodenergebnisses (nach der Einheitstheorie) und nicht nach der sog. Interessentheorie als Verpflichtung gegenüber Dritten betrachtet (als Teil des Fremdkapitals).

10.4.3 Quotenkonsolidierung

Legen zwei Gesellschaften aus Konzernen betriebswirtschaftliche Funktionen unter gemeinschaftlicher Führung in einer Kapitalgesellschaft (AG, GmbH) zusammen, entsteht ein Gemeinschaftsunternehmen (Corporate Joint Venture oder Operation).

> Ein Gemeinschaftsunternehmen (Joint Venture oder Joint Operation) ist eine vertragliche Vereinbarung, in der zwei oder mehrere Partnerunternehmen eine wirtschaftliche Tätigkeit durchführen, die einer gemeinschaftlichen Führung unterliegen. Dabei verfügt keine Partei über die Möglichkeit der Beherrschung des Gemeinschaftsunternehmens.

Für die Konsolidierung besteht ein Wahlrecht zwischen Quotenkonsolidierung und Equity-Methode (FER).[561] In der Praxis (beispielsweise Swatch Group und Emmi) wird die Equity-Methode bevorzugt. Georg Fischer hat sich dagegen für die

560 HWP, 2014, S. 365.

561 Swiss GAAP FER 30/3. Nach IAS ist die Quotenkonsolidierung nicht zulässig.

Quotenkonsolidierung für Joint Ventures in China entschieden. Bei der Quotenkonsolidierung werden beim Erwerb die Aktiven und das Fremdkapital neu bewertet und alle Positionen der Erfolgsrechnung und der Bilanz entsprechend den Anteilen (Quoten) in die Konzernrechnung einbezogen.[562]

10.4.4 Equity-Methode

Die Equity-Methode ist keine Konsolidierungsmethode, weil der Einzelabschluss nicht in den Konzernabschluss einbezogen wird. Es handelt sich um eine besondere Bewertungsmethode, insbesondere für assoziierte Unternehmen.

Der Wert der Beteiligung an assoziierten Unternehmen (Equity-Wert) wird jährlich entsprechend dem aktuellen Eigenkapital des Unternehmens beurteilt und die Veränderung im Rechnungsjahr je nach Ursache über das Konto Beteiligungen von assoziierten Unternehmen oder Beteiligungsertrag von assoziierten Unternehmen erfasst. Ein Gewinn der Tochtergesellschaft erhöht den Beteiligungswert und ein Verlust der Tochtergesellschaft reduziert den Beteiligungswert auf Konzernstufe.

Beispiel Rechnungslegung der ASU AG (fiktives Beispiel) nach Equity-Methode für eine Konzernrechnung

M erwirbt am 1.1.01 25% des Aktienkapitals der ASU AG von TCHF 2'800 zum Kaufpreis von TCHF 1'450.

Buchmässiges Eigenkaptal der ASU im Erwerbszeitpunkt	*TCHF*	*3'800*
Eigenkapital ASU nach Neubewertung Sachanlagen netto latente Steuern von 30%	*TCHF*	*4'360*

Für 25% Beteiligungen an ASU AG hat M TCHF 1'450 bezahlt, was einem Gesamtwert von ASU von TCHF 5'800 entspricht. Entsprechend dem bereinigten Eigenkapital von TCHF 4'360 ergibt sich ein bezahlter Goodwill von TCHF 1'440. Die Eigenkapitalstruktur von ASU AG wird nach der Equity-Methode wie folgt dargestellt:

Aktienkapital	*TCHF*	2'800
Kapitalreserven [1)]	*TCHF*	1'000
Neubewertungsreserven [2)]	*TCHF*	2'000
= Eigenkapital nach Erwerb	*TCHF*	5'800

562 Pfaff/Glanz/Stenz/Zihler, Kommentar zu OR 963b, Anmerkung 86, S. 756.

von TCHF 800 auf Sachanlagen nach latenten Steuern	TCHF	560
dem Goodwill von	TCHF	1'440
	TCHF	2'000
Equity-Wert ASU Jahr 02 nach Erwerb	TCHF	1'838
Jahresgewinn-Anteil von M	TCHF	+ 190
Dividendenausschüttung 6% von M	TCHF	- 42
Korrekturbewertung Sachanlagen:	TCHF	- 20
Latente Steuern:	TCHF	+ 6
Equity-Wert 31.12.02	TCHF	1'972

Die im Erwerbszeitpunkt ausgewiesenen Gewinnreserven von TCH 1'000 werden auf Kapitalreserven umgebucht. Die von ASU erarbeiteten, nicht ausgeschütteten Gewinne wurden von M im Kaufpreis bezahlt und können deshalb aus der Sicht des Konzerns nicht mehr als Gewinnreserven betrachtet werden.

Die Neubewertungsreserve setzt sich zusammen aus:

Stille Reserven bei der Umstellung der handelsrechtlichen Werte (HB I) auf aktuelle Werte nach Konzernrichtlinien (HB II)

Die stillen Reserven auf Sachanlagen erfordern wegen der durch Aufwertung höheren Buchwerte entsprechend höhere jährliche Abschreibungen von 80 (Ausnahme: Restlebensdauer der Anlagen 10 Jahre). Zwecks Vereinfachung wird auf die Wiedergabe der Abschlüsse von ASU nach der Folgekonsolidierung im Erwerbsjahr 01 verzichtet.

Die Zunahme des Equity-Wertes von TCHF 134 wird M als Beteiligungsertrag (Finanzertrag) im Geschäftsjahr 02 erfasst.[563]

Grundlagen für die Beurteilung sind die seinerzeitigen Anschaffungskosten für den erworbenen Anteil am assoziierten Unternehmen. Der jährliche Erfolg durch Zunahme des Beteiligungswertes ist anteilsmässig erfolgswirksam zu erfassen sowie um allfällige Gewinnausschüttungen an die Holding und Bewertungskorrekturen zu vermindern.[564]

563 Nach Meyer, Konzernrechnung, S. 410 und 436 ff..

564 Meyer, Konzernrechnung, S. 139.

10.5 Erstellung des Konzernabschlusses

10.5.1 Grundlagen

Ausgangspunkt für die Erstellung des Konzernabschlusses sind die bereinigten Summenabschlüsse der Handelsbilanzen II. Nach dem Grundsatz der Fiktion der rechtlichen Einheit sind alle konzerninternen Beziehungen zu eliminieren. Kern dieser Beziehungen sind das Beteiligungskonto der Obergesellschaft und das Eigenkapital der Tochtergesellschaft. Diese entstehen beim Erwerb des Tochterunternehmens oder bei einer Neugründung durch die Muttergesellschaft. In beiden Varianten hat das Mutterunternehmen in der Regel eminentes Interesse an einer hundertprozentigen Beherrschung. Können nicht 100% der stimmberechtigten Anteile erworben oder aufgebracht werden, entstehen Ansprüche von Minderheitsgesellschafter. Die Vollkonsolidierung ist daher für den Einbezug von Untergesellschaften in den Konzernabschluss die Regel.

Ein Konzernabschluss wird grundsätzlich erforderlich, wenn die Konsolidierungspflicht nach OR 963 besteht. Erstmals ist diese gegeben nach Neugründungen oder insbesondere nach dem Erwerb von bedeutenden Tochtergesellschaften.

10.5.2 Erstkonsolidierung

Bei der **Gründung** eines Tochterunternehmens mit einem Aktienkapital von TCHF 500 zum Ausgabepreis von 300% sind die Veränderungen einfach. Die Erhöhung des Beteiligungskontos von TCHF 1'500 entspricht dem einbezahlten Eigenkapital der neu gegründeten Tochtergesellschaft, nämlich dem Aktienkapital (TCHF 500'000) zuzüglich der einbezahlten Kapitalreserve (TCHF 1'000).

Bei der Gründung weisen die Konten von M (Beteiligungen) und T (Eigenkapital) identische Beträge aus, welche bei der Erstkonsolidierung verrechnet werden.

Beim **Erwerb** von Tochterunternehmen werden aus Konzernsicht nicht die Aktien von T, sondern die Nettoaktiven der Gesellschaft erworben. Um die tatsächlichen Anschaffungskosten der erworbenen Gesellschaft aus Konzernsicht zu ermitteln, müssen Aktiven und Fremdkapital auf den Zeitpunkt der Akquisition für die erstmalige Konsolidierung neu bewertet werden.

Massgebend für die Bewertung der Übernahme der Vermögenswerte und Verbindlichkeiten sind nach anerkannten Standards zur Rechnungslegung der aktuelle Marktwert (Fair Value oder Zeitwert). Nach Vornahme der entsprechenden Korrekturen ergibt sich der Wert des Eigenkapitals des erworbenen Tochterunternehmens im Zeitpunkt der Acquisition. Als **Kapitalkonsolidierung** wird die Erfassung der Anteile am Eigenkapital einer konsolidierten Unternehmung bezeichnet. In der Regel übersteigt der Kaufpreis der Beteiligung das Eigenkapital im Einzelabschluss der erworbenen Gesellschaft. Dieser wird bei der **Erstkonsolidierung** nach der Erwerbsmethode erfasst. Der **Unterschiedsbetrag** zwischen dem Kaufpreis und den erworbenen Nettoaktiven des Tochterunternehmens entspricht den stillen Reserven aus der Neubewertung der identifizierbaren Aktiven und Verbindlichkeiten (Rückstellungen) und einem nicht zurechenbaren Betrag, der als **Goodwill** (im HGB als Geschäfts- oder Firmenwert) bezeichnet wird.

Beispiel Erstkonsolidierung an einem fiktiven Beispiel

Übernahme 100% des AK von Neu T AG durch M zum Preis von TCHF 4'000
Bilanz Neu T AG 1.1.01 mit Neubewertung in TCHF

	HB1		HB2
Umlaufvermögen	1'300		1'300
Sachanlagen	2'000	500 1)	2'500
Immaterielle Anlagen	200		200
Goodwill			1'100
Total Aktiven	**3'500**		**5'100**
Verbindlichkeiten	2'100		2'100
Aktienkapital	1'000		(1'000)
Kapitalreserven		400 2)	(400)
Neubewertungsreserven		500 1)	(500)
EK per Erwerb			3'000
Gewinnreserven	400 2)		–
Total Passiven	**3'500**		**5'100**

1)	Zeitwert Sachanlagen	2'500
	Auf eine Erfassung der latenten Steuern wird zur Vereinfachung verzichtet.	
2)	Übertrag auf Kapitalreserven	400
3)	Bereinigtes Eigenkapital HB II	1'900
	nach Ausweis Goodwill	3'000

Kaufpreis Beteiligung M	3'000
Bereinigtes Eigenkapital nach Neubewertung	1'900
Bezahlter Goodwill	1'100

Die von Neu T AG bis zum Erwerb durch M erarbeiteten Gewinne werden auf Kapitalreserven gebucht, denn diese Reserven sind Bestandteile des Kaufpreises und damit von M bezahlt worden.[565]

565 Meyer, Konzernrechnung, S. 66.

Nach dem Rechnungslegungsrecht kann jedoch, sofern für die Konzernrechnung auf die Anwendung von einem anerkannten Standard der Rechnungslegung verzichtet wird, eine Neubewertung unterbleiben. Es werden die bisherigen Buchwerte und damit auch die stillen Reserven der Tochtergesellschaft übernommen (Buchwertmethode). Deshalb verhindern nach OR erstellte Konzernabschlüsse ein objektives Bild (»true and fair view«) der Vermögens- und Ertragslage der Unternehmensgruppe.

Der bei der Übernahme eines Unternehmens bezahlte Goodwill wird im Rahmen der Neubewertung und Umbuchung von Reserven (Purchase Price Allocation) erfasst und in der Bilanz ausgewiesen.

Der Goodwill verkörpert die aus der Übernahme vom Erwerber erwarteten Synergien aus der Zusammenarbeit und der gemeinsamen Nutzung von Ressourcen, welche in der Bilanz von T nicht identifiziert und einzeln bewertet werden können, z. B. durch Economies of Scale. In der Bilanzgliederung nach Swiss GAAP FER wird er – im Gegensatz zu den aktivierbaren, selbst erarbeiteten, immateriellen Werten – als erworbenes immaterielles Anlagevermögen, nach Ausscheiden der identifizierbaren Vermögenswerte und Verbindlichkeiten, ausgewiesen. Der übernommene, die Nettoaktiven übersteigende Betrag umfasst auch den Wert von nicht bilanzierten immateriellen Werten wie Patente, technisches Know-How, Marken- und Verlagsrechte, Software- und Entwicklungskosten. Diese können im Rahmen der Neubewertung getrennt erfasst und bewertet werden. Die Erfassung des Unterschiedsbetrags (Goodwill, Badwill) wird im Zusammenhang mit der Folgekonsolidierung ausführlich dargestellt.

10.5.3 Konsolidierung von Forderungen und Verbindlichkeiten, Aufwendungen und Erträge

Unter Konzerngesellschaften entstehen zahlreiche Innenbeziehungen durch Lieferungen und Leistungen wie Verkauf von Waren, Halb- und Fertigfabrikaten, allenfalls auch die Erstellung von Anlagegütern zum konzerninternen Gebrauch, Zinsen im Kontokorrent- und Darlehensverkehr, Lizenzgebühren und Management-Fees. Die entsprechenden Buchungen auf den Erfolgskonten von Muttergesellschaft und Tochterunternehmen werden eliminiert. Die Konzernerfolgsrechnung weist ausschliesslich Erträge und Aufwendungen aus dem Verkehr mit Dritten (Aussenumsatz) aus. Konzerninterne Forderungen und Verbindlichkeiten wie solche aus Lieferungen und Leistungen, aktiven und passiven Rechnungsabgrenzungsposten, Anzahlungen zur Vorfinanzierung zukünftiger Leistungen, gegenseitige Kontokorrente sowie Darlehen zur Finanzierung oder zu Poolung der Konzernliquidität sind zu eliminieren.

Die Weiterführung der Bilanzen der neu erworbenen Unternehmen in der Konzernrechnung der folgenden Rechnungsperioden wird als Folgekonsolidierung bezeichnet.

10.6 Folgekonsolidierung

10.6.1 Folgebehandlung der Neubewertungen nach Erwerb

Nach Verbuchung der Bereinigungen im Zusammenhang mit dem Erwerb des Tochterunternehmens sind die Folgen der Neubewertung auf den Erwerbszeitpunkt zu erfassen. Die Auflösung der stillen Reserven auf den Sachanlagen führt aus Konzernsicht zu einer Erhöhung der Anschaffungskosten mit der Konsequenz, dass sich auch die Abschreibungen auf dem höheren Buchwert berechnen. Diese schmälern das Periodenergebnis, weshalb Bilanz und Erfolgsrechnung anzupassen sind. Der Ausweis des Goodwills in den Folgeperioden hängt vom gewählten Buchungsverfahren ab.

10.6.2 Dividendenkonsolidierung

Schüttet das Tochterunternehmen Gewinne aus, handelt es sich beim Dividendeneingang beim Mutterunternehmen um einen konzerninternen Ertrag, welcher zu eliminieren ist. Wäre der um den Dividendenbetrag entsprechende Periodengewinn bei der Tochtergesellschaft einbehalten worden, hätte dies zu einer Erhöhung der Gewinnreserve geführt. Die Eliminierung im Finanzertrag des Mutterunternehmens bewirkt bei der Tochtergesellschaft deshalb eine Zunahme des Eigenkapitals.

10.6.3 Zwischengewinne

Zwischengewinne aus Konzernsicht entstehen:

- bei der Lieferung von Handelswaren oder von Fabrikaten. Die Anschaffungskosten des Käufers umfassen einen konzerninternen Zwischengewinn. Solche Lieferungen erfolgen zu Marktpreisen (mit einer Gewinnmarge) oder zu konzerninternen Verrechnungspreisen (Transferpreise). Im Einzelabschluss sind diese Gewinne realisiert, sobald die Lieferung erbracht wurde. Für den Konzern dagegen ist der Gewinn erst realisiert, wenn die Lieferung vollständig ausserhalb des Konsolidierungskreises veräussert oder beim konzerninternen Käufer verbraucht worden ist. Konzerninterne Zwischengewinne sind zu ermitteln und zu eliminieren.
- bei der Lieferung von selbsthergestellten Sachanlagen an eine andere Konzerngesellschaft zu Konzernherstellkosten zuzüglich Gewinn.

Beispiel Eliminierung des Zwischengewinns bei Warenlieferung

M hat in der Berichtsperiode an T Waren für TCHF 16'000 mit einer Marge von 33 1/3% geliefert. Der Warenbestand vom 1.1. hat von TCHF 2'400 auf TCHF 4'200 zugenommen. Der Anfangsbestand ist mit dem unrealisierten Zwischengewinn von TCHF 800 auf dem bereinigten Einstandspreis von TCHF 1'600 zu korrigieren. Die Erfassung erfolgt erfolgsneutral durch Übertrag vom Konto Vorräte auf die Gewinnreserve. Die Zunahme des unrealisierten Zwischengewinns des Berichtsjahres auf dem Warenbestand von TCHF 600 wird durch Belastung des Warenaufwandes und Ausbuchung aus den Vorräten erfasst, sodass der Endwert (Konzernwert) auf TCHF 2'800 ansteigt.[566] Die Warenlieferungen von TCHF 16'000 werden bei der Konsolidierung eliminiert.

10.6.4 Behandlung und Darstellung des Goodwills

Probleme im Zusammenhang mit der Berechnung und dem Ausweis des erworbenen Goodwills stellen sich bei der Konsolidierung nach dem Erwerb aller oder mindestens der Mehrheit der Anteile am Grundkapital eines Tochterunternehmens (Aktien, bei der GmbH Anteile). Mit dem Erwerb der Beteiligungsrechte gehen identifizierbare Vermögenswerte, Verbindlichkeiten und Eventualverbindlichkeiten in das Eigentum der übernehmenden Gesellschaft (Mutterunternehmen) über. Der Kaufpreis entspricht jedoch in der Regel nicht dem durch Neubewertungen nach den Richtlinien des konzernbereinigten Eigenkapitals (▶ Abb. 20).

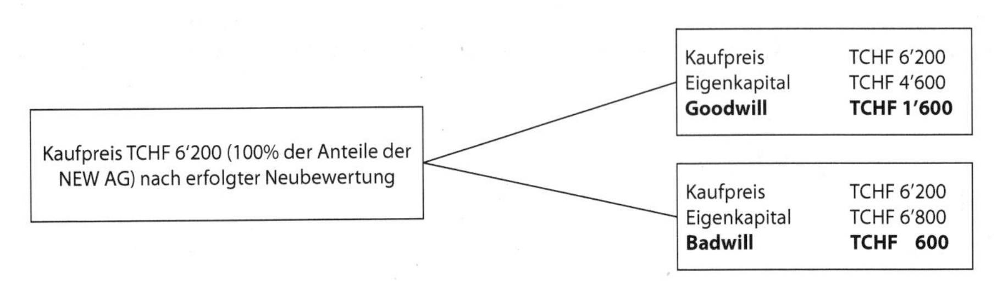

Abb. 20: Rechnerisches Beispiel Herleitung Good- und Badwill

Wie bei allen Werten des Anlagevermögens ist auch bei den immateriellen Werten die Dauer des daraus zu erwartenden Nutzens festzulegen. Die Dauer des Nutzens bestimmt die jährliche Abschreibung. Weil eine generelle Festlegung der Nut-

566 Meyer, Konzernrechnung, S. 97 ff. Die Eliminierung der Zwischengewinne beeinflusst auch die latenten Steuern in Bilanz und Erfolgsrechnung. Dieser Sachverhalt wird zwecks Vereinfachung der Darstellung nicht behandelt.

zungsdauer in den Rechnungslegungsnormen nicht sinnvoll ist, sind diese unternehmensspezifisch festzulegen. Betriebswirtschaftlich ist für den Goodwill in begründeten Fällen höchstens eine Nutzungsdauer von 20 Jahren angemessen. Vielfach erfolgt – in Anlehnung an aOR 664 – die Abschreibung innerhalb von fünf Jahren (FER 30/15).

Beispiel Badwill Metall Zug (2019, Swiss GAAP FER)

Per 1. März 2013 kaufte die neu gegründete V-ZUG Kühltechnik AG in Form eines Asset-Deals die Geschäftsaktivitäten des Bereichs Kühlgeräte von der AFG Arbonia-Forster Holding AG. Der aus der Übernahme resultierende Badwill von TCHF 11'389 wird im Fremdkapital ausgewiesen und in den Folgejahren systematisch aufgelöst. Die Gründe für das Vorliegen eines Badwills sind die im Kaufpreis berücksichtigten Kosten für aufgeschobene Entwicklungsaktivitäten sowie notwendige Anpassungen bei den betrieblichen Abläufen. Der Badwill wird in Übereinstimmung mit der Struktur der Entwicklungsaktivitäten bzw. der notwendigen Anpassungen bei den betrieblichen Abläufen über die Zeit aufgelöst. Die diesem Konzept zugrunde liegende Auflösung wird jährlich neu beurteilt und allenfalls angepasst. Der Effekt aus Entwicklungstätigkeit fiel über den Zeitraum von 2014 bis 2017 an. Zugehöriger Badwill im Umfang von TCHF 6'400 wurde bis Ende 2017 vollständig aufgelöst. Die Anpassungen bei den Abläufen werden ab dem Geschäftsjahr 2020 vorgenommen. Der verbleibende Badwill beläuft sich auf TCHF 4'989. Davon werden per 31. Dezember 2019 TCHF 1'300 als Andere kurzfristige Verbindlichkeit und TCHF 3'689 als Andere langfristige Verbindlichkeit ausgewiesen.

Das Rechnungslegungsrecht enthält keine Bestimmung zur Bewertung des immateriellen Anlagevermögens im Allgemeinen und des Goodwills im Besonderen. Es stellt sich deshalb die Frage, ob das im internationalen Rechnungslegungsrecht vertretene **Impairment only-Konzept,** wonach Goodwill ohne Verpflichtung zu periodischen Abschreibungen, aktiviert werden kann, zulässig ist (Impairment-Test).

Betriebswirtschaftlich wäre die Aktivierung mit anschliessender Abschreibung über die Nutzungsdauer sinnvoll, entspricht diese Betrachtungsweise doch dem Matching-Konzept, d. h. der periodengerechten Zuordnung von Aufwendungen und Erträgen. Der Impairment-only-Approach hat zur Folge, dass das Unternehmen aus einer Firmenakquisition zusätzliche Erträge erzielt, denen in der Erfolgsrechnung – im Gegensatz zum organischen Wachstum – keine Aufwendungen gegenüberstehen. Das Argument für den Impairemt-only-Approach, die Werterhaltung des Goodwills verursache in den Folgejahren Aufwendungen für Marketinganstrengungen, Forschungs- und Entwicklungskosten zur Produktverbesserung usw. und es sei deshalb nicht gerechtfertigt, diese noch zusätzlich durch Abschreibungen auf dem Kaufpreis zu erhöhen, überzeugt nicht.

Das Prinzip, dass der bezahlte Akquisitions-Goodwill im Konzern »ewig« Nutzen abwerfe, verträgt sich nur schwer mit dem Grundsätzen ordnungsgemässer Rechnungslegung, z. B. mit der Periodisierung von Aufwendungen und Erträgen. Wird beim Erwerb auf eine Neubewertung verzichtet, umfasst der ausgewiesene Goodwill, wie er nach einer Kaufpreisallokation berechnet wird, auch abzuschreibende Bestandteile aus Patenten, Mehrwerten von Sachanlagen und aktivierbaren Entwicklungskosten (OR 960a III). Der Impairment-only-Ansatz wird deshalb für Konzernabschlüsse ohne Anwendung eines ankannten Standards zur Rechnungelgung nach OR 962 nicht als zulässig betrachtet.[567]

Nachdem das Vorsichtsprinzip traditionell die schweizerische Rechnungslegungspraxis prägt, ist es naheliegend, dieses auch bei der Bilanzierung von Goodwill anzuwenden und in der Erstkonsolidierung diesen direkt mit dem Eigenkapital zu verrechnen und über Gewinnreserven erfolgsunwirksam auszubuchen. Damit werden die Erfolgsrechnungen der folgenden Rechnungsperioden von den jährlichen Goodwillabschreibungen entlastet und das konsolidierte Eigenkapital im Erwerbsjahr verringert. Bei der Bilanzanalyse ergibt sich in der Folge eine günstigere Eigenkapitalrentabilität. Um fachkundigen Rechnungslegungsadressaten trotzdem eine verlässliche Beurteilung der konsolidierten Vermögens- und Ertragslage zu ermöglichen, verlangt Swiss GAAP FER (FER 30/16), dass im Anhang in einer Schattenrechnung dargestellt wird, welche Veränderungen sich für Gewinn und Eigenkapital ergeben hätten, wenn der Goodwill aktiviert und während der Nutzungsdauer abgeschrieben worden wäre.

Beispiel direkte Verrechnung des Goodwills B-Konzern (fiktiv, nicht börsenkotiert, Swiss GAAP FER, in TCHF)

Um das angestrebte Ziel der Marktführerschaft auf bestimmten Auslandmärkten zu erreichen, erwarb die B-Holding über ihre deutsche Tochtergesellschaft rückwirkend auf den 1.1.01 100% der Aktien der P-Holding, Obergesellschaft der P-Gruppe, zum Preis von (umgerechnet) 31'002 (einschliesslich Akquisitionskosten). Die neu bewerteten Nettoaktiven betrug 22'626. Der Goodwill von 8'376 wurde mit den Gewinnreserven von 99'478 verrechnet. Das Eigenkapital in der Konzernrechnung reduzierte sich deshalb von 90'835 auf 78'576.[568] Die B-Holding hat im Einzelabschluss den Erwerb der P-Gruppe nicht mehr näher spezifiziert. Der Holdinggewinn für das Jahr 01 von 4'929, sowie die aktuelle wie planmässige Nettoliquidität auf Holding- wie Konzernstufe, erlaubt eine Dividende von 1'038.

567 HWP, 2014, S. 396. Die vorgeschlagene Ausnahme (S. 395), falls in einem Konzernabschluss nach OR ASR-Standards bei der Verbuchung des Unternehmenserwerbs angewendet würden, erscheint jedoch wenig realitätsbezogen.

568 Der im Vergleich zum ausgebuchten Goodwill höhere Rückgang des Eigenkapitals erklärt sich durch den Konzernverlust, die Fremdwährungsdifferenzen und die Dividendenausschüttung der Holding.

Vergleich der relevanten Grössen gemäss FER 30
Die veröffentlichte Konzernrechnung mit Direktverrechnung des Goodwills (Variante A) und die betriebswirtschaftlich sachgerechte Aktivierung gemäss Schattenrechnung (Variante B) zeigt nach FER 30/16 im Anhang folgendes Bild:

	Konzernrechnung (Variante A)		Schattenrechnung (Variante B)	
	1	**2**	**1**	**2**
Abschreibungen Goodwill	–	–	1'256	1'675
Konzernverlust	3'787	1'182	5'043	2'857
Goodwill	–	–	8'376	7'120
Eigenkapital	78'556	77'030	85'676	82'475
Bilanzsumme	142'547	134'725	149'667	140'170
Eigenfinanzierungsgrad	55.1%	57.2%	57.2%	58.8%

Die Unterschiede der beiden zulässigen Varianten nach FER sind in diesem Beispiel nicht markant, weil einerseits das Verhältnis übernommene Nettoaktien/ Kaufpreis nicht übersetzt war und andererseits die hohe Eigenkapitalausstattung des Konzerns eine einmalige überdurchschnittlich hohe Abnahme ohne nennenswerte Beeinträchtigung der Kapitalstruktur verkraften kann.

Konzernabschlüsse börsenkotierter Gesellschaften weisen nach dem Impairment-only-Konzept in den Bilanzen vielfach hohe Goodwillbeträge aus. Dies ist eine Folge der durch die Globalisierung geförderten ausgeprägten Wachstumsstrategie von internationalen Konzernen. Wegen der Konkurrenz im Markt der Unternehmensübernahmen und Fusionen (M&A-Transaktionen) liegen die Übernahmepreise deutlich über den erworbenen Nettoaktiven und erhöhen damit den bezahlten Goodwill. Wenn der bezahlte Goodwill bei grösseren einmaligen Akquisitionen sehr hoch ausfällt, kann die direkte Verbuchung zu einem negativen Eigenkapital in der Konzernbilanz führen.

Beispiel Goodwillverrechnung mit negativem Eigenkapital Mobilezone AG (Swiss GAAP FER, 2015, in TCHF)

Neubewertung der Akquisition der einsAmobile-Gruppe

Aktiven	*46'806*
Passiven	*28'309*
Nettoaktiven	*18'497*
Kaufpreis[569]	*73'122*
Nettoaktiven	*– 18'497*

Anschaffungswert Goodwill	*54'625*
Entwicklung des Konzerneigenkapitals 2015	
Konsolidiertes Eigenkapital 1.1.2015	*32'110*
Konzerngewinn 2015	*+ 30'821*
Dividendenzahlung	*- 19'317*
Diverse Transaktionen[570]	*- 1'131*
Akquisition	*- 54'625*
Konsolidiertes Eigenkapital 31.12.2015	*- 12'142*
Elemente des Konzerneigenkapitals 31.12.2015	
Aktienkapital (32'195 597 Namenaktien zu CHF 0.01)	*322*
Kapitalreserven	*+ 8'813*
Bilanzgewinn	*- 21'277*
Negatives Eigenkapital 31.12.2015	*- 12'142*
Schattenrechnung	
Theoretisches Eigenkapital ohne Goodwillverrechnung	*47'126*
Ausgewiesener Konzerngewinn	*30'821*
Goodwillabschreibung	*14'015*
Theoretischer Konzerngewinn nach Goodwillabschreibung	*16'806*

Der Entscheid des Verwaltungsrats, unter den beiden Varianten nach Swiss GAAP FER die direkte Verrechnung zu wählen, beeinflusst den Konzernabschluss 2015 massgeblich, ergibt sich doch bei der direkten Verrechnung des Goodwills ein Reingewinn je Aktie (Earnings Per Share, EPS) für 2015 von CHF 0.96 und bei einem Aktienkurs von CHF 14.35 ein angemessenes Kursgewinn-Verhältnis (KG V) von 15, bei Aktivierung und fünf jährlichen Abschreibungsbeträgen ein Gewinn (EPS) von 0.52 jedoch ein hohes KGV von 27.5.

In der **Konzernbilanz** 2015 wird das negative Eigenkapital als Minusposten auf der Passivseite ausgewiesen:

Anlagevermögen	*12'325*
Umlaufvermögen	*150'053*
Aktiven	*162'368*
Eigenkapital	*- 12'142*

569 Preisfestsetzung mit Earn-Out-Vereinbarung, wodurch sich der Kaufpreis Ende 2016 auf TCHF 80'906 erhöhte.

570 Kapitalherabsetzung nach Aktienrückkaufprogramm: Transaktionen mit eigenen Aktien (Kaufpreis 2'084, Verkauf 10'993) und Währungsdifferenzen -40.

Fremdkapital		*174'510*
Passiven		*162'368*

*Die **Holdingbilanz** 2015 weist folgende Eigenkapitalpositionen aus:*

Aktienkapital	*322*	
Gesetzliche Gewinnreserve	*131*	
Freiwillige Gewinnreserve	*6'098*	
Bilanzgewinn	*51'923*	
Total Eigenkapital	*58'474*	*=37% der Bilanzsumme*

Die Rechnungslegung von Mobilezone zeigt eindrücklich, welche Abweichungen beim Eigenkapital sich zwischen Konzern- und Holdingabschluss ergeben können.

Die Alternative bei der Bilanzierung des Goodwills nach Swiss GAAP FER beeinträchtigt erheblich einen sinnvollen Vergleich von Konzernabschlüssen, nicht zuletzt auch weil erfahrungsgemäss viele Rechnungslegungsadressaten die Schattenrechnung im Anhang nicht beachten. Die Auswirkung auf die Eigenkapitalquote oder -rentabilität kann dadurch in einem erheblichen Masse beeinflusst werden, wenn die Schattenrechnung nicht beachtet wird.

10.6.5 Behandlung und Darstellung des Badwills

In Ausnahmefällen ist der Kaufpreis der Beteiligung nach Kaufpreisallokation niedriger als das bereinigte Eigenkapital und der Unterschiedsbetrag negativ (**negativer Goodwill oder Badwill**). Gründe hierfür sind u. a. die schwache Ertragskraft und die ungünstigen Aussichten der akquirierten Gesellschaft, Verkauf unter Zeitdruck der bisherigen Eigentümer, schwierig zu erfassende Risiken in den erworbenen Vermögenswerten und Verbindlichkeiten oder – eher selten – aus der Sicht des Erwerbers ein günstiger Kauf (Lucky Buy, Bargain Purchase), z. B. weil die ungünstigen Erwartungen nicht eingetreten sind und ein Akquisitionsgewinn erzielt wurde. Das Rechnungslegungsrecht und Swiss GAAP FER regeln diesen Sachverhalt nicht.

In der Praxis wird der negative Unterschiedsbetrag entweder im Erwerbsjahr erfolgswirksam aufgelöst oder als Rückstellung erfasst. Diese wird in den kommenden Geschäftsjahren zum Ausgleich der unbefriedigenden Geschäftsergebnisse aufgelöst.[571]

571 HWP, 2014, S. 396.

Beispiel Erfassung eines negativen Goodwills Emmi Gruppe (Swiss GAAP FER, 2017)

Bewertungsgrundsätze – Anhang Konzernrechnung Badwill (negativer Goodwill)

Ein Badwill wird, nachdem die einzelnen übernommenen Vermögenswerte bereinigt und allfällig notwendige Restrukturierungsrückstellungen gebildet wurden, zurückgestellt und über fünf Jahre erfolgswirksam aufgelöst. Der Badwill wird je nach geplantem Auflösungszeitpunkt unter kurz- oder langfristigen Rückstellungen ausgewiesen.

Anhang zur Konzernrechnung:
Tabelle Rückstellungen
Rückstellungen für negativen Goodwill

Bestand 1.1.2017	CHF	931
Zugänge		–
Verwendung		–
Auflösung	CHF	310
Währungseinfluss		
	CHF	621
Kurzfristig	CHF	310
Langfristig	CHF	311

Über die Art dieser Bilanzpositionen bestehen unterschiedliche Auffassungen:

- als Rechnungsabgrenzung im Fremdkapital auszuweisen[572],
- als Rückstellung zu erfassen[573],
- im Fall des echten Lucky Buy oder Bargain Purchase erfolgswirksame Erfassung des Badwills als realisierter Gewinn (ausserordentlicher Ertrag)[574] oder – nicht zu empfehlen – direkt als Gutschrift an Gewinnreserven.

Empfehlenswert ist es auch, diesen Umstand im Anhang zu erläutern und zu erklären.

572 Nachdem ein Badwill jedoch in der Regel über mehrere Rechnungsperioden aufgelöst wird, ist ein Ausweis unter den kurzfristigen Verbindlichkeiten (OR 959 VI) nicht folgerichtig.

573 Meyer, Swiss GAAP FER, S. 280. Siehe auch Beispiel Emmi.

574 Valiant (Bankholding) erfasst 2016 und 2017 die Auflösung von Badwill als ausserordentlichen Ertrag gemäss RVB 2015/1, RZ 298.

10.7 Behandlung der Ansprüche von Minderheiten

In der Praxis kommt es häufig vor, dass ein Konzern bei Erwerb einer Gesellschaft nicht das gesamte Aktienkapital erwirbt oder nicht erworben werden kann. In der Regel wird das lokale Management oder ausstehende Aktionäre fortgeführt, welche Anteile an dem Tochter- oder Partnerunternehmen noch halten.

Als Minderheiten (non controlling interest, minorities) werden Aktionäre oder Anteilseigner bezeichnet, die einen geringen Aktienbesitz an Tochter- oder Enkelgesellschaften der Muttergesellschaften besitzen.

Bei der Vollkonsolidierung ist zu beachten, dass die von der Muttergesellschaft nicht beherrschten Anteilsrechte Ansprüche am Ergebnis und am Eigenkapital der konsolidierten Tochtergesellschaft zu berücksichtigen sind. In Anlehnung an die englische Fachsprache wurde früher die Bezeichnung Minderheitsanteile (Minority Interests) verwendet, welche in den internationalen Standards durch »nicht beherrschende Anteile« (Non Controlling Interests) abgelöst wurde.

Beispiel Erwerb der Mehrheitsbeteiligung an der Familienunternehmensgruppe Haag-Streit (Medizinaltechnik) Köniz BE durch Metall Zug AG[575]

Im Hinblick auf die Nachfolgeregelung ausserhalb der Familien wurden am 22. Dezember 2017 70% des Aktienkapitals der Haag-Streit-Holding an die Metall AG Zug verkauft. Die restlichen Aktien bleiben bei der Gründerfamilie, welche weiterhin auch über einen Sitz im Verwaltungsrat der Haag-Streit-Holding verfügt. Die Metall Zug AG erhielt beim Verkauf den Vorzug vor über 40 anderen finanzkräftigen Kaufinteressenten, weil die bisherigen Eigentümer eine langfristige industrielle schweizerische Lösung gegenüber kurzfristig agierenden Finanzinvestoren bevorzugten.

Ungeachtet der Ansprüche von Drittaktionären hat die Muttergesellschaft uneingeschränkte Verfügungsmacht über die Tochtergesellschaft. Deshalb werden nach FER 30/6 sämtliche Positionen von Bilanz und Erfolgsrechnung der Untergesellschaft zu 100% in den Konzernabschluss einbezogen (Vollkonsolidierung). Für den auf die Minderheiten entfallenden Anteil am Eigenkapital und am Jahresergebnis wird jeweils ein Ausgleichsposten ermittelt und in der Konzernbilanz und der Konzernerfolgsrechnung gesondert ausgewiesen.

Weil Übernahmeinteressenten auch beim Erwerb von Publikumsgesellschaften in der Regel die vollständige Übernahme aller Anteilsrechte anstreben und zu diesem Zweck die rechtlich möglichen Massnahmen (z. B. Squeeze-out) einsetzen, sind in den meisten veröffentlichten Konzernabschlüssen die Positionen nicht beherrschende Anteile betragsmässig nicht wesentlich.

575 NZZ vom 23. Dezember 2017

Beispiel Darstellung der Minderheitsansprüche Emmi Gruppe (Swiss GAAP FER, 2018, in TCHF)

Bilanz

	2018	**2017**
Aktienkapital	53'498	53'498
Kapitalreserven	7'438	44'847
Gewinnreserven	1'537'715	1'357'833
Eigenkapital exkl. Minderheitsanteile	**1'598'651**	**1'356'218**
Minderheitsanteile	57'920	65'019
Eigenkapital inkl. Minderheitsanteile	**1'656'571**	**1'521'237**

Konsolidierte Erfolgsrechnung

	2018	**2017**
Unternehmensgewinn inkl. Minderheitsanteile	238'349	168'748
Minderheitsanteile	– 5'073	– 7'174
Reingewinn	**233'276**	**161'574**

Beim in der Praxis verbreiteten klassischen Goodwill-Accounting wird bei der Erst- und Folgekonsolidierung nur der Goodwillanteil des erworbenen Unternehmens ausgewiesen.[576]

Beispiel Ausweis des Goodwills bei nicht beherrschenden Anteilen (in TCHF)

M erwirbt von TU 75% des Aktienkapitals von 600, Kapitalreserven von 200 und Neubewertungsreserven von 800, was einem Eigenkapital von 1'600 entspricht, wovon nach dem Erwerb 1'120 auf M entfallen. Der Goodwill als Differenz zwischen den Anschaffungskosten von M und dem Anteil der Minderheit am bereinigten Eigenkapital von TU beträgt bei einem Kaufpreis von 3'300 für 75% der Aktien 1'100. Der Anteil der 25% Minderheitsaktionäre am Konzerneigenkapital beträgt 400 (150 + 50 + 200).

In der Folgekonsolidierung von Abschlüssen mit Minderheiten für die Behandlung von Zwischengewinneliminierung fehlen einheitliche Regeln. Es sind verschiedene Varianten möglich. Nach der Einheitstheorie werden die unrealisierten Zwischenergebnisse vollständig eliminiert und zwar anteilsmässig zu Lasten der Konzernmehrheit und der nicht beherrschenden Anteile.[577]

576 Meyer, Konzernrechnung, S. 297.
577 Meyer, Konzernrechnung, S. 130 und 300.

10.8 Fremdwährungen in der Konzernrechnung

Schweizerische Konzerne haben zur Unterstützung ihrer Tätigkeit schon früh Tochtergesellschaften im Ausland errichtet. Diese erstellen ihre Jahresabschlüsse entsprechend den nationalen Vorschriften und die Handelsbilanz II nach Konzernrichtlinien in der (funktionalen) Währung ihres Domizillandes.

Aktiven und Verbindlichkeiten (ohne Eigenkapital) der Tochtergesellschaften werden zum Tageskurs des Bilanzstichtages in Konzernwährung umgerechnet (FER 30/63). Die Erfolgsrechnung wird zu Durchschnittskosten umgerechnet. Eigenkapitalpositionen werden zum historischen Kurs umgerechnet. Dadurch entstehen bei der Kapitalkonsolidierung keine Differenzen, wenn das Beteiligungskonto mit dem Eigenkapital des Tochterunternehmens verrechnet wird. Umrechnungsdifferenzen aus den Bilanzpositionen werden erfolgsneutral mit dem Eigenkapital verrechnet. Umrechnungsdifferenzen aus der Erfolgsrechnung und demjenigen aus der Bilanz werden im Eigenkapital erfasst.[578] Die einzelnen Positionen der Erfolgsrechnung und der Geldflussrechnung werden zum Durchschnittskurs der Berichtsperiode in die Konzernwährung umgerechnet.

Eine besondere Regelung ist für eigenkapitalersetzende, konzerninterne Darlehen – ihrem wirtschaftlichen Charakter entsprechend – zu beachten.[579] Währungsdifferenzen werden erfolgsneutral über das Eigenkapital erfasst.

Das Mutterunternehmen kann die Konzernwährung wählen. Diese muss nicht auf Schweizer Franken lauten. Wegleitend für den Entscheid ist die Überlegung, dass vor allem für international tätige Konzerne, welche nur noch einen Bruchteil des Konzernumsatzes in der Schweiz erarbeiten, Konzernabschlusszahlen in CHF die wirtschaftliche Lage des Konzerns nur eingeschränkt wiedergeben. Die wirtschaftliche Realität widerspiegelt nach Auffassung von verschiedenen Konzernleitungen nur eine Konzernrechnung in einer für das Schwergewicht der Konzerntätigkeit repräsentativen Währung wie den US-Dollar oder den Euro. So erstellen ABB, Datacolor, Logitech und Novartis ihre Konzernabschlüsse in USD, Adecco, Also, Aryzta, Richemont und Schmolz Bickenbach in Euro. Für LafargeHolcim, Nestlé, Roche und Schmolz ist der Schweizer Franken im Konzernabschluss dagegen Darstellungswährung.

Wird der Konzernabschluss in CHF erstellt, beeinträchtigen erhebliche Schwankungen der Wechselkurse die zuverlässige Beurteilung der unternehmerischen Leistung in der funktionellen Währung von ausländischen Tochtergesellschaften. Deshalb wählt Roche im Kurzüberblick über die Finanzen im Geschäftsjahr für die Darstellung die aktuellen Zahlen des Abschlusses mit einer konzernspezifischen Geldeinheit, dem konstanten Wechselkurs CER (Constant Exchange Rate). Für den Einzelabschluss der Muttergesellschaft – auch von international tätigen Konzernen – ist der Franken als Darstellungswährung die Regel (Beispiele wie ABB oder Novartis).

---

578 Siehe Beispiel Meyer, Swiss GAAP FER, S. 282.
579 Swiss GAAP FER 30/20.

Die verwendeten Umrechnungskurse sowie die Behandlung der Fremdwährungsdifferenzen sind im Anhang offenzulegen (OR 958d III).

Beispiel Fremdwährungen im Konzernabschluss Adval Tech Gruppe (Swiss GAAP FER 2018)

Anhang zur Konzernrechnung 2018 Fremdwährungsumrechnung

Der Konzernabschluss wird in Schweizer Franken (CHF) erstellt, der Berichtswährung der Adval Tech Gruppe. Die in den Abschlüssen der einzelnen Konzerngesellschaften enthaltenen Positionen sind in der Währung des Wirtschaftsraumes ausgewiesen, in dem die Gesellschaft primär tätig ist (funktionale Währung). Folgende Grundsätze der Fremdwährungsumrechnung sind für den Konzern massgebend:

Die Bilanzwerte von Gesellschaften, die nicht in der Konzernrechnung abschliessen, werden zu Jahresendkursen, die Werte der Erfolgsrechnung zu Jahresenddurchschnittskursen umgerechnet. Die sich aus der Umrechnung ergebenden Differenzen werden direkt dem Eigenkapital gutgeschrieben oder belastet. Kursgewinne und -verluste aus Währungstransaktionen der Gesellschaften werden erfolgswirksam erfasst. Kursdifferenzen auf den an Konzerngesellschaften zur langfristigen Beteiligungsfinanzierung gewährten Darlehen der Muttergesellschaft werden direkt dem Eigenkapital zugerechnet, sofern das Darlehen in der Buchwährung von Darlehensgeberin oder -nehmerin gewährt wurde. Im Anhang sind die Umrechnungskurse (Jahresdurchschnittskurse) für die folgenden Währungen BRL, CNY, EUR, HKD, THB und USD aufgeführt.

10.9 Latente Steuern

Mit dem Rechnungslegungsrecht 2011 wurde in der Erfolgsrechnung die Position Direkte Steuern eingeführt, welche bei juristischen Personen die Steuern vom Gewinn und Kapitalsteuern erfasst. Wird die Konzernrechnung nach OR erstellt, was bei kleinen Konzernen nach Rechnungslegungsrecht zulässig ist, stellt sich das Problem der latenten Steuern nicht.

Beispiel SGV (Schifffahrtsgesellschaft Vierwaldstättersee)

Im Anhang und auch in den Kennzahlen der Gruppe wird die Position Direkte Steuern nicht näher erläutert. Für den Einzelabschluss nach Swiss GAAP FER gilt das True-and-Fair-View-Konzept, weshalb sich bei einzelnen Bilanzpositionen Bewertungsdifferenzen zu den steuerlichen Werten ergeben. In der Konzernrechnung werden die latenten Steuern bei der Überleitung von handelsrechtlichen Abschlüssen zur Handelsbilanz II nach Massgabe der einheitlichen Bewertungsgrundsätze ermittelt.[580] Bei der Neubewertung per Erwerb sind die latenten Steuerverpflichtungen erfolgsneutral über die Neubewertungsreserve abzugrenzen. Im Rahmen der Folgebewertung werden diese angepasst. Wird die Konzernrechnung nach einem ASR wie Swiss GAAP FER erstellt, ergeben sich Abweichungen von den handels-rechtlichen Werten der Einzelabschlüsse (HB I). Für den Ausweis der gewinnabhängigen Steuern sind die besonderen Regeln von Swiss GAAP FER 11 Ertragssteuern zu beachten.

Nachdem für den Konzernabschluss grundsätzlich das gesetzliche Gliederungsschema von OR 959a und 959b anzuwenden ist, weist die nach OR erstellte Konzernbilanz ebenfalls eine Position Direkte Steuern aus. Diese umfasst den nach dem Massgeblichkeitsprinzip ermittelten handelsrechtlichen Steueraufwand aller konsolidierten Unternehmen.

Beispiel Latente Steuern im OR-Konzernabschluss Raststätten Thurau AG (2015)

Anhang zur konsolidierten Jahresrechnung Angaben zu Bilanz- und Erfolgsrechnungspositionen direkte Steuern

Die direkten Steuern basieren auf den Ergebnissen der Einzelabschlüsse und werden entsprechend in der Erfolgsrechnung belastet. Da für die Konzernrechnung und Einzelabschlüsse die gleichen Bilanzierungs- und Bewertungsregeln gelten, entfällt die Abgrenzung latenter Steuern. Bei einem Jahresgewinn vor Steuern von CHF 1‘419 376 werden als direkten Steuern 2018 CHF 306‘843 ausgewiesen.

Die **laufenden Ertragssteuern** auf dem Periodenergebnis sind nach den steuerrechtlichen Vorschriften über die Gewinnbesteuerung (DBG 57 ff.) zu ermitteln (FER 11/2). Verpflichtungen aus den laufenden Ertragssteuern sind als passive Rechnungsabgrenzungen oder sonstige kurzfristige Verbindlichkeiten auszuweisen (FER 11/4).

Aus dem Konzept der anerkannten Standards zur Rechnungslegung entstehen im Vergleich zu den steuerrechtlichen Normen Bewertungsdifferenzen, welche in der Regel zeitlich (temporär) befristet sind, weil sie sich in den folgenden Rechnungsperioden wieder ausgleichen. Am Ende der Nutzungsdauer von Sachanlagen lösen sich beispielsweise die Bewertungsunterschiede zwischen FER-Bilanzwert und Steuerwert auf. Zeitlich unbefristete (permanente) Differenzen sind selten und sind nicht zu berücksichtigen (FER 11/19 und 30/26),

Die zukünftigen steuerlichen Auswirkungen führen zu aktiven oder passiven **latenten Ertragssteuern**. Der latente Ertragssteueraufwand bzw. -ertrag entsteht aus den Veränderungen der abgegrenzten bilanzierten Ertragssteuern (▶ Abb. 21).

Während für die steuerliche Ermittlung der laufenden Ertragssteuern die aktuellen tatsächlichen Steuersätze angewendet werden, sind für die latenten Ertrags-

580 HWP, 2014, S. 431

steuern die zukünftig zu erwartenden Steuersätze anzuwenden, oder – sofern diese nicht bekannt sind – die im Zeitpunkt der Bilanzierung geltenden Sätze (FER 11/8),

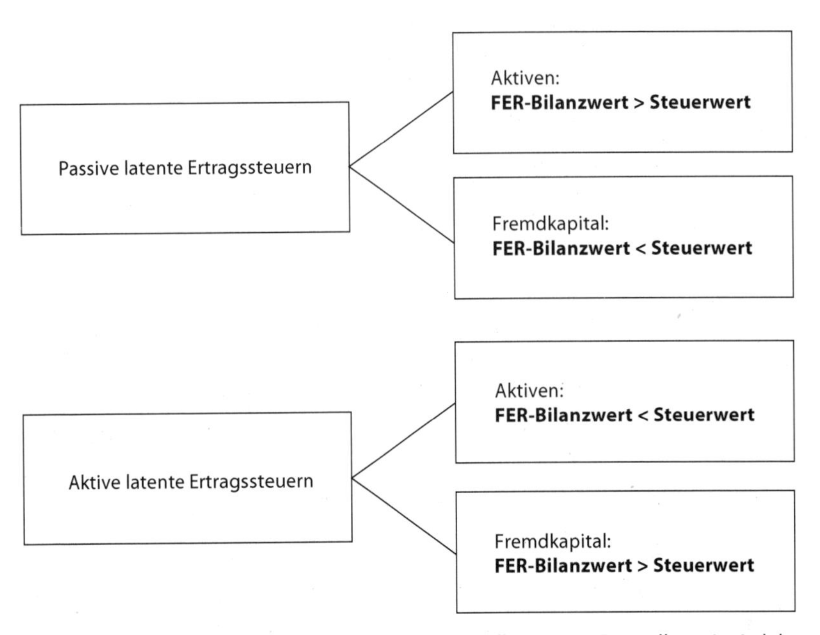

Abb. 21: Entstehung von latenten Ertragssteuern (Quelle: eigene Darstellung in Anlehnung C. Meyer, Konzernrechnung, S.125)

Aktive latente Steuern ergeben sich aus der Elimination von konzerninternen Beziehungen wie Zwischengewinne oder vor allem aus steuerlichen Verlustvorträgen, sofern die Verrechnung mit zu erwartenden zukünftigen steuerlichen Gewinnen wahrscheinlich ist (FER 11/23). Aktive latente Ertragssteuern sind in der Bilanz als Finanzanlagen auszuweisen (FER 11/23). Passive latente Ertragssteuern sind in der Bilanz oder im Anhang getrennt von den anderen Rückstellungen auszuweisen (Rückstellungsspiegel).

Beispiel Offenlegung der Ertragssteuern im Konzernabschluss Biella Holding (2018)

Anhang zur Konzernrechnung Steuern

Die auf dem steuerbaren Gewinn der einzelnen Gesellschaften zahlbaren Ertragsteuern werden abgegrenzt. Ferner werden die latenten Steuern auf den nach konzerninternen Grundsätzen ermittelten temporären Bewertungsdifferenzen zum massgebenden Steuersatz laut geltendem lokalen Steuerrecht gebildet. Aktive latente Steuern werden nur angesetzt, wenn es wahrscheinlich ist, dass diese mit zukünftigen Gewinnen realisiert werden können. Aus Vorsichtsgründen werden keine latenten Steuern auf Verlustvorträgen aktiviert. Im Steueraufwand berücksichtigt sind die auf das Jahresergebnis zu entrichtenden Steuern sowie die Veränderung der latenten Steuern. Aus Vorsichtsgründen werden keine latenten Steuern auf Verlustvorträge aktiviert. Es bestehen steuerliche Verlustvorträge von 59'791 (31.12.2017: 27'270) auf denen keine steuerlichen Aktiven gebildet wurden. Deren Nutzung hängt von der zukünftigen wirtschaftlichen Entwicklung ab. Für die Berechnung der latenten Steuern auf den temporären Bewertungsdifferenzen zwischen den nach Konzernrichtlinien und lokalen steuerlichen Vorschriften gebildeten Werten werden die jeweilig geltenden Gewinnsteuersätze für die einzelnen Gruppengesellschaften angewendet. Für die Biella Schweiz AG beträgt der durchschnittliche Steuersatz 21.7 %. Die Veränderung der aktiven latenten Steuern sowie der Rückstellung für latente Steuern erfolgt über den Steueraufwand.

	2018	**2017**
Latente Ertragssteuern	793	333
Latente Steuern	- 242	- 725
Total	**551**	**- 392**

In grossen international tätigen Konzernen sind die Ertragssteuern ein wichtiges Element der Ertragslage. Entsprechend umfangreich ist die finanzielle Berichterstattung. Daher werden im Anhang die Ertragssteuern oft in Aufwand für Ertragssteuern, Erträge aus Nettoverbindlichkeiten aus laufenden Ertragssteuern, aktive und passive Steuern und latente Steuerforderungen aus nicht genutzten steuerrechtlichen Verlustvorträgen aufgeteilt.

10.10 Spezialfragen der Konsolidierung

10.10.1 Veränderung der Beteiligungsquoten

Der Umfang der Beteiligung des Mutterunternehmens an Konzernunternehmen beeinflusst die Erfassung im Konzernabschluss. Es sind vier Varianten der Veränderung möglich:

- Erhöhung der Beteiligung an einer Gesellschaft, welche bisher nicht konsolidierungspflichtig war auf 20% der Stimmrechte. (Finanzanlage der assoziierten Unternehmen).
- Erhöhung der Beteiligungsquote an einem assoziierten Unternehmen von 20% - 49% (Equity Accounting).

- Verminderung der Beteiligungsquote an assoziierten Unternehmen bis auf 20%, Erhöhung der Beteiligung an einem assoziierten Unternehmen auf mehr als 50%: Unternehmen wird zum vollkonsolidierten Tochterunternehmen.
- Erhöhung oder Verminderung der bestehenden Beteiligung an einem Tochterunternehmen.

Verändert sich die Beteiligungsquote, ist jeweils zu prüfen, welche Konsolidierungsmethode anzuwenden ist. Wird die Beteiligungsquote im Bereich des Equity Accounting erfasst, sind die Anschaffungskosten der Beteiligung (gesetzlicher Höchstwert nach OR 960a) nach dem Fail Value der Nettoaktiven der assoziierten Unternehmen auszuweisen. Im Erwerbsjahr ist der anteilige Gewinn erfolgswirksam zu erfassen. Wird durch den Wechsel der Beteiligungsquote ein assoziiertes Unternehmen zum Tochterunternehmen, ist dieses im Hinblick auf die nun erforderliche Vollkonsolidierung neu zu bewerten. Relevant ist der Fair Value im Zeitpunkt des Erwerbs der letzten Tranche.[581]

10.10.2 Dekonsolidierung

Durch die Veräusserung des gesamten Aktienkapitals eines Tochterunternehmens scheidet dieses aus dem Konsolidierungskreis aus. Deshalb sind im Konzernabschluss die entsprechenden Aktiven und Verbindlichkeiten sowie das Eigenkapital zu eliminieren (Dekonsolidierung). Erfolgt die Veräusserung nicht per Abschlussstichtag, sondern während des Geschäftsjahres, sind bei einem vollkonsolidierten Tochterunternehmen die bis zum Stichtag der Veräusserung angefallenen erfolgswirksamen Positionen nach dem Grundsatz der Periodisierung anteilsmässig zu erfassen.

Im Abschluss der Muttergesellschaft wird der entsprechende Bilanzwert im Beteiligungskonto ausgebucht und die sich aus dem Verkaufserlös ergebende Differenz als Verkaufsgewinn oder Verkaufsverlust erfasst (Beteiligungsertrag/-aufwand). Das Ergebnis der Desinvestition von Tochterunternehmen im Einzelabschluss des Mutterunternehmens ist jedoch nicht identisch mit dem Gewinn oder Verlust bei Dekonsolidierung.

Im Konzernabschluss ist der Abgangswert des Konzernunternehmens festzustellen, welcher sich grundsätzlich aus den Nettoaktiven und der noch nicht ergebniswirksam verrechneten Kapitalaufrechnungsdifferenz aus der Erstkonsolidierung ergibt.

Eine Besonderheit bei der Dekonsolidierung ergibt sich bei Konzernen, welche von der Möglichkeit nach FER 30/16 Gebrauch gemacht und den Goodwill seinerzeit wie der A-Konzern bei Erwerb des Konzernunternehmens direkt mit dem Eigenkapital verrechnet haben. Es wäre bei der Veräusserung dieser Gesellschaft nicht richtig, in der Erfolgsrechnung einen Gewinn oder Verlust aus dem Verkauf auszuweisen, ohne zu berücksichtigen, dass in einem früheren Zeitpunkt der

581 Meyer, Konzernrechnung, S, 228.

Goodwill erfolgsneutral mit dem Eigenkapital verrechnet worden ist. Damit würde ein aussagekräftiger Vergleich mit Gesellschaften, welche den Goodwill aktivieren und über die Erfolgsrechnung abgeschrieben haben, verunmöglicht. Bei der erfolgswirksamen Ermittlung von Gewinn oder Verlust aus der Veräusserung von Konzernunternehmen ist deshalb der mit dem Eigenkapital verrechnete Goodwill in die Erfolgsrechnung des Berichtsjahres einzubeziehen (FER 30/17).

Beispiel Behandlung des direkt abgeschriebenen Goodwills bei der Veräusserung des Tochterunternehmens A-Konzern (Medizinaltechnik, Swiss GAAP FER, 2017, in TCHF)

Konsolidierung im Eigenkapitalnachweis

Eigenkapital 1.11.07	80'739
Konzernverlust 1.1.-31.12.07	(85'788)
Anschaffungswert Goodwill C-Bereich	32'032
Währungs- und Konsolidierungseinflüsse	(365)
Eigenkapital 31.12.17	**26'618**

Der vom A-Konzern im Jahr 1 erworbene Bereich C hat sich entgegen der Erwartungen sehr ungünstig entwickelt und musste im Geschäftsjahr 07 veräussert werden. Daraus ergab sich aus der Differenz zwischen dem Eigenkapital der C-Gesellschaft und dem Verkaufserlös ein Verlust von 12'000 Der bei Erwerb bezahlte Goodwill von 32'000 führt in Verbindung mit anderen ausserordentlichen Aufwendungen zu einem Konzernverlust Im Geschäftsjahr 07 von 85'000. Dieser Verlust hat die Gruppe A erheblich geschwächt, weshalb die Holding-Aktionäre ein Übernahmeangebot eines börsenkotierten Unternehmens angenommen haben.

10.11 Weitere Bestandteile der Konzernrechnung

10.11.1 Konzerngeldflussrechnung

Aus OR 963b ergibt sich mangels ausdrücklicher Vorschrift keine Pflicht zur Erstellung einer konsolidierten Geldflussrechnung.[582] Jedoch ist sie als integraler Bestandteil zu betrachten und sollte daher auch in der Konzernrechnung erstellt werden. Die Herleitung der Konzerngeldflussrechnung kann auf zwei Arten erfolgen:

582 Pfaff/Glanz/Stenz/Zihler, Kommentar zu OR 961b, Anmerkung 49, S. 566.

- Diese kann – gestützt auf die bestehende Konzernbilanz und Konzernerfolgsrechnung – nach dem gleichen Vorgehen wie beim Einzelabschluss erstellt werden.
- Diese kann aufgrund der Geldflussrechnungen des Mutterunternehmens, der Tochter- und Gemeinschaftsunternehmen erarbeitet werden. Dabei ist zu beachten, dass sämtliche konzerninternen Geldflüsse eliminiert werden.[583]

Bei Erstellung der Konzernrechnung nach Swiss GAAP FER ist die Geldflussrechnung zwingend anzuwenden. Zusätzlich zu den Angaben nach Swiss GAAP FER 4 sind im Konzernabschluss nach FER 30/29-31 Informationen im Investitions- und Finanzierungsbereich zwingend.

Beispiel Konzerngeldflussrechnung Thurau-Gruppe (OR, 2019, in CHF)

	2019	**2018**
Jahresgewinn	1'198 244	1'112 533
Abschreibungen	2'199 995	1'558 139
Veränderungen FLL	77'844	16'590
Veränderungen kurzfristige Forderungen	152'391	37'662
Veränderungen Vorräte	80'129	41'300
Veränderungen aktive Rechnungsabgrenzung	3'348	– 39'746
Veränderungen VLL	267'782	– 551'065
Veränderungen kurzfristige Verbindlichkeiten	– 187'871	– 6'453
Veränderungen passive Rechnungsabgrenzung	– 17'654	31'845
Zugang Konsolidierungskreis NUV Bodensee	795'979	0
Geldfluss aus Betriebstätigkeit	***4'493 735***	***2'001 603***
Investitionen in Beteiligungen	0	– 610'113
Investitionen in Beteiligungen	– 28'000	– 119'700
Investitionen in Sachanlagen	– 738'091	– 687'366
Zugang Konsolidierungskreis	– 15'503 743	0
Geldfluss aus Investitionstätigkeit	***– 16'269 835***	***– 1'417 180***
Veränderung Finanzverbindlichkeiten	– 1'733 866	837'500
Gewinnausschüttungen	– 505'640	– 480'536
Zugang Konsolidierungskreis	15'511 873	0
Geldfluss aus Finanzierungstätigkeit	***13'272 277***	***356'964***

583 Ausführliche Darstellung mit Beispiel in Meyer, Konzernrechnung, S. 189-203.

Veränderung Flüssige Mittel		
Stand Flüssige Mittel 1.1	3'898 038	2'956 651
Stand Flüssige Mittel 31.12.	5'393 215	3'898 038
Veränderung Flüssige Mittel	***1'496 117***	***941'387***

10.11.2 Eigenkapitalnachweis

Das Rechnungslegungsrecht verlangt für die handelsgesetzliche Rechnungslegung keinen Eigenkapitalnachweis. Erfolgt die Rechnungslegung jedoch nach einem anerkannten Standard der Rechnungslegung, ist dieser ein notwendiger Bestandteil.

Der Eigenkapitalnachweis eines Unternehmens oder eines Konzerns umfasst Bestand und Bewegung des Eigenkapitals und seiner Komponenten während einer Rechnungsperiode.

Im Einzelabschluss einer KMU sind die Ursachen der Veränderungen auf Erhöhung oder Rückzahlung des Grundkapitals auf das Periodenergebnis und allfälligen Gewinnausschüttungen beschränkt. Umfangreicher ist die Darstellung des Eigenkapitalnachweises im Konzern wegen der verschiedenen Komponenten und der Einflussfaktoren für die Veränderungen von folgenden Bestandsgrössen:

- Gezeichnetes Grundkapital,
- eigene Aktien,
- Kapitalreserven,
- Gewinnreserven,
- Währungsdifferenzen,
- Minderheitsanteilen.

Beispiel Eigenkapitalnachweis Thurau-Gruppe (OR, 2019, in CHF)

	Aktien-kapital	***Gewinn-reserven***	***Bilanz-gewinn***	***Eigen-kapital ohne Minder-heiten***	***Minder-heiten***	***Eigenka-pital mit Minder-heiten***
Bestand 1.1.2019	*2'200 000*	*1'650 000*	*6'243 848*	*10'093 848*	*4'088 706*	*14'182 554*
Raststastion Bodensee			*612'913*	*612'913*	*1'527 585*	*2'140 498*
Dividenden			*-330'000*	*-330'000*	*-175'640*	*-505'640*
Kauf Minder-heiten					*-28'000*	*-28'000*

Konzernergebnis			*777'702*	*777'702*	*420'542*	*1'198 244*
Umrechnunsdifferenzen			*-384'208*	*-382'208*		*-382'208*
Bestand 31.12.2019	*2'200 000*	*1'650 000*	*6'920 255*	*10'770 255*	*5'833 193*	*16'603 448*

Mögliche Einflussfaktoren zur Veränderung der Bestandesgrössen sind: Konzerngewinn, Gewinnauszahlungen, Aktienbeteiligungspläne, Transaktionen eigener Aktien, Verrechnung Goodwill, Minderheitsanteile aus Akquisitionen, Währungsumrechnungsdifferenzen oder Wertanpassungen.

FER 24 Eigenkapital und Transaktionen mit Aktien enthält ein Muster für den Einzelabschluss und zur Erfassung und Bewertung von Transaktionen mit Aktionären, FER 30 Konzernrechnung die Bestimmungen zur Offenlegung aus Konzernsicht.

10.11.3 Konzernlagebericht

Grundsätzlich ist sowohl für das Mutterunternehmen wie für den Konzern ein Lagebericht gemäss OR 961c zu erstellen.[584] Ist die Muttergesellschaft jedoch eine reine Holdinggesellschaft, sind die meisten der in OR 963c II geforderten Aufschlüsse nur von geringer Bedeutung, denn diese sind vor allem für den operativen Teil der Konzernunternehmen relevant. Mutterunternehmen verzichten deshalb zu Recht in der Praxis auf die Darstellung der konsolidierten Lage[585] und informieren darüber getrennt vom Holdingabschluss. Zweckmässig ist deshalb ein Gesamtüberblick durch Zusammenfassung der beiden Berichte (Mutter- und Tochtergesellschaft).

Beispielsweise informiert die **Swatch Group** im Geschäftsbericht 2018 über Tätigkeit und Governance des Konzerns auf rund 150 Seiten sowie die Konzernrechnung auf rund 50 Seiten und 22 Seiten über die Jahresrechnung des Mutterunternehmens (The Swatch Group AG Neuchâtel). Für einen besonderen Lagebericht zu den Holdingaktivitäten besteht aus Sicht der Adressaten kein Bedürfnis. Die **Bell Food Group** trennt 2018 die Berichterstattung zu Corporate Governance, Vergütungsbericht sowie Konzern- und Jahresrechnung von den Informationen zur Geschäftsübersicht und Strategie, dem Lagebericht und der Corporate Responsibility.

584 Pfaff/Glanz/Stenz/Zihler, Kommentar zu OR 963b, Anmerkung 138, S. 766.

585 Wie im HWP, 2014, S. 395, angenommen.

11 Prüfung und Genehmigung des Jahresabschlusses

11.1 Aufgabe der Abschlussprüfung

Die Rechnungslegungsadressaten müssen sich auf die Zuverlässigkeit der Finanzberichterstattung verlassen können. Die externe Abschlussprüfung dient somit dem Schutz der Gesellschafter und der Gläubiger. Sie haben grundsätzlich ein Interesse, dass die Jahresrechnung ordnungsgemäss und fehlerfrei in Übereinstimmung mit dem OR und ggf. dem gewählten anerkannten Standard der Rechnungslegung erstellt worden ist.

Der Zweck der Abschlussprüfung besteht darin, dass ein Mass an Vertrauen der vorgesehenen Nutzer in den Abschluss zu erhöhen. Dies wird dadurch erreicht, dass der Abschlussprüfer ein Prüfungsurteil (Assurance) darüber abgibt, ob der Abschluss in allen wesentlichen Belangen in Übereinstimmung mit einem massgebenden Regelwerk der Rechnungslegung aufgestellt wurde.

Grundsätzlich ist die Abschlussprüfung die logische Folge der Pflicht zur Rechnungslegung. Deshalb übernimmt es ein besonderes Organ, die Revisionsstelle[586], die Buchführung zu prüfen. Eine Pflicht zur Abschlussprüfung durch eine besondere Revisionsstelle hat vor allem wegen der eingeschränkten Kontrollrechte der Aktionäre bei der Aktiengesellschaft eine lange Tradition.[587] Dies zeigt sich auch am Praxisbeispiel von Airopack, welche in einer Rekapitalisierung ihre Schulden über 117 Mio. € begleichen wollte. Hierzu hat PwC als Beispiel für die Zusicherung (assurance) in einem Review festgestellt, dass die Umsätze zu hoch und die Verbindlichkeiten nicht vollständig abgebildet worden sind.[588]

Diese besteht nach der neueren Gerichtspraxis (BGE 106 II 232) auch im Interesse der Gläubiger und zugunsten der Allgemeinheit.[589] Grundsätzlich soll die Abschlussprüfung folgende Anforderungen erfüllen:

- Im Interesse der Rechnungslegungsadressaten eine gesetzes- und statutenkonforme Rechnungslegung, ggf. die Übereinstimmung mit einem anerkannten Rechnungslegungsstandard, sicherstellen und bei Abweichungen das Unterneh-

---

586 In der Praxis auch als Kontrollstelle oder Wirtschaftsprüfung bezeichnet.

587 Nicht bei allen rechnungslegungspflichtigen Unternehmen, da Unternehmen mit persönlicher Haftung über kein solches Organ verfügen.

588 Finanz und Wirtschaft vom 13.2.2019.

589 Bei der Kommanditgesellschaft (OR 600 II) und bei der GmbH ohne Revisionsstelle (OR 892 II) besteht ein gesetzliches Einsichtsrecht des Gesellschafters in die Bücher.

men veranlassen, eine Korrektur vorzunehmen: **Sicherstellungs- und Reglerfunktion.**[590]
- Den Rechnungslegungsadressaten die Ordnungsmässigkeit der Buchführung und des Jahresabschlusses und die Gesetzeskonformität des Gewinnverwendungsvorschlags bestätigen und darüber informieren: **Informationsfunktion.**
- Unregelmässigkeiten durch Prüfung des internen Kontrollsystems (IKS) bei der ordentlichen Revision vorbeugen sowie Schwachstellen und mögliche Quellen von Unregelmässigkeiten aufdecken: **Präventiv- und Detektivfunktion.**[591]

Die Abschlussprüfung beinhaltet jedoch keine systematische Suche nach deliktischen Handlungen und sonstigen Verstössen gegen gesetzliche und andere Vorschriften.[592] Eine rechtsformunabhängige Regelung der Abschlussprüfung wäre jedoch wegen der unterschiedlichen Informationsansprüche der Rechnungslegungsadressaten nicht sachgerecht. Die gesetzlichen Normen differenzieren deshalb bezüglich Prüfungsgestaltung, Prüfungsberichterstattung und fachlichen Anforderungen an die Prüfer Publikumsgesellschaften (OR 727 II Zif. 1), wirtschaftlich bedeutende Unternehmen, welche bestimmte Grössenkriterien überschreiten (OR 727 I Zif. 2), Klein- und mittelständige Unternehmen (OR 727 Zif. 3) und konsolidierungspflichtige Unternehmen (OR 727 I Zif. 4). Eine Abweichung von der gesetzlichen Revisionspflicht entsteht durch die sog. Option-up-Regeln als Folge von Begehren der Minderheitsaktionären, Generalversammlungsbeschlüsse, statutarische Bestimmungen (OR 727 III oder nach OR 727a II) für den Verzicht auf eine Abschlussprüfung (Option-out).[593]

In Publikumsgesellschaften (börsenkotierten Unternehmen und bedeutenden Unternehmen) ist die Revisionsstelle in die besonderen Kontrollaufgaben des Verwaltungsrates, insbesondere des Prüfungsausschusses (Audit Committee), eingebunden. Sie liefert damit einen wichtigen Beitrag zu einer wirksamen Corporate Governance. Seit der Schaffung solcher Audit Committees in den 1990er Jahren in Schweizer Grossunternehmen ist die Überwachung der Tätigkeit der externen Abschlussprüfer sowie die Sicherstellung einer engen Verbindung zwischen der Leitungs- und der Kontrollfunktion des Verwaltungsrats die zentrale Aufgabe des Prüfungsausschusses.[594] In der Schweiz bestehen keine gesetzlichen Vorgaben für die Zusammensetzung des Audit Committees. Von der Revisionsaufsichtsbehörde

590 Der Begriff des Reglers stammt aus der Kybernetik und bezeichnet ein Element, welches Zielabweichungen festhält und Korrekturmassnahmen auslöst.

591 Die Präventiv- und Detektivfunktion entfällt bei der eingeschränkten Revision.

592 PS 240 erläutert die Pflicht des Abschlussprüfers, deliktische Handlungen (Fraud) und Fehler (Error) in Betracht zu ziehen. In der Auftragsbestätigung der Revisionsstelle wird jedoch gemäss Mustertext nach PS 210 ausdrücklich eine systematische Suche nach deliktischen Handlungen oder sonstigen Verstössen ausgeschlossen; falls solche nicht aufgedeckt wurden, kann die Revisionsstelle nicht dafür einstehen.

593 Meier-Hayoz/Forstmoser/Sethe, S. 623, fasst die gesetzlichen Bestimmungen in einer Übersicht zusammen.

594 Böckli, Aktienrecht, S. 385.

(RAB) wird jedoch die Auffassung vertreten, dass die Mitglieder des Audit Committees nach dem Swiss Code für Best Practices unabhängig und nicht exekutiv tätig sein sollen. Und zumindest ein Mitglied ein Finanzexperte sein soll.[595]

Zwischen den Erwartungen der Adressaten der Rechnungslegung und den Aufgaben und realen Möglichkeiten der Abschlussprüfung klafft eine Lücke (Expectation Gap). Entgegen einer immer noch weit verbreiteten Meinung ist es nämlich nicht Aufgabe der Revisionsstelle, die finanzielle Lage der Gesellschaft (Ausnahme bei Gefahr einer Überschuldung), die Angemessenheit der personellen und organisatorischen Voraussetzungen für eine einwandfreie Geschäftsführung sowie die Strategie und die Zukunftschancen des Unternehmens zu beurteilen. Auch die Verantwortung für die Verhinderung bzw. Aufdeckung von deliktischen Handlungen und Fehlern liegt primär bei der Geschäftsleitung des Unternehmens (PS 240/1). Trotz der Existenz von Corporate Governance Regeln und die Einführung der staatlichen Aufsicht über die Revisionstätigkeit sowohl national (RAG) wie international (SOX in den USA, Abschlussprüfungsrichtlinie in der EU) können auch in Zukunft aufsehenerregende Firmenzusammenbrüche nicht ausgeschlossen werden.

Im Jahr 2008 wurde die Revisionsaufsichtsbehörde (RAB) mit dem Revisionsaufsichtsgesetz (RAG) und der Revisionsaufsichtsverordnung (RAV) als eine öffentlichrechtliche Anstalt mit eigener Rechtspersönlichkeit aufgrund der internationalen Tendenz der Regulierung der Revisionsbranche errichtet. Sie ist verantwortlich für die Zulassung von Personen und Unternehmen, die Revisionsdienstleistungen erbringen und beaufsichtigt die Revisionsstellen von Publikumsgesellschaften. Sie gewährleistet mit den Berufsverbänden die Qualität von Revisionsdienstleistungen, indem sie die Revisionsbranche unabhängig beaufsichtigt.

Im Zusammenhang mit der massiven Verletzung von Buchführungs- und Rechnungslegungsvorschriften durch die PostAuto Schweiz AG, 100% Tochtergesellschaft der Subholding PostAuto AG des Post-Konzerns, ist Umfang und Erfüllung der gesetzlichen Aufgaben der Revisionsstelle zu einem öffentlichen Thema geworden. Mit der Abklärung des komplizierten Sachverhaltes ist vom Verwaltungsrat der Schweizerichen PostAuto AG 2018 die Anwaltskanzlei Kellerhals-Carrarad (CK) und ein wissenschaftlicher Konsulent (N) beauftragt worden. Diese legten im Mai 2018 einen Untersuchungsbericht zuhanden des Verwaltungsrats der Schweizerischen PostAG (Dachholding) vor.[596]

Die PostAuto Schweiz AG wurde 2004 gegründet mit dem Zweck von Management und Betrieb eines Gesamttransportunternehmens im Bereich Personen- und Gütertransport in der Schweiz und im Ausland. Auf 1.1.2018 wurde sie durch Bil-

595 Ein Finanzexperte ist eine Person, die ein Verständnis über die Grundsätze ordnungsgemässer Buchführung hat, Erfahrung in der Vorbereitung und Prüfung von Jahresrechnungen und Erfahrungen mit internen Kontrollmechanismen. (Audit Committee Guide, RAB).

596 Vom Untersuchungsbericht und vom Expertengutachten gibt es gekürzte Publikationsexemplare auf Internet (Adresse angeben).

dung einer Subholding rechtlich umstrukturiert. Die Konzernrechnung der Post wurde ursprünglich nach Swiss GAAP FER erstellt und ab 2013 auf IAS/IFRS umgestellt. Für die PostAuto waren im Rechnungswesen in Ergänzung des OR die rechtlichen Sondervorschriften für konzessionierte Transportunternehmen anzuwenden (REVO), ab 2011 RKV (Verordnung zum Rechnungswesen der konzessionierten Unternehmen). Zusätzlich zur Revisionsstelle nach OR wird die Rechnungslegung auch der PostAuto durch das Bundesamt für Verkehr überwacht, wobei dieses insbesondere auch die vom OR nicht, jedoch von der speziellen Gesetzgebung geforderte Spartenrechnung (Segmentberichterstattung) sowie die Leistungs- und Planungsrechnung wegen der besonderen Bedeutung eingehend prüft. Die Überprüfung des Rechnungswesens der PostAuto ist deshalb wesentlich aufwendiger als die Finanzbuchhaltung einer AG nach OR oder einem anerkannten Standard der Rechnungslegung. Das Beispiel der PostAuto AG zeigte, dass die Öffentlichkeit erhöhte und nicht gesetzlich abgedeckte Anforderungen an die Revisionsstelle stellt.

11.2 Revisionsarten

Wegen der grössenabhängigen Regelung der Abschlussprüfungspflicht sind neben den Opting-Wahlrechten zwei Revisionsarten (ordentliche und eingeschränkte Revision) eingeführt worden. Sie weisen unterschiedlichen strenge Anforderungen an die Abschlussprüfer und den Inhalt der Abschlussprüfung auf. Die gesetzliche Ordnung ist umfangreicher geworden.

Die **ordentliche Revision (Full Audit)** der Jahresrechnung nach OR 727 und OR 728ff. kommt zur Anwendung bei:

- Gesellschaften, deren Beteiligungspapiere (Aktien, PS, Genussscheine, Wandel- und Optionsrechte) an einer Börse kotiert sind;
- Gesellschaften, welche Anleihensobligationen ausstehend haben, wobei die Börsenkotierung unerheblich ist;
- wesentlichen Tochtergesellschaften mit Sitz in der Schweiz, welche mit mindestens 20% der Aktiven oder des Umsatzes zur Konzernrechnung beitragen;
- wirtschaftlich bedeutsamen Gesellschaften. Als solche gelten Unternehmen, die zwei der drei Grössen in zwei aufeinanderfolgenden Geschäftsjahren überschreiten: Bilanzsumme CHF 20 Mio., Umsatzerlös CHF 40 Mio., 250 Vollzeitstellen im Jahresdurchschnitt (für die Vollzeitstellen ein arbeitsrechtliches Verhältnis vorausgesetzt);
- Gesellschaften, die zur Erstellung einer Konzernrechnung verpflichtet sind;
- Gesellschaften mit Minderheitsaktionären, welche zusammen mindestens 10% des Aktienkapitals vertreten und die ordentliche Revision verlangen (Opting-up);
- Gesellschaften, deren Statuten diese ausdrücklich vorsehen (statutarisches Opting-up) oder deren Generalversammlung diese beschliesst.

Die **eingeschränkte Revision (Limited Review)** nach OR 727a und OR 729ff. der Jahresrechnung, auch als Review oder prüferische Durchsicht (PS 910) bezeichnet, kommt zur Anwendung bei Gesellschaften, welche die Voraussetzungen für eine ordentliche Revision nicht erfüllen. Mit der eingeschränkten Revision wird nur geprüft, ob Sachverhalte vorliegen, aus denen zu schliessen ist, dass die Rechnungslegung nicht den gesetzlichen bzw. statutarischen Vorschriften entspricht. Deshalb beschränkt sich die Prüfung auf Befragungen der zuständigen Personen und Verantwortlichen für die Rechnungslegung, analytische Prüfungshandlungen (Vergleich Jahresrechnung mit dem Budget, Kennzahlen der Abschlussanalyse, Vorjahresvergleich) und angemessene Detailprüfungen (OR 729a II). Für die eingeschränkte Revision ist von der Treuhand-Kammer und dem Schweizerischer Treuhänderverband ein für alle Mitglieder verbindlicher Standard über die Berufspflichten des Abschlussprüfers sowie Form und Inhalt des Berichtes im Dezember 2007[597] erlassen worden. Damit sich Kleinstunternehmungen in der Rechtsform einer Kapitalgesellschaft von aus ihrer Sicht zu hohen Aufwendungen entlasten können, ist ein gesetzlicher Verzicht auf Revision (Opting-out) möglich, wenn zwei Bedingungen erfüllt sind (OR 727a II):

- Das Unternehmen darf nicht mehr als zehn Vollzeitstellen im Jahresdurchschnitt haben.
- Sämtliche Aktionäre müssen dem Verzicht zustimmen.

Der Verwaltungsrat kann ein Opting-out beschliessen. Hierzu hat er zu diesem Zweck die Aktionäre schriftlich um Zustimmung zu ersuchen und für die Beantwortung eine Frist von mindestens 20 Tagen anzusetzen, wobei das Ausbleiben einer Antwort als Zustimmung gilt (OR 727a III). Der Verzicht gilt auch für die nachfolgenden Jahre, kann jedoch von jedem Aktionär nach OR 727 IV spätestens 10 Tage vor der Generalversammlung widerrufen werden (Opting-in).

Die Unterschiede gehen aus der folgenden Übersicht hervor (▶ Tab. 7):

Tab. 7: Vergleich ordentliche und eingeschränkte Revision (Quelle: Handbuch der Wirtschaftsprüfung, S.11ff.)

Kriterium	Ordentliche Revision	Eingeschränkte Revision
Revisionspflicht	• Publikumsgesellschaften (OR 727 I) • Gesellschaften, die die Schwellenwerte überschritten haben (OR 727 I) • Gesellschaften mit einer Pflicht zur Konzernrechnung (OR 727 I)	• Bei Gesellschaften, die die Voraussetzungen der ordentlichen Revision nicht erfüllen (OR 727a I) • Bei mehr als zehn Vollzeitangestellten im Jahresdurchschnitt oder/

597 Aktuelle Version des Standards zur eingeschränkten Revision (SER) vom Dezember 2015.

Tab. 7: Vergleich ordentliche und eingeschränkte Revision (Quelle: Handbuch der Wirtschaftsprüfung, S.11ff.) – Fortsetzung

Kriterium	Ordentliche Revision	Eingeschränkte Revision
	• Auf Verlangen von Minderheitsaktionären (OR 727 II) • Bei Anordnung in den Statuten (OR 727 III)	und fehlender Zustimmung aller Gesellschafter auf Verzicht der eingeschränkten Revision (OR 727a II)
Prüfungspflichten	• Übereinstimmung der Jahresrechnung und ggf. der Konzernrechnung mit Gesetz, Statuten und gewähltem Regelwerk (OR 728a I) • Übereinstimmung Antrag über die Verwendung des Bilanzgewinns mit Gesetz und Statuten (OR 728a I) • Existenz internes Kontrollsystem (IKS, OR 728a I)	• Sachverhalte mit Hinweis auf fehlende Übereinstimmung der Jahresrechnung mit dem Gesetz oder Statuten (OR 729a OR) • Sachverhalte mit Hinweis auf fehlende Übereinstimmung des Antrags für die Bilanzgewinnverwendung mit dem Gesetz oder Statuten (OR 729a OR)
Fachliche Anforderungen	Strenge Anforderungen (RAG 4): Durchführung durch zugelassene Revisionsexperten (OR 727b II), bei Publikumsgesellschaften zusätzlich nur staatlich beaufsichtigtes Revisionsunternehmen (OR 727b I)	Weniger strenge Anforderungen in Bezug auf Fachpraxis (RAG 5): Durchführung durch zugelassene Revisionsexperten und zugelassene Revisoren (OR 727c OR)
Unabhängigkeit	Hohe Anforderungen (OR 728)	Reduzierte Anforderungen, organisatorische Massnahmen notwendig zur Vermeidung der Selbstprüfung im Falle der Mitwirkung bei der Buchführung und bei der Erbringung anderer Dienstleistungen für die zu prüfende Gesellschaft (OR 729)
Rotationspflicht	Rotation des leitenden Revisors nach sieben Jahren (OR 730a II)	Keine Rotation des leitenden Revisors (OR 730a)
Anforderungen an die Qualitätssicherung	Einhaltung von umfassenden Anforderungen an die Qualitätssicherung und interne Überwachung (QS1)	Einhaltung einer Anleitung zur Qualitätssicherung
Prüfungsumfang	Umfassend (OR 728a)	Beschränkt (OR 729a)

Tab. 7: Vergleich ordentliche und eingeschränkte Revision (Quelle: Handbuch der Wirtschaftsprüfung, S.11ff.) – Fortsetzung

Kriterium	Ordentliche Revision	Eingeschränkte Revision
Prüfungsschärfe	Umfassend	Summarisch; auf bestimmte Prüfungshandlungen beschränkt (OR 729a)
Grad der Prüfungssicherheit (Assurance)	Hinreichend (reasonable assurance)	Begrenzt (moderate assurance)
Qualität der Berichterstattung	Prüfungsurteil mit positiver Zusicherung	Prüfungsaussage mit negativer Zusicherung
Berichterstattung	Umfassender Bericht an Verwaltungsrat und zusammenfassender Revisionsbericht an Generalversammlung (OR 728b)	Nur zusammenfassender Revisionsbericht an Generalversammlung (OR 729b)
Teilnahmepflicht an der Generalversammlung	Teilnahmepflicht an der Generalversammlung, sofern nicht alle Gesellschafter einstimmig darauf verzichten (OR 728c I)	Keine Pflicht zur Teilnahme an der Generalversammlung (OR 729c OR)
Anzeigepflichten	Hinweise bei Verstössen gegen das Gesetz, die Statuten oder das Organisationsreglement und im Falle einer Überschuldung (OR 728c)	Nur im Falle einer offensichtlichen Überschuldung (OR 729c)
Relevante Grundlagen für die Prüfungshandlungen	Schweizerische Prüfungsstandards (PS), Verbandserlasse, RAB-Grundlagen	Standard zur eingeschränkten Revision (SER), Verbandserlasse, RAB-Grundlagen

Beiden Revisionsarten ist die Definition von Wesentlichkeit gemeinsam. Die Wesentlichkeit (auch als Gesamtwesentlichkeit bezeichnet) ist eine Orientierungsgrösse, die den Umfang an Revisionsarbeiten je Prüffeld nach dem risikoorientierten Prüfungsansatz bestimmen kann. Je höher die Wesentlichkeit, desto mehr Risiko kann ein Abschlussprüfer nehmen und weniger Revisionsarbeiten durchführen. Die Definition der Wesentlichkeit folgt der Definition nach dem angewandten Rechnungslegungsnorm. Nach dem Rechnungslegungsrecht ist somit der Grundsatz ordnungsgemässer Rechnungslegung massgebend. Die Wesentlichkeit wird durch den Abschlussprüfer nach pflichtgemässen Ermessen festgelegt und wird in Form eines Prozentsatzes in Bezug auf die Bilanzsumme, des Ertrags, des Gewinns vor Steuern oder Eigenkapitals festgelegt.

Die Wesentlichkeit wird weiter in Toleranzwahrscheinlichkeit und Nichtaufgriffsgrenze je Prüffeld beeinflusst. Die Toleranzwahrscheinlichkeit bedeutet den Betrag, der vom Wirtschaftsprüfer unterhalb der Wesentlichkeit als Ganzes festgelegt werden, um die Wahrscheinlichkeit kleinzuhalten, dass die Summe aus nicht korrigierten und nicht aufgedeckten falschen Darstellungen die Wesentlichkeit als Ganzes überschreitet. In der Praxis beträgt die Toleranzwahrscheinlichkeit in der Regel 50% bis 75% der Gesamtwesentlichkeit. Die Nichtaufgriffsgrenze sagt aus, dass bei einer Position keine Massnahmen getroffen werden, da der Betrag unwesentlich ist. In der Praxis betragen diese in der Regel 5% bis 10% der Gesamtwesentlichkeit. In der Schweiz sind 98‘203 Revisionen per Ende 2018 durchgeführt worden, wovon 86 375 eingeschränkte und 11‘828 ordentliche Revisionen gezählt worden sind. Ende 2018 sind 11 940 Revisionsunternehmen registriert worden.[598]

Bei beiden Revisionsarten hat die Revisionsstelle eine Auskunftspflicht über das Vorgehen und das Ergebnis der Prüfungshandlungen an der Generalversammlung (OR 697), sofern sie daran teilnimmt. Besondere Revisionsdienstleistungen (Spezialprüfungen genannt) ergeben sich aus der Erfüllung von subsidiären Geschäftsführungsaufgaben wie nach OR 699 I und OR 725 II. Die Übertragung von eigentlichen Geschäftsführungsaufgaben durch GV-Beschluss ist jedoch nicht zulässig (OR 731a II). Prüfungen sind auch im Zusammenhang mit Kapitalveränderungen bei Kapitalgesellschaften nach OR und dem Fusionsgesetz (FusG) erforderlich.

11.3 Kategorien von Revisoren

Die Verlässlichkeit der Revision setzt voraus, dass die Abschlussprüfer fachliche Mindestanforderungen und Anforderungen an die Unabhängigkeit erfüllen. Wer in der Schweiz Revisionsdienstleistungen anbietet, hat umfassende Vorschriften nach dem RAG zu erfüllen. Die Mindestanforderungen werden im Revisionsaufsichtsgesetz (RAG) definiert und durch die Eidgenössische Revisionsaufsichtsbehörde (RAB) beurteilt.

Aufgrund der Heterogenität der Nachfrage nach Revisionsdienstleistungen umschreibt das RAG die Zulassungsvoraussetzungen:

- Ein staatlich beaufsichtigtes Revisionsunternehmen muss für die ordentliche Revision von Publikumsgesellschaften beigezogen werden (RAG 7).
- Ein zugelassener Revisionsexperte (RAG 4) wird für die ordentliche Revision verlangt. Der entscheidende Unterschied zwischen zugelassenen Revisionsexperten einerseits und staatlich beaufsichtigten Revisionsunternehmen andererseits liegt in der Beaufsichtigung der Letzteren durch die RAB sowie in besonderen gesetzlichen Pflichten im Interesse dieser Aufsicht.
- Ein zugelassener Revisor (RAG 5) ist für die eingeschränkte Revision erforderlich. Die fachlichen Anforderungen an die Ausbildung sind grundsätzlich mit denjenigen für die zugelassenen Revisionsexperten identisch, doch wird über

598 Tätigkeitsbericht RAB, 2018, S. 35.

die entsprechenden Diplome hinaus nur eine einheitliche, verkürzte Fachpraxis von einem Jahr verlangt.

Revisoren, welche die Zulassungsvoraussetzungen nicht erfüllen oder keine entsprechende Fachausbildung aufweisen – bildhaft als Laienrevisoren bezeichnet –, sind unter den gleichen Voraussetzungen zugelassen, unter denen Gesellschaften auf eine Revisionsstelle verzichten dürfen (Opting-down, OR 727a II).

Damit die Revisionsstelle ein objektives Prüfungsurteil fällen kann, darf sie weder tatsächlich noch dem Anschein nach in Abhängigkeit zum Auftraggeber stehen. Die grösste Herausforderung ist hierbei, die Unabhängigkeit dem Anschein nach sicherzustellen. Dieser Unabhängigkeitsnorm sind höhere Anforderungen zu stellen. Die Hauptgefahren sind die Eigeninteressen der Revisionsstellen, die Gefahr einer Selbstprüfung, Parteilichkeit der Revisionsstelle, Vertrautheit oder Einschüchterung.[599] OR 727c umschreibt die Vorschriften über die Unabhängigkeit aller an der Revision beteiligten Personen einschliesslich der Mitglieder des obersten Leitungs- oder Verwaltungsorgans und anderen Personen mit Entscheidungsfunktion präzis. Die Aufzählung verschiedener Tatbestände, welche mit der Unabhängigkeit verbunden sind, wird ausdrücklich als nicht abschliessend bezeichnet (OR 728 II). Mit der Unabhängigkeit nach OR 728 II nicht vereinbar sind:

- Unvereinbare Funktionen (Ziff. 1),
- finanzielle Beteiligungen (direkte oder indirekte Beteiligungen), wesentliche Forderungen und Schulden der Revisionsstelle gegenüber den zu prüfenden Unternehmen oder seinen Konzerngesellschaften (Ziff. 2),
- enge Beziehungen geschäftlicher oder persönlicher Art (Ziff. 3),
- Mitwirkung bei der Buchprüfung und Selbstprüfung oder Erbringen anderer Dienstleistungen (Ziff. 4),
- wirtschaftliche Abhängigkeit (Ziff. 5),
- fehlende Marktkonformität und Erfolgsabhängigkeit des Honorars (Ziff. 6),
- Annahme von wertvollen Geschenken und besondere Vorteile (Ziff. 7),
- für staatlich beaufsichtigte Revisionsunternehmen hat RAG 7 zusätzliche Unvereinbarkeiten festgelegt.

Die Bestimmungen gelten für alle an der Revision beteiligten Personen. An diejenigen Personen, welche die im Gesetz vorgesehenen Spezialprüfungen (z. B. Gründungs- und Kapitalerhöhungsprüfung, Aufwertungsprüfung, Prüfungen im Zusammenhang mit dem FusG) durchführen, werden die gleichen Anforderungen gestellt wie an die Revisoren von Publikumsgesellschaften und wirtschaftlich bedeutenden Gesellschaften.

Bei der Abschlussprüfung kann die Revisionsstelle feststellen, dass Nachtragsbuchungen erforderlich sind. In einem solchen Fall hat die Revisionsstelle sicherzustellen, dass diese Nachtragsbuchungen durch das Leitungs- und Führungsorgan

599 Eberle/Lengauer, Kommentar OR 728, Anmerkungen 52-53.

des Unternehmens getroffen werden, so dass die Unabhängigkeit der Revisionsstelle nicht beeinträchtigt wird.

Die aktienrechtliche Revisionsstelle ist ein Organ der Gesellschaft. Dies hat zur Folge, dass sie wie der Verwaltungsrat unter die allerdings differenzierte Solidarhaftung der Organe fällt (OR 759 I). Diese Regelung wird allgemein als unbefriedigend beurteilt, weil für die unternehmerischen Entscheidungen allein der Verwaltungsrat und das Management zuständig sind und sie auch für die ordnungsmässige Rechnungslegung verantwortlich zeichnen. Der finanzielle Zusammenbruch eines Unternehmens geht in der Regel auf mangelhafte oder ggf. gar nicht getroffene Entscheidungen der Leitungsorgane zurück, welche dadurch die Überschuldung und damit den finanziellen Schaden für die Gläubiger und Aktionäre verursacht haben. Die Revisionsstelle muss sich höchstens den Vorwurf gefallen lassen, sie hätte die Überschuldung nicht oder zu spät festgestellt. Die Verantwortlichkeit der Revisionsstelle stellt für diese nicht zuletzt auch deshalb ein wachsendes Risiko dar, weil die Verwaltungsräte, vor allem bei KMU, oft keine Haftpflichtversicherung haben und folglich die Revisionsstelle eingeklagt wird. Deren Berufshaftpflichtversicherungen versuchen sich jedoch ihrerseits mit höheren Versicherungsprämien «schadlos» zu halten.

Die Revisionshaftung richtet sich nach OR 755 I an Personen, die eine Jahresrechnung, Konzernrechnung, Gründung, Kapitalerhöhung oder -herabsetzung prüfen und einen Schaden gegenüber den Aktionären oder Gesellschaftsgläubigern verursachen. Für die Haftung wird ein Schaden (mittelbar bei einem Verlust des Vermögens der Gesellschaft, unmittelbar bei einem Verlust des Vermögens der Aktionäre und Gesellschaftsgläubigern), eine Pflichtverletzung, ein adäquater Kausalzusammenhang zwischen Pflichtverletzung und dem Schaden und ein Verschulden vorausgesetzt. Die Revisionshaftung ist im Besonderen kritisch, sofern Fälle von OR 725 vorliegen können.

11.4 Durchführung der Revision

Gegenstand und Umfang der Prüfung durch die Revisionsstelle wird in OR 728a präzisiert. Die Revisionsstelle prüft, ob:

- die Jahresrechnung und ggf. die Konzernrechnung den gesetzlichen Vorschriften, den Statuten und dem gewählten Regelwerk (Konformitätsnachweis) entspricht;
- der Antrag des Verwaltungsrats an die Generalversammlung über die Verwendung des Bilanzgewinnes den gesetzlichen Vorschriften und den Statuten entspricht;
- ein internes Kontrollsystem (IKS) bei ordentlichen Revisionen existiert. Die Revisionsstelle berücksichtigt bei der Durchführung und bei der Festlegung des Umfangs der Prüfung dieses interne Kontrollsystem.

Der Gesetzgeber hält zudem ausdrücklich fest, dass die Geschäftsführung des Verwaltungsrats nicht Gegenstand der Prüfung ist (OR 728a II). Bei der ordentlichen Revision ist eine systematische Prüfung der Einhaltung von Gesetzen (Compliance) allgemein nicht vorgesehen, wobei die Revisionsstelle auf Gesetzesverstösse im Revisionsbericht hinweist, wenn sie solche feststellt. Der Fokus der Prüfungstätigkeit umfasst die Ordnungsmässigkeit der Buchführung, die Übereinstimmung der Jahresrechnung mit den Grundsätzen ordnungsgemässer Rechnungslegung, Einhaltung der Mindestgliederungsvorschriften und den Bestand der stillen Reserven und die Konformität der Jahresrechnung für ein zuverlässiges Urteil über die wirtschaftliche Lage.[600] Bei der eingeschränkten Revision entfällt im Vergleich zur ordentlichen Revision nach OR 729a die Prüfung der Existenz eines IKS. Zudem beschränken sich die Prüfungshandlungen auf Befragungen, analytische Prüfungshandlungen und angemessene Detailprüfungen. Zudem prüft sie, ob Sachverhalte vorliegen, aus denen zu schliessen ist, dass Jahresrechnung und der Antrag zur Verwendung des Bilanzgewinns nicht Gesetz und Statuten entsprechen. Die Prüfungsschärfe ist tiefer anzusetzen.

Um die angesichts der steigenden Anforderungen an die Abschlussprüfung unerlässliche Qualität der Prüfungstätigkeit sicherzustellen, hat die ExpertSuisse (früher: Treuhandkammer), in Anlehnung an die vom International Auditing Practices Committee (IAPC) der IFAC erlassenen International Auditing Standards ISA, die Prüfungsstandards (PS) veröffentlicht. Diese sollen Vorgehensweisen, Methoden und Arbeitstechniken der Abschlussprüfung und Prüfung anderer Dienstleistungen aufzeigen. Nachdem die EU-Kommission und verschiedene ausländische Institutionen einheitliche, allumfassende Prüfungsstandards fordern, hat die ExpertSuisse 2003 beschlossen, die ISA vollumfänglich zu übernehmen, soweit sie mit der schweizerischen Gesetzgebung im Einklang stehen. Diese Schweizer Prüfungsstandards (PS) umfassen Anleitungen zur Prüfung (PA) und Empfehlungen zur Prüfung (PE) und dienen der Durchsetzung einheitlicher Grundsätze der Berufsausübung. Zudem besteht ein Standard zur eingeschränkten Revision (SER), der für die eingeschränkte Revision der relevante Standard ist. PS und PA sind für die Mitglieder von ExpertSuisse seit 1. Januar 2005 verbindlich.

Der Prüfungsprozess gliedert sich somit in die Phasen Vorbereitung, Planung, Durchführung und Berichterstattung nach PS. Die Prüfungsstandards dienen als wichtige Grundlage, dass Revisionsdienstleistungen fachgerecht abgewickelt werden bzw. die Revisionsstelle ihren gesetzlichen Auftrag nach OR 728a wahrnehmen kann.

Prüfungsnachweise sind in der Terminologie der Prüfungsstandards jene Informationen, die das »Beweismaterial« für den Befund des Prüfers darstellen. Man unterscheidet die folgenden Arten:

- Einsichtnahme (Prüfung der Belege und Konten, Konsultation von Verträgen usw.

600 Watter/Bertschinger, Basler Kommentar zum Revisionsrecht, OR 728a, Anmerkungen 77-81.

- Beobachtung (Augenschein eines Prozesses oder Verfahrens anderer Personen),
- externe Bestätigung (direkte Nachweise von Dritten),
- Nachvollziehen (unabhängige Durchführung von Kontrollen),
- Befragung (Kontakte mit Internen oder Externen),
- Nachrechnen (z. B. Ermittlung der Fortführungschancen anhand von Verlusten und liquiden Mitteln),
- analytische Prüfungshandlungen (Ermittlung der Glaubwürdigkeit von Angaben anhand von Kontrollüberlegungen, z. B. über feststellbare Entwicklungstrends).

Bei der eingeschränkten Revision sind die Befragung, analytische Prüfungshandlungen und angemessene Detailprüfungen gesetzlich vorgeschrieben, wobei eine sinnhafte Kombination der Prüfungsnachweise durch den Revisionsleiter festlegen zu sind.

11.5 Revisionsbericht bei der ordentlichen Revision (Full Audit)

Die zentrale Information des Revisionsberichts bei der ordentlichen Revision ist das Prüfungsurteil. Sofern keine Abweichungen bestehen, kann der Normalwortlaut wie folgt beschrieben werden: *«Nach unserer Beurteilung entspricht die Jahresrechnung für das am 31.12.20_0 abgeschlossene Geschäftsjahr dem schweizerischen Gesetz und den Statuten.»*[601]

Von besonderer Bedeutung für die Adressaten der Jahresrechnung sind Abweichungen vom von der ExerptSuisse erlassenen Normalwortlaut für den Revisionsbericht (Standardtext) (▶ Abb. 22).

Es werden drei unterschiedliche Grundtypen von Abweichungen unterschieden bei der ordentlichen Revision:

- Sachverhalte ohne Einfluss auf das Prüfungsurteil, die den Abschluss nicht beeinflussen: Dies sind **Hinweise auf Gesetzes- oder Statutenverstösse** oder **Hinweise auf sonstige Sachverhalte.**
- Sachverhalte ohne Einfluss auf das Prüfungsurteil, die den Abschluss beeinflussen: Hierbei handelt es sich um die **Hervorhebung eines Sachverhaltes** von wesentlichen Unsicherheiten, die aber ohne Belang für das Prüfungsurteil sind. Insbesondere negativ auswirkende Einflüsse auf die Unternehmensfortführung, grössere Rechtsstreitigkeiten oder eine angespannte Liquiditätslage sind typische Beispiele hierzu.
- Sachverhalte mit Einfluss auf das Prüfungsurteil[602]: Hierzu kann ein Prüfungsurteil als **eingeschränktes Prüfungsurteil** (qualified opinion), als **versagtes Prüfungsurteil** (adverse opinion) oder als **Nichtabgabe eines Prüfungsurteils** (disclaimer of opinion) eingestuft werden.[603] Die Kriterien zur Beurteilung, wel-

601 Berichtsbeispiele ordentliche Revision, Expert-Suisse, 2013.

602 Diese Prüfungsurteile werden auch als modifizierte Prüfungsurteile bezeichnet.

603 Siehe auch PS 705 modifiziertes Prüfungsurteil.

ches Prüfungsurteil zum Tragen kommt, hängt davon ab, ob der Umfang der Auswirkung wesentlich und umfassend ist. Umfassend bedeutet in diesem Zusammenhang, dass der Abschluss durch die Auswirkungen in verschiedenen Positionen beeinflusst wird. Beim versagten Prüfungsurteil und Nichtabgabe des Prüfungsurteils wird an der Generalversammlung eine Rückweisung der Jahresrechnung an den Verwaltungsrat empfohlen.

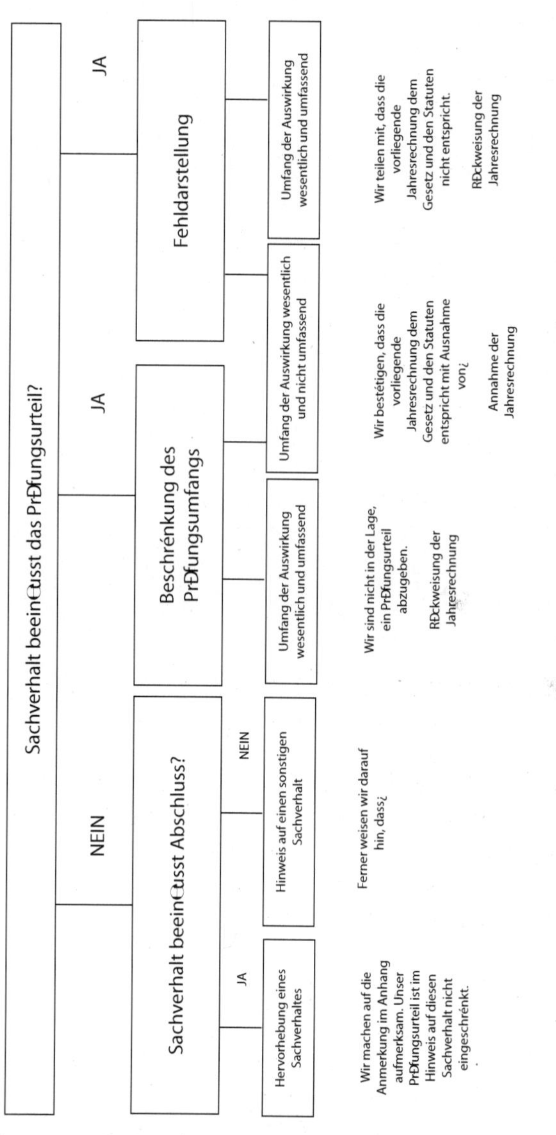

Abb. 22: Abweichungen vom Standardtext bei der ordentlichen Revision (Quelle: Eigene Darstellung in Anlehnung Berichtsbeispiele der ExpertSuisse 2013 und Schweizer Prüfungsstandards)

Typische Beispiele für Abweichungen vom Normalwortlaut können eine falsche Darstellung (z. B. Verrechnung von Positionen in der Erfolgsrechnung, fehlende Wertberichtigungen, fehlende Anhangsangaben zur zweifelhaften Annahme der Unternehmensfortführung) oder Mängel beim internen Kontrollsystem sein (fehlendes oder nicht angemessenes IKS).

Beispiel Airopack Geschäftsbericht 2018 Einzelabschluss Muttergesellschaft

Prüfberichte

Opinion
We have audited the financial statements of Airopack Technology Group AG («the Company«), which comprise the balance sheet as at 31 December 2018 and the income statement and notes for the year then ended, including a summary of significant accounting policies. In our opinion the accompanying financial statements (pages 54 to 63) as at 31 December 2018 comply with Swiss law and the Company's articles of incorporation.

Emphasis of Matter
We draw attention to Note 13 to the financial statements which indicates that the Company incurred a net loss of CHF 172.9 million during the year ended 31 December 2018 and, as at that date, the Company's available cash amounts to CHF 0.3 million compared to CHF 5.3 million of current liabilities. We further draw attention to the chapter »Moratorium« within Note 14 in the financial statements, which indicates that major lenders did not waive the events of default under the Facilities Agreement, which were continuing since 31 January 2019, and demanded for repayment of the loans outstanding from subsidiaries of Airopack Technology Group AG under the guarantee given by Airopack Technology Group AG and its subsidiaries. On 12 February 2019, the Company was served with a notice that the major lenders initiated steps to enforce the pledges and other security interests granted by Airopack Technology Group AG and its subsidiaries. On the same date the Cantonal Court of Zug granted the Company's request for a provisional composition moratorium of an initial duration of two months and a provisional administrator was appointed and a master restructuring plan was initiated. This provisional composition moratorium was extended for an additional two months on 10 April 2019 and on 5 June 2019 the Cantonal Court of Zug granted a definitive composition moratorium for four months and a definitive administrator was appointed. The Company in addition is over-indebted in the meaning of art. 725 para. 2 CO as its liabilities exceed its total assets by CHF 39.9 million. These facts indicate the existence of a material uncertainty that may cast significant doubt about the Company's ability to continue as a going concern. Going Concern will depend on whether the master restructuring agreement will be approved. The finan-

cial statements do not include any adjustment that might result from such an outcome. Our opinion is not modified in respect of this matter. Should the going concern assumption no longer be appropriate, the financial statements would have to be prepared based on liquidation values. In this case, the relevant provisions of article 725 para. 2 CO would have to be complied with.

Der umfassende Bericht an den Verwaltungsrat umfasst Informationen zu den Feststellungen über die Rechnungslegung, Angaben zur Fortführung der Unternehmenstätigkeit (sofern Zweifel bestehen), wesentliche Ereignisse nach dem Bilanzstichtag, Transaktionen mit Nahestehenden, Ausserbilanzgeschäfte und Feststellungen zum IKS. Auch sind Feststellungen zur Durchführung der Revision und zum Ergebnis der Revision anzubringen. Hierzu sind korrigierte und nicht korrigierte Fehler sowie Verstösse gegen Gesetze und Statuten zu erläutern.[604]

Airopack will Ex-CEO anzeigen[605]

Der Sanierungsplan ist infolge Betrugsverdacht gescheitert. Vormalige Topmanager müssen Konsequenzen fürchten.

Das Schicksal der Airopack liegt in den Händen von Apollo Global Management – die US-Fondsgesellschaft hält mit der Kelders-Familie 52% am Verpackungsspezialisten und ist die wichtigste Kreditgeberin. Die Hoffnungen auf einen gemeinsam erarbeiteten und Ende November angekündigten Rekapitalisierungsplan haben sich am Montag indessen zerschlagen – die Apollo Fonds hatten am Samstag davor ihre Kredite fällig gestellt. Ursprünglich war geplant, sich über eine Kapitalerhöhung 117 Mio.?€ zu beschaffen, um die überbordenden Schulden abzubauen. Dabei hätte Apollo sich verpflichtet, die ganze Kapitalerhöhung zu übernehmen, also beim Bezugsrechtsangebot auch die Aktien zu zeichnen, die von anderen Aktionären nicht übernommen werden.

Bedingung für den Rekapitalisierungsplan war ein Plazet von PwC, dass das Unternehmen seine Bücher korrekt führt. Der Wirtschaftsprüfer hat in einer Untersuchung aber Hinweise auf Unregelmässigkeiten gefunden, wie Mitte Januar bekannt gegeben wurde. Demnach hatte Airopack den Umsatz zu hoch ausgewiesen. Wie ein Unternehmenssprecher gegenüber «Finanz und Wirtschaft» ausführt, verkaufte man unter dem früheren Topmanagement auch Produkte, für die den Kunden eine Rücknahmegarantie eingeräumt wurde. Zudem sei die Kostenkontrolle «nicht sauber» verlaufen, plötzlich seien zusätzliche Verpflichtungen gegenüber Dritten und weitere Rechnungen aufgetaucht. Das alles hat Konsequenzen. Laut dem Unternehmenssprecher plant Airopacks Verwaltungsrat, Strafanzeige gegen frühere Topmanager einzureichen, namentlich gegen Quint Kelders und Liebwin van Lil. Damit steht der Verdacht

604 Hürzeler, Schweizerisches Privatrecht, Anmerkung 8 ff.
605 Finanz und Wirtschaft, 13.2.2019.

auf Täuschung respektive Betrug im Raum. Kelders gehört zur Gründerfamilie, die immer noch die grösste Aktionärin ist. Er amtierte als Verwaltungsrat sowie CEO von Airopack. Ende November trat er als CEO per sofort zurück, Mitte Dezember mit sofortiger Wirkung auch als Verwaltungsrat. Kurz vor Weihnachten kündigte Airopack an, dass Finanzchef Van Lil das Unternehmen auf Ende Januar verlasse. Seitens der Investoren ist zu hören, dass Kelders seinem Finanzchef Van Lil zuletzt einen Maulkorb verpasste und ihn an einem Investorenanlass keine Fragen mehr beantworten liess. Kelders selbst wird als «Showman» charakterisiert, der gerne viel angekündigt und wenig gehalten hat. Auf die Bitte von FuW um einen Rückruf hat er nicht reagiert.

11.6 Revisionsbericht bei der eingeschränkten Revision (Review)

Der wesentliche Unterschied zum Bericht über die ordentliche Revision besteht einerseits im Verzicht auf einen umfassenden Bericht an den Verwaltungsrat und anderseits in der Prüfungsaussage, welche im Standardtext des Berichtes (Normalwortlaut) an die Generalversammlung als negative Zusicherung formuliert ist. Die negative Zusicherung wird wie folgt formuliert: *«Bei unserer Revision sind wir nicht auf Sachverhalte gestossen, aus denen wir schliessen müssten, dass die Jahresrechnung sowie der Antrag über die Verwendung des Bilanzgewinns nicht Gesetz und Statuten entsprechen.»*[606]

Nach OR 729b muss die Revisionsstelle bei der eingeschränkten Revision der Generalversammlung schriftlich einen zusammenfassenden Bericht über das Ergebnis der Revision erstatten. Wie bei der ordentlichen Revision können Abweichungen vom Normalwortlaut bestehen, die sich aus Meinungsverschiedenheiten oder aus der Beschränkung des Prüfungsumfangs entstehen können (▶ Abb. 23).[607]

Beispiel Prüfungsurteil Pizolbahnen AG (OR 2017)

Bei unserer Revision sind wir nicht auf Sachverhalt gestossen, aus denen wir schliessen mussten, dass die Jahresrechnung nicht Gesetz und Statuten entspricht.

Ohne unser Prüfungsurteil einzuschränken, machen wir auf die Anmerkung zur Liquidität und Zahlungsfähigkeit aufmerksam, in der dargelegt ist, dass eine wesentliche Unsicherheit besteht, die gewisse Zweifel an der Fähigkeit der Pizolbahnen AG zur Fortführung der Unternehmenstätigkeit aufwirft. Würde die Fortführung der Unternehmenstätigkeit verunmöglicht, müsste die Jahresrechnung auf Basis von Veräusserungswerten erstellt werden.

---

606 Standard zur eingeschränkten Revision (SER), 2015.
607 Standard zur eingeschränkten Revision (SER), 2015, S. 95.

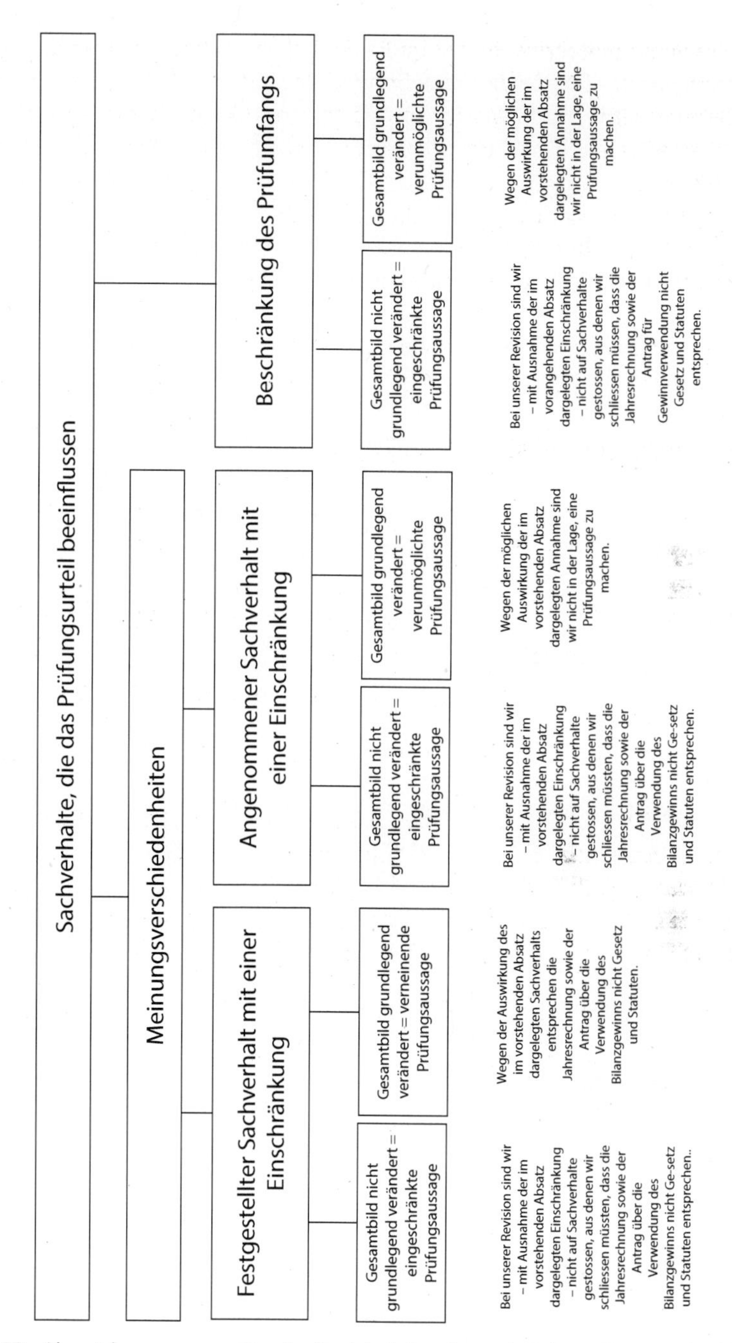

Abb. 23: Abweichungen vom Standardtext bei der eingeschränkten Revision (*Quelle: Standard zur eingeschränkten Revision)*

Neben den Abweichungen vom Normalwortlaut sind auch Zusätze möglich, welche den Adressaten vor möglichen Fehlinterpretationen bewahren soll. Hinweise sind angebracht, sofern während der Revisionsdurchführung Gesetzesverstösse identifiziert worden sind, obwohl hierzu keine gesetzliche Pflicht bei der eingeschränkten Revision besteht.

11.7 Prüfung des internen Kontrollsystems

Mit der Neuordnung der Revisionspflicht hat die Revisionsstelle im Rahmen der ordentlichen Revision nach OR 728a I Ziff. 3 zusätzlich zu den bisherigen Pflichten – Prüfung der Gesetzes- und der Regelwerkkonformität sowie Antrag an die Generalversammlung über die Gewinnverwendung – die Existenz eines für die Rechnungslegung relevanten internen Kontrollsystems (IKS) zu prüfen.[608]

Das interne Kontrollsystem (IKS) ist ein Managementinstrument zur zweckmässigen Sicherstellung der Erreichung von Unternehmenszielen in den Bereichen Prozesse, Information, Vermögensschutz und Compliance (Einhaltung von Gesetzesvorschriften, Normen, Verträgen). Das IKS hat primär finanzrelevante Geschäftsprozesse abzudecken, die sich auf Berichterstattung und die Jahresrechnung auswirkt.[609]

Es umfasst alle von Verwaltungsrat, Geschäftsleitung und übrigen Führungsverantwortlichen angeordneten Vorgänge, Methoden und Massnahmen, die dazu dienen, einen ordnungsgemässen Ablauf des betrieblichen Geschehens sicherzustellen sowie das betriebliche Vermögen zu schützen. Es dient auch zur Sicherung der Wirksamkeit und Wirschaftlichkeit der Geschäftstätigkeit.[610] Das IKS dient als Grundlage für die Planung und Durchführung der Abschlussprüfung. Die Revisionsstelle kann bei der Durchführung und Festlegung des Prüfungsumfangs das interne Kontrollsystem berücksichtigen. Die Schaffung ausreichender interner Kontrollmechanismen ist Aufgabe des Verwaltungsrats. Stellt die Revisionsstelle bei ihrer Prüfung Mängel des internen Kontrollsystems fest, so kompensiert sie dies durch eigene Prüfungshandlung. Die Aufgabe ist nicht neu, aber es handelt sich um einen neuen Prüfungsgegenstand. Die Prüfungstätigkeit im Bereich der IKS wird aufgrund der ausführlichen Erwähnung im Gesetz verstärkt und dadurch der Druck auf die Unternehmen, das IKS zu formalisieren und auszubauen, wachsen. Die Existenz eines IKS kann von der Revisionsstelle nur bestätigt werden, wenn folgende Kriterien kumulativ erfüllt sind:

- Die definierten Kontrollen sind dokumentiert und überwacht.
- Die internen Kontrollen adressieren die relevanten Geschäftsrisiken.
- Die internen Kontrollen decken die wesentlichen Aktivitäten ab.

608 PS 890: Prüfung der Existenz des internen Kontrollsystems, 2013.
609 Wirth, Internes Kontrollsystem (IKS) bei KMU, S. 36.
610 Bungartz, Handbuch internes Kontrollsystem, S. 25.

- Das IKS muss den internen Anspruchsgruppen bekannt und von diesen umgesetzt werden.

Die Dokumentation des IKS dient als Nachweis, ob die definierten Kontrollen bei Prozessen, Unternehmensebene und in der Informationstechnologie identifiziert sind, existieren und effektiv funktionieren. Die Existenz des IKS kann bejaht, verneint oder mit Einschränkungen bejaht werden. Die Existenz des IKS kann auch dann bejaht werden, wenn einzelne Schwächen im IKS bzw. Verbesserungspotenziale vorliegen. Die Revisionsstelle wird jedoch ein verneinendes Urteil abgeben, wenn das vom Verwaltungsrat definierte IKS aus Sicht der Revisionsstelle in keiner Weise den Risiken des Unternehmens – unter Berücksichtigung von dessen Grösse, Komplexität und Risikoprofil – Rechnung trägt, oder in allen wesentlichen Bereichen keine schriftliche Dokumentation des IKS besteht oder das vom Verwaltungsrat definierte IKS im Tagesgeschäft des Unternehmens in allen wesentlichen Bereichen nicht umgesetzt wurde.[611]

11.8 Konzernprüfung und Prüfung von kotierten Unternehmen

Ausdrückliche Vorschriften zu den Besonderheiten der Prüfung von Konzernrechnungen bestehen nicht. Das geltende OR enthält nur einen einzigen Artikel OR 727 I Ziffer 3, welcher eine ordentliche Revision für die Konzernrechnung verlangt. Dieser hat zuhanden der Generalversammlung zu bestätigen, dass die Konzernrechnung mit dem Gesetz und den Konsolidierungsregeln übereinstimmt (OR 728b II).

Prüfungsgegenstand sind die für den Einzug in die Konzernrechnung bereinigten handelsrechtlichen Einzelabschlüsse, deren Zusammenfassung und Konsolidierung unter Einhaltung der Konsolidierungsrichtlinien (einschliesslich der Prüfung der Konsolidierungssoftware) sowie die Darstellung und Offenlegung im Lagebericht. Anders als im Ausland ist wegen fehlender präziser gesetzlicher Normen ein Standardtext für den Konzernbestätigungsbericht nicht möglich, obwohl dieser aus Sicht der Jahresabschlussadressaten erwünscht wäre. Nachdem der schweizerische Gesetzgeber darauf verzichtet hat, Konsolidierungsregeln aufzustellen, ist die Einhaltung der in den Regelwerken verankerten Grundsätze ordnungsmässiger Konsolidierung zu bestätigen. Die ExpertSuisse hat in PS 700 entsprechend den beiden Möglichkeiten zur Gestaltung der Konzernrechnung einen Standardtext für eine dem gesetzlichen Mindestinhalt (Konsolidierung à la Suisse) genügende sowie einen weiteren für eine dem True-and-Fair-View-Grundsatz entsprechende Konzernrechnung ausgearbeitet.

611 HWP, 2014, S. 395.

Beispiel Airopack Geschäftsbericht 2018 Prüfberichte (Swiss GAAP FEF)

Report of the Statutory Auditor to the General Meeting of Airopack Technology Group AG, Baar
Report of the Statutory Auditor on the Consolidated Financial Statements

Disclaimer of opinion
We have audited the consolidated financial statements of Airopack Technology Group AG, and its subsi-diaries (the Group), which comprise the consolidated balance sheet as at 31 December 2018, and the consolidated statement of income, consolidated statement of changes in equity, consolidated statement of Cashflows and notes to the consolidated financial statements for the year then ended, and notes to the consolidated financial statements, including a summary of significant accounting policies.

We do not express an opinion on the accompanying consolidated financial statements (pages 32 to 51) as of 31 December 2018 and for the year then ended. Because of the significance of the matters described in the ›Basis for disclaimer of opinion‹ section of our report, we have not been able to obtain sufficient appropriate audit evidence to provide a basis for an audit opinion on the consolidated financial statements as a whole.

Basis for disclaimer of opinion
1. We noted that within the consolidated entity Airopack B.V. there are insufficient internal controls in place regarding the order-to-cash cycle and production cycle to ensure the complete recognition of sales and cost of goods sold. In particular, this concerns lack of control regarding registration of sales contracts and conditions and analysis of production yields. As a consequence, we could not rely on internal controls for these cycles. In addition, we were not able to gather sufficient and adequate audit evidence by means of alternative (substantive) procedures regarding the completeness of revenue and directly related financial statements areas.

2. The consolidated balance sheet includes inventories from Airopack B.V. valued at € 14'262'000 of which € 12'615'000 is valued at lower net realizable value. For an amount of € 7'176'000 this net realizable value is determined based on expected selling prices and/or average selling prices realized in the year 2018. We were not able to gather sufficient and adequate audit evidence regarding these net realizable values as year-to-date sales in 2019 are limited.

3. The consolidated balance sheet includes tangible fixed assets from Airopack B.V. valued at € 42'398'000. We performed substantive procedures on the existence of the tangible fixed assets by means of inspection and external confirmations. We were not able to gather sufficient and appropriate audit evidence regarding the existence of the tangible fixed assets for an amount of € 3'030'000.

4. We have not been able to evaluate the existence and valuation of the Work in Progress of the newly consolidated Airofiller Equipment Solutions B.V. in the amount of € 1‘458‘000. We were not able to gather sufficient and adequate audit evidence to the existence from inventory observations or external confirmations.

5. We were not provided with adequate information to reconcile the line item »impact of currency translation« in the consolidated cash flow statement. As a consequence we are unable to verify the accuracy of the consolidated cash flow statement as a whole.

Revisionsberichte werden aufgrund ihrer Standardisierung immer wieder als inhaltsleer und zu wenig unternehmensspezifisch kritisiert. Im Zuge der Finanz- und Wirtschaftskrise 2008 hat sich diese Kritik, gepaart mit genereller Skepsis gegenüber der Tätigkeit des Abschlussprüfers, akzentuiert.[612] Daher geht die Entwicklung in der Berichterstattung der Revisionsstelle bei börsenkotierten Unternehmen dahin, dass die Revisionsstelle neben dem umfassenden Bericht an den Verwaltungsrat und dem zusammenfassenden Bericht an die Generalversammlung einen Bericht über die individuelle Prüfung von besonders bedeutsamen Sachverhalten (Key Audit Matters) an die Generalversammlung vorgelegt wird. Dabei ist die Wesentlichkeit des Sachverhalts, die Beschreibung des Sachverhalts auf die Prüfungsdurchführung und die Referenz auf die Offenlegung darzustellen. Als typische Beispiele sind hierzu Goodwill, Umsatzerfassung, Vorräte, langfristige Aufträge, Rückstellungen, latente Steuern und Fremdwährungen zu nennen.

Beispiel Key Audit Matters Siegfried Geschäftsbericht Konzernrechnung (Swiss GAAP FER, 2019)

Wesentlichkeit

Der Umfang unserer Prüfung ist durch die Anwendung des Grundsatzes der Wesentlichkeit beeinflusst. Unser Prüfungsurteil zielt darauf ab, hinreichende Sicherheit darüber zu geben, dass die Konzernrechnung keine wesentlichen falschen Darstellungen enthält. Falsche Darstellungen können beabsichtigt oder unbeabsichtigt entstehen und werden als wesentlich angesehen, wenn vernünftigerweise erwartet werden kann, dass sie einzeln oder insgesamt die auf der Grundlage dieser Konzernrechnung getroffenen wirtschaftlichen Entscheidungen von Nutzern beeinflussen können. Auf der Basis unseres pflichtgemässen Ermessens haben wir quantitative Wesentlichkeitsgrenzen festgelegt, so auch die Wesentlichkeit für die Konzernrechnung als Ganzes, wie nachstehend aufgeführt. Die Wesentlichkeitsgrenzen, unter Berücksichtigung qualitativer Erwägungen, erlauben es uns, den Umfang der Prüfung, die Art, die zeitliche Eintei-

612 Forstmoser/Kleibold: Berichterstattung des Abschlussprüfers über wichtige Sachverhalte, EF 9/2016, S. 614.

lung und das Ausmass unserer Prüfungshandlungen festzulegen sowie den Einfluss wesentlicher falscher Darstellungen, einzeln und insgesamt, auf die Konzernrechnung als Ganzes zu beurteilen. Die Wesentlichkeit beträgt auf Konzernstufe 3.5 Mio. CHF.

Besonders wichtiger Sachverhalt
Der Umfang unserer Prüfung ist durch die Anwendung des Grundsatzes der Wesentlichkeit beeinflusst. Unser Prüfungsurteil zielt darauf ab, hinreichende Sicherheit darüber zu geben, dass die Konzernrechnung keine wesentlichen falschen Darstellungen enthält. Falsche Darstellungen können beabsichtigt oder unbeabsichtigt entstehen und werden als wesentlich angesehen, wenn vernünftigerweise erwartet werden kann, dass sie einzeln oder insgesamt die auf der Grundlage dieser Konzernrechnung getroffenen wirtschaftlichen Entscheidungen von Nutzern beeinflussen können. Auf der Basis unseres pflichtgemässen Ermessens haben wir quantitative Wesentlichkeitsgrenzen festgelegt, so auch die Wesentlichkeit für die Konzernrechnung als Ganzes, wie nachstehend aufgeführt. Die Wesentlichkeitsgrenzen, unter Berücksichtigung qualitativer Erwägungen, erlauben es uns, den Umfang der Prüfung, die Art, die zeitliche Einteilung und das Ausmass unserer Prüfungshandlungen festzulegen sowie den Einfluss wesentlicher falscher Darstellungen, einzeln und insgesamt, auf die Konzernrechnung als Ganzes zu beurteilen.

Prüfungsvorgehen der Konzernprüfer
Wir haben im Wesentlichen folgende Prüfungshandlungen durchgeführt:

- Wir haben die Zusammensetzung der zahlungsmittelgenerierenden Einheit auf Übereinstimmung mit der Definition gemäss Swiss GAAP FER überprüft.
- Wir haben die Annahmen und Beurteilungen des Managements in Bezug auf die Werthaltigkeit von Sachanlagen kritisch hinterfragt. Wir haben dabei analysiert, ob die Beurteilungen auf den durch den Verwaltungsrat genehmigten aktuellen Erwartungen basieren.
- Die Berechnungen der erzielbaren Werte haben wir auf Stetigkeit und methodisch sachgerechtes Vorgehen untersucht und nachkalkuliert. Die Angemessenheit der geschätzten zukünftigen Wachstumserwartungen haben wir im Wesentlichen durch einen Vergleich mit externen Markterwartungen auf Basis von Brancheninformationen plausibilisiert.
- Die Angemessenheit des verwendeten Diskontierungszinssatzes haben wir durch Beurteilung der Kapitalkosten der Gesellschaft plausibilisiert. Unsere Prüfungen stützen die vom Management bilanzierten Werte der Sachanlagen.

In der Schweizer Prüfungspraxis besteht eine offenbare Brandbreite der als bedeutsam erachteten Sachverhalte. Daraus folgt, dass die Darstellung dieser bedeutsamen Sachverhalte in den Revisionsberichten in unterschiedlicher Form erfolgen.

11.9 Genehmigung der Jahresrechnung und der Konzernrechnung

Bei Einzelfirmen und Personengesellschaften erfüllt die Unterzeichnung der Abschlussdokumente die Funktion der Genehmigung. Es stellt sich lediglich die Frage, ob in der Kommanditgesellschaft dem Kommanditär in irgendeiner Form ein Mitwirkungsrecht zukommt. Dies wird von der Lehre bejaht, denn die Abnahme der Jahresrechnung erfolgt durch Gesellschafterbeschluss, an dem die Kommanditäre gleichberechtigt teilnehmen.

Mit der Unterzeichnung nach OR 958 III bestätigen die betreffenden Personen, dass sie die Jahresrechnung (Einzelabschluss) kennen, für richtig befinden und gutheissen.[613] Sie dokumentieren damit die persönliche Verantwortung für die Richtigkeit der Zahlen. Die Rechtskraft der Jahresrechnung entsteht bei allen Gesellschaften durch die Genehmigung der Gesellschafterversammlung (AG OR 648, GmbH OR 806, Genossenschaft OR 879).

In der Aktiengesellschaft sind die Genehmigung der Jahresrechnung und die Verwendung des Bilanzgewinnes ebenso wie die Wahl des Verwaltungsrates und der Revisionsstelle als für die Funktionsfähigkeit der Gesellschaft unerlässliche Beschlüsse zu betrachten. Ohne genehmigte Jahresrechnung kann die Buchhaltung für das nächste Geschäftsjahr nicht eröffnet werden. Die Gesellschaft kann auch die steuerrechtlichen Deklarationspflichten nicht mehr erfüllen. Deshalb sollten die Statuten über Jahresrechnung und Gewinnverwendung keine besonderen Erschwernisse für die Beschlussfassung vorsehen.

Beispiel Traktandenliste für die Generalversammlung Raststätte Thurau AG vom 7. Juni 2017

Begrüssung / Wahl des Büros

Geschäftsbericht und Jahresrechnung 2016, Prüfungsbericht Revisionsstelle

Der Verwaltungsrat beantragt die Genehmigung des Geschäftsberichtes und der Jahresrechnung.

Verwendung des Bilanzgewinnes 2016	
Jahresgewinn 2016	CHF 534 786.24
Gewinnvortrag	CHF 2 418 795.82
Bilanzgewinn	CHF 2 953 582.06
– Dividende	CHF 330 000.00
Gewinnvortrag neue Rechnung	CHF 2 623 582.06

613 HWP, 2014, S, 49.

Entlastung der Mitglieder des Verwaltungsrates und der Geschäftsleitung

Wahl der Revisionsstelle

Verschiedenes

Bei Familiengesellschaften wird oft eine als Schutzklausel für die Minderheit gedachte Statutenbestimmung aufgeführt, nach der die Genehmigung der Jahresrechnung und die Ergebnisverwendung eine qualifizierte Mehrheit erfordern, die genau den von Böckli beschriebenen «Zustand der allgemeinen administrativen und finanziellen Unordnung» auslöst, wenn später die unzufrieden gewordene Minderheit im Sinne einer Protestdemonstration mit 34% Nein-Stimmen die Genehmigung der Jahresrechnung verweigern.

Die Beschlussfassung über die Jahresrechnung bezieht sich auf Erfolgsrechnung, Bilanz, Anhang und bei grösseren Unternehmen, die der ordentlichen Revision unterstehen, zusätzlich die Geldflussrechnung und den Lagebericht. Sie kann entweder auf Genehmigung oder Rückweisung an den Verwaltungsrat lauten. Der Rückweisungsbeschluss kann mit oder ohne Anweisungen an den Verwaltungsrat erfolgen. Die Generalversammlung selbst kann keine verbindlichen Anordnungen treffen, z. B. zur Ermöglichung einer Gewinnausschüttung seien überhöhte Abschreibungen auf den Sachanlagen (wenn diese z. B. mit dem Pro-memoria-Posten aufgeführt und demnach offensichtlich unterbewertet sind) rückgängig zu machen, oder anders ausgedrückt, es seien stille Reserven aufzulösen. Mit der Genehmigung der Jahresrechnung ist auch die Verwendung des Bilanzgewinnes zu beschliessen. Falls die Gesellschaft unter die Konsolidierungspflicht fällt, hat die Generalversammlung die Kompetenz, Konzernprüfer zu wählen und die Konzernrechnung zu genehmigen. Nach der Auffassung des Gesetzgebers ist die Konzernrechnung demnach nur als Ergänzung zur Jahresrechnung gedacht. Der Genehmigungsbeschluss über die Konzernrechnung kann daher nicht die gleiche Wirkung wie jene über den Einzelabschluss haben. Die Jahres- und die Konzernrechnung wäre nach der Lehre stets getrennt abzustimmen, jedoch wird in der Praxis dies meistens zusammengefasst.[614] Mit der Genehmigung des Konzernabschlusses nimmt die Generalversammlung formell Kenntnis von der Vermögens- und Ertragslage der Unternehmensgruppe als Ganzes und erklärt sich mit Umfang und Qualität der gebotenen Information ausdrücklich einverstanden. Sie kann aber nicht als Gutheissung der hinter der Konzernrechnung stehenden Vorgänge und Managemententscheidungen interpretiert werden. Die Genehmigung der Konzernrechnung wirkt sich auch nicht direkt auf den Einzelabschluss der Konzernobergesellschaft aus.

614 In der Praxis werden die Abstimmungen jedoch meistens zusammengefasst.

Beispiel Anträge dormakaba Holding AG GV vom 23.10.2018

Genehmigung des Finanzberichts und des Corporate Governance Berichts für das Geschäftsjahr 2017/2018 sowie Kenntnisnahme von den Berichten der Revisionsstelle

Der Verwaltungsrat beantragt, den Finanzbericht (mit Konzern und Holdingrechnung) und den Corporate Governance Bericht für das Geschäftsjahr 2017/2018 zu genehmigen.

Ergeben sich jedoch erhebliche Diskrepanzen zwischen dem Einzelabschluss der Obergesellschaft und der Konzernrechnung – wenn z. B. der Einzelabschluss der Holdinggesellschaft einen Jahresgewinn ausweist, während die Konzernerfolgsrechnung in tiefrote Zahlen abrutscht – ist diese Tatsache durch den Verwaltungsrat bei den Anträgen zur Verwendung des Bilanzgewinns zu berücksichtigen.

Beispiel Antrag für die Gewinnverwendung Valora (Swiss GAAP FER, 2020, in TCHF)

3.1 Verwendung des Bilanzgewinns

Ausschüttung einer Dividende von 6.25 CHF je Aktie und Vortrag des Restbetrages

Jahresgewinn	48 521
Vortrag Vorjahr	209 149
Bilanzgewinn	257 670
– Dividende	– 24 938
Vortrag	232 732
Reserven aus Kapitaleinlage	68 723
Ausschüttung	– 24 938
Reserven aus Kapitaleinlage nach Ausschüttung	43 785

Für kotierte Gesellschaften gilt, dass Rückzahlungen aus Kapitalreserven nur im gleichen Ausmasse wie eine Dividendenausschüttung erfolgen kann. Daher wird aus beiden Reserven eine gleiche Ausschüttung veranschlagt. Daher erfolgt auch eine Ausschüttung aus Kapitalreserve von 6.25 CHF je Aktie.

Lehnen die Aktionäre die Konzernrechnung ab, ohne dass der Konzernprüfer aus konkreten Gründen die Rückweisung beantragt hat, muss dies als eine Protestnote an die Adresse des Verwaltungsrates (und ggf. an die der Revisionsstelle) interpretiert werden. Durch Beschluss der Generalversammlung wird der Verwaltungsrat verpflichtet, eine zweite, «verbesserte» Auflage der Konzernrechnung entweder an einer ausserordentlichen oder an der nächsten ordentlichen Generalversammlung vorzulegen.

11.10 Nachträgliche Abschlussberichtigung

Korrekturen von Jahresabschlüssen sind erforderlich, wenn Rechnungslegungsmethoden (Grundsatz der Stetigkeit in Darstellung und Bewertung) sowie Schätzungen (accounting estimates) geändert werden oder Fehler, z. B. Irrtümer, Fehlbeurteilung eines Sachverhaltes, Betrugsfälle in früheren Rechnungsperioden korrigiert werden müssen. Das Rechnungslegungsrecht ebenso wie Swiss GAAP FER enthalten keine entsprechenden Regeln. In der geprüften und von der Generalversammlung genehmigten Jahresrechnung ist die Schlussbilanz des Vorjahres mit der Eröffnungsbilanz der laufenden Berichtsperiode deshalb grundsätzlich identisch (Bilanzidentität). Es ist unstatthaft, genehmigte Jahresrechnungen der Vorjahre zu korrigieren.

Wird im laufenden Geschäftsjahr ein Fehler im Vorjahresabschluss entdeckt, z. B. die irrtümliche Verbuchung eines wesentlichen Verkaufserlöses von überschüssigem Rohmaterial unter dem Nettoerlös aus Lieferungen und Leistungen, erfolgt die Korrektur in der Position periodenfremder Ertrag des Berichtsjahres[615]. Eine entsprechende Erläuterung im Anhang ist unerlässlich.[616]

Änderungen im Jahresabschluss betreffen nicht nur das Rechnungslegungsrecht, sondern auch das Steuerrecht aufgrund der Massgeblichkeit des handelsrechtlichen Abschlusses für die Festlegung des steuerbaren Reingewinns. Dieser ergibt sich aus dem Saldo der handelsrechtlichen Erfolgsrechnung und den steuerlichen Gewinnkorrekturen. Aus steuerrechtlicher Sicht werden Korrekturen vor und nach Eintritt der Rechtskraft unterschieden.[617]

Eine **Bilanzberichtigung** wird notwendig bei einer nicht handelsrechtskonformen Bilanz, z. B. bei überbewerteten Aktiven, zu tief bewerteten oder nicht erfassten Verbindlichkeiten. Bei einer **Bilanzänderung** wird ein handelsrechtskonformer Abschluss durch einen anderen ebenfalls handelsrechtskonformen Abschluss ersetzt, z. B. wegen eines entschuldbaren Irrtums. Eine Bilanzänderung ist nur bis zur Einreichung der Steuererklärung zulässig.[618]

Liegt eine rechtskräftige Veranlagung aufgrund des eingereichten Abschlusses vor, können Korrekturen zu Lasten des Steuerpflichtigen vorgenommen werden, z. B. wenn festgestellt wird, dass Erträge nicht verbucht oder private Aufwendungen unter dem Betriebsaufwand verbucht worden sind (Folgen: Nachsteuer- und Steuerhinterziehungsverfahren).

615 Pfaff/Glanz/Stenz/Zihler, Kommentar OR 959b, N 86, S. 388.

616 Böckli, Neue OR-Rechnungslegung, S. 48. Ein Restatement (Anpassung der Vorjahreszahlen), wie in internationalen Standards gefordert, ist nicht notwendig.

617 Pfaff/Glanz/Stenz/Zihler, Kommentar Querschnittsthemen, N 16-40, S. 882 ff.

618 Pfaff/Glanz/Stenz/Zihler, Kommentar, N 22, S. 885.

Auch handelsrechtlich stellt die nachträgliche Änderung eines nach Eintritt der Rechtskraft ordnungsmässigen Jahresabschlusses einen nicht alltäglichen Sachverhalt dar. In der schweizerischen Gesetzgebung fehlen entsprechende Regeln. Das HGB (316 III) sieht jedoch Ausnahmesituationen vor und bestimmt, dass bei einer nachträglichen Änderung eines Bestandteils der Jahresrechnung oder der Konzernrechnung die Unterlagen durch einen Abschlussprüfer nochmals zu prüfen sind, soweit die Änderung dies erfordert. Die Beschlussfassung über die Änderung steht jenem Gesellschaftsorgan zu, welches für die Genehmigung zuständig ist.[619]

Korrekturen zu Gunsten des Steuerpflichtigen können nach einer rechtskräftigen Veranlagung nur in Ausnahmefällen im Rahmen einer Revision (DBG 147) vorgenommen werden.[620]

619 Baetge/Kirsch/Thierstein, Bilanzen, S. 697.

620 Pfaff/Glanz/Stenz/Zihler, Kommentar, N 32, S. 888

12 Bilanzpolitik

12.1 Begriff und Bedeutung der Bilanzpolitik

Wie auch für andere Problemstellungen der Wirtschaftswissenschaft ist der Sprachgebrauch in Lehre und Praxis zu wichtigen Begriffen nicht einheitlich. So ist Bilanzpolitik zu eng gefasst, denn der Begriff bezieht sich bei grösseren Unternehmen (OR 961) auf die Rechnungslegung mit den vier Teilen des Jahresabschlusses als Ganzes sowie den Lagebericht und nach OR 963 auch der Konzernrechnung. Die zutreffende Bezeichnung ist deshalb Rechnungslegungspolitik.[621] Es ist nicht anzunehmen, dass sich diese einbürgern wird, denn auch in der Lehre haben Traditionen Gewicht.

Politik beinhaltet bewusst gestaltetes Verhalten sowie Massnahmen zur Beeinflussung von Vorgängen und Zuständen. Nachdem die Rechnungslegung einen Teil des Informationssystems des Unternehmens bildet, ist die Bilanzpolitik ein Bereich der Unternehmenspolitik mit ihren Zielen und den zur Zielerreichung einzuhaltenden Verhaltensgrundsätzen. »Bilanzpolitik« ist ein Mittel der Unternehmenspolitik.

Bilanzpolitik (Rechnungslegungspolitik) ist die zielgerichtete Gestaltung des Jahresabschlusses einschliesslich der dazu erforderlichen unternehmerischen Entscheidungen unter Ausnützung des Spielraums, den die gesetzlichen Vorschriften (Rechnungslegungsrecht), die anerkannten Standards zur Rechnungslegung sowie entsprechende Fachempfehlungen gewähren.

Das hauptsächliche Ziel der Bilanzpolitik besteht darin, die die Anspruchsgruppen (Stakeholder) zu einem den Zielen des Unternehmens dienlichen Verhalten zu veranlassen.[622]

Eine Sonderstellung nehmen im Zusammenhang mit der Bilanzpolitik von Aktiengesellschaften und Genossenschaften die an der Erstellung des Jahresabschlus-

---

621 Siehe auch Freidank/Velta (Rechnungslegung und Rechnungslegungspolitik) sowie Coenenberg/Haller/Schulze (Jahresabschluss und Jahresabschlussanalyse, S. 1001), welche aber noch den traditionellen Begriff verwenden.

622 Siehe auch Übersicht über das Zielsystem des Unternehmens, Thommen (Betriebswirtschaft und Management, S. 144), wobei für die Rechnungslegungspolitik vor allem die Erfolgs- und Finanzziele relevant sind.

ses direkt beteiligten Aufsichtsorgane (Verwaltungsrat), in grossen Publikumsgesellschaften vor allem das Leitungsorgan (Geschäftsführung) ein. Die entsprechende Kompetenz des Verwaltungsrates (OR 716a I, Ziff. 6) und der Verwaltung der Genossenschaft (OR 902 III) ist in Grossunternehmen eher formeller Natur. Es handelt sich primär um eine Aufgabe des Managements. Wegen der Fülle der Informationen, welche den unternehmensinternen Daten entnommen werden können, ist der Aufwand für ein externes Mitglied des Verwaltungsrates für eine gründliche Analyse erheblich und die dazu erforderliche sog. Financial Literacy (fundiertes Wissen und Erfahrung im Finanz- und Rechnungswesen) im Allgemeinen unzureichend. In grossen Unternehmen besteht daher ein aus hierfür besonders fachkompetenten Mitgliedern zusammengesetzter Revisionsausschuss des Verwaltungsrates – Audit Committee – zur Überwachung des Finanz- und Rechnungswesens sowie des internen Kontrollsystems (IKS) in enger Zusammenarbeit mit der externen Revisionsstelle.

Auf Grund seiner Tätigkeit macht das Audit Committee Vorschläge an den Verwaltungsrat zur Genehmigung der Jahres- und Zwischenabschlüsse. Das Audit Committee ist deshalb das Bindeglied zwischen dem Verwaltungsrat als Gremium und der Revisionsstelle.

Die Möglichkeiten zur Beeinflussung des Verhaltens der Rechnungslegungsadressaten durch bilanzpolitische Massnahmen hängen von verschiedenen Faktoren ab:

- von den rechtlichen Anforderungen an Umfang und Inhalt des Jahresabschlusses beim Einzel- und Konzernabschluss sowie der Wahlrechte für die anzuwendenden Normen nach Rechnungslegungsrecht oder an anerkannten Standards zur Rechnungslegung. Die schweizerischen Aktiengesellschaften haben die früher bestehende, kaum eingeschränkte Freiheit zur Gestaltung des Jahresabschlusses nach ihrem Ermessen schon mit dem revidierten Aktienrecht 1991 eingebüsst. Für alle übrigen rechnungspflichtigen Unternehmen schränkt das Rechnungslegungsrecht 2011 die bilanzpolitischen Spielräume vor allem im Hinblick auf die Gliederung des Jahresabschlusses, jedoch weniger auf die Bewertungsgrundsätze, ein;
- vom Kapitaleinsatz mit den eigenen und mit den vertretenen Aktien verbundenen Mitwirkungsrechten bei den gesellschaftsrechtlichen Entscheidungen (insbesondere Generalversammlungsbeschlüsse);[623]
- von der fachlichen Kompetenz und der Erfahrung der Wirtschafts- und Finanzpresse (mit abnehmendem Einfluss der Printmedien) der wachsenden Bedeutung von Social Medias, Börsenberatungsdiensten, der sog. Mittler der Unternehmenspublizität. Vor allem die kleineren nicht professionellen Akteure auf

623 Die seit einigen Jahren festgestellte Beanspruchung von Fachspezialisten (Stimmrechtsberater) zur Beeinflussung des Abstimmungsverhaltens von Aktionären an Generalversammlungen dämpft die Wirkung von bilanzpolitischen Massnahmen der Unternehmensleitungen.

den Finanzmärkten sind auf diese angewiesen. Der Umfang der Finanzberichterstattung von grösseren, vor allem börsenkotierten Unternehmen, insbesondere der Anhang, überfordert selbst die mit den Grundzügen das Finanz- und Rechnungswesens vertrauten »durchschnittlichen« Aktionäre. So wird im OR-Abschluss beispielsweise dem veröffentlichten Jahresgewinn immer noch grosse Beachtung geschenkt, ohne zu beachten, dass diese angebliche Schlüsselgrösse zur Beurteilung des Erfolgs aus Unternehmenstätigkeit durch Bildung und Auflösung stiller Reserven nicht die tatsächliche Entwicklung der Ertragslage aufzeigt.[624]

Nachdem Rechnungslegungsadressaten nicht selten auf eine vertiefte Analyse der Erfolgsrechnungskomponenten verzichten, ist es verständlich, wenn die Gesellschaftsorgane Wert auf eine möglichst aussagekräftige positive Unternehmensergebnisse Wert legen und vor allem negative Schwankungen des auszuweisenden Jahresgewinns vermeiden. Für diese Rechnungslegungspolitik wurde in den USA der Begriff des **Income Smoothig** geprägt. Das Ziel des Income Smoothing ist es, die Jahresergebnisse zu glätten, um näher an erwarteten Ergebnissen zu gelangen. Ein ähnliches Bild in den USA lässt sich empirisch mit **Big Bath Accounting** beobachten. Hierbei werden in schlechten Jahren, in denen Verluste erwartet werden, zusätzliche Rückstellungen gebildet, welche in späteren Jahren aufgelöst werden, um Restrukturierungsprogramme oder Managementvergütungen zu rechtfertigen. Beide Methoden sind schwierig erkennbar für Bilanzadressaten.

Ein klassisches Beispiel der Rechnungslegungspolitik ist die Bereinigung der Abschlusszahlen nach ASR durch unternehmensinterne, den Swiss GAAP FER (oder den IFRS) widersprechenden Eigenwortschöpfungen wie Kern-EBITDA oder Kern-Gewinn als sog. alternative Kennzahlen, sowie um ausserordentliche Einflüsse »bereinigten« oder »angepasste« Positionen der Erfolgsrechnung.[625]

Börsenkotierte Unternehmen achten darauf, dass die publizierten Ertragszahlen vor allem den Erwartungen und Prognosen der Finanzanalytiker als Berater der Investoren entsprechen. Die entsprechenden Massnahmen der Rechnungslegungspolitik der Leitungsorgane werden unter dem umfassenden Begriff **Earnings Management** zusammengefasst mit dem Ziel, ein den Erwartungen der Rechnungslegungsadressaten entsprechendes Jahresergebnis auszuweisen.[626]

---

624 Bei der Besprechung von Einzelabschlüssen von Banken in den Medien wird die in der Erfolgsrechnung nach RVB 2015 offen ausgewiesene Veränderung der Reserven für Bankenrisiken (= erarbeitetes Eigenkapital) nur ausnahmsweise in der Gewinnanalyse berücksichtigt.

625 In den Medien wurde in diesem Zusammenhang vor allem diese Praxis in der IFRS-Finanzberichterstattung der Pharmaindustrie kritisiert (SRF vom 3.6.2019 Sendung Eco).

626 Gehrig, Risikobeurteilung mittels Messung der Earningsqualität, ST 6-7/2011, S. 438.

Beispiel Novartis Finanzbericht (IFRS, 2019, in TCHF)
Mehrjahresübersicht und zusätzliche Angaben

	2017	*2018*
Verkäufe	53'299	56'846
EBITDA	21'201	22'825
Bilanzsumme	76'676	78'517

IFRS-Werte

	2017	**2018**
Erlöse	55'746	59'497
Betriebsgewinn	9'558	10'774
Bilanzsumme	76'676	78'517

Im Finanzbericht von Roche im Jahre 2019 nach IFRS werden im Nachgang zum Finanzbericht alternative Erfolgsmessungsgrössen (AEM) präsentiert, welche zu den publizierten IFRS-Werten teilweise abweichen und für die interne Performance-Beurteilung verwendet werden sollen. Es wurden dabei Bewertungsanpassungen bei den Restrukturierungsrückstellungen vorgenommen und u. a. die Abschreibungen auf Goodwill auf immateriellen Werten, Rückstellungen für Rechtsfälle/Umweltschutz, Abgeltungen von Vorsorgeplänen und Bilanzierungseffekte aus M&A eliminiert.

Income Smoothing und Earnings-Management können jedoch von börsenkotierten Gesellschaften je länger, desto weniger nach ihrem Ermessen vorgenommen werden, weil die Börsenaufsichtsbehörden die Zuverlässigkeit der Unternehmensrechnungslegung durch korrekte, gesetzes- und standardkonforme Anwendung verstärkt überwachen (Enforcement).

Beispiel Meyer Burger Swiss GAAP FER Sanktion Enforcement vom 13. Juni 2018

Die Enforcement von der SIX hat am 13. Juni 2018 einen Sanktionsantrag gegen Meyer Burger Technology AG beantragt. Unter anderem sind die Abschreibung auf einer Tochtergesellschaft als ausserordentliche Aufwendungen gebucht worden, hingegen war das Enforcement der Auffassung, dass diese Wertkorrektur als Abschreibung zu erfassen gewesen wäre. Dies führt zu einem zu hohen Ausweis des EBITDA und EBIT.

Ein weiterer Grund für die eingeschränkten Möglichkeiten der Bilanzpolitik seit den 1990er Jahren liegt in den Veränderungen im Kreis der Rechnungslegungsadressaten. Vor allem private Investoren mit Direktanlagen in Aktien der einzelnen Gesellschaften werden vermehrt abgelöst durch kollektive Anlagen in spezifische

Finanzmarktinstrumente (ETF = Anlagefonds, die einen Index abbilden, strukturierte Produkte) oder durch aktivistische Grossinvestoren (Hedgefonds), welche eine Wertsteigerung ihrer Beteiligung weniger durch Finanzanalyse als über Beeinflussung der Unternehmensstrategie erreichen wollen.

12.2 Zielsetzungen der Bilanzpolitik

12.2.1 Wahl des Rechnungslegungsnormensystems

Bis zum Inkrafttreten 2013 des Rechnungslegungsrechts waren je nach der Rechtsform des Unternehmens entweder die knappen allgemeinen Vorschriften des Buchführungsrechts (aOR 957-963) oder für Kapitalgesellschaften die ausführlichen Sonderbestimmungen (aOR 662a-670) massgebend. Nur börsenkotierte Gesellschaften waren für die Konzernrechnung verpflichtet, besondere Standards zur Rechnungslegung anzuwenden (KR 12).

Aus Gründen der Massgeblichkeit haben alle Unternehmen für den Einzelabschluss die handelsrechtlichen Bilanzierungs- und Bewertungsgrundsätze zu beachten.[627] Massgebend für die Festsetzung der Einkommens- bzw. Gewinnsteuer sind nach DBG 125 II die Jahresrechnung oder bei vereinfachter Buchführung die Aufstellungen nach OR 958 II. In einer Rechnungslegung ist ein einziger Abschluss, welcher sowohl dem Handels- wie dem Steuerrecht sowie Swiss GAAP FER entspricht, nicht möglich.[628]

Wegen des Grundsatzes der Massgeblichkeit ist deshalb ein **Dual Reporting** erforderlich, wenn der Unternehmensleitung oder den Rechnungslegungsadressaten ein »tatsächliches Bild« der wirtschaftlichen Lage des Unternehmens (FER-RK 6) vermittelt werden soll.[629]

Die handelsrechtliche Jahresrechnung oder die Einnahmenüberschussrechnung hat einerseits für die steuerpflichtigen Personen eine Bindungswirkung, weil die Darstellung der Vermögens- und Ertragslage in der ordnungsmässigen Rechnungslegung für die betreffende Steuerperiode und andererseits auch für die Steuerverwaltung massgebend ist.

Viele Schweizer Klein- und Mittelunternehmen erstellen ihren Jahreabschluss in der Form, so dass die steuerrechtlichen Vorgaben (Abschreibungen, Wertberichtigungen und Rückstellungen hauptsächlich) entsprechen. Diese Praxis wird als **Tax Driven Accounting** bezeichnet. Folglich entspricht der steuerrechtliche Jahresabschluss (in der Bewertung) jenem nach dem Rechungslegungsrecht. Für die Ermittlung der Steuerfaktoren ist eine Abweichung von den Grundsätzen ordnungsgemässer Rechnungslegung im Jahresabschluss nur zulässig, wenn diese in

627 Kommentar Pfaff/Glanz/Stenz/Zihler, Massgeblichkeitsprinzip, S. 986.

628 Kommentar Pfaff/Glanz/Stenz/Zihler, 962a, S. 714 und S. 949.

629 Kommentar Pfaff/Glanz/Stenz/Zihler, Massgeblichkeit der Handelsbilanz für die Steuerbilanz, S. 989.

den steuerrechtlichen Bestimmungen vorgesehen ist. Weiter bestimmen viele Unternehmen Aktivierungsuntergrenzen, mit welchen differenziert wird, welche Anschaffungen in der Bilanz oder in der Erfolgsrechnung aufgeführt werden.

Nicht börsenkotierte Unternehmen haben für die Rechnungslegung zwei Varianten zur Wahl:[630]

- Handelsrechtlicher Abschluss (OR 958 ff.)
- Handelsrechtlicher Abschluss, für kleine und mittlere Unternehmen ergänzt durch zusätzliche Abschlusszahlen nach den anerkannten Standards für Rechnungslegung. Für grössere Unternehmen mit nationaler Ausrichtung kommen Swiss GAAP FER in Betracht. IFRS für SME sind jedoch trotz Vereinfachungen wegen der geringen Verbreitung weniger zu empfehlen.[631]

In der Praxis ist es weiter üblich, dass Klein- und Mittelunternehmen interne Abschlüsse für Führungszwecke erstellen, die nicht allen Bilanzadressaten offengelegt werden. Hierbei werden in der Regel die vorhandenen stillen Reserven aufgelöst. Beim Abschluss nach einem anerkannten Standard der Rechnungslegung am Beispiel von Swiss GAAP FER:

- Kern-FER (Rahmenkonzept plus Swiss GAAP FER 1-6),
- Gesamtes Regelwerk der FER.

12.2.2 Beeinflussung des auszuweisenden Ergebnisses

Hat sich die Unternehmensleitung für die Rechnungslegung nach OR entschieden, kann sie für den Ausweis des Jahresergebnisses alle Massnahmen einsetzen, welche nach OR zulässig sind. Sie nimmt damit in Kauf, dass die Rechnungslegungsadressaten einen Jahresabschluss mit erheblich eingeschränkter Aussagekraft erhalten und die tatsächliche Vermögens- und Ertragslage nur schwer oder gar nicht erkennbar ist.

Welche bilanzpolitischen Massnahmen sind im Rahmen von Abschlüssen nach einem anerkannten Standard der Rechnungslegung möglich? Nach den Grundsätzen ordnungsgemässer Rechnungslegung ist grundsätzlich das Vorsichtsprinzip zu beachten, allerdings mit der Einschränkung, dass durch die Anwendung die zuverlässige Beurteilung der wirtschaftlichen Lage nicht verhindert werden darf. OR 960 II steht dabei im Widerspruch zu weitgehender Ermächtigung, durch Unterbewertung der Vermögenswerte bzw. Überbewertung von Verbindlichkeiten stille Reserven nach OR 960a IV zu bilden, was dem Ziel einer möglichst verlässlichen Berichterstattung im Sinne von True and Fair View widerspricht. Im engeren Sinn bedeutet das Vorsichtsprinzip, bei Unsicherheit von zwei sachlich begrün-

630 Massgebend für den Entscheid sind die unternehmensinternen Informationsbedürfnisse und die Anforderungen der Rechnungslegungsadressaten.

631 Siehe auch Glanz/Pfaff, IFRS für KMU strukturiert.

deten Wertansätzen den niedrigeren, bei Aufwanderfassung den höheren anzusetzen.[632]

Um die bei strikter Anwendung der Vorsichtsprinzips mögliche Bildung und Auflösung von stillen Reserven zu verhindern und die Fair Presentation sicherzustellen, präzisiert FER R13, dass im Fall gleicher Eintretenswahrscheinlichkeit zukünftiger Entwicklungen vom weniger optimistischen Szenario auszugehen. Kann beispielsweise für eine Sachanlage eine Nutzungsdauer von 8-10 Jahren erwartet werden, ist die Abschreibung in 8 Jahren vorzunehmen.

Es ist jedoch zu beachten, dass sich eine Verbesserung des auszuweisenden Jahresergebnisses daraus ergibt, dass auch im True-and-Fair-View-Abschluss für die Bewertung Schätzungen und Annahmen zu treffen sind. Fachkundige Adressaten beurteilen nicht nur das Endergebnis, sondern auch die Entwicklung der Zwischenergebnisse der Erfolgsrechnung aufmerksam, was die Unternehmensleitung veranlasst, betriebliche Aufwendungen zur Verbesserung der Kennzahlen nicht selten als ausserordentlich und einmalig auszuweisen.

Aggressive Strategie von Kraft Heinz hat Folgen[633]

Der US-Lebensmittelkonzern Kraft Heinz, bekannt unter anderem für die Frischkäse der Marke Philadelphia und Hotdogs von Oscar Mayer, muss Rechnungsabschlüsse für die Geschäftsjahre 2016 und 2017 sowie die bisher vorgelegten Zwischenberichte für die ersten neun Monate des vergangenen Jahres revidieren. Das teilte das Unternehmen am Montag mit. Bereits im Februar hatte die Firma bekanntgegeben, dass die US-Börsenaufsicht SEC Rechnungspraxis im Beschaffungswesen des Konzerns untersuche.

Der Korrekturbedarf beträgt insgesamt 244 Mio. $ auf der Ebene des Ergebnisses vor Zinsen, Steuern und Abschreibungen (Ebitda). Gemessen am bereinigten Gewinn je Aktie geht es jeweils um weniger als 2% in den fraglichen Berichtsperioden. Die Aktie von Kraft Heinz, die im bisherigen Jahresverlust ein Viertel ihres Werts verloren hat, notierte am Montag rund 1% fester. Grösster Aktionär von Kraft Heinz ist die von Warren Buffett kontrolliete Berkshire Hathaway, die zusammen mit der brasilianischen 3G Capital die Hälfte der Anteile kontrolliert.

Als Kraft Heinz Ende Februar die Untersuchung der Börsenaufsicht bekannt gab, stürzte die Aktie zeitweise um 27% ab. Das lag allerdings vor allem daran, dass der Konzern zeitgleich Abschreibungen in Höhe von 15 Mrd. $ in Aussicht stellte und sowohl die Dividende als auch den Ausblick für das laufende Jahr nach unten korrigierte.

Als Teil der Bilanzpolitik gilt es auch die Thematik Earnings Management bei börsenkotierten Unternehmen zu beachten. Es können alle vertretbaren, legalen

632 Böckli, OR Rechnungslegung, S. 44. FER RK 13. Meyer, Swiss GAAP FER, S. 34
633 NZZ vom 7. Mai 2019

Massnahmen bezeichnet werden, um ein gewünschtes Jahresergebnis zu erzielen. Earnings Management ist daher vielmehr bei börsenkotierten Unternehmen mit Quartalsabschlüssen anzutreffen und weit weniger bei OR-Abschlüssen. Im Zentrum geht es darum, erwartete Ergebnisse zu erwirtschaften und darzulegen. Auf diese Weise wird versucht, Erwartungen der Finanzgemeinde und -analysten zu erreichen. Aus Studien in den USA ist (mit den US-GAAP für Rechnungslegungsstandard) bekannt, dass die Jahresergebnisse aufgrund vom Earnings Management 10% höher ausgefallen sind.[634]

12.2.3 Beeinflussung der Vermögens- und Kapitalstruktur

Zur Beurteilung der Ertragskraft eines Unternehmens werden Kennzahlen zur Umsatz- sowie zur Kapitalrentabilität analysiert. Auf die Eigenkapitalrentabilität hat das bilanzmässige Eigenkapital einen entscheidenden Einfluss. Das Grundkapital wird durch Beschluss der Generalversammlung festgelegt und im Handelsregister eingetragen. Es ist deshalb nicht durch buchhalterische Massnahmen zu verändern. Dagegen können die zusätzlichen Eigenkapitalpositionen mit den den Nennwert übersteigenden Beträgen (Agioeinzahlungen) beeinflusst werden durch die Varianten von Ausschüttungen und Transaktionen mit eigenen Aktien.

Das Rechnungslegungsrecht schreibt keinen Nachweis über die Veränderungen der Elemente des bilanzmässigen Eigenkapitals vor. Swiss GAAP FER 24/8 regelt dagegen die Darstellung ausführlich. Eine besonders wirksame Massnahme in der Konzernrechnung zur Beeinflussung des Eigenkapitals ermöglicht, die in FER 30/16 vorgesehene Option, den bezahlten Goodwill mit dem Eigenkapital im Zeitpunkt des Erwerbs zu verrechnen und auf diese Weise die Erfolgsrechnung um die erforderlichen jährlichen Abschreibungen in der Erfolgsrechnung zu entlasten und den auszuweisenden Jahresgewinn zu verbessern. Die Darstellung der Auswirkungen einer theoretischen Aktivierung in der Bilanz und der entsprechenden jährlichen Abschreibungen in der Erfolgsrechnung im Anhang wird erfahrungsgemäss von Kapitalmarktteilnehmern nur ausnahmsweise in der Finanzanalyse ausgewertet. Bei hohen Goodwillbeträgen kann sich eine nicht zu unterschätzende Verminderung des Konzerngewinns als Folge der theoretisch notwendigen Abschreibungen und damit der Kapitalrentabilität ergeben.

Beispiel Verrechnung Goodwill mit Eigenkapital (Swiss GAAP FER, 2018, in TCHF)

Theoretische Auswirkung auf den Konzerngewinn

	2016	2017	2018
Reingewinn auf Konzernstufe	53'194	42'146	61'354

634 Gehrig, Risikobeurteilung mittels Messung der Earningsqualität, ST 6-7/2011, S. 439.

Goodwillabschreibung	– 16'876	– 18'945	– 11'958
Theoretischer Konzerngewinn	**36'418**	**23'181**	**49'396**

Mit den Auswirkungen der Goodwillerfassung auf die Eigenkapitalstruktur wird auch die Vermögensstruktur beeinflusst, indem unter immateriellen Anlagen nur jene Positionen ausgewiesen werden, welche nicht den Goodwill betreffen.

Die Rechnungslegungspolitik achtet auf einen der Vermögensstruktur angepassten Kapitalaufbau, insbesondere der verfügbaren liquiden Mittel und den Finanzverbindlichkeiten, wobei die Geldflussrechnung nützliche ergänzende Informationen vermittelt.

12.2.4 Beeinflussung der Meinungsbildung der Rechnungslegungsadressaten

Im Rahmen der Rechnungslegung wirken die Leitungsorgane des Unternehmens – mit einem Ausdruck aus der Kommunikationstheorie – zugleich als Gatekeeper, ähnlich einem Pförtner. Sie bestimmen, welche Informationen sie durch ihre Auswahl im Rahmen der gesetzlichen Vorschriften dem Adressaten übermitteln. Für Pflichtinformationen gilt der Grundsatz der Gleichbehandlung. Es dürfte allerdings in der Praxis auch vorkommen, dass bedeutende Investoren vom Management in Ergänzung zur Rechnungslegung oder zu den Erwartungen über den künftigen Geschäftsverlauf (OR 951c II) Aufschlüsse oder Vorabinformationen wünschen und in der Grauzone des Grundsatzes der Gleichbehandlung der Aktionäre auch diskret erhalten.[635]

Die finanzielle Berichterstattung von börsenkotierten Unternehmen wird aus naheliegenden Gründen auch mit den Zahlen aus den Abschlüssen anderer Gesellschaften mit dem gleichen Regelwerk, vor allem Mitbewerbern aus den gleichen Wirtschaftszweigen, verglichen.[636] Ein Ziel der Rechnungslegungspolitik besteht deshalb darin, im Unternehmensvergleich für den fachkundigen Rechnungslegungsadressaten mit den Abschlusszahlen nicht schlechter abzuschneiden als die Branchenkonkurrenz, was als **Bilanzkonformitätsziel** der Rechnungslegung bezeichnet wird. Die Branchenkonformität in der Finanzberichterstattung wird von den Unternehmen auch als Grund für die »Bereinigung« der für die Kennzahlen relevanten Abschlusspositionen der Erfolgsrechnung erwähnt.

---

635 Zur Diskussion über Informationsprivilegien Meier-Hayoz/Forstmoser/Sethe, Gesellschaftsrecht, S. 491.

636 Vergleiche von Unternehmungen mit OR-Abschlüssen sind wegen dem unterschiedlichen Bau- und Gestaltungsspielraum und der uneinheitlichen Abbildung von Sachverhakten in der Regel wenig sinnvoll.

12.3 Bilanzpolitische Instrumente

Zur geschäfts- und zielkonformen Gestaltung der Vermögens-, Finanz- und Ertragslage im Einzel- wie im Konzernabschluss sowie der Informationen im Lagebericht werden bilanzpolitische Instrumente mit unterschiedlichen Wirkungen eingesetzt (▶ Abb. 24).[637]

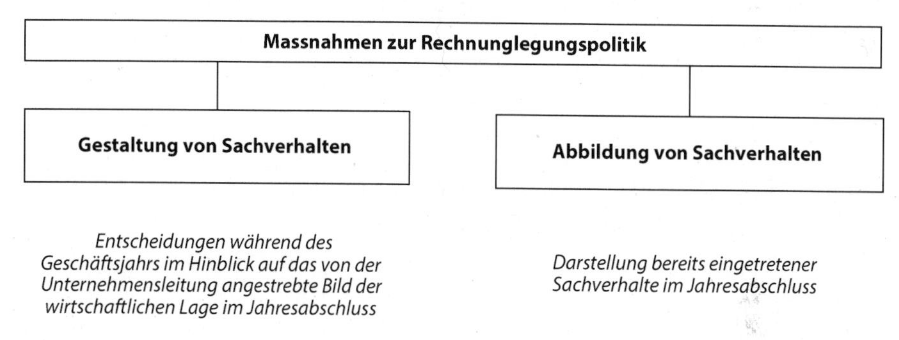

Abb. 24: Massnahmen zur Rechnungslegungspolitik

Die Massnahmen entfalten unterschiedliche Wirkungen (▶ Abb. 25). Es wird zwischen materiellen und formellen Wirkungen der Bilanzpolitik unterschieden. Die mit den formellen Aspekten verbundenen Absichten der Leitungsorgane sind von den Rechnungslegungsadressaten leicht zu erkennen, z. B. knappe Erläuterungen zu den Abschlusspositionen im Anhang (OR 959c I, Ziff. 2) oder einer wenig informativen Segmentberichterstattung (FER 31/8).

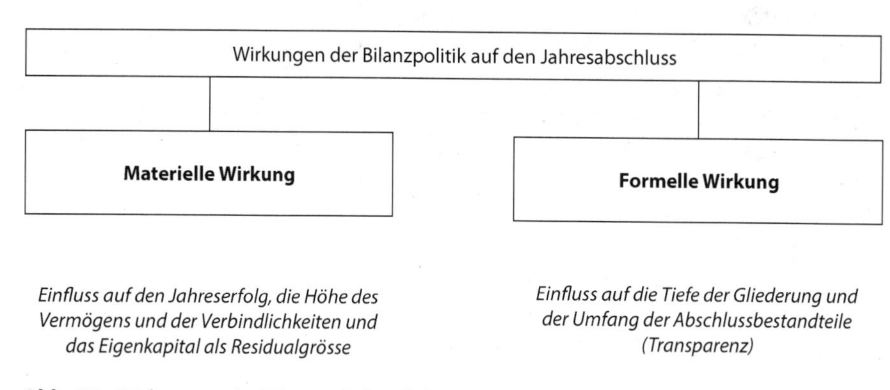

Abb. 25: Wirkungen der Bilanzpolitik auf den Jahresabschluss

637 Brösel, Bilanzanalyse, S. 97. Coenenberg/Haller/Schultze, Jahresabschluss und Jahresabschlussanalyse, S. 1004.

Die **materiellen Gestaltungsmöglichkeiten** verdienen besondere Aufmerksamkeit:

- Spielraum bei Leasingtransaktionen,
- Vorverlagerung von Umsätzen oder Nachverlagerung von Einkäufen,
- Patronatserklärungen statt Bürgschaftserklärungen (sofern erkennbar)[638],
- Parkierungsgeschäfte (Abtretung von Vermögenswerten und Verbindlichkeiten an Nahstehende mit Rücknahmeverpflichtung), nur im Swiss GAAP FER-Abschluss (FER 15/9).

Die mit dem Einsatz von bilanzpolitischen Instrumenten beabsichtigte Wirkung wird der öffentlichen Meinung, gestützt auf verschiedene Indikatoren, vereinfachend mit dem Merkmal »progressiv« (ergebnisverbessernd) oder »konservativ« (ergebnisvermindernd) beschrieben.[639] Earnings Management ist ein klassisches Beispiel für progressive Bilanzpolitik.

Die Beeinflussung des Jahresergebnisses ist bei börsenkotierten Unternehmen auch relevant für die Entschädigung des Managements. Sofern Gewinne und Überschüsse von Erfolgsgrössen erzielt werden, erhöhen sich die entsprechenden Entschädigungen. Dabei ist es für Bilanzadressaten schwierig zu erkennen, auf welchen Erfolgsgrössen diese bemessen und honoriert werden. In diesem Zusammenhang ist es gerade wichtig zu verstehen, welche Instrumente der Bilanzpolitik angewendet werden.

Beispiel Bilanzpolitik für die Entschädigung des Managements Credit Suisse (Sonntagszeitung vom 16. Februar 2020, in Mio. CHF)

	2019	2018	2017	2016	2015
Erträge	**22'484**	**20'920**	**20'900**	**20'323**	**23'797**
Bereinigte Erträge	**22'235**	**20'821**	**20'913**	**19'957**	**23'370**
Aufwand	**17'440**	**17'303**	**18'897**	**22'337**	**25'895**
Bereinigter Aufwand	**16'943**	**16'382**	**17'941**	**19'090**	**20'923**
Bereinigter Gewinn	4'968	4'194	2'762	615	2'123
Offizieller Gewinn	4'720	3'372	1'793	– 2'266	– 2'422
Korrekturen	***248***	***822***	***969***	***2'881***	***4'545***

638 Im Zweifelsfall verlangt das Vorsichtsprinzip die Offenlegung (siehe auch Lipp, Kommentar OR 959c, S. 166).

639 Brösel, Bilanzanalyse, S. 115.

Die Korrekturen zugunsten des Managements belaufen sich auf insgesamt 9'465 CHF mit Hilfe der oben aufgeführten Berechnungen. Hierbei ist es wichtig, die Bilanzinstrumente und Berechnungsgrössen zu verstehen.

Börsenkotierte Unternehmen weisen oft alternative Performancekennzahlen aus, um der Finanzgemeinde die interne Sicht der Führung offenzulegen. Hierzu hat die Schweizer Börse eine neue Richtlinie (Richtlinie für die Verwendung von alternativen Performancekennzahlen, kurz RLAPM) für die Verwendung dieser Kennzahlen darzulegen und entsprechend zu erklären. Die Unternehmen weisen diese Erfolgsgrössen oft auch als bereinigte oder normalisierte Grössen in den Geschäftsberichten aus.

Beispiel adjustierte Erfolgsgrössen Geberit (IFRS, 2018, in Mio. CHF)

Adjustiertes Betriebsergebnis (EBIT)	744	+ 7.4%
Adjustiertes Nettoergebnis	626	+ 3.7%
Adjustierter Gewinn je Aktie	17.21	+ 4.7%
Adjustierte Betriebskapitalrendite (ROIC)	22.6%	

12.4 Bilanzbetrug

Die Grenzen der Bilanzpolitik bildet die Linie hin zu Bilanzbetrug. Bilanzbetrug ist die aktive Beeinflussung der Jahresrechnung durch absichtliche Falschdarstellung oder Unterlassung von notwendigen Angaben, um den Bilanzleser zu täuschen. Bilanzbetrug kann durch fiktive Erträge, unerlaubte zeitliche Abgrenzungen, zu hohe und nicht gesetzeskonforme Bewertung von Aktiven, Unterlassung der Darstellung von Schulden oder nicht vollständige, irreführende oder falsche Angaben im Anhang erfolgen. Bilanzbetrug kann auch im Zusammenhang mit einem nicht ausgereiften, fehlerhaften internen Kontrollsystem stehen. Bilanzbetrug kann straf- und zivilrechtliche Folgen nach sich ziehen.

Beispiel Bilanzbetrug Wirecard (IFRS)

Wirecard wurde im Jahr 1999 in München gegründet. Das Geschäftsmodell basiert auf Online-Zahlungsabwicklungen in rascher Zeitabfolge. In den Folgejahren folgten der Börsengang und die Übernahme von kleineren Anbietern und neuen Geschäftsfeldern. Im Jahr 2008 sind erstmals Ermittlungen in Bezug auf Marktmanipulationen aufgenommen worden. Nach weiteren Übernahmen folgte im Jahr 2019 Hausdurchsuchungen in Singapore, welche aufgrund von Berichterstattungen in den Financial Times erhoben worden sind. Es folgten Sondermittlungen. Mit der Publikation eines Sonderberichts von KPMG stürzte die Aktie ab. Die Staatsanwaltschaft ermittelte und der Wirtschaftsprüfer EY verweigert das Testat Ende 2019. Offenbar fehlten in der Bilanz 1.9. Mrd. €. Am 25. Juni 2020 wurde der Insolvenzantrag wegen drohender Zahlungsunfähigkeit eingereicht.

13 Auswertung des Jahresabschlusses

13.1 Grundlagen der Abschlussanalyse

13.1.1 Begriff und Zielsetzung

Die Rechnungslegung des Unternehmens ist nicht Selbstzweck. Aus den Angaben des Jahresabschlusses sollen Unternehmensleitung und externe Adressaten mit der Abschlussanalyse – traditionell auch als Bilanzanalyse bezeichnet – zielgerichtet vertiefte Erkenntnisse über die Vermögens-, Finanz- und Ertragslage des Unternehmens gewinnen.

Der Zweck der Abschlussanalyse ist die Festlegung eines umfassenden, vertieften, gesamthaften und analytischen Urteils über die finanzielle Lage eines Unternehmens. Die Analyse beruht auf der Rechnungslegung nach dem Rechnungslegungsrecht (extern oder interne Werte) oder nach SWISS GAAP FER.

Nach den Beziehungen der Abschlussadressaten ist bei der Zielsetzung insbesondere auch bei den Grenzen der Abschlussanalyse zu unterscheiden zwischen:

- **Interne Abschlussanalyse:** Zur Kontrolle der Unternehmensentwicklung, z. B. Abweichungen zwischen Ist- und Soll-Werten (Erreichen der Unternehmenszielsetzungen) gestützt auf die uneingeschränkte Verfügbarkeit der Angaben aus der Buchführung.
- **Externe Abschlussanalyse:** Denn Aktionären gibt der Jahresabschluss als Instrument der Rechenschaftsablage Aufschluss über das Ergebnis der Tätigkeit der Leitungsorgane und deren Verantwortlichkeit für das ihnen anvertraute Vermögen. Obligationäre, Banken und Grossgläubiger beurteilen anhand der Anschlussanalyse die Kreditwürdigkeit des Unternehmens.[640]

Verschiedene Gründe beschränken die Aussagekraft der Jahresabschlussanalyse. Die Zielsetzungen des Jahresabschlusses nach OR 958 einer zuverlässigen Beurteilung der wirtschaftlichen Lage des Unternehmens werden durch verschiedene Ge-

640 Die Bonität von börsenkotierten Grossunternehmen wird von Ratingagenturen wie Standard & Poor's und Moody's laufend analysiert.

setzesnormen im Zusammenhang mit den stillen Reserven und den steuerlichen Überlegungen der Leitungsorgane (Tax Driven Accounting) beeinträchtigt. Die interne Abschlussanalyse ist deshalb nur sinnvoll, wenn der Einzelabschluss nach OR durch ein Zahlenwerk nach einem anerkannten Standard der Rechnungslegung wie Swiss GAAP FER ergänzt worden ist oder zumindest die stillen Reserven aufgelöst werden. Den externen Abschlussadressaten wird die zuverlässige Beurteilung wegen der fehlenden Fair Presentation bzw. True and Fair View im OR-Einzel- und Konzernabschluss erschwert oder im Extremfall sogar verunmöglicht.

Einzelabschlüsse haben bei Unternehmensgruppen nur eine beschränkte Aussagekraft, weil sie über die betriebliche Tätigkeit und deren Ergebnisse von Tochtergesellschaften keine umfassenden Informationen vermitteln. Auch Unternehmensgruppen, deren Muttergesellschaft nicht an der Börse kotiert ist, sollten deshalb wegen ungenügender Transparenz von handelsrechtlichen Abschlüssen nur aufgrund der Konzernrechnung nach einem anerkannten Standard der Rechnungslegung analysiert werden.

Im Rahmen des internen Finanzcontrollings (OR 716a, Ziff. 3) in Konzernen sind selbstverständlich auch die Einzelabschlüsse der Konzerngesellschaften systematisch zu analysieren, weil unterschiedliche Ergebnisse von Tochtergesellschaften kompensiert werden, etwa indem der Verlust in einer Konzerngesellschaft durch überdurchschnittlich hohe Gewinne in einer anderen verdeckt wird. Zudem ist zu beachten, dass auch die Einzelabschlüsse durch konzerninterne Transaktionen (Quersubventionen, Transfer- und Verrechnungspreise) in eine bestimmte Richtung beeinflusst werden können.

Für den externen Analysten (ohne Zugriff auf den Einzelabschluss) kann deshalb auch eine zuverlässige Segmentberichterstattung im Konzernabschluss nach FER 31 keinen hinreichenden Aufschluss über die Ergebnisse einzelner Bereiche geben. Auch bei der Anwendung eines anerkannten Standards der Rechnungslegung hat die Gesellschaftsleitung – wie im Teil Bilanzpolitik dargelegt – einen Ermessensspielraum für die Zuordnung von Sachverhalten zu einzelnen Abschlusspositionen ebenso wie für deren Bewertung. Um Fehlbeurteilungen zu vermeiden, muss der Analytiker deshalb auch die Möglichkeiten zur Gestaltung der Jahresrechnung ebenso gut kennen wie der Ersteller. Die Berichterstattung im Anhang, insbesondere die Angaben zur Bewertung und die Aufschlüsselung einzelner Positionen, ist für die Analyse von einzelnen Positionen aufmerksam durchzuarbeiten. Betriebswirtschaftlich ist für die Beurteilung der Ertragslage und damit der Gewinnausschüttung (Payout Ratio) das Konzernergebnis massgebend. Rechtlich ist jedoch unter dem Blickwinkel des Gewinnverwendungsbeschlusses nach OR 671 für die Holding-Jahresrechnung relevant.

13.1.2 Vorbereitung der Abschlussanalyse

Eine gründliche Jahresabschlussanalyse verwendet vom Unternehmen veröffentlichte Informationen wie unternehmensexternes Material, sowohl für die wirtschaftlichen Rahmenbedingungen als auch für die Informationen des Jahresabschlusses.

Als **gesellschaftseigene Informationen** stehen zur Verfügung:

- Von Gesetzes wegen der Geschäftsberichterstattung (OR 958) sowie bei börsenkotierten Gesellschaften die Zwischenberichterstattung.
- Auf freiwilliger Grundlage: Dokumentation für Presse- und Medienkonferenzen, Referate an Generalversammlungen, Aktionärsbriefe, Hauszeitschriften.

Weiter bestehen **Informationen von Dritten**, die sein können:

- Berichte über das Unternehmen in der Tages- und Fachpresse und elektronischen Medien,
- Berichte von Finanzanalysten und deren Markteinschätzung,
- Informationen von Banken / Gesellschaftsstudien,
- Publikationen von Branchenverbänden.

Eine zuverlässige Analyse baut auf den letzten zwei Geschäftsberichten auf, weil die Jahresrechnung von Jahr 2 auch die Vorjahreszahlen enthalten muss, können die Abschlusszahlen von drei Geschäftsjahren beurteilt werden.

13.1.3 Methoden der Jahresabschlussanalyse

Die umfangreichen Datenmengen eines Jahresabschlusses müssen zu wenigen, aber aussagefähigen Grössen verdichtet werden. Die gemäss der Darstellung bereinigten und ergänzten Jahresabschlüsse mit verfügbaren Einzelzahlen, Summen oder Differenzen (Grundzahlen) werden deshalb zueinander in Beziehung gebracht und bilden als betriebswirtschaftlich relevante Grössen **Kennzahlen**[641], als Gliederungszahlen (z. B. Kennzahlen zum Gesamtkapital), Beziehungszahlen (z. B. Kapitalrentabilität) oder Indexzahlen (zeitliche Veränderung einer Grösse).

Die modernen Möglichkeiten der Datenverarbeitung begünstigen die Erstellung von Zahlenfriedhöfen mit unzähligen Kennzahlen in kürzester Frist. Bei der Fülle der in der Fachliteratur empfohlenen Kennzahlen – es sind gegen 100 – kommt der zielorientierten Auswahl eine grosse Bedeutung zu, denn längst nicht alle sind aussagekräftig und nützlich.

Kennzahlen werden oft rein mechanisch berechnet und zu wenig hinterfragt. Durch blosse Kennzahlenarithmetik kann man deshalb zu falschen Schlussfolgerungen gelangen, weil für die künftige Entwicklung der Gesellschaft bedeutsame Sachverhalte nicht aus den numerischen Daten von Bilanz und Erfolgsrechnung hervorgehen. Kennzahlen geben keine Information über »Warum« und »Wie«, sondern

641 Coenenberg/Haller/Schultze, Jahresabschluss, S. 1023.

nur über »Was ist«. Sie können zu Fehlbeurteilungen führen, wenn sie unsachgemäss aggregiert oder falsch interpretiert werden. Deshalb sind die Angaben zum Geschäftsverlauf im Lagebericht zur Entwicklung der Beschaffungs- und Absatzmärkte in die Abschlussanalyse einzubeziehen. Besondere Beachtung ist den Ausführungen zum finanziellen Risikomanagement zu schenken. Leider sind diese wegen der knappen OR-Vorschriften für grössere Unternehmen zu wenig informativ.

Die Jahresabschlussanalyse bezieht sich sowohl auf die äussere Form und Umfang (formelle Abschlussanalyse), vereinfacht auch als Bilanzkritik bezeichnet, wie die materielle Analyse anhand von Kennzahlen.

Nachdem in OR 958 und 959b die Mindestgliederung ebenso wie der Mindestinhalt des Anhangs vorgeschrieben sind, gewährleisten die handelsrechtlichen Abschlüssen auch einen formellen Mehrjahresvergleich. Bei materiellen Änderungen der Vergleichswerte sind die im Anhang zwingend auf die Abweichung von der Stetigkeit hinweisenden Angaben zu berücksichtigen.

Die Methodik der Abschlussanalyse umfasst demgemäss folgende Schritte:

- Festlegung der Zielsetzung,
- Beschaffung und Auswahl der Informationen,
- Informationsaufbereitung,
- Informationsanalyse,
- Ergebnisinterpretation,
- Ergebnisdarstellung.

Es ist zu beachten, dass die rechnungslegungspflichtigen Unternehmen für verschiedene Sachverhalte Wahlmöglichkeiten haben. Im Konzernabschluss ist vor allem das von Swiss GAAP FER 30/16 vorgesehene Wahlrecht für den Ausweis des Goodwills von Bedeutung. Wird dieser über das Eigenkapital ausgebucht, ist ein sinnvoller Vergleich – unternehmensintern wie zwischenbetrieblich – mit Konzernrechnungen anderer Konzerne bezüglich Abschreibungen, Reingewinn und Eigenkapital nicht möglich. Um diesen zu ermöglichen, sind deshalb die Informationen im Anhang aus der sog. Schattenrechnung nach Swiss GAAP FER über die theoretische Aktivierung mit nachfolgender jährlicher Abschreibung zu beachten und Konzernbilanz und Erfolgsrechnung durch Anpassung des Eigenkapitals und des Konzerngewinns entsprechend zu bereinigen.

Beispiel theoretische Darstellung des Goodwills Huber und Suhner (Swiss GAAP FER, in TCHF)

Anhang

Position	**2018**	**2017**
Anschaffungskosten	97'512	94'284
Kumulierte Abschreibungen	– 78'085	– 66'127

Theoretischer Nettobuchwert	19'427	31'385
Eigenkapital gemäss Bilanz	620'752	593'459
Nettobuchwert Goodwill	19'427	31'385
Eigenkapital inklusive Goodwill	640'179	624'844
Konsolidierter Jahresgewinn	61'354	42'146
Abschreibung Goodwill	- 11'958	- 18'965
Theoretischer Gewinn	49'396	23'181

Im Einzelabschluss beeinflusst der Generalversammlungsbeschluss über die Gewinnverwendung die Kapitalstruktur. Die Dividende ist unter dem kurzfristigen Fremdkapital zu erfassen und die Reservebildung auf den Konten der Gewinnreserve. Grundlage der **Analyse ist stets die Bilanz nach Gewinnverwendung.**

Die betriebswirtschaftlich relevanten Kennzahlen gewinnen ihre Aussagekraft aber erst durch:

- **Innerbetriebliche Vergleiche (Periodenvergleich, time-review):** Mit einer Jahresabschlussanalyse über mehreren Rechnungsperioden können Zufälligkeiten und ausserordentliche, einmalige Vorgänge leichter erkannt werden.
- **Zwischenbetriebliche Vergleiche (peer-review):** Vergleiche mit Kennzahlen von Konkurrenten oder des gleichen Wirtschaftssektors (Branchenvergleich) werden allerdings dadurch erschwert, dass vor allem grössere Unternehmen ihre Aktivitäten diversifizieren. Auch innerhalb einer Branche sind kaum noch grössere Unternehmen zu finden, deren Geschäftsfelder übereinstimmen. Sinnvolle Branchenvergleiche sind deshalb nur noch in gewerblichen Wirtschaftssektoren und vor allem bei einem einheitlichen Kontenplan aussagekräftig durchführbar.
- **Normative Vergleiche:** Den Istwerten werden Vorgabe-, Richt- oder Planwerte (Sollwerte) gegenübergestellt (Benchmarking).

13.2 Erfolgsanalyse

13.2.1 Grundlagen

OR 959 i.V.m. OR 959 b weist den Bestandteilen der Rechnungslegung konkrete Ziele zu: Die Bilanz zeigt die Vermögens- und Finanzlage, die Erfolgsrechnung die Ertragslage. Anders als für das Vermögen sowie das Fremd- und Eigenkapital fehlen zur Erfolgsrechnung gesetzliche Definitionen.[642] Dieses resultiert aus der Gegenüberstellung von Aufwendungen und Erträgen. Die Ertragslage, eigentlich Er-

642 aOR 663 erwähnte als Bestandteile der Erfolgsrechnung Aufwendungen und Erträge und deren Hauptkomponenten. Im Gegensatz zur betriebswirtschaftlichen Lehre kennt

folgslage, kann sowohl aufgrund des in einer Rechnungsperiode erzielten Erfolgs (Gewinn oder Verlust) wie auch nach den Erfolgspotentialen beurteilt werden.

Die betriebswirtschaftliche Erfolgsanalyse hat die Aufgabe, die Ertragskraft eines Unternehmens zu beurteilen. Zu diesem Zweck werden verschiedene Erfolgsbegriffe verwendet.

Zentrale Grösse ist der **Gewinn** als Ergebnis der Unternehmenstätigkeit einer Periode, wobei Inhalt und Umfang durch das Rechnungslegungskonzept bestimmt werden. Er kann je nach den verschiedenen Konzepten formell und materiell variieren. Der Jahresgewinn nach Rechnungslegungsrecht ergibt sich aus den handelsrechtlichen Normen sowohl für ein Unternehmen (Einzelabschluss) wie auch für Unternehmensgruppen (Konzernrechnung).

Der Gewinn kann sowohl betragsmässig wie auch nach der Struktur der Erträge und Aufwendungen der Rechnungsperiode (strukturelle Erfolgsanalyse) definiert werden. Grundsätzlich lässt das Rechnungslegungsrecht als wesentliche Neuerung neben dem herkömmlichen handelsrechtlichen Konzept auch andere Rechnungslegungsstandards zu. Diese anerkannten Standards der Rechnungslegung gewichten die Informationsbedürfnisse der Aktionäre/Gesellschafter für Finanzentscheidungen mit dem Konzept der Fair Presentation/True and Fair View stärker gewichten als die Interessen der Gläubiger.

Ertragskraft ist die Fähigkeit eines Unternehmens, nachhaltig einen angemessenen Gewinn zu erzielen.

Als angemessen wird ein Gewinn beurteilt, der mindestens dem Verbrauch der Produktionsmittel entspricht und dem Unternehmen durch die Eigentümer entzogen werden kann, ohne die Substanzerhaltung zu gefährden.[643] Er muss deshalb mindestens die Kapitalkosten (WACC) bzw. die Finanzierungskosten des Unternehmens decken, weil sonst durch die Unternehmenstätigkeit Wert vernichtet wird. Nachhaltig ist der Gewinn, wenn er voraussichtlich auch unter ungünstigen Voraussetzungen erzielt werden kann.

Zur Verbesserung der Aussagekraft wurde das Jahresergebnis schon im ersten schweizerischen Kontenrahmen nach betrieblichen und neutralen, d. h., betriebsfremde und ausserordentliche Ergebnisquellen getrennt, ermittelt (Erfolgsspaltung).[644]

Die betriebswirtschaftliche Erfolgsspaltung ist seit 1991 (aOR 663 I) durch die Gliederungsvorschriften in der Erfolgsrechnung (OR 959b) zwingend. Die Erfolgsspaltung sollte durch Ausweis von Zwischenergebnissen ersichtlich sein. Diese

das RLR nur einen Erfolgsbegriff, den Jahresgewinn oder Jahresverlust (OR 959b II, Ziff. 11 bzw. 959b III, Ziff. 8).

643 Thommen, Betriebswirtschaft und Management, 2016, S. 372 und S. 575. Boemle/Stolz, Band 1, Unternehmensfinanzierung, S. 93 ff.

644 Käfer, K., Kontenrahmen für Gewerbebetriebe (Bern 1947).

sind jedoch im gesetzlichen Gliederungsschema nicht vorgesehen. Eine erweiterte Gliederung der Erfolgsrechnung sieht der Schweizer Kontenrahmen KMU entsprechend der Unternehmenspraxis vor.[645]

Bei der Beurteilung des Unternehmensergebnisses der Erfolgsrechnung ist zu beachten, dass nach dem Rechnungslegungsrecht zur Darstellung zwei Verfahren zulässig sind . Nachdem die Unternehmen bis auf wenige Ausnahmen (international ausgerichtete Grosskonzerne) das Gesamtkostenverfahren verwenden, werden die aus dieser Erfolgsrechnungsvariante abzuleitenden – betriebswirtschaftlich allerdings nicht einheitlich normierte – aus dem angloamerikanischen Sprachgebrauch übernommenen Erfolgskennzahlen dargestellt. Die betriebswirtschaftlichen Erfolgsgrössen werden als Kennzahlen zu einer anderen Grösse aus der Erfolgsrechnung oder Bilanz in Beziehung gesetzt.

13.2.2 Ergebniskennzahlen (Earnings)

Die Erfolgsrechnung nach dem Gesamtkostenverfahren geht vom Nettoerlös aus Lieferungen und Leistungen aus, ergänzt durch die Bestandesänderungen (OR 958a, i.V.m OR 959a II). Zur Ermittlung der für die Kennzahlrechnung verwendeten Ausgangsgrösse Gesamtleistung oder **betrieblicher Ertrag**, sind auch die im Gesetz nicht erwähnten aktivierten Eigenleistungen sowie die übrigen betrieblichen Erträge zu berücksichtigen, welche aus dem Anhang entnommen werden können, wenn diese nicht als Einzelpositionen direkt aus der Erfolgsrechnung ersichtlich sind.

Beispiel Gliederungsschema der Erfolgsrechnung mit Zwischenergebnissen eines industriellen Unternehmens

Verkaufserlös aus Lieferungen und Leistungen
Erlös aus Fertigungsaufträgen (PoC-bewertet)
Nettoumsatz
Bestandesänderung Halb- und Fertigfabrikate
Aktivierte Eigenleistungen
Übrige Erträge
= Gesamtleistung
Warenaufwand und Fremdleistungen
Personalaufwand
Übriger Betriebsaufwand
Betriebsaufwand
= Betriebsergebnis vor Abschreibungen, Zinsen und Steuern (EBITDA)
Abschreibungen auf Sachanlagen
Abschreibungen auf immateriellen Anlagen

645 Schweizer Kontenrahmen KMU, S. 143.

Abschreibungen
= Betriebsergebnis vor Zinsen und Steuern (EBIT)
Finanzertrag
Finanzaufwand
Finanzerfolg
= Ordentliches Unternehmensergebnis
Ausserordentliches Ergebnis
Betriebsfremdes Ergebnis
= Unternehmensergebnis vor Ertragssteuern
Ertragssteuern
= Unternehmensergebnis nach Ertragssteuern
= Unternehmensergebnis nach Ertragssteuern pro Aktie

In Konzernrechnungen bestehen oft Ansprüche von Minderheitsaktionären (nicht beherrschende Anteile) an Gewinn und Eigenkapital. Diese sind separat nach der Position Unternehmensergebnis nach Steuern aufzuführen (FER 30/11). Das Unternehmensergebnis nach Abzug der Minderheitsansprüche entspricht dem Gewinnanteil der Mehrheit des Mutterunternehmens und ist nur für die Berechnung der Kennzahlen je Aktie relevant, nicht aber für die Rentabilitätskennzahlen des Konzerns.

In der Erfolgsrechnung werden unterschiedlich Erfolgsgrössen ausgewiesen. In den Rechnungslegungsrecht sind sie nicht definiert, weshalb man auf die Lehrmeinung zu verweisen hat. In der Rechnungslegungspraxis werden folgende Erfolgsgrössen oft verwendet:

Bruttoergebnis

Wird die Erfolgsrechnung nach dem Umsatzkostenverfahren erstellt, ergibt sich als erstes Zwischenergebnis aus den zwei Positionen Nettoerlös und Herstellkosten der verkauften Produkte und Dienstleistungen das Bruttoergebnis (Gross Profit). In Handelsunternehmen wird das Ergebnis aus dem Nettoerlös aus Lieferungen und Leistungen und dem Warenaufwand als Bruttogewinn bezeichnet.[646]

EBITDA (earnings before interests, taxes, depreciation and amortization)

Nach Abzug der betrieblichen Aufwendungen vor Abschreibungen, dem Finanzergebnis und der Ertragssteuern vom Bruttoertrag (Gesamtleistung), hat sich in den letzten Jahren als Zwischenergebnis ein Wortungeheuer, das »betriebliches Ergebnis vor Abschreibungen und Wertberichtigungen, Finanzerfolg und Steuern«, ergeben, üblicherweise vereinfacht als EBITDA umschrieben. Entsprechend den amerikanischen Usanzen werden Abschreibungen auf dem Anlagevermögen (D = Depreziation) und den immateriellen Anlagevermögen (A = Amortization) getrennt ausgewiesen.

646 Geschäftsbericht 2017 Loeb Holding und Charles Voegele (bis 2016).

Gewisse Finanzanalytiker beachten den EBITDA vor allem beim Vergleich von Unternehmensabschlüssen, weil die von der Unternehmensleitung beanspruchten Ermessensspielräume – hin und wieder auch als Manipulationspotential bezeichnet – bei der zu Festsetzung der jährlichen Abschreibungen diese Kennzahl nicht beeinflussen und der Ertragskraftvergleich auf dieser Erfolgsstufe nicht beeinträchtigt wird.

Die Kennzahl EBITDA nähert sich dem früher üblichen sog. Cashflow in seiner einfachsten und in der aktuellen Geldflussrechnung verpönten Variante von »Gewinn und Abschreibungen« an. Die Kennzahl wird auch teilweise für die Beurteilung der Verschuldungskapazität angesehen, wobei die maximale Verschuldung eines Unternehmens mit dem Zwei- bis Dreifachen des EBITDA angesetzt wird. In den US-GAAP ist dieses Zwischenergebnis nicht vorgesehen. Weil die Rechnungslegungsadressaten die Kennzahlen verlangen, weisen zahlreiche Gesellschaften diese in ihrer Finanzberichterstattung aus, oft mit der Anmerkung, es handle sich nicht um eine von anerkannten Standard der Rechnungslegung definierte Erfolgsgrösse, sondern um eine zusätzliche Information.[647] Roche erwähnt, dass der Konzern EBITDA »weder in seiner Managementberichterstattung noch in der externen Unternehmenskommunikation benützt«, zur Erleichterung der Leser, welche diese Kennzahl verwenden, jedoch entsprechende Angaben ausweist.[648] Zu beachten ist, dass der EBITDA nicht mit dem ebenfalls verwendeten EBITA gleichgesetzt wird, welcher dem EBIT nur um die Abschreibungen auf immateriellem Anlagevermögen erweitert. Der wenig gebräuchliche EBITDASO umfasst auch die Aufwendungen für Stock Options.[649]

Der EBITDA zur Beurteilung der Ertragskraft wird selbst in den USA kritisch beurteilt.[650] Er wird vor allem auch bei der Ermittlung des Unternehmenswerts beim Verfahren der Multiples eingesetzt, indem der Enterprise Value mit dem Multiplikator EBITDA ermittelt wird.[651]

Beispiel Ausweis von Erfolgsgrössen Dormakaba Konzernabschluss (Swiss GAAP FER, 2017, in Mio. CHF)

	2016	**2017**
Umsatz netto	**2'115.9**	**2'520.1**
Herstellkosten verkaufte Produkte	1'222.7	1'445.0
Bruttomarge	**893.2**	**1'075.1**

647 Beispiel: Landis & Gyr – Offering Memorandum Juli 2017, S. 76, unter den Key Ratios als Kennzahl im Rahmen der Segmentberichterstattung.

648 Roche Finanzbericht 2016, S. 152.

649 ABB Annual Report 2016, Supplemental Information, S. 230.

650 Higgins: Analyses for Financial Management, S. 16. »Der EBITDA wird als Kennzahl von Investmentbanken bevorzugt, wenn sie den Preis einer Unternehmensübernahme nicht mit dem EBIT begründen können.«

651 Hauser/Turnes, Unternehmensbewertung und Aktienanalyse, S. 158.

Übrige betriebliche Erträge netto	14.8	11.5
Verkaufs- und Marketingaufwendungen	360.9	402.6
Verwaltungsaufwendungen	204.4	259.4
Forschung und Entwicklung	81.1	97.6
Betriebsgewinn EBIT	**261.6**	**327.0**
Beteiligungserträge	2.5	2.7
Finanzaufwendungen	19.1	37.6
Finanzerträge	3.9	3.1
Ordentliches Unternehmensergebnis	**248.9**	**295.2**
Ausserordentliches Ergebnis	**89.4**	**0.0**
Gewinn vor Steuern	**159.5**	**295.2**
Ertragssteuern	54.8	70.6
Gewinn	**104.7**	**224.6**
Gewinnanteil Minderheit	50.8	108.2
Gewinnanteil Mutterunternehmen	53.9	116.4
Zusätzliche Angabe		
Betriebsergebnis vor Abschreibungen EBITDA	387.3	311.4

EBIT (earnings before interests, and taxes)
Das Betriebsergebnis vor Zinsen und Ertragssteuern wird in der Praxis als aussagekräftige Erfolgsgrösse betrachtet, weil sie bei korrekter Darstellung die ausserordentlichen und betriebsfremden Positionen – wie nach OR und Swiss GAAP FER vorgeschrieben – nicht umfasst.[652] Die Position Zinsen ist eine Nettoposition als Saldo der Zinsenaufwendungen und der Zinserträge einschliesslich des übrigen Finanzergebnisses. Alle Unternehmen, welche ihre Rechnungslegung nach Swiss GAAP FER erstellen, legen die Kennzahl EBIT offen.

13.2.3 Analyse der Ertragsstruktur

Kerngrösse der Ertragsstruktur ist der Nettoerlös aus Lieferungen und Leistungen, kurz der Umsatz. Im Einzelabschluss von grösseren KMU sind die nominelle und die teuerungsbereinigte Umsatzentwicklung sowie die währungsbedingten

652 Die internationalen Rechnungslegungsnormen IFRS/IAS sowie US AGAAP kennen diesen getrennten Ausweis dieser Positionen nicht.

Veränderungen beim Absatz auf ausländischen Märkten zu beurteilen. Bei der Anwendung der POC-Methode sind zusätzliche Angaben erforderlich.[653] Bei Unternehmensgruppen ist zwischen dem organischen und dem zugekauften Umsatzwachstum zu unterscheiden.

Wichtig ist auch die Analyse der Ertragsquellen. Beispielswiese kann ein schwacher Betriebsgewinn durch das Finanzergebnis oder die ausserordentlichen und betriebsfremden Erträge »aufpoliert« werden. Oft sind auch die Erträge nach Segmentberichterstattung aufschlussreich, um die Entwicklung der einzelnen Geschäftsbereiche eruieren zu können.

13.2.4 Analyse der Aufwandstruktur

Die Analyse der Aufwandstruktur hat die Aufgabe, die Zusammensetzung und Entwicklung des Aufwandes zu untersuchen und zu beurteilen. Um zu vermeiden, dass »Schlendrian mit Schlendrian« vergleichen wird[654], sind jedoch zwischenbetriebliche Vergleiche zur Ergänzung des Zeitvergleichs unerlässlich.

Zur Beurteilung des Aufwandes wird als Massstab primär der Nettoerlös (Marktleistung) oder die Gesamtleistung (Produktionsleistung) verwendet. Zur Ermittlung der Anteile der verschiedenen Aufwandarten am Nettoumsatz ergeben sich je nach Darstellung der Erfolgsrechnung unterschiedliche Möglichkeiten zu Kennzahlenbildung. Beim Umsatzkostenverfahren ist z. B. die Materialintensität nicht erkennbar, jedoch kann wegen OR 959b IV die Personalintensität (Personalaufwand in % Nettoumsatz) berechnet werden. Die Steuerintensität misst sich am Verhältnis Ertragssteuern zum Gewinn vor Steuern und informiert über die u. a. auch vom Unternehmensstandort beeinflusste Steuerbelastung, was bei zwischenbetrieblichen Vergleichen zu beachten ist.

13.2.5 Analyse der Rentabilität

Zur Ermittlung der Rentabilität wird eine Erfolgsgrösse zu einer anderen das Ergebnis massgebend bestimmenden Einflussgrösse (Umsatz, Vermögen, Kapital) in Beziehung gesetzt. Es sind deshalb verschiedene Erscheinungsformen von Rentabilitätskennzahlen zu berücksichtigen. Es werden folgende Rentabilitäten differenziert:

Umsatzrentabilität (Umsatzmarge, Return on Sales, ROS)

$$\frac{(\text{Gewinn} \times 100)}{\text{Umsatz}}$$

653 Siehe Beispiel Dormakaba-Geschäftsbericht 2016/2017, Anhang (Notes), S. 21.

654 Aussagen des legendären Betriebswirtschafters Eugen Schmalenbach in »Dynamische Bilanz«.

Als Gewinngrösse kommen aus der Erfolgsrechnung nach dem Gesamtkostenverfahren alle betrieblichen Zwischenergebnisse in Betracht. Als besonders aussagekräftig im zwischenbetrieblichen Vergleich ist als Kennzahl die Ertragskraft des Kerngeschäfts des Unternehmens aus Produktion oder aus Dienstleistungen, die EBIT-Marge.

Die Aussagekraft der Bruttogewinnmarge ist von der Branche und von der Darstellung der Erfolgsrechnung abhängig. In Handelsunternehmen ist das Gesamtkostenverfahren üblich, wo sich der Bruttogewinn aus dem Saldo des Nettoumsatzes und des Warenaufwandes ergibt. Beim Produktionsunternehmen ist bei der Anwendung des verbreiteten Umsatzkostenverfahren der Bruttogewinn die Differenz zwischen dem Nettoerlös der verkauften Produkte und den Herstellkosten. Im Gesamtkostenverfahren kann betriebswirtschaftlich korrekt kein Bruttogewinn ausgewiesen werden.

Zwischen den Betriebsgewinnmargen und der Kapazitätsauslastung besteht ein enger Zusammenhang. Der Quotient aus der Veränderung des operativen Gewinns bei Veränderung des Umsatzes bzw. der Gesamtleistung wird als Operating Leverage bezeichnet. Der Operating Leverage misst die Sensitivität der Veränderung des Umsatzes auf Gewinngrössen.

Für Investoren ist jedoch massgebend, was am Ende der Rechnungsperiode unter dem Strich als Ertragsüberschuss (Jahresgewinn nach OR) verbleibt, unabhängig davon, aus welchen Ertragsquellen die Erträge stammen (umschrieben als Unternehmensgewinnmarge = Return on Sales oder ROS).

Bei der Analyse der Ertragslage, gestützt auf OR-Abschlüsse ist zu beachten, dass alle Ergebnisgrössen wegen der Bildung und Auflösung stiller Reserven beeinflusst werden können.

Auch mit der Bestimmung von OR 959c I Ziff. 3 können die wirklichen Ergebnisse nicht festgestellt werden, weil nur Gesamtbetrag der aufgelösten stillen Reserven offengelegt werden muss, nicht aber die Auswirkungen auf die einzelnen Positionen (z. B. Materialaufwand, Abschreibungen, Betriebsaufwand, ausserordentliches Ergebnis).[655]

Aus der Sicht der Eigentümer zählt der Unternehmensgewinn, welcher mit dem von ihnen eingesetzten Eigenkapital in der Rechnungsperiode erzielt wurde (Kapitalrentabilität).

Eigenkapitalrentabilität (Return on Equity, ROE)

$$\frac{(\text{Jahresgewinn} \times 100)}{\text{durchschnittliches Eigenkapital}}$$

Nach der vereinfachten Variante berechnet sich das durchschnittliche Eigenkapital als Mittel aus Eigenkapital nach Gewinnverwendung zu Beginn der Rechnungsperiode plus Eigenkapital am Ende der Rechnungsperiode einschliesslich Jahresgewinn. Wenn Monatsbilanzen verfügbar sind, werden die jeweiligen Ei-

655 HWP, 2014, S. 284.

genkapitalbeträge eingesetzt. Sofern Minderheitenansprüche auf dem Jahresgewinn bestehen, können diese in Abzug gebracht werden, sofern auch auf dem Eigenkapital die Minderheiten abgezogen werden (netto Betrachtung).

Bei erweiterter Betrachtung ist die Eigenkapitalrentabilität als Quotient aus Gewinn und Eigenkapital zu betrachten und lässt sich wie folgt in Bestandteile auflösen:

$$\text{Eigenkapitalrendite} = \text{Umsatzrendite} \times \text{Kapitalumschlag} \times \text{Financial Leverage}$$

Berechnung der einzelnen Kennzahlen:

$$\text{Umsatzrendite} = \frac{(\text{Gewinn} \times 100)}{\text{Umsatz}}$$

$$\text{Kapitalumschlag} = \frac{\text{Umsatz}}{\text{Gesamtkapital}}$$

$$\text{Financial Leverage} = \frac{\text{Gesamtkapital}}{\text{Eigenkapital}}$$

Die Angemessenheit der Eigenkapitalrentabilität wird nach den Eigenkapitalkosten beurteilt. In der Finanztheorie werden diese wie folgt berechnet:

$$K_{EK} = R_f + \beta \times (R_m - R_f)$$

wobei:

β = systematisches Risiko der Aktien
R_f = risikofreier Zinssatz
R_m = Rendite des Gesamtmarktes

Für die Berechnung der Eigenkapitalkosten in KMU begnügt man sich mangels entsprechender Finanzmarktdaten häufig mit einem den Unternehmungsrisiken angemessenen Zuschlag für das operative wie auch das finanzielle Risiko sowie für die Immobilität (fehlende Marktgängigkeit der Aktien) auf dem risikofreien Zinssatz oder bestimmt vereinfachend Beta mit 1, d. h. ohne Zuschlag. Alternativ kann der Diskontierungssatz der ESTV für die Bewertung von privat gehaltenen Aktien herangezogen werden.

In KMU genügt eine vereinfachte Berechnung: Risikoloser Zinssatz + branchen- und grössenabhängige Risikoprämie. Die Rentabilität des Eigenkapitals (Return on Equity ROE) ist eine zentrale Kennzahl aus Sicht des Shareholder-Value-Konzepts. Sie wird seit Beginn der Neunzigerjahre vom Management auffallend häufig als Zielgrösse erwähnt. Die Eigenkapitalrentabilität interessiert vor allem die Eigenkapitalgeber, zeigt sie doch, mit welchem Erfolg die Unternehmen mit dem von ihnen einbezahlten und durch Gewinnausschüttungsverzicht zur Verfügung gestellten Kapital wirtschaftet. Weil das Eigenkapital eine von der Bewertung des Vermögens und vom beanspruchten Fremdkapital abhängige Residualgrösse ist und auch der Gewinn durch Bewertungsmethoden gesteuert werden kann, ist die Eigenkapitalrentabilität als Erfolgsmassstab jedoch kritisch zu beurteilen. Bei Abschlüssen nach OR hat diese Kennzahl praktisch keine Aussagekraft; die Berechnungsgrundlagen – sowohl das buchmässige Eigenkapital wie der ausgewiesene Jahresgewinn – können durch stille Reserven verzerrt dargestellt sein. Des Weiteren kann das Eigenkapital stark beeinflusst werden, womit die Aussagekraft der Eigenkapitalrendite stark relativiert wird. Werden in der Konzernrechnung Ansprüche von Minderheitsaktionären ausgewiesen, kann die Eigenkapitalrentabilität mit oder ohne Einbezug der Minderheitsanteile berechnet werden. Für die Aktionäre der Muttergesellschaft ist jedoch die Rendite des ausschliesslich ihnen zustehenden Eigenkapitals und Konzerngewinns massgebend. Auch die Kennzahlen je Aktie beziehen sich stets auf die Grösse exklusive Minderheitsansprüche.

Beispiel Minderheitsansprüche in der Jahresabschlussanalyse NZZ Gruppe (Swiss GAAP FER, 2016, in Mio. CHF)

	2016	**2015**
Umsatz	442'674	456'377
EBIT	27'430	21'550
Konzerngewinn vor Minderheiten	23'834	25'998
Minderheitsanteile	– 2'396	– 2'138
Konzerngewinne nach Minderheitsanteilen	21'438	22'235
Eigenkapital	262'441	276'160
Minderheitsansprüche am Eigenkapital	17'838	16'982
ROE mit Minderheiten	8.5%	8.7%
ROE ohne Minderheiten	8.2%	8.1%

Drei von zehn Unternehmen, welche ihre Rechnungslegung nach Swiss GAAP FER erstellen, legen die Eigenkapitalrendite in ihrem Jahresabschluss dar.[656]

Gesamtkapitalrentabilität (Return on Assets, ROA)

$$\frac{(\text{EBIT} \times 100)}{(\text{durchschnittliches Eigenkapitel} + \text{durchschnittlich verzinstes Fremdkapital})}$$

Bei der Gesamtkapitalrentabilität (Return on Assets, ROA) wird das Kapital nicht nach der Herkunft unterschieden. Bezugsgrösse ist der gesamte Kapitaleinsatz. Bei der Erfolgsgrösse wird der Gewinn um die Fremdkapitalzinsen erweitert. Betriebswirtschaftlich korrekt wird die Gesamtkapitalrentabilität nach den gewichteten Kosten des Gesamtkapitals berechnet (Weighted Avarage Cost of Capital oder WAAC). Vereinfacht wird in der Praxis die Ergebnisgrösse EBIT durch die durchschnittliche Bilanzsumme dividiert.

656 Balkanyi, Kennzahlen in der Praxis von kotierten Swiss GAAP FER Unternehmen, in: R&C, 2/2017, S. 15.

13.3 Analyse der Vermögens- und Kapitalstruktur

Bei einer vertieften Gliederung erscheint die Grundstruktur der Unternehmensvermögenselemente unmittelbar. Daher ist folgende Struktur wesentlich für das Vermögen:

Umlaufvermögen	**Anlagevermögen**
flüssige Mittel	*Finanzanlagen*
Forderungen	*Sachanlagen*
Vorräte	*immaterielle Anlagen*

Je nach dem Gewicht der einzelnen Vermögensgruppen spricht man von anlagen-, forderungs- oder vorratsintensiven Unternehmen. Aussagekräftige Kennzahlen zur Vermögensstruktur ergeben sich vor allem aus der Verbindung von Bestandesgrössen mit Stromgrössen. Informativ für die Beurteilung der Angemessenheit der Vermögensbestandteile sind Umschlagskennzahlen (turnover ratios). Der Analyse der Vorräte ist besondere Beachtung zu schenken, was jedoch detaillierte Angaben im Anhang erfordert.

Die übliche Berechnung der **Umschlagshäufigkeit der Vorräte** ist nur im Handel sinnvoll, welche in für die Kennzahl Lagerfrist auch verwendet werden kann. Die Umschlaghäufigkeit berechnet sich wie folgt:

$$\frac{\text{Materialaufwand}}{\text{durchschnittliche Vorräte}}$$

In Produktionsunternehmen ist wegen der unterschiedlichen Zusammensetzung der Vorräte (Rohmaterial, Halb- und Fertigprodukte) das Verhältnis Vorräte zum Umsatz relevant:

$$\frac{(\text{Vorratsbestände} \times 100)}{\text{Nettoumsatz}}$$

Für die Sicherung der Liquidität ist die **Umschlagshäufigkeit der Debitoren** aufschlussreich:

$$\frac{\text{Nettoerträge}}{\text{durchschnittliche Forderungen aus Lieferungen und Leistungen}}$$

Bei der Beurteilung der Kennzahlen zur Vermögensstruktur wird der Anteil des Anlagevermögens an der Bilanzsumme (**Anlageintensität** oder Immobilisierungsgrad) wegen der geringeren Liquidierbarkeit von Sachanlagen besonders beachtet. Die Kennzahl ist jedoch wenig aussagefähig, weil sie durch die Veränderung des Umlaufvermögens beeinflusst wird. Eine Zunahme des Umlaufvermögens, z. B. wegen schwachem Absatz, führt zu einer geringeren Anlageintensität, ohne dass sich an der Fixkostenstruktur des Unternehmens etwas verbessert hätte. Die Höhe des Anlagevermögens wird überdies durch die Ausübung des in der Praxis im OR-Abschluss als zulässig betrachteten Wahlrechts bei der Erfassung des Finanzierungsleasings beeinflusst.

Die Anlagenintensität wird zuverlässiger durch die Bruttoinvestition je Beschäftigtem (Anzahl Vollzeitstellen) beurteilt. In den Konzernabschlüssen ist bei der Entwicklung der immateriellen Anlagen vor allem der Goodwill kritisch zu beurteilen, weil die Unternehmensleitung für die Darstellung über Wahlrechte verfügt, welche Bilanz und Erfolgsrechnung richtunggebend beeinflussen und je nach der getroffenen Entscheidung (Verzicht auf Aktivierung) eine Bereinigung der Abschlusszahlen notwendig machen).

Die **Kapitalstruktur** eines Unternehmens wird geprägt durch Art und Empfänger der in der Zukunft zu erwartenden Mittelabgänge an die Gläubiger als Fremdkapital und an die Eigentümer als Eigenkapital dargelegt. Kerngrösse ist bei statischer Betrachtung der Anteil des Eigenkapitals am Gesamtkapital:

$$\text{Eigenfinanzierungsgrad} = \frac{(\text{Eigenkapital} \times 100)}{\text{Gesamtkapital}}$$

Zurzeit legen 41 von 50 Unternehmen, welche ihre Rechnungslegung nach Swiss GAAP FER erstellen, den Eigenfinanzierungsgrad offen.[657] Die von der angelsächsischen Praxis beeinflusste Finanzanalyse beurteilt die Kapitalstruktur nach der Debt-Equity-Ratio (Leverage-Faktor):

$$\frac{(\text{Fremdkapital} \times 100)}{\text{Eigenkapital}}$$

Eigenkapital ist jedoch keine eindeutig zu bestimmende Grösse wegen der Möglichkeiten, wirtschaftliches Eigenkapital in Form von Aktionärsdarlehen, Darlehen mit Rangrücktritt, Hybridanleihen und Pflichtwandelanleihen einzusetzen.

Zur Beurteilung einer angemessenen Kapitalstruktur wird im Allgemeinen der **Leverage Factor** verwendet. Der Begriff wird in der Praxis jedoch unterschiedlich definiert. Er ist für Industrie-, Handels- und Dienstleistungsunternehmen wegen fehlender klarer Abgrenzung vom Fremd-/Eigenkapital deshalb wenig aussagekräftig.[658]

Das **Fremdkapital** mit der zum Eigenfinanzierungsgrad komplementären Kennzahl **Verschuldungsgrad** widerspiegelt die Verschuldung. Dieser sollte jedoch nicht isoliert, sondern jeweils unter gleichzeitiger Berücksichtigung der vorhandenen flüssigen Mittel, von finanziellen Konzernbeziehungen und des eigenkapitalseitigen Risikos beurteilt werden.

Die von OR 959 geforderte Darstellung der Finanzierungslage wird durch die Zahlungsfähigkeit und die Kapitalstruktur bestimmt. Die Solidität der Finanzierungslage ist abhängig von der Zusammensetzung und Qualität der Aktiven. Dies

---

657 Balkanyi, Kennzahlen in der Praxis von kotierten Swiss GAAP FER Unternehmen, in: R&C, 2/2017, S. 17.

658 Als Financial Leverage wird der Einsatz von verzinslichem Fremdkapital zur Steigerung der Eigenkapitalrentabilität bezeichnet (Boemle/Stolz: Unternehmungsfinanzierung, S. 90. und Volkart/Wagner, S. 607).

führt zu einer Horizontalanalyse oder im Sprachgebrauch der **Deckungsverhältnisse** oder **Deckungsgrade**. Die entsprechenden Kennzahlen wie der Deckungsgrad des Anlagevermögens durch Eigenkapital (Anlagedeckungsgrade) sind jedoch wenig geeignet zur Beurteilung der finanziellen Stabilität des Unternehmens, weil über die künftigen Zahlungsverpflichtungen aus dem Jahresabschluss nur ungenügende Angaben verfügbar sind. Aussagekräftiger ist der Zinsdeckungsgrad, indem der EBIT durch den Zinsaufwand dividiert wird.

13.4 Analyse der Geldflüsse, der Liquidität und der Verschuldung

13.4.1 Begriffe

Eine wesentliche Neuerung des Rechnungslegungsrecht zur Darstellung des Fremdkapitals in der Bilanz ist die Gliederung nicht nur nach der Fristigkeit, sondern die verbesserte Transparenz durch den getrennten Ausweis der verzinslichen kurz- und langfristigen Verbindlichkeiten (OR 959a II). Die kurzfristigen verzinslichen Verbindlichkeiten umfassen auch die bisher unter der Position langfristige Finanzverbindlichkeiten erfassten, innert Jahresfrist fälligen oder voraussichtlich zurück zu zahlenden Verbindlichkeiten, wie Amortisationsquoten von Hypotheken, Darlehen oder in den nächsten zwölf Monaten fälligen Leasingraten. Dadurch wird die Analyse der **Verschuldung**, vor allem in dynamischer Betrachtung, z. B. zur Kreditwürdigkeitsprüfung, erleichtert. Das verzinsliche Fremdkapital entspricht den Finanzverbindlichkeiten. Werden diese um die flüssigen Mittel gekürzt, ergeben sich die Netto-Finanzverbindlichkeiten. Mit dem Eigenkapital in Beziehung gesetzt, kann die Kennzahl des **Gearing** gebildet werden:

$$\frac{(\text{verzinsliche Nettoschulden} \times 100)}{\text{Eigenkapital}}$$

Die Netto-Finanzverbindlichkeiten sollten unter dem Eigenkapital liegen, je tiefer, desto besser. Ein hohes Gearing deutet auf einen engen finanziellen Handlungsspielraum hin.[659]

Bei der Analyse von Einzelabschlüssen von Konzern-Tochtergesellschaften ist zu beachten, dass das Gearing nicht aussagekräftig ist, wenn das Cash-Management bei der Holding oder einer besonderen Finanz-Tochtergesellschaft konzentriert ist (Cash Pooling).

Im Zusammenhang mit der Beurteilung der Kapitalstruktur wir auch die Grösse **Nettoverschuldung** verwendet. Das gesamte Fremdkapital (nach Gewinnverwendung) wird um die Zahlungsmittel sowie Wertschriften vermindert. Bei Gesellschaften mit hoher Finanzkraft übersteigen die flüssigen Mittel die Finanzverbind-

659 Finanzpolitische Zielsetzungen zum Gearing siehe Boemle/Stolz, Unternehmungsfinanzierung, S. 141.

lichkeiten. In diesem Fall spricht man vom **Finanzvermögen** oder von der **Netto-Liquidität.**[660]

Beispiel Nettoverschuldung (Nettoliquidität) Adval Tech (Swiss GAAP FER 2015–2017, in TCHF)

Konzernbilanz

	2015	2016	2017
Flüssige Mittel	15'990	53'871	18'084
kurzfr. Verzinsliche Verbindlichkeiten	- 14'326	- 1'550	- 1'137
langfr. Verzinsliche Verbindlichkeiten	- 61'589	- 1'655	- 1'304
	- 59'925	**50'606**	**15'643**

Sinnvollerweise sind die Aspekte von Liquidität und Verschuldung stets im Zusammenhang mit der Geldflussrechnung zu beurteilen. Die Kennzahlen zur Verschuldung beziehen sich auf Angaben per Bilanzstichtag. Dies gilt auch für die häufig verwendeten Kennzahlen, welche die Nettoverschuldung mit Zahlen aus der Erfolgsrechnung verbinden, wie z. B. beim Verschuldungsfaktor:

$$\frac{\text{(Fremdkapitel – Flüssige Mittel – Forderungen a. LuL)}}{\text{Geldfluss aus Betriebstätigkeit}}$$

In der Praxis wird anstelle des Geldflusses aus Betriebstätigkeit auch oft die Erfolgsgrösse EBITDA verwendet.

Ein Verschuldungsfaktor zeigt die Jahre an, wie lange es andauert, bis die Nettoverschuldung zurückbezahlt ist. Ein Wert von tiefer als fünf Jahre kann als durchschnittlich betrachtet werden, wobei höhere Werte eher als kritisch zu betrachten sind. Sowohl aus der Sicht der Aktionäre wie der Banken als Kreditgeber zählt nicht nur die gegenwärtige, sondern vor allem auch die zukünftige Ertragskraft. Diese bestimmt die **Verschuldungskapazität.**[661] Weil die Berechnung Kenntnis der Finanzplandaten voraussetzt, ist diese von den aussenstehenden Rechnungslegungsadressaten nicht zu ermitteln. Diesen stehen nur als freiwillige Informationen im Anhang für die nicht beanspruchten offen gelegten Kreditlimiten zur Verfügung.

660 Von allen börsenkotierten Schweizer Gesellschaften mit Ausnahme der Finanzdienstleister informiert der Aktienführer Schweiz über die Entwicklung der Kennzahl Nettoverschuldung (Nettoliquidität in der jeweiligen Mehrjahresübersicht zur Rechnungslegung (Jährliche Ausgabe durch Verlag Finanz und Wirtschaft Zürich).

661 Kreditgebende Banken ermitteln die Verschuldungskapazität zukunftsgerichtet. Dabei werden die künftigen Free Cashflows für die nächsten drei bis fünf Jahre ermittelt und mit einem Risiko gerichteten Kapitalsatz diskontiert. Alternativ werden auch approximative Hilfsgrössen herangezogen (z. B. dreifacher EBITDA). Die Jahresabschlüsse dienen dabei oft der Verifikation von getroffenen Annahmen in vergangenen Jahresabschlüssen.

13.4.2 Analyse der Geldflussrechnung

Das Gewinnstreben eines Unternehmens wird beschränkt durch die Notwendigkeit, dauernd die Zahlungsbereitschaft aufrecht zu erhalten. Dies setzt eine ausreichende Liquidität voraus.

Liquidität ist die Fähigkeit des Unternehmens, vorhandene Vermögenswerte in Zahlungsmittel umzuwandeln. Eine hohe Liquidität stellt sich, stetige Dividenden zahlen, Schulden zu amortisieren und Investitionen aus eigener Kraft bewältigen zu können.

Diese wird in der Jahresabschlussanalyse traditionell anhand von **Liquiditätsgraden** beurteilt.[662] Hierbei werden den in der Bilanz unter kurzfristigem Fremdkapital erfassten Zahlungsverpflichtungen bestimmte Bestände des Umlaufvermögens zugeordnet.[663] Folgende Kennzahlen werden hierzu in der Praxis verwendet:

$$\text{Quick Ratio; Liquiditätsgrad II} = \frac{(\text{Flüssige Mittel} + \text{Forderungen a. LuL} \times 100)}{\text{kurzfristiges Fremdkapital}}$$

$$\text{Quick Ratio; Liquiditätsgrad III} = \frac{(\text{Umlaufvermögen} \times 100)}{\text{kurzfristiges Fremdkapital}}$$

Diese **statische Liquiditätsanalyse** liefert jedoch nur Anhaltspunkte zur Abschätzung der aus diesen Beständen zu erwartenden Ein- und Auszahlungen. Es wird unterstellt, dass das Liquiditätsverhalten der Zukunft dem der Vergangenheit entspricht. Erreichen die Liquiditätskennzahlen nicht die als optimal beurteilten Werte (Quick Ratio ≥ 1.5 bis 2), sind die Möglichkeiten zu zusätzlicher Mittelbeschaffung sowie Substitutions- und Prolongationstransaktionen bei der Beurteilung mit zu berücksichtigen. Diese gehen jedoch aus der Jahresrechnung entweder überhaupt nicht oder nur andeutungsweise (z. B. in Form von Angaben über die verpfändeten Aktiven oder die offenen Kreditlimiten) hervor. Auf der Grundlage der veröffentlichten Bilanzen und der daraus abgeleiteten Kennzahlen ist eine zuverlässige Einschätzung der Zahlungsbereitschaft nicht möglich. Es sind daher ergänzende Analysen vorzunehmen, welche aus der Erfolgsrechnung abgeleitete Stromgrössen mit einbeziehen (**dynamische Liquiditätsanalyse**). Dazu dient vor allem die **Geldflussrechnung** (OR 961b). Sie vermittelt für die Beurteilung der Finanzkraft der Unternehmung die entscheidenden Informationen über die durch die betriebliche Tätigkeit erwirtschafteten Zahlungsmittel durch den »echten« **operativen Cashflow** (Geldfluss aus Geschäftstätigkeit, Cashflow from Operating Activities) sowie über die Geldflüsse aus Investitions- und Finanzierungstätigkeit.

662 Brösel, Bilanzanalyse, S. 286. Die Liquiditätsgradebezeichnung ist nicht einheitlich, weil gewisse Autoren das realitätsfremde Verhältnis flüssige Mittel zu kurzfristigem Fremdkapital als 1. Liquiditätsstufe bezeichnen.

663 Die Komponenten der Zahlungsbereitschaft siehe Boemle/Stolz, Unternehmungsfinanzierung, S. 103-105.

13.4.3 Cashflow-Kennzahlen

Nach OR 961d können grössere Unternehmen, welche eine Konzernrechnung nach einem anerkannten Standard der Rechnungslegung erstellen, auf die Geldflussrechnung im Einzelabschluss des Mutterunternehmens verzichten. Geldflüsse werden deshalb stets konsolidiert beurteilt.

Ein wirksames Cash Management setzt zuverlässige Angaben über die Geldströme (Einzahlungen und Auszahlungen) voraus, welchen Bestand und welche Veränderung der Flüssigen Mittel beeinflussen. Die zunehmende Beachtung, welche die Darstellung der Geldflüsse in der Rechnungslegung findet, hat zu einer Verbesserung der Transparenz dieses Teils des Jahresabschlusses geführt. Die früher übliche Mittelflussrechnung (Fund Statement) mit dem Netto-Umlaufvermögen als Liquiditäts-Messgrösse ist auf Gesetzesebene und in den anerkannten Standards der Rechnungslegung durch das Cashflow-Statement (Geldflussrechnung, Swiss GAAP FER 4) mit dem Fonds Flüssige Mittel abgelöst worden.

Die Gliederung der Geldflüsse, welche eine bestimmte Art von Geldflüssen, z. B. aus Positionen des Nettoumlaufvermögens, Ertragssteuern, Zinsen nach drei Bereichen, (Geschäfts-, Investitions- und Finanzierungstätigkeit) zuordnet, wird dagegen bei der in der Praxis, bis auf vereinzelte Ausnahmen, von Unternehmen angewendeten indirekten Methode nach unterschiedlichen Kriterien vorgenommen.

Deshalb wird auch die Kerngrösse der Geldflussrechnung, in der Praxis traditionell vereinfacht als **Cashflow** bezeichnet, beim zwischenbetrieblichen Vergleich aufmerksam nach ihren Elementen analysiert. Dies ist umso wichtiger für die aus **operativer Tätigkeit generierten flüssigen Mittel** (Cash provided from operations), welche für die Beurteilung der Finanzierungslage (OR 959 I) von zentraler Bedeutung sind.

Wegen der seit den Anfängen der Geldflussrechnung in der Praxis herrschenden Begriffsverwirrung wird die Bezeichnung Cashflow in Fachkreisen als Misnomer beurteilt. Swiss GAAP FER 4 verzichtet deshalb auf diese. Cashflows gelten jedoch, im Gegensatz z. B. zum EBITDA oder Konzerngewinn, nach wie vor als aussagekräftige, »robuste« Kennzahlen, weil Geldflüsse nicht durch bilanzpolitische Spielräume und Wahlrechte manipulierbar seien.[664]

Von Gesetzes wegen fehlen bis auf die drei Bereiche Vorschriften über die Gestaltung der Geldflussrechnung, was vor allem im Kernbereich der Geldflüsse aus der Geschäftstätigkeit die zwischenbetrieblichen Vergleiche beeinträchtigt. FER 4/10 schreibt für die Ermittlung des betrieblichen Geldflusses zur Ausgangsgrösse Gewinn/Verlust bei der indirekten Methode 12 Positionen vor.

---

664 Ein prominenter Vertreter dieser Auffassung ist Rappaport in seinem Buch »Creating Shareholder Value« (1998), S. 18. Eine empirische Untersuchung von 151 Geschäftsberichten deutscher Unternehmen zeigt jedoch wegen der auch in den ASR (z. B. IAS 7) vorgesehenen Wahlrechte und nicht geregelten Sachverhalten: »Cashflow ist nicht Cashflow« (Hübsche, T./Inf-Veen, T.: Praxis der Kapitalflussrechnung, IRZ 7/8 2008, S. 347.)

Aus der früheren Praxis der Mittelflussrechnung mit ihrer frei zu gestaltenden Gliederung halten sich im Bereich Geschäftstätigkeit auch traditionelle Bezeichnungen zur Bildung von Subtotalen, wie »Erarbeitete Mittel« (Hochdorf, Titlisbahnen), »Geldfluss aus Betriebstätigkeit vor Veränderung Netto-Vermögen« (Bossard, Dätwyler), oder » Cashflow« (Säntisschwebebahn), Betriebsnettoeinnahmen, Nettoeinnahmen aus operativer Tätigkeit, fortgeführte Geschäftsbereiche, Nettoeinnahmen aus operativer Tätigkeit (Valora), Cashflow aus operativer Geschäftstätigkeit, Cashflow aus Leistungserstellung (dormakaba).

Die in den Medien im Zusammenhang mit der Finanzberichterstattung oft erwähnten Cashflow-Margen sind wegen der Unbestimmtheit dieses Begriffs kritisch zu werten.

Der Ausweis des **Free Cashflow** als Indikator für die Finanzkraft des Unternehmens ist bei Swiss GAAP FER nicht vorgesehen, kann aber ins Gliederungsschema eingebaut werden (Adval Tech, Hochdorf, Jungfraubahn) oder im Anhang in einer zusätzlichen Rechnung dargestellt werden.

In der einfachsten Variante wird er als Summe zwischen dem Geldfluss aus operativer Geschäftstätigkeit und dem Geldfluss aus Investitionstätigkeit charakterisiert. Es fehlt allerdings auch für diesen Begriff eine einheitliche Definition. Verschiedene Autoren berücksichtigen nur die Ersatzinvestitionen (Maintenance Capital Expenditures, CAPEX), weil über Erweiterungsinvestitionen frei entschieden werden kann. In der Praxis werden auch die vom Markt erwarteten Gewinnausschüttungen als Zwangsausgaben und – vergleichbar mit den Zwangsinvestitionen – somit als der freien Verfügbarkeit entzogen, betrachtet. Unternehmen definieren für die finanzielle Führung – wie das folgende, etwas eigenwillige Beispiel zeigt (Einzelabschluss nach OR) – den Free Cashflow nach ihren eigenen Informationsbedürfnissen.

Beispiel Free Cashflow Berechnungen Adelboden Bergbahnen AG (OR, 2016-2018, in CHF)

	2015/6	2016/7	2017/8
Jahreserfolg	– 998'101	– 708'943	588'122
Geldfluss aus Geschäftstätigkeit	3'505'767	5'936'293	3'743'030
Nettoinvestitionen	– 10'448'752	– 3'185'626	– 1'490'933
Free Cashflow	– 6'942'985	2'750'667	2'252'097

Dabei ist zu beachten, dass eine zuverlässige Beurteilung der Finanzkraft der Gesellschaft wiederum nur aufgrund einer Mehrjahresbetrachtung möglich ist, weil auch in einer ertragskräftigen Unternehmung der Free Cashflow von einem Geschäftsjahr zum andern starken Schwankungen ausgesetzt sein kann. Langfristig muss der operative Cashflow den Cashflow aus Investitionstätigkeit übersteigen, damit das finanzielle Gleichgewicht erreicht wird und eine Wertgenerierung stattfindet. In der Schweizer Rechnungslegungspraxis legen 16 von 50 untersuchten Unternehmen den Free Cashflow offen.[665]

13.5 Kennzahlensysteme

Kennzahlen informieren als Grundzahlen (absolute Zahlen) oder Verhältniszahlen in konzentrierter Form über zahlenmässig erfassbare Sachverhalte.[666] Die Konstruktion und Anzahl hängen vom Informationsbedarf des Analysten bzw. des Entscheidungsträgers ab. Die Qualität der Aussagen wird erhöht, wenn die Kennzahlen nicht beziehungslos nebeneinanderstehen, sondern auf logisch deduktivem Weg zu einem Kennzahlensystem geordnet werden. Auf diese Weise werden betriebswirtschaftliche Interdependenzen von Einzelaussagen deutlich gemacht. Das älteste und bekannteste Kennzahlensystem in Gestalt einer Kennzahlenpyramide ist das sog. Dupont-Schema, entwickelt vom US-Chemiekonzern E.I.Dupont de Nemours Co.[667] Weitere Kennzahlensysteme wurden von Wirtschaftsverbänden (Zentralverband der Elektroindustrie, ZVEI)[668] sowie von verschiedenen Autoren z. B. RL-System (Rentabilitäts-/Liquiditätssystem) erarbeitet.

Zur neueren Entwicklung zählt das **Scoring**, welches verschiedene Kennzahlen zu einem Gesamtwert verdichtet. Beispiele sind RSW-Verfahren (Rendite, Sicherheit, Wachstum) und der F-Score von Piotroski, welches auf neuen Finanzkennzahlen beruht.[669]

13.6 Analyse der Kennzahlen zur Aktienbeurteilung

Bei den im Handelsregister eingetragenen Aktiengesellschaften handelt es sich – trotz des in den letzten Jahren festgestellten Aufschwungs der GmbH – häufig um kleine Unternehmen mit dem Mindestaktienkapital. Dieses wird häufig von einer oder wenigen Personen gehalten. Ihre Beziehung zur Aktie als Beteiligungspapier mit Wertsteigerungspotential durch eine erfolgreiche Unternehmenstätigkeit ist nicht zu vergleichen mit jener von Aktionären in börsenkotierten oder wenigstens ausserbörslich gehandelten Aktien.[670]

---

665 Balkanyi, Kennzahlen in der Praxis von kotierten Swiss GAAP FER Unternehmen, in: R&C, 2/2017, S. 17.

666 Kütting/Weber, Bilanzanalyse, S. 23 ff.

667 Dargestellt und kommentiert von Thommen: Betriebswirtschaft und Management, S. 462.

668 Küting/Weber, Bilanzanalyse, S. 35.

669 Finanz und Wirtschaft vom 12.7.2017.

670 Näheres zu den Typen von Aktiengesellschaften in Boemle/Stolz, Unternehmungsfinanzierung, Band 1, S. 299 ff.

Für diese privaten Aktiengesellschaften fehlt eine wesentliche Grösse zur Beurteilung des Wertes der Aktien: der Marktpreis (Börsen- oder ausserbörslicher Handel mit Geld- oder Briefkursen oder auch bei einem grösseren privaten Aktionärskreis wenigstens Transaktionspreise).

Aktien sind aufgrund der Steuergesetzgebung (StHG 14 I und 66 I) jährlich zu bewerten. Der von der Steuerverwaltung festzusetzende **Steuerkurs** wird gestützt auf eine Wegleitung berechnet.[671] Es ist jedoch zu beachten, dass dieser Steuerwert nicht dem wirklichen Wert (z. B. OR 685b IV) gleichzusetzen ist und deshalb auch nicht für die Kennzahlenberechnung verwendet werden sollte.

Beispiel Raststätte Thurau AG (OR, 2016)

Aktienkapital	2'200 Namenaktien zu nominal CHF 1'000	
Kurse OTC	7'500 CHF (Geld)	9'100 CHF (Brief)
Letzter Transaktionspreis	8'500 CHF	
Steuerwert	5'500 CHF	

Die von der Lehre entwickelten, in der Praxis des Börsenhandels sowie in der Vermögensanlage verwendeten Kennzahlen können nur summarisch dargestellt werden:[672]

- Kurs-Gewinn-Verhältnis,
- Kurs-Umsatz-Verhältnis,
- Kurs-Cashflow-Verhältnis,
- Markt-Buchwert-Verhältnis,
- Marktkapitalisierung,
- Enterprise Value,
- Dividendenrendite.

Alle Kennzahlen beziehen sich auf eine Aktie. In der Regel geben Gesellschaften nur eine Kategorie von Aktien mit einem einheitlichen Nennwert aus. Gesellschaften, deren Aktienkapital aus zwei oder mehreren Titelkategorien zusammengesetzt ist, sind im schweizerischen Aktienmarkt die Ausnahme. In der Praxis werden Minderheitsanteile in der Regel nicht in die Berechnung inkludiert.

671 Wegleitung zur Bewertung von Wertpapieren ohne Kurswert für die Vermögenssteuer vom 20. August 2008.

672 Für eine vertiefte Darstellung sind spezialisierte Publikationen zu konsultieren.

Beispiel Loeb Holding Zusammensetzung des Grundkapitals (Swiss GAAP FER, in CHF)

Grundkapital

693'400 Namenaktien Serie A zu nominal CHF –.45	312'030
180'660 Namenaktien Serie B zu nominal CHF 4.50	812'970
Aktienkapital	**1'135'000**
234'000 Inhaber-Partizipationsscheine (PS) zu nominal 4.50	
Partizipationskapital	1'053'000
Nominelles Aktien- und Partizipationskapital	**2'178'000**

Alle Aktien der Serie A sind im Besitz einer Familienholding.
Die Aktien der Serie B und die PS werden ausserbörslich gehandelt.

Die **Marktkapitalisierung (Börsenkotierung)** von Beteiligungspapieren (Aktien, PS, Genussscheine),[673] hat den Vorteil, dass die Unternehmensleitung laufend Informationen zur Bewertung der Gesellschaft durch den Markt erhält. Dabei ist jedoch zu beachten, dass die Kursbildung an der Börse von zahlreichen, oft rasch wechselnden Faktoren abhängig ist und deshalb nicht den »wirklichen« Unternehmenswert – wie er in einer fachmännisch durchgeführten Unternehmensbewertung ermittelt wird – widerspiegelt.

Grundsätzlich weisen die allerdings selten gewordenen PS wegen des fehlenden Stimmrechts trotz gleicher Vermögensrechte wie die Aktien einen Abschlag auf dem Aktienkurs auf.

Die **Börsenkapitalisierung** als aktueller Marktwert wird aus der Multiplikation zwischen den ausstehenden Aktien[674] (ausgegebene, gehandelte Aktien abzüglich Anzahl eigene Aktien) und dem Börsenkurs am Bilanzstichtag ermittelt.

Beispiel Börsenkapitalisierung und Aktienkennzahlen Bad Ragaz Grandhotel (Swiss GAAP FER, 2018)

	2018	***2017***
Darstellung EPS (in CHF)	279	232
Anzahl Aktien (Stück)	23'940	23'940
Eigene Aktien (Stück)	– 187	– 244
Ausstehende Aktien (Stück)	23'753	23'696
Aktienkurs jeweils am 31.12. (CHF)	4'750	4'825

673 Solche hat nur Roche, jedoch in erheblich grösserer Anzahl als Aktien, kotiert.
674 Auch als free float bezeichnet.

Marktkapitalisierung (in TCHF)	112'827	114'333
EK am 31.12.2018 (in TCHF) (ohne Minderheitsanteile)	138'317	131'346
Markt-Buchverhältnis	0.81	0.87

Der Gewinn je Aktie ist von börsenkotierten Unternehmen als einzige Kennzahl zwingend offenzulegen. Bei der Beurteilung von Aktienkennzahlen ist zu beachten, dass diese auch durch den angewendeten Rechnungslegungsstandard beeinflusst werden. In verschiedenen Aktienanalysen wird anstelle der Börsenkapitalisierung der sog. Enterprise Value zur Berechnung der Aktienkennzahlen verwendet. Der Enterprise Value lässt sich folgendermassen berechnen:

Enterprise Value = Marktkapitalisierung + verzinsliches Fremdkapital – liquide Mittel – nicht betriebsnotwendiges Vermögen.

In der Finanzanalyse ist der EV/ EBITDA eine gängige Kennzahl für die Beurteilung von börsenkotierten Unternehmen. Hierzu werden oft Multiples herangezogen, um Vergleiche zwischen ähnlichen Unternehmen zu erstellen.

13.7 Anwendung von Kennzahlen in der Unternehmesberichterstattung

Es steht den Unternehmen frei, welche Kennzahlen sie zur Ergänzung der Pflichtangaben nach Gesetz und nach den anerkannten Standards der Rechnungslegung in der jährlichen Finanzberichterstattung präsentieren wollen. Mehrjahresübersichten mit ausgewählten Erfolgs-, Bilanz- und Börsenkennzahlen sind bei grossen Unternehmen die Regel.

Beispiel Angaben von verwendeten Kennzahlen dormakaba Holding (Swiss GAAP FER, 2018)

Das Mutterunternehmen des 2015 aus dem Zusammenschluss der Kaba-Holding und der nicht börsenkotierten deutschen Dorma-Gruppe entstandenen Konzerns veröffentlicht die folgenden aus der Sicht des Unternehmens für die Investoren relevanten Kennzahlen im Geschäftsbericht.

Unternehmenskennzahlen

(nur die Gliederungszahlen ohne die ebenfalls ausgewiesenen Grundzahlen):

- **in % der Nettoumsätze**
  organisches Wachstum
  EBITDA
  EBIT
  Gewinn
  Netto operativer Cashflow

- **in % der Nettoaktiven**
  Gewinn
- **Vermögensstruktur in % der Nettoumsätze**
  Total der Aktiven
  Sachanlagevermögen
  Vorräte
  Forderungen aus Lieferungen und Leistungen
- **Nettoumlaufvermögen in % der Nettoumsätze**
  Verschuldung / Eigenkapital
  Nettoverschuldung in % des Eigenkapitals
  Nettoverschuldung / EBITDA
  Eigenkapital in % der Aktiven
  Zinsendeckungsgrad
  Eigenkapitalrentabilität
- **Kennzahlen zum Aktienkapital**
  Gesamtzahl der ausgegebenen Aktien
  Zahl der umlaufenden Aktien Ende Juni 2017
  Durchschnittliche Zahl der umlaufenden Aktien
  Anzahl Aktionäre je Aktie Ende Juni 2017
- **Kennzahlen je Aktie**
  Gewinn je Aktie (EPS)
  Dividende
  Payout Ratio
  Eigenkapital
  Aktienkurs Höchst/Tiefst/31.12.2016 / 30.6.2017
  Börsenkapitalisierung Höchst/Tiefst / 30.6.2017
  Dividendenrendite Höchst/Tiefst

Eine hohe Bedeutung haben die neu auszuweisenden alternativen Performance-Kennzahlen in der Berichterstattung von börsenkotierten Unternehmen. Insbesondere kann ein Unternehmen aus Führungsperspektive darlegen, wie es einen Konzern oder eine Muttergesellschaft führt und lenkt und wie die Zielsetzungen definiert werden. Sofern die Kennzahlen nicht auf Basis eines anerkannten Standards der Rechnungslegung erfolgen, ist dies in der Finanzberichterstattung darzulegen.

Beispiel Orior Anwendung von alternativen Performancekennzahlen (Swiss GAAP FER, Halbjahresbericht 2020, in TCHF)

ORIOR verwendet in ihren Geschäftsberichten, Halbjahresberichten und weiteren Mitteilungen an Investoren finanzielle Kennzahlen, die nicht nach Swiss GAAP FER definiert sind (sog. Alternative Performancekennzahlen). Diese liefern nach Ansicht der Konzernleitung nützliche und relevante Informationen zur operativen und finanziellen Leistung der Gruppe. Nachfolgend werden die wichtigsten alternativen Performancekennzahlen erläutert und auf eine Kenngrösse gemäss Swiss GAAP FER übergeleitet. Die verwendeten alternativen Performancekennzahlen sind möglicherweise nicht mit ähnlich betitelten Kennzahlen, die von anderen Unternehmen veröffentlicht werden, vergleichbar. Alle im Finanzbericht dargestellten alternativen Performancekennzahlen beziehen sich auf die Performance des laufenden Jahrs und der Vergleichsperioden.

Bruttogewinn und Bruttomarge
Der Bruttogewinn sowie die Bruttomarge sind in der von Swiss GAAP FER definierten Gliederung der Erfolgsrechnung nach dem Gesamtkostenverfahren nicht enthalten. ORIOR verwendet den Bruttogewinn sowie die Bruttomarge, um die Entwicklung des Warenaufwands verständlicher darzustellen. Der Bruttogewinn setzt sich zusammen aus dem Nettoerlös, reduziert um den Warenaufwand und Fremdleistungen sowie angepasst um die Bestandesänderungen der Halb- und Fertigfabrikate. Die Bruttomarge ergibt sich, wenn der Bruttogewinn durch den Nettoerlös dividiert wird.

	Jan – Jun 2020	**Jan – Jun 2019**
Nettoerlös	287'414	279'640
Warenaufwand	– 160'319	– 157'421
Bestandesveränderungen	– 1'583	– 1'848
Bruttogewinn	125'512	124'067
Bruttogewinnmarge	43.7%	44.4%

EBITDA und EBITDA-Marge
Earnings before Interest, Tax, Depreciation & Amortisation [EBITDA] entspricht dem Betriebsgewinn vor Zinsen, Steuern, Abschreibungen und Amortisationen. Die EBITDA-Marge ergibt sich, wenn der EBITDA durch den Nettoerlös dividiert wird.

	Jan – Jun 2020	**Jan – Jun 2019**
EBIT	10'031	17'423
+ Abschreibungen Sachanlagen	9'507	8'673
+ Abschreibungen Immaterielle Anlagen	3'936	2'324
EBITDA	23'474	28'419
EBITDA-Marge	8.2%	10.2%

Nettoverschuldung / EBITDA-Quote
Die ORIOR Gruppe verwendet diese Kennzahl, um die Relation zwischen Verschuldung und Rentabilität aufzuzeigen. Dazu wird die Nettoverschuldung, welche nachfolgend hergeleitet wird, durch den EBITDA der letzten 12 Monate dividiert.

	Jan - Jun 2020	Jan - Jun 2019
EBITDA 2. Halbjahr	32'613	31'180
EBITDA 1. Halbjahr	23'474	28'419
EBITDA LTM (last 12 months)	56'087	59'599
+ kurzfristige Finanzverbindlichkeiten	8'412	1'371
+ langfristige Finanzverbindlichkeiten	175'218	175'208
– Flüssige Mittel	– 22'696	– 30'366
Nettoverschuldung	160'934	146'213
Nettoverschuldung / EBITDA-Quote	2.87	2.45

13.8 Auswirkung der Wechsel von Rechnungslegungsstandards auf die Abschlussanalyse

Der Entscheid für ein bestimmtes Regelwerk wird massgeblich durch den Adressatenkreis der Rechnungslegung beeinflusst. Aufgrund der zahlreichen Wahlrechte und unterschiedlich angewandten Schätzungsmethoden sind Unterschiede zwischen den Standards (OR, FER, IFRS oder US GAAP) zu erwarten. Somit können erhebliche Differenzen bei der Abschlussanalyse entstehen. In der Regel wird eine Überleitungsrechnung dargelegt, womit die Differenzen zwischen den Rechnungslegungsstandards ersichtlich werden. Sofern Unternehmen in der ähnlichen Branche verglichen werden, so sind die Unterschiede zwischen den Rechnungslegungsstandards zu verstehen. Absolute Rückschlüsse aus den Jahresergebnissen sind daher nur mit höchster Vorsicht und tiefgehender Analyse möglich.

Beispiel unterschiedliche Rechnungslegungsstandards Swatch Group 2012/2013 (IFRS und Swiss GAAP FER, in Mio. CHF)

Finanzgrösse	Jahresabschluss 2012 IFRS	Jahresabschluss 2012 FER
Nettoumsatz	8'143	7'796
Konzerngewinn	1'608	1'604
Eigenkapital	9'344	8'573
Bilanzsumme	11'222	10'430
Gewinn je Aktie verwässert	5.92	5.91
Gewinn je Aktie unverwässert	5.93	5.91
Geldfluss aus Betriebstätigkeit	999	999

Der Wechsel eines Rechnungslegungsstandard kann Auswirkungen auf die Ergebnisse der Kennzahlen haben, da insbesondere neue Bewertungsregeln aufkommen können und neue Wahlrechte offenbart werden. So hat Emmi den Wechsel von IFRS auf Swiss GAAP FER angekündigt. Ab 2020 wird Emmi den Goodwill nicht mehr jährlich auf Werthaltigkeit testen, sondern diesen direkt mit dem Eigenkapital verrechnen. Somit fällt eine potenziell künftige Abschreibung von Goodwillpositionen dahin und das Eigenkapital wird reduziert. Beides hat einen positiven Einfluss auf die Gesamt- und Eigenkapitalrentabilität, obwohl keine Liquidität damit geschaffen wird.[675]

675 Finanz und Wirtschaft (Emmi-Aktionäre profitieren von starker finanzieller Situation) vom 4.2.2020.

Anhang A: Überblick über die Auswertung des Jahresabschlusses

A.1 Unternehmensstruktur und -tätigkeit

- Entwicklung des Unternehmens
- Tätigkeitsgebiete und Märkte
- Eigentumsverhältnisse
- Branchenanalyse

A.2 Analyse der Ertragsstruktur

- Entwicklung des Umsatzes
- Strukturierung des Gesamtumsatzes und Segmentsberichterstattung
- $\text{Umsatz je Mitarbeitende} = \frac{\text{Umsatz}}{\text{Vollzeitstellen im Jahresdurchschnitt}}$

A.3 Analyse der Aufwandstruktur

- $\text{Materialintensität} = \frac{\text{Materialaufwand}}{\text{Umsatz}}$
- $\text{Personalintensität} = \frac{\text{Personalaufwand}}{\text{Umsatz}}$
- $\text{Personalaufwand je Mitarbeitenden} = \frac{\text{Personalaufwand}}{\text{Vollzeitstellen im Jahresdurchschnitt}}$

A.4 Umsatzrentabilität

- $\text{Eigenkapitalrentabilität} = \frac{\text{Jahreserfolg}}{\text{Kapital}} = \frac{\text{Jahreserfolg}}{\text{Umsatz}} \times \frac{\text{Umsatz}}{\text{Kapital}}$
- $\text{Bruttogewinnmarge} = \frac{\text{Bruttogewinn}}{\text{Umsatz}}$
- $\text{EBITDA - Marge} = \frac{\text{EBITDA}}{\text{Umsatz}}$
- $\text{EBIT - Marge} = \frac{\text{EBIT}}{\text{Umsatz}}$

- Vorsteuergewinnmarge = $\frac{\text{Unternehmensgewinn vor Steuern}}{\text{Umsatz}}$
- Reingewinnmarge = return on sales = $\frac{\text{Jahresgewinn}}{\text{Umsatz}}$

A.5 Kapitalrentabilität

- Eigenkapitalrentabilität = return on equity (ROE) = $\frac{\text{Jahresgewinn}}{\text{Ø Eigenkapital}}$
- Eigenkapitalrentabilität ohne Minderheiten
  $= \frac{\text{Jahresgewinn ohne Minderheitsanteile}}{\text{Ø Eigenkapital ohne Minderheiten}}$
- Eigenkapitalrentabilität (umfassend)
  $= \frac{\text{Jahresgewinn}}{\text{Umsatz}} \times \frac{\text{Umsatz}}{\text{Bilanzsumme}} \times \frac{\text{Bilanzsummen}}{\text{Ø Eigenkapital}}$
- Gesamtkapitalrentabilität = Return on Investments (ROI)
  $= \frac{\text{EBIT}}{\text{Ø Eigenkapital + verzinsliches Fremdkapital}}$

A.6 Value Reporting

- Economic Value Added = NOPAT – (WACC × NOA)
  Economic Value Added = (ROIC – WACC) × investiertes Kapital
  NOPAT = EBIT × (1 – t)

mit

$t = \frac{\text{Steuern}}{\text{Ergebnis vor Steuern (EBT)}}$

WACC = weighted average cost of capital

$= (\text{Fremdkapitalzins} \times \frac{\text{zinstragendes Fremdkapital}}{\text{zinstragendes Fremdkapital + Eigenkapital}}$

+ (risikoloser Zinssatz

$+ \beta \text{ x Marktrisikoprämie})) \times \frac{\text{Eigenkapital}}{\text{zinstragendes Fremdkapital + Eigenkapital}}$

mit

$\beta = \frac{\text{Kovarianz Aktierendite zum Markt}}{\text{Varianz der Rendite des Markts}}$

NOA = net operating assets = netto-betriesnotwendiges Vermögen
= Bilanzsumme – nicht betrieblich benutzte Aktiven
+ nicht verzinsliche Verbindlichkeiten

NOA = net operating assets = netto-betriesnotwendiges Vermögen
= Bilanzsumme – nicht betrieblich benutzte Aktiven
+ nicht verzinsliche Verbindlichkeiten

investiertes Kapitel
= Eigenkapital + langfristige Rückstellungen + verzinsliches Fremdkapital

$$ROIC = \frac{NOPAT}{investiertesKapital}$$

Legende:
t = Steuerrate (Gewinnsteuerrate)
NOPAT = net operating profit after taxes (operativer Gewinn nach Steuern)
NOA = net operating assets (Nettoaktiven)
WACC = weighted average cost of capital (gewichtete Gesamtkapitalkosten)
ROIC = return on invested capital

A.7 Vermögensstruktur und Effizienz

- $\text{Immobilisierungsgrad} = \frac{\text{Anlavermögen}}{\text{Bilanzsumme}}$
- $\text{Anlageabnutzungsgrad} = \frac{\text{kumulierte Abschreibungen}}{\text{Anschaffungskosten Abschreibungen}}$
- $\text{Kapitalumschlag} = \frac{\text{Umsatz}}{\text{Bilanzsumme}}$
- $\text{Umschlagehäufigkeit Vorräte} = \frac{\text{Warenaufwand x 100}}{\text{Ø Vorräte}}$
- $\text{Lagerfrist} = \frac{365}{\text{Umschlagshäufigkeit der Vorräte}}$
- $\text{Angemessenheit Vorräte} = \frac{\text{Vorräte}}{\text{Umsatz}}$
- $\text{Umschlagshäufigkeit Debitoren} = \frac{\text{Umsatz}}{\text{Ø Forderungen aus Lieferung und Leistung}}$
- $\text{Debitorenfrist} = \frac{365}{\text{Umschlagshäufigkeit Debitoren}}$

  Umschlagshäufigkeit Kreditoren =
  $$\frac{\text{Warenaufwand} - \text{Bestandesaufnahme} + \text{Bestandeszunahme}}{\text{Ø Verbindlichkeiten aus Lieferung und Leistung}}$$
- $\text{Kreditorenfrist} = \frac{365}{\text{Umschlagshäufigkeit der Kreditoren}}$
- Operational Cycle = Debitorenfrist + Lagerfrist
- Cash Cycle = Operational Cycle-Kreditorenfrist
- $\text{Working Capital zu Umsatz} = \frac{\text{Working Capital}}{\text{Umsatz}}$
- $\text{Innenfinanzierungsgrad} = \frac{\text{Geldfluss aus Geschäftstätigkeit}}{\text{Investitionen}}$

A.8 Kapitalstruktur

- $\text{Eigenfinanzierungsgrad} = \dfrac{\text{Eigenkapital}}{\text{Bilanzsumme}}$
- $\text{Selbstfinanzierungsgrad} = \dfrac{\text{Gewinnreserven}}{\text{Bilanzsumme}}$
- $\text{Verschuldungsgrad} = \text{Debt-Equity-Ratio} = \dfrac{\text{Fremdkapital}}{\text{Eigenkapital}}$
- $\text{Gearing} = \dfrac{\text{verzinsliches Fremdkapital} - \text{Flüssige Mittel}}{\text{Eigenkapital}}$

A.9 Deckungsverhältnisse/ Horizontalstruktur

- $\text{Anlagedeckungsgrad A oder} = \dfrac{\text{Eigenkapital}}{\text{Anlagevermögen}}$
- $\text{Anlagedeckungsgrad B oder 2} = \dfrac{\text{Eigenkapital} + \text{langfristiges Fremdkapital}}{\text{Anlagevermögen}}$

  Anlagedeckungsgrad C oder 3 =
  $\dfrac{\text{Eigenkapital} + \text{langfristiges Fremdkapital}}{\text{Anlagevermög.} + \text{langfr. geb. Umlaufvermögen}}$
- $\text{Zinsdeckungsgrad} = \dfrac{\text{EBIT}}{\text{Nettozinsaufwand}}$
- $\text{Capital Expenditures} = \dfrac{\text{Investitionen}}{\text{Umsatz}}$

A.10 Liquiditäts- und Cashflowanalyse

- $\text{Quick Ratio} = \text{Liquiditätsgrad I} = \dfrac{\text{Flüssige Mittel} + \text{Forderungen}}{\text{kurzfristiges Fremdkapital}}$
- $\text{Current Ratio} = \text{Liquiditätsgrad II} = \dfrac{\text{Umlaufvermögen}}{\text{kurzfristiges Fremdkapital}}$
- $\text{Cashflow-Marge} = \dfrac{\text{Geldfluss aus Geschäftstätigkeit}}{\text{Umsatz}}$
- $\text{Tilgungsfaktor, Verschuldungsfaktor} = \dfrac{\text{Finanzverbindlichkeiten} - \text{Flüssige Mittel}}{\text{Geldfluss aus Geschäftstätigkeit}}$
- $\text{Reinvestmentfaktor} = \dfrac{\text{Investitionen}}{\text{Geldfluss aus Geschäftstätigkeit}}$
- freier Cashflow = free cashflow
  = Geldfluss aus Geschäftstätigkeit + Geldfluss aus Investitionstätigkeit

A.11 Analyse der Bonität

- $\text{Verschuldungsgrad} = \frac{\text{Fremdkapital}}{\text{Bilanzsumme}}$
- Nettoverschuldung
  $= \text{verzinsliches Fremdkapital} - \text{flüssige Mittel} - \text{Wertpapiere des Umlaufvermögens}$
- $\text{Verschuldungskapazität} = \text{debt capacity} = \text{freier Cashflow} \times \frac{(1+i)^n}{i} \times \frac{}{(1+i)^n}$

Legende:
i = Diskontierungssatz
n = Zeitperiode (in der Regel 7 Jahre)

- $\text{dynamischer Verschuldungsgrad} = \frac{\text{Fremdkapital}}{\text{freier Cashflow}}$
- $\text{Debt to EBITDA} = \frac{\text{verzinsliches Fremdkapital}}{\text{EBITDA}}$
- $\text{CFO to debt} = \frac{\text{Geldfluss aus Geschäftstätigkeit}}{\text{verzinsliches Fremdkapital}}$

A.13 Analyse des Markts

- $\text{Gewinn je Aktien (EPS)} = \frac{\text{Unternehmensgewinn}}{\text{Ø ausstehende Aktien}}$
- Gewinn je Aktien (EPS) unverwässert =
  $\frac{\text{Unternehmensgewinn-Vorzugsdividenden} + (1\text{-}t) \times \text{Zinsaufwand für Wandelanleihen}}{\text{Ø ausstehende Aktien} + \text{gewandelte Aktien aus Wandelanleihen}}$
- $\text{Kursgewinnverhältnis (PER)} = \frac{\text{Börsenkurs am Ende der Periode}}{\text{EPS}}$
- $\text{Ausschüttungsrendite} = \frac{\text{Dividende} + \text{Kapitalrückzahlungen}}{\text{Börsenkurs am Ende der Periode}}$
- $\text{Payout-Ratio} = \text{Ausschüttungsquote} = \frac{\text{Dividenden} + \text{Kapitalrückzahlungen}}{\text{EPS}}$
- $\text{Total Return} = \frac{\text{Dividende} + \text{Kursveränderung}}{\text{Börsenkurs am Ende der Periode}}$
- $\text{Price-Book-Ratio} = \frac{\text{Börsenkurs am Ende der Periode}}{\text{Eigenkapital je Aktie}}$
- Marktkapitalisierung = ausstehende Aktien x Börsenkurs am Ende der Periode
  Enterprise Value (EV)
  = Marktkapitalisierung − flüssige Mittel + Verbindlichkeiten
  + Minderheiten + Eigenkapital
- $\text{EV to EBITDA} = \frac{\text{EV}}{\text{EBITDA}}$

- Market-Sales-Ratio $= \frac{\text{Marktkapitalisierung}}{\text{Umsatz}}$
- Kurs-Cashflow Verhältnis $= \frac{\text{Marktkapitalisierung}}{\text{Geldfluss aus Geschäftstätigkeit}}$
- Wachstumsrate = Eigenkapitalrendite x (1-payout ratio)

A.14 Analyse der Ergebnisqualität (Earnings Management)

- Messung Earnings Management Accruals $= \frac{\Delta \text{ net operating assets}}{\varnothing \text{ net operating assets}}$
- Messung Earnings Management Accruals =
  $\frac{\text{Jahresgewinn} - \text{Geldfluss aus Geschäftstätigkeit} - \text{Geldfluss aus Investitionstätigkeit}}{\varnothing \text{ net operating assets}}$
- CFO-Income-Ratio $= \frac{\text{Geldfluss aus Geschäftstätigkeit}}{\text{Jahresgewinn}}$

Literaturverzeichnis

Adler, H. / Düring, W. /Schmaltz, K: Rechnungslegung und Prüfung der Unternehmen, 6. Auflage, Schäffer-Poeschel Verlag, 1994.

Altenpohl, M. / Amstutz, M. / Haag, S. / Honsell, H. / Vogt, N. / Watter, R.: Basler Kommentar OR II Art. 530 - 964, Helbling & Lichtenhahn , 2016.

Baetge, J. / Kirch, J.-H. / Thiele, S.: Bilanzen, 14. Auflage, IDW, 2017.

Balkanyi, P.: Kennzahlen in der Praxis von kotierten Swiss GAAP FER Unternehmen, in: Rechnungswesen & Controlling, 2/2017.

Behr, G. / Leibfried, P.: Rechnungslegung, 4. Auflage, Versus Verlag, 2014.

Boemle, M. / Stolz, C.: Unternehmensfinanzierung, Band 1, SKV Verlag, 2012.

Boemle, M.: Von der Bewegungsbilanz zur Geldflussrechnung, in: Festschrift Giorgio Behr, 25 Jahre Unternehmertum, Versus Verlag, 2010.

Boemle, M.: Der Jahresabschluss als Instrument der Rechenschaft, in: Schweizer Treuhänder, 1-2/1997.

Boeckli, P.: Neue OR-Rechnungslegung, Schulthess Verlag, 2014.

Boeckli, P.: Schweizer Aktienrecht, 4. Auflage, Schulthess Verlag, 2009.

Bossard, E.: OR 957 - 964, die kaufmännsiche Buchführung, Band V-6-3b, Schulthess Verlag, 1984.

Brösel, G.: Bilanzanalyse, Erich Scmidt Verlag, 2017.

Bungartz, O.: Handbuch Interne Kontrollsystem (IKS), Steuerung und Überwachung von Unternehmen, Erich Schmidt Verlag, 2014.

Busse von Colbe, W. / Crasselt, N. / Pellens, B.: Lezikon des Rechnungswesens, Handbuch der Bilanzierung und Prüfung, der Erlös-, Finanz-, Investitions- und Kostenrechnung, 5. Auflage, Oldenbourg Verlag, 2011.

Coenenberg, A. / Haller, A. / Schultze, W.: Jahresabschluss und Jahresabschlussanalyse, betriebswirtschaftliche, steuerrechtliche und internationale Grundlagen HGB, IAS/IFRS, US GAAP, DRS, 12. Auflage, Schäfer-Poeschel Verlag, 2012.

Cotting, R. / Boemle, M.: True-and-Fair-View-Rechnungslegungskonzept versus Fair Presentation, in: Schweizer Treuhänder, 8/2000.

Eberle, R. / Lengauer, D: Zürcher Kommentar Art. 727 - 731a OR, Schulthess Verlag, 2016.

Eberle, R. / Loser, S.: SWISS GAAP FER 31: Anforderungen und Anwendungshinweise, in: ExpertFocus, 4/2014.

Eberle, R.: Der richtige Rechnungslegungsstandard, in: Schweizer Treuhänder, 3/2010.

Glanz, S.: Der Wechsel börsenkotierter Unternehmen von IFRS auf Swiss GAAP FER, in: Jahrbuch für Finanz- und Rechnungswesen, WEKA Verlag, 2016.

Hachmann, C: Kriterium der Zahlungsunfähigkeit in der aktienrechtlichen Sanierung, Schweizer Schriften zum Handels- und Wirtschaftsrecht, Dike Verlag, 2017.

Handbuch für Wirtschaftsprüfung (HWP), Band Rechnungslegung und Buchführung, ExpertSuisse, 2014.

Handbuch für das harmonisierte Rechnungsmodell (HRM 2), Konferenz der kantonalen Finanzdirektorinnen und Finanzdirektoren, Stand 2017.

Handschin, L.: Rechnungslegung im Gesellschaftsrecht, 2. Auflage, Helbling Lichtenhahn Verlag, 2016.

Hauser, M. / Turnes, E.: Unternehmensbewertung und Aktienanalyse, 3. Auflage, SKV Verlag, 2017.

Honsell, H. / Vogt, N. / Watter, R.: Obligationenrecht II, Art. 530 – 964 OR, Basler Kommentar Obligationenrecht II, 5. Auflage, Schulthess, 2016.

Hürzeler, M.: die Revision, Band VIII/10, Schweizerisches Privatrecht, Helbling Lichtenhahn, Basel, 2013.

Gehrig, M.: Risikobeurteilung mittels Messung der Earningsquality, Schweizer Treuhänder, 6-7/2011.

Glanzmann, L.: *Drohende Zahlungsunfähigkeit, Kapitalverlust und Überschuldung – Das neue aktienrechtliche Sanierungsrecht.* GesKR : Gesellschafts- und Kapitalmarktrecht, 4/2017.

Glanz, S.: Der Wechsel börsenkotierter Unternehmen von IFRS auf Swiss GAAP FER in: Jahrbuch für Finanz- und Rechnungswesen, WEKA Verlag, 2016.

Fontana, M / Handschin, L: Ausweis stiller Reserven in der Rechnungslegung, in: Schweizer Treuhänder, 8/2014.

Forstmoser, P. / Kleibold, T.: Berichterstattung des Abschlussprüfers über wichtige wichtige Prüfungssachverhalte, in: ExpertFocus, 9/2016.

Käfer, K.: Kommentar zur kaufmännischen Buchführung, Berner Kommentar, 1981.

Käfer, K.: Kapitalflussrechnungen, 1984.

Käfer, K.: Kontorahmen für Gewerbe, Industrie und Handelsbetriebe, 1. Auflage, 1947.

Küting, P. / Weber, C.-P.: Bilanzanalyse, Beurteilung von Abschlüssen nach HGB und IFRS, Schäfer-Poeschl Verlag, 2015.

Leffson, U.: Die Grundsätze ordnungsgemässer Buchführung, 7. Auflage, IDW-Verlag, 1987.

Leffson, U. / Rückle, D. / Grossfeld, B.: Handbuchwörter unbestimmter Rechtsbegriffe des Bilanzrechts HGB, Otto Schmidt Verlag KG, 1986.

Lipp, L.: Handkommentar zum Schweizer Privatrecht, Schulthess Verlag, 2. Auflage, 2012.

Lütolf, P. / Rupp, M. / Birrer, T.: Handbuch Finanzmanagement, 1. Auflage, NZZ Libro, 2018.

Mäusli-Allenspach, P. / Oertli, M.: Das Schweizerische Steuersystem, 9. Auflage, Cosmus Verlag, 2018.

Meier-Hayoz, A. / Forstmoser, P. / Sethe, R.: Schweizerisches Gesellschaftsrecht, Sämpfli Verlag, 2018.

Meyer, C.: Accounting, Ein Leitfaden für das Verständnis von Finanzberichten, ExpertSuisse, 2017.

Meyer, C.: Swiss GAAP FER, SKV Verlag, 2. Auflage, 2014.

Meyer, C.: Konzernrechnung, ExpertSuisse, 2. Auflage, 2017.

Meyer, C. /Teitler, E.: Swiss GAAP FER auf dem Weg zu einem eigenen Profil, in: Schweizer Treuhänder, 9/2004.

Nösberger, T. / Weingartner, A.: Gliederung und Anhang, Angaben gemäss neuem Rechnungslegungsrecht, in: ExpertFocus, 10/2016.

Nösberger, T. / Boemle, M.: Konzeption des neuen Rechnungslegungsrechts, in: Schweizer Treuhänder 1-2/2014 sowie 3/2014.

Nösberger T.: Wesentlichkeit als Grundsatz ordnungsmässiger Rechnungslegung im schweizerischen Aktienrecht, Zürich, 1999.

Passardi, M. / Fontana, M.: Das neue kaufmännische Buchführungsrecht nach OR: Gedanken zur Milchbüchleinrechnung, in TREX 1/13.

Passardi, M. / Bitterli, C.: Ereignisse nach dem Bilanzstichtag bei Anwendung von Swiss GAAP FER, in: ExpertFocus, 3/2017.

Passardi, M. /Gisler, M.: Abschreibungspraxis für Sachanlagen und immaterielle Anlagen gemäss IFRS, in: Expert Focus 9/2020.

Pfaff. D. / Glanz, S.: IFRS für KMU strukturiert, Versus Verlag, 2010.

Pfaff, D. / Glanz, S. /Stenz, T. /Zihler, F.: Rechnungslegung nach Obligationenrecht, Praxiskommentar VEB, 2. Auflage, Verlag SKV, 2018.

Watter, R. / Bertschinger, U.: Art. 727-731a Revisionsaufsichtsgesetz und Revisionsaufsicht, Helbing Lichthahn Verlag, Basel, 2011.

Prochinig, U. / Winiger, A. / Gunten, H. v.: Konzernrechnung, 6. Auflage, SKV Verlag, 2018.

Rentsch, D. / Zöbeli, D.: Rückstellungen nach dem neuen Rechnungslegungsrecht, in: Rechnungswesen und Controlling, 3/2013.

Roberto, V. / Trüeb, H.R.: Handkommentar zum Schweizer Privatrecht, Kommentar zu den Artikeln 772-1186, 3. Auflage, Schulthess Verlag, 2016.

Rundschreiben 2015/1 Rechnungslegung Banken, FINMA, Stand 1. Januar 2015.

Schäfer, A./Steiner, A.: Key Audit Matters Analyse mit Fokus Einzelabschlüsse kotierter Gesellschaften, in ExpertFocus, 12/2017.

Sherman, D. / Young, D.: Die neuen Lügen des Reporting, in: Havard Business Manager, 9/ 2016.

Sterchi, W. / Mattle, H. / Helbing, M.: Schweizer Kontorahmen für KMU, SKV Verlag, 2013.

Teilter, E. / Suter, D.: Das neue Rechnungslegungsrecht – eine Entlastung für KMU?, in der Schweizer Treuhänder, 11/2012.

Teiltler, E. / Hürlimann, D.: Aktivierung von Verlustvorträgen unter OR, in: EF, 8/2019, Seite 548.

Thommen, J.-P.: Betriebswirtschaft und Management, eine managementorientierte Betriebswirtschaftslehre, 10. Auflage, Versus Verlag, 2016.

Treuhandkammer: Rundschreiben 10, Grundsätze ordnungsgemässer Buchführung beim Einsatz von Informationstechnologie, Zürich, 2013.

Volkart, R. / Wagner, A.: Corporate Finance, 4. Auflage, Versus Verlag, 2018.

Von der Crone, H.-P./Gersbach, A. / Kessler, F. / Ingber, K. / Von der Crone, B.: Fusionsgesetz, Schulthess Verlag, 2017.

Wirth, A.: Internes Kontrollsystem bei KMU, Disseration Universität St.Gallen, 2014.

Zöbeli, D.: Rückstellungen in der Rechnungslegung, Dissertation an der Universität Fribourg, 2003.

Zweifel, M. / Glauser, P.-M. / Robinson, P / Beusch, M.: Kommentar zum Schweizerischen Steuerrecht, Bundesgesetz über die Mehrwertsteuer, 1. Auflage, Helbling Lichtenhahn Verlag, 2015.

Watter, R. / Bertschinger, U.: Basler Kommentar zum Revisionsrecht, 1. Auflage, Helbling Lichtenhahn Verlag, Basel, 2011.

Wirth, A.: Internes Kontrollsystem beim KMU, Dike Verlag, Zürich, 2014.